TABLEAU
HISTORIQUE
DE
LA NOBLESSE.

OUVRAGES DE L'AUTEUR.

1°. Etat de la Noblesse pour l'année 1782, 2 vol. in-12, 4 liv. 10 f. broché. Quoique cet Ouvrage ait paru sous le nom d'une Société de Gens de Lettres, l'Auteur de cet Ouvrage avoue qu'il vient de lui, & comme c'est le premier qu'il a mis au jour, il prie le public de ne pas le confondre avec les Volumes qui l'ont précédé & ceux qui lui ont succédé ; les connoissances qu'il a pu acquérir depuis ce tems là, l'ayant mis à portée de retoucher le seul exemplaire qui lui reste ; il a fait des suppressions, additions & corrections de la plus grande partie de cet Ouvrage qu'il mettra sous presse sous le titre de *Tableau Généalogique* si les personnes qui y sont intéressées veulent bien souscrire pour une nouvelle Edition.

2°. Armorial général de plusieurs Maisons de France & Etrangères & de plusieurs Villes du Royaume, avec un abrégé des différens degrés d'élévation de la plupart des anciennes Maisons, 1 volume in-12 d'Explication & deux volumes de Planches qui ont paru en même-tems que le précédent. Voyez l'Annonce de la Souscription pour les Ouvrages de l'Auteur, à la fin du Volume.

3°. Traité des Devises Héraldiques, de leur origine & de leur usage, avec un Recueil des Armes de près de 1000 Maisons qui en portent ; ensemble un Précis sur leur origine, & un Recueil des faits qui leurs sont particuliers, & qui ne sont point encore connus, enrichi de Gravures, le tout pour servir d'Introduction à l'Etat de la France ; prix 4 liv. 12 sols broché, qu'on reçoit franc de port dans tout le Royaume en s'adressant à l'Auteur.

4°. Etat de la France ou les vrais Marquis, Comtes, Vicomtes & Barons, enrichi de Gravures ; première Partie, 1 vol. Prix 40 f. broché. L'Auteur espère donner au Public tous les trois mois une Partie de cet Ouvrage ; c'est pourquoi il prie instamment les personnes intéressées de lui faire passer, à lui seulement, les copies des Erections de leurs terres, en se conformant à son Prospectus, & en observant d'affranchir les lettres & le port de l'argent, sans quoi elles ne parviendront pas.

On trouve encore chez l'Auteur quelques Exemplaires de ces deux derniers Ouvrages, qu'il envoie au même prix franc de port dans tout le Royaume quand on s'adresse à lui.

MM. les Libraires ont toujours le 13me Exemplaire à la douzaine avec la remise.

N. B. Quand on trouvera à la fin des articles les deux lettres M. D. ; c'est pour désigner que l'Auteur a fait mention de cette famille dans ses deux derniers Ouvrages.

TABLEAU HISTORIQUE DE LA NOBLESSE,

Par M. le Comte DE WAROQUIER DE MÉRICOURT DE LA MOTHE DE COMBLES, Officier au Régiment des Grenadiers-Royaux de la Picardie.

TOME PREMIER.

Prix 6 liv. broché, & 7 liv. franc de port dans tout le Royaume.

A PARIS,

Chez { L'AUTEUR, Hôtel Saint-Pierre, rue des Cordeliers, près la Place Sorbonne.
ROYER, Libraire, Quai des Augustins.

M. DCC. LXXXIV.
Avec Approbation, & Privilége du Roi.

INTRODUCTION.

Quelque grande & épineuse que soit l'entreprise que j'ai osé former, mon intention est d'en poursuivre attentivement l'exécution, & de la porter au degré d'importance & d'utilité dont elle peut être susceptible. En traçant ce plan immense, j'ai compté sur les secours de la Noblesse & sur-tout des Régimens, qui font le principal objet de mon travail, & déja plusieurs, sentant tout le poids de la tâche que je me suis imposée, ont concouru généreusement à son exécution. Un tel Ouvrage, dépôt naturel des services & de l'illustration des Familles, a droit en effet de reclamer les bontés de tous ceux qui ont quelqu'intérêt à le voir perfectionner.

Cet Ouvrage, dont le but est de comprendre les divers grades par lesquels les Militaires ont successivement passé, est fort propre à enflammer la jeunesse & à lui inspirer cette noble ardeur, ce courage, cette magnanimité qui font le caractère de la Noblesse Françoise. Les Maisons Nobles y trouveront la plupart des Titres qui font la plus précieuse portion de leur héritage; le Généalogiste y pourra puiser bien des lumières propres à l'éclairer dans ses recherches; l'Historien, flatté de marcher à pas sûrs dans une carrière souvent épineuse, y découvrira des faits qu'il chercheroit inutilement ailleurs; enfin le Citoyen isolé, celui même qui s'intéresse le moins aux exploits des Héros, ne pourra parcourir sans intérêt la galerie respectable qui comprend l'histoire de ses défenseurs.

Les Officiers seront désignés ici sous les différens noms qu'ils ont eus dans leurs Corps ou dans les Armées, leurs principales actions, & sur-tout la date fixe de leur naissance & de leurs grades y seront fidèlement rapportés, & chaque fois que nous aurons quelque doute à ce sujet nous laisserons la date en blanc, pour éviter d'induire quelqu'un en erreur; par cette marche les Militaires apprendront ce qu'ont été leurs pères, & la postérité y verra ce qu'ils ont été eux-mêmes, & à qui chaque Maison est redevable du lustre & des dignités dont elle jouit. Cet Ouvrage ne sera pas même inutile à ceux que

INTRODUCTION.

la nature n'a pas fait naître dans le sein d'une famille distinguée : les grands exemples qu'il leur offrira sera fort propre à élever leur courage & à les mettre à portée de mériter, par leurs vertus, ce qu'ils ne pourroient prétendre par leur naissance.

Indépendamment des Mémoires que j'invite de nouveau la Noblesse & les Régimens à me faire passer en bonne forme, il est essentiel sur-tout qu'on nous fasse part de la mort de tous les Officiers, je ferai encore usage de toutes les observations que les Savans & les personnes en place jugeront à propos de m'adresser ; je consulterai de plus les meilleurs Ouvrages écrits dans le genre qui m'occupe & je ne négligerai rien de tous les secours qui pourront contribuer à perfectionner mon travail.

Chaque Volume sera enrichi d'un certain nombre d'Ordonnances Militaires : aux plus modernes qui auront toujours la préférence, nous en joindrons souvent d'anciennes, ou qui n'ont encore jamais été publiées dans aucune compilation ; & nous formerons ainsi peu à peu un corps complet de Règlemens Militaires.

Cet Ouvrage paroîtra régulièrement tous les ans au mois de Décembre. Pour que nous puissions faire usage des Mémoires, des Ordonnances & des Observations qu'on pourra nous adresser, il est essentiel qu'on nous les fasse passer avant le 15 Juillet ; tous ceux qui nous parviendront après cette époque seront renvoyés à l'année suivante.

Le prix de cet Ouvrage est irrévocablement fixé à 6 liv. pour Paris, & 7 liv., franc de port, dans tout le Royaume. Comme notre intention est de n'en tirer que pour nos Souscripteurs, nous prions ceux qui voudront se le procurer de nous envoyer aussi leur souscription avant le 15 Juillet ; ceux qui ne prendront pas cette précaution courront risque de n'en pas avoir. Il n'y aura que les Mémoires des Souscripteurs d'employés.

Tous les Mémoires, Observations & Soumissions doivent être envoyés franc de port à l'Auteur rue des Cordiers, près la place Sorbonne. Il ne recevra pas les paquets qui ne seront point affranchis. Ceux des Mémoires qui ne seront pas revêtus des formes légales, signés & scellés des Armes des personnes intéressées, & sans leurs adresses ne seront point employés.

TABLE DES ABRÉVIATIONS.

Adj.	Adjudant.
Aid.-M.	Aide-Major.
Aid.-M. G.	Aide-Major Général.
Aid. de C.	Aide-de-Camp.
Avr.	Avril.
B.	Dans la compagnie de Beauveau.
Bar.	Baron.
bat.	bataillon.
Brig.	Brigadier.
Cap.	Capitaine.
Cap. en f.	Capitaine en second.
Cap. en p.	Capitaine en premier.
Cap. C. la Lieut. Col.	Capitaine commandant la Lieutenante Colonelle.
Ch.	Chevalier.
✠	Chevalier de Saint-Louis.
†	Chevalier de Malte.
✠*	Chevalier du mérite Militaire.
✠e	Chevalier du Saint-Esprit.
✠t	Chevalier de la Toison d'Or.
✠ls	Chevalier de Saint-Lazare.
✠g	Chevalier de St-George.
✠cc	Chevalier de l'Ordre de Cincinnatus.
✠c. 3.	Chevalier de l'Ordre de Charles III.
Chaff.	Chasseur.
Col.	Colonel.
Col. en f.	Colonel en second.
Cte.	Comte.
C. ✠	Commandeur de Saint-Louis.
C. †	Commandeur de Malte.
C. ✠e	Commandeur du Saint-Esprit.
C. ✠ls	Commandeur de Saint-Lazare.
✠sm	Chevalier de Saint-Michel.
✠te	Chevalier de l'Ordre Teutonique.
✠an	Chevalier de l'Ordre d'Ancienne Noblesse.
Com.	Commandeur.
Comt.	Commandant.
Comm.	Commission.
Corn.	Cornette.
Déc.	Décembre.
Drag.	Dragons.
Enf.	Enseigne.
Fév.	Février.
Gén.	Génie.
Génér.	Général.
G. ✠	Grand'Croix de Saint-Louis.

Table des Abréviations.

G. †	Grand'Croix de l'Ordre de Malte.
G. ⳩	Grand'Croix de l'Ordre de Saint-Lazare.
Gren.	Grenadier.
Gouv.	Gouverneur.
Huff.	Huffard.
Janv.	Janvier.
inf.	infanterie.
Int.	Intendant.
Juill.	Juillet.
L.	Compagnie de Luxembourg.
Lieut.	Lieutenant.
Lieut. en f.	Lieutenant en second.
Lieut. en p.	Lieutenant en premier.
Maj.	Major.
Mar. G. de L.	Maréchal Général des Logis.
Mar.	Maréchal.
Mar. de C.	Maréchal de Camp.
Mar. de F.	Maréchal de France.
Marq.	Marquis.
M.	Monsieur.
Mest. de C.	Mestre de Camp.
Mest. de C. en f.	Mestre de Camp en second.
Mest. de C. C.	Mestre de Camp commandant.
Mousq.	Mousquetaire.
Nov.	Novembre.
N.	Compagnie de Noailles.
Oct.	Octobre.
Offic.	Officier.
P. D.	Porte-Drapeau.
P. G.	Porte Guidon.
P. E.	Porte-Etendard.
Pr.	Prince.
Quart. M.	Quartier Maître.
rég.	régiment.
r.	rang.
Sept.	Septembre.
St.	Saint.
Serg.	Sergent.
Seig.	Seigneur.
Sol.	Soldat.
Tréf.	Tréforier.
V.	Compagnie de Villeroy.
Vic.	Vicomte.
Vol.	Volontaire.

TABLE

PAR ordre Alphabétique des Régimens & des différens Corps contenus dans cet Ouvrage (1).

N°. Aſt. rég.	Noms des Régimens.	Lieux de Garniſon.	Anciens noms des Rég
16 *	Agenois, *infanterie.*	à Weiſſembourg.	
*	Aides-Majors des Villes.		
54 *	Alſace, *Allemand.*	à Strasbourg.	
*	Ambaſſadeurs (les).		
83 *	Angoumois, *infanterie.*	à Perpignan.	
37 *	Anjou, *infanterie.*	à Rouen.	
36	Aquitaine, *infanterie.*	à Mézières.	
6 *	Armagnac, *infanterie.*	à Thionville.	
64 *	Artillerie (Corps Royal d')		
*	⎧ de Metz.	à Strasbourg.	
*	⎪ de la Fere.	à Valence.	
*	⎪ de Beſançon.	à Beſançon.	
*	⎪ d'Auxonne.	à Auxonne.	
rég. *	⎨ de Toul.	à Metz.	
*	⎪ de Grenoble.	à la Fere.	
*	⎪ de Strasbourg.	à Douay.	
*	⎪ Corps de Mineurs.	à Verdun.	
*	⎩ Compagnie d'Ouvriers.	à Nantes.	
49 *	Artois, *infanterie.*	à Niſmes.	
23 *	Artois, *cavalerie.*	à Strasbourg.	
8 *	Artois, *dragons.*	à Nancy.	Harcourt.
32 *	Aunis, *infanterie.*	à Breſt.	
8 *	Auſtraſie, *infanterie.*	dans l'Inde.	
17 *	Auvergne, *infanterie.*	à Lille.	
12 *	Auxerrois, *infanterie.*	à Verdun.	
64 *	Barrois, *infanterie.*	à l'Iſle de Ré.	
*	les Bataillons de garniſon.		
33	Baſſigny, *infanterie.*	à Metz.	
15 *	Béarn, *infanterie.*	à Breſt.	
71 *	Beauce, *infanterie.*	à Saint-Servan.	
77	Beaujolois, *infanterie.*	à Parray-Lamonia	
58 *	Beauvoiſis, *infanterie.*	en Corſe.	
2 *	Berchiny, *huſſards.*	à Commercy.	
50	Berry, *infanterie.*	à Toul.	
21	Berry, *cavalerie.*	à Strasbourg.	
91 *	Berwick, *infanterie.*	à l'Iſle d'Oleron.	
4 *	Blaiſois, *infanterie.*	à Béthune.	
15 *	Boufflers, *dragons.*	à Neuf-Briſack.	

(1) Ceux qui n'ont pas fourni des détails ſont déſignés par *, & c'eſt pour les engager à me les fournir avant le tems preſcrit.

TABLE

N°. rég.	Aft.	Noms des Régimens.	Lieux de Garnison.	Anciens noms des Rég.
103	*	Bouillon, infanterie.	à Neuf-Brisack.	
82	*	Boulonnois, infanterie.	à Cambray.	
57	*	Bourbon, infanterie.	à Maubeuge.	
12	*	Bourbon, dragons.	à Charleville.	
13	*	Bourbonnois, infanterie.	à Metz.	
60	*	Bourgogne, infanterie.	à Befort.	
20		Bourgogne, cavalerie.	à Sar-Louis.	
27	*	Bresse, infanterie.	au Havre.	
47	*	Bretagne, infanterie.	à Grenoble.	
25	*	Brie, infanterie.	à Lille.	
	*	les Brigadiers des Armées.		
20	*	Cambraisis, infanterie.	à Montauban.	
22		Carabiniers.	à Metz.	
69	*	Castella, Suisse.	au Fort-Louis.	
	*	les Cent-Suisses de la Garde du Roi.		
3	*	Chamborand, huffards.	à Bouquemont.	
7	*	Champagne, infanterie.	au Chât.-Tromp.	
93	*	Chartres, infanterie.	à Valanciennes.	
10	*	Chartres, dragons.	à Arras.	

Les Régimens des Chasseurs.

1	*	premier Régiment.	à Sarguemines.	
2	*	second Régiment.	à Maubeuge.	
3		troisième Régiment.	à Huningue.	
4		quatrième Régiment.	à Carcassonne.	
5	*	cinquième Régiment.	à Tournon.	
6		sixième Régiment.	à Auch.	
	*	Les Chevaux-Légers de la Garde du Roi.		

Les Régimens des Chevaux-Légers.

1	*	premier Régiment.	à Phalsbourg.	
2		second Régiment.	à Juffey.	
3	*	troisième Régiment.	à Mirecourt.	
4	*	quatrième Régiment.	à Neuf-Château.	
5	*	cinquième Régiment.	à Givet.	
6	*	sixième Régiment.	à Joinville.	
1	*	Colonel Général, infant.	à Besançon.	
1	*	Colonel-Général, caval.	à Moulins.	
1	*	Colonel-Général, dragons.	à Melun.	
1	*	Colonel-Général, huffards.	à Haguenau.	
3	*	Commissaire-Général, cav.	à Sédan.	
	*	Les Commiss. des Guerres.		
56	*	Condé, infanterie.	à Douay.	

DES RÉGIMENS, &c.

N°. du rég.	Aff.	Noms des Régimens.	Lieux de Garnison.	Anciens noms des Rég.
21	*	Condé, dragons.	à Besançon.	
4		Conflans, hussards.	à Landau.	
	*	La Connétablie de France.		
84	*	Conti, infanterie.	à Lille.	Périgord.
3		Conti, dragons.	à Valenciennes.	Clermont.
106	*	Corps de Nassau-Siégen.	à Belle-Isle.	
	*	Le Corps Royal du Génie.		
89	*	Courten, Suisse.	à Saintes.	
7	*	Cuirassiers du Roi, caval.	à Béthune.	
39	*	Dauphin, infanterie.	à Metz.	
19	*	Dauphin, cavalerie.	à Joigny.	
6	*	Dauphin, dragons.	à Angers.	
39	*	Dauphiné, infanterie.	à Marseille.	
19	*	Deux-Ponts, dragons.	à Verdun.	Jarnac.
88	*	Diesback, Suisse.	à Saint-Omer.	du May.
90	*	Dillon, Irlandois.	à Avesnes.	
20		Durfort, dragons.	à Gray.	Lanan.
23	*	Du Roi, infanterie.	à Nancy.	
5	*	Du Roi, cavalerie.	à Laon.	
4	*	Du Roi, dragons.	à Libourne.	
	*	Les Ecoles Milit. & les Elèves		
96	*	Enghien, infanterie.	à Besançon.	
66	*	Ernest, infanterie.	à Bastia.	
5	*	Esterhasy, hussards.	à Rocroy.	
19	*	Flandres, infanterie.	à Douay.	Belsunce.
86		Foix, infanterie.	à Strasbourg.	
14	*	Forez, infanterie.	à Sédan.	

Les Gardes-du-Corps du Roi.

1	*		de Noailles, créé...
2	*	Compagnies	de Villeroy, créé en 1475.
3	*		de Beauveau, créé en 1475.
4	*		de Luxembourg, créé en 1514.

Les Gardes-du-Corps de Monsieur, Frère du Roi.

1	*	Compagnies	de Levis, créé en...
2	*		de Chabrillant.

Les Gardes-du-Corps de M. le Comte d'Artois, Frère du Roi.

1	*	Compagnies	d'Alsace, créé en...
2	*		de Crussol.

* Les Gardes de la Porte du Roi.
* Les Gardes de la Porte de Monsieur.
* Les Gardes de la Porte de M: Comte d'Artois.
* Les Gardes de la Prévôté de l'Hôtel.
* Les Gendarmes de la Garde du Roi.
* Le Régiment des Gardes Françoises.

TABLE

N°. Aſt.   Noms des Régimens.   Lieux de Garniſon.   Anciens noms
rég.   des Rég.

* Les Gardes Suiſſes du Roi.
* Les Gardes Suiſſes de Monſieur.
* Les Gardes Suiſſes de M. Comte d'Artois.
* Les Gardes-Côtes.
* La Gendarmerie de France.

* Gendarmes
- Ecoſſois, créés en . . .
- Anglois 1667
- Bourguignons . . . 1668   Bretagne.
- de Flandres 1673
- de la Reine 1665
- Dauphin 1666
- de Monſieur 1690
- d'Artois 1660

Les Gouverneurs
- des Provinces.
- des Villes.
- des Forts.
- des Châteaux.
- des Citadelles.

98 *   *Les Régimens des Grenadiers-Royaux.*

1 * de la Picardie.
2 * de Champagne.
3 * de Normandie.
4 * de Guienne.
5 * de Lionnois.
6 * de Touraine.
7 * de l'Iſle-de-France.   } *Licenciés à la paix de 1783.*
8 * de l'Orléanois.
9 * de Bretagne.
10 * de Lorraine.
11 * de Languedoc.
12 * du Comté de Bourgogne.
13 * de Quercy.
21 * Guienne, *infanterie.*   à Saint-Hipolyte.
51 * Hainaut, *infanterie.*   à Sar-Louis.
   * l'Hôtel Royal des Invalides.
40 * Iſle-de-France, *infanterie.* à Caen.
   * Les Inſpecteurs des troupes.
   * Les Intendans des armées.
   * Les Intendans des Provinces.
46   La Couronne, *infanterie.* à Arras.
53 * La Fere, *infanterie.*   à Strasbourg.
11   La Marine, *infanterie.*   à Antibes.
80 * La Marck, *infanterie.*   dans l'Inde.
70 * Languedoc, *infanterie.*   à Bayonne.
22 * Languedoc, *dragons.*   à Stenay.

No. Aff. rég.	Noms des Régimens.	Lieux de Garnison.	Anciens noms des Rég.
42	La Reine, *infanterie*.	à Valognes.	
18 *	La Reine, *cavalerie*.	à Dôle.	
5 *	La Reine, *dragons*.	à Falaise.	
18 *	La Rochefoucaud, *drag*.	à Pont-à-Mousson.	
52 *	Lasarre, *infanterie*.	à la Rochelle.	
6 *	Lauzun, *hussards*.	à Lauterbourg.	Légion de Lauzun.
17 *	Lescure, *dragons*.		
*	Lieutenans Généraux des Armées.		
*	Lieutenans Généraux des Provinces.		
*	Lieutenans Généraux des Villes.		
*	Lieutenans de Roi des Provinces.		
*	Lieutenans de Roi des Villes.		
*	Lieutenans des Maréchaux de France.		
43	Limosin, *infanterie*.	à Dunkerque.	
48 *	Lorraine, *infanterie*.	à Lille.	
16 *	Lorraine, *dragons*.	à Valenciennes.	
79 *	Lullin de Château-Vieux.	à Briançon.	d'Aubonne.
28 *	Lyonnois, *infanterie*.	à Perpignan.	
29	Maine, *infanterie*.	à Toulon.	
*	Les Majors des Villes & des Forts, &c.		
38	Maréchal de Turenne, *inf*.	à Rochefort.	
	Nosseigneurs les Maréchaux de France.		
*	Les Maréchaux des Camps & Armées.		
*	La Maréchaussée de France.		
73	Médoc, *infanterie*.	à Perpignan.	
2 *	Mestre-de-Camp-Gén., *cav*.	à Chinon.	
2 *	Mest.-de-Camp-Gén., *drag*.	à Douay.	
78 *	Monsieur, *infanterie*.	à Châl.-sur-Saone.	
7 *	Monsieur, *dragons*.	à Schebstat.	Marbeuf.
101 *	Nassau, *Allemand*.		Fersen.
106 *	Nassau-Siégen, *infanterie*.	à Genève.	
25 *	Nassau-Saarbruck.		
5 *	Navarre, *infanterie*.	à Cambray.	
10 *	Neustrie, *infanterie*.	à Bitche.	
23 *	Noailles, *dragons*.	à Epinal.	
9 *	Normandie, *infanterie*.	à Toulon.	
*	Tous les Officiers de Marine.		
45	Orléans, *infanterie*.	à Dunkerque.	
24 *	Orléans, *cavalerie*.	à Saumur.	
9 *	Orléans, *dragons*.	à Lille.	
*	Tous les Ordres de Chevalerie.		
81 *	Penthièvre, *infanterie*.	à Metz.	
14 *	Penthièvre, *dragons*.	à Hesdin.	
31	Perche, *infanterie*.	à Landau.	
2 *	Picardie, *infanterie*.	à St-Omer.	
3 *	Piémont, *infanterie*.	à Metz.	
16 *	Poitou, *infanterie*.	à Givet.	

TABLE

N°. Aſt. rég.	Noms des Régimens.	Lieux de Garniſon.	Anciens noms des Rég.
87 *	Rohan-Soubiſe, infanterie.	au Port-Louis.	
59 *	Rouergue, infanterie.	à Thionville.	
24 *	Royal, infanterie.	à Valenciennes.	
4	Royal, cavalerie.	à Veſoul.	
3 *	Royal, dragons.	à Saint-Michel.	
11 *	Royal-Allemand, cav.	à Verdun.	
*	Royal-Artillerie. Voyez Artillerie.		
18 *	Royal-Auvergne, infant.	à Nancy.	
15 *	Royal-Champagne, cav.	à Calais.	
76	Royal-Comtois, infanterie.	à Givet.	
100	Royal-Corſe, infanterie.	à Arras.	
8 *	Royal-Cravattes, cav.	à Vendôme.	
104*	Royal-Deux-Ponts, Allem.	à Landau.	
97 *	R. Heſſe Darmſtadt, All.	à Strasbourg.	
6 *	Royal-Etranger, cavalerie.	à Betfort.	
65 *	Royal-Italien, infanterie.	à Toulon.	
13 *	Royal-Lorraine, cavalerie.	à Toul.	
61 *	Royal-Marine, infanterie.	en Corſe.	
16	Royal-Navarre, cavalerie.	à Clermont.	Mouſtier.
17	Royal-Normandie, cav.	à Vitry.	
14 *	Royal-Picardie, cavalerie.	à Saint-Avold.	
10 *	Royal-Piémont, cavalerie.	à Nevers.	
12	Royal-Pologne, cavalerie.	à Châteaudun.	
55 *	Royal-Rouſſillon, infant.	à Longwy.	
9 *	Royal-Rouſſillon, caval.	à Guiſe.	
92 *	Royal-Suédois, Allemand.	à Landrecies.	
44 *	Royal-Vaiſſeaux, infant.	à Calais.	
85 *	Saintonge, infanterie.	à Sar-Louis.	
99 *	Salis, Griſon.	à Marennes.	
67 *	Salis-Samade, infanterie.	à Gravelines.	
63 *	Salmſalm, infanterie.	à Scheleſtar.	Anhalt.
35	Savoye-Carignan, infant.	à St-Jean d'Angély	
24 *	Schomberg, dragons.	à Vaucouleur.	
105*	Schounau, infanterie.	à Phalsbourg.	Eptingen.
21 *	Ségur, dragons.	à Thionville.	Belſunce.
41 *	Soiſſonnois, infanterie.	à Uſez.	
68 *	Sonneberg, infanterie.	en Corſe.	
*	Les Sous-Aides-Majors des Places, &c.		
102*	Steiner, infanterie.	à Niſmes	
*	Les Tréſoriers Généraux des Départemens.		
*	Les Tréſoriers principaux des Provinces.		
34 *	Touraine, infanterie.	au Queſnoy.	
*	Les troupes Provinciales ou Bataillons de garniſon.		
*	Les troupes nationales de la Guyanne.		
*	Les troupes nationales du Sénégal.		
*	Le Régiment de l'Iſle-de-France.		
*	Le Régiment de Pondichéry.		

DES RÉGIMENS, &c.

Nº. Aft. -ig.	Noms des Régimens.	Lieux de Garnison.	Anciens noms des Rég.
*	Les Bataillons auxiliaires des Colonies.		
*	Et autres troupes Françoises en Amérique.		
*	Les Régimens Provinciaux d'Artillerie.		
*	Rég. de la Fere.		
*	de Grenoble.		
*	de Metz.		
*	de Strasbourg.		
*	de Besançon.		
*	d'Auxonne.		
*	de Toul.		
*	premier rég. d'Etat-Major.		
*	second rég. d'Etat-Major.		
*	troisième rég. d'Etat-Major.	} Licenciés à la paix.	
*	quatrième rég. d'Etat-Major.		
*	cinquième rég. d'Etat-Major.		
*	régiment de Paris.		
*	de l'Isle de Corse.		
*	rég. du Port-au-Prince.		
*	rég. du Cap.		
*	rég. de la Martinique.		
*	rég. de la Guadeloupe.		
75 *	Vexin, *infanterie*.	à Saintes.	
22 *	Viennois, *infanterie*.	à Aire.	
74 *	Vivarais, *infanterie*.	à Calais.	
61 *	Vermandois, *infanterie*.	en Corse.	
72	Vigier, *Suisse*.	à Condé.	
95 *	Wals, *Suisse*.	à Blaye.	

MODELE *pour dresser l'Etat des Services de tous les Officiers tant d'Infanterie, de Cavalerie, que de Dragons, savoir: leurs noms de bapteme, famille, surnoms & qualités.*

T**EL** . . . .
Né à . . . .
Paroisse de . . . .
Province de . . . .
Le jour, mois & an . . . .
Soldat, Cavalier ou Dragon . . . .
Grenadier ou Chasseur . . . . . .
Caporal ou Brigadier . . . .
Sergent ou Maréchal des Logis . .
Sergent-Major ou Fourrier . . . .
Porte Drapeau, Etendard ou Guidon
Adjudant . . . .
Quartier Maître . . . .
Page du Roi, &c. . . . .
Elève de l'Ecole Militaire . . . . .
Chevalier de Malte ou de St-Lazare

} Les jour, mois & an.

xvj

	Les jour, mois & an.
Cadet Gentilhomme	
Volontaire	
Cornette	
Garde-Côte	
Sous-Lieutenant en troisième	
En pied	
Lieutenant en second ou en premier	
Des Chasseurs ou Grenadiers	
Sous-Aide Major	
Aide-Major	
Aide-de-Camp	
Rang de Capitaine	
Ou à la suite	
Commission de Capitaine	
Capitaine en second	
Capitaine en premier	
Des Chasseurs ou Grenadiers	
Maréchal Général des Logis	
Rang de Major	
Major	
Rang de Lieutenant-Colonel	
Lieutenant-Colonel	
Rang de Colonel	
Colonel en second	
Colonel	
Brigadier des Armées	
Maréchal de Camp	
Lieutenant Général	
Gratifié de telle somme	
Chevalier de Saint-Louis	
Du Mérite Militaire	
Commandeur de Saint Louis, Saint-Lazare, de Malte	
Chevalier des Ordres de la Toison d'Or	
Blessé à un tel siége ou bataille	
Retiré avec tant de pension	
Lieutenant des Maréchaux de France	
Sous-Aide Major de place	
Aide-Major	
Major	
Lieutenant de Roi de Ville, Citadelle, Province	
Commandant de Ville, Citadelle, Province	
Gouverneur de Ville ou de Province	
Gardes du Roi, de Monsieur & de Monseigneur Comte d'Artois	
Gardes Suisses, idem	
Garde de la Porte	
De la Prévôté de l'Hôtel	
Gendarmes de la Garde	
Chevau-Léger de la Garde	
Gardes Françoises	
Gendarmerie	
&c.	
Et passé d'un tel Corps	
Commissaire des Guerres	
Ambassadeur	

TABLEAU

TABLEAU HISTORIQUE DE LA NOBLESSE.

A

ABBADIE de St-Germain, (Jean-Pierre d') né à St-Sever en Cascogne, le 10 Nov. 1753, Sous-Lieut. au rég. de *Royal-Navarre*, cav., le 1 Juin 1772.

ABBADIE, Capitaine du *Génie* des Colonies. E.

ABBADIE de Bernet, Lieutenant du *Génie*, à Bayonne.

ABERLEND, (Théodore) né à Seuillac en Languedoc le 21 Sept. 1728, Drag. dans *Apchon* le 12 Nov. 1747, Fourr. le 1 Avril 1759, Maréchal-de-Logis le 1 Avril 1761, P. G. le 22 Juin 1769, Lieut. le 1 Juin 1772, Sous-Lieuten. le 11 Juin 1776, Lieut. en sec. le 12 Fév. 1776, Lieut. en p. le 2 Fév. 1781.

ABOT de la Chaise, (Gilles) fut Enseigne de 100 Gentilh. de la Maison du Roi, & Gentilh. servant de Sa Majesté en 1597. E.

ABOT de Lignerolles, Lieut. des Maréchaux de France, à Mortagne. D.

ABOVAL, (Michel-Honoré d') né à St-Romain en Picardie le 8 Juin 1750, élevé à l'Ecole Militaire, Sous-L. dans *Berry*, Inf., le 15 Juillet 1768, Sous-L. des Gr. le 31 Août 1771, Lieut. le 31 Mars 1774, Lieut. en p. le 8 Avril 1779, Cap. en sec. le 27 Avril 1782. E. D.

ABOVAL, (Charles-François-Joseph, Ch. d') né à St-Romain en Picardie le 31 Mai 1760, élevé à l'Ecole Militaire, Cad. Gentilh. dans *Berry*, inf., le 6 Juin 1775, Sous-L. le 20 Août 1777, Lieut. en sec. le 27 Avril 1782.

ABOVILLE, Col. du rég. de *Metz*, artill., Brig. & ✠ E.

ABSOLU de la Gatine de Motau, Lieut. du *Génie*, au Port-Louis.

ABZAC, Comte de la Douze, (Jean d') né le 19 Avril 1700, Page du Roi de la grande Ecurie en Mars 1725, Lieutenant dans *Condé*. D. E. M.

ABZAC, (Bernard-Augustin d') né au Bugue en Périgord le 27 Août 1742, Lieut. au rég. de la *Marine* le 7 Sept. 1758, Cap. le 30 Juill. 1775, ✶ le.. 17...

ABZAC, (Aubert-Jean-François Geri d') né à Cambrai le 12 Janv. 1763, Page de Monsieur le 1 Juillet 1777, Sous-L. à la suite des *Carabiniers* le 13 Juill. 1780, en troisième le 4 Août 1782, Second Sous-Lieut. le 16 Mars 1783.

ACAARD, (Julien-Bernard, Comte d') né à Caen le 25 Nov. 1748, Page de la grande Ecurie le 11 Sept. 1765, Mousquetaire Noir le 3 Juill. 1769, Commis. de Cap. le 16 Avril 1775, Cap. à la suite dans *Royal*, cav., le 6 Avril 1778, réformé à la suite du rég. le 3 Juin 1779. E. D. M.

ACHÉ, (François-Robert, Vicomte d') né à Marbœuf en Normandie le 25 Déc. 1758, Aspirant des Elèves du Havre le 23 Fév. 1774, Garde Marine le... 1777, Enseig. de *Vaisseaux* & Sous-Aide Major de *Marine* & d'inf. en 1778, embat. sur le Dauphin-R. au combat d'Ouessan, sur la ville de Paris jusqu'au 5 Avril 1782, commt. le Vautout à la prise de St-Christophe, commt. le Clairvoyant sous les ordres de M. de Vaudreuil en 1783. E. D. M.

ACHENEY, Brig. des *Gendarmes* Anglois.

ACHER, (Jean-Sébastien-François Bailot d') né à Castelnaudary en Languedoc le 28 Janv. 1754, Sous-L. dans *Berry*, inf., le 21 Sept. 1777, Lieut. en sec.

le 1 Juin 1780, Lieut. en p. le 13 Mai 1784. E. D.

ADHEMAR, Ch. de Panat, (François-Louis d') Page du Roi en sa grande Ecurie, Corn. dans *Royal-Navarre*, cav., en 17..., Lieut. en 17..., Aide Maj. en 17... Cap. en 17..., rang de Lieut.-Col. en 1748, commt. en Chef l'Ecole de cav. établie à Metz en 1764, Lieut.-Col. au rég. *Royal*, cav., en 17..., Brig. en 17..., Mar. de C. en 17..., D. E.

ADHEMAR (Louis-Elisabeth d'), Page du Roi de la petite Ecurie en 17... Mousquetaire de la Garde en 17...

ADHEMAR, Comte de Panat, (Pierre Jean d') Page du Roi en sa grande Ecurie, Offic. au rég. *Dauphin*, inf., Lieut. des Maréc. de France, Commissaire de la Noblesse en Rouergue. M.

ADHEMAR, (Jean-Baltazar d') Colonel du rég. de *Chartres*, infanterie.

ADHEMAR, (Antoine d') né le 8 Août 1733, Garde du Roi dans N.

ADHEMAR, (Marc-Antoine d') né le 17 Juil. 1730, Major de *Chartres*, infanterie.

ADHEMAR, (François d') né le 16 Déc. 1723, Garde du Roi dans N. le... 17...

ADHEMAR de la Garinie de Montfalcon, (Louis d') né en 1725, Garde du Roi dans N. en Oct. en 1745, s'est trouvé à la bataille de Fontenoy.

ADHEMAR, (Pierre d') né le 7 Juin 1731, Volont. dans *Bourbonnois* en 17...

ADHEMAR, Garde du Roi Dans *V.* le 18 Mars 1780.

ADONVILLE de Tourneville, (François d') né en 1723, Lieut. dans *Rohan*, inf., s'est trouvé à la bat. d'Ettengen en 1743. E.

ADONVILLE, (François-Frédéric d') né à Roinvilliers en Beauce le 17 Mai 1750, Page de la grande écurie du Roi le 18 Juin 1768, Sous-L. à la suite de *Royal-Etranger* le 28 Fév. 1768, Lieut. le 28 Juill. 1773, Lieut. en sec. au second rég. des *Chev.-Légers* le 16 Juin 1777, en p. le 29 Mai 1779.

ADRIANÉ, (Michel) né à Corti en Corse le 8 Mai 1753, Sous-L. le 25 Août 1775, Lieut. en sec. au rég. *Royal-Corse*, inf., 8 Août 1779.

AFFRY, (Louis-Auguste-Augustin Comte d') né à Versailles le 28 Août 1713, Cadet de la Compag. de son père aux *Gardes Suisses* le 5 Avril 1725, Enseig. le 14 Août 1729, Cap. C. la Col. le 25 Fév. 1733, Cap. C. d'une demi-Comp. le 21 Janv. 1734, en pied le 13 Oct. 1734, ✠ le 29 Mai 1740, Brig. le 2 Mai 1744, Lieut.-Col. du rég. le 11 Avril 1746, Maréc. de Camp le 1 Janv. 1748, Lieut.-Gén. le 1 Mai 1758, Col. du rég. le 26 Août 1767, D. E. M.

AFFRY, (le Comte Louis d') Cap. du rég. des *Gardes Suisses*.

AFFRY, (le Vicomte d') Cap. du rég. des *Gardes Suisses*.

AGAY, (le Chevalier d') Sous-L. des Gardes du Roi dans L. le 9 Juin 1778, M. E. D.

AGENOIS, (le Comte d') Cap. Lieut. des *Chevaux-Légers* de la Garde en survivance, M.

AGNICOURT, (Marquis d') Lieut. des *Maréchaux* de France, à Charleville.

AGOULT, (Louis-Annibal-François d') Colonel de *Conti*, cavalerie, & ✠ E. M.

AGOULT, Baron de St-Michel, (André d') Cap. au rég. de *Toulouse*, inf., ✠, Syndic de la Noblesse de Provence en 1746, ensuite Procureur joint. D. E. M.

AGOULT, (Louis-Fouquet d') Ens. aux *Gardes Françoises*.

AGOULT, (le Vicomte d') Sous-Lieut. des Gardes-du-Corps dans *Noailles* le 30 Mars 1781.

AGOULT, Aide-Maj. du rég. des *Gardes Françoises*.

AGOULT, (le Ch. d') Mest.-de-C., Aide-Maj. des *Gardes-du-Corps* en 1772, Lieut. le 1 Janv. 1776, Commandant d'escadron le 27 Mars 1779.

AGRAIN, (n... Baron d') né à Paris le 21 Août 1745, Garde-du-Corps du Roi le 13 Juin 1771, Cap. à la suite du rég. des *Cuirassiers du Roi* le 1 Mai 1777, Cap. en s. le 19 Avril 1781.

AGUESSEAU, (le Marq. d') Enseig. des Gardes du Corps dans *Noailles* le 30 Mars 1774, Lieut. le 1 Janv. 1776, Brig. le 1 Mars 1780, Commandant d'escadron le 11 Mars suivant, D. E. M.

AGUILLON, Sous-Brig. du *Génie* avec rang de Col. & ✠, à Antibes.

AIGALLIERS, (le Baron d') Maj. d'*Angoumois*, inf., & ✠.

AIGREMONT (le Marquis d'), Maréch. de Camp. E. M.

AIGREMONT (Laurens-Marie Le Bas Ch. d'), né à Besançon en 1730, Sous-L. du rég. de *Picardie* en Janv. 1746, Lieut. en sec. en Nov. suivant, passé dans *Beaufremont* en 1747, Cornette réformé en 1748, remplacé Lieut. en 1754, Cap. le 1 Sept. 1755, ✠ en Avril 1763, Major dans *Monteclet* le 23 Mai 1766, Major dans *Lanan* dit *Durfort* le 25 Août 1767, Commission de Lieut.-Col. le 13 Mars 1771, Lieut.-Col. le 8 Avril 1779, Brig. le... E.

AIGREVILLE du Pilhan, (d')

Cap. du Batail. de *Vermandois*.

AIGREVILLE, (Louis-Marie-Alexandre d'Haudoiré, Ch. d'.) né à Albert en Picardie le 28 Mars 1748, Sous-Lieut. au rég. d'*Aquitaine* le 21 Avril 1765, Lieut. le 12 Oct. 1770, Cap. le 18 Juillet 1781.

AIGREVILLE, (Louis-François-Hector d'Haudoire d') né à Albert en Picardie le 2 Juillet 1742, Lieut. au Batail. de Milice d'Amiens le 1 Juil. 1758, Lieut. au rég. d'*Aquitaine* le 11 Août 1760, Sous-Aide-Maj. le 14 Sept. 1764, Capitaine en second le 23 Mars 1779, ✠.

AIGUILLON (Emmanuel-Armand d'), né le 31 Juillet 1720, d'abord Comte d'Agenois, puis Duc d'Agenois, devenu Duc d'Aiguillon, fait Col. de *Brie* inf. en 1739, Brig. le 2 Mai 1744, Mar. de Camp le 1 Janv. 1748, déclaré Noble Génois le 17 Oct. suivant, Ch. des Ord. Lieut. Général au Gouvernement de Nantes, Comm. en chef la Province de Bretagne, premier Commiss. aux Etats de la Province, Gouv. de la Fere, & d'Alsace le 7 Mai 1762, Cap.-Lieut. des *Chevaux-Légers* de la Garde en 1769. D. M. E.

AILLY (le Comte d'), Col. du rég. Prov. d'*Artillerie* d'Auxonne, Brig. & ✠. D. E.

AIMÉ, (Claude) né à Paris le 21 Déc. 1736, soldat au rég. d'*Aquitaine* le 2 Mars 1756, Serg. le 10 Mai 1759, Porte-Drapeau le 1 Fév. 1763, breveté Lieut. le 16 Avril 1768, Sous-Lieut. le Sept. 1781.

AIMERY, (d') Lieut. des *Maréchaux* de France, à Versailles.

ALAISNE, (Maximilien de Gaudart d') né à Orléans le 1764, Cad. Gentilh. d'*Orléans* inf. le 30 Mai 1780, Sous-L. le 10 Sept. 1780.

ALBA, Garde du Roi dans B. le 9 Sept. 1768.

ALBARET, (Pierre Denis d') né à Toulouse le 18 Sept. 1758, Sous-L. au rég. *du Maine* le 3 Juill. 1779. E. M.

ALBARET, (Jean-Basile d') né à Toulouse le 2 Oct. 1763, Cad. Gentilh. au rég. Royal-*Comtois* le 7 Août 1779, Sous-L. le 16 Juin 1781.

ALBERT, (Etienne-Alexandre-François Ch. d') né à Lille en Roussillon le 5 Mars 1734, Lieut. en sec. des Grenad. au rég. de *Beaujolois* le 12 Avril 1754, Enseig. le 29 Juill. 1755, Cap. le 10 Juin 1761, Cap. Aide-Maj. le 16 Déc. 1768, Cap. des Grenad. le 11 Juin 1779, ✠ le. 1773. E.

ALBERTY, (Jean-Louis) né à Halberstadt en Brandebourg le 30 Avril 1730, bourgeois de Lauffen, Lieut. dans *Vigier* le 1 Mars 1758, Cap-Lieut. le 11 Juill. 1762, Lieut. le 16 Octo. 1763, rang de Cap. le 4 Juin 1780, ✠* le 16 Déc. 1781. blessé à Amonebourg en Sept. 1762.

ALBIGNAC, (le Comte d') Lieut.-Col. avec rang de Col. dans la *Reine*, drag. & ✠. D. E.

ALBIGNAC, Chev. d'Arre, (Jean-Charles d') né au Mandagout en Languedoc le 5 Mai 1748, Vol. dans la Légion de *Condé* le 22 Déc. 1767, Sous-L. le 12 Nov. 1768, réformé le 9 Déc. 1776, attaché au 4me rég. des *Chasseurs* le 8 Avril 1779, Sous-L. en p. le 1 Sept. 1781. E. M.

ALBIS, (le Ch. d') Lieut. des *Maréchaux* de France à Toulouse. D. E.

ALB

ALBIS, de Monnargues de Giſſac, (Gabriel d') né à Saint-Affrique le.. Lieut. dans *Montboiſſier* en 17.. Lieut. des Maréchaux de France à Vabres. E.

ALBIS, du Salze, (Jean-François d') né le 16 Juillet 1684, Cap. au rég. de la *Reine*.

ALBIS, (de Giſſac, Antoine d') Lieut. au rég. du *Roi* cav. en 17... Cap. le 3 Mars 1774, ✠ le 20 Mai 1770, mort à Vachi en 1779.

ALBIS, de Giſſac, (Bertrand Anne d') Lieut. au bataillon de milice de ſon nom, Aide-Major le 24 Déc. 1735.

ALBON, (le Comte d') Lieut de *Roi* en Lyonnois. D. E.

ALDROVANDI, (Girolamo) né à Bonifacio le 12 Août 1751, Sous-L. le 15 Juin 1771, Lieut. en p. au rég. *Royal-Corſe* inf. le 25 Août 1775.

ALEGRE, (d') Major du château de Ratonneau. E. M.

ALENÇON, Maj. de Heſſe-Darmſtadt inf. & ✠ M. E.

ALHUIN, (d') Cap-C. du bataillon d'*Artois* inf.

ALIX, Garde du Roi dans B. le 28 Févr. 1761.

ALIZÉ, Sous-L. de *Maréchauſſée* à Clermont-Ferrant.

ALLEMAND, (Pierre-François) Cap. dans *Royal-Rouſſillon* cav. en 17... D. E.

ALLEMAND, (de Chatelard) Commandant à Queyras.

ALLEMANS, (le Vic. d') Col. en ſec. d'*Agenois* inf. & ✠.

ALLONVILLE, (le Ch. d') Lieut Col. d'*Artois*, cav. & ✠ E.

ALOIGNY, (de Rochefort) Enſeigne ſurnuméraire du rég. des *Gardes-Françoiſes*. E.

ALOUVILLE, (le Cte. d') Col. du 5me rég. des *Chevaux-Légers*, Brig. & ✠ E. M.

ALP

ALPHONSE, (Ch. d') Maj. à Cette.

ALSACE, (Prince d'Hennin) Cap. des Gardes d'*Artois*, Lieu-Col. E.

ALTERMATT, Maréc. de Camp. E.

ALTERMATT, (d') Maréc. de Camp.

ALZON, (François-Xavier d'Audé d') né au Vigan en Languedoc le... 1739, Corn. dans *Charoſt* le .. Fév. 1757, Sous-Aid-Maj. le 1 Mars 1763, Aide-Maj. le 7 Nov. 1767, rang de Cap. le 22 Fév. 1770, Cap. le 3 Mars 1773, Cap. en ſec. le 16 Juin 1776, Cap. en p. du 2me rég. des *Chevaux-Légers* le 30 Mai 1779.

ALZON de LESTANG, (Joſeph-Bruno d'Audé Ch. d') né à.... Mouſquetaire le 16 Déc. 1773, réformé le 1 Janv. 1776, Cad. Gentilh. dans *Vermandois* le 4 Avril 1778, Sous-L. à la ſuite le 25 Août 1778, Sous-L. au ſec. rég. des *Chevaux-Légers* le 30 Sept. 1780.

AMARITHON, du Boſc, (Louis d') né à Vic en Auvergne le... 1742, Enſeigne le 22 Juil. 1761, fait campagne la même année en qualité de Lieut. en 1762 en qualité d'Off-Maj. des Gren., Cap. en ſec. le 8 Avril 1779, ✠ le.... embarqué ſur le vaiſſeau l'*Intrépide* le 28 Déc. en 17.... embarqué ſur le vaiſſeau la *Victoire* le 23 Mai 1782.

AMBLY, (le Marquis d') Maréchal-de-Camp. E. M.

AMBRUGEAC, (Gabriel-Louis du Bucheron Comte d') né à Auches le 2 Janv. 1730, Lieut. le 7 Juin 1746, Cap. le 20 Oct. 1746, Lieut-Col. du rég. du *Maine* le 11 Nov. 1776, ✠ le... 17... M.

AME

AMEDROZ, Maréchal de C.

AMEZAGA, (le Marquis d') Lieutenant Général.

AMON, (le Marquis d') Lieutenant de Roi, à Bayonne.

AMPLEMAN de la Creſſonniere, (Vicomte d') Lieut. en ſec. du rég. des *Gardes Franç.*

AMPUS, (le Ch. d') Maréchal de Camp.

ANCEAU, (d') Major d'*Anjou*, infanterie.

ANCELIN, Lieut. de *Roi*, à Perpignan. E.

ANCIAUX, Quart. M. Tréſ. de *Royal-Deux-Ponts*, infant.

ANDIGNÉ, (Hilarion-Agathe-Pierre-Ange d') né à Beauregard en Bretagne le 21 Avril 1743, Lieut. au Batail. de Milice de Dinan le 1 Oct. 1759, Lieut. au rég. d'*Aquitaine* le 28 Mars 1761, bleſſé à la tête d'un éclat de bo... au ſiége de Belle-Iſle-en-Mer en 17..., Cap. en ſec. le 4 Avril 1781. E. M.

ANDIGNÉ, Lieut. Col. commandant le Batail. de la *Fere*.

ANDIGNÉ, (le Cte. d') Enſ. des *Chevaux-Légers* de la Garde.

ANDLAU, (le Comte d') Colonel de *Royal-Lorraine*, cavalerie, Brigadier & ✠.

ANDLAU, (le Baron d') Col. du rég. de *Naſſau-Saarbruck*, cavalerie, Brigadier & ✠.

ANDRAUD, Quart. M. Tréſ. de *Rohan-Soubiſe*, infant. E.

ANDRÉ, Garde du Roi dans Noailles le 1 Avril 1780. D.

ANDRÉ, Quart. M. Tréſ., avec rang de Capitaine dans la *Sarre*, infanterie. E.

ANDREOSSY, Capitaine du *Génie*, à Narbonne.

ANDREVILLE, (le Ch. d') Lieut. de Roi à la Citad. à Calais.

ANDREZEL, Maj. des *Gren. Royaux* de l'Orléanois & ✠.

ANG

ANGENOUST, Maréchal de Logis des Gardes du Roi dans B. le 1 Avril 1782.

ANGEROS, (Etienne-François, Ch. d') né à Ste-Levrade en Agenois le... Sept. 1762, Cad. Gentilh. au rég. de la *Reine*, inf., le 4 Avril 1778, Sous-L. le 27 Septembre ſuivant.

ANGEVILLE, (Jean-Baptiſte-Charles, Comte d') né à Belay en Bugey le 13 Nov. 1757, Lieut. au rég. Provincial d'Arras le 1 Mai 1773, Sous-L. à la ſuite au rég. *Royal-Normandie* le 15 Décembre 1774, en pied le 12 Juillet 1779. M.

ANGLADE, (le Marquis d') Lieutenant Colonel du rég. de *Colonel-Général* drag. D. E. M.

ANGLARDS, (Jean d') né à Fartal en Périgord le 5 Avril 1756, Sous-L. des *Carabiniers* le 20 Fév. 1774, réformé le 1 Avril 1776, remplacé le 1 Mai 1779.

ANGLARS de Baſſignac, Lieut. de Roi à Château-Trompette.

ANGLARS du Claux, Lieutenant des *Maréchaux* de France, à Libourne.

ANGLÉS d'Oriac, Lieutenant du *Génie*, à Cherbourg.

ANGOSSE, (le Marq. d') Col. de *Cambreſis*, inf., Brig. & ✠.

ANHALT Coethen, (le Prince d') Lieutenant Général. E.

ANJORANT, prem. Sous-L. du rég. des *Gardes Franç.* E.

ANNEVILLE, (le Cte d') Enſ. des *Gardes Suiſſes* de Monſieur.

ANRAULT, Brigadier des *Gendarmes* Bourguignons.

ANSELME, Lieutenant Col. de *Soiſſonnois*, infanterie & ✠.

ANSTRUDE, (André-François Baron d') né à Anſtrude en Bourgogne, *Chevau-Léger* de la Garde Roi en 17..., rang de

Cap. de cav. en 17... D. E. M.

ANSTRUDE, (François-César d') né à Anstrude, en 1776, Page de la Reine en 17...

ANTERROCHES, (Joseph-Alexandre, Comte d') Cap. aux *Gardes Françoises*, Brigad. le 10 Fév. 1759, Maréc. de Camp le 25 Juillet 1762. E.

ANTERROCHES, (Blaise, Vicomte d') né au Pui d'Arnac en Limosin le... 1748, Page de la Reine le... 176.. Sous-L. au rég. de la *Reine*, inf., le... 1765, Lieut. le 21 Août 1771, Cap. à la suite le 4 Juill. 1777.

ANTIN, (d') Major commandant à l'Isle-Rousse. M. E.

ANTOINE, (François-Louis) né à Versailles le... Mai 1744, Corn. dans *Voiué* le... Janvier 1761, Sous-Aide-Maj. en 1763, Aide-Maj. le 4 Août 1771 Cap. de cav. dans *Royal* le... Décembre 1771. E.

ANTOINE, (Nicolas) né à Dieuze en Lorraine le 17 Nov. 1738, Soldat dans les Volontaires étrangers d'Estrasi le 1 Sept. 1759, Brig. en 1763, incorporé dans la Légion de Lorraine en 1763, Maréchal Général de Logis le 1 Sept. 1767, incorporé dans la Légion Corse en qualité de Mar. de Logis le 3 Déc. 1769, P. G. au sixième régiment des Chasseurs le premier Septembre 1779.

ANTOINE, Garde du Roi dans *Noailles* le 25 Mars 1774.

ANTONY, Trompette des Gardes du Roi dans L.

ANTONY, Trompette des Gardes du Roi dans L. le...

APCHIER, (le Comte d') second Lieuten. des *Gendarmes* de Flandres. M. E.

APCHON, (Antoine-Marie Comte d') né à... Page du Roi en 17..., Cap. de drag. le 5 Nov. 1733, Col. d'un rég. de son nom le 29 Nov. 1748, Brig. le 15 Août 1758, Mar. de Camp le 20 Fév. 1761, Gouvern. du Duc de Bourbon en 1762, Lieutenant Général en 17... M. E.

APCHON, (le Marquis d') Colonel du régiment d'*Aunis*, infanterie.

APPLAINCOURT, (Pierre Dumenil d') né à la Trinquerie en Picardie le 22 Juillet 1765, Sous-L. en 3e. au rég. *Royal-Navarre*, cav., le 12 Sept. 1781. D.

APRIX de Morienne, (Nicolas d') né en Bourgogne, Lieut. dans *Saumeri*, dragon, ✠.

APRIX, de Bonnieres, ✠ Lieut. des *Maréchaux* de France, à Verneuil.

ARBEY, Sous-L. de *Maréchaussée*, à Beaume.

ARBOCAVE, (François d'Abbadie Baron d') né au château de Maslac en Béarn le 29 Janv. 1743, Page de Madame la Dauphine le 1 Janv. 1758, Corn. dans *Berry* le 29 Janv. 1761, Lieut. des *Carabiniers* le 28 Avril 1765, Sous-Aide-Major de la brig. de Béthune le 20 Avril 1768, rang de Cap. le 21 Mai 1771, Cap. C. le 20 Fév. 1774, réformé le 1 Avril 1776, Cap. en sec. le 1 Mai 1779. E. M.

ARBONNEAU, Garde du Roi dans B. le 14 Avril 1770.

ARBONNEAU, Garde du Roi dans B. le 14 Avril 1771.

ARBONNEAU, Garde du Roi dans B. le 18 Mars 1773.

ARBORÉ, (le Comte d') Lieut. des *Maréchaux* de France & Sénéchal d'Oléron.

ARCHE-DE-VAUX, Major des *Gren. Royaux* de Lyonnois & ✠.

ARCHIAC, (le Comte d') Gouverneur du fort Brescou.

ARCHIAC, (le Comte d') Lieut. Gén.

ARCY, (le Comte d') Exempt des Gardes Suisses de Monsieur. M.

ARDENNES, (Henri d') né à Mont-Dauphin en Dauphiné le 15 Mars 1722, soldat dans *Rohan* inf. le 8 Juin 1741, Cav. dans *Royal-Pologne* le 3 Janv. 1743, Fourr. le 1 Août 1758, P. E. le 8 Janv. 1773, Lieut. en sec. le 8 Avril 1779. E.

ARDISSON, Commissaire des guerres, à Antibes.

ARDISSONI, Lieut. Col. de *Royal Italien* inf & ✠.

AREMBERG, Comte de la Marck, (le Prince d') Col. propriétaire du rég. de la *Marck*, infanterie. M.

ARFEUIL, (le Baron d') Lieut. des Gardes d'*Artois*. E.

ARGENT, (Jean d') Cap. de cav. & ✠.

ARGENT, (Charles-Antoine d') Mousquetaire de la Garde en 17... M.

ARGENT, (d') Lieut. des *Maréchaux* de France, à Metz.

ARGENTEUIL, (le Comte d') Lieut. des *Gendarmes* de Flandres. M.

ARGENTEUIL, (le Marquis d') Mar. de Camp. E.

ARGILS, (Antoine-François Troens de la Crose d') né à Lyon le 4 Février 1758, Sous-L. à la suite du rég. *Royal-Navarre* cav. le 19 Mai 1774, en pied le 12 Juillet 1779.

ARGIS, (d') Garde du Roi dans L. le 20 Juillet 1769.

ARGOUGES, (le Comte d') Lieutenant Général. M.

ARGOUGES, (Michel-Pierre-François Marquis d') Cap. dans la Gendarmerie en 17... Mar. de Camp en 17... D. E. M.

ARGOUT, (le Ch d') Lieut. Col. de *Bresse* inf. & ✠.

ARIBAT des Camps, Lieut. de *Roi* à Huningue

ARMAND, de la Garciniere des Vicomtes de Polignac, (Jean-Baptiste Baron d') né à Marseille le 3 Déc. 1725, Off. dans la *Rochefoucault* cav. en 1739, Garde du Roi d'Espagne en 17. Lieut. dans *Royal-Marine* inf. en France le 14 Février 1747, Cap. d'inf aux Isles St-Domingue le 6 Oct 1750, Aide-Major pour commander les troupes dans la partie du Nord en 17.. Lieut. des *Maréchaux* de France au département de Marseille, le 28 Août 1773. E. D. M.

ARMAND, (N...) né à Paris Paroisse St-Eustache en 1733, Cav. le 16 Mars 1764, Brig. le 1 Sept. 1764, Maré. de Logis le 4 Oct. 1764, P E. le 4 Février 1767, Lieut. au rég. de *Conti* drag. le 1 Juin 1772.

ARNAUD, Garde du Roi dans L. le 25 Fév. 1775.

ARNAUDET, (André) né à Feuillade en Périgord le 6 Décembre 1726, soldat au rég. de Soissonnois le 1 Fév. 1747, Sous-L. au rég. de *Foix* le 8 Déc. 1767.

ARNAULD, Duchesne Lieut. des *Maréchaux* de France, à Angoulême. E.

ARNONVILLE, (le Comte d') Col du rég. de *Languedoc* Drag., Brig. & ✠ E.

ARROS, Baron de Viven, (Armand Comte d') Lieut. Gén. des armées en 17.. M. D.

ARROS, de la Motte, (Jean d') Maj. du rég de *Boufflers* en 17... Chev. d'honneur au Parlement de Metz.

ARROS, (Hector Ch. d')

Mest. de C. & Enf. des Gardes du Roi, mort en 1772. M. E. D.

ARTAIGNAN, (d') Cap. en p. du rég. des *Gardes Françoises*. E.

ARTEL, Quart. M. Tréf. de *Royal-Navarre* cav.

ARTHAUD, de Germinon N... né à Seure en Bourgogne le 5 Nov. 1756, Sous-L. à la fuite au rég. des *Cuirassiers du Roi* le 19 Mai 1774, en pied le 25 Juin 1774.

ARTHUIS, Ch. de la Planchonniere, né le 15 Janv. 1741, Garde du Roi dans L. le 17 Août 1763.

ARTIGNOSC, (d') Lieut. en p. du rég. des *Gardes Françoises*.

ARUNDEL, Lieut. Col. d'*Alsace*, inf., & ✠.

ASFELD, (Claude-Etienne Bidal Marquis d') né en 1719, Mar. de Camp. M. E. D.

ASPREMONT, (le Comte d') Col. du 6me rég. des *Chevaux-Légers*, Brig. & ✠ E. D.

ASSAS, (Jean-Baptiste d') né à Montpellier le 15 Novembre 1752, Sous-L. au rég. de *Savoie-Carignan* le 5 Juin 1768, Lieut. le 2 Mars 1773, Cap. en fec. le 23 Avril 1781 E.

ASSAT, (le Ch. d') Maréc. de Camp.

ASSAY, (Philibert-Marie de Stut Comte d') né à Arcy en Bourgogne le 11 Oct. 1757, Page de la Reine le 1 Avril 1773, Sous-L. à la fuite dans Meftre de Camp général Drag. le 1 Avril 1776. Sous-L. le... 1781, Cap réformé dans *Royal* cav. le 12 Juillet 1782.

ASSELINE, Sous-L. de *Maréchauffée* à St-Quentin.

ASTIER, (d') Aide-Major du F. Randouil. E.

ASTORG, (le Comte d') Sous-L. des Gardes du *Roi* dans L. le 1 Janvier 1783 E. D.

ASTRUC, (Jean Paul d') né à Caftelnaudary le 20 Mai 1761, Cad. Gentilh. dans *Berry* inf. le 6 Juin 1776, Sous-L. le 8 Avril 1779, Lieut. en fec. le 13 Mai 1783.

ATILLY, (d') Maj. du rég. de l'*Ifle de France*, & ✠.

AVARAY, (le Marquis d') Maréc. de Camp le 5 Déc. 1782.

AVAUX, (Albert-Paul de Mefmes, Comte d') né à..., Sous-L. au rég. de *Berry*, cav., le 4 Mars 1767, Cap. le 1 Janv. 1770, Col. du rég. Provincial d'*Alby* le 20 Mars 1774, réformé, puis Col. en fec. de *Berry*, cav., en 17... Mest. de C. com. le rég. de *Médoc* le 13 Av. 1780.

AUBAREDE, Comte de Laval, Baron de Chamoufset, (Guillaume-Claude Marquis d') né à Lyon le 17 Juin 1717, Enfeig. au rég. de la *Sarre* en 1729, Cap. en 1734, ✠ en 1746, Colonel à la fin de la même année, pour s'être diftingué à la bataille de Tidon comme il appert par la lettre de M. d'Argenfon écrite par ordre du Roi; il a fait 3 campagnes en Corfe d'où il paffa en Baviere où il fit 2 campagnes étant Cap. des Gren., Aide de Camp de M. de Maillebois en 1745 pendant la campagne d'Italie, Aide-Major général de l'armée en 1746, 1747, 1748, Lieut. de Roi à Betfort fur la démiffion de fon oncle en 1755, Col. réformé à la fuite du rég. de la *Sarre*.

AUBAREDE, (Claude-François-Marie Comte d') né à Betfort le 22 Juillet 1757, Cadet Gentilh. au rég. de *Provence* inf. en 1778; Sous-Aide-Major de la légion de *Naſſau-Siegen* en 1779, Aide de Camp de M. le Duc de Crillon & de Mahon ſon couſin au ſiége de Gibraltar en 1782, Cap. de Drag. au rég. de *Pavie* au ſervice d'Eſpagne en 1783. M.

AUBAREDE, (Jean-Maximilien Ch. d') né à Lyon le 1 Fév. 1724, Enſeig. au rég. de la *Sarre* en 1733, Cap. en 1744, ✠ le 23 Août 1747, pour avoir ſoutenu avec 150 hommes les efforts de dix mille Autrichiens & Piémontois à Caſtel d'Appies où il reçut une bleſſure conſidérable, quitta ce rég. étant Cap. en 1757, Commandant la Compagnie des Bas-Officiers du palais des Tuileries en 1767, Comm. de bataillon en 1770, Lieut. Col. en 1780.

AUBAREDE, (Louis-Alexandre d') né à... Sous-L. au rég. de la *Sarre* en 17... Lieut. en 17... a fait toutes les campagnes d'Amérique ſous M. de Guichen.

AUBAREDE, (Jean-Joſeph-Henri d') né à... Elève de l'Ecole Militaire le... 17... Ch. de St-Lazare le... 17... Sous-L. au rég. d'*Artois* inf. en 17... a fait une campagne dans l'Archipel avec un détachement de ſon régiment, s'eſt trouvé aux ordres de M. le Comte d'Eſtaing au cap St-Maurice.

AUBAREDE, (Jean-Antheline Ch. d') né à Lyon en 1722, Off. pointeur ſurnuméraire d'artillerie à Beſançon en 1736, Lieut. dans *Bretagne* inf. le 1 Août 1743; il leva une comp. de cav. dans *Brancas* aujourd'hui *Lorraine* le 1 Août 1743, réformé le 1 Avril 1749; il acheta une Comp. en 1757, ✠ au mois d'Avril 1757, Comm.

d'équitation à l'Ecole à Douay, Major le 21 Mai 1766, retiré le 15 Janvier 1772, premier Cap. du rég. avec la commiſſion de Lieut. Col. & 1200 liv. de penſion, augmentée de 800 liv. en Janvier 1780 en conſidération de ſes ſervices. M.

AUBERT, Quart. M. Tréſ. avec rang de Cap. dans *Breſſe* infanterie. E.

AUBERT, (de Montoviller) Lieut. du *Génie*, à Lille.

AUBERY, (Charles Marie-Jean-Baptiste Marquis d') né aux Ormes en Poitou le 27 Avril 1749, Chevaux-Léger de la Garde le 17 Sept. 1766, Cap. en pied dans le rég. de *Languedoc* Drag. le 19 Mai 1774, paſſé au 6me rég. des *Chaſſeurs* le 23 Juin 1779. E. D. M.

AUBERRY, (le Chev. d') Exempt des Gardes Suiſſes de *Monſieur*.

AUBETERRE, (Joſeph-Henri d'Eſparbes de Luſſan Marquis d') né le 24 Janvier 1714, entré aux Mouſquetaires le 30 Juin 1730, Cap. au rég. de *Peyre* cav. le 18 Mars 1743, ſervit ſur le Rhin en 33, 34 & 35, Col. du rég. de *Provence* inf. le 16 Avril 1738; il marcha avec la troiſieme diviſion de l'armée de Meuſe en Weſtphalie ſous les ordres du Maréchal de Maillebois en Août 1741, & paſſa l'hiver à Paderborn; il ſuivit cette armée ſur les frontieres de Bohême au mois d'Août 1742, ſecourut Brune au mois de Déc., concourut au ravitaillement d'Egra en Fév. 1743, contribua à la défenſe d'Ingelfingen où il fut bleſſé au genou, rentra en France avec l'armée au mois de Juillet, finit la campagne en Haute-Alſace ſous le Maréchal de Coigny, & concourut à la défaite des ennemis à Rhinvillers; il passa avec son régiment à l'armée d'Italie au mois de Fév. 1744, & se trouva au mois d'Avril à l'attaque des retranchemens de Montalban & de Villefranche, à la prise de Nice, de Villefranche, de Montalban, au passage des Alpes par la vallée d'Esture, à l'attaque des retranchemens du Château-Dauphin au mois de Juillet, il y reçut un coup de fusil au travers du corps; déclaré Brigadier des armées au mois d'Août, employé en cette qualité pendant le reste de la campagne, quoiqu'il ne pût pas servir à cause de ses blessures; employé à la même armée par Lettres du 1 Avril 1745; il servit au siége d'Acquy, des villes & château de Tortonne, de Plaisance, de Pavie, d'Alexandrie, de Valence, d'Asty & de Casal, combattit à Rivaronne, & passa l'hiver en Italie où il se trouva en 1746 au secours de Valence, au siége d'Acquy, à la bataille de Plaisance, au combat du Tidon, & étant repassé en Provence avec l'armée il concourut à la défense de cette Province pendant le reste de la campagne qui ne finit qu'en Mars 1747; il fut employé à la même armée le 1 Juin suivant, il se trouva au passage du Var le 3 Juin, à la prise de Nice, au siége du fort de Montalban, de Villefranche, de Vintimille, & resta dans le camp des environs de cette place & de Nice jusqu'au mois d'Oct.; il marcha le 17 sous les ordres du Maréchal de Belle-Isle au secours de Vintimille que les ennemis bloquoient & se trouva au combat qui se

donna le 20 Oct. sous cette place qui fut dégagée par la victoire qu'on remporta; il fut fait Maréchal de Camp le 1 Janvier 1748, il se démit du rég. de Provence & fut employé sur la même frontiere jusqu'au premier Août qu'il revint en France; nommé Ambassadeur à Vienne en Déc. 1751 & s'y rendit en 1753; nommé Ambassadeur extraordinaire en Espagne en Sept. 1756, ✠ E. le 1 Janv. 1757, reçu le 2 Fév., Lieut. Gén. le 1 Mai 1758, s'est rendu ensuite en Espagne d'où il est revenu en 1761, ayant été nommé Ambassadeur extraordinaire & plénipotentiaire pour le Congrès qui devoit se tenir à Ausbourg; créé *Maréchal de France* le 13 Juin 1783, a prêté serment le 14.

AUBIGNY, (le Comte d') Maréchal de Camp. E.

AUBIGNY, (d') Garde du Roi dans L. le 26 Septembre 1775.

AUBLAY, (d') Maréchal de Logis & ✠ dans les *Gardes d'Artois*.

AUBUSSON de la Feuillade, Enseigne au régim. des *Gardes Françoises*. E.

AUBUSSON, Lieutenant Col. du rég. des *Grenadiers Royaux* de la Picardie & ✠ E.

AUDEMARD, (Esprit de Vernon d') né à Charmes en Vivarais le ... 1743, cavalier dans Royal le 10 Avril 1761, Brig. le 1 Janvier 1764, Maréchal de Logis le 1 Septembre 1768, Sous-Lieuten. le 17 Oct. 1772.

AUDREN de Kerdrel, Lieut. des *Maréchaux* de France, à l'Esneven.

AVELOT, Brigadier & Fourrier des *Gendarmes* Ecossois.

AVERNE, (le Marquis d')

Capitaine Lieutenant des *Gendarmes* de la Reine. E.

AUFRAY, Sous-Brigadier de *Maréchaussée.*

AUGER, (le Comte d') Lieutenant Général. E. D.

AUGER, (le Comte d') Cap. Lieut. des *Gendar.* de Monsieur.

AUGER, (le Bar. d') Exempt & Sous-Aide-Maj. des Gardes du Roi dans *Noailles* le 16 Sept. 1766, Mest. de Camp, & Aide-Maj. le 30 Juin 1771, brevet d'Enf. le 24 Mai 1774, Aide-Maj. le 1 Janv. 1776, brevet de Lieut. le 12 Mars 1780, Lieut. Command. d'escad. le 22 Déc. 1782.

AUGIER, Lieutenant Colonel de *Royal*, infanterie, Brig. & ✠.

AUGIER, (Jean-François) né à St-Vallier en Provence en 1736, Cavalier au rég. de *Berry* en Juin 1761, Mar. de Log. en 1763, Adjud. en Juin 1776, Lieut. en second en Fev. 1780.

AUGIER, Quart. M. Trés. du rég. de la *Reine*, cav., & ✠.

AVIAUT de Piolaut, Lieut. des *Maréchaux* de France, à Poitiers.

AVIGNON, (d') Brig. des *Gendarmes* Ecossois. E.

AULAS, Lieutenant de *Maréchaussée*, à Senlis.

AULBONNE, (d') Colonel du régiment d'*Aulbonne*, infanterie, Maréchal de Camp, ✠ *.

AUMALE, (le Vicomte d') Col. en sec. de *Blaisois*, inf. E.

AUMALE, (le Vicomte d') Lieut. Col., commandant le Bataillon de *Cambresis* & ✠.

AUMALE, (le Comte d') Maréchal de Camp.

AUMONT, Duc de Mazarin, (le Duc d') Mar. de Camp. E.

AUMONT, (d') Maréchal de Camp.

AUMONT, (d') Lieutenant du *Génie*, à Strasbourg.

AVRANGE de Kermont, Contrôleur des Gardes de Monsieur.

AVRANGES d'Hangerauville, Maj. des *Gardes* de la Porte.

AVRAINCOURT, (le Ch. d') Lieutenant de *Roi*, à Ham.

AVRAINVILLE, Quart. M. Trés. de *Forez*, infanterie.

AUREVILLE, (le Marquis d') Maréchal de Camp.

AUREVILLE, (le Ch. d') Lieuten. en p. des *Grenadiers Royaux* de Picardie.

AURIOSTE, Quart. M. Trés. d'*Auxerrois* & ✠.

AURIOL, (d') Major de *Bourbon*, infanterie, & ✠.

AURIOL, (Pierre-Jean) né à Castres en Languedoc le 15 Nov. 1754, Sous-L. au rég. de *Savoye-Carignan* le 2 Déc. 1769, Lieut. en sec. le 1 Fév. 1775, Lieut. en p. le 5 Juillet 1779.

AUSIELLES, (d') Garde du Roi dans L. le 6 Décemb. 1774.

AUSSY, (Jean-Antoine, Ch. d') né à Pluviers en Beauce le 2 Nov. 1759, Ca-l. Gentilh. au rég. de la *Marine* le 6 Juin 1776, Sous-Lieut. le 1 Septembre 1777.

AUTEL, (Antoine-François Barberot, Ch. d') né à Grai en Franche-Comté) le ... Juillet 1752, élevé à l'Ecole Militaire en Sept. 1761, Sous-L. au rég. *Royal-Comtois* en Mars 1763, Lieut. aux Volont. de *Nassau* en Fév. 1779, Lieut. en p. au corps de *Nassau-Siegen* en Août 1779.

AUTEMARRE d'Erville, (d') Intendant des Armées & ✠, à Versailles.

AUTEUIL, (d') Lieutenant de *Roi*, à Nancy.

AUTEUIL de Combaule, (Pierre-Augustin-Adrien d') né à l'Isle de France le 12 Août 1755, Page du Prince Condé le 26 Mars 1768, Sous-L. de la Légion de

Condé le 26 Mars 1774, incorporé dans *Lorraine*, dragon, le 9 Déc. 1776, passé au 4e. rég. des Chasseurs le 26 Mai 1779.

AUTEROCHE, (le Ch. d') premier Sous-Lieutenant du régiment des *Gardes Françoises*.

AUTICHAMP, (le Marquis d') Capitaine Lieutenant des *Gendarmes Anglois*. E.

AUTICHAMP, (le Marquis d') Maréchal de Camp.

AUTICHAMP, (le Comte d') Col. d'*Agenois*, inf., Brig. & ✠.

AUVILLIERS, (d') Trésor. principal des guerres, à Poitiers.

AUZANNEL, (André-Barthelemi-Amable-Marie d') né à Rouen le... 17..., Vol. dans la Légion de *Condé* le... 1774, Sous-Lieut. à la suite le 14 Août 1775, incorporé dans *Bouffiers* le 9 Déc. 1776, Sous-L. dans le 4e. régiment des *Chasseurs* le 3 Juin 1779.

AUZANET, (Barthelemi-Claude d') né à Rouen le 5 Mars 1754, Sous-L. à la suite dans *Berry*, inf., le 14 Août 1775, en pied le 11 Juin 1776, Lieut. en second le 27 Juillet 1781.

AYAT, (Louis-Charles-Antoine de Beaufrauchet, Comte d') né à Ayat en Auvergne en Nov. 1757, Sous-L. au rég. de *Berry*, inf., en 17... Commission de Cap. au rég. de *Berry*, cav., en Fév. 1758, en pied en 17...

AYEN, (le Duc d') Mar. de C.

AYMAR, (Honoré-Lambert, Chev. d') né à Paris le 6 Mars 1745, Mousquetaire du Roi le 15 Mars 1761, rang de Sous-Brig. le... Juill. 1771, rang de Cap. le... 1774, réformé le... 1775, Cap. réformé au rég. *Royal-Navarre* le 28 Février 1778, Capitaine en second le 4 Juin 1779.

AYMERY, Maréchal de Logis du régiment des *Gardes Françoises*.

B

BAAS de Sivord, (Jean-Joseph-Josué de Bas de) né à ...... en Béarn le... 17... Mousquetaire de la Garde du Roi le... 17...

BAAS de Sivord, (Jean-Josué de) né à... le. . 17... entré aux Mousquetaires de la Garde le... 17... Cap. de cav. le... 17...

BAB, Garde du Roi dans L. le 30 Juin 1772.

BAB, Garde du Roi dans L. le 30 Juin 1772.

BAB, Garde du Roi dans L. le premier Octobre 1778.

BACALAN, (Henri-Raimond de) né à Cessac en Basadois le 25 Avril 1758, Cad. Gentilh. dans *Berry*, inf., le 6 Juin 1776, Sous-L. le 15 Oct. 1777, Lieut. en second le 6 Avril 1783.

BACALAN, (Jean Ch. de) né à Doulouzan en Guienne le 1 Juillet 1763, Cad. Gentilh. dans *Berry*, infanterie, le 8 Avril 1779, Sous-Lieutenant le 27 Juillet 1781.

BACHMANN, (le Baron de) Maréchal de Camp.

BACHMANN, (le Chev. de) Lieut. Col. du rég. *Salis Samade*.

BACIOCCHI, (Giusepp. Antonio) né à Ajacio le 5 Janv. 1745, Lieut. le 20 Juill. 1761, Cap. au rég. *Royal-Corse* le 31 Mars 1774.

BACQUEHEM, (le Comte de) Lieut. des *Maréchaux* de France, à Douay.

BACQUEVILLE, (le Marquis de) Maréchal de Camp.

BADDA, Major de Colonel-Général Huffards.

BADIFFE, Garde du Roi dans L. le 13 Octobre 1774.

BAGET, (Jean Ch. de) né à Lavit de Lomagne en Gascogne le 19 Oct. 1743, Cav. au rég. de Vogué le 5 Mai 1760, Maréchal de Logis le 19 Avril 1763, Sous-L. le 11 Août 1768, Sous-Aid-Maj. le 1 Juill. 1773, Lieut. dans *Royal* cav. le 11 Juin 1776.

BAGNEUX, Enseigne des Cent Suisses de la *Garde*.

BAGNEUX, (François-Joseph Frottier de) né à Poitiers le 28 Déc. 1739, Corn. des *Carabiniers* le 1 Avril 1757, Lieut. le 3 Mai 1760, rang de Cap. le 24 Mars 1772, Lieut. en p. le 1 Avril 1776, Cap. en sec. le 1 Mai 1779.

BAIGNEUX de Courcival, Lieutenant des *Maréchaux* de France, à Mamers.

BAILLET, (Joseph François Ch. de) né à Castillonet en Languedoc le... 1750, Sous L. au rég. de *Savoie-Carignan* le 22 Janv. 1771, Lieut. le 28 Mai 1775.

BAILLAC, (François-Claude Plumon de) né à d'Estagnac en Angoumois en 1758, soldat au rég. de *Médoc* en 1775, Ser. le 1 Juin 1778, P. D. le 10 Juin 1779.

BAILLEUL, Garde du Roi dans N. le 20 Janv. 1760. E.

BAILLEUVILLE, (le Bailli de) Brigadier des Gendarmes *Dauphin*.

BAILY, (Henri de) né à.... Cad. Gentilh. au rég. de *Berry* cav. en Avril 1778, Sous-L. en Mars 1779, Cap. à la suite en Juill. 1781.

BAILLY, (le Comte de) Maréchal de Camp. M. D.

BAILLY, Brigadier des *Gendarmes* de Flandres.

BAILLY, Brigadier des *Gendarmes* Anglois.

BAILLOT, Garde du Roi dans B. le 1 Avril 1773.

BAILLOT, (Antoine-Raimond Ferrat Ch. de) né à Agrammat en Quercy le 5 Sept. 1741, Volontaire aux *Carabiniers* le 1 Avril 1761, Fourrier le... 1762, Maré. de Logis dans *Bourgogne* cav. le 1 Sept. 1767, Sous-L. le 11 Avril 1768, Lieut. en pied le 1 Juin 1772.

BAILOT, d'Acher Lieut. du *Génie*, à Carcassonne.

BAIN, Lieut. de Prévôt. du rég. des *Gardes Françoises*.

BALBEAU, (Antoine) né à Avesnes en Hainault le 13 Juin 1726, Soldat au rég. de *Beaujolois* le 29 Mars 1744, Grena. le 12 Déc. 1747, Serg. le 1 Nov. 1755, P. D. le 5 Juillet 1765, Sous-L. le 11 Juin 1776, Lieut. en sec. le 15 Juillet 1782, ✠ le 27 Novembre 1779.

BALINCOURT, (Claude-Guillaume Testu, Marquis de Balincourt, dans le Vexin François) né le 17 Mars 1680, appellé d'abord Marquis de Balincourt, Col. du rég. d'*Artois* inf. 9 Mai 1703, Brig. 29 Mars 1710, Maré. de Camp 1 Févr. 1719, Lieut. Gén. 1 Août 1734, Gouv. de Mont-Dauphin 26 Janv. 1730, Gouv. de Strasbourg, en remettant le Mont-Dauphin 11 Janv. 1746. E. M.

BALINCOURT, (le Marquis de) Maréchal de Camp.

BALLEROY, (le Chev. de) Maréchal de Camp.

BALLIAS, de Tournai, (Elie de) né à Agen le... 17... chargé des affaires du Gouvernement, Comm. de la Province le... 17... Gentilh. de la Venerie de Monfieur le... 17.. Capitoul à Toulouse en 1773, Ch. de Saint-Michel le... Décembre 1777. E. D.

BALLIAS, de St-Pré, (Marie-Antoine Timothée de) né à Agen le... 17... Commiffaire de la Marine le... 17... Subdélégué de l'Intendant des Ifles du Levant le.. 17..

BALLIAS, de Galand, (Guillaume-Benoit de) né à Agen le.. 17.. Commiffaire de la Marine & Penfionnaire du Roi le.. 17..

BALLIAS D'AUBAREDE, (Guillaume de) né à Agen en Agenois le.. 17.. Gendarme de la Garde le.. 17.. Commiffaire des guerres au département de Caen le.. 17.. Confeiller au Confeil de Mgr. le Comte d'Artois le... D. E.

BALLIAS de Soubran, (Jean-Baptifte-Romain de) né à Agen le... 17... Gendarme de la Garde le... 17... Commiffaire des guerres au département d'Agen le... 17...

BALIQ, Sous-L. du 3me régiment d'État-Major.

BALTHAZARD, (le Baron de) Brigadier de Dragons. E.

BALTHAZAR, (Philippe Chriftophe Baron de) né en la Poméranie Suédoise en 1724, Com. au rég. de Saxe cav. le 1 Mai 1746, fait les campagnes de 46, 47 & 48, Sous-L. le 27 Janv. 1751, Aid-Maj. le 17 Juill. 1754, Cap. le 6 Décembre 1756, Major le 27 Avril 1761, fait les campagnes de 58, 59, 60, 61 & 62, Lieut. Col. le 30 Juil. 1765, Brig. le 1 Mars 1780, Col. du 3me régiment des Chaffeurs à cheval le 13 Avril 1780. M.

BALTHAZARD, Enfeigne des Gardes Suiffes.

BANASTRE, (M... de) né à Parfoudeval en Normandie le 22 Mai 1748, Sous-L. à la fuite au rég. des Cuiraffiers du Roi le 22 Sept. 1764, Sous-L. en pied le 29 Juin 1770, Lieut. le 7 Av. 1773, Sous-L. en pied le 11 Juin 1776, Lieutenant en fecond le 10 Septembre 1780.

BANIERES, Garde du Roi dans Noailles le 21 Nov. 1772.

BANNES d'Avejan, (Jean, Comte de) né à..., Aide-Maj. de la première Compagnie des Moufquetaires le 1 Août 1722, Maréchal de Logis le... 17..., Aide-Maj. avec brevet de Meft. de Camp de Cav. le 27 Fév. 1735, ✠ le 3 Juin 1740, Brig. de Cav. le 1 Mai 1745, Maré. de Camp le 10 Mai 1748. Il a quitté les Moufquetaires en 1759 avec 30,000 liv. d'argent comptant & 7000 liv. de penfion. E. M. D.

BANNES, (Charles-Joseph, Ch. de) né à Montelimar le 24 Juin 1760, Sous-L. à la fuite de l'Ifle-de-France le 8 Avril 1779, en pied le 17 Mai 1780.

BANSE, (Louis-Benoît) né à Perries en Baffe-Normandie, le 21 Mars 1741, Soldat au rég. de Limofin, inf.. le 18 Oct. 1758, Fourr. le 10 Sept. 1764, Quart. Maitre Tréforier avec rang de Lieuten. en fec. le 8 Juin 1776.

BANSIERE, Quart. M. Tréf. du rég. de Boufflers dragon.

BAR, (le Baron de) Brigadier d'infanterie. E.

BAR, Lieutenant des Gardes de la Porte de M. d'Artois.

BARATON de Dame, Tréf. principal des guerres, à Bourges.

BARATS, Garde du Roi dans L. le 17 Janvier 1772.

BARAU Muratel, (de) Garde

du Roi dans *Noailles*, le 29 Mars 1774. E.

BARAZER, Aspirant du *Génie*, à Cherbourg.

BARBANÇOIS, Sous-L. du rég. des *Gardes Françoises*. E.

BARBANÇOIS, (le Marquis de) Brigadier d'infant. E. M.

BARBANÇOIS, † (Hector-Louis de) né au château de Barbançois en Berry, le 18 Septembre 1763, Page du Roi le 25 Novembre 1778, Sous-Lieutenant au rég. *Royal Navarre* cavalerie, le 5 Mars 1781.

BARBANÇON, (Augustin-Jean-Louis-Antoine, Comte de) né à Paris le 10 Juin 1750, Officier à la suite de la cav. en 1758, idem des *Carabiniers* en 1765, Cap. au rég. de *Noailles* en 1768, Col. à la suite de la cav. en 1773, Col. au rég. d'*Orléans*, le 23 Juin 1775 ✠ le 11 Juin 1783. E.

BARBANTANNE, (le Marquis de) Maréchal de Camp. E.

BARBANTANNE, Colonel en sec. de *Neustrie* infanterie.

BARBARIN, (le Chev. de) Lieut. Colonel, commandant le bataillon de la *Reine*. E.

BARBER, Charles-Claude, Chev. de) né à la Mortaut en Champagne en 1748, Sous-L. au rég. de *Savoye-Carignan*, le 8 Mai 1764, Lieut. le 14 Octob. 1769, Cap. en sec. le... 1778. E.

BARBET, Maj. à Blaye.

BARBIER, (Jacques-Robert-Jean-Baptiste) né à Beziers le 12 Nov. 1751, Volontaire au rég. d'*Aquitaine*, le 10 Juin 1772, Sous-L. le 24 Mars 1775, Lieutenant en sec., le.... Lieut. en pied, le premier Avril 1781.

BARBIER, (Claude) né à Chavane en Franche-Comté, le 22 Janv. 1728, Hussard dans Linden, le 15 Nov. 1745, passé dans Rougrave le 4 Oct. 1747, passé dans *Archon* le 24 Déc. 1748, Fourr. en 1758, P. G. le 3 Janv. 1772, Lieut. en sec. le 12 Fév. 1779, a eu l'épaule cassée à la bataille de Laufeld le 2 Juill. 1747, & son cheval tué sous lui, il a été blessé à la tête le 27 Juillet 1758.

BARBIER de Tinan, Commissaire des guerres à Strasbourg.

BARD, Sous-L. de *Maréchaussée* à Tonnerre.

BARDEL, Trompette des Gardes du Roi dans B.

BARDON DE MÉAGE, (Antoine Ch. de) né à Rongeres en Bourbonnois le 29 Janv. 1748, Volontaire au rég. *Royal-Comtois* le 12 Décem. 1769, Sous-L. à la suite le 23 Janv. 1771, Lieut. le 15 Juil. 1773, Cap. en sec. le 21 Juillet 1775, Cap. le 3 Juin 1779. E.

BARDON, (Louis-Silvestre de) né à Mende en Gévaudan le 7 Nov. 1742, Enseig. au rég. de *Bassigny* le 20 Avril 1759, Cap. le 15 Juin 1776, Cap. en sec. des Chasseurs le 28 Avril 1776, Cap. L. le 15 Août 1779, ✠ le 25 Avril 1782, Cap. C. des Chasseurs le 25 Nov. 1782.

BARDONENCHE, (le Cte. de) Col. du rég. *Provincial* d'Artillerie de Grenoble. E. D.

BARDY, Garde du Roi dans B. le 16 Décembre 1778.

BAREAU, Garde du Roi dans L. le 12 Mai 1756.

BARESCUT, Sous-Lieutenant de *Maréchaussée*, à Prades.

BARITAUT, Garde du Roi dans L. le 9 Juillet 1769.

BARONCELLY de Javon, (le Marquis de) Sous-Lieutenant des *Gardes Françaises*.

BARQUIER, (Joseph David de)

de) né à... en Provence le... 17... Offic. à la suite du rég. de *Col. Gén.*, cav., en 1780. E. D.

BARQUIER de Malvans, (Alexandre de) né à... a commencé à servir en 1744, Cap. au rég. de *Bourbon*, inf., le... 17... Conf. Pension. du Roi le... 17... Commiſſaire des guerres au départ. de Toulon, puis d'Antibes & de la Principauté de Monaco.

BARRAL, (le Vic. de) Maj. du rég. de *Noailles*, drag. M. E.

BARRAL d'Arennes, Lieutenant de Roi en Languedoc.

BARRAS, (N... de) né à... le... 17... Capitaine à la suite dans le régiment d'*Aquitaine*. D.

BARRÉ, (Léon-Charles-Prosper le Picard de Radeval de Seſſelot, Vicomte de) né à Barre en Languedoc le 4 Avril 1761, Cad. Gentilh. au rég. de *Monſieur*, drag., le 22 Fév. 1778, Sou-L. à la ſuite le 27 Décemb. 1778, Sous-Lieut. en pied le 26 Nov. 1779.

BARRÉ de St-Ange, Sous-L. de *Maréchauſſée*, à Milhaud.

BARRET de Ferrand, Lieutenant des *Maréchaux* de France, à Bordeaux. E.

BARRIER, Lieut. de *Maréchauſſée* avec rang de Capitaine de cavalerie.

BARRIN, (le Marquis de) Maréchal de Camp. E.

BARRIN, (le Vicomte de) Maréchal de Camp.

BARRUEL, Garde du Roi dans V. le 11 Mai 1761. D. M.

BARRY du Pujol, (Pierre-Laurent de) né à... Sous-L. au rég. de *Foix* le 19 Juin 1782.

BARRY, Garde du Roi dans B. le 12 Avril 1771.

BARRY, (de) Maréc. de Log. des *Gardes* du Roi dans L. le 9 Novembre 1777.

BARRY, Garde du Roi dans B. le 18 Décembre 1768.

BARTHELEMY, (Philippe de) né à Ville-Nouvelle en Languedoc le 7 Juin 1763, Sous-L. au rég. du *Maine* le 9 Mai 1780. E.

BARTHELIER, (Ch. de) Capitaine du *Génie*, à Briançon.

BARTHÉS de Marmoſières, Mar. de Log. des *Gardes Suiſſes*.

BARTILLAT, (le Marquis de) Col. de *Béarn*, inf. & ✠.

BARTILLAT, Aide-Major des *Gardes Françoiſes*.

BARTON, Comte de Mont-Bas, (Pierre-Thibault-Marie de) né à... Cornette au rég. de la *Reine*, cav., le... 1748, réformé en 1749, Mouſquetaire de la deuxième Compagnie le... 17... Cornette au rég. de la *Reine* le... 1753. E. M.

BARTON, Vicomte de Mont-Bas, (Jean-Thibault-Louis de) né à... le... 17..., Lieuten. Col. au rég. de *Conti*, infant.

BARTON, Marquis de Mont-Bas, (Gabriel-François-Xavier) né à... le... 17... Lieut. des vaiſſeaux du Roi le... 17... a commandé la frégate l'Etourdie à la priſe de la Dominique, & a couru depuis toutes nos Iſles, a fait rentrer à Bordeaux le vaiſſeau qu'il eſcortoit, & a mérité, dans cette dernière circonſtance, que la Chambre de Commerce de cette Ville en écrivît au Miniſtre.

BARTON, Baron de Mont-Bas, (Gaſpart-Simon de) né à... Capitaine au régim. *Royal*, inf.

BARTOUILH, Capitaine du *Génie*, à Bayonne.

BARVILLE, (le Marquis de) Lieutenant des *Maréchaux* de France, à Orbec. E.

BARVILLE, Lieutenant en ſecond des *Gardes Françoiſes*.

BARVILLE, (Charles-Louis

de) né à Châtel-sur-Mozelle le 11 Nov. 1752, Cad. du Roi de Pologne en 1765, Soldat de la Légion de *Lorraine* en 1768, Sous-L. en 1772, réformé en 1776 attaché au rég. d'*Anjou*, passé au troisième rég. des *Chasseurs* le 8 Juin 1779.

BARY, (Jean-Nicolas Amelin de) né à Bury, Paroisse de St-Maurice dans les Evêchés le 11 Déc. 1739, Milicien le 1 Fév. 1756, incorp. dans *Dampierre*, cav., le 25 Mai 1758, Fourrier dans *Bourgogne*, caval., le 16 Mars 1763, P. E. le 26 Octob. 1770, Quart. M. le 1 Juin 1772, chargé du détail le 1 Mai 1776, Trésorier avec rang de Lieutenant le 1 Juillet 1776.

BASCHI du Cayla, (le Cte. de) Col. Com. de *Condé*, drag. M.

BASCHI, (le Baron de) Col. en second de *Barrois*, inf.

BASMARESQ, Charles-Félix le Canu de) né à Perries en Basse-Normandie le .... Mars 1758, Volontaire dans *Royal*, cavalerie, le 28 Août 1772, Sous-Lieutenant le 24 Mars 1774.

BASQUIAT de Toulouzette, Lieutenant de *Maréchaussée*, à Tarbes.

BASSERUT, (Antoine Amaritton du Bost de) né à Mont-Fleury en Auvergne en 1738, Lieut. au rég. d'*Orléans*, inf., le 28 Oct. 1755, Lieut. des Gren. le 1 Nov. 1757, rang de Cap. le 24 Mars 1771, Cap. en sec. le... 1772, a fait les campagnes de 57 & 62, Cap. Com. le 13 Juillet 1779, ✠ le 15 Déc. 1779, embarqué sur le vaisseau du Roi la Victoire le 29 Décembre 1779, rentré le 23 Mai 1782.

BASSIGNAC. (Joseph d'Anglars de) né au Château de Bassignac en Auvergne le 14 Août 1755, Page du Roi le 13 Mai 1770, Sous-L. au rég. de *Bourgogne*, cav., le 1 Juillet 1773.

BASSOMPIERRE, (le Comte de) Brigad. de cavalerie. F. D.

BASSOMPIERRE, (le Chev. de) Col. en sec. de *Vexin*, inf.

BASSOMPIERRE, (le Marquis de) Lieutenant Général.

BAST, Sous - Lieutenant de *Maréchaussée*, à Limoges. E.

BASTARD, Capitaine du Bataillon de *Guienne*. E.

BATAILLE, Major des Forts, à Briançon. E.

BATAILLE, Garde du Roi dans *Noailles* le 7 Octob. 1756.

BATTINCOURT, (le Baron de) Brigadier de cavalerie.

BATZ d'Aurice, (Jean-Baptiste de) né à St-Sever en Gascogne le 25 Mai 1765, Cadet Gentilhomme dans *Berry*, infanterie, le 1 Juin 1780. E.

BATZ, Lieut. Col. commandant le Bataillon de *Béarn*.

BATZ, le Baron de) Lieut. des *Maréchaux* de Fran., à Condom.

BAUDARD, Quart. M. Trés. du premier rég. des *Chasseurs*.

BAUDEAU, (Joseph-François-Mathurin-Etienne de) né à Reux près St-Malo le 26 Déc. 1763, élevé à l'Ecole Militaire, Cad. Gentilh. au rég. de *Limosin*, infant., le 20 Mars 1779, Sous-Lieutenant le 12 Nov. 1779. E.

BAUDON, (N... de) né à Paris le 10 Avril 1760, Sous-L. à la suite dans le rég. des *Cuirassiers* du Roi le 6 Mars 1777, en pied le 18 Avril 1781.

BAUDOT du Breuil, (Alexandre de) né le 13 Décem. 1729, Garde du Roi dans L. le... 17... Major à Ardres le... 17...

BAUDOT, (Jérôme-Louis de) né le 8 Oct. 1728 à..., Garde du Roi dans L. le... 17..., Lieut.

des *Maréchaux* de France, à Sémur le... 17...

BAUDOUIN, (le Comte de) Maréchal de Camp.

BAUDOUIN, Maréc. de C. E.

BAUDOUIN, Commissaire des Guerres, à Huningue.

BAUDOUIN, Garde du Roi dans L. le 24 Mars 1760.

BAUDRI de la Poterie, Fourrier des cent Gardes Suisses.

BAUDRY, Garde du Roi dans L. 15 Mars 1773.

BAUFFREMONT, (le Prince de) Maréchal de Camp. M. E.

BAVIERE, Lieutenant de *Maréchaussée*, à Bastia. E.

BAVIERE Grosberg, (le Cte. de) Brigadier d'infanterie.

BAULAC, Garde du Roi dans V. le 11 Mars 1756.

BAULDRY, Capitaine du *Génie*, à Dieppe.

BAULNY, Trésorier principal des guerres, à Bastia.

BAUMEFORT, Garde du Roi dans V. le 27 Octobre 1763.

BAUMEFORT, Garde du Roi dans V. le 27 Octobre 1760.

BAUMONT, Lieut en sec. des *Gardes Françoises*. E. D. M.

BAUNE, (le Cte. de) Commandant en second, à Ardres.

BAUR, (Helwg) né à... d'Armstatt le 28 Août 1729, Maréc. de Logis dans *Royal-Nassau* en 1768, Sous-Lieutenant le 4 Août 1774, incorporé dans *Conflans* le 26 Juillet 1776.

BAUSSAN, (le Marquis de) Maréchal de Camp.

BAUSSANCOURT, (Elisée-Philippe de) né à Vitri-le-François le 28 Avril 1766, Page de Monsieur le 1 Juill. 1780, Sous-Lieut. en troisième des *Carabiniers* le 16 Mars 1783.

BAUVILLE, Exempt des Cent Suisses de la Garde.

BAUVILLE, Garde du Roi dans V. le 25 Octobre 1777.

BAXMANN, Quart.-Maître Trés. du régiment *Royal-Allemand*, cavalerie.

BAYARD, (Maurice de) né à Champagnol en Languedoc le 3 Avril 1740, Enseig. au rég. de la *Reine*, inf., le 12 Avril 1762, Lieut. le 11 Mai 1769, Cap. en sec. le 31 Mars 1779. E. D.

BAYARD, (Pierre-Peiront de) né à... le... Cad. Gentilh. au rég. d'*Aquitaine*, le 24 Mars 1780, Sous-L. le 16 Mai 1781.

BAYARD, Garde de la Manche le 30 Juin 1782.

BAYE, (le Baron de) Lieut. des Gardes de Monsieur.

BAYE, (le Baron de) Brigadier de cavalerie.

BAYENGHEM, Lieut. des *Maréchaux* de France, à Cassel.

BAYET de Vaugrenant, Major à la Citadelle d'Arras.

BAYLE, Garde du Roi dans L. le 22 Février 1769.

BAYLE, Garde du Roi dans V. le 26 Nov. 1769.

BAZANTIN, Maj. à Péronne.

BAZARNE, Garde du Roi dans V. le 26 Déc. 1768.

BAZIGNAN, (le Ch. de) Capitaine du *Génie* à Andaye.

BAZUS, (le Baron de) Lieut. Col. Com. le bataillon de garnison d'*Artois*. ✠.

BEAUBE, (Joseph) né à Lorquin-trois-Evéchés, le 6 Déc. 1731, Sous-L. le 1 Fév. 1763, Lieut. le 14 Janv. 1772.

BEAUCAIRE, Garde du Roi dans V. le 4 Mai 1781.

BEAUCHAM, (N.... de) né à Paris le... 1740, Enseig. au rég. de l'*Isle de France* le 21 Oct. 1757, Lieut. le 6 décemb. 1758, Cap. le 13 Juill. 1771, Aide-Maj. le 17 Juillet

1774, Maj. dans *Perche* le 27 Mai 1782 ✠ le... 1782.

BEAUCHAMP, Major à Monaco.

BEAUCHESNE, Garde du Roi dans L. le 20 Oct. 1758.

BEAUCOLTOT, Garde du Roi dans L. le 6 Fév. 1774.

BEAUDE, sous-L. du rég. des *Grenad. Royaux* de la Picardie.

BEAUDINOT, (Mathias-Joseph) né à Schelestat en Alsace, le 17 Octob. 1746, Lieut. au rég. de *Warmser* le 1 Fév. 1762, sous-L. de la *Légion de Flandres* en 1764, passé au 5ᵉ rég. des *Chasseurs*, le 5 Juin 1779.

BEAUFORT, (Réné-Urbain-Emmanuel le Fevre de la Fautradière de) né à Sablé au Maine, le 4 Juin 1741, Enseig. le 1 Fév. 1761, Lieut. le 8 Nov. 1761, sous-Aide-Maj. le 6 Mars 1763, Aide-Maj. le 21 Mai 1771, Cap. par comm. le 3 Mars 1774, Cap. de la *Compagnie auxiliaire* le 8 Juin 1776, Cap. en s. des *Chasseurs* le 21 sep. 1776, idem de celle des *Grenadiers* le 12 Nov. 1779, Cap. Com. des *Fusiliers* au rég. de *Limosin*, inf. le 18 Juin 1780. M. E. D.

BEAUFORT, Lieut. de *Maréchaussée* avec rang de Lieut. Col.

BEAUFORT, Maj. à Marsal.

BEAUFORT, (le Vicomte de) Lieut. des *Maréchaux* de France à Castel-Sarrasin.

BEAUHARNOIS, (le Comte de) sous-L. des *Gardes Françoises*, E.

BEAULAINCOURT, Lieut. de Roi à Bethune E.

BEAULNY, Garde de la Manche le 31 Déc. 1780.

BEAUMANOIR, Lieut. de Roi à Landau, E. D.

BEAUMONT d'Auty, (Jacques-Abraham, Marquis de) né à St. Vincent en Quercy le... Avril 1743, Corn. au rég. d'*Archon*, drag. le... 1759, Cap. dans la *Reine*, drag. le... 1763, Col. du rég. *Provincial* de Châlon, le... 1774, Mest. de C. en s. du rég. de *Bourgogne* cav. le 1 Juil. 1775 ✠ le... 1777 M. E.

BEAUMONT, Garde du Roi dans L. le 1 Oct. 1762.

BEAUMONT, (Robert-Bertrand-Denis le Maitre de) né à Marseille le 16 Avril 1755, sous-L. au rég. de la *Marine* le 20 Oct. 1774, Lieut. le 21 Juil. 1779.

BEAUMONT, Garde du Roi dans L. le 6 Sep. 1767.

BEAUMONT d'Auty, (le Marquis de) Col. en s. de *Bourgogne* cavalerie.

BEAUMONT, (le Marquis de) Maréchal de camp.

BEAUMONT, Cap. du *Génie* à Belle-Isle.

BEAUMONT, Porte-étendard des *Gardes d'Artois*.

BEAUMONT, (le Comte de) Maréchal de Camp.

BEAUMONT, Maj. au fort *Chapus*, Isle d'Aix.

BEAUMONT, Major du rég. de *Grenoble*, artillerie.

BEAUNE, (le Vicomte de) Maréchal de camp.

BEAUPRÉ de la Cressinière, (Jacques-Antoine-Gabriel de) né à... le 17..., sous-L. au rég. d'*Aquitaine* le 18 Sep. 1781.

BEAUPRÉ, (Claude-Joseph-Peronnel de) né à Grenoble le 17 Fév. 1733, sous-L. au rég. de *Berry* le 17 Avril 1757, sous-L. des *Grenadiers* le 14 Nov. 1757, Enseig. le 25 Janv. 1758, Lieut. le 1 Mai 1760, Cap. au rég. d'*Aquitaine* le 10 Juin 1776 ✠.

BEAUPUIS, Garde du Roi dans V. le 27 Déc. 1781.

BEAUPUY, (Louis-Gabriel de Bachartier de) né à Mussidan en Périgord le 17 Sept. 1753, Sous-L. le 4 Mai 1771. Lieut. en f. le 28 Avril 1778, Lieut. en p. au rég. de Bassigny le 30 Avril 1781.

BEAUPUY, Garde du Roi dans Noailles le 2 Janv. 1767.

BEAUPUY, (Armand de Bachellier, Ch. de) né à Meussidan en Périgord le 15 Juil. 1757, Sous-L. au rég. de Bassigny le 2 Mars 1773, Lieut. en f. des Grenad. le 1 Octobre 1773.

BEAUQUET, Garde du Roi dans L. le 1 Octobre 1763.

BEAURECUEIL, (Balthasar-Martin-Just-Laugier de) né à Aix le 1 Sep. 1745, Page de l'Infante le... Oct. 1757, Corn. dans Berry cav. le 27 Avril 1762, sous-L. dans Clermont le... Avril 1763, Lieut. le 15 Mai 1768, sous-Aide-Maj. le... 1769, Cap. le 25 Avril 1772, Maj. au sec. rég. des Chevaux-Légers le 8 Avril 1779.

BEAURECUEIL, (Joseph-Amarithon de) né à Mouette en Auvergne le... 1764, Cad. Gentilh. d'Orléans inf. le 18 Nov. 1780, sous-L. le 20 Déc. 1781, des grenad. le 28 Août 1782.

BEAUREGARD, Maj. des Grenad. Royaux de Normandie.

BEAUREPAIRE, (François) né à Colomiers en Brie le 6 Janv. 1740, Carabinier le 4 Nov. 1756, Fourr. le 16 Avril 1763, Mar. de Log. le 3 Avril 1765, P. G. le 20 Avril 1768, sous-L. le 1 Mai 1773, rang de Lieut. le 25 Avril 1770, sous-Aide-Maj. de la brig. de Béthune le 25 Juin 1774, réformé le 1 Avril 1776, Lieut. en f. le 1 Mai 1779, E.

BEAUREPAIRE, (Louis-Gabriel-Théodore, Comte de) né à Dambreville en Normandie le 16 Oct. 1765, Elève de l'école militaire le 16 Oct. 1779, rang de sous-L. le 16 Oct. 1781, sous-L. à la suite des Carabiniers le 24 Fév. 1782, en troisième le 4 Août 1782.

BEAUREPAIRE, Capitaine du Génie, à Dunkerque.

BEAUREPAIRE, (Joseph-Alexandre-Xavier de Mesange de) né à Argentan en Normandie le... Août 1765, Page de la grande Ecurie en Déc. 1780, Sous-L. en 3me du rég. de Berry, cav. le... Mai 1783.

BEAUREPAIRE, (Charles-Louis de) né à Cette en Languedoc le 5 Juin 1759, Cad. Gentilh. au rég. de la Marine le 6 Juin 1776, Sous-L. le 18 Oct. 1776.

BEAUSSET, (le Ch. de) Major au fort St-Jean.

BEAUSSOBRE, (le Comte de) Lieutenant Général. E.

BEAUTEVILLE, Gouverneur à St-Omer.

BEAUTRU de la Roullière, (Joseph de) né à Angers le 2 Janv. 1760, Sous-Lieutenant au rég. du Maine le 1 Sept. 1781.

BEAUVAIS, Sous-Lieutenant de Maréchaussée, à Marle.

BEAUVAIS, Garde du Roi dans V. le 19 Mars 1759.

BEAUVAL, Major, à Compiegne.

BEAUVAU, (Maréc. de) Prince de Craon & du Saint-Empire, par diplôme du 13 Nov. 1722, Grand-d'Espagne de la première Classe, par Lettres du 8 Mai 1727, Chev. de la Toison d'Or, Grand-Ecuyer de son S. A. R. de

Lorraine, depuis Empereur, son Ministre Plénipotentiaire, Chef & Président de son Conseil de Régence à Florence, né le 29 Avril 1679.

BEAUVAU Craon, (Charles-Just, Prince de Beauvau & de l'Empire) né le 10 Nov. 1720, entré Lieut. réformé au rég. de la *Reine*, cav., le 10 Déc. 1738, Col. du rég. des *Gardes Lorraines* à sa formation le 1 Mai 1740; il alla servir Volont. à l'armée de Bohême en Août 1741, se trouva à la prise Prague en Nov., au combat de Sahay, à la défense de Prague, où il reçut une blessure à la sortie le 19 Août 1749, à la retraite de cette place sous le Maréchal de Belle-Isle en Déc., & rentra en France en Fév. 1743, où il obtint une place de Chev. de St-Louis, il combattit la même année à d'Ettingen, il commanda en 1744 le rég. des *Gardes Lorraines*, à l'attaque des retranchemens de Montalban, à la prise du Fort de ce nom, de Ville-Franche, de Nice au mois d'Avril, au passage des Alpes, au siége de Demont, à celui de Cony, à la bataille sous cette place, & obtint du Roi d'Espagne un brevet particulier pour jouir du titre & des honneurs de Grand d'Espagne pendant la vie de son père; il eut la permission d'accepter cet honneur par brevet du Roi le 21 Mars 1745 : il continua de commander le rég. des *Gardes Lorraines* en Italie en 1745, & se trouva aux siéges d'Aquy & de Tortone, au combat de Refudo, aux siéges d'Alexandrie, de Valence, d'Asti & de Casal. Il attaqua avec 500 Grenadiers, en Mai 1746, le pont de Casal-Bayano qu'il emporta après un combat d'une heure & demie; il fut blessé à cette action, en considération de laquelle le Roi le créa Brig. le 16 du même mois; il combattit en cette qualité à Plaisance & à Tidon; il concourut ensuite à la défense de Provence où les ennemis avoient pénétré & d'où on les chassa : il fut employé à l'armée d'Italie le 1 Juin 1747; il obtint du Roi de Pologne, Duc de Lorraine, le Gouvernement des Villes & Château de Bar, le 12 du même mois; il servit à la conquête du Comté de Nice & de Vintimille, marcha au secours de cette dernière Ville au mois d'Oct. & se trouva au combat qui s'y donna : rentré en France, il prêta serment pour le Gouvernement de Bar le 18 Déc., & fit enregistrer ses provisions à la Chambre des Comptes de Bar le 10 Janv. 1748; créé Maréchal de Camp le 10 Mai suivant, possesseur de la Grandesse d'Espagne le 11 Mai 1754, employé sous les ordres du Maréchal de Richelieu le 1 Mars 1756, & marcha à la conquête de l'Isle de Minorque, & se distingua à la prise du Fort St-Philippe; obtint la charge de Grand-Maître de la Maison du Roi de Pologne le 31 Oct. 1758, le Gouvernement & la Charge de Bailli d'épée de la Ville & Château de Luneville le 22 Nov. suivant; il prêta serment pour ses Charges le 9. Déc. de la même année; nommé Xer. le 1 Janv. 1757, reçu le 2 Fév., employé à l'armée d'Allemagne le 1 Mars; dès le 20 Janv., il marcha avec six Bataillons, 40 dragons, 50 Hussards de Fischer & cent hommes du *Corps-Royal* vers Munster où il entra le 24 : détaché au mois de Juin avec 20 Compagnies de Grenadiers, 10 piquets & 300 chev. ; il soutint les Vol. Royaux pour enlever Bielefeld; trouvant ce poste forcé lorsqu'il arriva, il poursuivit du côté d'Hervenden, il combattit ensuite à Hastembeck, concourut à la prise de l'Electorat d'Hanovre, revint en France après la capitulation de Closter-seven; le Roi lui donna la Compagnie des Gardes de son Corps le 11 Nov., il en prêta serment le lendemain ; il fut employé à l'armée d'Allemagne le 16 Mars 1758; se trouva à la bataille de Creveld, après laquelle l'armée se tint sur la défensive, & obtint le grade de Lieut. Gén. des armées le 28 Déc.; il fut employé à l'armée d'Allemagne le 1 Mai 1760; il combattit à Corback, & a servi à l'armée du Haut-Rhin le 1 Mai 1761; il fut nommé le 8 Avril 1762, pour commander les 12 bataillons que le Roi a fait passer en Espagne pour y servir conjointement avec les troupes de cette Couronne, créé Maréchal de France le 13 Juin 1783.

BEAUVERT, Commissaire des Guerres, à Dourlens.

BEAUVIERE, Garde du Roi dans B. le 24 Fév. 1759.

BEAUVILLIERS, (le Comte de) Maréchal de Camp.

BEAUVOIR, Lieutenant en p. des *Gardes Françoises.*

BEAUVOIR, Exempt des cent *Suisses* de la Garde.

BEAUVOIR, Garde du Roi dans L. le 12 Mai 1776.

BECDELIEVRE, Brig. de cav.

BECHEPOIX, Exempt de *Maréchaussée* dans l'arrondissement de Paris.

BECK, Trompette des Gardes du Roi dans V.

BECKER, (Nicolas) né à Hémérinque en Lorraine, le 6 Janv. 1727, Cavalier dans *Harcourt* le 16 Déc. 1745, passé dans la Légion *Royale* le 18 Juin 1759, Fourr. le 21 Déc. 1759, Maréchal de Logis le 1 Fév. 1761, passé dans la Légion de *Conflans* le 7 Avril 1763, Fourr. le 6 Nov. 1763, Sous-L. le 31 Déc. 1769.

BEDOS, (Jean-Pierre) né à Montpellier le 20 Août 1739, Soldat au rég. *Royal-Comtois* le 25 Mars 1758, Sergent le 22 Avril 1763, Fourr. le 16 Avril 1765, P. D. le 15 Juillet 1773, Sous-L. le 5 Juin 1776, Sous-L. des Gren. le 28 Fév. 1778, Lieut. en sec. le 12 Juillet 1782.

BEDUET, Garde du Roi dans V. le 18 Février 1764.

BEFFROY, (Louis-Antoine de) né à Reims le ... 1756, Sous-L. à la suite d'*Orléans*, inf., le 9 Nov. 1772, en pied le 1 Avril 1775, Lieut. en sec. le 3 Juin 1779, en p. le 20 Août 1781.

BEFFROY, Sous-Lieutenant de *Maréchaussée*, à Soissons.

BEGASSON du Rox, Lieutenant des *Maréchaux* de France, à Quemperlay.

BEGEOT, (Claude-Hiacinthe) né à Vesoul en Franche-Comté le 7 Août 1733, Dragon dans *Lanan* le 20 Avril 1750, Fourr. le 1 Janv. 1761, Maréc. de Logis le 10 Avril 1763, P. G. le 3 Janv. 1772, Lieut. en sec. le 5 Août 1779, blessé de plusieurs coups de sabre à la tête, & d'un coup de feu à la main à la bataille de Sonderhausen le 27 Juillet 1758.

BEGUIN de Sauvigny, Lieut. des *Maréchaux* de France, à Reims.

BEHAGUE, (le Comte de) Maréchal de Camp.

BEJUY de la Coche, Cap. du *Génie*, à Mont-Dauphin.

BELA, (le Chevalier de) Brigadier d'infanterie.

BELBEDER, Exempt, Sous-Aide-Major des Gardes du Roi dans V. le 12 Sept. 1774, Sous-L. P. E. le 1 Janv. 1776, Brevet de Mest. de Camp le 2 Oct. 1777, Sous-Lieut. le 24 Oct. 1779.

BELBEZE, Aspirant du *Génie*, à Strasbourg.

BELCHAMP, Sous-Lieut. de *Maréchauffée*, à Montpellier.

BELCHAMPS de Ste-Ruffine, Lieut. des *Maréchaux* de France, à Metz.

BELCOURT, (Antoine-Joseph) né à Saint-Vallier en Provence en 1737, Cavalier en Juin 1761, Brig. en 1762, Maréchal de Logis en Avril 1763, bréveté porte-Etendard au rég. de *Berry* en Novembre 1779.

BELESTA, Garde du Roi dans B. le 30 Mars 1779.

BELHOMME, Lieut. de Roi, au Fort François.

BELHOTÉ, (Antoine) né à Lantenot en Franche-Comté le 21 Déc. 1730, Soldat au rég. de *Lowendal* le 6 Janv. 1748, congédié le 10 Janv. 1751, Soldat au rég. *Royal-Comtois*, le 20 Mars 1751, Serg. le 22 Avril 1763, Fourr. le 21 Juin 1765, P. D. le 4 Août 1770, Cap. en sec. le 15 Juillet 1773, Cap. C. le 3 Juin 1779, ✠ le...

BELLOY, Garde du Roi dans *Noailles*, le 3 Oct. 1763.

BELIDOR, (Bernard de Forest de) né à... successivement Maître de Mathématiques de l'Ecole de la Ferre, Commissaire ord. de l'Artill. le 29 Déc. 1725, Cap. réformé à la suite du rég. de *Metz* le 16 Avril 1741, Lieut. Col. réformé le 4 Avril 1743, & Col. réformé dudit rég. le 3 Nov. 1747, fut créé Brig. par brevet du 10 Fév. 1759, Inspecteur Général des Mineurs de France & de l'Arcenal de Paris; il étoit Membre des Académies des Sciences de Paris, de Londres & de Berlin, & Censeur-Royal: il mourut le 8 Sept. 1761 âgé de 68 ans.

BELIGNY, (Marie-Joseph-Gustave Richard de) né à Valoriette en Franche-Comté, en 1760, Cad. Gentilh. d'*Orléans*, infanterie, le 22 Août 1780, Sous-Lieut. le 28 Août 1782.

BELISSEN de Durban, (Casimir Fulcran de) né à la Bastide de Seron au Comté de Foix en 1766, Sous-L. en 3e. au rég. de *Limosin*, le 18 Nov. 1782.

BELLANGER, Sous-L. des Gardes-du-Corps dans *Noailles*, faisant le service des cérémonies.

BELLAUGREVILLE, Garde du Roi dans *Noailles* le 24 Mai 1754.

BELLECISE, (le Marquis de) Lieutenant des *Maréchaux* de France, à Lyon.

BELLECOMBE, Maréchal de Camp, Gouv. de St-Domingue.

BELLEFONDS, (le Marquis de) Lieutenant Général.

BELLEFONDS, Cad. Gentilhomme au rég. de *Médoc*.

BELLEFONDS, (Armand-Louis-François de Gigault, Marquis de) né le 19 Déc. 1707, Corn. dans Villars, cav., le 19 Mars 1729; il y obtint une Compagnie le 14 Mars 1733, & la commanda au siége de Kell; la même année à l'attaque des lignes d'Ettengen & au siége de Philisbourg en 1734, à l'affaire de Clausem en 1735, Maj. du rég. le 21 Fév. 1740, passa à l'armée de Bavière au mois de Mars 1742, y servit jusqu'en Juill. 1743, & finit cette campagne en Basse-

Alsace sous les ordres du Maréchal de Noailles ; il servit aux siéges de Menin, d'Ypres & de Furnes en 1744; il obtint un rég. de cavalerie de son nom & fut le joindre à l'armée de Moselle & le commanda au siége de Fribourg & en Suabe pendant l'hiver ; il servit d'abord à l'armée du Bas-Rhin en 1745, & joignit le camp de Maubeuge en Juin & finit la campagne sur la Sarre ; il fut de la course d'Herentals sous les ordres du Comte d'Estrées en 1746, servit aux siéges de Mons & Charleroy sous M. le Prince de Conti; réuni ensuite à l'armée du Roi, il combattit à Raucoux, fait Brig. le 10 Mars 1747; il combattit avec distinction à la bataille de Lawfeld ; servit au siége de Mastrick en 1748, au camp d'Aimeries en 1753 ; il fut employé à l'armée d'Allemagne le 1 Mars 1757; il commanda une brigade à la bataille d'Astembeck & à la prise de plusieurs places de l'Electorat d'Hanovre, créé Maréchal de Camp le 1 Mai 1758, Lieuten. Gén. le 1 Mars 1780.

BELLEGARDE, Col. du rég. de *Toul*, artillerie.

BELLEGARDE, (François-Calixte de la Forgue, Ch. de) né à Lourde en Bigorre, le 6 Juin 1754, élevé à l'École Militaire, Sous-Lieut. aux *Grenadiers de France* le 11 Avril 1770, Sous-L. au Rég. de *Limosin*, infant. le 5 Fév. 1772, idem dans la Comp. des Chasseurs le 8 Juin 1776, Lieut. en second des Fusiliers le 8 Avril 1779, Lieut. en p. des Chasseurs le 24 Août 1781.

BELLE-ISLE, Quart. M. Trés. du régim. de *Colonel-Général*, cavalerie.

BELLEMAR St. Cyr, Lieut. des *Maréchaux* de France à Lizieux.

BELLEMARE de St. Cyr, (Antoine-Cyr-François de) né à Berne, Paroisse de Lizieux en Normandie, le 21 Décemb. 1761, entré à l'Ecole Militaire en 1771, Cadet Gentilh. au Rég. de *Foix* le 5 Avril 1777, Sous-L. le 18 Juillet 1780, Lieut. le 19 Juin 1782.

BELLENGER, Clerc du Guet des Gardes d'Artois.

BELLEPEYRE, Brigad. des Gardes du Roi dans V. le 11 Décembre 1781.

BELLERUE, (Lazare-Roux Chanctoux de) né à Autun en Bourgogne le... 1740, Lieut. de Milice au bataillon de *Sémur* le 19 Août 1769, Lieut. au rég. de *Beaujaulois* le 19 Janv. 1762, Lieut. en p. le 15 Juillet 1778, Capitaine en sec. le 15 Juillet 1782.

BELLEVAL, Garde du Roi dans L. le 1 Avril 1773.

BELLEVAL, Lieut. des *Maréchaux* de France, à Abbeville.

BELLEVILLE, (Maximilien David de) né à Belleville en Normandie le 2 Fév. 1756, Sous-L. au rég. de la *Reine*, inf., le 24 Nov. 1773, Lieut. en sec. le 27 Novembre 1778, en p. le 10 Septembre 1780.

BELLEVILLE, (Pierre Ch. de) né à Dieppe le 12 Nov. 1762, Sous-L. au rég. de la *Reine*, inf., le 20 Avril 1778.

BELLEVILLE, Lieutenant des Gardes de la *Prévôté de l'Hôtel*.

BELLIGNY, Garde du Roi dans L. le 15 Juin 1755.

BELLISSENDY, Prévôt Général de *Maréchaussée* à Perpignan.

BELLOT, (Jean) né à

Realmont en Languedoc le... 1731, Serg. au rég. de la *Reine* inf. le 22 Août 1752, sous-L. des Gren. le 10 Mai 1760, Lieut. le 4 Août 1767, Brevet de Cap. le 31 Mars 1779, Capitaine en second le 2 Juin 1780 ✠ le... 1780.

BELLOUET, Cap. du *Génie* à Bethune.

BELLOY, (Charles de) fut Lieut. de Roi & Conseil. d'hon. au Parlem. de Metz en 1697, créé Brig. le 10 Nov. 1706, il est mort à Metz en Février 1719.

BELLOY, (le Ch. de) sous-Aide-Maj. des *Gardes Françoises*

BELLOY, sous-L. de *Maréchaussée* à Tarascon.

BELLOY Dromenil, Brig.

BELLUD, Garde du Roi dans V. le 29 Sep. 1779.

BELLUD, (Joseph-Pierre-Antoine de) né à Castelnau de Moutratier en Quercy le 1 Nov. 1756, Gend. de la *Garde* le 29 Sep. 1773, sous-L. à la suite dans le rég. de *Medoc* le... Juin 1778.

BELMONT, (François-Joseph Montagnier de) né à Seffel en Bugey le 26 Mars 1760, Cad. Gentil-h. au rég. de *Monsieur*, Drag. le 4 Avril 1778, sous-L. à la suite en... 1779, Sous-Lieut. en pied le 6 Juillet 1779.

BELMONT, Lieut. de la Brig. de *Maréchaussée* de Charenton.

BELMONT, (le Marquis de) Lieut. général.

BELON de Coge, Maj. du rég. *Provincial* d'art. d'Auxonne.

BELONDE, Commissaire des guerres à Béfort.

BELPREY, Cap. du *Génie* à St. Malo.

BELSUNCE, (le Marquis de) Maréchal de camp.

BELVAL, Lieut. des *Maréchaux* de France à Hesdin.

BENAC, (Henri-Alexandre de) né à Villers-en-Plaine en Poitou le... 1764, Cad. Gentilh. au rég. de *Beaujolois* le 6 Mai 1780.

BENARD, Quart. Me. Tréf. du rég. de *Rouergue*, inf.

BENECH de Lépinay, Lieut. des *Maréchaux* de France à Bayonne.

BENEZECH de St. Honoré, Lieut. du *Génie* à Condé.

BENOIST de Neuflieu, Maj. du *Génie* à St. Malo.

BENOIST de Guépoullain, Lieut. Col. de *Royal-Pologne*, cavalerie.

BENOIST, de Brissy, Maj. à Ham.

BENOIST de Mondecourt, Cap. du *Génie* à St. Omer.

BEON, (le Comte de) Maréchal de camp.

BÉON, (le Comte de) sous-L. des *Gardes* du Roi dans L. le 14 Déc. 1777, Mest. de C. le 31 Déc. 1780.

BERANGER, (Jean-Jacques-Louis de Caladon de) né à Montflanquin en Agenois le 23 Oct. 1757, Cad. Gentilh. dans *Bassigny* le 28 Avril 1778, sous-L. le 15 Juillet 1779.

BERARD, (le Ch. de) Lieut. de Roi à Collioure.

BERARD du Roure, Lieut. des *Maréchaux* de France à Cucuron.

BERARD, Cap. du *Génie* à Bayonne.

BERARD, Brig. des *Gardes* du Roi dans B. le 26 Mars 1781.

BERARD, Garde du Roi dans B. le 8 Juillet 1759.

BERCHINY, (le Comte de) Brig. de cavalerie.

BERCHINY, (Ladiflas-Ignace de) Magnat de Hongrie eſt né à Epéries en Hong. le 3 Août 1689, appellé d'abord Cte. de Barchény, a ſervi dans les guerres de Hongrie de 1708, eſt venu en France en 1712, Meſt. de camp d'un rég. de huſſards de ſon nom 2 Juin 1720, Brig. 20 Fév. 1734, Maréc. de Camp 1 Mars 1738, Com. de l'Ord. de S. Louis 16 Mars 1743, Inſp. gén. des huſſards 8 Déc. ſuiv. Lieut. gén. des arm. 2 Mai 1744, s'eſt démis de ſon rég. en conſerv. la ſurviv. en Janv. 1751, Grande-Croix de l'Ordre de S. Louis 25 Août 1753, Maréchal de France le 15 Mars 1758.

BERCHINY, (le Comte de) Col. propriétaire du rég. de ſon nom.

BERCY, Col. des Gardes de la porte de M. d'Artois.

BERENFELS, (Louis, Ch. de) né à Baſle le 19 Sept. 1753, Cad. dans Vigier le 1 Janv. 1770, ſous-L. le 1 Juin 1773, ſous-Aide-Maj. le 26 Avril 1778, Aide-Maj. le 11 Août 1781, rang de Cap. le 25 Mai 1782.

BERENFELS, Chriſtian-Gottlie, Baron de) né à Baſle le 15 Août 1752, Cad. dans Vigier le 1 Janv. 1770, ſous-L. le 17 Fév. 1771, ſous-Aide-Maj. le 12 Août 1781.

BERENGER, Lieut. en ſec. du troiſième régiment d'Etat Major.

BERENGER, (le Comte de) Maréchal de Camp.

BERENGER, (le Marquis de) Maréchal de Camp.

BERGAMIN, Lieut. en pied des Gardes Suiſſes.

BERGÉ, Lieut. Col. Com. le bataillon de Lionnois.

BERGERE, (Anne-Pierre-Louis-Nicolas-Maſſon de) né à Vertus en Champagne le 13 Août 1751, ſous-L. au rég. de Savoie Carignan le 29 Mai 1763, Lieut. le 24 Juin 1774, Lieut. en premier le... 1778.

BERGERET, Lieut. Général.

BERGERET, Lieut. Col. Com. le bataillon de Champagne.

BERGHES, (François-Deſiré-Marc-Guilain, Prince de) né à Harleux en Flandres le 25 Avril 1747, Enſeig. aux Gardes Wallonnes en Eſpagne en 1760, ſous-L. au rég. du Roi inf. le 16 Fév. 1763, Cap. au ſervice de Hollande le 1 Oct. 1766, Col. en ſec. au rég. d'Enhalt le 18 Avril 1776, Meſt. de C. C. le rég. de Berry infanterie le 5 Nov. 1782.

BERIGNY, (le Comte de) Maréchal de camp.

BERILLON, (Charles) né à Chaulny en Picardie le... 1748, ſous-L. P. D. au rég. du Maine, le 7 Août 1778.

BERLAYMONT, (le Vicomte de) Lieut. Col. des Grenadiers Royaux de Languedoc.

BERMONDES, (N... Ch. de) né à Grammont en Champagne le 4 Déc. 1744, Com. des Cuiraſſiers du Roi le 16 Mai 1762, ſous-L. le 25 Août 1767, Lieut. en pied le 11 Juin 1772, Lieut. en ſ. le 21 Juin 1776, Lieut. en p. le 10 Sept. 1780.

BERNAGE de Chaumont, (le Marquis de) Maréc. de camp.

BERNARD, (Antoine-Léon) né à S. Ambroiſe en Languedoc le 18 Août 1749, a commencé à servir dans le bataillon de Milice d'Anduze, en 1757, sous-L. du rég. de Touraine, dit Savoie Carignan, le 24 Juill. 1766, Lieut. le 4 Mai 1771, Lieut. des gren. le 3 Juin 1779, Cap. en sec. le 3 Juillet 1779.

BERNARD, (André-Christophe de) né à Boux-Weiller en Alsace le 8 Déc. 1730, Enf. dans Lamarc en 1747, réformé en 1749, vol. dans Diesbach en 1750, passé dans Fischer en 1751, Lieut. dans les Volontaires étrangers en 1756, rentra dans Fischer en 1757, Cap. en 1760, blessé à l'attaque de Namur, ✠ au mois d'Août 1762.

BERNARD, (N...) né à Lagorce en Vivarais le... 1738, Soldat au rég. de Perche le 30 Janv. 1759, Fourr. le.... 1765, Adj. le 11 Juin. 1776, sous-L. des grenad. le 6 Déc. 1779, a fait la campagne de 69.

BERNARD, (Vié) né au village de Monbrun en Languedoc, le 22 Mai 1741, Soldat au rég. d'Aquitaine le 21 Juin 1758, Caporal le 2 Janvier 1763, Serg. le 12 Sept. 7764, Adjudant le 7 Juin 1776, Porte-drapeau le 18 Sept. 1781.

BERNARD, (le Ch. de) Lieut. de Roi au fort Mescou.

BERNARD, Maj. au fort St. André.

BERNARD, (Baron de St. Salvy, Lieut. des Maréchaux de France à Beaumont.

BERNARDY, Garde du Roi dans B. le 23 Oct. 1771.

BERNERON, Fourr. Maj. de la Gendarmerie.

BERNES DORIVAL, (Gabriel-Henri, Ch. de) né à Montreuil sur mer le 20 Oct. 1742,

Offic. des troupes Boulonoises le 1 Oct. 1756, Corn. dans Chabrillant cav. le 16 Mars 1759, Lieut. des Carabiniers le 27 Avril 1761, sous-Aide-Major de la brigade de Solages le 23 Mai 1776, rang de Cap. le 10 Avril 1768, Aide-Maj. de la brigade de Bethune le 20 Fév. 1774, réformé le 1 Avril 1776, Cap. en f. le 17 Mai 1777, Aide-Maj. de la brigade de Cambon le 1 Mai 1779, ✠ le 9 Août 7781, Aide-Maj. de la 2ᵉ brigade le 16 Mars 1783.

BERNIS, (le Comte de) Maréchal de Camp.

BERNIS, (le Vicomte de) Col. du rég. de Vermandois, inf.

BERNOS, Secrétaire à Lille.

BERQUEN de Grosmont, Prévôt gén. de Maréchaussée à Strasbourg.

BERRANGER, (Jean-Nicolas de) né à Québec le 1 Oct. 1754, sous-L. au rég. Maréchal de Turenne le 22 Nov. 1773, Lieut. le 21 Fév. 1779.

BERRUET, Quart M., Trés. d'Agenois, inf.

BERTAUX, Maj. à Rocroy.

BERTHELOT, Garde du Roi dans V. le 2 Juillet 1757.

BERTHELOT, Garde du Roi dans V. le 25 Avril 1768.

BERTHELOT, Garde du Roi dans B. le 12 Déc. 1765.

BERTHEMONT, (Louis-Antoine) né à Launay en Nivernois le 17 Mai 1754, Elève de l'Hopital Militaire de Metz le 10 Juin 1775, employé à Brest, aux Isles, & sur les vaisseaux du Roi pendant 5 ans, Chirurgien Maj. du rég. de Bassigny le 19 Juin 1782.

BERTHEMONT, (Louis de la Croix de) né à Brie-Comte-Robert le 18 Sept. 1748, sous-L.

dans l'*Isle de France* le 28 Mars 1766, Lieut. le 1 Fév. 1774, Lieut. en f. le 11 Juin 1776, en pied le 4 Août 1780, Cap. en f. le 28 Juin 1782.

BERTHERAUD, Tréf. principal des guerres à Soissons.

BERTHEVILLE, Fourr. des *Gardes Suisses* de Monsieur.

BERTHOIS, Maj. du *Génie* à Carantan, avec rang de Lieut. Col.

BERTIER, Brig. d'inf.

BERTIER, Commissaire des guerres en Bretagne.

BERTIER de Raucourt, (Jean-Baptiste-François de) né à l'Isle de France le 5 Juin 1746, Gendarme de la *Garde* le 6 Mars 1766, sous-L. dans la légion de *Condé* le 29 Fév. 1768, Lieut. le 18 Janv. 1775, réformé le 9 Déc. 1776, attaché au 4e régiment des *Chasseurs* le 8 Avril 1779.

BERTIN, Garde du Roi dans L. le 2 Septembre 1764.

BERTON de l'Estrade, (Jean-Aimé, Ch. de) né à Niort en Poitou le 5 Mai 1748, Vol. dans *Berry*, inf. en Avril 1768, sous-L. le 18 Nov. 1768, Lieut. le 4 Mars 1775, Lieut. en p. le 5 Sept. 1779, Cap. en sec. le 13 Mai 1783.

BERTON, Maj. de *Blaisois*, inf. & ✠.

BERTRAND, (Jacques-Remi) né à Nancy le 22 Nov. 1749, Vol. dans la légion de *Condé* le 1 Août 1766, Vol. aux *Grenadiers* de France en Janv. 1768, sous-L. le 31 Mai 1769, réformé avec le corps le 25 Août 1771, entre dans le rég. de *Touraine*, dit *Savoie Carignan*, le 28 Nov. 1771, sous-L. en pied le 17 Mai 1773, Lieut. en sec. le 1 Sept. 1777, Lieut. en pied le 23 Avril 1781.

BERTRAND, Garde du Roi dans Noailles le 2 Juillet 1773.

BERTRAND, sous-L. de *Maréchaussée* à Caudebec.

BERTRAND, Commissaire des guerres à Quimper.

BERTRANDY, (le Ch. de) Com. à Rodemacker.

BERVILLE, (George-Lazare-Emmanuel de Xoland, Ch. de) né à Arras le 4 Sep. 1750, Sous-L. au rég. d'*Aquitaine* le 1 Déc. 1776, Lieut. le 30 Mars 1775, Lieut. en pied le 13 Mars 1779, Cap. en f. le 18 Sep. 1781.

BERVILLE, (Jean-Baptiste-Marie-Vollant de) né à Arras en Artois le 18 Juillet 1739, Lieut. dans le bataillon de *Milice d'Artois* le 10 Fév. 1750, Lieut. au rég. d'*Aquitaine* le 8 Avril 1761, Cap. en f. le 1 Sept. 1779, ✠.

BESENVAL, (le Baron de) Brigadier d'infanterie.

BESENVAL, (le Baron de) Lieutenant Général.

BESENVAL, (Joseph-Victor-Pierre, Baron de) Cadet dans la *Compagnie gén.* le 4 Avril 1731, Enf. surnuméraire le 28 Janv. 1733, servit l'année suivante au siége du Fort de Hollande, près Philisbourg, & à l'armée du Rhin en 1735, Cap. au rég. des *Gardes Suisses* & dans celui de *Battens* à la mort de son père le 15 Mars 1736, Enf. dans sa compagnie le 12 Nov. suivant, reçu Cap. le 13 Avril 1738, Aide de Camp du Maréchal de Broglie, au combat de Sahay en 1742, quitta l'armée de Bohême pour commander sa compagnie à l'armée de Flandres ; il servit sur le Rhin en 43 & 44, au siège de Ménin & d'Ypres, d'où étant passé en Alsace; il se trouva à l'affaire de Réischevaux & au siége de Fribourg; il se trouva à la bataille de Raucoux en 46, à celle de Lawfeld en 47, créé Brig. le 20 Mars de la même année, employé à l'armée d'Allemagne le 1 Mars 1757; il se trouva à la bataille d'Hastembeck & à la prise de plusieurs places de l'Electorat d'Hanovre; créé Maréchal de camp le 1 Mai 58, employé à l'armée d'Allemagne le 1 Mai 59, il arriva le 11 Juillet à Cassel avec un renfort de troupes, occupa cette ville, & Minden, fit des courses jusques dans l'Electorat d'Hanovre, & assura la communication de Cassel avec l'armée; destiné ensuite à servir au siége de Lipstat, qu'on leva après la bataille de Minden, il rejoignit la grande armée & contribua au mois de Sept. à faire repasser le Lohn aux ennemis; il fut employé à la même armée le 1 Mai 1760, il combattit à Corback; étant passé sur le Bas-Rhin à la fin de la campagne, il se trouva à l'affaire de Clostercamps, & contribua au succès de cette journée; le Roi lui accorda le 26 Fév. 61 la permission de porter les marques de Com. de St. Louis, & une place de Com. le 1 Avril suivant, il fut employé à l'armée du Bas-Rhin, le 1 Mai suivant, il y commanda le rég. des *Gardes Suisses*; nommé Inspecteur gén. des Suisses & Grisons le 2 Mars 1762, créé Lieut. gén. des armées le 25 Juillet suivant, Gouverneur de Hagueneau.

BESENVAL, (le Ch. de) Cap. des *Gardes Suisses*.

BESNARD, Maj. à Condé.

BESSANCOURT, Maréchal de logis des *Gardes* du Roi dans L. le 5 Mai 1782.

BESSET, Cap. du *Génie*, à Philippeville.

BESSIERE de la Jonquière, Ens. des *Gardes Suisses* d'Artois.

BESSNER, (le Baron de) Brigadier d'infanterie.

BESSON, (Etienne, Ch. de) né à Lansargues en Languedoc le 3 Déc. 1761, Cad. Gentilh. au rég. de *Limosin*, inf. le 27 Août 1778, sous-L. le 17 Juil. 1779.

BESSON de Mondiol, Maj. Com. à Porquerolles.

BESSON, sous-L. de *Maréchaussée* à Nantes.

BESSON, Quart. M., Trés. de *Royal Champagne*, cav.

BESSON, Garde du Roi dans Noailles le 13 Janv. 1769.

BESSON, (Louis-Etienne de) né à Aimargues en Languedoc le 8 Déc. 1766, sous-L. au rég. de *Limosin* le 27 Avril 1773, Lieut. en s. le 12 Nov. 1779, Lieut. en pied le 30 Avril 1782.

BETHISY Mézières, (Eugene-Eustache, Comte de) né à ... le ... 1740 Ens. dans *Rohan-Rochefort* à l'âge de 14 ans, il accompagna le Prince, son cousin, à Minorque en qualité d'Off. Maj., il fit les campagnes de 57, 58, 59 dans le même rég., il fut dangereusement blessé à l'affaire de Warbourg en 1760, ce qui le mit hors d'état de continuer la campagne, ✠ en 1761, n'ayant que 21 ans, Col. aux *Gren. de France* en 1762, attaché pour cette campagne aux *Gren. Royaux de Cambis*, de brig. avec le rég. d'*Ailly* aux ordres de M. le Marquis de Lévis, qui commandoit un corps en avant de l'armée du Prince Condé; le 9

Août, M. de Cambis, ayant été blessé d'un coup de feu à la fausse attaque du pont d'Hambourg, le Comte de Bethisy, prit le commandement des 4 compagnies des gren. qui étoient à ses ordres à cette fausse attaque, & du rég. des *Gren.* pour le reste de la campagne ; le 22 du même mois, le Marquis de Lévis ayant été attaqué par le Prince héréditaire, le Comte de Bethisy fut porté à l'arrière-garde qui ne put être entamée par l'ennemi ; le 25 il se trouva à l'affaire de Lautzberg, & le 30 à la bataille de Joannesberg, gagnée sur les alliés par les Maréchaux d'Estrées & de Soubise, à laquelle le Prince Condé eut la plus grande part, qui en témoigna sa satisfaction au Comte de Bethisy, sur la conduite du rég. de *Cambis* à la tête duquel il acheva la campagne ; en considération de ses services, le Roi lui accorda une pension de deux mille livres sur le trésor royal au mois de Mars 1769, il servit les trois années suivantes dans le corps des *Gren. de France* ; il eut le rég. de *Cambraisis* en 1765, celui de *Poitou* en 1770, celui des *Gren. Royaux* de la Picardie en 1778 : il a été fait Maréchal de Camp en Décembre 1782.

BETHISY Méziéres, (Jules-Jacques-Eléonor, Vicomte de) né à… le… 17… aujourd'hui Col. du rég. des *Gren. Royaux* de la Picardie, ✠ dont nous rapporterons l'état des services & des grandes actions pour embellir la suite de nos Ouvrages, vu qu'il ne le cède en rien à la valeur de son frère, non plus qu'à celles de ses ancêtres, dont le nom sera à jamais immortel pour la postérité.

BETHUNE, (le Comte de) Brigadier de cavalerie. M. E. D.

BETHUNE, (Claude-François-Guiland, Vicomte de) né à Arras le 29 Déc. 1750, Vol. dans *Berry* le 15 Mai 1765, sous-L. à la suite le 22 Juin 1767, en pied le 11 Mars 1769, sous-L. à la suite des *Carabiniers* le 25 Avril 1770, Cap. dans *Dauphiné*, cav. le 12 Nov. 1770, Guidon des *Gendarmes de la Garde* le 5 Oct. 1777, Col. en s. de la première brigade des *Carabiniers* le 7 Mai 1780.

BETHUNE, (Antoine-Joseph, Comte de) né à Arras le 3 Août 1736, Lieut. en s. au rég. du *Roi*, inf. le 19 Sep. 1748, Cap. dans *Royal-Normandie*, cav. le 22 Mars 1758, Col. d'une brigade de *Carabiniers* le 20 Avril 1768, ✠ le 29 Avril 1770, réformé le 1 Avril 1776, resté à la suite avec 4000 liv. d'appointement, obtenu 2000 liv. de pension sur l'Ordre de St. Louis le 1 Mai 1773, Col. en s. de la première brigade le 1 Mai 1779, Brig. le 1 Mars 1780, Col. à la suite du corps avec 1500 liv. d'appointement le 7 Mai 1780, augmenté de 1500 liv. le 24 Février 1782.

BETHUNE, (Armand, Marquis de) né le 10 Juillet 1711, Lieut. gén. des armées le 17 Déc. 1759. ✠ le 2 Fév. 1757.

BETHUNE Pénain, (Adrien-François, Comte de) né à… le… sous-L. au rég. du *Roi*, inf. le 10 Juillet 1714, Lieut. réformé le 1 Oct. suiv. Lieut. le 5 Mai 1715, Cap. le 6 Janv. 1721 ; il commanda sa compagnie au combat de Montreuil en 1722 au camp de la Mazolle en 1727, aux siéges de Garra, d'Adda, de Pizzighitone & du Château de Nuban en 1733, de Tortonne, de Novarre, de Sarravalle, à l'attaque de Colorne, aux batailles de Parme & de Guastalle en 1774, aux siéges de Révété, de Reggio, de Gonzague en 1735, au camp de Compiegne en 1739, au siége de Prague en 1741, au combat de Sahay, au ravitaillement de Frawenberg, à la défense de Prague en 1742, & s'étant distingué à la sortie du 22, il fut fait Cap. d'une compagnie de gren. le 23; il la commanda à la retraite de Prague en Déc. à la bataille d'Ettingen en 1747, aux siéges de Menin & d'Ypres en 1744; il passa au commandement d'un bataillon le 10 Juin avec rang de Col. d'inf., servit au siége de Furnes, à l'affaire d'Anguenum & au siége de Fribourg; il se trouva à la bataille de Fontenoy, au siége des villes & citadelles de Tournay, d'Oudenarde, de Dendermonde & d'Ath en 1745, au siége de Bruxelles, à la bataille de Rocoux en 1746, à la bataille de Lawfeld en 1747, fut créé Brig. le 27 Juil. de la même année; il servit en cette qualité au siége de Mastrick en 1757, à celle de Crewelt en 1758, devint Lieut. Col. du rég. du *Roi* le 24 Déc. suiv. fut créé Maréchal de Camp le 10 Fév. 1759.

BETOUS, Garde du Roi dans B. le 12 Déc. 1772.

BEUGY, (Charles-Pierre, Ch. de) né à Bourges le 11 Nov. 1749, sous-L. au rég. de la *Marine* le 18 Juin 1768, Lieut. le 11 Mars 1774, Cap. le 15 Février 1780.

BEUVRON, Anne-François de Harcourt, Marquis de) né le 4 Oct. 1727, fut d'abord connu sous le nom de Ch. de Harcourt; il entra Corn. de drag. dans le rég. d'*Harcourt*, commandé par son frère aîné le 2 Janv. 1744, & se trouva avec ce rég. à la défaite du général Nadasty près Saverne, à l'attaque des retranchemens de Suffelsheim, au siége de Fribourg en 1744, & obtint le 14 Déc. de la même année la charge de Guidon des *Gendarmes de Flandres* avec rang de Lieut. Col. de cav.; il étoit avec la Gendarmerie à la bataille de Fontenoi, aux siéges de Tournay, d'Oudenarde, de Dendermonde, & d'Ath en 1745, premier Corn. de la compagnie des *Chevaux Légers d'Orléans* le 1 Déc.; il servit en cette qualité aux siéges de Mons, de Charleroi, de Namur, & à la bataille de Rocoux en 1746, à celle de Lawfeld en 1745, Sous-L. de la même compagnie le 1 Déc. 1748, avec rang de Mest. de C. de cav. .Col. du rég. de *Harcourt* à la mort de son cousin le 19 Mars suivant; il quitta la Gendarmerie, commanda son rég. au siége de Mastrick, & fut pourvu de la charge de Lieut. gén. au Gouvernement de Poitou le 8 Avril 1751; il commanda son rég. au camp de Sarrelouis en 1753, à la bataille d'Hastembeck, à la prise de Minden & d'Hanovre, au camp de Closterseven, à la Marche sur le Zell en 1757, à la retraite sur l'Electorat d'Hanovre, à la bataille de Crewelt en 1758, créé Brig. le 22 Juill. de la même année, pourvu de la charge & du rég. de *Commissaire-Général* de cav. le 16 Avril 1759, employé Brig.

Brig. à l'armée d'Allemagne le 1 Mai 1760, il s'est trouvé à l'affaire de Corback, au combat de Warbourg, créé Maréc. de Camp le 10 Fév. 1761, Lieut. Gén. le 1 Mars 1780. M. D.

BEVY, (le Ch. de) Maj. du rég. de *Picardie*, inf., & ✠.

BEVY, (le Cte. de) Col. des Grenad. *Royaux* de Champagne.

BEXON, Capitaine du *Génie*, à la Martinique.

BEYERLE, Brig. d'infanterie.

BEYLIÉ, Sous-Brigadier du *Génie*, à Mont-Dauphin.

BEYRIES, Garde du Roi dans V. le 12 Mars 1758.

BEZÉ, Lieut. des *Maréchaux* de France, à Nevers.

BEZÉ, Garde du Roi dans *Noailles* le 15 Mai 1775.

BEZIGNAN, Capitaine du *Génie*, à Prats de Mouillon.

BEZONS, (Jacques-Gabriel Bazin, Marquis de) né le 21 Oct. 1725, Mousquetaire le 19 Juin 1741, Col. du rég. de *Beaujolois* le 9 Fév. 1742; il le commanda à la bataille d'Ettengen en 1743, & contribua à la défaite des ennemis à Rhinvilliers; il se trouva à la reprise de Wissembourg, à l'affaire d'Anguenum & au siège de Fribourg en 1744; servit au siège de la ville de Namur & combattit à Raucoux en 1746; passa à l'armée des frontières de Piémont en Nov. suiv.; il concourut à chasser les ennemis de la Provence, y passa l'hiver; servit à la reprise des Isles de Ste-Marguerite & de St-Honorat en Mai 1747, créé Brig. le 5 Juin, employé le même jour à la même armée; il se trouva à la conquête du Comté de Nice, aux sièges de Montalban & de Villefranche, repartit du camp de la Scarenne le 21 Juin pour se rendre au camp de Tournoux, où il arriva le 7 Juill., & se trouva à l'attaque des retranchemens du Col de l'Assiette le 19 du même mois; il s'y distingua & y reçut une blessure considérable; il fit encore la campagne de 1748 en Italie; le rég. de *Beaujolois* ayant été incorporé dans celui de *Trainel* le 10 Fév. 1749, on lui donna, le 15 Mars, un rég. de cav. de son nom de nouvelle formation, & devint par-là Brig. de cav.; il le commanda au camp d'Aimeries en 1755; il fut employé à l'armée commandée par le Prince de Soubise le 15 Juin 1757; il commanda son rég. à la bataille de Rosback, où il se distingua; il fut créé Maréc. de Camp le 1 Mai 1758; il se démit de son rég. servit dans l'armée commandée par le Prince de Soubise se trouva au combat de Sondershaussen & à la bataille de Lutzelberg; il se trouva à celle de Minden en 1769, continua de servir en Allemagne jusqu'à la paix, créé Lieut. G. des armées le 25 Juil. 1762. M. D. E.

BEZUCHET, Quart. Me. Tr. avec rang de Cap. dans *Bourbonnois*, infanterie.

BIANCOURT, (le Marquis de) Col. d'*Austrasie*.

BIANCOURT, (le Chev. de) Maj. du 1er. rég. des *Chasseurs*.

BIAYS, Sous-L. de *Maréchaussée*, à Gap.

BIAYS, Garde du Roi dans V. le 1 Juillet 1769.

BICQUELEY, Garde du Roi dans *Noailles* le 16 Janvier 1764.

BICQUILLEY, Major, à Toul.

BIDAUD, Garde du Roi dans *Noailles* le 5 Août 1770.

BIDEREN, (François de) né à Soussignac en Guienne le 1 Av.

1775, Volont. au rég. du *Roi*, drag., le 1 Août 1753, Vol. aux *Cuirassiers* du Roi le 18 Août 1758, Corn. le 20 Déc. 1758, Lieut. le 19 Avril 1762, Sous-L. le 1 Mai 1763, Lieut. en p. au second rég. des *Chevaux-Légers* le 1 Juin 1772.

BIDEREN de Saint-Surin, (Charles) né à Castillonnet en Guienne le 18 Sept. 1735, Lieut. au rég. de la *Marine* le 7 Sept. 1758, Cap. le 30 Juillet 1775, ✠ le... 17...

BIDET, Comte de la Granville, Col. du 3e. rég. d'Etat Maj. en 17..., Col. du rég. de *Boulonnois* en 1782. D. E.

BIDET des Fours, Capitaine du *Génie*, à Brest.

BIDET de Jazoncourt, Cap. du *Génie*, à Sedan.

BIDET de Juzancourt, Maj. du *Génie*, à Brest.

BIDOIT, (Jacques) né à Maubert-Fontaine, Diocèse de Rheims, le 2 Déc. 1743, Soldat dans *Picardie* le 21 Nov. 1755, jusqu'au 29 Mai 1758, Lieut. en sec. dans *Berry*, inf., le 9 Oct. 1758, rang de Lieut. le 30 Déc. 1759, Lieut. en p. le 11 Juin 1776, Commission de Cap. en sec. le 20 Avril 1780.

BIDON, Garde du Roi dans V. le 12 Juillet 1778.

BIENASSISE, Lieut. de Roi, à Calais.

BIENASSISE, Maréc. de C.

BIENSAN, Garde du Roi dans V. le 29 Sept. 1766.

BIENSAN, Maréc. des Logis des Gardes du Roi dans V. le 5 Déc. 1778.

BIEVILLE de Lillers, (Claude-Louis-Michel de) né à Paris en Janv. 1761, *Chevau-Léger* de la Garde du Roi en Janv. 1778, Sous-L. en 3e. au rég. de *Berry*, cav., en Juill. 1781, Cap. à la suite en Juillet 1782.

BIGOT de la Canté, Sous-L. de *Maréchaussée*, à Issoudun.

BILLAUD, Garde du Roi dans L. le 30 Oct. 1778.

BILLECARD de Wal, Commissaire des Guerres, à Moulins.

BILLETOUT de Marnay, Sous-L. de *Maréchaussée*, à Nogent.

BILLIEUX, Sous-Lieut. des *Gardes Suisses*.

BILLIOT, Lieut. de *Maréchaussée*, à Versailles.

BILLY, (Jacques-Philippe, Comte de) né au Château de Villiers en Berry le... 1754, Vol. dans *Custine*, drag., le... 1768, Sous-L. le... 1769, passé aux Mousquetaires le... 1774, réformé le... 1775, remplacé Sous-L. dans le rég. de Bessunce aujourd'hui *Ségur*, drag., en 1777. V. Phelippe. D. M. E.

BILLY, (Dominique-François Phelippe, Marquis de) né au Château de Villiers en Berry en 1706, a servi dans les drag. de *Lhopital*. V. Phelippe.

BIRAGUE, (Antoine de) né à Montargis le 15 Août 1757, Cad. Gentilh. au rég. de la *Reine*, inf., le 6 Juin 1776, Sous-L. le 4 Juillet 1777, Lieut. en sec. le 3 Juin 1779.

BIRAN, Garde du Roi dans *Noailles* le 15 Avril 1765. M.

BIRAN, Garde du Roi dans *Noailles* le 10 Mars 1773.

BIRÉ, Garde du Roi dans B. le 9 Avril 1779.

BIRON, (Louis-Antoine de Gontaut, Maréchal Duc de) né le 2 Fév. 1701, connu d'abord sous le nom de Comte de Biron; il entra Garde Marine en 1716, Col. réformé à la suite de *Chartres* le 1 Janv. 1719; il leva une compagnie de cav. au rég. de *Noailles* le 2 Fév. 1727, Col. Lieut. de *Royal-Roussillon*, inf., le 22 Juill. 1729; il marcha en Italie en Sept. 1733 à la tête de ce rég.; força, l'épée à la main, le chemin couvert de Pizzighitone qui capitula le 29 Nov.; servit à l'attaque du Château de Milan qui se rendit le 29 Déc., il y fut blessé; il se trouva au siége de Tortonne qui capitula le 28 Janv. 1734 à la prise du Château le 4 Fév. créé Brig. le 20; il combattit aux deux attaques du Château de Colorne, les 4 & 5 Juin, à la bataille de Parme le 29, après lequel il battit un corps de troupes qui protégeoit un Château dans lequel il prit le Général de la Tour & 400 Officiers; Inspecteur Gén. de l'inf. le 31 Juillet, à la prise de la Secchia le 15 Sept., chargé de l'arrière-garde & de toute l'artillerie; il soutint plusieurs attaques des ennemis parvint à joindre l'armée à Luzzara sans avoir été entamé, à la bataille de Guastalla le 19 où il commandoit la Brigade d'Auvergne. Les Officiers Généraux qui étoient à portée de lui ayant été tués, il marcha aux ennemis à la tête du rég. du Roi & de deux rég. de drag.; il battit les ennemis & prit leur canon; créé Maréchal de Camp le 18 Oct. suiv. Col. Lieut. & Inspecteur du rég. du Roi le 15 Janv. 1755, & se démit de l'Inspection générale de l'inf.; il continua de servir en Italie, & prit les ennemis à revers en faisant passer le Mincio à la nage à une partie des troupes qu'il commandoit; chassa de Goito, les Autrichiens le 15 Juin, commanda sur l'Adige & dans le Véronois; devenu Duc de Biron sur la démission de son frère l'Abbé de Biron le 29 Fév. 1740, Gouv. de Landrecy le 6 Août suiv. employé à l'armée de Bohême le 20 Juill. 1741; il y marcha avec la première division, combattit à l'assaut qui emporta Prague le 26 Nov.; fit la guerre en Marovie le reste de l'hiver, se rendit à Pissek en 1742; combattit à Sahay le 25 Mai, fit l'arrière-garde de l'armée; concourut à la défense de Prague, se signala les 19 & 22 Août à deux sorties que firent les François; à la première il pénétra, l'épée à main, jusqu'à la batterie Royale défendue par plusieurs bataillons, les défit, encloua le canon & les mortiers, détruisit les ouvrages, fit prisonnier le Chef du Génie; dans la seconde toutes les pièces de campagne des ennemis furent prises; il tua tout ce qui ne prit pas la fuite, reçut deux coups de fusil sur la fin de l'action, l'un lui cassa la mâchoire, une balle de l'autre lui entra dans la tête & l'obligea de se faire trépaner; il fut créé Lieut. Gén. le 20 Fév. 1743, rentra en France & combattit Ettingen sous le Maréchal de Noailles le 27 Juin à la tête des Brigades de Navarre, d'Auvergne & du Roi; il conduisit l'arrière-garde de toute l'armée, lorsqu'elle repassa le ravin d'Ettingen; il continua de servir à l'armée commandée par le Maréchal de Noailles; il marcha sur le Haut-Rhin, dont le Maréchal de Coigny lui donna le commandement depuis Neuf-Brisack jusqu'à Strasbourg, il y rendit inutiles les différentes tentatives du Prince Charles de Lorraine, le 1 Janv. 1744, employé à l'armée de Flandres sous le Roi le 1 Avril, il servit au siége de Menin, dont il prit le chemin couvert qui capitula le 4 Juin, au siége d'Ypres qui capitula le 27 ; il s'empara de la basse Ville au siége de Furnes rendu le 10 Juill. ; il fit rompre les écluses sous le feu de la place, passa ensuite en Alsace, fut employé à l'armée du Rhin le 19 Juill. ; combattit à Anguenum le 23 Août ; finit la campagne par le siége de Fribourg, dont il attaqua le chemin couvert de la gauche, fut employé à l'armée de Flandres sous le Roi le 1 Avril 1745 ; il étoit au siége de Tournay, il en prit le chemin couvert : à la bataille de Fontenoy, il défendit ce Village, d'où il repoussa trois fois les ennemis ; il y eut plusieurs coups de fusil dans sa cuirasse, 3 chevaux tués sous lui & 2 de blessés ; le Roi le fit Col. du rég. des *Gardes Françoises* à la mort du Duc de Grammont le 26 ; il se démit du rég. du *Roi* ; il fut employé à l'armée de Flandres le 1 Avril 1746 ; il commanda la réserve à la bataille de Raucoux le 11 Oct. ; il servit à la même armée le 1 Mai 1747 ; reçu comme Pair au Parlement le 29 Août 1749, créé *Maréchal de France* le 24 Fév. 1757, il a prêté serment le 13 Mars.

BISARDON, Trompette des Gardes du Roi dans L.

BISS, A.-Maj. des *Gard. Suisses.*

BISSEIS, Brigadier des *Gendarmes* Ecossois.

BISSON, (Simon de) né à Mézières en Champagne le 26 Mai 1741, Volont. au rég. de *Savoye Carignan* le 1 Av. 1757, Lieut. le 7 Juillet 1758, Lieut. des Grenad. le 22 Mai 1769, Aide-Maj. le 2 Nov. 1769, a eu la Commission de Cap. le 16 Janv. 1773, Cap. le 28 Fév. 1778, Maj. le 24 Juin 1780, ✠.

BISSY, (Claude de Thiard, Comte de) baptisé le 14 Oct. 1721, Mousquetaire en 1736, obtint une compagnie au rég. de *Commissaire-Général*, cav. le 16 Avril 1738, la commanda à l'armée de Bavière en Mars 1742, sous les ordres du Duc d'Harcourt, puis du Comte de Saxe ; passa avec cette armée sur les frontières de Bohême sous les ordres du Maréchal de Maillebois ; il se trouva au ravitaillement du Braunau & d'Egra, à la défense de plusieurs postes de la Bavière & rentra en France avec l'armée en Juillet 1743 ; il fut second Cornette de la seconde compagnie des Mousquetaires le 28 Août suiv. avec rang de Mest. de Camp de cav. ; il se trouva au siége de Menin, d'Ypres & de Furnes en 1744, à la bataille de Fontenoy & au siége de Tournay en 1745, à celle de Lawfeld en 1747, créé Brig. le 1 Janv. 1748, employé à l'armée des Pays-Bas ; devenu premier Corn. de sa compagnie le 20 Mai 1751, 2e. Enf. le 15 Juin 1753, Gouverneur des Ville & Château d'Auxonne sur la démission du Marq. de Bissy son parent le 25 Août suiv., premier Enf. de sa comp. le 1 Avril 1754, se démit de cette charge en Mars 1757, & obtint le 16 du même mois une Commission de Mestre de Camp réformé à la suite du *Commissaire-Général*, cav. ; employé à l'armée d'Allemagne le 1 Mars 1757, s'est trouvé à la bataille d'Hastembeck, à la prise de plusieurs places de l'Electorat d'Hanovre, au combat de Sunderhausen, à la conquête de la Hesse, à la bataille de Lutzelberg en 1758 ; créé Maréc. de Camp le 10 Fév. 1759, combattit à Minden la même année a servi jusqu'à la paix ; créé Lieutenant Général le 25 Juillet 1762. E.

BIZEMONT, (Charles-Guillaume-Marie de) né à Orléans le 10 Sept. 1754, Sous-L. au rég. de la *Marine* le 31 Janv. 1772, Lieut. le 30 Juillet 1775.

BIZEMONT, (le Marquis de) Maréchal de Camp.

BIZOT du Coudray, Lieut. du *Génie*, à Gex.

BIZOT, Elève du *Génie*.

BIZOT, Lieuten. du *Génie*, à Gex.

BIZY, Major du *Génie*, à Dunkerque.

BLACHAS, (Jean-Baptiste de) né à Meze en Languedoc, le 19 Juin 1737, Cavalier dans *Royal-Cravattes* le 28 Février 1757, Maréc. de Log. le...1763, P. E. le 22 Avril 1774, Lieut. au sec. rég. des *Ch.-Lég.* le 27 Mai 1779.

BLACOURT, Commissaire des Guerres, à Landau.

BLAIN, Sous-Lieutenant de *Maréchaussée*, à Cognac.

BLAINVILLE, (le Marq. de) Lieut. Col. Com. le Bat. de *Forez*.

BLAIR, (Jean-Baptiste de) né à Metz le 17 Nov. 1756, Cad. Gentilh. au rég. d'*Aquitaine* le 6 Juin 1776, Sous-L. le 20 Mars 1777, L. en s. le 18 Juin 1781.

BLAIR, (Jean-François-Pierre, Chev. de) né à Metz le 17 Nov. 1759, Cad. Gentilh. le 6 Juin 1776, Sous-L. au rég. d'*Aquitaine* le 20 Mars 1778, Lieut. en sec. le 18 Sept. 1781.

BLAIT de Villeneuve, Cap. du *Génie*, à Corté.

BLANC, (Samuel-Nicolas) né à Avenches, canton de Berne, le 22 Fév. 1747, Cadet dans *Vigier* le 29 Avril 1764, Sous-Lieut. le 17 Avril 1765, Lieut. le 26 Avril 1778.

BLANCART, Sous-L. des *Grenadiers Royaux* de Picardie.

BLANCHARD, Garde du Roi dans L. le 23 Avril 1773.

BLANCHARD, Quart. M^e. Trés. du rég. *Dauphin*.

BLANCHARD, Sous-L. de *Maréchaussée*, à Apt.

BLANCHART, Commissaire princ. des Guerres, en Amérique.

BLANCHOUIN, Garde du Roi dans L. le 12 Août 1773.

BLANGY, Sous-Lieut. des *Gendarmes* Dauphin.

BLANGY, (le Marquis de) Lieutenant Général.

BLANGY, (Pierre le Vicomte, Cte. de) Mousq. en 1731, Cap. dans E^rmenonville, drag., le 25 Mars 1734 ; il le joignit à l'armée d'Italie, & commanda sa Comp. à l'attaque de Colorno, aux batailles de Parme & de Guastalle, au siége de la Mirandole, à ceux de Reggio, de Reveré & de Gonzague en 1735, Exempt des Gardes du Roi dans V. le 4 Oct. 1736 ; il fit la campagne de 1742 en Flandres, se trouva à la bataille d'Ettingen en Juin 1743, & obtint le 17 Nov. une Commission de Mest. de Camp de cav. ; il fit les campagnes de 1744 à 1748, soit avec le Roi, soit avec les Gardes-du-Corps, & se trouva à tous les siéges & aux batailles qui se donnèrent ; rang d'Ens. le 14 Sept. 1758, créé Maréc. de Camp le 20 Fév. 1761 : il a fait cette année la campagne d'Allemagne, & a quitté les Gardes-du-Corps en 1762.

BLAU, (N... de) né à Etoille en Dauphiné le... 1753, Sous-L. au rég. de *Perche* le 10 Av. 1768, Sous-L. des Grenad. le 24 Mars 1774, Lieut. en sec. le 20 Mars 1778, Cap. en s. le 3 Nov. 1782.

BLETERNAS, Lieut. de *Maréchaussée*, à Trévoux.

BLIART, Garde du Roi dans B. le 22 Juillet 1770.

BLONAY, Sous-Lieut. des Gardes Suisses.

BLONDEAU, Adjoint de Major, au Fort St-André.

BLONDEAU, (Claude-Hiacinthe) né à Beaune-les-Dames le 11 Mai 1752, Volont. au rég. de Cambresis le 1 Fév. 1767, passé dans la Gendarmerie le 8 Sept. 1770, Offic. sous M. de Viomenil en Pologne le... 1771, Lieut. à la suite des troupes Légères le 15 Déc. 1772, Cap. au Corps de Nassau-Siégen le... 1779, attaché au 4ᵉ. rég. des Chasseurs le... 17...

BLONDEL, (Armand-Louis) né à Paris le 6 Avril 1742, Cavalier au rég. Royal le 25 Avril 1760, Maréc. de Log. le 18 Av. 1763, Sous-L. le 4 Juin 1769, Lieut. le 4 Octob. 1772.

BLONDEL de Beauregard, (Louis-Joseph de) né à la Fere en Picardie le... 1754, Sous-L. au rég. d'Aquitaine le 4 Août 1770, Lieut. le 20 Mars 1778, Lieut. en p. le 1 Déc. 1781, Cap. en sec. le 6 Avril 1782.

BLONDEL de Beauregard, Lieut. du Génie, à Charlemont.

BLOSSET, (le Marquis de) Brigadier d'infanterie.

BLOT, (le Comte de) Commandant en Dauphiné.

BLOTTEFIERE, Major du rég. de la Sarre, infanterie. E.

BLOU, (le Comte de) Lieut. Col. de Piémont, inf. & ✠.

BLOU, (le Baron de) Lieut. des Maréc. de France, à Angers.

BLOUIN, Garde du Roi dans L. le 31 Août 1775.

BLUMENTHALL, Sous-L. des Gardes Suisses.

BLUMENTHALL, (Xavier-Antoine-Maurice de) né à Zizers en Grisons le 22 Sept. 1760, Sous-Lieut. dans Vigier, le 24 Janv. 1780.

BOCCARD, Lieut. Général.

BOCIOCCHI, (Félice) né à Ajacio en Corse le 18 Mai 1762, Sous-L. au rég. Royal-Corse, inf., le 27 Nov. 1778.

BOCK, (le Baron de) Lieut. des Maréch. de F., à Boulay. D.

BOCON de la Merlière, (Laurent) né à Grenoble le 19 Sept. 1757, Sous-L. au rég. du Roi, drag., le 20 Sept. 1773, Cap. le 3 Juin 1779, Cap. réformé au rég. Royal-Navarre, cav. le 18 Nov. 1781.

BODE, (le Baron de) Col. en sec. du rég. de Nassau, inf.

BODENET, (Jean-Guillaume de) né à Corme en Nivernois le 27 Juin 1732, Lieut. au rég. de Beaujolois le 1 Mai 1756, Cap. le 17 Mai 1773, ✠ le... Août 1781.

BODERA, Cap. du Génie à Montpellier.

BODET de la Vallade, Aspirant du Génie à Montpellier.

BOEIL, (Antoine-Théophile-François de) né à Paris le 13 Mai 1767, Sous-L. dans Berry, inf., le 6 Avril 1783.

BŒMER, (Joseph) né à Munster en Vestphalie, le 16 Janv. 1737, Fourrier au Service de Cologne en 1754, Serg. des Gren. dans la Légion de Conflans, le 15 Juin 1762, Fourr. le 6 Janv. 1770, P. E. le 26 Juillet 1776.

BOESCHEL, (Frédéric) né à Dresden le 1 Janv. 1738, drag. dans la Légion de Flandres le 1 Juin 1757, Mar. de Log. en 1760, blessé à la retraite de Hirschfelden en 1760, blessé à la découverte de Baderbornn en 1761, retiré & fait Lieut. à l'Hôtel en

1773, passé en Turquie pour servir sous les ordres de M. Pulowosky en 1774, rang de Sous-Lieut. dans *Conflans* le 24 Juin 1775, Sous-Lieut. le 14 Mars 1779.

BOGGIO, (Adam) né à Nagykier en Hongrie le 23 Déc. 1743, Hussard dans la légion de *Conflans* le 1 Juillet 1766, Maréchal de Logis le 1 Oct. 1767, Fourr. le 6 Fév. 1770, P. E. le 26 Juillet 1776.

BOISBRULÉ, Cap. du rég. des *Gren. Royaux* de Picardie.

BOISCLAIREAU, Aide-Maj. du rég. du *Roi*, infanterie.

BOISCLER, Commissaire des guerres à Ham, Guise & Lafere.

BOISDEFFRE, (Louis-René, le Mouton de) né à Berras au Maine le 15 Fév. 1744, Lieut. au bataillon de *Mortagne* le 1 Mai 1753, Corn. au rég. *Dauphin*, cav. le 29 Mars 1760, Sous-Aide-Maj. le 1 Mars 1763, Aide-Maj. le 19 Déc. 1772, Commission de Cap. le 7 Avril 1773, réformé, Aide-Maj. le 13 Juin 1776, Cap. en sec. le 21 Avril 1777, ✠ le 1 Mai 1778, Cap. C. le 6 Août 1780, Maj. de *Bourgogne*, cav. le 10 Mai 1782.

BOISDEFFRE, (Jean-François-René, le Mouton de) né à Bezus au Maine le 29 Nov. 1745, Corn. des *Carabiniers* le 12 Avril 1762, réformé le 16 Avril 1763, Sous-L. le 28 Avril 1765, Lieut. le 21 Mai 1771, réformé le 1 Avril 1776, Lieut. en s. le 27 Oct. 1776, Lieut. en p. le 7 Mai 1780, rang de Cap. le 9 Août 1781.

BOISDEFFRE, Brigadier de cavalerie.

BOISDEFFRE, (Louis-René-Alexandre le Mouton, Ch. de) né à Berny au Maine le 17 Déc. 1746, Sous-L. à la suite de *Dauphin*, cav. le 26 Janv. 1765, Sous-L. des *Carabiniers* le 1 Août 1765, Lieut. le 20 Fév. 1774, réformé le 1 Avril 1776, Lieut. en s. le 1 Mai 1779, Lieut. en pied le 10 Nov. 1782.

BOISDEFFRE, (Jean-Baptiste-René, le Mouton de) né à Alençon le 19 Nov. 1755, Elève de l'Ecole Militaire, Lieut. au rég. *Royal-Comtois* le 28 Juillet 1773, Sous-Aide-Maj. le 17 Avril 1774, Cap. en s. le 3 Juin 1779.

BOISDENEMETZ, Lieut. général.

BOISDENEMETZ, Garde du Roi dans B. le 21 Déc. 1769.

BOISGELIN, (le Comte de) Maréchal de Camp. D. E.

BOISGELIN, (le Vicomte de) Cap. des *Gardes Françoises*.

BOISGELIN, (le Vicomte de) Col. en s. de *Forez*, inf.

BOISGUERIN, Elève de l'Ecole Militaire, Cad. Gentilh. au rég. de *Médoc*.

BOISGUYON de Chauffepot, (Jean-Baptiste-François de) né à Châteaudun en Beauce le 23 Juin 1759, Sous-L. à la suite au rég. *Royal-Comtois* le 14 Janv. 1777, Sous-L. le 3 Juin 1779.

BOISJOUANT, (le Comte de) Lieut. des *Maréchaux* de France au Duché-Pairie de Retz.

BOISJUGAN, Garde du Roi dans L. le 30 Déc. 1773.

BOISLIGNY, Lieut. des *Maréchaux* de France à Exmes.

BOISRAGON, (Louis-Chevalau, Ch. de) né à Lachenay le... 1746, Enf. au rég. d'*Orléans*, inf. le 28 Mai 1761, Sous-L. le 1 Mars 1763, Lieut.

le 28 Fév. 1778, Cap. en f. le 12 Sep. 1779, fait la campagne de 62, embarqué fur le vaisseau l'Actionnaire le 25 Déc. 1779, rentré le 14 Déc. 1782.

BOISRAGON, (Jean-Valau de) né à Lachenay en Poitou en 1736, Lieut. en f. au rég. d'*Orléans* le 20 Mars 1745, Lieut. le 18 Mai 1746, Cap. le 1 Sept. 1755, Cap. des gren. le 1 Juillet 1774, ✠ le 9 Nov. 1763, blessé au bras gauche à la bataille de Rocoux, a fait le siége de Berg-op-Zoom, les campagnes de 45, 48, 75 & 62, Cap. C. du sec. bataillon le 27 Juillet 1779, premier Cap. du rég. le 10 Mai 1782.

BOISRENARD, Brig. d'inf.
BOISSAC, Brig. des dragons.
BOISSARD, Maréchal de Logis des *Gendarmes Anglois*.

BOISSE, (Antoine-René, Vicomte de) né à Paris le... 17... entra dans l'artillerie le 3 Janv. 1748, Lieut. en f. au rég. du *Roi* en 1753, Sous-Aide-Maj. en 1758, Cap. en 1760, Maréchal gén. de Logis de la *Cavalerie* en 1766, Col. en f. du rég. de *Picardie* en 1776, Mest. de C. Com. de celui de la *Marine* le 28 Fév. 1778, Brig. le 1 Mars 1780, ✠ le... 17...

BOISSEAUX d'Artiges, Quart. M. Trés. des *Grenadiers Royaux* de Bretagne.

BOISSELIER Cornotte, (Pierre Nicolas) né à Efnoms en Champagne le 8 Mars 1732, Soldat au rég. de *Briqueville* le 1 Août 1748, Serg. le 7 Mai 1753, congédié le 18 Déc. 1756, Soldat au rég. de *Touraine*, dit *Savoie Carignan*, le 18 Mai 1757, Serg. le 7 Avril 1759, Porte Drapeau le 1 Fév. 1763, blessé & estropié à la main à la bataille de Minden en 1759, Quart. M. le 1 Juin 1775, Quart. M. Trés. le 15 Juin 1776.

BOISSESON, Maj. du rég. de *Condé*, dragon.

BOISSET, de Ségur, Lieut. du *Génie* à Antibes.

BOISSIEUX, Lieut. Col. com. le bataillon de la *Sarre*.

BOISSIEUX, Maj. d'*Austrasie*, inf. & ✠.

BOISTEL, Maréchal de C.
BOLARD, Garde du Roi dans B. le 11 Juin 1780.

BOLINARD de la Coste, Brig. des *Gendarmes d'Artois*.

BOLINARD, Maréchal de Logis des *Gendarmes d'Artois*.

BOLLOGNE, (Jean-Antoine-Gapifuchy de) né à Barcelonnette le... 17... Vol. au rég. de *Médoc* le 20 Mai 1774, Cad. Gentilh. le 6 Juin 1776, Sous-L. le 20 Mars 1779.

BOMBEL Walleroi, (Louis-Auguste, Ch. de) né au Château de Poyeus en Champagne, le... Offic. à la suite de la légion de St-Domingue le... 1767, Lieut. au rég. *Provincial* de Paris le... Mai 1773, Offic. aux *Gren. Royaux* de l'Isle de France en... Cap. à la suite au rég. *Royal-Comtois* le 28 Fév. 1778.

BOMBELLES, (le Comte de) Maréchal de Camp.

BOMBELLES, (le Baron de) Lieut. Col. com. le bataillon de *Royal-Vaisseaux*.

BON, Cap. du *Génie* à Metz.
BON, (le Baron de) Maréchal de Camp.

BONAFOS, Maréchal de Logis des Gardes du corps du Roi, compagnie de *Noailles* le 27 Mars 1773.

BONAFOUS, (Louis-Maurice de) né à Calvisson en Languedoc le... 1766, Sous-L. au rég. de *Limosin* le 18 Mars 1783.

BONAFOUS, (Jean-Baptiste-Destates, Ch. de) né à Calvisson en Languedoc le 28 Août 1753, Sous-L. au rég. de *Limosin*, inf. le 6 Janv. 1770, Lieut. le 27 Avril 1773, Lieut. en sec. le 8 Juin 1776, premier Lieut. le 24 Juin 1779, Cap. en sec. le 1 Mars 1783.

BONAFOUS, (François-Etienne de) né à Calvisson en Languedoc le 6 Déc. 1733, Lieut. le 5 Juin 1747, Cap. le 20 Mai 1758, Cap. Com. le 8 Juin 1776, Maj. du rég. de *Limosin*, inf. le 21 Avril 1777, ✠ le 3 Mai 1772.

BONAL, (Jacques de) né à St Léger en Agenois le... 1763 Cad. Gentilh. dans *Royal*, cav. le 1 Juin 1779.

BONARD de Chassenay, (Philibert) né à Arnay-le-Duc en Bourgogne le 15 Avril 1753, Elève de l'Ecole de Lafere en 1765, passé dans la Gendarmerie le 1 Fév. 1779, Offic. à la suite dans la légion *Corse*, le 21 Mai 1771, *idem* dans *Royal-Roussillon*, inf. le 24 Nov. 1776, *idem* dans le 6e rég. des *Chasseurs* le 1 Mai 1779, en pied le 1 Septembre 1779.

BONAUD de Montaret, (Julien) né à Moulins, le 30 Déc. 1742, Enf. au rég. de *Savoie Carignan*, le 30 Avril 1759, Lieut. le 10 Août 1761, Cap. le 31 Janv. 1774, blessé à la bataille de Minden en 1759, Cap. Com. le 18 Juillet 1780.

BONAVITA, Maj. du rég. *Provincial* de l'Isle de Corse.

BONCE, (le Ch. de) Lieut. de Roi à la Citadelle d'Arras.

BONCHAMP, (Charles de) né à Jouvardeil en Anjou, le 10 Mai 1760, Cad. Gentilh. le 6 Juin 1776, Sous-L. au rég. d'*Aquitaine* le 26 Juin 1778, Lieut. en sec. le 6 Avril 1782.

BONGARS Daspremont (le Marquis de) Lieut. de Roi en Normandie.

BONHOMME, (Jean-Baptiste) né à Ste-Colombe en Guienne le... 1734, Soldat au rég. de *Soissonnois*, puis dans celui de *Foix*, le 13 Mars 1752, Sous-L. le 23 Janv. 1772. P. D.

BONMARCHAND, Maj. à Salins.

BONNASSIER, (Joseph de) né à St-Rouvert en Agenois, le 23 Mars 1726, Dragon le 20 Mars 1743, Maréchal de Logis le 15 Oct. 1756, Porte-Guidon le 1 Mars 1763, Breveté de Lieut. le 22 Oct. 1767, Quart. M. Trés. le 6 Juin 1776, Lieut. en sec. le 15 Déc. 1776, Lieut. en pied le 4 Avril 1777, ✠ le 6 Avril 1778.

BONNAY, (le Marquis de) Exempt des Gardes du Roi dans V. le 1 Fév. 1774, Sous-L. le 1 Janv. 1776, Mest. de Camp le 30 Sept. 1779.

BONNAY, Brig. des Gardes du Roi dans L. le 31 Déc. 1779.

BONNE de Lesdigières, (Ch. de) Lieut. Col. de *Guienne*, inf. & ✠. D. E. M.

BONNEAU, (Jean de) né à St-Hémilion en Gascogne, le 6 Sept. 1759, Sous-L. à la suite dans *Berry*, inf. le 14 Août 1775, en pied le 11 Juin 1776, Lieut. en sec. le 27 Juillet 1781.

BONNEFOUS, Garde du Roi dans B. le 20 Mai 1765.

BONNEFOUS, Garde du Roi dans B. le 1 Oct. 1778.

BONNEFOUS, Garde du Roi dans B. le 28 Juin 1780.

BONNEGUISE, (le Comte de) Brigadier d'infanterie.

BONNESTAT, (Jean-Jacques de) né à Pierre-Fitte en Berry le 2 Juin 1744, Enseig. au rég. Maréchal de *Turenne*, le 17 Avril 1760, Lieut. le 14 Avril 1767, Cap. en sec. le 28 Fév. 1778.

BONNET, (Jean-Joseph) né à Marseille le 4 Oct. 1732, Soldat au rég. de *Médoc* le 1 Mai 1752, Serg. le 15 Juin 1760, P. D. le 20 Mai 1778. D. M.

BONNET de Demonville, (Jean-Alexandre de) né à Demonville en Normandie, le 20 Mai 1748, a fait une campagne en qualité de Vol. sur les vaisseaux du Roi en 1768, Sous-L. au rég. de *Médoc* le 23 Nov. 1769, Lieut. le 9 Nov. 1772.

BONNET, Cap. du *Génie* à Calvy.

BONNET de Demonville, Cap. du *Génie* au Havre.

BONNET, (François de) né à… en Lorraine le… offic. dans la compagnie des Ordonnances de *René*, second Duc de Lorraine & de Bar, qui l'annoblit le 10 Nov. 1501.

BONNET, (François de) né à… le… Offic. au service du Duc de Lorraine dans les troupes de Bavière où il est mort.

BONNET, (Pierre de) né à St-Michel en Lorraine en 1673, Vol. du rég. d'*Halanzy*, drag. au service de France, le… 16.. Corn. dudit rég. le 8 Août 1703, Lieut. le 4 Mars 1705, Cap. en 1707; il a fait la guerre de 1701; s'est trouvé à la bataille de Hochstet en 1704, où il fut blessé; à celle de Ramillies en 1706, puis Cap. de drag. à la suite de Verdun, après la paix d'Utrecht; Cap. dans *Besançon* en 1727, Cap. Com. dans le rég. *Provincial* du Comte, bataillon de Trostondam en 17…; s'est trouvé à l'armée du Rhin, à la prise du Fort de Kell, de Philisbourg en 1734, ✠ le 1 Juillet 1737; il s'est trouvé au siége de Prague, Com. de bataillon en 1747, Lieut. Col. du rég. de *Besançon* en 17… Com. pour le Roi à Joinville; il mourut à Besançon le 20 Déc. 1754. Rien de plus honorable que les termes dans lesquels sont conçus les Brevets & Commissions des différens grades que cet officier avoit parcourus avec tant de rapidité, qui seuls, forment le témoignage le plus éclatant de sa bonne conduite & de sa bravoure; il étoit d'ailleurs couvert de cicatrices, & gardoit depuis 30 ans 3 balles dans les chairs, que tout l'art des Chirurgiens n'avoient pu retirer.

BONNET, (Pierre de) né à Verdun le 8 Août 1703, Cad. dans le rég. des Hussards de *Ratzky* en 1720, Lieut. de cav. dans *Mouchy*, le 23 Juillet 1723, mort à Etampes le 30 Janv. 1778.

BONNETIER, (Jean-Charles, Ch. de) né à Nantes le 31 Janv. 1757, Cadet Gentilh. au rég. Maréchal de *Turenne* le 6 Juin 1776, Sous-L. le 4 Juillet 1777, Lieut. en sec. le 17 Avril 1782.

BONNEVAL, (le Vicomte de) Maréchal de Camp. M. E.

BONNEVAUX, Maréc de C.

BONNEVILLE, (Jean-Antoine-François d'Alentin, Ch. de) né au Puy en Velay, le 17

Août 1749, Sous-L. le 30 Juil. 1768, Lieut. au rég. du *Maine* le 17 Avril 1774.

BONNEVILLE, Brig. des Gendarmes de la *Reine*.

BONSOL, Maréchal de C.

BONSOL, Exempt des Gardes du Roi dans L. le 26 Juin 1774, Sous-L. le 1 Janv. 1776, Mest. de C. le 26 Juin 1780.

BONVILAR, (le Baron de) Lieut. des *Maréchaux* de France à Montauban.

BONVOULOIR, Lieut. des *Maréchaux* de France à Bayeux.

BONVOULOIR, (Charles-Bonaventure, Guechard de) né à Pas-de-la-Vente en Normandie le 10 Mai 1743, Sous-L. le 25 Mai 1759, Lieut. le 7 Mars 1761, Cap. du rég. du *Maine* le 2 Juin 1777.

BONY de la Vergne, Cap. du *Génie* à Sarrelouis. E.

BONY de la Vergne, Lieut. des *Maréchaux* de France à Limoges.

BOQUET, (Pierre-Julien) né à Angers en Anjou, le 22 Juillet 1740, Soldat au rég. de *Foix*, le 10 Oct. 1758, Quart. M. Trés. le... 17... Sous-L. le 7 Nov. 1773, Lieut. le 1 Juillet 1776.

BORCK, Trompette des Gardes du Roi dans B.

BORDA Josse, (François de) né à Dax le 15 Fév. 1763, Sous-L. de *Berry*, inf. le 1 Avril 1780, Sous-L. à la suite des *Carabiniers* le 9 Août 1781, en 3e le 4 Août 1782, en sec. le 10 Nov. 1782.

BORDENAVE, Cap. du *Génie* à Besançon.

BORDERES, Aspirant du *Génie* à Bayonne.

BORDET, Exempt de *Maréchaussée* à Passy.

BOREL, (Claude-François) né à Ville-Cure en Comté, le 6 Janv. 1747, Carabinier le 30 Sept. 1768, Maréc. de Logis le 1 Juillet 1773, Adj. le 15 Fév. 1782, P. E. le 16 Mars 1781.

BOREL, (François-Urbain-Baptiste Atger de) né à Mende en Gevaudan le 31 Juillet 1761, Cad. Gentilh. dans *Bussigny* le 6 Juin 1776, Sous-L. le 28 Avril 1778.

BOREL, Garde du Roi dans B. le 11 Juin 1774.

BORET, (Nicolas-François la Broue de) né à Raincourt en Franche-Comté le 3 Sept. 1744, Com. des *Carabiniers* le 5 Mars 1760, Lieut. le 28 Avril 1769, Lieut. en sec. le 1 Avril 1776, rang de Cap. le 13 Juin 1779, obtenu 400 liv. de pension le 10 Nov. 1782.

BORIN, Garde du Roi dans L. le 7 Août 1763.

BORNE d'Altier, (N... Comte de) né à..., Cap. au rég. de *Boufflers*, drag. ✠ le 17... Mest. de C. en sec. au rég. de *Conti*, drag. le 11 Nov. 1782.

BORNE, Cap. du *Génie* à St-Venant.

BORNIER, Garde du Roi dans B. le 23 Avril 1773.

BORNIER, (Jean) né à Lunel en Languedoc le 23 Avril 1752, Sous-L. au rég. de *Limosin*, inf. le 1 Sept. 1770, Lieut. le 28 Juillet 1773, devenu Sous-L. à la nouvelle formation le 8 Juin 1776, Lieut. en sec. le 21 Avril 1777, premier Lieutenant le 12 Nov. 1779.

BORNIER de Ribalte, Lieut. des *Maréchaux* de France à Lunel.

BORY, Lieut. de Roi, au Comté de Bourgogne.

BOSCAS, (François de) né à Gramat en Quercy, le 8 Juin 1733, Enseig. dans *Berry*, inf. le 9 Oct. 1758, Lieut. le 15 Avril 1759, Cap. en sec. le 8 Avril 1779, Cap. Com. le 27 Juillet 1781.

BOSCAS, Garde du Roi dans V. le 29 Sept. 1771.

BOSCAS, Garde du Roi dans V. le 20 Avril 1770.

BOSCHATEL, Garde du Roi dans *Noailles* le 3 Oct. 1770.

BOSCHATEL, Garde du Roi dans *Noailles* le 16 Déc. 1763.

BOSCHENRY, Ch. de Plainville, Commissaire des guerres à Pontaudemer.

BOSQUENSAY, Aide-Maj. des *Gardes Françoises*.

BOSQUEVERT de Vendelaigne, (Gabriel-Henri, Ch. de) né à St-Maixant en Poitou, le … 1757, Cad. Gentilh. dans *Orléans*, inf. le 4 Avril 1778, Sous-L. en sec. le 7 Août 1778, des gren. le 20 Août 1781, Lieut. en sec. le 10 Mai 1782.

BOSQUEVERT, (Amable-Alexis de) né à St-Maixant en Poitou en 1748, Sous-L. d'*Orléans*, inf. le 16 Mai 1766, Lieut. en sec. le 28 Fév. 1778, en pied le … 1779, Cap. en sec. le 10 Mai 1782, embarqué sur le vaisseau l'Intrépide le 28 Déc. 1779, puis le 14 Déc. 1781, sur le vaisseau l'Actionnaire.

BOSQUILLON de Frescheville, Cap. du *Génie* à Cambrai.

BOSQUILLON du Bouchoir Cap. du bataillon de *Vermandois*.

BOSREDON, (le Marquis de) Lieut. des *Maréchaux* de France, à Clermont Ferrand.

BOSREDON, Garde du Roi dans B. le 17 Oct. 1774.

BOSREDON, (le Comte de) Lieut. Col. de *Chartres*, inf.

BOSRERON, (le Comte de) Exempt des Gardes du Roi dans L. le 28 Mars 1765, Mest. de C. le 30 Mars 1773, Sous-L. le 1 Janv. 1776, Lieut. le 20 Déc. 1782.

BOSTENNEY, (Jean Hervé d'Espagne de) né à Pontaudemer, le … Avril 1761, Cad. Gentilh. au rég. de la *Reine*, inf. le 1 Oct. 1778, Sous L. le 15 Janv. 1779.

BOTTA, Quart. M. Trés. de *Normandie*, inf.

BOTTA, (le Marquis de) Maréchal de Camp.

BOTTERON, (Jean-Pierre) né à Noze, près Berne, Vol. dans *Vigier* le 30 Nov. 1755, Enseig. le 16 Avril 1758, Sous-L. le 27 Juillet 1760, Lieut. le 22 Oct. 1761, ✶✶ le 16 Déc. 1781, blessé à la bataille de Berghen en Avril 1759.

BOTTREL de Quintin, Lieut. en sec. des *Gardes Françoises*.

BOUAN (N…) né à Regny-la-Sale en Champagne, le 15 Nov. 1725, Cav. au rég. de *Conti*, drag. le 8 Nov. 1750, Maréchal de Logis en 1763, Fourr. en 1764, P. G. le 1 Juin 1772.

BOUAN Duchef de Bos, (le Ch. de) Maj. du rég. de *Lafere*, infanterie.

BOUAN, Lieut. du *Génie* dans les Colonies.

BOUARD, Garde du Roi dans B. le 29 Juin 1765.

BOUBÉE, Garde du Roi dans L. le 31 Mars 1771.

BOUBÉE de la Bastide, (Jacques-François de) né à Montbrisson en Forez, le 24 Juin 1747, Vol. aux gren. de *France* en 1763, Sous-L. en 1764, Cap. com. dans *Lanan* dit *Durfort*, le 9 Déc. 1771, Cap. titulaire le 11 Juin 1772, réformé le 11 Juin 1776, Cap. en sec. en 1778.

BOUBERS, (Marc-Hiacinthe de) né à Maimay-Lambercourt en Picardie, le 20 Janv. 1730, Lieut. le 26 Avril 1756, Cap. le 6 Nov. 1771, Cap. en sec. le 8 Juin 1776, Cap. com. au rég. de *Limosin*, inf. le 27 Août 1778, ✠ le.... 1782.

BOUBERS, (Jean-Baptiste de) né à la Guadeloupe, le 21 Juil. 1758, Page du Roi le... 1773, Sous-L. dans le rég. *Royal*, cav. le... Avril 1778.

BOUBERT de La Haye, Fourr. des cent *Gardes Suisses*.

BOUBERT, (Amédée-Charles-Marc, Comte de) né à Abbeville en Picardie, le 15 Avril 1765, Vol. aux *Carabiniers* le 1 Mai 1781, Sous-L. à la suite le 9 Août 1781, en 3e le 4 Août 1782.

BOUCHARD, Aide-Maj. au Fort Quarré.

BOUCHARD, Garde du Roi dans B. le 13 Avril 1780.

BOUCHER de Morlaincourt, Lieut. du *Génie* à Lille.

BOUCHER de Rolcourt, Lieut. du *Génie* au Fort Louis.

BOUCHERAT de la Bergerie, (Louis-Pierre) né à Blois, le 17 Mars 1752, Offic. à la suite dans la légion *Corse* le 1 Sept. 1769, en pied le 28 Juill. 1774, incorporé dans *Royal Corse* en 1775, réformé avec appointement le 1 Oct. 1777, à la suite du rég. de *Vermandois*, le même jour à la suite du 6e rég. des *Chasseurs* le 8 Avril 1779,

Sous-L. en pied le 12 Oct. 1779, Lieut. en sec. le 24 Avril 1782.

BOUCHET, Chef de brigade du *Génie* à Toulon.

BOUCHET, Brig. des Gendarmes *Dauphins*.

BOUCHIAT, (Jean-Baptiste Plaisant, Ch. de) né à Bigeardel en Limousin en Mars 1733, Lieut. au rég. de *Montboissier*, inf. en Sept. 1747, idem dans celui de *Lusignan*, cav. en Mai 1756, incorporé dans *Berry*, Commission de Cap. en Mars 1774, ✠ en 1772.

BOUCHOTTE, (Jean Baptiste-Noel) né à Metz le 25 Déc. 1756, Sous-L. à la suite de *Nassau* le 18 Janv. 1775, en pied dans *Royal-Nassau*, hussard, le 23 Juillet 1775, réformé le 12 Juillet 1776, Sous-L. dans *Royal-Cravattes* le... 1776, en pied au sec. rég. des *Chevaux-Légers* le 20 Avril 1778.

BOUCHOTTE, Quart. M. Trés. d'*Estherazy*, hussards.

BOUDARD, Garde du Roi dans L. le 19 Nov. 1775. E. M.

BOUDON, Garde du Roi dans B. le 26 Fév. 1765.

BOUELLE, (François-Robert, Ch. de) né à Paris le... Janv. 1756, Sous-L. au corps de *Nassau-Siégen*, en Déc. 1782.

BOUFFLERS, (le Comte de) Col. du rég. de son nom. D. M. E.

BOUFFLERS, (le Comte de) Brig. de dragons.

BOUFFLERS, (le Ch. de) Brigadier d'infanterie.

BOUGAINVILLE, Maréchal de Camp.

BOUHELIER, (le Ch. de) Lieut. de Roi à Dole.

BOVIER, Garde du Roi dans L. le 11 Déc. 1765.

BOUILLÉ, (le Comte de) Col. de Viennois, inf. & ✠ D. E.

BOUILLÉ, (le Marquis de) Maréchal de Camp.

BOUILLÉ, Garde du Roi dans L. le 5 Avril 1763.

BOUILLÉ, (le Marquis de) Lieutenant général.

BOUILLON, (le Prince de) Col. Propriétaire du rég. de *Bouillon*, inf. D. E. M.

BOUILLON, (Godefroi-Charles-Henri de la Tour d'Auvergne, Prince de Turenne, Duc de) né le 29 Janv. 1728, Col. gén. de la cavalerie sur la démission du Comte d'Evreux le 7 Juill. 1740; fit sa première campagne en Flandres en 1746; créé Brig. le 20 Mars 1747; se trouva à la bataille de Lawfeld; obtint le 5 Fév. la charge de Grand Chambellan en survivance du Duc de Bouillon, son père; entra en exercice de celle de Col. gén. de cav. le 7 Avril, la commanda au siége de Maſtrick, & fut créé Maréchal de Camp le 10, Ch. de St-Hubert au Palatinat du Rhin en 1752, s'est démis de la charge de Col. Gén. de cav. en Avril 1759.

BOULARD, (Henri-François de) né à Paris le 15 Nov. 1746, Enseig. au rég. de *Périgord*, dit *Conti*, le 24 Avril 1762, Sous-Aide-Maj. le 18 Juin 1768, Aide-Maj. le 27 Janv. 1775, Cap. le 29 Mai 1775, Maj. de celui de la *Marine* le 19 Déc. 1782.

BOULLAINVILLIERS, (N... Comte de) né au Château de Roncherolles en Normandie le 3 Juin 1742, Corn. de drag. dans *Conti* le... Juill. 1758, Cap. au rég. de *Cravattes* le 3 Mars 1761, réformé en 1763, remplacé dans *Clermont*, aujourd'hui *Conti* le 5 Juin 1763, ✠ en 1773, Mest. de Camp C. le 3 Janvier 1770, Brigadier des armées.

BOULLAINVILLIERS, (le Comte de) Brig. des dragons.

BOULLAY, Lieut. de *Maréchaussée*, à Tours.

BOULLEMENT de la Chenaye, Capitaine du *Génie*, à Toulon.

BOUQUOT, Chirurgien Major des Gardes du Roi dans *Noailles*.

BOURBON Busset, (François-Louis-Antoine de Bourbon, Comte de) né le 26 Août 1722, Mousquetaire le 19 Déc. 1737, Cap. dans d'*Andlau* le 28 Août 1741; commanda sa compagnie à la prise de Prague, la même année au combat de Sahay, au ravitaillement de Frawemberg, à la défense & à la retraite de Prague en 1742, à la bataille d'Ettingen en 1743, à l'armée du Rhin en 1744, à l'armée du Bas-Rhin, en Mai & Juin 45, au siége d'Ath, en Sept. Mest. de Camp du même régiment le 1 Déc. suiv.; il le commanda au siége de Bruxelles & à la bataille de Raucoux en 46, à la bataille de Lawfeld & au siége de Bergopzoom en 47, au siége de Maſtric en 48, au combat de Sarrelouis en 54, à la bataille d'Hastembeck, à la prise de Minden & d'Hanovre, au Camp de Closterseven, à la marche sur le Zell en 57; créé Brig. le 1 Mars 58, employé à l'armée d'Allemagne il combattit à Crewel en Juin & à la bataille de Lutzelberg en Oct.; il servit sur les côtes en 59, employé à l'armée d'Allemagne le 1 Mai 1760; se trouva aux affaires de Corback & de Watbourg; il servit encore en 61, à l'armée d'Allemagne que commandoit le Maréchal de Broglie, & se trouva le 16 Juill. au combat de Filinghausen; déclaré Maréc. de C. le 20 Fév., Lieut. Gén. le 1 Mars 1780. M. E. D.

BOURBON Buffet, (le Vicomte de) Lieut. Col. du rég.

BOURBONNE, Lieut. de *Maréchaussée*, à Sens.

BOURDEVILLE, (Bernard-François-Fulcran-Joseph Cursay de) né à St Hipolyte en Languedoc le 30 Juin 1739, Ens. dans *Royal-Roussillon* le 1 Juillet 1748, Offic. au Bataillon des prisonniers de guerre le 26 Août 1759, Ens. au rég. de *Beaujolois* le 9 Août 1760, Lieut. le 8 Janv. 1761, Sous-Aide-Maj. le 1 Fév. 1763, Aide-Maj. le 13 Mars 1774, Cap. ens. le 23 Juil. 1779.

BOURDON, Lieutenant des Gardes de la Porte.

BOURDON, Lieut. de *Maréchaussée*, à Charolles.

BOUREIA, Commandant au Fort St-André.

BOURFAUD, Brig. de caval.

BOURGEOIS, (Germain-François-Joseph) né à Douai le 8 Juillet 1734, Dragon au rég. de *Mestre de-Camp-Général* le 25 Mars 1751, Maréc. de Log. le... Nov. 1756, Corn. le 2 Fév. 1757, Lieut. le 11 Fév. 1758, Sous-Aide-Maj. du *Col.-Général*, drag. le 19 Août 1763, Aide-Maj. le 26 Août 1767, rang de Cap. le 9 Août 1770, Cap. commandant le... 1776, des Chasseurs le... 1778, ✻ le 14 Fév. 1779, Maj. du 3e. rég. des *Chasseurs* le 8 Avril 1779, fait la campagne de 1757.

BOURGMARY, (François-Henri Thiersaint de) né à Mont-Réal le 23 Juill. 1716, il entra dans une compagnie de Cadets Gentilh. de la Citadelle de Metz le 11 Avril 1727, Lieut. du Bataill. de milice de *Flandres* en Mai 1733, passa Lieut. réformé dans *Anjou*, inf., le 1 Déc. suiv., Lieut. le 16 Oct. 1734, se trouva cette année au siége de Tortose, de Novarre, à l'affaire de Colorno, aux deux batailles de Parme & de Guastalle, aux siéges de Revere & de Gonsague en 1735, où il fut blessé; il passa au service de Naples en 1736 en qualité de Lieut. de *Royal-Italien*, depuis *Hainaut-Wallon*; il fut rappellé en France par le Ministre de la Guerre, & obtint au mois d'Août 1743 une compagnie du Bataillon de Milice de Nantes & premier Aide-de-Camp du Maréchal de Lowendal en Fév. 1747, Cap. réformé dans le régim. de *Lowendal* le 16 Mai 1756, il fut Lieut. Col. du régiment de la *Morlière* à la création de ce rég. le 16 Oct. suiv., ✻ le... Oct. suiv.; il servit avec ce rég. en Flandres & se distingua dans plusieurs occasions qui lui méritérent le grade de Brigadier le 10 Mai 1748: le rég. de la *Morlière* ayant été réformé M. de Bourgmary fut fait Chef d'une Brig. des Volont. de *Flandres* le 19 Août 1749, lorsque le Roi forma le rég. des Volontaires de *Hainaut* le 25 Mars 1757; il fut fait Col. de ce rég. par Commission du 1 Avril suiv.; il le commanda à l'armée d'Allemagne pendant toute la campagne; mais ayant été fait prison. à Minden, il quitta son rég. en Déc. 1758; il s'est trouvé à l'assaut de la ville de Gand, & porta la nouvelle au Roi de la prise de la Ville & du Château qui le gratifia d'une pension de 200 liv. D.

BOURGOGNE de Menneville, Brigadier de cavalerie.

BOURGOGNE de Menneville, Lieut. des *Maréchaux de France*, à St-Denis

BOURGOGNE, Lieut. des *Maréchaux de France*, à Commercy.

BOURILHON, Garde du Roi dans B. le 1 Juillet 1770.

BOURMONT, (le Baron de) Lieut. des *Maréchaux de France*, à Angers.

BOURNET, (Joseph d'Allomel de) né à Grospierre en Vivarais le 12 Avril 1737, Volont. dans *Vogué* en 1759, Fourr. le 10 Mai 1760, P. E. le 1 Fév. 1773, Lieut. dans *Royal* cav. le 9 Août 1779.

BOURNISSAC, Lieut. des *Maréchaux de France*, à Aix.

BOURNISSAS, (N... de) né à Noves en Provence le... 1732, Ens. dans *Perche* le 1 Sept. 1755 Lieut. le 20 Déc. 1755, Cap. le 21 Mai 1762, ✼ le... 1780, a fait la guerre d'Allemagne, blessé à Minden en 1759.

BOURNON, Lieut. des *Maréchaux de France*, à Grenoble.

BOURNONVILLE, Garde du Roi dans L. le 2 Oct. 1776.

BOURRAN, Maréc. de Log. des Gardes du Roi dans B. le 28 Mars 1779.

BOURRON, (le Marquis de) Cap. des *Gardes Françoises*.

BOURRON, (le Marq. de) Brigadier d'infanterie.

BOURSONNE, (le Cte. de) Col. en sec. du rég. de *Poitou*, inf.

BOURY, Lieut. en p. des *Gardes Françoises*.

BOUSMARD, Cap. du *Génie*, à Verdun.

BOUSQUET, cad. Gentilh. au rég. de *Médoc*.

BOUTANG, Sous-Lieut. de *Maréchaussée*, à Argental.

BOUTANCOURT, Lieut. des *Maréchaux de France*, à Sédan.

BOUTAUD, (Jean-Pascal de) né à Hennebon en Bretagne le 17 Juillet 1759, Cad. Gentilh. au rég. d'*Aquitaine* le 6 Juin 1776, Sous-L. le 19 Mai 1778, Lieut. en sec. le 29 Mai 1782.

BOUTHILLERS, (le Marq. de) Col. du rég. *Royal*, infant.

BOUTON, Garde du Roi dans V. le 5 Mars 1772.

BOUTTES, Garde du Roi dans B. le 19 Mai 1769.

BOUTTES, Garde du Roi dans B. le 8 Fév. 1768.

BOUTTEVILLE, (le Duc de) Lieutenant Général.

BOUTTILLIER, (Pierre-Ignace-François de) né à Lille en Flandres le 1 Juillet 1740, Enf. au rég. de *Limosin*, inf. le 16 Août 1761, Lieut. le 22 Sept. 1761, premier Lieut. le 8 Juin 1776, Cap. en sec. le 8 Av. 1779.

BOUVET, (Charles de) né Bar-le-Duc le... Nov. 1755, Volont. dans *Guienne*, inf., le 1 Mai 1771, Sous-L. le 27 Juill. 1771, Sous-L. dans *Royal*, cav., le 17 Oct. 1772, Cap. le 3 Juin 1779.

BOUVILLE, (Marie-Alexandre-Gabriel-Jubert, Comte de) né au Château de Portemort en Normandie le 16 Janv. 1756, Lieut. en sec. au *Corps-Royal d'Artillerie* le 29 Janv. 1772, Cap. dans *Médoc*, inf., le 21 Av. 1777, Cap. en s. dans *Bourgogne*, cav., le 28 Fév. 1778.

BOUVILLE, (le Comte de) Sous-Lieut. en sec. du rég. des *Gardes Françoises*.

BOUYN,

BOUYN, Sous-L. des Gardes de la *Prévôté de l'Hôtel*.

BOUZIES, (Antoine Dupont de) né à Herlezein, en Alsace, le 11 Avril 1748, Sous-L. le 7 Fév. 1765, Lieut. le 6 Juin 1776, Cap. en sec. du rég. du *Maine* le 28 Décembre 1780.

BOUZONVILLE, Lieut. des *Gardes Suisses* de Monsieur.

BOYER, Maj. avec rang de Lieut. Col. dans *Normandie*, infanterie, & ✠.

BOYER, Garde du Roi dans L. le 25 Août 1757.

BOYER, Cap. du *Génie*, à Douay.

BOYER, (le Comte de) Lieut. Col. de *Champagne*, inf. & ✠.

BOYRIE, (Alexandre-François, Ch. de) né à Pau le... 1756, Sous-L. des bandes Béarnoises en 1768, à la suite d'*Orléans*, inf., le 23 Juin 1777, en pied le 18 Déc. 1777, Lieut. en sec. le... Avril 1780.

BOZÉ, (le Comte de) Col. com. de *Chamborand*, hussards.

BOZZILOCARI, (Antonio Colonna) né à Zégliara en Corse, le 24 Déc. 1762, Sous-L. au rég. *Royal-Corse* le 8 Avril 1779.

BRABANT, Garde du Roi dans V. le 27 Déc. 1761.

BRACHES, Lieut. en p. des *Gardes Françoises*.

BRACHET, Exempt des Gardes du Roi dans V. le 30 Sept. 1775, Sous-L. le 18 Avril 1779, Mest. de Camp le 31 Déc. 1780.

BRACHET, (le Chev. de) Sous-Aide-Maj. des Gardes-du-Corps le 12 Janv. 1764, Mest. de Camp en 1770, Sous-L. le 1 Janv. 1776, Brevet de Lieut. le 1 Janv. 1776, Brig. le 5 Déc. 1781.

BRACHET, Brig. de cav.

BRACONAC, Garde du Roi dans B. le 28 Juin 1772.

BRADE, (le Cte. de) Lieut. des *Maréchaux de France*, à Château-Roux.

BRANCAS, (Louis, Duc de) né le 5 Mai, d'abord Comte de Lauragais, Mousquetaire en 1730, Duc de Lauragais en 1731, Capitaine de cavalerie dans la *Féronays* le 2 Juill. 1733, passa à l'armée d'Italie en Octob. suiv.; il fut à la conquête du Milanès, Col. d'*Artois*, inf., le 10 Mars 1734; il le com. à l'attaque des lignes d'Ettingen, au siége de Philisbourg à l'armée du Rhin en 1735, à l'armée du Bas-Rhin en Août 1741, passa en Août 1742, avec l'armée sur les frontières de Bohême & de Bavière, où il se distingua à la tête de plusieurs détachemens, Brig. le 20 Fév. 1743, Col. d'un rég. d'inf. de son nom le 6 Mars suiv. employé à l'armée du Rhin le 1 Mai suiv. se trouva à la bat. d'Ettingen & finit la campagne en Basse-Alsace; employé à l'armée du Rhin sous le Maréchal de Coigny le 1 Avril 1744; il concourut à la défense des bords du Rhin, à la reprise des lignes de la Loutre & de Veissembourg, se trouva à l'affaire d'Anguenum, & servit au siége de Fribourg, Chev. de la Toison d'Or le 1 Juin 1745, Maréc. de Camp en Nov., se démit de son rég.; employé à l'armée de Flandres le 1 Mai 1746, il passa sous les ordres du Prince de Conti en Juin, servit au siége de Mons après lequel il joignit l'armée du Roi, couvrit le siége de Namur & se trouva à la bataille de Raucoux; il fut employé à la même armée le 1 Avril 1747; il combattit à Lawfeld, fut créé Lieut. Gén. le 10 Mai 1748, reçu au Parlement comme Pair de France le 18 Fév. 1751; il fut employé à l'armée d'Allemagne le 1 Mars 1757, s'est trouvé à la bataille d'Hastembeck à la conquête de l'Electorat d'Hanovre à la bataille de Creweld en 1758, Gouverneur de Guise le 2 Sept. même année, a pris le nom de Duc de Brancas le 19 Fév. 1760. D. E. M.

BRANCAS, (le Marquis de) Lieutenant Général.

BRANCHU, Commissaire principal des Guerres, à Amiens.

BRANCION, Col. du 5e. rég. d'Etat Major.

BRANCION, (Christian-Xapheric-Xavier de Liman, Vicomte de) né à Valanciennes le 23 Juillet 1759, élevé à l'Ecole Militaire, Cad. Gentilh. & Sous-Lieut. au rég. Royal-Comtois le 6 Juin 1776, avec appointemens le 1 Sept. 1776.

BRANGE de Bourcia, Lieut. des Maréchaux de France, à Orgelet.

BRANTIGNY, (Pierre-François-Auguste Chauveau de) né à Joigny le 4 Mars 1756, Sous-L. de la Légion de Lorraine le 24 Avril 1774, réformé le 5 Déc. 1776, Sous-L. dans Bourbon, drag., en 1776, passé au 3e. rég. des Chasseurs le 1 Juin 1779.

BRASDEFER, Garde du Roi dans L. le 1 Oct. 1762.

BRASDEFER, Garde du Roi dans L. le 15 Juin 1770.

BRASSAC, (le Comte de) Col. du rég. de Bresse, inf. E. M.

BRAUX, Commissaire des Guerres, à Angers.

BRECÉ, (N... de) né à Mayenne au Maine le... 17... Cad. Gentilh. au rég. de Conti, drag., le... 17... Sous-L. le 2 Sept. 1781.

BREDAT, (Jean-Baptiste, Ch. de) né à Foulac, Diocèse de Périgueux le 22 Sept. 1763, Chevau-Léger de la Garde du Roi le 27 Avril 1778, Sous-L. au rég. d'Aquitaine le 18 Juill. 1781.

BREGEOT, Maj. à St-Venant.

BREGET, (le Baron de) Lieut. des Gardes de Monsieur.

BREGET, Brig. de cavalerie.

BREMONT d'Ars, (le Baron de) Lieut. des Maréchaux de France à Thouars.

BREMOY, Garde du Roi dans L. le 7 Avril 1775.

BRENTANO, (N...) né à.. Cap. à la suite du 4e rég. des Chasseurs le 17... Aide de Camp de M. de Viomenil.

BRESSAC, (François, Ch. de) né à Valence en Dauphiné le... 1763, Cad. Gentilh. au rég. de Beaujolois le 4 Avril 1778, Sous-L. le 22 Juin 1779.

BRESSAN, Lieut. du Génie à Bergues.

BRESSOLLES, (N...) né à Aurillac, le... 1752, Sous-L. au rég. de Perche, le 5 Mai 1772, Lieut. le 11 Juin 1776.

BRESSOLLES, Garde du Roi dans B. le 29 Sept. 1772.

BRESSOLLES, Garde du Roi dans B. le 30 Juin 1778.

BRESSOLLES, (Charles de) né à la Garde, en Bourbonnois, le 9 Juillet 1755, a commencé à servir comme Vol. au rég. de Savoie Carignan, le 20 Fév. 1771, Sous-Lieut. le 24 Sept. 1771, Lieut. en f. le 2 Juin 1777, Lieut. en p. le 25 Av. 1782.

BRESSOLLES, Lieut. Col. de Bourbonnois. inf. & c.

BRESSON, (Joseph) né à Pezenas en Languedoc le... Juin 1748, Quart. M. aux Vol. de Nassau en Déc. 1778, Quart. M. Trés. en Août 1779.

BRESSON, Garde du Roi dans Noailles le 28 Août 1761.

BRETEUIL, (le Baron de) Maréchal de Camp. M. D. E.

BRETEUIL, (le Ch. de) Maréchal de Camp.

BRETON, Garde du Roi dans *Noailles* le 2 Juill. 1757.

BRETONNAU, Trés. principal des Guerres à Orléans.

BREUILLY, (Jean-François Danſel de) né à Coutances en Normandie, le 19 Avril 1755, Elève de l'Ecole Militaire, Sous-L. au rég. *Royal-Comtois* le 28 Juillet 1773, Lieut. le 21 Juillet 1775.

BREUILLY, Garde du Roi dans *Noailles* le 1 Avril 1773.

BREUILPONT, (Alexandre-Louis-Gabriel le Riche de la Pouplinière de) né à Paris le 28 Mai 1763, Cad. Gentilh. au rég. de *Monſieur*, drag., le 29 Fév. 1780, Sous-L. en pied le 10 Août 1781.

BREUVANNE, Sous-L. des Gardes du Roi dans V. le 18 Mars 1780, Meſt. de Camp le 31 Mars 1782.

BREUVANNE, Garde du Roi dans V. le 27 Oct. 1780.

BREY, (Jacques-Hercule, Ch. de Jacquet St-Hilaire de) né à Florenſac en Languedoc le... 1738, Lieut. au rég. de *Touraine* le 25 Sept. 1759, Lieut. au rég. de *Savoie Carignan* le 30 Mai 1760, Cap. le 4 Mars 1775, Cap. c. le 23 Avril 1782, ✠ le 25 Mai 1782.

BRIANCE, Garde du Roi dans B. le 8 Mai 1775.

BRIDAT, Brig. des *Chevaux-Légers* de la Garde.

BRIDAT, (le Marquis de) Lieut. Gén. ordinaire d'épée, fait les fonctions de Grand-Prévôt de l'Hôtel.

BRIEL, Garde du Roi dans B. le 25 Sept. 1763.

BRIEL, Garde du Roi dans *Noailles* le 13 Juillet 1764.

BRIENNE, (le Comte de) Lieutenant Général.

BRIENNE, Maréchal de C.

BRIGAUD, Maj. à St-Hipolyte.

BRILLON des Cautières, Com. en ſec. du Fort de Risban.

BRINON, (Simon-Démérolle de) né à Moulins le 23 Sept. 1754, Sous-L. dans l'*Iſle de France* le 16 Juin 1773, Lieut. en ſec. le 28 Fév. 1780.

BRION, Sous-L. de *Maréchauſſée* à Montmédy.

BRION, (le Comte de) Brig. de cavalerie.

BRIQUEVILLE, (le Marquis de) Maréchal de Camp.

BRIQUEVILLE, (Charles-François-Bernard, Ch. de) né à Ménilopart en Baſſe-Normandie, le 20 Mars 1744, a fait la campagne de 1762, étant Vol. au rég. de *Limoſin*, inf. puis fait Sous-L. le 1 Avril 1765, Lieut. le 6 Janv. 1771, premier Lieut. le 8 Juin 1776, Cap. en ſec. le 24 Juin 1779.

BRISACK, (Antoine de) né à Courcelles dans le pays Meſſin le 15 Oct. 1737, Vol. dans *Fiſcher* le... Oct. 1755, Lieut. le 16 Juill. 1757, Lieut. des gren. en 1758, Cap. des gren. en 1760, Cap. en pied le 23 Mars 1762, ✠ le 14 Nov. 1779.

BRISACK, (Louis) né à Courulle, pays Meſſin le 29 Sept. 1764, Vol. dans *Fiſcher* le... 1760, Sous-L. le 7 Sept. 1765, Lieut. en ſec. le 14 Mars 1779.

BRISAY, (le Marquis de) Brigadier de cavalerie.

BRISAY, (Louis-René d'Embleville, Comte de) né le 17

Mai 1701, Mousquetaire en 1716, Corn. des *Chevaux-Légers* de la Garde le 5 Janv. 1718, rang de Col. de cav. le 25 Nov. 1719, 3ᵉ Corn. le 25 Janv. 1719, sec. Corn. le 1 Sept. suivant, premier Corn. le 5 Oct.; il fit la campagne de Philisbourg en 1734, & obtint le grade de Brig. le 1 Août; créé Maréchal de Camp le 1 Janv. 1740; il se démit de sa charge de Corn. des *Chevaux-Légers* de la Garde en Mai 1742, quitta le service & obtint le 3 Nov. 1749, la charge de Lieut. Gén. au Gouvernement de l'Orléanois, qui vacquoit par la mort de son père.

BRISAY, (le Marquis de) Sous-L. des *Gendarmes* de la Garde.

BRISIS, Lieut. de Roi en Languedoc.

BRISSON, Sous.L. de *Maréchaussée* à Tournus.

BROCHANT, Garde du Roi dans L. le 1 Février 1773.

BROCHERS, Garde du Roi dans V. le 26 Septembre 1779.

BROCHIER, Quart. M. Trés. du rég. du *Roi*, drag.

BROCQ de Fannières, Prévôt général de *Maréchaussée* à Châlons.

BRODELET, Trés. principal des guerres à Paris.

BROGLIE, (Victor-François, Duc de) Maréchal de France, Prince du St. Empire Romain, premier Baron Foffier de Normandie, Gouverneur des villes & citadelles de Metz & pays Messin, & Com. en chef dans les trois Evêchés de Metz, Toul & Verdun, & sur les frontières de la Meuse & de Thiers, né à … le 19 Oct. 1718; il suivit son père en Italie en 1733; & qualité d'Aide de Camp, Cap. de cav. dans *Dauphin*, en Mars 1734, s'est trouvé au siége de Pizighitone, au passage de l'Oglio, au combat de Colomo, aux batailles de Parme & de Guastalla; ayant porté au Roi la nouvelle du gain de cette bataille, Sa Majesté lui accorda le rég. de *Luxembourg*, à la tête duquel il fit la campagne suivante en Italie; les troupes ayant passé le Rhin en 1741, il marcha avec celles que le Marquis de Gassion conduisit en Bohême sous les ordres du Comte de Saxe; il escalada à la tête du détachement qu'il commandoit la ville de Prague; il fut commandé peu de jours après avec quatorze compagnies de Gren. sous les ordres du Comte de Polastron pour entrer en Moravie; il vint à Pisseck en Mars 1742 pour joindre son père, à qui le Roi avoit donné le commandement de l'armée; il se rendit au siége d'Egra, où son rég. fut employé, & il porta au Roi la nouvelle de la prise de cette place, à l'occasion de laquelle & de la valeur qu'il avoit montrée, Sa Majesté lui donna le titre de Brigadier le 26 Avril 1782; à son retour en Bohême, il se trouva au combat de Sahay où il reçut un coup de feu au travers du bras; il reçut une autre blessure à la jambe au combat de Troya; après le siége de Prague il suivit le Maréchal son père en Bavière, & dans la marche; il obligea le Prince Charles de lever le siége de Braunaw; il fut nommé Major de l'inf. le 1 Avril 1743; il se trouva en 1744 à l'attaque des lignes de

Wissembourg, & au siége de Fribourg; il servit sur le Rhin en 1745, sous les ordres du Prince de Conti, qui lui confia le commandement d'un corps détaché aux environs de Worms, avec lequel il emporta, l'épée à la main, une redoute que les ennemis avoient construit dans l'Isle du Héron, près d'Oppehein; il fit cette campagne comme Brig., le Roi le déclara Maréchal de Camp en Nov.; il eut en Mai 1746, la commission d'Inspecteur gén. de l'inf.; il fut employé au siége d'Anvers, & se trouva à la bataille de Roucoux, où sa division qui étoit aux ordres du Marquis de Clermont Galerande, attaqua & força le village de Waroux; pendant la campagne de 47, il se trouva au siége de Hultz & d'Axel; à la bataille de Lawfeld, où il battit & chassa trois fois l'ennemi à la tête des régimens de Royal, Aquitaine, & de Broglie; il finit cette guerre en marchant avec le corps commandé par le Comte d'Estrée d'abord sur Berg-op-Zoom, & de-là sur Maſtricht; Sa Majesté crut devoir récompenser son zèle & ses services en l'élevant au grade de Lieut. Gén. le 10 Mai 1748, le 3 Déc. 1751, Elle lui accorda le gouvernement de Béthune, la paix qui fut conclue la même année ayant été troublée en Allemagne, il passa en 1757 en qualité de Lieut. du Bas-Rhin, y commanda une réserve qui eut part à la bataille d'Aſtembeck, donnée par le Maréc. d'Estrée, & il investit le lendemain Hamelen, qui se rendit sans résistance; il fut détaché par le Maréchal de Richelieu avec un corps de 24 bataillons & autant d'escadrons, pour aller joindre le Prince de Soubise à Languesalsa en Thuringe. Après la bataille de Rosback où sa cavalerie soutint l'effort de celle du Roi de Prusse, il revint auprès du Maréchal de Richelieu à Lunebourg; il fut employé à différentes expéditions, s'empara d'un magasin considérable des ennemis à Végessac; se fit ouvrir les portes de Bremen & en imposa à la populace qui s'étoit mutinée; étant passé ensuite en Hesse pour y prendre le commandement de l'armée aux ordres du Prince Soubise, il la ramena à Dusseldorff lorsque M. le Comte de Clermont se retira avec la sienne à Vesel; il fut envoyé ensuite à Hanau pour commander les troupes qui étoient sur le Mein, & au mois de Juillet suivant il commanda l'avant-garde de l'armée du Prince de Soubise, & battit le 23 Juill. 17... à Sundershauzen, un corps de dix mille hommes de troupes Hessoises, commandées par le Prince d'Isembourg, ce corps fut entièrement dissipé, abandonna le champ de bataille & quinze pièces de canon; Sa Majesté fit don de 4 de ces pièces au Duc de Broglie, & lui permit de les garder dans le château du Duché de ce nom, le 14 Août 1758, & le nomma Chev. des Ordres; il contribua encore par sa bonne conduite au gain de la bataille de Lutzelberg; à la fin de cette campagne le Roi lui donna la survivance du Com. de la Province d'Alsace; il fut chargé de commander l'armée de Soubise en Fév. 59, & le Prince Ferdinand de Brunswick ayant devancé la saison ordinaire pour faire une irruption au milieu de nos quartiers, le Duc de Broglie les rassembla tous en 24 heures près Bergen, à une lieue de Francfort, soutint vigoureusement les efforts des ennemis sur la Lohn; il eut le commandement de l'armée d'Allemagne le 23 Oct. 1759; il fut créé MARÉCHAL DE FRANCE le 16 Déc. suivant, en prêta le serment le 18 Janv. 1762, les lettres enregistrées en la Chambre des Comptes le 30 Juin de la même année: toutes les actions d'éclat, les sièges & les campagnes où il s'étoit trouvé l'ayant généralement fait estimer dans les Pays-Bas, Sa Majesté Impériale, comme Chef du Corps Germanique, lui conféra de son propre mouvement la dignité de *Prince du St. Empire* pour lui & pour tous ses descendans mâles & femelles, & Elle chargea le Comte Collorédo, Vice-Chancelier, de lui faire part de cette résolution le 27 Mai 1759, &c.

BROGLIE, (Charles-Louis-Victor, Prince de Broglie & du St. Empire, son fils) né à Paris, paroisse... le 22 Sept. 1756, Col. en sec. du rég. de *Saintonge*, infanterie.

BROGLIE, Prince de Révél, (Auguste Joseph de) sec. fils, né à Broglie le... Oct. 1762, Cap. à la suite du rég. d'*Aunis*, infanterie. M. D. E.

BROISSIA, (le Marquis de) Col. en sec. de *Beauce*, inf.

BRON, (le Ch. de) Brig. d'infanterie.

BROSSARD de Lintry, Sous-L. de *Maréchaussée* à Orléans.

BROSSARD, (Jean-Pierre) né à Ardin en Poitou, le 11 Août 1748, Soldat dans *Berry*, inf. le 18 Déc. 1765, Gren. le 11 Sept. 1766, Serg. le 17 Août 1768, Serg. Maj. le 27 Août 1770, Quart. M. Trés. le 10 Mai 1780.

BROSSAT, Brig. des *Gendarmes* de la Reine.

BROSSE, (le Vicomte de) Maréchal de Camp.

BROSSE, (le Baron de) Lieut. de Roi au Gouvernement du Lionnois.

BROSSE, (le Vicomte de) Cap. des *Gardes Françoises*.

BROVES, Maj. Com. à Aiguemortes.

BROUS de Vérac, (le Vicomte de) Lieut. Col. com. le bataillon d'*Armognac*.

BROUSSET, Lieut. de *Maréchaussée* à Montpellier.

BRUC Ducleray, (Claude-Louis-Marie, Comte de) né à Nantes en Bretagne le 10 Nov. 1755, Sous-L. à la suite au rég. *Royal-Normandie* le 26 Janv. 1773, en pied le 14 Oct. 1775, réformé le 16 Juin 1776, remplacé le 25 Mai 1777.

BRUCH, Sous-L. de *Maréchaussée* à Colmar.

BRUEYS de Souviguargues à Castelnaudary.

BRUMAULD, Garde du Roi dans V. le 1 Juillet 1774.

BRUN de la Grange, (Jean-Baptiste-Joseph de) né à Langeac en Auvergne le... Janv. 1741, Vol. au rég. de *Poly* le 3 Juin 1758, Corn. le 17 Juin 1760, réformé le 31 Mars 1763, Sous-L. le 1 Août 1764, Lieut. le 24 Mars 1769, Lieutenant en second au rég. *Royal-Normandie* le 16 Juin 1776. E. D.

BRUNKC de Frundeck, Maj. du *Génie* au Fort-Louis.

BRUNKC de Frundunck,

Commissaire des guerres à Strasbourg.

BRUNEL, (Jean-Baptiste-Philippe de) né à Metz le 18 Août 1752, Sous-L. au rég. de *Savoie Carignan* le 29 Mai 1769, Lieut. le 17 Mai 1773, Cap. en sec. le 23 Avril 1782.

BRUNET, Lieut. Col. du rég. Provincial d'art. d'*Auxonne*.

BRUNET, Lieut. de *Maréchaussée* à Belley.

BRUNNER, Sous-Aide-Maj. des *Gardes Suisses*.

BRUNVILLE, Brig. des Gardes du Roi dans L. le 20 Déc. 1781.

BRUNVILLE, (le Ch. de) Maj. d'*Artois*, cavalerie.

BRUTINES, Garde du Roi dans V. le 24 Août 1761.

BRUXS, Col. du rég. de *Brie* infanterie & Brigadier.

BRUYERES, Garde du Roi dans B. le 24 Avril 1779.

BRUYERES, Maréchal de Logis des *Gardes* du Roi dans B. le 31 Décembre 1782.

BRUYERES St. Michel, (le Baron de) Lieut. des *Maréchaux* de France à Crest.

BRUYERES St. Michel, (le Baron de) Gouvern. de Morlaix.

BRUYERES St. Michel, (Denis-Félix-Augustin, Baron de) né à Crest en Dauphiné, le 20 Juin 1764, Sous-L. du 5ᵉ rég. d'Etat Maj. le 20 Juin 1779, Sous-L. à la suite des Carabiniers le 9 Août 1781.

BRUYERES, Lieut. de *Maréchaussée* à Epinal.

BRYAN, Brigadier d'inf.

BRYAS, (le Comte de) Col. en sec. de *Champagne*, inf.

BUDES de Guebriand, (le Comte de) Maréc. de Camp E.

BUDOS, N... (Baron de) né à Bordeaux le 13 Oct. 1747,

Lieut. aux Gren. de la *Tresne* en 1757, Corn. au rég. de *Preissac* en 1759, Sous-L. au rég. de *Conti*, drag. le 10 Fév. 1764, Cap. le 3 Avril 1770.

BUFFEVENT, (le Comte de) Lieut. Col. du rég. de *Lorraine*, infanterie.

BUFFEVENT, (le Marquis de) Lieut. des *Maréchaux* de France à Vienne.

BUFFON, (le Ch. de) Maj. du rég. de *Lorraine*, inf.

BUFFON, Enseig. surnuméraire du rég. des *Gardes*.

BUGNON, (François-Henri) né à Wic, Canton de Berne, le 7 Août 1732, Cad. dans *Vigier*, inf. le 13 Mars 1751, Enf. le 1 Oct. 1756, Sous-L. le 18 Mars 1758, Lieut. le 3 Juin 1762, ✶✶ le 17 Nov. 1779, blessé à la bataille de Sunder-Hausen en Juillet 1758.

BUGY de la Roche, Brig. des *Gendarmes* de Monsieur.

BUIGNY de Brailly, (Jean-Baptiste de) né à... le... 17... Page de la grande Ecurie le... 17... Cap. dans *Penthievre*, cav., lequel a fait toutes les campagnes d'Italie. D.

BUIGNY de Brailly, (Jean-François de) né à Toulouse le... 17... Mousquetaire de la Garde du Roi dans la première compagnie le... 17...

BUIRETTE, Prévôt Gén. de *Maréchaussée* à Valenciennes.

BUIRETTE, Sous-L. de *Maréchaussée* à Cambrai.

BUISSERET, (Philippe-Adrien-Louis, Ch. de) né à Mons en Brabant le 3 Juin 1755, Offic. au rég. d'*Infe* au service de S. M. I. A. en 1769, Lieut. en sec. au rég. de la *Martinique* en 1773, Lieut. au rég. *Royal-Comtois* le 28 Juillet

1773, Cap. en fec. le 7 Août 1779.

BUISSON, Garde du Roi dans B. le 28 Fév. 1772.

BULKELEY, (le Chev. de) Maréchal de Camp.

BULLEVAUX, Garde du Roi dans L. le 29 Mars 1769.

BURANDE, (le Comte de) Lieut. Col. de *Navarre*, inf. & ✠.

BUREAU, Aspirant du Génie à Landau.

BUREAUX de Citey, Lieut. du *Génie* à Gex.

BURGAT, (le Ch. de) Lieut. Col. du *Meftre de Camp Gén.* cavalerie.

BUROSSE, (le Ch. de) Lieut. Col. du rég. de *Picardie*, inf. & ✠.

BURRY, (Jean-Louis Leroy de) né à St-Maxent en Picardie le 25 Août 1744, Enseig. au rég. de la *Marine* le 8 Avril 1761, Lieut. le 29 Janv. 1762, Cap. le 28 Fév. 1778.

BUSANÇOIS, (le Comte de) Col. du rég. de *Poitou*, infanterie.

BUSNE, Sous-L. des *Gardes Françoises*.

BUSQUET, (Michel-Georges de) né à Rochefort le 26 Avril 1734, Corn. le 1 Fév. 1757, Lieut. le 1 Avril 1760, Aide-Maj. le 13 Avril 1761, Breveté Cap. le 27 Déc. 1763,

Cap. en fec. le 30 Juillet 1776, Cap. com. au rég. de drag. de *Monfieur* le 1 Oct. 1776.

BUSSET, Adjudant des *Gardes Suiffes*.

BUSSET, Lieut. des *Cent Suiffes* de la Garde.

BUSSEUL, (le Vicomte de) Sous-L. des Gardes du Roi dans L. le 15 Oct. 1779.

BUSSY, Garde du Roi dans L. le 29 Déc. 1778.

BUSSY, Marquis de Castelnau, Maréchal de Camp.

BUSTORO, (Audrea-Antonio) né à Sarzana de Gênes en Italie, le 20 Mai 1757, Sous-L. au rég. *Royal-Corfe*, le 8 Avril 1779.

BUTTAFOCO, (le Comte de) Maréchal de Camp.

BUY, (Claude) né à Rive en Dauphiné le . . 17... Cavalier dans d'*Efpinchal* le 4 Mai 1760, Adjudant le 1 Juill. 1776, P. E. du rég. de *Bourgogne*, cav. le 3 Mai 1781.

BUYER, Prévôt Gén. de *Maréchauffée* à Befançon.

BUZELET, (le Comte de) Brigadier de dragons.

BUZEROLLES, Cap. du *Génie* à Maubeuge.

BYZANG, (N...) né à Séhevex dans la Lorraine Allemande, le 12 Déc. 1733, P. E. au rég. des *Carabiniers* du Roi le 1 Août 1779.

C

CABALZAR, (Joachim) Cad. au Rég. du *Mai* depuis Dicfback le 16 Août 1711, Enfeig. le 6 Oct. 1714, Sous-Lieut. le 1 Avril 1720, Lieut. le 28 Sept. suivant, Cap. c. la demi-Comp. de Backmann, avec rang de Cap. le 22 Juin 1727, ✠ le ... 1737,

Lieut. Colon. le 14 Oct. 1742, avec une demi-Comp. & rang de Col. le 19 Sept. 1743, Cap. d'une feconde Comp. le 19 Mai 1746, Brigad. des Armées le 20 Mars 1747 ; il s'est trouvé au combat de Denain, aux sièges de Marchiennes, Douay & du Quesnoy, en 1712 à l'armée du Rhin, en 1734 à l'affaire de Clausen, en 1735, à Dunkerque en 1742 & 43, au siége de Furnes en 44, aux siéges des ville & citadelle de Tournay, à la bataille de Fontenoy, aux siéges d'Oudenarde & de Dendermonde en 1745, à ceux de Bruxelles, de Mons & de Namur, à la bataille de Raucoux en 1746; il reçut une blessure considérable à la bataille de Lawfeld en 1747, servit au siége de Mastricht en 1748, & quitta le Service en 1755.

CABANES, (Henri de) né à Larambargue en Languedoc, le .... 1764, Cad. Gentilh. d'*Orléans*, infant. le 13 Mars 1778, Sous-L. le 31 Juillet 1779.

CABANES, Garde du Roi dans *Noailles* le 2 Août 1774.

CABANES, Brigadier des Gardes du Roi dans L. le 1 Janvier 1776.

CABANES, Garde du Roi dans B. le 1 Avril 1771.

CABRIERES Descombiés, Lieutenant de Roi à Avesnes.

CACARADEC, ✠ Major de *Royal-Vaisseaux* infanterie.

CACHELEU, Major à Hesdin.

CACHELEUX, Garde du Roi dans *Noailles* le 8 Août 1775.

CACHELEUX, Garde du Roi dans *Noailles* le 8 Août 1775.

CACHY, Garde du Roi dans L. le 5 Avril 1775.

CACQUERAY, (François-Mellon de) né à Rieux près Blangi en Normandie le 19 Juin 1739, Vol. au Rég. de *Penthièvre* le ... 1750, Page du Roi à la grande écurie le ... 1755, Cornette dans *Royal* caval. le 15 Mai 1758, Lieut. des *Carabiniers de Monsieur* le 15 Mars 1760, Cap. le 23 Mai 1766, ✠ le 28 Février 1778, Major de *Royal*, cav. le 8 Avril 1779.

CADIGNAN, (Antoine-Gérard-Jean-Baptiste, Vicomte de) né à Condom en Guienne le.... 1745, Lieut. au P. z. de la *Marche* inf. le 2 Avril 1761, Sous-L. au Rég. de *Bourgogne* le.... 1765, Sous-Aide-Maj. le... 1767, Cap. au Rég. du *Roi* cav. le 23 Janv. 1771, Cap. en p. au second Rég. des *Chevaux-Légers* le 2 Septembre 1780.

CADIGNAN, (Joseph-Delphin-Duplex de) né à Condom le 25 Décemb. 1750, Page de la Reine le 1 Janv. 1767, Sous-L. dans la Légion de *Lorraine* drag. le 8 Juin 1773, Capit. à la suite dans *Royal-Pologne*, cav. le 12 Juin 1774, Cap. en f. le 10 Avril 1782.

CADIGNAN, (le Chevalier de) Lieuten. Colonel d'*Agénois* infanterie, & ✠.

CADILLAN, Sous-Lieut. des Gardes du Corps dans *Noailles* le 14 Dec. 1782.

CADILLAN, Sous-Lieut. des Gardes du Corps dans *Noailles* le 12 Avril 1743.

CADOT, Lieutenant de *Maréchaussée* à Troyes.

CAEN, (François de) né à Bayeux en Normandie le 6 Mai 1728, Cavalier dans *Dampierre*, aujourd'hui *Bourgogne* le 3 Nov. 1748, Maréchal de Logis le 1 Fév. 1760, Porte E. le 26 Sept. 1767, Lieut. le 9 Déc. 1771, en pied le 1 Juin 1772.

CAFARELLY Dufalga, Lieutenant du *Génie* à Granville.

CAHOUET de Neufvy, ✠ Lieut. des *Maréchaux* de France à Dourdan.

CAHOUET de Marolles, Lieut. des *Maréchaux* de France à Orléans.

CAHUSAC, Garde du Roi dans *Noailles* le 4 Oct. 1778.

CAILLEBOT de Lasalle, (Louis Marquis de) né à Paris le 31 Janv. 1764, Lieut. à la suite de l'Ecole d'Artillerie de Strasbourg le.... 1780, Sous-L. au 3e Rég. des *Chasseurs* le.... 1782, Aide de Camp du Baron de Falkenem au siège du Cap Saint-Roch & à Gibraltar en 1782.

CAILLOU de Mondesir de Rosemont, (Joseph-Marie-Gertrude) né à l'Isle de Bourbon le 21 Févr. 1761, Cadet Gentilh. dans *Berry* inf. le 18 Avril 1779, Sous-L. le 1 Juin 1780.

CAIRE du Lauset, (le Comte de) Lieuten. de *Maréchaux* de France ✠, à la Ciotat.

CAIRE, ✠ Sous-Brigadier du *Génie* à Neuf-Brisack.

CALAGES, (Alexandre Elisabeth de) né à Taurines en Languedoc, le 1 Nov. 1762, Cad. Gentilh. dans *Berry* inf. le 1 Juin 1780, Sous-L. le 17 Avril 1782.

CALAMAND, (Ennemond-Alexandre-Gardon de) né à Grenoble en 1734, Vol. dans *Apchon* le 12 Avril 1752, Corn. le 1 Fév. 1757, Lieut. le 15 Août 1758, ✠ en 1779, rang de Cap. le 5 Avril 1780 ; a fait la dernière guerre ; blessé d'un coup de feu à la bataille de Sunders-Hausen le 23 Juillet 1758.

CALOIRE, Elève du *Génie*.

CALONE, Lieut. de *Maréchaux* de France à Amiens.

CALONNE, Marquis de Courtebonne, (Jacques-Louis de) né à... le... 17... Lieut. Gén. des Armées du Roi, Directeur Gén. de la cav., Lieut. de Roi de la Province d'Artois, Gouverneur d'Hesdin, mort le 3 Février 1705.

CALONNE, Marq. de Courtebonne, (Louis-Jacques de) Cap. Lieut. des *Gendarmes* Bourguignons, Maréc. de Camp le 2 Mars 1744.

CALONNE, (N... de) né à St. Servin en Rouergue le... 1764, Cad. Gentilh. d'*Orléans* inf. le 30 Mai 1780, Sous-Lieutenant le 10 Août suivant.

CALONNE, † (François Commandeur de) né à Avesnes en Picardie le 15 Oct. 1744, *Chevau-Léger* de la Garde le 25 Avril 1759, Corn. de *Carabiniers* le 3 Mai 1760, Sous-L. le 18 Avril 1763, Lieut. le 23 Mai 1766, rang de Cap. le 21 Mai 1771, Cap. com. le 2 Juin 1774, réformé le 1 Avril 1776, Cap. en second le 1 Mai 1779.

CALPRENEDE, Garde du Roi dans *Noailles* le 8 Fév. 1764.

CALVET, Garde du Roi dans B. le 29 Juin 1777.

CALVET, Lieutenant de Roi au Fort St. Jean à Marseille.

CALVIERE, Major à Metz.

CAMBIS, (le Vicomte de) Gouverneur des Navarreins.

CAMBIS Dorsan, (le Vicomte de) Commandant en second du Languedoc.

CAMBIS Dorsan, (le Comte de) Maréchal de Camp le 12 Novembre 1768.

CAMBON, ✠ Major des *Grenad. Royaux* de Languedoc.

CAMBOULAS, Garde du Roi dans *Noailles* le 28 Fév. 1773.

CAMBOULAS, ✠ Prévôt Général de *Maréchaussée* à Montauban.

CAMBRAYS, (Joseph de) né à Marseille le... Février 1735, Lieut. le 20 Janv. 1747, Cap. c. le 18 Juin 1768, Cap. c. en s. le 9 Juin 1736, Cap. c. le 4 Juillet 1777, Cap. des Grenad. le 7 Juin 1779, chef de bataillon au Rég. de la *Reine* infant. le 10 Sept 1780, ✠ le 11 Avril 1772.

CAMPEGNO, (François-Marie-Patras de) né à Boulogne-sur-Mer le 6 Août 1764, Cad. Gentilh. au Rég. de la *Marine* le 20 Avril 1780.

CAMPAGNOL, ✠ Major du Régiment d'*Enghien* infanterie.

CAMPAGNOL, Garde du Roi dans L. le 28 Mai 1776.

CAMPAGNON, Garde du Roi dans B. le 18 Avril 1779.

CAMPAGNOT, (Charles-Jean-Marie de) né à Paris le 15 Déc. 1758, Page du Duc de Penthièvre le 3 Août 1773, Sous-L. à la suite dans *Penthièvre* le 17 Avr. 1777, Sous-L. en sec. le 25 Juin 1781, Sous-L. aux *Carabiniers* le 16 Novembre 1782.

CAMPETS, Garde du Roi dans V. le 30 Mai 1759.

CAMPMAS, Baron de Saint Remy, (Jean-Joseph-Marie-Emmanuel de) né à.... le... 17.... Mousquetaire de la prem. Comp. de la Garde du Roi le... 1772, aujourd'hui Président Trésorier de France à Montauban.

CAMPMAS de la Garde, (Antoine-Valentin de) né à.... le... 17... Gendarme de la Garde le.... 17....

CAMPMAS, Chev. de St Remy, (Joseph-Marie-Melchior de) né à... le... 17... Cadet Gentilh. dans *Angoumois* inf. le... 17...

CAMUS, Lieut. du 3ᵉ Rég. d'Etat Major.

CANALETTE, Garde du Roi dans V. le 17 Décembre 1762.

CANCLAUX, (N.... de) né à Paris le 20 Août 1740, Vol. au Rég. de *Fumel* le 1 Mai 1756, Corn. le 1 Fév. 1757, Cap. le 30 Mai 1760, réformé le 15 Avril 1763, Aide-Maj. le même jour,

Maj. du Rég. de *Conti* Drag. le 12 Oct. 1768, rang de Mest. de Camp le 26 Janvier 1773, ✠ en 1774.

CANDEY, Garde du Roi dans *Noailles* le 9 Mars 1774.

CANDOS, (Philippe-Robert Halle-Danfreville de) né à Eturqueray en Normandie le 29 Avril 1748, Lieut. au Rég. des recrues d'*Auch* le 8 Juin 1764, réformé le 31 Déc. 1766, Vol. au Rég. de *Champagne* en 1769, Sous-L au Rég. de *Médoc* le 4 Août 1770, Sous-L. des Grenad. le 25 Mars 1773, Lieutenant le 17 Mai 1773.

CANECAUDE, Garde du Roi dans *Noailles* le 16 Décembre 1759.

CANELLE, Garde du Roi dans B. le 31 Décembre 1774.

CANILLAC, (N.... de) né à Carpentras le... 1754, Sous-L. au Rég. de *Perche* le 6 Mai 1769, Lieut. le 17 Août 1775, Lieut. en p. le 10 Mars 1779, Cap. le 3 Novembre 1781.

CANILLAC, ✠ (le Comte de) Colonel de *Bourbon* inf.

CANISY, (François-Hervay Vicomte de) né à... le... Octob. 1755, Sous-L. au Rég. de *Monsieur* dragon le 12 Nov. 1770, Cap. dans *Royal*, cavalerie le 28 Février 1778.

CANISY, (le Comte de) Maréchal de Camp le 5 Décembre 1781.

CANISY, (le Marquis de) Lieutenant de Roi en Normandie.

CANONVILLE de Raffetot, Enseig. des *Gardes Françoises*.

CANSY, Garde du Roi dans V. le 29 Septembre 1774.

CANTILHAC, Garde du Corps du Roi dans *Noailles* le 30 Juin 1780.

CANTINEAU de Commacre,

Lieut. des *Maréchaux* de France à Tours.

CANTWEL de Mokarky, L. des *Maréchaux* de France à Épernay.

CAORS, (Pierre, Chev. de) né à la Bastide en Quercy le 6 Mai 1743, Lieut. de *Milice* le 4 Août 1757, Sous-L. au Rég. de *Turenne* le 18 Sept. 1766, Lieut. le 9 Juin 1772, Cap. en second le 16 Juin 1783.

CAPDEVILLE, (Pierre-François-Désiré Baron de) né à Aire en Gascogne le 23 Mai 1755, Sous-L. au Rég. *Royal-Navarre* caval. le 6 Nov. 1771 Cap. réformé le 3 Juin 1779.

CAPDEVILLE, Sous-L. de *Maréchaussée* à Saint-Etienne.

CAPET, Commissaire Ordonnateur des Guerres à Paris.

CAPITAN, Lieuten. de *Maréchaussée* à Laon.

CAPOL, Sous-L. en pied des *Gardes-Suisses*.

CAPPÉ, Commissaire Ordonnateur des Guerres à Strasbourg.

CAPPY, ✠ Major de *Lionnois* infanterie.

CAPRETZ, Brig. d'infanterie le 5 Décembre 1781.

CAPY, Garde du Roi dans V. le 31 Mai 1771.

CAQUERAY de St. Quentin, (Charles-Marie de) né à Riellecamp en Normandie le 10 Août 1762, Cad. Gentilh. au Régim. *Royal-Comtois* le 8 Mars 1781.

CARAMAN, (Marie-Jean-Louis de Riquet, Marquis de) né le 26 Nov. 1731, Corn. de drag. dans *Caraman* le 14 Févr. 1748, Cap. le 7 Fév. 1749, Maj. le 24 Fév. 1757, Mest. de C. Lieut. du Rég. de *Colonel-Général* drag. le 15 Déc. 1758,

✠ le... 1760, Brig. des Armées le 20 Février 1768.

CARBONEL, (Pierre-Bernard-Auguste de) né à Toulouse le 14 Fév. 1732, Enseigne dans *Berry* inf. le 1 Juin 1759, Lieut. le 29 Juin 1759, Sous-Lieut. des Gren. le 23 Fév. 1763, Lieut. le... 1768, Cap. en second le 8 Avril 1779, Capit. com. le 23 Avril 1782.

CARBONNEL, Chev. de Canisy, (Henri-Marie de) né à....., Cad. Gentilh. dans *Royal* cav. le 5 Avril 1780, Sous-L. le 19 Juin suivant.

CARBONNIÉ, (Marc-Louis de) né à Castillones en Périgord le 28 Juil. 1764, Cad. Gentilh. au Rég. de la *Reine* inf. le 3 Juin 1779, Sous-Lieut. en 3e le 8 Décembre 1779.

CARBONNIÉ, (Matéc. Ch. de) né à Castillones en Périgord le... 1730, Lieutenant le 4 Déc. 1747, Aide-Major le 30 Juillet 1761, Comm. de Cap. le 11 Janv. 1762, Maj. au Rég. de la *Sarre* le 20 Mars 1774, Major dans la *Reine* inf. le 29 Décem. 1777, Lieut. Col. le.... 1782, ✠ le.... 1772.

CARBUCCIA, (Antonio) né à Bastia le 5 Mai 1752, Lieut. le premier Janv. 1770, Cap. au Rég. *Royal-Corse* infant. le 28 Novembre 1777.

CARCADO, (le Comte de) Lieutenant Général des Armées le 1 Mars 1780.

CARDON, Cap. du 3e Rég. d'*Etat-Major*.

CARDON de Flégard, Lieut. en p. des *Grenadiers Royaux* de la Picardie.

CARDON, Major à Arras.

CARDOUANT, Sous-L. de *Maréchaussée* à Philippeville.

CAREL, (Pierre) né à Sévetac-l'Eglise en Rouergue, le 21 Déc. 1731, Soldat au Rég. de Beaujolois le 27 Septem. 1751, S..g. le 13 Mai 1759, Fourrier le 1 Septembre 1764, P. Drap. le 6 Sept. 1769, Quart. Mᵉ Tréf. le 11 Juin 1776.

CARGOUET, (Louis-Jacques le Denay de Quémadeuc-Comte de) Gentilh. de la Chambre de Monsieur, né à Rennes le 18 Juillet 1757, Page le 1 Avr. 1771, Sous-L. à la suite des *Carabiniers* le 1 Juin 1775, en pied le 29 Août. 1779.

CARIGNAN, ✠ (le Chev. de) Col. en f. de *Royal-Italien* inf. Brig. le 5 Déc. 1781.

CARLE, (le Comte de) Maréchal de Camp. le 1 Mars 1780.

CARLE, (Joseph) né à Paris le 16 Sept. 1733, Bourgeois de Fribourg le.... Enf. dans *Vigier* le 11 Oct. 1748, Sous-L. le 27 Avril 1749, Lieuten. le 2 Mai 1758, Cap. Lieut. le 1 Mai 1760, Lieut. le 16 Oct. 1765, rang. de Capit. le 12 Nov. 1768, ✠ le 1 Juin 1773.

CARLIER, Quart Mᵉ Tréf. du Rég. de la *Couronne* infant.

CARLOTTI, (Antonio-Francisco Laigi) né à Venaco le 9 Nov. 1749, Sous-L. le 22 Avril 1775, Lieut. en f. au Rég. *Royal-Corse* infanterie le 8 Avril 1779.

CARNIN, (Isidore de) né à Carnin Epinois le 27 Août 1729, Cavalier dans *Royal* le 1 Février 1748, Four. le 24 Mars 1759, Porte-Enf. le 4 Janvier 1772.

CARNOT, Lieut. du *Génie* à Béthune

CARNOT de Feulins, Lieut. de *Génie* à Arras.

CARONDELET Potelles, (Maximilien-Joseph-Alexandre-Dominique, Baron de) né au Quesnoy le 21 Fév. 1724, Cap. dans *Boufflers Wallon* le...... 17.... commandant la Milice de Flandres le.. 17... ✠ à l'âge de 24 ans, Lieut. des *Maréchaux de France* au Quesnoy, D. M. E.

CARONDELET, (François-Marie-Joseph, Vicomte de) né au Quesnoy le... 17.... Offic. au Rég. d'*Auxerrois*, blessé à la prise de Saint Cristophe.

CARONDELET Noyelles, (Jean-Louis, Baron de) Cap. dans *Enghien*.

CARONDELET Noyelles, (Jean-Louis-Nicolas Guislain, Baron de) ✠.

CARONDELET d'Haine, Vicomte de la Hestre, (François-Louis-Hector, Baron de) Colon. au Rég. de *Flandre-Wallon*; Chevalier honoraire de Malte.

CARQUET, (François Zacharie de) né à Castelnaudary le 14 Mars 1747, Sous-Lieut. dans *Berry* inf. le 27 Janvier 1767, Lieut. le 6 Nov. 1771, Cap. en second le 27 Juillet 1781.

CARRAUET, (Benoît-Joseph) né à Plantin en Artois le 18 Mars 1733, *Carabinier* le 23 Janv. 1749, Mar. de Logis le 1 Sept. 1756, Sous-L. Quart. M. le 1 Mars 1763, rang. de Lieut. le 9 Août 1767, Sous L. en pied le 20 Avril 1768, ✠ le 13 Juin 1779, Lieut. en f. le 7 Mai 1780.

CARRÉ, (Gabriel-Étienne) né à Lion le 1 Mai 1730, Off. dans le rég. *Royal*, drag. le 19 Janv. 1750, Corn. le 1 Fév. 1757, Lieut. le 20 Février 1761, Sous-Aide-Maj. le 12 Janv. 1768, ✠ le 27 Déc. 1778, rang de Cap. le 5 Juin 1779, Cap. en f. dans le 6ᵉ régim. des *Chasseurs* le 23 Septembre 1781.

CARRERY, Commissaire des Guerres à Toulouse.

CARREZ, ✠ Maréchal de

Logis des *Gendarmes* Ecossois.

CARRIER, Garde du Roi dans V. le 1 Juillet 1769.

CARRIERE, (Dominique-Gratian de) né à Tarbes en Bigorre le 8 Juillet 1753, Sous-L. au rég. de *Beaujolois* le.... Mai 1771, Lieuten. en second le 23 Juillet 1779.

CARTIER, (Jean-Pierre) né à Neufchatel en Suisse le 29 Nov. 1757, Cadet dans *Vigier* le 1 Mars 1777, Sous-Lieuten. le 12 Décembre 1778.

CARVOISIN, (le Marquis de) Maréchal de Camp le 1 Mai 1758.

CASANOVA da Racciani, (Guiliro) né à Sartene en Corse le.... 1727, Lieut. le.... 1760, Cap. au rég. *Royal-Corse* le 1 Septembre 1769, ✠ le...

CASANOVA, (Carlo-Dominico) né à Venaco en Corse le 1 Janvier 1737, Sous-L. le 25 Août 1775, Lieut. en p. au rég. *Royal-Corse* le 6 Juin 1775, Quart. M. Trésorier en 1776.

CASEAU, (François) né à Lachaux en Bourgogne en 1734, Cavalier en Mars 1756, Brig. en Avril 1760, Maréch. de Log. en Avril 1763, breveté Porte Etan. à la suite du régim. de *Berry* en Juin 1774, en activité en Septembre 1782.

CASSABÉ, (Jean-François de) né à St. Jacques de Cassabé en Béarn, le 9 Avril 1726, Vol. dans *Navarre* infant. le 14 Mars 1743, Sous-L. le 1 Août 1743, Lieut. le 15 Fév. 1744, Cap. le 16 Nov. 1746, ✠ le 8 Juillet 1760, Cap. des Gren. le 8 Août 1766, rang de Maj. le 24 Mars 1772, rang. de Lieut. Col. le 3 Mars 1774, Cap. com. le 7 Juin 1776, Lieut. Col. du rég. de *Turenne* le 8 Avril 1779; fait la campagne de 1743, blessé au siége de Furnes & de Fribourg en 1744, fait la campagne de 1745, 46, 47, 48 & 57, blessé à Astembeck, s'est trouvé à la bataille de Crevel en 1758, à Minden en 1759, de Corbac en 1760. & au siége de Cassel.

CASSAIGNADE, (Pierre) né à Souilhac en Quercy le 9 Août 1731, Vol. dans *Marcieu* le 1 Mai 1753, Porte Enf. le 1 Mars 1763, rang de Lieut. le 3 Mars 1774, Lieut. en sec. le 24 Juin 1778, Lieut en p. dans *Royal-Pologne* cav. le 10 Nov. 1782.

CASSARD, (Jacques) né à Montary, Isle de France, le 22 Fév. 1745, Soldat au régim. de *Bassigny* le 9 Septembre 1761, Serg. le 1 Sept. 1769, Fourrier le 20 Mars 1772, Serg. Maj. le 15 Juin 1776, P. Drap. le 26 Mai 1782, Quart. M. Trésor. le 25 Novembre 1781.

CASSEBONNE, Garde du Roi dans *Noailles* le 24 Mars 1767.

CASSEBONNE, Garde du Roi dans N. le 24 Mars 1767.

CASSENAVE de la Barrere, Lieutenant de *Maréchaussée* à Bayonne.

CASTEIGNET, Garde du Roi dans V. le 31 Mars 1766.

CASTEJA, (le Comte de) Brigadier d'inf. le 1 Mars 1780.

CASTEJA, (Stanislas de Biaudos Comte de) né à Authée au Comté de Namur le 30 Janvier 1738, Lieut. en s. dans *Lowendal* le 29 Avril 1747, Lieut. en p. le 20 Mars 1748, Cap. en s. le 8 Août 1754, Capit. en p. dans la *Marck* le 20 Juil. 1761, Major de *Royal-Suédois* le 31 Décemb. 1766, Major du rég. d'*Alsace* le 4 Mars 1767, Maj. de *Bourbonnois* le 12 Août 1768, Commitfion de Lieut. Colon. le 24 Mars 1769, ✠ le 4 Déc. 1770, Colon. du régim. *Royal-Comtois* le 28 Juil. 1773, gratifié de 200 écus de pension en..... 1775, gratifié annuellement de la même somme le 3 Mars 1775, Brig. des Armées le 1 Mars 1780.

CASTEJA, (François-Alexandre René, Vicomte de) né à St.-Germain-en-Laye le 24 Septemb. 1758, Sous-L. au rég. *Royal-Comtois* le 14 Oct. 1774, Lieut. en sec. des Grenadiers le 3 Juin 1779.

CASTAING, (Joseph) né à Aurens en Guienne le 12 Nov. 1744, Quart. Mᵉ Tréf. du rég. du *Maine*, & Sous-L. le 4 Avril 1782, Lieut. le 12 Juillet 1782.

CASTEL, ✠ Brigadier des Gardes de Monfieur.

CARTELBAJAC, Garde du Roi dans V. le 4 Juillet 1759.

CASTELBERG, Sous-L. en f. des *Gardes Suiffes*.

CASTELLA, Lieut. Gén. des Armées le 17 Décembre 1759.

CASTELLA, Brig. d'infanterie le 10 Février 1761.

CASTELLA de Montagny, Brig. d'inf. le 1 Mars 1780.

CASTELLA, Cap. des *Gardes Suiffes*, Maréchal de Camp.

CASTELLA Montagny, Mar. de Camp le 5 Décembre 1781.

CASTELLANE, (le Marquis de) Lieuten. des *Maréchaux* de France à Manofque, ✠.

CASTELLANE, (le Marquis de) Maréchal de Camp le 1 Janvier 1768, M. E.

CASTELLANE Norante, (le Marquis de) Sous-L. des *Gendarmes Écoffois*.

CASTELLANE, (le Comte de) Maréchal de Camp le 25 Juillet 1761.

CASTELLANE, (le Marquis de) Gouverneur des Ifles Sainte-Marguerite.

CASTELLAS, (Etienne de) né.... Cadet au rég. des *Gardes Suiffes* en 1702, Enf. le 10 Avr. 1705, Sous-L. le 28 Juil. 1723, second Lieut. le 9 Nov. premier Lieut. le 27 Juil. 1737, bleffé à Fontenoy en 1745, & obtint en cette confidération une penfion de 800 liv., & le 14 Nov. de la même année, la Commif. pour tenir rang de Colon.; le 26 Mai 1746, il obtint la penfion de 1000 livres annexée aux quatre plus anciens premiers Lieut. du rég. & fut créé Brig. par Brevet du 10 Février 1759.

CASTELLAS, ✠ (le Ch. de) Sous-L. des Gardes de *Monfieur*.

CASTELNAU, (Louis-Jofeph Amable de) né au Château de Gex en Languedoc le 7 Août 1728, Corn. dans *Languedoc* drag. le 27 Mars 1746, réformé à la paix en 1748, Corn. de *Carabiniers* le 4 Août 1757, Lieut. le 27 Avril 1768, ✠ le 22 Mai 1771, rang de Cap. le 1 Mai 1773, Lieut. en pied le 1 Avril 1776, Cap. en f. le 7 Mai 1780, bleffé dans les campagnes de 1758 & 1759.

CASTELNAU, Garde du Roi dans L. le 2 Octobre 1775.

CASTELNAU, Enfeigne des *Gardes Françoifes*.

CASTELVERD, Lieut. en p. du 3ᵉ rég. d'*État-Major*.

CASTERA, Garde du Roi dans V. le 19 Septembre 1779.

CASTERAS, Lieut. de *Maréchauffée* à Angoulême.

CASTET, Garde du Roi dans *Noailles* le 5 Mars 1760.

CASTILLE d'Argilliers, ✠ Lieut. en fec. des *Gardes Françoifes*.

CASTILLON, N......, né à

Disselasson en Béarn le 26 Mai 1725, Corn. au rég. des *Cuirassiers du Roi* le 1 Octobre 1758, Aide-Major le 18 Avril 1763, Commission de Cap. le 16 Avril 1767, Cap en sec. le 4 Juillet 1777, Capitaine c. le 10 Mars 1778, M. D.

CASTILLON, (Antoine, Baron de) né à Mésin en Guienne le.... Juin 1737, Cad. au rég. de *Belsunce* aujourd'hui *Flandres* en Mai 1755, Lieuten. en Mars 1756, Cap. en Août 1772, Cap. aux Volontaires de *Nassau* en Déc. 1778, Cap. c. au Corps de *Nassau-Siégen* en Août 1779, ✠ le... s'est distingué au pont de Cassel, où il arrêta avec 70 hommes, un corps considérable de Hussards & les mit en fuite, ce qui préserva plusieurs postes qui auroient été enlevés.

CASTILLON de Mouchan, (Joseph Chev. de) né à Mezin en Guienne le 1 Mars 1756, Sous-L. au régim. de *Bassigny*, le 4 Mai 1771, Lieut. en sec. le 28 Avril 1778, Lieutenant en pied le 19 Juillet 1781.

CASTILLON, (Jean Armand de) servoit dans le même rég. & a péri en mer étant sur le vaisseau la Bourgogne.

CASTILLON, Baron de Saint Victor, Maréchal de Camp le 16 Avril 1767.

CASTILLON de la Jaumarie, Brigadier des *Gendarmes de la Garde*.

CASTILLON, ✠ (Joseph Baron de) a servi dans le rég. de *Vaubecourt* depuis *Bassigny*, Lieut. de la ville de *Besançon* le... Aide-Major le...., Capitaine le... Major le...

CASTRIES, (Joseph-François de la Croix, Marquis de) né le 18 Avril 1663, fut d'abord Cap. au rég. de son *pere* lors de sa levée le 1 Mars 1674, Col. du même rég. depuis Bouillé, sur la démission de son père le 4 Avril suivant, Gouverneur des Ville & Citadelle de Montpellier à la mort de son père le 30 Août 1674. Il prêta serment pour cette charge le 24 Sept. se fit recevoir à son rég. en 1680; se trouva à la prise de Cazal sous M. de Catinat en 1681, eut un cheval tué sous lui en 1683, dans une affaire contre les Huguenots du Languedoc; il commanda son rég. au combat du Pont-Major & à l'assaut de Gironne en 1684; il passa au mois d'Août 1688 dans l'Electorat de Cologne sous les ordres du Marquis de Sourdis; attaqué au mois de Mars 1689 par un corps de 4000 Cavaliers des ennemis, il leur tint tête avec plusieurs compag. de Grenadiers, fit la plus belle retraite sans pouvoir être entamé, & sauva l'infanterie qui étoit sous ses ordres; le Roi le créa Brigadier le 22 du même mois: retiré à Bonn, il donna les marques de la plus grande valeur à la défense de cette Place, & fut chargé d'en négocier la capitulation avec l'Electeur de Brandebourg; il fut employé à l'armée de Flandres le 19 Avril 1690, il eut un cheval tué sous lui, & fut blessé à la bataille de Fleurus. Il servit au siége de Mons en 1691, & fit la campagne en Allemagne, où il fit encore celle de 1692. Il fut créé Maréchal de Camp le 30 Mars 1693, & ne servit point en cette qualité; il se démit de son régim. en Avril 1695; fut fait Chevalier d'honneur de Mad^e la Duchesse de Chartres, depuis Duchesse d'Orléans le 1 Avril 1698; il fut fait ✠ le 3 Juin 1614, &
mourut

mourut le 24 Juin 1728, M. E.

CASTRIES, (Charles-Eugène-Gabriel de la Croix, Marquis de) *Maréchal de France* son fils, né le 25 Fév. 1727, Lieut en sec. au rég. du *Roi* le 23 Août 1742. Il le joignit à son retour de Bohême, combattit à Dettingen le 27 Juin 1743, Lieut. le 22 Août suivant; il finit la campagne en Basse-Alsace; le Roi lui donna la charge de Lieut. de Roi en Languedoc, le Gouvernement de Montpellier & celui de Cette, vacant par la mort de son frère le 1 Déc. suivant. Fait Mestre de Camp Lieut. du rég. du *Roi* cav. le 26 Mars 1744. Il le commanda à l'armée de Flandres sous le Maréchal de Saxe, couvrit avec l'armée le siége de Menin, d'Ypres & de Furnes, & finit la campagne au camp de Courtray. Il le commanda à la bataille de Fontenoy, au siége des Ville & Citadelle de Tournay, au combat de Mesle, au siége de Dendermonde & d'Ath en 1745, au siége de Bruxelles, au siége de la Citadelle d'Anvers, à la bataille de Raucoux en 1746, à la bataille de Lawfeld en 1747, créé Brig. le 1 Janv. 1748. Il servit au siége de Mastricht, obtint la charge de Commissaire général de la Cavalerie le 9 Juin suivant, & fut déclaré au mois de Déc. Maréchal de Camp, le brevet expédié le 10 Mai précédent. Employé Maréch. de Camp au camp de Sarrelouis sous M. de Chevert le 13 Juin 1753, il y commanda la Cavalerie; par Commission du même jour, il eut pouvoir de commander les troupes du Roi en l'Isle de Corse. Le 14 Août 1755, il arriva à Caloi le 2 Nov.; il fut employé à l'armée commandée par le Prince de Soubise en Allemagne le 23 Juillet 1757, & y commanda la Cavalerie. Il partit de Corse au mois d'Août; joignit l'armée en Sept. & combattit à Rosback en Nov. Il y reçut trois coups de sabre sur la tête, qui ne l'empêchèrent cependant pas de rester jusqu'à la fin du combat. Il fut employé à l'armée d'Allemagne sous le Prince de Soubise le 1 Mai 1758. Il commanda le corps séparé des troupes opposé au Prince d'Isambourg dont il fit attaquer au mois d'Août les postes avancés; on y tua environ 100 hommes, & l'on y fit plusieurs prisonniers. Avec un détachement considérable, il marcha toujours à portée des ennemis, & au mois d'Octobre il les suivit jusqu'au passage de la Fulde; il combattit le 10 à Lutzelberg; au mois de Déc. il prit par escalade la ville de St.-Goar, & obligea la garnison du Château de Rhinfeld de se rendre prisonnière de guerre; on y trouva 72 pièces de canon, 35 mortiers, & beaucoup de munitions de guerre; on y fit 530 hommes prisonniers, dont un Col. & 20 Of. Il obtint le grade de Lieut. Gén. le 28 du même mois; il fut créé Mest. de Camp Général de la Cavalerie le 16 Avril 1759; se démit de la charge de Commissaire Général, & fut employé à l'armée d'Allemagne le 1 Mai, & se trouva le 1 Août à la bataille de Menden. Il fut employé à la même armée le 1 Mai 1760; il servit d'abord sur le Bas-Rhin, sous les ordres du Comte de S. Germain, joignit la grande armée après l'affaire de Corback au mois de Juillet, combattit le 31 à la tête de l'Infanterie près de Warbourg, y donna les plus grandes marques de valeur & de fermeté,

& y reçut une forte contusion d'un biscayen. Il s'empara le 3 Août de Statberg, que les ennemis abandonnèrent à son approche ; il fut détaché avec un corps de troupes pour commander contre les ennemis qui s'étoient postés sur le Bas-Rhin en Septembre. Il se rendit à Cologne vers le 2 Oct. il y rassembla les troupes qui venoient de l'armée & celles qu'on lui envoyoit de France. Après avoir fait ses dispositions, il marcha vers Wesel, dont les ennemis tenoient le siége ; il fit attaquer le 15 le poste de Rhimberg qu'on emporta l'épée à la main, & fit entrer dans Wesel une brigade & 600 hommes d'élite ; il se préparoit à marcher sur les ennemis, lorsqu'il fut attaqué par eux à une heure avant le jour à Clostercamps ; on se battit de part & d'autre avec la plus grande valeur : les ennemis furent battus & obligés de se retirer avec une perte considérable, de repasser le Rhin & de lever entièrement le siége de Wesel, où il entra le 18 avec 8 bataill. On attaqua leur arrière garde, on s'empara de leur pont sur le Rhin, & on ne cessa de les harceler dans leur retraite sur Munster. Le Roi lui accorda en Janv. 1761 les entrées de la chambre ; il a servi en qualité de Maréchal Général de Logis de l'armée du Bas-Rhin, & a commandé la cavalerie. Le 1 Mai suivant, il a été nommé ✠ le 2 Mai 1762 ; il a été nommé Ministre de la Marine le..., créé Maréc. de France le 13 Juin 1783, a prêté serment le 14.

CATELAN de St. Men, Lieut. des Maréch. de France, à Agde.

CATEY, Garde du Roi dans Noailles le 1 Avril 1780.

CATTAN, Garde du Roi dans Noailles le 25 Avril 1758.

CAVANAC, Maréchal de Camp le 1 Mars 1780.

CAUBET de la Fay, (Claude-Etienne) né à Besançon le 15 Août 1739, Cornette au rég. de Poly, devenu Royal-Normandie le 1 Août 1758, Lieut. le 10 Mai 1760, réformé & passé Sous-Lieut. en Mars 1763, Lieut. le 1 Août 1764, Lieut. en p. le 15 Juin 1776 ✠ le... 1782.

CAUD, (le Chev. de) Lieut. Col. comm. le Bataillon de garnison de Monsieur.

CAVELIER de Clavelle, ✠ Lieut. des Maréchaux de France à Rouen.

CAULAINCOURT, Enseig. surnuméraire des Gardes Françoises.

CAULAINCOURT, (le Marquis de) Brig. d'inf. le 5 Décem. 1781, Colon. en sec. de Rohan-Soubise.

CAULAINCOURT, Sous-L. des Gardes-Françoises.

CAULLIERE, (Anne-Joseph-Alexandre des Forges, Vicomte de) né au château de Caullière en Picardie le 1 Oct. 1749 ; entré à l'École Militaire le 6 Janv. 1760, sorti le 6 Juillet 1765, Sous-L. au rég. de Foix le 6 Juil. 1765, Lieut. le 31 Août 1770, Capitaine le 30 Janvier 1781.

CAULLIERE, (le Vicomte de) Lieut. des Maréchaux de France à Amiens.

CAULLIERE, (le Comte de) Lieut. des Maréchaux de France dans le Duché d'Aumale & Comté d'Eu.

CAUMONT, (le Marq. de) Comm. du Bataillon de garnison de Flandres.

CAUMONT, Major à la Citadelle de Valencienne.

CAUPENNE, (le Marquis de)

Brigadier d'inf. le 1 Mars 1780.

CAUPENNE, (le Marq. de) Lieutenant de Roi en Guienne.

CAUSAN, Commiss. Ordonnateur des Guerres à Montpellier.

CAUSAN fils, Commiss. des Guerres à Montpellier.

CAUSSANEL de Malbois, Elève du *Génie*.

CAUSANS, (le Comte de) Colonel du rég. de *Conti* infant.

CAUSANS, (le Chevalier de) Lieuten. de Roi en Dauphiné.

CAUTEL d'Ancteville, ✠ Major du *Génie* dans les Colonies.

CAUTINAS, Garde du Roi dans *Noailles* le 31 Mars 1767.

CAUX, Maréchal de Camp le 1 Mars 1780.

CAUX de Blanquetot, Maréchal de Camp le 1 Mars 1780.

CAYLA, Garde du Roi dans B. le 13 Septembre 1772.

CAZAL, Garde du Roi dans B. le 29 Juin 1763.

CAZAUX Laran; ✠ (le Marquis de) Lieut. Col. du rég. de *Ségur*, dragon.

CAZESSUS, Garde du Roi dans V. le 27 Juin 1773.

CECATI Dufour, (le Baron de) Brig. de drag. le 1 Mars 1780.

CECIRE, Lieut. de *Maréchaussée* à Bastia.

CELANI, (Luigi à Gostino) né à Bonifacio le... 1757, Sous-Lieut. au régim. *Royal-Corse* le 28 Novembre 1770.

CELLIER de Grify, Major à Longwy.

CELON, Lieuten. de *Maréchaussée* à Bourges.

CELY, (Louis Dieudoné, Marquis de) né à la Martinique le 22 Juillet 1744, Mousquetaire de la Garde le 3 Déc. 1761, Cap. à la suite dans *Royal-Po-*

logne le 4 Août 1770, en pied le 1 Juillet 1771.

CELY, (le Comte de) Maréchal de Camp le 1 Mars 1780.

CENTENIER, Garde du Roi dans L. le 25 Novembre 1780.

CERNAY, (le Marquis de) Sous-L. des Chevaux-Légers d'*Aquitaine* en 1734, Colonel de *Royal-Cravates* en 1742, Brig. en 1744, Mar. de Camp en 1747, Lieut. Général le 25 Août 1749.

CERNAY, Lieutenant de Roi à Betfort & Château.

CERTAINES, (N... Marquis de) né à Eussi-les-Forges le 18 Avril 1758, Page du Prince Conti, Sous-L. au rég. de *Conti* dragon en 1779.

CERVAL, ✠ (le Chev. de) Col. du 2ᵉ rég. d'*Etat-Major*.

CEZEROU, Quart. Mᵉ Trés. de *Royal-Piémont* cavalerie.

CHABAN, Sous-Lieut. des *Gardes Françoises*.

CHABANAT, (Mathias de Chabanat de Savigny) né à Bourges le 26 Juin 1743, Lieut. de Milices de *Chateauroux* le 1 Mai 1756, Lieut. au rég. de *Médoc* le 15 Août 1758, Cap. le 9 Nov. 1772, ✠ en 1781.

CHABANNE, (le Comte de) Mar. de Camp le 1 Mars 1780.

CHABANNES, (Hyacinthe-François Chev. de) né à Pradelles en Vivarais le... 17...., Aspirant au Corps Royal d'*Artillerie* en 1767, passé dans la *Gendarmerie* le 16 Décem. 1770, Sous-L. au rég. de *Médoc* le 9 Nov. 1771, Lieutenant le 28 Avril 1778.

CHABANNOIS, (le Comte de) Maréchal de Camp le 1 Mars 1780.

CHABAUD, ✠ Maj. du *Génie* à Nismes.

CHABOT, (le Duc de) Lieut. Général le 5 Déc. 1781, M. E.

CHABOT de Bourgmilleux, (Jean-Charles-Ignace de) né à Salins en Franche-Comté le 31 Juillet 1754, Enf. au rég. Provincial de *Salins* le 4 Août 1771, Sous-L. au régim. de *Savoie-Carignan*, le 31 Janv. 1774, Lieuten. en second le 23 Avril 1782.

CHABOT, (Marc-Pierre-Nicolas de) né à Radrais au Perche le 10 Nov. 1763, Cad. Gentilh. au régiment de la *Marine* le 20 Avril 1780.

CHABRIER, Lieut. de *Maréchauſſée* à Valence.

CHABRILLAN, (Jacques Aimar de Moreton, Comte de) né au château de St.-Jean en Vivarais le 10 Janv. 1729, Page du Roi le 5 Déc. 1742, Capit. dans *Tallerand* cav. le 2 Janvier 1745, Meſt. de Camp le 1 Fév. 1749, Brig. le 20 Fév. 1761, Meſt. de Camp des drag. de *Marbeuf* le 30 Nov. 1761, Mar. de Camp le 25 Juillet 1762, Offic. Général en Bretagne en 1765 & 1766, Cap. des Gardes de *Monſieur* le 10 Nov. 1770, Meſt. de Camp Lieut. Inſpecteur des Carabiniers le 23 Sept. 1781, Lieut. Général le 5 Déc. 1781, a fait toutes les campagnes depuis 43.

CHABRILLAN, (le Marquis de) Brig. d'inf. le 1 Mars 1780.

CHABRIOL, Garde du Roi dans V. le 14 Juillet 1765.

CHABROT, Brig. des Gardes du Roi dans *Noailles*, le 30 Septembre 1777.

CHADAUD, (Elie-Gibert de) né à Bergerac en Périgord le 15 Sept. 1753, Sous-L. dans l'*Iſle de France* le 20 Janv. 1771, Lieut. en ſec. le 11 Juin 1776, Lieut. en pied le 17 Mai 1780.

CHADELAS, Quatr. M. Tréſ. du rég. de *Neuſtrie*, inf.

CHADOIS, (Pierre, Ch. de) né à St-Barthélemi en Guienne le 1 Avril 1739, Lieut. en 1758 au rég. de *Médoc*, Cap. en 1772, ✠ en 1781.

CHAFFROI, (Louis-Antide de) né à Beſançon le... 1766, Page de la Reine le... 17... Sous-L. dans *Royal-Pologne*, cav. le 30 Janv. 1783.

CHAILLOT, (Sébaſtien-Chriſtophe-Joſeph, Comte de) né à Dole en Franche-Comté le... Fév. 1754, Page du Roi le... Mars 1771, Sous-L. au rég. *Royal*, cav. le 1 Juin 1772, Sous-Aide-Major le 27 Juillet 1775, Cap. le 28 Avril 1778.

CHAILLOT, (Jean-Baptiſte-Benjamin, Ch. de) né à Dole le 31 Mars 1756, Vol. au rég. *Royal*, cav. le 21 Avril 1775, Sous-L. le 24 Juill. ſuivant.

CHAILLY, Lieut. des *Gardes Françoiſes*.

CHAILLY, Lieut. de Roi à Brouage & Fort Lupin.

CHALABRE, (Jacques-Paul de Bruyeres, Vicomte de) né au château de la Pomarède en Languedoc le 24 Août 1736, Enſeig. au rég. de Beauce le... 1747, Cap. au rég. *Royal-Marine* le 1 Sept. 1755, Maj. du rég. *Provincial* de Montpellier le... Août 1771, Col. à la ſuite de l'infanterie le 24 Mars 1774, Col. en ſec. du rég. d'*Anjou*, à la création de ce grade en 1776, Com. du régim. de *Limoſin*, inf. le 13 Avril 1780.

CHALABRE, Maréchal de Camp le 3 Janv. 1770.

CHALAIS, Elie-Charles-Talairand de Périgord, Prince de) né à Verſailles le 3 Août

1754, Sous-L. dans *Royal-Pologne*, cav. le 4 Août 1770, Cap. à la suite le 4 Août 1772, attaché à la suite de *Royal-Pologne* le 17 Avril 1774, Cap. au corps des *Carabiniers* le 2 Juin 1774, Mest. de C. en f. dans *Royal-Pologne*, cav. le 1 Mars 1778.

CHALBOS, (Alexis) né à Cubières en Gévandan le... 1736, Soldat dans *Normandie* le... 1750, passé au rég. du *Roi*, cav. le... 1757, Fourr. le... 1762, Maréchal de Logis le... 1763, P. E. le... 1767, Lieut. en sec. le 17 Juin 1770, en pied au sec. rég. des *Chevaux-Légers* le 23 Août 1772.

CHALENDAR, Lieut. des *Maréchaux* de France au Puy.

CHALIAC, Brig. des Gardes du Roi dans B. le 31 Déc. 1780.

CHALON, Quart. M. Tréf. du rég. de *Salm*, infanterie.

CHALUP, (Jean-Marc, Ch. de) né à Brantome en Périgord le 25 Avril 1743, Enf. au rég. de *Bassigny* le 8 Déc. 1759, Lieut. le 15 Mars 1760, blessé à Munebourg en 1762, gratifié de 300 liv. en 1762, Cap. en sec. le 28 Avril 1778, Cap. c. en 1779.

CHALUP de Sarayran, (Joseph-Vincent de) né à Brantam en Périgord le 11 Nov. 1739, Lieut. au rég. de *Vaubecourt* le 20 Fév. 1756, Cap. le 20 Sept. 1761, réformé le 20 Mars 1763, Cap. au rég. des recrues de *Montauban* la même année; entra dans *Aunis* le... Juin 1768, Cap. en sec. des gren. le... Juin 1776, Cap. com. des *Chasseurs* le 4 Juill. 1777, Cap. des gren. le 12 Oct. 1780, Maj. du rég. de la *Reine*, inf. le 8 Août 1782, ✠ le... 17...

CHALUP, (le Comte de) Brig. de cav. le 1 Mars 1780.

CHALUS, (le Ch. de) Fourr. Maj. des Gardes du corps le 27 Mars 1779, Brevet de Maj. de cavalerie le 31 Décembre 1779.

CHALUS, (Jean de) né à Vielvelours en Auvergne le... 1741, Lieut. dans *Orléans*, inf. le 10 Mars 1759, Cap. en sec. le 1 Oct. 1778; a fait les campagnes de 59 & 62, ✠ le 5 Janv. 1782, Cap. en pied le 10 Mai 1782.

CHAMAGNAC, Brig. des Gardes du Roi dans *Noailles* le 30 Mars 1781.

CHAMASSEL, Garde du Roi dans *Noailles* le 1 Juillet 1766.

CHAMASSEL, Garde du Roi dans *Noailles* le 28 Déc. 1769.

CHAMBARLHIAC, Lieut. du *Génie* au Fort Louis.

CHAMBARLHIAC, Major à Maubeuge.

CHAMBEAU, (N... Ch. de) né à Vic-Fesensac en Gascogne le... 1739, Enf. au rég. de *Perche* le 13 Août 1759, Sous-L. des gren. le 6 Fév. 1763, Lieut. le 9 Juin 1766, Cap. en sec. des gren. le 20 Mars 1778.

CHAMBELLAIN, (Pierre-Antoine) né à Ouchy-la-Ville en Soissonnois le 18 Avril 1735, Vol. aux *Carabiniers* le 21 Sept. 1751, Fourr. le 1 Avril 1758, Maréchal de Logis le 1 Fév. 1761, Fourr. le 13 Août 1765, rang de Sous-L. le 21 Mai 1771, P. E. le 23 Mars 1772, réformé le 1 Avril 1776, remplacé le 1 Mai 1779.

CHAMBELLÉ, (Jacques-Alexandre de) né à Nantes le... 1763, Cad. Gentilh. au rég. Maréchal de *Turenne* le 2 Sept. 1780, Sous-L. le 17 Avril 1782.

CHAMBELLÉ, (Etienne-

Maurille de) né à Nantes le... 17..., Cad. Gentilh. au rég. Maréchal de *Turenne* le 21 Fév. 1779, Sous-L. le 2 Sept. 1780.

CHAMBERTIN, Garde du corps du Roi dans *Noailles* le 8 Juin 1755.

CHAMBON de la Barthe, Brig. d'inf. le 1 Mars 1780.

CHAMBON, Brig. des Gardes du Roi dans B. le 2 Avril 1782.

CHAMBONAS ✠, (le Ch. de) Maj. de *Penthievre*, drag.

CHAMBORANT, (le Marquis de) Maréchal de Camp le 3 Janvier 1770.

CHAMBORANT ✠, Maréchal de Logis des Gendarmes de la *Reine*.

CHAMBORS, (Louis-Joseph-Jean-Baptiste de la Boessière, Comte de) né à Paris le 31 Janv. 1756, Sous-L. à la suite de *Colonel-Général*, drag. le 24 Mars 1772, Cap. réformé au rég. de la *Rochefoucault*, drag. le 7 Avril 1774, Col. en sec. au rég. de la *Fere*, inf. le 3 Juin 1779, Mest. de Camp en sec. du rég. Maréchal de *Turenne* le 30 Avril 1780.

CHAMBRAY, (le Marquis de) Maréchal de Camp le 1 Mars 1780.

CHAMBRE, (Bertrand de) né à Tartas en Gascogne le 12 Sept. 1745, Sous-L. dans l'*Isle de France* le 17 Juillet 1763, Lieut. le 17 Avril 1772, Cap. en sec. le 17 Mai 1780.

CHAMBRE, (le Ch. de) Cap. du *Génie* à Brest.

CHAMBRUM, (le Vicomte de) Brig. de cav. le 1 Mars 1780.

CHAMBRY, (le Marquis de) Exempt des Gardes du corps dans *Noailles* le 25 Mars 1767,

Mest. de Camp en 1770, Sous-L. le 1 Janv. 1776, Brig. le 5 Déc. 1781, Lieut. le 5 dudit mois.

CHAMISSOT, (le Comte de) Lieut. Col. de *Forez*, inf. & ✠.

CHAMISSOT, (le Comte de) Maréchal de Camp le 1 Mars 1780.

CHAMISSOT, (Louis-Charles de) né à Boncour en... le.... 1754, Sous-L. à la suite le 11 Mai 1769, en pied le 1 Juin 1772, Cap. le 21 Avril 1777, remplacé au sec. rég. des *Chevaux-Légers* le 20 Mai 1779.

CHAMOLLE, Brig. d'inf. le 1 Mars 1780.

CHAMOLLE, Commandant à Seyssel.

CHAMONT, (Jean-Baptiste l'Amoureux de) né à Chamont-la-Ville en Lorraine le 14 Oct. 1756, Cad. de la légion de *Lorraine* le 17 Juin 1773, Sous-L. le 15 Juin 1776, P. G. le 8 Avril 1779.

CHAMOUEN Allegrin ✠, Maj. de *Vexin*, infanterie.

CHAMOY, (le Marquis de) Maj. du rég. de *Commissaire Général*, cavalerie.

CHAMOY, (le Ch. de) Maj. du rég. de *Mest. de Camp Général*, cavalerie.

CHAMPAGNE, (le Vicomte de) Lieut. des *Maréchaux* de France à Sézanne.

CHAMPAGNÉ, Brig. d'inf. le 16 Avril 1767.

CHAMPCENETS, (le Marquis de) Lieut. de Roi du *Maine* & du *Perche*.

CHAMPCLOS, (Jean-Henri-Tessier de) né à Ste-Sicile en Languedoc, le 19 Sept. 1735, Enf. au rég. de *Savoie-Carignan* le 26 Oct. 1755, Lieut.

le 1 Mars 1757, Cap. le 11 Mai 1769, Cap. des gren. le 23 Avril 1782.

CHAMPDAVID, Garde du Roi dans L. le 21 Oct. 1767.

CHAMPDIVERS, Sous-L. des *Gardes Françoises*.

CHAMPEAU, (Blaise-Marie-Gilbert de) né à la Chaume en Champagne, le 10 Août 1763, Sous-L. au rég. du *Maine* le 23 Juillet 1781.

CHAMPEAUX, Cap. du *Génie* de l'Isle de France.

CHAMPEAUX de Sancy, Lieut. des *Maréchaux* de France à Autun.

CHAMPEREUX, Garde du Roi dans B. le 2 Juillet 1773.

CHAMPINELLES, (le Comte de) Lieut. Gén. le 17 Déc. 1759.

CHAMPIGNELLES, (le Ch. de) Brig. d'inf. le 10 Fév. 1759.

CHAMPIGNELLES, (le Marquis de) Exempt des Gardes du Roi dans V. le 16 Janv. 1767, Mest. de Camp le 5 Juillet 1771, Sous-L. le 1 Janv. 1776, Lieut. le 1 Janv. 1783.

CHAMPIGNY, Maréchal de Camp le 1 Mars 1780.

CHAMPION Dancy, (Nicolas de) né à... Cap. d'artillerie le... ✠ le...

CHAMPLOST, Gouverneur du Vieux Louvre.

CHAMPMORIN ✠, Maj. du *Génie* à Arras.

CHAMPOLON, (Gaspard-Adrien-Bonnet de Couwat de) né à St Jean-le-Vieux en Bugey le 6 Janv. 1738, Lieut. au rég. de *Foix* le 12 Nov. 1755, Cap. le 28 Août 1762, ✠ en 1781.

CHAMPREDON, Sous-L. de *Maréchauffée* à Carcassonne.

CHAMPRENARD, (Joseph-Taxis de) né à la Jazie en Provence, le 2 Juin 1724, a commencé à servir en Corse, Vol. au rég. d'*Auvergne* le 1 Mai 1739, Lieut. en sec. le 12 Oct. 1741, Enf. le 11 Juin 1742, Lieut. le 28 Juill. 1742, Cap. le 14 Sept. 1745, ✠ le 4 Août 1759, Cap. des gren. le 11 Mai 1769, Breveté de Maj. le 3 Mars 1774, Chef de bataillon au rég. de *Savoie-Carignan* le 1 Juill. 1774 blessé à la bataille de Cony en 1744.

CHAMPREUX, Garde du Roi dans L. le 17 Mai 1776.

CHAMPTON, Garde du Roi dans V. le 5 Mars 1771.

CHAMPVALLON, Garde du Roi dans V. le 10 Mars 1756.

CHANCEL, (Barthelemy de) né à Périgueux le 8 Sept. 1761, Cad. Gentilh. au rég. de *Beaujolois* le 24 Mars 1779, Sous-L. le 12 Mai 1780.

CHANCEL, Garde du Roi dans *Noailles* le 31 Mars 1766.

CHANCEL, Garde du Roi dans *Noailles* le 27 Septembre 1770.

CHANCEL, Garde du Roi dans *Noailles* le 27 Sept. 1772.

CHANCEL, Commissaire des guerres à Blaye & à Libourne. E. D.

CHANCELLÉE, Sous-L. de *Maréchauffée* à Langon.

CHANNE, Brig. de cav. le 5 Déc. 1781.

CHANNET, Garde du Roi dans V. le 1 Janv. 1774.

CHANSIERQUES du Bord, (N...) né au St-Esprit en Languedoc le... 1759, Cad. Gentilh. au rég. de *Perche* le 20 Mars 1778, Sous-L. le 15 Août 1779.

CHANTELOUP, Brig. des Gardes du Roi dans *Noailles* le 29 Juin 1778.

CHANTEMERLE, Cap. du *Génie* à Hesdin.

CHANTRENNE ✣, Lieut. Col. de *Rouergue*, infanterie.

CHAPELLE de Fontaine, (Maximilien) né à Fontenay-le-Comte le 30 Août 1749, Sous-L. le 31 Août 1765, Lieut. le 4 Mai 1771, Cap. en sec. du rég. de *Bassigny* le 3 Juin 1779.

CHAPELLE, Quart. M. Trés. du rég. de *Metz*, artillerie.

CHAPMILLON, (Bernard-Louis-François Crecy de) né à Sens le 27 Avril 1764, Sous-L. en 3e dans l'*Isle de France* le 24 Fév. 1782.

CHAPONAY, (le Marquis de) Lieut. des *Maréchaux* de France à Villefranche en Lionnois.

CHAPONAY, (le Marquis de) Brig. d'inf. le 1 Mars 1780.

CHAPONEL, Commissaire des Gardes du Corps dans *Noailles*.

CHAPPUIS, Maréchal de Logis des Gardes du Roi dans V. le 26 Sept. 1773.

CHAPPUIS, (Marc-Antoine-Michel-Joseph de) né au Bezil en Gascogne le 13 Fév. 1768, élevé à l'Ecole Militaire à Tournon le 8 Sept. 1778, Sous-L. au 6e rég. des *Chasseurs* le 10 Mars 1783.

CHAPPUIS de Manbou de la Goutte, (Pierre de) né à Montbrisson en Forez le 17 Mars 1748, Gendarme de la Garde du Roi le... 1763, Sous-L. au rég. de *Savoie-Carignan* le 8 Mai 1764, Lieut. le 2 Déc. 1769, Cap. le 3 Juin 1779.

CHAPPUIS de la Goutte, (Claude-Jean-Marie) né à Montbrisson en Forez le... 17..., Sous-L. en 3e au rég. de *Savoie-Carignan* le 1 Décembre 1782.

CHAPPUIS de la Goutte, Lieut. des *Maréchaux* de France à Montbrisson.

CHAPTAL, Garde du Roi dans L. le 27 Juin 1776.

CHAPUYS de St-Romain, (Louis-Auguste, Ch. de) né à Valreas-Comtat-Venaissin, le 27 Nov. 1748, entré dans la *Marine* le 16 Mars 1766, jusqu'au 15 Juillet 1768, Vol. dans la légion de l'*Isle de France* en 1768. Vol. au rég. *Royal-Comtois* le... Juill. 1770, Sous-L. à la suite le 23 Janv. 1771, Sous-Aide-Major le 15 Juillet 1773, Aide-Maj. le 1 Juillet 1774, Cap. en sec. le 5 Juin 1776, Cap. c. le 3 Juin 1779.

CHARAVEL de l'Isle, Cap. du *Génie* à Cambrai.

CHARBŒUF de Pradel, (Jean-Louis de) né à Poitiers le 21 Avril 1741, Page d.... le 24 Juin 1754, Corn. de *Carabiniers* le 1 Oct. 1756, Lieut. le 14 Janv. 1757, Sous-Aide-Maj. de la brigade de *St-Giron* le 13 Mai 1758, rang de Cap. le 3 Mai 1760, Cap., Aide-Maj. le 3 Juill. 1763, rang de Maj. le 25 Avril 1770, Cap. com. le 20 Fév. 1774, rang de Lieut. Col. le 29 Sept. 1774, Cap. en pied le 1 Avril 1776, ✣ le 1 Juin 1775, Lieut. Col. com. d'escadron le 7 Mai 1780, Lieut. Col. de la 2e brig. le 10 Nov. 1782.

CHARBON, Garde du Roi dans V. le 20 Oct. 1766.

CHARBONNEL, Quart. M. Trés. de *Bourgogne*, inf.

CHARCELAY de la Robesdière, Sous-L. de *Maréchaussée* à Amboise.

CHARDON, Sous-L. de *Maréchaussée* à Auxerre.

CHARDON, Trompette des Gardes du Roi dans *Noailles*.

CHARDON de Roys, Lieut. des *Maréchaux* de France au Puy.

CHARDONNAYE, (Alexandre de) né à Nantes le 27 Nov. 1756, Page du Roi le... Sous-L. à la suite de l'*Isle de France* le 19 Déc. 1777, en pied le 8 Avril 1779.

CHARETIER, Quart. M. Trés. du rég. de la *Fere*, inf.

CHARLEVAL, Brig. de cav. le 26 Mars 1747.

CHARLON de St-Léger, (Jean-Joseph) né à Gueret en Marche le 17 Mars 1735, Cavalier dans St-Jal le 24 Juill. 1751, Fourr. en 1758, Maréchal de Logis en Janv. 1759, P. E. le 14 Mai 1767, Sous-L. le 1 Juill. 1770, Lieut. le 18 Oct. 1772.

CHARLUS, (le Cte. de) Maj. de la *Gendarmerie* de France.

CHARMAILLES, (Antoine-Cortois de) né à Dijon le 25 Sept. 1727, Corn. au rég. de drag. de *Monsieur* le 15 Sept. 1743, Cap. le 15 Fév. 1749, Breveté Lieut. Col. le 22 Oct. 1767, ✠ le 6 Mars 1763, Lieut. Col. le 24 Mars 1772, Brig. des armées du Roi le 1 Mars 1780.

CHARMONT, Garde du Roi dans V. le 19 Sept. 1758.

CHARNAILLES, Brig. de drag. le 1 Mars 1780.

CHARRAS ✠ (le Marquis de) Inspecteur Général de la *Maréchaussée* du Poitou, *Limosin*, *Aunis*, *Guienne*, & du *Bearn*, à Paris.

CHARRIER de Mortier, Lieut. de Roi à St-Omer.

CHARRIER de Mortier, Brig. d'inf. le 1 Mars 1780.

CHARTENET ✠, Maréc. de Logis des Gendarmes de la *Reine*.

CHASSELOUP, Sous-L. de *Maréchaussée* à la Rochelle.

CHASSELOUP, Garde du Roi dans *Noailles* le 15 Juill. 1767.

CHASSELOUP de Laubat, Aspirant du *Génie* à Brest.

CHASSEPOT, Baron de Chapelaine & d'Anglure, (Jean-François de) né à Pissy en Picardie, le 14 Janv. 1736, Mousquetaire de la Garde le 10 Avril 1751, Corn. dans *Noailles*, cav. le 1 Janv. 1757, s'est trouvé à la bataille d'Hastimbeck, où il reçut de fortes blessures. D. M.

CHASSEPOT de Pissy, fils, † le 14 Mai 1774, (Adam-Charles-Gustave de) né à Pissy le 5 Mars 1772.

CHASSEPOT de Pissy † le 29 Mai 1778, sec. fils, (Gabriel-Marie-Camille de) né à Pissy le 29 Janv. 1775.

CHASSEPOT de Pissy † le 9 Mars 1778, 3e fils, (François-Thimoléon de) né à Pissy le 9 Mars 1778.

CHASSIGNOL, Garde du Roi dans *Noailles* le 4 Mars 1778.

CHASSIGNOLES, Maj. de *Béarn*, infanterie, & ✠.

CHASSIN de Chabet, (Durand-Louis Raimond) né à Montbrisson, en Forez, en Fév. 1753, Sous-L. au rég. de *Foix* le 20 Juill. 1771, Lieut. le 18 Sept. 1777.

CHASSINCOURT de Tilly, (le Marquis de) Maréchal de Camp le 1 Mars 1780.

CHASTEIGNER, (Roch, Comte de) né au Château de Rouvre, en Poitou, le 17 Mars 1723, Mousquetaire de la 2e. compagnie le 1 Janv. 1737, Cap.

dans *Grammont*, cav., le 3 Janv. 1747, réformé le 6 Avril 1749, Maj. le 4 Juill. 1752, ✠ le 28 Juill. 1754, Cap. de *Carabiniers* le 28 Avril 1759, Aide-Maj. Gén. le 27 Avril 1764, rang de Lieut. Col. le 15 Fév. 1765, rang de Col. le 9 Avril 1767, avec une pension de 1000 liv., Lieut. Col. d'une Brig. le 20 Av. 1768, réformé le 1 Avril 1776, Lieut. Col. commandant d'escadron, le même jour, Lieut. Col. de la première Brigade, le 1 Mai 1779, Brig. des Armées le 1 Mars 1780, Col. commandant la 2e. Brig. le 7 Mai 1780.

CHASTEIGNER, (le Comte de) Brig. de cavalerie le 1 Mars 1780.

CHASTEIGNER, ✠, (le Comte de) Lieut. en pied des *Gendarmes Ecossois*.

CHASTEL de la Vallée, (Jean-Baptiste-Louis-Benoît) né à Strasbourg en 1764, Cad. Gentilh. au rég. de *Berry*, cav., en Octob. 1780.

CHASTEL, Trésorier principal des Guerres, à Lille.

CHASTELARD, (le Marq. de) Maréc. de Camp le 10 Fév. 1759.

CHASTELUX, (Henri-Georges-César, Comte de) né à Paris le 18 Oct. 1746, Mousquetaire de la Garde en 1763, Cap. com. au rég. de *Royal-Piémont*, cav. le 28 Avril 1765, Commission de Col. d'inf. aux *Grenadiers de France* le 3 Janv. 1770, Col. en sec. du régim. de *Lionnois* le 18 Mai 1772, Col. com. au rég. de *Beaujolois* le 20 Mars 1774, ✠ en 1781, Brig. des Armées le 5 Déc. 1781.

CHASTELUX, (le Marq. de) Lieut. Gén. le 5 Déc. 1781.

CHASTELUX, (le Chev. de) Maréc. de Camp le 1 Mars 1780.

CHASTENUEL, Garde du Roi dans *Noailles* le 4 Juillet 1774.

CHASTULÉ, (le Comte de) Maréc. de Camp le 5 Déc. 1781.

CHATAGNIER, (Jean-François) né à Andance, en Vivarais le 26 Sept. 1748, Soldat au régim. de *Turenne* le 1 Mars 1768, Caporal le 1 Nov. 1770, Sergent le 31 Août 1774, Fourr. le 6 Juin 1776, Quart. Me. Tr. le 21 Fév. 1779.

CHATAIGNER, Garde du Roi dans *Noailles* le 4 Mars 1756.

CHATTAIGNER, (Esprit-Edouard, Chev. de) né à Fontenay-le-Comte le 23 Sept. 1762, Cad Gentilh. au rég. de la *Reine* inf. le 3 Juin 1779, Sous-L. à la suite le 18 Décembre suivant.

CHATEAUBERT, Garde du Roi dans V. le 18 Avril 1778.

CHATEAU-BODEAU, Sous-Lieut. de *Maréchaussée* à Guéret.

CHATEAU-BRUN, (le Marquis de) Lieut. des *Maréchaux* de France à Fontainebleau.

CHATEAUGUÉ, (Jean-Louis-Charles le Moine, Ch. de) né à..., Mousquetaire de la Garde du Roi en 17....., Capit. à la suite du rég. de *Berry* caval. en Juin 1779.

CHATEAU-NEUF, Lieut. des *Maréchaux* de France à Toulon, M.

CHATEAU-NEUF, Garde du Roi dans *Noailles* le 18 Mars 1773.

CHATEAU-RENAUD, Brig. de drag. le 16 Avril 1767.

CHATEAU-THIERY de la Dépensière (Henri-Pierre-Augustin de) né à Moulin au Perche le 4 Avril 1762, Cad. Gent.lh. au régim. de la *Marine* le 4 Avril

1778, Sous-L. le 21 Juil. 1779.

CHATEAU-VIEUX, (le Ch. de) Lieuten. des *Maréchaux* de France à Bourg en Bresse.

CHATEAU-VIEUX, Lieut. des *Maréchaux* de France à Chaumont.

CHATEAU-VIEUX, Garde du Roi dans *Noailles* le 11 Décembre 1774.

CHATEIGNER, (François de la Roche-Posé de) né à Saint-Pierre en Angoumois en 1749, Mousquetaire de la Garde du Roi en 17..., Sous-L. au rég. de *Foix* le 19 Juin 1765, Lieut. le 29 Fév. 1768, Cap. le 15 Octobre 1780.

CHATEIGNER de la Chateigneray, (Charles de Sainte-Foix de) né à St-Fort en Quercy le.... Mars 1743, Sous-Aide-Maj. dans *Vermandois* le 4 Juil. 1766, Lieut. le 1 Oct. 1758, Aide-Maj. le 12 Nov. 1770, rang de Cap. le 26 Janv. 1773, Cap. en s. le 11 Juin 1776, Major dans *Orléans* inf. le 3 Juin 1779, ✠ le 24 Septembre 1781.

CHATEIGNER, ✠ Lieut. Col. de *Vermandois* inf.

CHATELARD, (Jean-Claude de Bussy de) né à Lamié en Beaujolois le 11 Oct. 1756, Sous-L. au rég. de *Savoie-Carignan* le 28 Juil. 1773, passé aux Chasseurs le 15 Juin 1779, Lieut. en second le 18 Juillet 1780.

CHATELARD, Commissaire des Guerres à Châlons en Bourgogne.

CHATELARD, (le Comte de) Lieut. des *Maréchaux* de France à Toissé.

CHATENAY, † (le Comte de) Colonel en sec. du régiment *Dauphin* cavalerie.

CHATERNET, (Jean-Baptiste-Joseph de) né à Avignon en 1751, Sous-L. au rég. de *Schomberg* drag., en Juin 1772, Cap. à la suite du rég. de *Berry* cav. en Avril 1778.

CHATIGNONVILLE, Lieut. des *Gardes Françoises*.

CHATILLON, (Pierre Mallet de) né à la Barde, paroisse St. Crépin en Périgord, le 11 Nov. 1760, Sous-L. au rég. de *Bassigny* le 15 Juin 1776, Lieut. en sec. le 30 Avril 1781.

CHATILLON, (Paul-Sigismond de Montmorency-Luxembourg, Duc de) né le 3 Septem. 1664, fut d'abord connu sous le nom de Comte de Luxu; il entra Ens. au rég. du *Roi* en 1680, fut Lieut. en 1682, Cap. le 27 Mai 1684, Col. du rég. de *Nivernois* le 7 Sept. 1684, Col. du rég. de *Provence* le 18 Oct. 1689, créé Brig. le 11 Août 1692, Col. au rég. de *Piémont* le 20 Août 1692, Duc de Chatillon en Fév. 1696, Lieut. Général du Gouvernement de Bourgogne au département de Charolois le 12 Nov. 1722; il mourut le 28 Octobre 1731.

CHATILLON, Lieut. de Roi dans la province de Guienne.

CHATILLON, (le Comte de) Lieut. des *Maréchaux* de France du départ. Daubag à Marseille ✠.

CHATILLON, Brig. d'inf. le 1 Mars 1780.

CHATTON, (Jean-René de) né à Lambal en Bretagne le 4 Oct. 1736, drag. d'*Orléans* le 7 Fév. 1756, Ens. des *Grenadiers Royaux* de Bergeret, le 28 Nov. 1757, Lieuten. du Bataillon de Laon le 14 Nov. 1758, Sous-L. des Vol. du *Hainault* le 1 Janv. 1760, Lieut. le 15 Oct. 1760, attaché au 3e rég. des *Chasseurs* le 1 Juin 1779, a fait les campagnes d'Allemagne & de Corse.

CHAVANNES, (Pierre-

Charles le Cornu de) né à.....
Gendarme d'*Artois*, en Mars
1771, Sous-L. au rég. de *Custine*
drag. en Oct. 1773, Cap. à la suite
de *Berry* caval. en Juillet 1781.

CHAVANNES, Cad. Gentilh.
au régiment de *Médoc*.

CHAUBRY, Trésorier principal des Guerres à Aix.

CHAUBRY, Trésorier principal des Guerres à Monaco.

CHAULET, Adjudant des *Gardes Suisses*.

CHAULIEU, Lieut. Général des Armées le 5 Décemb. 1781.

CHAUMONT, (Jean-Baptiste Lamoureux de) né à Chaumont la-Ville, en Lorraine, le 14 Oct. 1756, Cad. dans la Légion de *Lorraine* le 17 Juin 1773, Sous-L. le 15 Juin 1776, P. G. dans le 3e rég. des *Chasseurs*, le 8 Avril 1779.

CHAUMONT, Quart. Mᶜ Trés. du rég. de *Dauphiné* inf.

CHAUMONT, Brig. d'inf. le 1 Mars 1780.

CHAUMONTEL, Garde du Roi dans L. le 6 Avril 1772.

CHAUMONTEL, Garde du Roi dans L. le 30 Septem. 1780.

CHAUMONTEL, Garde du Roi dans L. le 1 Juillet 1770.

CHAUSSEGROS de Lery, Brig. d'inf. le 5 Décemb. 1781.

CHAUTREL, ✠ Brigad. des Gendarmes de la Reine.

CHAUVELOT, Lieut. du *Génie* à Bayonne.

CHAUVERON, (le Marquis de) Lieut. de Roi à Angoulême.

CHAUVET d'Allous, ✠ Major de *Royal-Roussillon* inf.

CHAUVIGNY, ✠ (le Comte de) Lieuten. Colonel de *Beauvoisis* infanterie.

CHAXEL, (Louis-Marc-Hilaire de) né à Sarreguemine le 4 Août 1744, Vol. dans les Chasseurs de *Berchiny* le... 1760, Lieut. des *Volontaires Etrangers de Wosmere* le... 1762, réformé le 1763, attaché au 4e. rég. des *Chasseurs* le 8 Avril 1779.

CHAZAL de Montrond, Lieutenant de Roi de la Citadelle de Perpignan.

CHAZAL, Maréc. de Camp le 1 Mars 1780.

CHAZELLE, Garde du Roi dans V. le 1 Juillet 1776.

CHAZELLES, (Jean-Baptiste-Henri de) né à Metz le 5 Août 1741, Volont. au *Corps-Royal* le... Fév. 1754, Cad. le.. 1755, réformé en 1756, Lieut. en sec. au rég. de *Berry* inf. le 27 Mai 1757, Ens. le 1 Janvier 1758, Lieuten. le 1 Mai 1758, Cap. le 31 Mars 1774, Cap. c. le 8 Avril 1779, ✠ en 1780, Capitaine com. des Gren. le 23 Avril 1782.

CHAZELLES, ✠ (le Baron de) Lieut. Col. d'*Angoumois* infanterie.

CHAZOT, (René-Antoine de) né à Argentan en Normandie, le 13 Juin 1742, Page le 1 Mars 1758, Corn. de *Carabiniers* le 27 Avril 1761, Lieut. le 25 Av. 1770, réformé le 1 Avril 1776, Lieut. en sec. le 27 Oct. 1776, Lieut. en pied le 28 Déc. 1779, rang de Capit. le 7 Mai 1780.

CHEDEL, Lieuten. de *Maréchaussée* à Sainte Menehould.

CHEDOUET, Garde du Roi dans B. le 21 Novembre 1762.

CHEFDEVILLE, Prévôt Général de *Maréchaussée* à Poitiers.

CHENIES, (Louis-Sauveur de) né à Paris le 30 Nov. 1761, Cad. Gentilh. dans *Bassigny* le 16 Nov. 1780.

CHENU, Lieut. Honoraire des *Gardes Suisses* d'Artois.

CHENU, Garde du Roi dans V. le 3 Juillet 1772.

CHERISEY, (le Marquis de) Maréc. de Camp le 16 Avril 1767.

CHERISEY ✠, (le Comte de) Gouverneur du Fort St-Jean à Marseille.

CHERISEY, (le Comte de) Exempt des Gardes du Roi dans V. le 18 Sept. 1773, Sous-L. le 1 Janv. 1776, Meſt. de Camp le 11 Juillet 1779.

CHERMONT ✠, (le Ch. de) Maj. de *Poitou*, infanterie.

CHESNEL, Commiſſaire de guerres en Amérique.

CHEVALIER, (Martial) né au bourg de Boay en 1736, Soldat dans *Rouergue* le 15 Mai 1750, Serg. le 10 Juin 1755, Fourr. le 1 Mai 1762, Quart. M. dans la légion *Corſe* le 1 Sept. 1769, Breveté en 1770, Brevet de Lieut. en 1774, réformé avec ſes appointemens, & attaché dans *Beauce* comme Lieut. Quart. M. dans le 6e rég. des *Chaſſeurs* le 8 Avril 1779; il a fait 3 campagnes en Allemagne, 3 en Corſe, où il a été fait priſonnier après avoir reçu un coup de fuſil.

CHEVALIER, Lieut. de *Maréchauſſée* à Gap.

CHEVALLIER, Garde du Roi dans V. le 11 Mai 1759.

CHEVANNE, Sous-L. de *Maréchauſſée* à St-Fargeau.

CHEVANNES, Brig. des Gardes du Roi dans V. le 11 Décembre 1781.

CHEVERY, Garde du Roi dans B. le 28 Mai 1775.

CHEVIGNÉ, (le Comte de) Brig. d'inf. le 5 Déc. 1781.

CHEVIGNÉ, Aſpirant du *Génie* au Port-Louis.

CHEVRIERES, Brig. d'inf. le 22 Janv. 1769.

CHEYSSAC, (Pierre de) né à St-Sulpice en Périgord le 12 Fév. 1739, Lieut. au rég. de la *Marine* le 6 Juin 1758, Cap. le 18 Fév. 1775, ✠ le... 17...

CHICANNEAU de Goſſey, Commiſſaire de guerres à Beziers.

CHIEZA, (François de) né à Vitry le-François le 4 Déc. 1753, Sous-L. à la ſuite des *Carabiniers* le 28 Avril 1769, en pied le 21 Mai 1771, rang de Cap. le 28 Avril 1772.

CHIEZA, Sous-L. des *Gardes Françoiſes*.

CHIMAY, (le Prince de) Brig. d'inf. le 1 Mars 1780, E. D. M.

CHIRON, (Jean) né à Grenoble le 5 Mars 1726, Cav. au rég. de *Lévi*, devenu *Royal-Normandie* le 4 Mars 1743, Brig. le 10 Sept. 1751, Fourr. le 20 Juin 1758, Maréchal de Logis le 1 Avril 1763, Fourr. le 10 Sept. 1764, P. E. le 18 Août 1772.

CHIVERNY, (le Comte de) Lieut. Gén. dans l'*Orléanois*.

CHOIGNARD, Sous-Brig. des Gardes du corps de Monſieur.

CHOISEUL Stainville, Maréchal de France, (Jacques, Comte de Stainville, aujourd'hui Comte de) né à... le... 17... a ſervi dès ſa jeuneſſe dans les troupes de l'Impératrice, Reine de Hongrie & de Bohême; & après avoir été Cap. de drag. eſt devenu Commandeur de St. Etienne de Toſcane, Chambellan de l'Empereur, Col. du rég. des *Chevaux-Légers* de Loweſtein; la diſtinction avec laquelle il a combattu dans différentes batailles, ſous le Baron de Loudon & le Maréchal de Daun, lui a mérité le grade de Général-Major en Fév. 1759, & celui de Lieut. Feld-Maréchal en Nov. suivant; il prit congé de l'Empereur & de l'Impératrice le 26 Avril 1760, & leur remit ses emplois militaires pour entrer au service de France, où il fut créé Lieut. Gén. le 18 Mai avec des lettres de service pour l'Allemagne; il couvrit avec un corps considérable la droite de la marche de l'armée sur Corback & fit l'arrière-garde le jour de l'action le 10 Juillet; détaché le 14 du même mois il alla prendre le commandement de toutes les troupes qui étoient restées du côté de Franckemberg, & de Marbourg, afin de rassurer les communications, & de resserrer les ennemis; le 25 il attaqua conjointement avec M. le Comte de Lusace les détachemens des ennemis qui se trouvoient à la droite de Cleder, & les obligea de repasser cette rivière dans le plus grand désordre, on leur fit plusieurs prisonniers; chargé de faire le siége de Ziégehaim, il en commença l'attaque le 5 Août, & prit le 10 cette place, & obligea les 750 hommes qui formoient la garnison, de se rendre prisonniers de guerre; les ennemis ayant fait marcher un corps de 6060 hommes sous Marbourg, sous les Généraux Boulaw & Fersen, il partit le 12 Sept. de Mardenhagen avec un corps de troupes pour se porter sur celui des ennemis & lui couper toute retraite; il arriva le même jour à Mardenhagen, fit 30 prisonniers d'un de leurs détachemens qui se retiroit de Marbourg à Franckemberg; il apprit alors que les ennemis n'a-voient pu se rendre maîtres du château de Marbourg, & qu'après avoir fait quelques dégats dans la ville, ils se retiroient sur Franckemberg; il se porta dès le 13, vers Radem, trouva les ennemis en bataille à une demi-lieue, fit aussi-tôt ses dispositions pour les attaquer, & les obligea d'abandonner une hauteur avantageuse dont ils étoient les maîtres, les força de se retirer par Minden; on leur prit 5 pièces de canon, on leur fit 400 prisonniers, dont plusieurs offic., & on prit tous les bagages; on dut à la célérité de cette attaque que le Prince héréditaire n'arriva pas assez tôt pour dégager le Général Bulow. Le Comte de Stainville ayant été détaché le 15 Oct., se porta par Nordhausen, Harrskerode & Quedlimbourg, jusqu'à Falsberstad, qu'il mit à contribution; il attaqua près d'Emilsben 500 hommes qui s'y étoient retranchés, les força & leur fit 150 hommes prisonniers; il rejoignit l'armée avec les otages qu'il avoit enlevés pour la sûreté des contributions, & fut ensuite commander à Gotha; il attaqua le 26 Janv. 1761, les quartiers de Kendelbruck, Abelen & Sunderhausen, occupés par des troupes Prussiennes, les enleva & s'empara de Sachsenbourg, fit 500 prisonniers, dont plusieurs Officiers & le Major Commandant des Compagnies franches; il marcha ensuite sur Cyreden, dégagea le Marquis de St-Pern, se retira sur Vacha, battit les ennemis qui attaquèrent son arrière-garde, leur prit un Etendard, & les obligea de se retirer; il se replia sur Fulde avec toute l'armée; nommé Inspecteur

Commandant des Grenadiers de France & Inspecteur Gén. de l'inf. Le 15, il commanda le corps des troupes qui couvrit l'armée, & occupa tous les postes de la Haute-Nidda; il marcha dès le 16 aux ennemis, les attaqua le 21; fit abandonner au Prince héréditaire les hauteurs de Sangercorade qu'il occupoit avec 1500 hommes; prit 15 pièces de canon, 19 drapeaux & plus de 2000 hommes, & s'établit à Granberg & à Lich où il resta jusqu'à l'entière retraite des ennemis; il revint en France, & le Roi le reçut ✠ le 16 Avril; il fut employé à l'armée du Haut-Rhin le 1 Mai, emporta le 15 Juillet le Château de Nagal, après un combat des plus vifs, & qui ne cessa qu'à cause de la nuit; il se trouva le 16 à l'affaire de Filinghausen; commandant ensuite un corps considérable de troupes, il occupa le Dymel, campa aux environs de Cassel, où les troupes qui avoient été détachées du Bas-Rhin sous les ordres du Marquis de Levis, les joignirent; les ennemis s'étant portés jusqu'à Geismar & Hohenkirchen; il marcha à eux, leur fit abandonner leur poste, repassa le Dymel, occupa le camp de Hohenkirchen & prit le commandem. de toute la Hesse pendant le séjour de l'armée au camp d'Embecke; il fit attaquer le 3 Sept. le Château de Sabbeborg par le Baron de Closen qui s'en empara & fit des dispositions si bien concertées que le Prince Ferdinand n'osa l'attaquer dans le camp retranché de Cassel, & se porta avec le corps qu'il commandoit à la droite de l'armée, dont il fit l'arrière-garde lorsqu'elle quitta le camp d'Embecke; créé Maréchal de France le 13 Juin 1783, a prêté serment le... F. D. M.

CHOISEUL, Baron d'Amboise, frère du précédent, (Etienne-François, Duc de) né à... le 28 Juin 1719, Grand Bailly & Gouverneur du pays de Vauges, en Lorraine, de Mirecourt, &c., fait Col. d'un rég. d'inf. de son nom en 1743, de celui de Navarre en 1745, Brig. des Armées en 1746, Maréc. de C. en 1748, Ambassadeur à Rome en 1753, & à Vienne en 1757, M E le 27 Mai 1757, Lieut. Gén. des Armées en 1759, Chev. des Ord. & de la Toison d'Or en 1761, Ministre & Secrétaire d'Etat au département de la Guerre en 17..., Ministre & Secrétaire d'Etat des Affaires Étrangères, serment prêté le 7 Avril 1766.

CHOISEUL Beaupré, (Claude-Antoine Cleriadus, Marquis de) né à... le 5 Oct. 1733, Guidon de la Gendarmerie en 1759, Chambellan du feu Roi de Pologne, Duc de Lorraine & de Bar, le... 17..., Col. de cav. en 1753, Lieut. Gén. des Provinces de Champagne & de Brie en 1755, Enf. des Gendarmes d'Orléans en 1757, Inspecteur Général de Cavalerie en 1764.

CHOISEUL Meuse, (François-Honoré Comte de) né le 1 Oct. 1716, Col. du rég. *Dauphin* inf., en Juin 1744, Brigad. des Armées du Roi le 6 Juin 1745, mort au camp du Roi près d'Anvers, le 31 Mai 1746.

CHOISEUL Renaud, (César-Louis, Vicomte de) né à... le 18 Janv. 1734, tenu sur les Fonds par Louis-Hubert Comte de Champagne, & de Dame Henriette-Louise de Beauvau; d'abord Corn. de cav. dans la *Roche-Foucauld*, Guidon de Gendarmerie le 20 Mars 1749, Col. de *Poitou* le... 17..., Brig. des Armées du Roi le.. 17..., Menin de Mgr. le Dauphin ; nommé en Mars 1764 pour aller complimenter de la part du Roi l'Empereur & l'Impératrice Reine & le Roi des Romains sur son Election ; nommé Ambassadeur extraordinaire à la Cour de Naples en Avril 1766, où il a résidé jusqu'en 1771.

CHOISEUL, (Louis-Marie-Gabriel-César, Marquis de) né le 6 Juin 1734, Enf. de Gendarmerie le... 17..., Maréchal de Camp le... 17., Menin de Mgr. le Dauphin.

CHOISEUL Daillecourt, (le Comte de) Colonel en sec. de *Guienne* infanterie.

CHOISEUL Gouffier, (le Marquis de) Colonel du régim. de la *Couronne* infanterie.

CHOISEUL, (le Comte Hipolyte de) Lieut en sec. des *Gendarmes Ecossois*.

CHOISY, (le Marquis de) Maréchal de Camp le 5 Décembre 1781, M. E.

CHOLET, ✠ (le Chevalier de) Lieut. Col. commandant le bat. de garnison de *Dauphiné*.

CHOLET, ✠ (le Baron de) Lieut. Col. com. le Bataillon de garnison de *Royal-Comtois*.

CHOLLET, Com. en second de la Province de Roussillon, Lieutenant de Roi à Perpignan.

CHOUMOUROUX, ✠ (le Chev. de) Maj. des *Grenadiers-Royaux* de Quercy.

CHOURSES, (N.... de) né à Beaumont-le-Vicomte, le.... 1741, Enf. au Bataillon de *Mortagne* le 1 Mai 1753, Sous-L. des Gren. le 1 Avril 1755, Lieut. le 25 Juillet 1758, Cap. dans *Perche* le 15 Août 1759, ✠ le...

Mai 1778, embarqué pour le Canada en 1755, où il a fait toutes les campagnes.

CHRETIEN, (Toussain) né à Cuts en Provence le 13 Mars 1730, Soldat dans l'*Isle-de-France* le 1 Mai 1747. Serg. le 1 Juin 1757, P. D. le 17 Juillet 1765, Sous-L. des Grenad. le 16 Juin 1773, Lieut. le 2 Mars 1773.

CICCALDI Martino, né à Bastia le 10 Octobre 1756, Sous-L. le 7 Juin 1776, Lieut. en sec. au rég. *Royal-Corse* inf., le 19 Septembre 1780.

CIRFONTAINE, ✠ (le Ch. de) Col. du rég. d'*Auxonne*, artillerie.

CITTADELLA, (GioTomaso) né à Vico en Corse le 3 Septemb. 1763, Sous-L. au rég. *Royal-Corse* le 12 Mai 1780.

CLAIRUAL, Lieut. de Roi à Saumur & Château.

CLAMOUSE, Garde du Roi dans L. le 7 Mars 1772.

CLAMOUSE, (Jean-Baptiste-François-Félix-Prosper de Floriot de Latour de) né à Mende le 25 Juin 1760, Cadet Gentilh. dans *Bassigny* le 3 Juin 1779, Sous-L. le 5 Juin 1780, D.

CLAPEYRON, Lieuten. de *Maréchaussée* à Lyon.

CLARAC (Roger Valentin Comte de) né à.... le 2 Janvier 1729, Major le 6 Mai 1765, Lieut. Col. le 19 Fév. 1766, Mest. de C. c. le rég. du *Maine* le 11 Mai 1769, Brigadier des Armées le 1 Mars 1780, ✠ le... 17... M.

CLASSUN, (Jean de) né à Balsen Gascogne le 31 Mai 1742, Lieut. au rég. de *Médoc* le 1 Sept. 1756, Sous-Aide-Maj. le 1 Fév. 1763, Cap. le 4 Août 1771, Cap. com. le 28 Av. 1778, ✠ en 1741.

CLASSUN,

CLASSUN, (Pierre, Chev. de) né à Bonny en Gascogne le 24 Fév. 1748, Vol. au rég. de *Médoc* le 28 Avril 1756, Sous-Lieut. 17 Mai 1768, Lieut. des Gren. le 9 Nov. 1772, Lieut. des Chasseurs le 4 Juin 1776.

CLAUDE, Caporal des *Cent-Suisses* de la Garde.

CLAVEL de Veyraud, ✠ Brig. des Gendarmes d'Artois.

CLAVERIE, Garde du Roi dans *Noailles* le 27 Avril 1766.

CLAVERIE, (Pierre Laforge) né à Varilles, Comté de Foix, le 18 Sept. 1738, Vol. au *Carabiniers* le 8 Mai 1755, Fourrier le 1 Mai 1758, Maréc. de Logis le... 1761, Porte Enf. le 1 Mars 1763, Sous-L. le 20 Avril 1768, rang de Lieut. le 1 Mai 1773, Lieut. en sec. le 7 Mai 1780.

CLAVERIE, Commissaire des Guerres à Lille.

CLAVIERE, (le Comte de) Lieut. des *Maréchaux* de France au Dorat, M.

CLAVIN, (Jean-Baptiste Pinière de) né à Bagnols en Languedoc le 9 Mai 1732, Corn. au rég. du *Roi* drag. le 1 Fév. 1757, Lieut. le 13 Juin 1759, Cap. au 3e rég. des *Chasseurs* le 30 Août 1782, ✠ le 5 Déc. 1781; a fait les campagnes de 57, 58, 59, 60, 61, 62 en Allemagne, détaché 3 hivers à Goringue sous les ordres du Maréchal de Veaux.

CLAUSADE, Aspirant du *Génie*, à Metz.

CLAUSEL, (Jean-Baptiste-Benoît de) né à Metz le 28 Déc. 1758, Cad. Gentilh. au régim. d'*Aquitaine* le 20 Juillet 1777, Sous-L. le 29 Mai 1778.

CLAUSSIN, ✠, Brig. des *Gendarmes Dauphins*.

CLAUZADE, Brig. des Gardes du Roi dans *Noailles* le 15 Décembre 1782.

CLEDAT, Maréchal de Log. des Gardes du Roi le 1 Avril 1781.

CLEDAT ✠, (le Ch. de) Maj. des *Grenadiers-Royaux* de Guienne.

CLEMENCEY, Lieut. du *Génie* à Metz.

CLERGUET, Lieut. de Roi au Duché de Bourgogne.

CLERMONT Tonnerre de Thoury, (le Comte Louis de) Sous-L. des Gardes du corps dans *Noailles* le 23 Déc. 1781. E. D. M.

CLERMONT Tonnerre, (le Marquis de) Maréchal de Camp le 25 Juillet 1762.

CLERMONT Montoison, (le Comte de) Brig. de cav. le 10 Février 1759.

CLERMONT Gallerande, (le Marquis de) Brig. de cav. le 1 Mars 1780.

CLINCHAMP, (Jacques-René, Ch. de) né à St Marceau près Beaumont au Maine le 14 Oct. 1733, Enseig. le 1 Avril 1755, Lieut. le 1 Nov. 1756, Lieut. au bataillon du Mans le 3 Mars 1761, Cap. le 11 Mai 1769, Cap. en sec. le 9 Juin 1776, Cap. Com. au rég. de la *Reine*, inf. le 31 Mars 1779, ✠ le... 1778.

CLINCHAMPS, Sous-L. de *Maréchaussée* à Viré.

CLOCHEVILLE, (François-Houdart Duquene de) né à Boulogne en Boulonnois, le 30 Janv. 1764, Cad. Gentil-h. dans *Royal*, cav. le 21 Nov. 1779, Sous-L. le 25 Août 1781.

CLOQUET, Cap. du *Génie* à Bapaume.

CLOSNEUF, Maj. à Wissembourg.

CLOUET, Brig. des Gardes du Roi, comp. de *Noailles* le 2 Janvier 1776.

CLOUET, (Louis) né à Souès en Picardie le 15 Juin 1729, Dragon le 15 Nov. 1743, Maréchal de Logis le 15 Nov. 1756, Porte-Guidon le 1 Mars 1763, Breveté de Lieut. le 16 Avril 1767, Lieut. le 30 Juin 1770, Lieut. en p. le 6 Juin 1776, ✠ le 6 Avril 1778, premier Lieut. du rég. le 21 Novembre 1781.

CLOYS, Brig. d'infanterie le 5 Décembre 1781.

CLOYS, Sous-L. des *Gardes Françoises*.

CLUGNY, (le Ch. de) Brig. de cavalerie le 1 Mars 1780.

CLUZEL ✠ Cap. du *Génie* à Nantes.

COATLÉS, (le Ch. de) Maj. de *Navarre*, inf. & ✠.

COEHORN ✠ * (le Baron de) Col. en sec. du rég. de *Colonel-Général*, dragons.

COETLOGON, (le Comte de) Col. de *Penthievre* en 1734, Brig. des Armées en 1742, Lieut. Gén. le 10 Mai 1748. E. M. D.

COETLOSQUET, (le Baron de) Col. en sec. du rég. *Dauphin*, infanterie. E. D. M.

CŒTURIEU, (le Ch. de) Maréchal de Camp le 16 Avril 1767.

COFFIN, Lieut. des Grenadiers-Royaux de la Picardie.

COGNAC, Garde du Roi dans *Noailles* le 8 Déc. 1765.

COHELIS, Garde du Roi dans L. le 2 Octobre 1762.

COHENDET, (Joseph) né à Serravale, près Genève le 7 Janv. 1732, Vol. dans *Vigier* le 2 Fév. 1749, Enseig. surnuméraire le 1 Mars 1761, en pied le 3 Juin 1762, Sous-L. le 16 Oct. 1763, Lieut. le 17 Fév. 1771, ✠ le 16 Décembre 1781.

COIGNE, (Michel-Christôme de) né à la Rochelle en Aunis le 11 Avril 1760; Cad. Gentilh. au rég. de *Foix* le 6 Juin 1776, Sous-L. le 1 Juill. 1776, Lieut. le 6 Juill. 1781.

COIGNY, (Marie-François-Henri de Franquetot, Duc de) né le 28 Mars 1737, fut d'abord connu sous le nom de Marquis de Coigny, eut le Gouv. de Choisy à la mort de son père le 16 Avril 1748; entra aux Mousquetaires le 4 Nov. 1752; fut pourvu de la charge de Mest. de Camp Gén. de drag. le 14 Janv. 1754, du gouvernement des villes & châteaux de Caen & du Grand Bailliage de ladite ville, sur la démission du Maréchal de Coigny, son Grand-Père, le 16 Mai 1755, devenu Duc sur la démission de son Grand-Père, le 17 Fév. 1756, Brig. le 23 Juill. suiv.; employé à l'armée d'Allemagne le 1 Mars 1757, s'est trouvé à la bataille d'Hastembeck, à la prise de Minden & d'Hanovre, à la marche vers Zell en 1757, à la bataille de Crewelt en 1758 aux affaires de Corback & de Warbourg en 1760, créé Maréc. de Camp le 20 Fév. 1761, & a servi la même année & la suivante en cette qualité, & a commandé plusieurs corps séparés, Lieut. Gén. le 1 Mars 1780, premier Ecuyer de la Maison du Roi le... 17... ✠✠. le 1 Janv. 1777.

COIGNY, (François-Casimir de Franquetot, Marquis de) né le 2 Sept. 1756, Col. en sec du rég. de *Col.-Général*, drag., le... 17... Col. en sec. de *Viennois*, inf., le... 17... premier Ecuyer du Roi en survivance de son père le 5 Juin 1783, a prêté serment le 8 du même mois.

COIGNY, (Pierre-Auguste de Franquetot de) né le 9 Sept. 1757.

COIGNY, (Augustin-Gabriel de Franquetot, Comte de) né le 23 Août 1740, Mestre de Camp du rég. de drag. de son nom le... 1763.

COIGNY, (Jean-Philippe de Franquetot, Chev. de) Guidon des *Gendarmes* Bourguignons en 1762. E. ⊠M. D.

COLBERT, (le Comte de) Lieut. de Roi en Bretagne. E. D. M.

COLIGNY, (Jean-Charles Macklot de) né à Metz le... 17... Vol. dans *Royal*, cav., le 1 Mai 1776, Cadet Gentilh. le 4 Avril 1778, Sous-L. le 24 Mars 1779.

COLIN de la Brunerie, Commissaire principal des Guerres, à Poitiers.

COLINET, (Antoine) né à Colmar le 17 Oct. 1747, Vol. dans *Reding* le... Sept. 1761, passé dans *Constans* en 1763, Fourr. le 1 Nov. 1765, Sous-L. le 24 Mars 1769.

COLLARDEAU, Brigad. des Gardes du Roi dans *Noailles* le 23 Déc. 1781.

COLLARDIN, Garde du Roi dans L. le 21 Mars 1772.

COLLASSEAU, (François-Prosper-Luc-Annibal-Amant, Ch. de) né à Thiery, en Anjou, le 18 Oct. 1739, Lieut. au rég. de *Foix* le 29 Mars 1760, Cap. le 8 Mars 1763, ⊠ le 1 Oct. 1782.

COLLASSON, ⊠, Maréc. de Log. des *Gardes* de Monsieur.

COLLET, Commissaire des Guerres, à Coutances.

COLLEVILLE, (le Ch. de) Brig. d'inf. le 1 Mars 1780. D.

COLLEVILLE, (le Ch. de) Commandant, à la Hogue.

COLLINET, (Jean-Baptist) né à Bourquemont, près Verdun, le 22 Janv. 1736, Cavalier au rég. *Danschin Etranger* le 17 Mars 1757, Maréc. de Log. le 6 Avril 1763, Fourr. le 16 Sept. 1764, P. E. le 2 Mars 1773, Quart. Me. le 25 Avril 1773, Offic. Auxiliaire le 13 Juin 1776, Sous-L. le 21 Oct. 1776, Quart. Me. Trés. au second rég. des *Chevaux-Légers* le 8 Avril 1779.

COLLINOT, Exempt & Sous-Aide-Maj. des Gardes du Roi dans *Noailles* le 12 Mars 1775, Sous-L. Porte-Etend. le 1 Janv. 1776, Mest. de C. le 1 Av. 1777, Sous-Aide Maj. le 12 Mars 1780.

COLLONGES, Brig. d'inf. le 5 Déc. 1781.

COLLOT, Commissaire Ordonnateur des Guerres, à Nancy.

COLLOT de Sircourt, ⊠, Sous-L. de *Maréchaussée*, à Nogent-le-Rotrou.

COLOGNE, Edouard Catherinot de) né à Bourges le 15 Mars 1748, Sous-L. au rég. de la *Marine* le 27 Fév. 1769, Lieut. le 18 Janv. 1775.

COLOMB, Garde du Roi dans B. le 5 Déc. 1777.

COLOMBET, Garde du Roi dans B. le 8 Avril 1761.

COLOMIÉS, Major Commandant, à St-Tropès.

COLON, (Louis-Joseph) né à Vaile, en Champagne, le 20 Juin 1742, Soldat dans le rég. de *Rouergue* le 1 Mai 1758, Serg. le 22 Sept. 1762, Fourr. incorporé dans la Légion *Corse* le 1 Nov. 1769, P. G. au 6e. régim. des *Chasseurs* le 1 Sept. 1779.

COLONGE, ⊠, Quart. Me. Trés. du rég. de *Condé*, inf.

COLONNA Bozzi, (Ugo) né

à Zigliara en Corse le 4 Mars 1762, Sous-L. au rég. *Royal-Corse* le 28 Nov. 1777.

COLONNA Cimera, (Casimo) né à Cimera en Corse le 7 Sept. 1755, Sous L. au rég. *Royal-Corse* le 28 Nov. 1777.

COLONNA d'Istria, (Lorenso) né à Sallachero en Corse le 15 Janv. 1752, Sous-L. le 23 Juillet 1770, Lieut. en p. au rég. *Royal-Corse* le 5 Avril 1775.

COLONNA Ornano, (Carlo) né à Ajacio le 20 Nov. 1756, Sous-L. le 31 Mars 1774, Lieut. en sec. au rég. *Royal-Corse*, inf., le 29 Nov. 1778.

COMBAREL de Vernege, (Jean-Baptiste-Paul de) né à Paris le 1 Avril 1760, élevé à l'Ecole Militaire, Cad. Gentilh. au rég. de *Savoie-Carignan* le 19 Avril 1776, Sous-Lieut. le 2 Juin 1777.

COMBES, Garde du Roi dans V. le 27 Juin 1769.

COMBLAT, Ens. des *Gardes Françoises*.

COMBLES, (René-Marie, Ch. de) né à Croisic, en Bretagne, en 1755, Sous-L. à la suite dans *Durfort* le 4 Mai 1771, en pied le 1 Janv. 1772, réformé à la suite le 11 Juin 1776, remplacé Sous-L. le 17 Juillet 1777, Lieut. en sec. le 2 Fév. 1781.

COMBLES, (Jean de) né à Lion le... 1765, Cad. Gentilh. d'*Orléans*, infant., le 13 Mars 1779, Sous-L. le 23 Juill. 1779.

COMEIRAS, (David Delpueck, Ch. de) né à St-Hipolyte, en Languedoc, le... Juill. 1735, Ens. au rég. *Royal-Corse* le 25 Mars 1747, Lieut. au bataillon de milice de *Montpellier* en 1749, Lieut. en sec. des *Grenad. de France* le... 1756, Aide.Maj. au rég. des Volont. de *Clermont* en 1759, Cap. le 1 Mars 1760, ✠ le 6 Janv. 1772, incorporé dans *Lorraine*, drag., le 9 Déc. 1776, repassé dans le 4ᵉ. rég. des *Chasseurs* le 26 Mai 1779.

COMEIRAS, (le Marq. de) Gouverneur de St-Hipolyte.

COMEIRAS, Garde du Roi, ✠ & Gouverneur des Pages de Madame la Comtesse d'Artois.

COMEIRE, Garde du Roi dans B. le 21 Juin 1775.

COMITI, (Rocto-Francesco) né à Serra en Corse le 29 Juillet 1742, Sous-L. P. D. au régim. *Royal-Corse* le 15 Août 1781.

COMITIS, Garde du Roi dans B. le 7 Juillet 1775.

COMMARQUE, Garde du Roi dans B. le 28 Juin 1772.

COMMINGES, ✠, Lieut. des *Maréch. de France*, à Auch.

COMMINGES, (Louis-Roger-Marie, Comte de) né à Toulouse en Août 1749, Mousquet. de la Garde du Roi en Sept. 1765, Commission de Cap. à la suite du rég. de *Berry* en Août 1772, en pied en Nov. même année, Cap. commandant en Oct. 1780.

COMMINGES, (Emerie-Royer-Augustin-Marie, Vicomte de) né à Toulouse le... 1753, Sous-L. à la suite du régim. de *Clermont* le 4 Mai 1771, en p. le 1 Juin 1772, réformé le 12 Juin 1776, remplacé le 14 Fév. 1777, passé dans le 4ᵉ. rég. des *Chasseurs* le 26 Mai 1779.

COMPAGNE, Garde du Roi dans V. le 1 Juin 1761.

COMPAGNOT, (Charles-Jean-Marie de) né à Paris le 15 Déc. 1758, Page du Duc de Penthièvre le 3 Août 1773, Sous-L. dans *Penthièvre* le 17 Avril 1777, Sous-L. en sec. le 25 Juin 1782, passé Sous-L. en p. des *Carabiniers* le 16 Nov. 1782.

COMPREIGNAC, Garde du Roi dans *Noailles* le 27 Sept. 1774.

COMPREIGNAC, Garde du Roi dans *Noailles* le 10 Juin 1770.

COMTE, Fourrier des *Gardes Suisses* de Monsieur.

CONAN, (Paul-Marie de) né à St-Clete, près Pontrieux en Bretagne le 8 Nov. 1763, Cad. Gentilh. au rég. de la *Reine*, inf. le 3 Juin 1779, Sous-Lieut. le 11 Août 1781.

CONDÉ, Brig. des *Gardes* de Monsieur.

CONDRES, Lieutenant de Roi, à Amiens.

CONFLANS, (le Marq. de) Lieut. Gén. des Armées le 5 Déc. 1781. D. E. M.

CONFLANS, (Jean le Suisse dit) né à Cousland, en Lorraine, le 22 Oct. 1728, Soldat au rég. de la *Marine* le 8 Avril 1747, P. D. le 1 Fév. 1763, Sous-L. le 13 Avril 1769, Lieuten. le 11 Juin 1776.

CONFURGUES, (Je... né à Ponchac, en Périgord le... 1730, Soldat d'*Orléans*, inf., le 29 Av. 1750, Serg. des Gren. le 18 Juill. 1762, P. D. le 16 Juin 1771, S.-L. le 16 Juin 1776, a fait les campagnes de 57 & 62, Lieut. en sec. le 12 Sept. 1779, en pied le 10 Mai 1781.

CONROS, (Louis St-Martial de) né à Aurillac le 10 Mars 1757, Cad. Gentilh. au rég. de la *Reine*, inf., le 6 Juin 1776, Sous-L. le 4 Juillet 1777, Lieut. en sec. le 10 Sept. 1780.

CONSTANT Rebecque, (le Baron de) Maréchal de Camp le 1 Mars 1780.

CONSTANT, (Jean-Baptiste) né à Lyon le 24 Juillet 1729, Sous-L. le 18 Avril 1768, Lieut. en sec. du rég. du *Maine* le 28 Nov. 1777.

CONSTANTIN, (Charles-François de) né à Villautrois, en Berry le 22 Avril 1756, Sous-L. à la suite du rég. de la *Reine*, inf., le 27 Nov. 1778, en pied le 3 Juin 1779.

CONSTANTINI, (Vincente-Maria) né à Aghitoni en Corse le 6 Fév. 1751, Lieut. le 1 Juin 1780, Quart. Mr. Trés. du rég. *Royal-Corse*, infanterie.

CONTADES, (Louis-Georges Erasme, Maréchal Marquis de) né en Oct. 1704, second Enseigne des *Gardes Françoises* le 1 Fév. 1720, premier Ens. le 2 Juillet suivant, Gouverneur de Beaufort, en Anjou, en surviv. de son père le 16 Juin 1721, Lieut. le 15 Juin 1724, Cap. le 27 Juin 1729, Col. du rég. de *Flandres*, inf., le 10 Mars 1734, se démit alors de sa compag. aux Gardes, il alla joindre son rég. à l'armée d'Italie, fut détaché le 2 Juin avec 400 hom. d'inf. dans le Château de Colorne, attaqué par 14,000 hommes, il en soutint l'attaque pendant 2 heures, & n'abandonna cette place qu'après en avoir reçu l'ordre du Marq. de Maillebois qui commandoit le camp de Salla; il fit sa retraite par des prairies coupées par des fossés pleins d'eau, les ennemis le poursuivirent sans entamer son arrière-garde; il obtint le régim. d'*Auvergne* le 15 du même mois; combattit à Parme le 29, y fut blessé; il rejoignit l'armée sur la Secchia, combattit à Guastalla le 19 Sept., fut créé Brig. le 18 Oct., & passa l'hiver à Lodi, il servit en Italie en 1736, entra en jouissance du Gouvernement de Beaufort le 2 Oct., fut employé Brig. à l'Isle de Corse le 2

Déc. 1737, il passa avec son rég. en Janv. 1738, revint en France en Janv. 1739 pour y concerter les moyens d'y réduire les rebelles de cette Isle, retourna en Corse en Avril, y fit la campagne qui décida de la soumission de tout le pays, & acheva pendant l'hiver le désarmement des peuples de la montagne, fut rappellé en 1740 à Bastia, créé Mar. de Camp le 1 Janv., repassa en France en Juin 1741, fut employé à l'armée de Westphalie le 1 Août, y passa l'hiver, suivit l'armée de Maillebois sur les frontières de Bohême en Août 1742, ensuite sur le Danube, il partit de Ratisbonne pour s'acquitter, auprès du Roi, d'une commission particulière dont le Maréchal de Maillebois l'avoit chargé, fut employé à l'armée du Rhin sous le Maréchal de Noailles le 1 Avril 1743, le joignit à Wormes, combattit à Ettingen, fut employé à l'armée de Flandres le 1 Avril 1744, servit au siége de Menin qui capitula le 4 Juin, d'Ypres qui capitula le 27, de Furnes qui se rendit le 10 Juillet, passa à l'armée du Rhin le 19, fut détaché le 29 Août pour suivre l'arriere-garde des ennemis jusqu'à Constadt, créé Inspecteur Général d'inf. le 31 Janv. 1745, se rendit en Fév. à Saarlouis pour marcher aux ordres du Comte de Lowendal avec 15 bataillons & un rég. de drag., se porta sur le Rhin, traversant Lhunstuck sur le Min & sur le Lohn, fut employé à l'armée de Flandres le 1 Avril, arriva le 1 Mai à l'ouverture de la tranchée de Tournay, fut créé Lieut. Gén. le même jour, servit cependant comme Maréc. de Camp, continua le siége de Tournay quand l'armée passa l'Escaut pour le combat de Fontenoy, Tournay capitula le 23 Mai, & sa Citadelle le 20 Juin; il servit au siége d'Ostende qui arbora le drapeau le 23 Août, de Nieuport qui battit la chamade le 5 Sept., & commanda à Bruges pendant l'hiver, se rendit à Dunkerque à la fin de l'année, ensuite à Calais pour les préparatifs d'un embarquement qui n'eut pas lieu, revint à Bruges où il trouva des ordres de conduire à Bruxelles 25 bataillons & 25 piéces de canon, arriva à la fin de Janv. 1746 devant Bruxelles, attaqua la redoute des trois troncs & fit prisonniers de guerre les troupes qui la défendoient; força, le 4 Fév., le Château de Vilvorden, dont la garnison demeura prisonnière de guerre, Bruxelles eut le même sort; le 20 il retourna à Bruges après l'expédition, fut employé à l'armée de Flandres le 1 Mai, commanda plusieurs corps séparés; il étoit à la tête de la réserve à la bataille de Raucoux le 11 Oct.; fut employé l'hiver en Bretagne le 8 du même mois, y resta jusqu'en Fév., & empêcha les Anglois de pénétrer dans la Province; il fut employé à l'armée de Flandres le 1 Avril 1747, attaqua le Fort de la Perle qui se rendit le 24 Avril, Lieskenshoeck qui se rendit le 25, ouvrit la tranchée devant le Zandeberg qui capitula le 9 Mai, Hulst ouvrit ses portes le 11, Axel le 16, il reçut ordre en Juil. de se rendre, avec une partie de ses troupes, devant Berg-Op-Zoom dans l'intention de remplacer le Comte de Lowendal s'il tomboit malade; après la prise de cette place emportée d'assaut, le Comte de Lowendal tomba malade, le

Marquis de Contades difposa tout pour le fiége des Forts Frédéric-Henri, de Lillo & de Ste-Croix, qu'après fa guérifon le Comte de Lowendal emporta le 12 Oct.; il fut employé pendant l'hiver en Flandres le 1 Nov. & le 15 Avril 1748 à la tête de 20,000 hommes; il efcorta deux convois qu'il conduifit à Berg-Op-Zoom, fe porta enfuite à Dieft fur la Demer pour couvrir les convois qu'on tiroit de Louvain pendant le fiége de Maftricht; il rentra à Bruxelles pendant l'armiftice, & y refta jufqu'à l'évacuation des Pays-Bas: la paix conclue à Aix la Chapelle; ayant été rompue, il fut employé à l'armée auxiliaire d'Allemagne le 1 Mars 1757; il y commanda la première ligne de l'infanterie, s'empara de la Heffe fans réfiftance, rejoignit l'armée qui avoit paffé le Wefer, & combattit le 25 Juillet à la bataille d'Aftembeck, fut employé à la même armée le 1 Mars 1758, combattit à Crevelt le 23 Juin, commanda en chef cette armée par pouvoir du 4 Juillet, fuivit de près l'armée Hanovrienne, lui rendit fes fubfiftances, difficiles offrit la bataille au Prince Ferdinand de Brunfwick fur les hauteurs de Cafter, l'obligea de repaffer à la droite du Rhin & fut créé *Maréchal de France* le 24 Août; il forma enfuite le projet de furprendre le camp que le Prince Holftein-Gottorp commandoit à Bork, & qui étoit compofé d'un gros corps d'inf. & de 2000 drag. ou huffards, le fit exécuter la nuit du 28 au 29 Sept. avec le corps des Grenadiers de France & des Grenad. Royaux & les força d'abandonner tous leurs poftes avec précipitation & les pourfuivit jufqu'à une demi-lieue au-delà de leur camp; on pilla le camp des ennemis, & on repaffa la Lippe. il fut fecourir le Duc de Chevreufe que les ennemis avoient attaqué le 18, & dès qu'il eut joint, il fit des difpofition qui en impoférent aux ennemis, & qui les obligèrent d'abandonner Werle & de rejoindre leur armée; il établit enfuite le quartier Général à Crevelt & revint à Paris, fut créé ⚜ le 1 Janv. 1759, prêta le ferment de Maréchal de France le 24, & fut reçu ⚜ le 2 Fév. fut nommé pour commander l'armée en Allemagne le 18, arriva à Francfort le 25 Avril. poufia les ennemis de pofte en pofte, s'empara de la Heffe, de Paderborn, de Munfien, de Minden, d'Ofnabruck, d'une partie de l'Electorat d'Hanovre, de Munfter & de fa Citadelle; il attaqua les ennemis fans fuccès le 1 Août, fe tint le refte de la campagne fur la défenfive, remit le commandement de l'armée au Duc de Broglie le 1 Nov. & revint en France.

CONTADES, (Charles-Pierre. Erafme, Ch. de) né à... le... 17... Enf. au rég. des *Gardes Françoifes* en 1709, Sous-L. le... 17..., Sous-Aide-Maj. le... 17..., Lieut. le... 1721, Col. d'un rég. d'inf. le 21 Avril 1730, Aide-Maj. Gén. de l'armée d'Italie en Oct. 1734, Maj. Gén. de l'armée en 1735, Commandeur de Saint-Louis le 1 Mai 1735.

CONTADES, (Georges-Gafpard, Marquis de) né à... le 3 Janv. 1726, fait Col. du rég. de *Berry* le 17 Fév. 1746, Brig. des Armées 10 Fév. 1759.

CONTADES, (le Chevalier de) Sous-Lieutenant des *Gen-*

darmes Dauphin. D. M. E.

CONTAMINE, Sous-L. du 3ᵉ rég. d'État-Major.

CONWAY, (le Comte de) Brig. d'inf. le 1 Mars 1780.

CONWAY, Brig. d'infanterie le 5 Déc. 1781.

COQUEBERT, Major, à Saint-Quentin.

CORBERON, Lieut. en sec. des Gardes Françoises.

CORBIER, ✠, (le Baron de) Maj. de Roy. l Lorraine, cav.

CORDAY, (Louis-Aimé-Ciprien de) né à Piers, en Normandie le 15 Sept. 1765, Page de Madame le 1 Mai 1779, Sous-L. au sec. rég. des Chevaux-Légers le 13 Août 1782.

CORDIER, Fourr. & Secrét. des Gard. Suisses de Monsieur.

CORDOZE, Major au Fort-Louis, à Strasbourg.

CORENT, (Joseph de) né à Caseleon en Gascogne, le 12 Nov. 1754, Sous-L. au rég. de Médoc le 25 Mars 1773, Lieut. en second le... 17..

CORLIEU, Garde du Roi dans B. le 1 Avril 1769.

CORMEL, Lieut. des Gren. Royaux de Picardie.

CORNEILLAN, (Jean Vicomte de) né à Villefranche en Rouergue le 6 Sept. 1712, Page du Roi en sa grande écurie le 21 Déc. 1729, Offic. dans le régim. Royal-Marine le.... 17.... passé dans celui de Gondrin inf. le.... 17... retiré le...

CORNEILLAN fils, (Paul-François de) né au Château d'Orlhonac en Rouergue le 31 Juillet 1756, Off. au rég. d'Artois cavalerie en 1779.

CORNEILLAN 2ᵉ fils, (Jean-Jacques de) né au Château de Masclac en Quercy le 31 Déc. 1761, Page du Roi en sa grande Écurie le 19 Av. 1777, Sous-L. en 3ᵉ dans Bourgogne inf. le... 1780.

CORNEILLAN, François-Joseph, Baron de) né à..., le 18 Mars 1714, Cap. dans Condé inf. le... 17... blessé à la Bataille de Parme, ✠ le... 1747, retiré du Service le... 17...

CORNEILLAN, (Joseph Chev. de) né à..., le 25 Nov. 1716, Capit. dans le régim. de Joyeuse inf. le... 17... ✠ le 27 Août 1752, M. D. E.

CORNET, Sous-L. de Maréchaussée, à Saintes.

CORNIER, (Louis-Henri de) né à Lévignac, en Guienne, le 29 Déc. 1734, Lieut. au rég. d'Anjou le 7 Juin, réformé, passé aux Mousquetaires le 15 Avril 1749, Cap. au rég. des Volontaires Étrangers de Clermont en 1758, ✠ le 29 Août 1762, rang de Major le 9 Déc. 1771, incorporé dans Penthièvre drag. le 9 Déc. 1776, passé au 4ᵉ rég. des Chasseurs le 26 Mai 1779, blessé le 25 Sept. 1759, blessé à Tziremberg le 3 Juillet 1762.

CORNIER, Garde du Roi dans Noailles le 29 Mars 1767.

CORTAUBERT, ✠ Lieut. de Maréchaussée à Mâcon.

CORTYL, Garde du Roi dans V. le 22 Décembre 1769.

COSNAC, (le Cte. de) Sous-L. des Gendarmes de la Reine.

COSSAUNE, Brig. des Gardes du Roi, le 25 Mars 1779.

COSSÉ-BRISSAC, (le Marq. de) Brig. de cav. le 5 Décembre 1781, D. E. M.

COSTA, Garde du Roi dans L. le 5 Avril 1763.

COSTE, ✠ Prévôt Général de Maréchaussée, à Montpellier.

COTNET de Raver, (Charles-Clément-Louis de) né à.... le... 17..., Élève de l'École Militaire, Cad. Gentilh. dans l'*Isle-de-France* le 6 Juin 1776, Sous-Lieut. le 2 Janv. 1778.

COTTE, (le Chev. de) Sous-Lieut. des *Gardes Françoises*.

COTTE de la Tour, Aspirant du *Génie*, à Montpellier.

COUCY, (le Comte de) Col. en sec. de *Navarre* inf., & ✠.

COUDER, (Jean-Pierre) né à Mauvesin en Gascogne, en 1731, entré au rég. de *Médoc* en 1755, Serg. le... Avril 1756, P. Drap. le 1 Fév. 1763, Lieut. le 24 Mars 1772, Quart. Mᵉ Trés. le 4 Juin 1776.

COUDRAY de Neugeville, Major à Thionville.

COUGUY, Garde du Roi dans *Noailles* le 2 Oct. 1768.

COULANGE, (Jean-Gabriel-François-Louis Contaud, Baron de) né au château de Valdemercy, en Bourgogne, le 8 Août 1728, Corn. au rég. D'*andlau* le 8 Fév. 1739, Cap. le... 1746, ✠ le... 1757, Lieut. Col. du rég. de la *Colonelle Générale* cav., le 10 Avril 1768, Brig. des Armées le 1 Mars 1780, Mest. de Camp c. le 2ᵉ rég. des *Chevaux-Légers*, le 13 Avril 1780.

COULOM, Garde du Roi dans V. le 2 Mai 1771.

COULOMB, ✠ Cap. du *Génie* à Paris.

COUPIGNY, (Philippe-Constant-Joseph de) né à Occoche en Picardie le 12 Août 1756, Sous-L. dans l'*Isle-de-France* le 13 Avril 1773, Lieut. en sec. le 8 Avril 1779, D. M. E.

COUPIGNY, (Charles-Julien-Florent, Chev. de) né à Occoche le 17 Déc. 1760, Cad. Gentilh. dans l'*Isle-de-France* le .. Sous-L. le 14 Février 1780.

COURBON, ✠ (le Marquis de) Col. en second du régiment de *Dauphiné*, infanterie.

COURCELLE, Lieuten. des *Maréchaux* de France, à Gien.

COURCELLES, (l'Abbé de) Aumônier des Gardes du Roi dans V. le 8 Février 1758.

COURCELLES, (Charles-François Baudinet de) né à Nancy le 9 Janv. 1755, Enf. au rég. Provincial de *Vesoul* le 1 Mai 1773, Sous-L. au rég. de *Savoie-Carignan* le 24 Juin 1774, Lieut. en sec. le 23 Avril 1782.

COURCENAY, (le Comte de) Lieut. de Roi à Sisteron.

COURCHAMP, (Louis-René-Mathieu d...) né à Saumur en Anjou le 5 A... 1756, Sous-Lieut. au régim. de *Médoc* le 4 Août 1771, Lieutenant en second le 4 Juin 1776.

COURCY, ✠ Major d'*Aunis*, infanterie.

COURCY, (le Marquis de) Lieutenant Général des Armées le 1 Mars 1780.

COUROLE, (Antoine) né à Sauveterre en Guienne, le 4 Av. 1734, Dragon le 29 Oct. 1751, Mar. de Logis le 13 Déc. 1765, Fourr. le 1 Avril 1768, Adjudant le 6 Juin 1776, Quart. Mᵉ Trés. le 14 Juin 1779, remis Adjud. avec rang de Lieut. en sec. le 13 Juillet 1779, Lieut. en sec. au rég. de *Monsieur* dragon, le 21 Novembre 1781.

COURREGES, Garde du Roi dans B. le 11 Septembre 1762.

COURRIVAUD, Garde du Roi dans L. le 29 Décem. 1762.

COURSON, Mar. de Logis des Gardes du Corps, comp. de *Noailles*, le 25 Mars 1777.

COURSON de Knescop, (Jean-Baptiste-Éléonore) né à Lamballe le 1 Déc. 1756, Cad. Gentilh. au rég. de *Turenne*, le 6 Juin 1776, Sous-L. le 4 Juillet

1777, Lieutenant en fec. le 30 Juillet 1782.

COURT, (Claude) né à Grasse en Provence, le 11 Juil. 1735, Soldat dans *Bassigny* le 12 Sept. 1755, Four. le 16 Mars 1763, Adjud. le 15 Juin 1776, Porte Drap. le 28 Avril 1778, Sous-Lieut. des Grenadiers le 26 Mai 1782.

COURT, Lieutenant de Roi à Salins

COURTAIS, (N......, Vicomte de) né à Doullens en Picardie, le 29 Juillet 1734, Vol. au rég. de *Conti* drag. dans la comp. de fon père, le... 1742, Corn. le 1 Août 1745, Cap. le 7 Juillet 1754, ✠ le... Déc. 1763, brevet de Major le 26 Janvier 1773, Lieut. Colonel le 24 Juin 1780.

COURTAUREL, (le Chev. de) Major à Pierre-en-Cise.

COURTEILLE, Brigadier des Armées le 1 Mars 1780.

COURTEILLE, Enf. furnuméraire des *Gardes Françoises*.

COURTEN, (le Comte de) Brigadier d'infanterie le 25 Juillet 1762, M. D.

COURTEN, (Antoine de) Brigadier d'inf. le 1 Mars 1780.

COURTEN, (Elie de) Major du rég. de *Courten*, infanterie.

COURTILLE, Garde du Roi dans L. le 14 Octobre 1780.

COURTOMER, (le Marq. de) Enf. de *Gendarmes de la Garde*.

COURVOISIE, Maréchal de Camp le 1 Mars 1780.

COURVOL, (Jean-Baptiste de) né à Lucy en Nivernois le 5 Mai 1752, Sous-L. au rég. de *Limosin* le 1 Juin 1768, Sous-Aide-Major le 21 Mai 1771, Lieut. en second le 8 Juin 1776, premier Lieut. des Chasseurs le 4 Juillet 1777, Cap. en fec. des Fusil. le 18 Juin 1780, D. M. E.

COURVOL, (Louis-Alexandre, Chev. de) né à Sanizy en Nivernois le 3 Juin 1752, Sous-Lieut. à la suite dans le rég. de *Limosin* inf. le 13 Déc. 1774, Sous-L. en p. le 21 Avril 1777, Lieut. en fec. le 18 Janv. 1781.

COUSIN, Garde du Roi dans V. le 13 Novembre 1761.

COUSTIN du Manaffau, Sous-L. des *Gardes de Monsieur*.

COUSTOU, Major à Antibes.

COUTRIER, Sous-L. de *Maréchaussée* à Troie.

CRAMANT, Garde du Roi dans L. le 4 Avril 1772.

CRANCÉ, Commissaire Ordonnateur des Guerres à Châlons.

CRAON, (le Prince de) Brig. d'inf. le 3 Janv. 1758.

CRÉANCÉ, (le Comte de) Lieut. de Roi au Duché de Bourgogne.

CRECY, ✠ (le Comte de) Lieut. Col. du 1er rég. des *Chevaux-Légers*.

CREMEAUX d'Entragues, (le Comte de) Brig. d'inf. le 5 Décembre 1781.

CRENAN, ✠ (le Chev. de) Major des *Grenadiers Royaux* de Touraine.

CRENAY, (le Comte de) Maréchal de Camp le 5 Décemb. 1781, M. D.

CRENNEVILLE, Lieut. Col. com. le Bataillon de garnison de *Dauphin*.

CRENOLLE, (le Marq. de) Maréchal de Camp le 1 Mars 1780.

CRENY, Enseigne des *Gardes Françoises*.

CRENY, Garde du Roi dans L. le 16 Février 1772.

CRENY, (Charles Ferdinand

de) né à Neufchâtel en Normandie, le 1 Janv. 1757, Sous-Lieut. au rég. de la *Marine*, le 31 Juillet 1775, Lieut. le 28 Octobre 1780.

CRENY, (Olympe-Ciprien-Alphonse, Chev. de) né à Neufchâtel le 21 Août 1759, Cadet Gentilh. au rég. de la *Marine*, le 6 Juin 1776, Sous-Lieut. le 1 Août 1777.

CRENY, (Marie-Louis de) né à Neufchâtel en Normandie, le 28 Avril 1753, Sous-L. dans *Royal*, cav., le 1 Juin 1772, Lieut. le 9 Août 1779.

CREPIN) Lieutenant de Roi à Longwy.

CREPY, ✠ Sous-L. de *Maréchaussée* à Vic.

CREQUI, (le Marquis de) Mar. de Camp le 1 Mars 1780.

CREQUY, (le Cte. de) Lieut. de Roi du Maine & du Perche.

CRESSIA, (Marie-Antoine de Latour, Comte de) né à Cressia en Franche-Comté, le 6 Juin 1749, Corn. de drag. au rég. d'*Apchon*, le 8 Juin 1757, Lieut. le 19 Mars 1761, réformé & remplacé Sous-L. au rég. de *Nicolay*, le 4 Avril 1761, Cap. Com. au rég. *Royal-Normandie* le 28 Avril 1765, Cap. en pied le 5 Mai 1772, Cap. en sec. à la nouvelle formation le 16 Juin 1776, Cap. com. le 29 Mai 1778, rang de Lieut. Col. le 24 Juin 1780, ✠ le... 17...

CRETÉ de la Neuville ✠, Lieut. de *Maréchaussée* à Caudebec.

CRETHÉ de la Barcelle, Lieut. des *Maréchaux* de France à Auxerre.

CRETIN, Cap. du *Génie* à Grenoble.

CRILLON & de Mahon, (Louis de Balbe de Bertons, Duc de). Voy. Mahon.

CRILLON, (le Ch. de) Maréchal de Camp le 1 Mars 1780.

CRILLON, (Louis-Pierre-Nolasque-Félix Balbe Bertons, Marquis de) né à Avignon en Déc. 1744, Cap. de drag. au rég. de *Septimanie* le 1 Mars 1748, réformé avec le rég. & employé avec tous les Offic. à la citadelle de Montpellier, Cap. à la suite du rég. d'*Apchon*, drag. en 1757, employé pendant toute la dernière guerre dans l'Etat Major de l'armée, Col. aux *Grenadiers de France* le 22 Mai 1767, ✠ en 1770, Col. du rég. *Provincial* de Montpellier en 1771, Col. com. de celui d'*Agénois*, formé du second & quatrième bataillon de Bearn, le 15 Mai 1776, Mest. de Camp com. au rég. d'*Aquitaine*, inf. le 11 Nov. 1776, Brig. des armées du Roi le 1 Mars 1780.

CRILLON, ✠ (le Cte. de) Col. du rég. de *Bretagne*, inf., & Brig. des Armées.

CRIMINIL, (François-Valentin le Marchier) né à Cane en Artois le 13 Mai 1755, Sous-L. dans l'*Isle de France* le 9 Sept. 1772, Lieut. en sec. le 8 Avril 1779.

CROISILLES, Garde du Roi dans L. le 27 Juin 1775.

CROISMARE, (le Comte de) Sous-L. des Gardes du Roi dans *Noailles* le 26 Déc. 1778.

CROISMARE, Sous-L. des *Gardes Françoises*.

CROISMARE, (le Marquis de) Maréchal de Camp le 1 Mai 1758.

CROISMARE, (le Comte de) Maréc. de Camp le 5 Déc. 1781.

CROISY de Montalant, (Dominique-Antoine, Marquis de) né au château de Montalant en Valois le... 17... Mousquetaire de la Garde du Roi en 1754, a fait les dernières campagnes d'Allemagne, Lieut. de Roi en la Province de Franche-Comté le 3 Mars 1763.

CROISSY, Sous-L. des *Grenadiers-Royaux* de la Picardie.

CROSIER, (Joseph) né à Santa-Vayer, canton de Fribourg, le 25 Déc. 1741, Cad. dans *Vigier* le 15 Juill. 1760, Enseig. surnuméraire le 1 Mars 1761, en pied le 3 Avril 1762, Sous-L. le 3 Juin 1762, Lieut. le 20 Juin 1767, Sous-Aide-Maj. le 12 Nov. 1768, Lieut. le 27 Nov. 1770.

CROVILLE, (Hervé-Georges de) né à Valogne, le 20 Mars 1740, Page du... le 1 Janv. 1755, Garde-Marine le 4 Mars 1753, Corn. dans la *Rochefoucault*, cav. le 4 Mars 1761, passé aux *Carabiniers* le 4 Mars 1761, Lieut. le 25 Avril 1770, réformé le 1 Avril 1776, Lieut. en sec. le 17 Mai 1777, Lieut. en pied le 1 Mai 1779, rang de Cap. le 7 Mai 1780, ✠ le 9 Avril 1781.

CROUSILLAC de Castelmore, Lieut. des *Gardes Suisses* d'Artois.

CROUZET, (N... de) né à Riom en Auvergne, le 17 Sept. 1716, Quatt. M. du rég. des *Cuirassiers* du Roi le 1 Mars 1763, chargé de l'administration le 1 Oct. 1764, commission de Lieut. le 26 Mars 1769, Lieut. Quart. M., Trés. le 21 Juin 1776, Lieut. en pied le... 1778.

CROY Solre, Prince du St. Empire, Grand-Veneur héréditaire du Comté de Hainaut,

(Emmanuel, Duc de) né le 23 Juin 1718, entré aux *Mousquetaires* le 6 Avril 1736; Col. du rég. *Royal-Roussillon*, cav. le 16 Avril 38, il le conduisit à l'armée de Westphalie, sous les ordres du Maréchal de Maillebois; en Août 41, il alla reconnoître à la fin de la campagne, les postes & les revers de l'Overyssel; se rendit à Francfort en Janv. 43, & assista sur le banc des Princes de l'Empire, à l'élection & couronnement de l'Empereur Charles VII; il passa au mois d'Août avec l'armée de Westphalie en Bohême, pénétra avec la réserve, commandée par le Comte de Saxe, jusqu'à Caden; revint en Bavière, où il se trouva à la prise de Dingelfing; marcha avec son rég. & la gendarmerie au secours de Debrannam, dont on fit lever le siége aux ennemis; il accompagna ensuite le Maréchal de Seckendorff à Bourkhausen, & alla reconnoître l'Evêché de Saltsbourg; il se trouva en 43 à la défense d'Ingelfingen, & étoit à l'arrière-garde de l'armée, lors de son retour en France en Juill.; il eut, dans la course des ennemis, sa tente percée de plusieurs balles; servant à l'armée commandée par le Maréchal de Saxe en 1744, il alla Vol. aux siéges de Menin & d'Ypres; se trouva à l'attaque de l'ouvrage couronné de cette place, & finit la campagne au camp de Courtray; il se trouva à la bataille de Fontenoi le 11 Mai 45, & fut exposé avec son rég. au canon & à la mousqueterie des ennemis, depuis 6 heures du matin jusqu'à midi, & quoique les rangs entiers fussent emportés, sa brigade ne perdit pas un pouce de terrein; il empêcha, par sa fermeté, la Redoute du bois de Bary d'être entourée, & lors de la charge générale, elle entra une des premières dans les rangs des ennemis, ce qui lui valut les témoignages les plus flatteurs de la part du Roi, qui le fit Brig. le 1 Juin suiv.; il alla servir Vol. au détachement du Comte d'Estrées à Enghyen, & de-là au siége d'Ath; il étoit dans la tranchée quand la place se rendit; il accompagna le Marquis de St. Péra dans la ville, pour régler les articles de la capitulation, & fit prendre possession de la porte; il passa l'hiver à Gand & servit au siége de Bruxelles au mois de Fév. 46, fut employé à l'armée du Roi le 1 Mai suiv.; il se trouva au siége de la citadelle d'Anvers; pendant le séjour de la cav. près de Malines, il alla Vol. au siége de Mons, & servit d'Aide de Camp au Duc d'Havrech pour ce siége & celui de St-Guilain; il rejoignit ensuite l'armée à Louvain; se trouva à l'attaque de Ramillies, à l'affaire du 7 Oct., & à la bataille de Rocoux, le 11 du même mois; il servit Vol. au siége d'Hulst en 1747, à celui du sac de Gand; entra un des premiers dans Axel & Terreneuve; joignit son rég. pour la bataille de Lawfeld, & dégagea 4 pièces de canon avec sa brig.; défit un rég. Hessois; séjourna quelques jours dans le village, & marcha ensuite au siége de Berg-Op-Zoom, où il commanda la cav.; il servit en 48 au siége de Mastricht, fut déclaré Maréchal de Camp au mois de Déc., se démit de son rég.; il fut employé en cette qualité au camp d'Aimeries en 54 & 55, & sur les côtes de Picardie le 28 Mars 56; il y commanda le camp de Calais; il eut un ordre le 7 Janv. 57 pour commander les troupes en Artois, Picardie, Calaisis & Boulonnois; il y a servi supérieurement par les précautions qu'il a prises pour la défense de ces côtes, & a fait construire en avant de la mer & près de Boulogne, la tour qui porte son nom; créé ✠ B le 1 Janv. 59; reçu le 2 Fév. Lieut. Gén. le 17 Déc. suiv.; employé à l'armée d'Allemagne le 1 Mai 1760; il a commandé plusieurs corps de troupes séparés; s'empara du pont que les ennemis avoient à Humel, & ne put le conserver, ayant été obligé de céder au nombre; employé à l'armée du Bas-Rhin le 1 Mai 1761, a obtenu le Gouv. de Condé, & a conservé le commt. des troupes dans la Picardie; Inspecteur du rég. des *Grenadiers-Royaux* de la Picardie en 1781; créé *Maréchal de France* le 13 Juin 1783, a prêté son serment le 17 du même mois. D. M. E.

CROY, (Anne-Emmanuel-Ferdinand-François, Prince de Croy & du St. Empire) né à Paris le 10 Nov. 1743, Mousquetaire de la Garde le 10 Mars 1757; il a servi cette même année d'Aide de Camp à M. son Père, rang de Cap. de cav. le 30 Nov. 1760, Mest. de Camp com. le rég. *Royal-Normandie* le 16 Août 1767, ✠ le 18 Mai 1771, Brig. des armées le 1 Mars 1780.

CROZAT, Sous-L. de *Maréchaussée* à Brives.

CROZAT, Lieut. de *Maréchaussée* à Perpignan.

CROZAT, (Joseph) né à

Perpignan en Rouſſillon le 15 Août 1754, Sous-L. au rég. Royal-Comtois le 28 Juillet 1773, Sous-Aide Maj. le 1 Juill. 1774, Lieut. en ſec. le 5 Juin 1776, premier Lieut. le 28 Fév. 1776, Cap. en ſec. le 10 Fév. 1781.

CRUBLIER, Lieut. du *Génie* aux Colonies.

CRUBLIER, de St-Cyran, Cap. du *Génie* à la Martinique.

CRUBLIER d'Opter ✠, Cap. du *Génie* dans les Colonies.

CRUSIL, Garde du Roi dans V. le 3 Oct. 1773.

CRUSSOL, (Marie-François-Emmanuel, Duc de) né à Paris en Déc. 1766, Breveté Lieut. en ſec. à la ſuite du *Corps-Royal* d'artillerie en Déc. 1773, Commiſſion de Cap. à la ſuite du rég. de la *Rochefoucault*, drag. en Oct. 1775, Meſt. de Camp en ſec. du rég. de *Berry*, cav. en Avril 1780. D. M. E.

CRUSSOL d'Amboiſe, (le Marquis de) Lieut. Général le 1 Mars 1780.

CRUSSOL, (le Baron de) Maréchal de Camp le 1 Déc. 1780.

CRUSSOL, (le Chev. de) Brig. de cav. le 1 Mars 1780.

CRUVIER, (Jean) né à Ozon en Languedoc le... 17... Sous-L. P. D. au rég. du *Maine* le 12 Juillet 1782.

CRUSEL, Garde du Roi dans *Noailles* le 20 Septembre 1759.

CRUZEL, Garde du Roi dans *Noailles* le 8 Décembre 1770.

CRYSEUIL, Fourr. de la compagnie des *Cent-Suiſſes* de la Garde.

CUDEL, Brig. des Gardes du Roi le 29 Septembre 1782.

CUGNON, (Jacques-Charles de) né à Malval en Champagne le 22 Déc. 1742, Lieut. de Milice au bataillon de *Châalons* le 18 Déc. 1759, Drag. dans les Vol. du *Hainaut* le 15 Fév. 1756, Corn. le 28 Juil. 1759, réformé le 23 Avril 1763, Gendarme le 19 Avril 1768, Sous-L. de la légion de *Lorraine*, drag. le 20 Avril 1773, paſſé dans *Orléans* en qualité de Lieut. en ſec. le 5 Déc. 1776, paſſé au 3ᵉ rég. des *Chaſſeurs* le 1 Juin 1779, ✠ le 30 Oct. 1781, a fait les campagnes de 59, 60, 61 & 62 en Allemagne.

CULON de Chambort, (Claude-Armand de) né à Bourges le... 1763, Cad. Gentilh. d'*Orléans*, inf. le 30 Mai 1780, Sous-L. le 6 Oct. 1780, des gren. le 23 Fév. 1783.

CULTURE, (Charles-Urbain Dumas de) né à Mende en Gévaudan le... Nov. 1763, Cad. Gentilh. au rég. de *Savoie-Carignan* le 5 Juin 1779, Sous-L. le 23 Avril 1782. D. E.

CULTURE, (Charles Dumas de) Cap. des gren. au rég. de *Touraine*, ✠ Cap. com. au rég. de *Savoie-Carignan*, aujourd'hui com. en ſec. à Marſal.

CUNÉO, (Antoine-Franciſco) né à Ajacio, le 25 Déc. 1758, Sous-L. au rég. *Royal-Corſe*, le 28 Novembre 1777.

CUPIS, Lieut. de *Maréchauſſée* à Abbeville.

CUREL, Garde du Roi dans V. le 14 Octobre 1768.

CUREL, (le Ch. de) Cap. du *Génie*, à Toul.

CURNIEUX, (le Baron de) Lieut. des *Maréchaux* de France à Iſſoudun.

CURSAY, (N...) né à Coignac en Saintonge le... 1756, Sous-L. à la ſuite du rég. de *Perche*, le

24 Mars 1774, en pied le 5 Oct. 1774, Lieut. en sec. le 15 Août 1779.

CURTIEUX, Garde du Roi dans *Noailles* le 6 Fév. 1771.

CUSSY ✠, Lieutenant en second des *Gardes Françoises.*

CUSTINE, (le Comte de) Maréchal de Camp le 5 Déc. 1781.

CUSTINE, (le Comte de) Gouverneur à Toulon.

D

DABON, Lieut. du *Génie* à Montdauphin.

DACHÉ, (Michel-Louis-Claude Duchesne) né à Marbeuf en Normandie, le 30 Déc. 1760, élevé à l'Ecole Militaire le 23 Sept. 1774, Sous-L. à la suite dans *Bassigny* le 6 Juin 1776, en pied le 28 Avril 1778, *Voyez* Aché, D.

DACHERY, Commissaire des Gardes du Roi dans V.

DACHON, (N....) né à Ancenis en Bretagne, le... 1764, Elève de l'Ecole Militaire, Cad. Gentilh. au rég. de *Perche* le 6 Janv. 1780, rang de Sous-L. le 20 Fév. 1780, en pied le 3 Novembre 1782.

DACIGNÉ de Bourbon, (François Agnel) né à Galesna en Provence le 10 Avril 1744, Soldat au rég. de *Savoie-Carignan* le 23 Janv. 1768, Grenad. le 6 Mars 1768, Sous-L. des Grenad. le 7 Sept. 1773, Lieut. en second le 15 Juin 1781.

D'ACLA, Garde du Roi dans V. le 2 Mai 1773.

DACQUEVILLE, Garde du Roi dans *Noailles* le 5 Av. 1775.

DADRE de la Coste, Major en survivance à Saint-Hipolyte.

DAFFLON, Garde du Roi dans V. le 7 Mai 1758.

DAFFLON, Garde du Roi dans V. le 27 Juin 1760.

DAGAR, Garde du Roi dans L. le 13 Mars 1774.

DAGARD, (Etienne-Alexandre, né à Cavaillon au Contat Venessin, le 1 Avril 1765, Sous-Lieut. au rég. d'*Aquitaine* le 6 Avril 1782.

DAGUET, d'Hieure Comm. du Château de Blam, à Dole.

D'AGUILLAC, Lieut. en sec. des *Grenadiers Royaux* de la Picardie.

DAGUISY, Garde du Roi dans L. le 28 Juin 1768.

DAGY, Ens. des Gardes Suisses d'*Artois.*

DAIGUIERES, Lieut. des *Maréchaux* de France à Saintes.

DAIME, Brigadier d'infanterie le 1 Mars 1780.

DAIME, (François-Daniel) né à Phalsbourg en Alsace, le 8 Oct. 1729, Ens. au rég. de *Saxe* inf. en Nov. 1743, Corn. au rég. *Royal-Allemand*, en Janvier 1745, Lieut. Garçon Maj. au rég. de *Dauphiné* en 1746, Cap. en sec. en Mai 1752, Aide-Maj. en Sept. 1752; a commandé le corps des Grenadiers à Prague en 1759, Major des Vol. de *Clermont* en Fév. 1760, Maj. de la Légion de *Flandres*, en Juin 1763, breveté Lieut. Col. en Mars 1765, Lieut. Col. com. le Corps de *Nassau-Siégen* en Sept. 1779, Brig. des Armées du Roi en 1780, ✠...

DAINVAL, Sous-L. des *Grenadiers Royaux* de la Picardie, D. F.

DAJOT, Maréchal de Camp le 1 Mars 1780.

DALBERT, Garde du Roi dans B. le 25 Août 1777.

DABERT, Quart. Me Trésorier des *Grenadiers Royaux* de Guienne.

DALDART, (le Baron) Mar. de Camp le 5 Décembre 1781.

DALHUIN du Pont (Carles-Antoine-Marie) né à Aire le 23 Oct. 1760, Cad. Gentilh. d'*Orléans* inf. le 4 Fév. 1778, Sous-Lieut. le 19 Janv. 1779, Lieut. en sec. le 10 Mai 1782.

DALLART, Brig. d'infanterie le 10 Mai 1748.

DALLEMANS, ✠ (le Vicomte d') Mest. de Camp en second d'*Agenois*, infanterie.

DALLONVILLE, ✠ (le Ch.) Lieut. Col. d'*Artois*, cavalerie.

DALMAS, ✠ Lieut. des *Maréchaux de France*, à Chauny.

DALONGNY, Major à Villefranche en Roussillon.

DAMALIS, Garde du Roi dans V. le 15 Mai 1768.

DAMANVILLE, Garde du Roi dans L. le 25 Août 1757.

DAMAS de Vespre de Norry, (Gilbert, Cte. de) né à... le...., entra aux *Mousquetaires* en 1690; il se trouva à la bataille de Fleurus en 1690, au siège de Mons en 1691, Cap. du *Mestre-de-Camp Général* drag. le 9 Avr. de la même année, & commanda sa comp. à l'armée d'Allemagne en 1692 & les trois années suivantes, Col. du rég. d'inf. de son nom le 23 Avril 1696; il le commanda à l'armée du Rhin la même année & la suivante; son rég. ayant été réformé le 30 Déc. 1698, il fut entretenu Col. réformé à la suite du rég. de *Navarre*, & servit en Allemagne en 1701, 1702 & 1703; il s'y trouva aux sièges de Brisack & de Landau, à la bataille de Spire la dernière année, créé Brig. le 16 Fév. 1704; employé à l'armée de la Moselle, à l'armée du Rhin sous le Maréchal de Marsin; en 1705, passa Col. réformé à la suite du rég. de *Guitteaut* le 26 Mai 1706, servit sous le Maréchal de Villars à la prise de Dudreinhem, de Lauterbourg & de Lisle du Marquisat; il fut l'année suivante à toutes les expéditions du Maréchal de Villars en Franconie & en Suabe, passa Col. réformé à la suite du rég. d'*Orléannois* le 11 Déc., continua de servir en Allemagne en 1708, & alla commander à Mons le 18 Juin 1709. Il commanda ensuite sur la Somme en 1710, 1711 & 1712, & il fut créé Maréchal de Camp le 8 Mars 1718, & mourut vers 1731, M. D. E.

DAMAS, (le Comte Charles de) Mestre de Camp en second d'*Aunis*, infanterie.

DAMAS Crux, (Etienne-Charles de†) né à Crux en Nivernois, le 10 Fév. 1754, Sous-L. au rég. de *Limosin* le 22 Février 1770, Cap. audit rég. le 5 Mai 1772, Mest. de Camp en second du régim. d'*Aquitaine* le 3 Octobre 1779.

DAMAS Crux, (le Comte de) Mar. de Camp le 1 Mars 1780.

DAMAS, (le Vicomte de) Maréc. de Camp le 5 Décembre 1781.

DAMAS Danlezy, (le Comte de) Maréchal de Camp le 1 Mars 1780.

DAMBLY, (François-Joseph Chevalier) né au Château de Chauviret en Comté le 1 Sept. 1752, Page du Roi de Pologne le... 1768, Sous-L. au rég. de *Lorraine* inf., le... 1769, Sous-Lieut. au régim. de *Bourgogne* cav. le 11 Avril 1770, Lieut. en sec.

fec. le 3 Juillet 1779. *Voyez* Ambly, M. D.

DAMBRIUNES, ✠ Quartier Mr Tréf. de *Royal-Cravates*, cavalerie.

DAMESME, Commiffaire des Guerres à Haguenau.

DAMOISEAU de Provency, ✠ (N..) né à..., Page du Prince Conti, Sous-L. au rég. de *Conti* drag. le 1 Avril 1772, Lieut. en fecond le 2 Septembre 1781.

DAMOISEAU, Maréchal de Camp le 1 Mars 1780.

DAMOISEAU fils, Lieut. du *Génie* à Marfeille.

DAMPIERRE de Milancourt, (Pierre-François) né à la Châtre en Berry le 29 Déc. 1755, Sous-Lieut. au régim. de *Foix* le 20 Juillet 1772, Lieuten. le 15 Octobre 1780.

DAMPIERRE, (le Marq. de) Maréchal de Camp le 1 Mars 1780, M. D.

DAMPIERRE, (le Marq. de) Sous-Lieut. en pied des *Gardes Françoifes*.

DAMPIERRE, Commandant du Château-Vieux à Bayonne.

DAMPIERRE, (le Comte de) Brig. de cav. le 28 Juillet 1758.

DAMPMARTIN, (Anne-Henri de) né à Uzès en Languedoc le 10 Juin 1755, Vol. dans *Limofin* infant. le 1 Mai 1770, Sous-L. le 4 Janv. 1772, Cap. au rég. *Royal* cav. le 28 Février 1778.

DANCAUME d'Houdan, (Pierre) né à Guilhemeny en Normandie le... 1764, élevé à l'Ecole Militaire, Sous-L. au rég. de *Foix* le 19 Juin 1781.

DANCOURT, ✠ Lieut. en pied des *Gardes Françoifes*.

DANDOINS, Garde du Roi dans B. le 18 Avril 1768.

DANFREVILLE de Roqui-1784.

gny, (Antoine-Nicolas Halle) né à Eturqueray en Normandie, le 23 Oct. 1753, Sous-L. au au régim. de *Médoc* le 25 Mars 1773, Lieut. en fec. le... 17...

DANGEROS, (Marc) né à Caftelgaillard en Agenois le 26 Sept. 1760, Cad. Gentilh. au rég. de la *Reine* inf. le 6 Juin 1776, Sous-L. le 17 Oct. 1777, Lieut. en fecond le 24 Aout 1781.

D'ANGLAS, (Etienne) né à Maffillargues en Languedoc, le... 1761, Cad. Gentilh. le 8 Avril 1779, Sous-L. au rég. de *Limofin* infant. le 31 Janvier 1780.

DANGOSSE, ✠ (le Marquis) Meftre de Camp comm. le rég. de *Cambrefis* inf., & Brigadier.

DANJOU, Garde du Roi dans V. le 1 Octobre 1758.

DANJOU, Garde du Roi dans L. le 21 Novembre 1769.

DANSERVILLE, Garde du Roi dans V. le 5 Février 1757.

DANSINAIS, (Jacques Galibert) né à Mont-Luçon en Bourbonnois le 21 Juin 1751, Lieut. au rég. Provicial de *Moulins* le 20 Sept. 1771, Sous-L. au régiment de *Médoc* le 17 Mai 1773.

D'ANTECOURT, Garde du Roi dans L. le 5 Avril 1765, Fourrier le 31 Décembre 1781.

DANTHECOURT, Lieut. en fec. des *Grenadiers Royaux* de la Picardie.

DANTHONAY, Lieut. de Roi à Philippeville.

DANVILLE, Major à Landrecies.

DANVILLE, (le Chev.) Com. en fecond du Château du Fort Sainte-Croix.

DANVILLE, Garde du Roi dans L. le 16 Décembre 1764.

DANVILLIER, Garde du Roi dans *Noailles* le 27 Fév. 1780.

G

DARAGONNE Dorcet, (Gabriel) né à Clermont-Ferrand en Auvergne le 10 Juin 1751, Sous-L. au rég. de *Beaujolois* le 11 Mai 1769, Lieut. en sec. le 22 Juin 1779, Lieut. en pied le 15 Juillet 1782.

DARAM, Garde du Roi dans *Noailles* le 29 Mars 1772.

DARAM, Garde du Roi dans B. le 10 Février 1766.

DARASSUS, Garde du Roi dans B. le 29 Avril 1757.

DARBALESTIER, Major à Mont-Dauphin.

DARÇON, ✠ Sous-Brigadier du *Génie* à Besançon.

DARDENNES, Garde du Roi dans B. le 11 Juin 1768.

DARDENNES, Garde du Roi dans B. le 17 Septembre 1777.

DARDIVILLIERS, Garde du Roi dans *Noailles* le 6 Juin 1779.

DARFEUILLE, Garde du Roi dans *Noailles* le 10 Oct. 1775.

DARGENTRÉ, Garde du Roi dans B. le 12 Mai 1770.

DARJAC, Garde du Roi dans *Noailles* le 26 Mars 1764.

DARJAC, Garde du Roi dans *Noailles* le 28 Mars 1767.

DARLANGES, (Claude Valence) né à Chartres le 1 Mai 1750, Page du Roi le 3 Avril 1770, Sous-L. au rég. de *Bourgogne*, cav., le 6 Juin 1773.

DARMSTADT, (S. A. S. le Landegrave de Hesse) Col. du rég. de *Hesse-Darmstadt* infant.

DARMSTADT, (le Prince Louis Frédérick de) Col. en sec. du rég. de *Hesse-Darmstadt*, infanterie.

DARNAL, Cap. du *Génie* à Schelestat.

DARNAUD, Garde du Roi dans V. le 22 Janv. 1758.

DARPENTIGNY, Garde du Roi dans *Noailles*, le 1 Novembre 1766.

DARRAN, (Michel-Louis) né à... le... 17... Sous-L. au rég. d'*Aquitaine* le 18 Sept 1781.

DARROUX, Garde du Roi dans V. le 31 Décembre 1764.

DARROUX, Garde du Roi dans V. le 29 Décembre 1779.

DARTHAUD, (François-Bernard-Marie) né à St.-Martin de Couecize, en Bourgogne, le 8 Sept. 1754, Aspirant au *Corps Royal* le... 1766, Volont. dans *Penthièvre*, caval., le 10 Juin 1772, passé dans le 4e rég. des *Chasseurs* à cheval, le 26 Mai 1779.

DARTIGUES, Garde du Roi dans V. le 1 Octobre 1762.

DARTIMONT, Garde du Roi dans V. le 13 Juillet 1757.

DARTINSET, Garde du Roi dans L. le 5 Avril 1761.

DARVIEUX, Sous-L. de *Maréchaussée*, à Nismes.

DARY Dernemont, (Alexandre-Marie, Comte) né à Gorne en Normandie, le 24 Mars 1739, Lieut. au rég. de *Condé* le 11 Déc. 1755, Cap. en 1759, réformé en 1763, Maj. au rég. de *Foix* le 19 Juin 1765, breveté Lieut. Col. le 17 Juin 1770, ✠ le 13 Octobre 1776.

DASCOURT Dageville, (Pierre-Joseph le Picart) né à Langres en Champagne le 8 Juil. 1760, élevé à l'Ecole Militaire, Cad. Gentilh. au rég. de *Médoc* le 6 Juin 1776, Sous-Lieutenant le... 1780.

DASSARGUES, (Henri-Médard) né à Andelot en Bassigny le 7 Mai 1748, Vol. au rég. de *Bourgogne* cav. le 1 Mai 1762, Maréchal de Logis le 16 Mars 1763, P. Enf. le 29 Sept. 1767, Lieut. en sec. le 1 Juin 1772.

DASTORG, Garde du Roi dans B. le 31 Janv. 1778.

DAVALET, Sous-L.-au 3e rég. d'État-Major.

DAUBIAC, Brig. des Gardes du Roi dans B., le 26 Mars 1781.

DAUBIERES, (Jean-Gabriel-Emeric de Lorraine de Gaillard) né à Bolcine au Comtat, le 11 Nov. 1744, Lieut au rég. de *Beaujolois*, le 21 Déc. 1761, Lieut. des Gren. le 3 Déc. 1778, Cap. en sec le 12 Juin 1782.

DAUBIGNY, Maréchal de Camp le 1 Mars 1780.

DAUBIGNY, Garde du Roi dans L. le 17 Décembre 1779.

DAUBIGNY, Garde du Roi dans L. le.., Mar. de Logis le 31 Décembre 1780.

DAUBONNE, Exempt des *Cent-Suisses* de la Garde, & ✠.

DAUBTERRE, Garde du Roi dans *Noailles* le 4 Sept. 1774.

DAVELON, ✠ Capit. aux *Gardes Françoises*, Brig. d'inf. le 1 Mars 1780.

DAUGER, ✠ (le Vicomte) Major du rég. de *Boufflers* drag.

DAUGIER, (N....) né à Avignon le... 1757, Cad. Gentilh. au rég. de *Perche* le 6 Juin 1776, Sous-L. le 2 Mai 1777, Lieut. en sec. le 7 Nov. 1781.

DAUGNY, ✠ Cap. aux *Gardes Françoises*, Brig. d'inf. le 5 Décembre 1781.

DAVID Sibert, (N.... de) né à Vitzgberg en Alsace, le 16 Oct. 1734, Sous-L. au rég. des *Cuirassiers du Roi* le 20 Avril 1768, Sous-Aide-Maj. le 7 Avril 1773, Sous-L. en p. le 21 Janv. 1776, Lieut. en second le 10 Septembre 1780.

DAVID, Commissaire des Guerres, à Grenoble.

DAVISART, Major à la Rochelle, D. M.

DAULNOIS, Garde du Roi dans V., le 20 Mai 1758.

DAUMALE, Garde du Roi dans L., le 24 Août 1762.

DAUN, (le Comte de) Mar. de Camp le 1 Avril 1780.

DAVOUT, ✠ Maj. de *Royal-Champagne*, cavalerie.

DAURAY, (Louis-Eugene Beuve) né à Saint-Poix en Normandie, le 22 Janvier 1758, Sous-L. à la suite dans *Royal-Pologne* cav., le 17 Août 1774, en pied le 8 Avril 1779.

DAUVARRE, Lieutenant du *Génie* à Dax.

DAUVET, (le Comte) Mar. de Camp le 1 Mars 1780.

DAUVILLIERS, (Marie-Hilaire) né à Lyon le 19 Janvier 1742, Soldat au régim. de *Turenne* le 6 Janv. 1766, Adjud: le 4 Juillet 1777, Porte Drap. le 1 Avril 1782.

DAUX, Garde du Roi dans B. le 18 Décembre 1777.

DAUXION, Garde du Roi dans B. le 21 Avril 1766.

DAUXON, Exempt de la Maréchaussée de l'Isle-de-France.

DAYMERY, (François-Thérèse-Auguste, Chev.) né à Versailles le 24 Oct. 1762, Chevau-Léger de la Garde du Roi le 4 Avril 1777, Sous Lieutenant au rég. de *Beaujolois* le 1 Avril 1779.

DAZET, Quart. Mc Trésor. de *Conti*, infanterie.

DEBAR, Garde du Roi dans L. le.., Maréchal de Logis le 20 Décembre 1782.

DEBEAUDIGNIES, Lieuten. des *Maréchaux de France*, au Quesnoy.

DEBEAUNE, Garde du Roi dans L. le 30 Septembre 1774.

DEBILLAUD, Garde du Roi dans B. le 16 Mars 1761.

G 2

DEBLANC, Garde du Roi dans B. le 10 Mai 1763.

DEBOCHE, Garde du Roi dans B. le 20 Septembre 1764.

DEBONNE, Garde du Roi dans B. le 21 Décembre 1764.

DEBRUCK, Garde du Roi dans *Noailles* le 12 Déc. 1773.

DEBUR, Garde du Roi dans B. le 24 Mars 1764.

DEBURE, Garde du Roi dans *Noailles* le 22 Mars 1755.

DECEVILLY, ✠ Brigad. des *Gendarmes* de la Reine.

DECEUIL, Lieut. des *Maréchaux* de France, à Montreuil.

DECHARLY, ✠ Prévôt Gén. de *Maréchauffée*, à Metz.

DECHAUX, Garde du Roi dans B. le 1 Septembre 1773.

DECHENU, Garde du Roi dans L. le 8 Octobre 1780.

DECLAY, Garde du Roi dans V. le 14 Octobre 1771.

DECOLLARD, Garde du Roi dans B. le 28 Octobre 1766.

DECORRE, Brig. des Gardes du Roi dans B. le 17 Mars 1782.

DECOSTES Goulard, Lieut. des *Maréchaux* de France, à Vierzon.

DECOURT, (N.... Ch. de) né à Lyon le 19 Mars 1728, Corn. dans le rég. de *Broglie* en Sept. 1744, Lieut. le 17 Décemb. 1746, réformé le 27 Mars 1749, remplacé le 28 Août 1751, Commission de Cap. le 19 Mai 1761, pensionné de 400 liv. le 26 Mars 1769, Cap. en sec. le 3 Juin 1779, Cap. com. au rég. des *Cuirassiers* du Roi le 3 Juillet 1780, ✠ le... 17...

DEDON, Brig. d'inf. le 5 Déc. 1781.

DEGRANDRY, (Alexandre Berthier) né à Châtel-Sansoy en Bourgogne le 6 Janv. 1765, Elève de l'Ecole Militaire le... 17... Cad. Gentilh. au rég. de *Turenne* le 6 Mai 1780, Sous-L. le 16 Juin 1781.

DEFAY, Sous-Lieut. de *Maréchauffée*, à Arras.

DEFERRE, Garde du Roi dans B. le 10 Juillet 1780.

DEFOS, Garde du Roi dans L. le 8 Août 1762.

DEFOSSES, Porte-Etendard des *Gardes* de Monsieur.

DEFRAINES, (Ambroise-François) né à Ervi, Election de St-Florentin en l'Isle de France, le 12 Août 1754, a commencé à servir dans la Gendarmerie le 21 Août 1770, Sous-L. au rég. de *Foix* le 21 Nov. 1774, Lieut. le 26 Octobre 1780.

DEFRANC, Garde du Roi dans V. le 18 Mai 1760.

DEFRESNOY, Garde du Roi dans L. le 30 Nov. 1766.

DEGENAY, Garde du Roi dans V. le 2 Avril 1771.

DEGRAIN, Quart. Mᵉ. Trés. de *Royal-Etranger*, cavalerie.

DEGRIGNY, père, Lieut. des *Mar. de France*, à Compiegne.

DEGRIGNY, fils, Lieut. des *Maréchaux de France*, à Compiegne.

DEHAMME, Lieut. de Roi, à Montreuil.

DEHAU, (Jacques-Hubert) né à Bergues, en Flandres, le 2 Nov. 1733, Lieut. le 14 Fév. 1757, Cap. par com. le 5 Mai 1772, Cap. en pied le 23 Août 1772, puis Cap. en sec. le 8 Juin 1776, Cap. com. au rég. de *Limosin*, inf., le 8 Av. 1779.

DÉHAUMONT, ✠, Lieut. Col. du rég. d'*Enghien*, inf.

DEJEAN, (Louis, Ch.) né à St-André de Valborgne, en Cévenes le 14 Nov. 1735, Sous-L. dans *Royal-Lorraine*, inf., le 18 Av. 1744, réformé en 1748,

Sous-L. des Gren. dans *Taluru*, inf., en Mars 1752, Lieut. le 10 Juin 1755, Cap. le 30 Sept. 1760, réformé le 20 Av. 1763, remplacé le 29 Fév. 1768, Cap. dans la *Légion Corse* après le camp de Compiegne le 1 Sept. 1769, ✠ le 2 Mai 1771, bréveté Maj. le 14 Mars 1774, Cap. dans *Belsunce*, drag., le 24 Nov. 1776, repassé au 6ᵉ rég. des *Chasseurs* le 1 Mai 1779.

DEJEAN de St-Marcel, (Jean-Bapt.-Marie) né à Luxeuil le 13 Avril 1765, S-L. au rég. de *Savoie Carignan*, le 23 Avril 1782.

DEJEAN, Cap. du *Génie* à Amiens.

DELACOUR, Cap. du *Génie* à Sarrelouis.

DELADEVESE, Sous-L. de *Maréchaussée* à Lavaur.

DELAISTRE de Champguessier, Lieut. de Roi à St-Jean-pied-de-Port.

DELALIEGUE, (le Ch. de) Lieut. des Gardes de la porte de Monsieur.

DELARD, Garde du Roi dans V. le 29 Juin 1766.

DELAUNAY, Sous-L. de *Maréchaussée* à Beaune.

DELBOSC de Méatel, (N...) né à Montsalvy en Auvergne, le 26 Nov. 1725, Corn. au rég. des *Cuirassiers* du Roi le 1 Oct. 1756, Lieut. en pied le 28 Août 1758, ✠ le... 17...

DELEAU de Viocourt, Sous-L. de *Maréchaussée*, à St-Séver.

DELECEY de Changey, ✠ Lieut. des *Maréchaux* de France à Langres.

DELETS, Garde du Roi dans B. le 27 Mai 1770.

DELHERM, Brig. des Gardes du Corps dans *Noailles* le 1 Janvier 1776.

DELHERM, Garde du Roi dans *Noailles* le 17 Sept. 1773.

DELILLE, Maréc. de Log. des Gardes du Corps, compagnie de *Noailles* le 15 Mars 1779.

DELISLE, Garde du Roi dans V. le 6 Décembre 1765.

DELISLE, Garde du Roi dans *Noailles* le 28 Juin 1767.

DELISLE, Garde du Roi dans V. le 6 Décembre 1765.

DELISLE, Garde du Roi dans V. le 28 Septembre 1778.

DELISLE, Sous-Brig. du *Génie*, avec rang de Lieut. C. à Aire.

DELISLE, Garde du Roi dans B. le 27 Avril 1770.

DELOMIEU, (le Comte de) Exempt des Gardes du Roi dans *Noailles* le 26 Déc. 1772, Sous-L. le 1 Janv. 1776, Mest. de C. le 26 Décembre 1778.

DELOMP, Garde du Roi dans *Noailles* le 31 Déc. 1765.

DELORME, Garde du Roi dans B. le 1 Avril 1778.

DELORME de la Guitonnière, Fourr. des cent Suisses de la Garde.

DELORT, (le Baron de) Maréc. de C. le 16 Avril 1767.

DELPEYROUX, (Jean-François de Bar) né à Ussel en Limosin le 10 Oct. 1750, élevé à l'Ecole Militaire le 6 Mai 1769, Lieut. le 25 Avril 1775, Lieut. en pied le 3 Juin 1779, Cap. en sec. au rég. de *Bassigny* le 18 Juin 1778.

DELPORC, Garde du Roi dans *Noailles* le 5 Avril 1773.

DELPUECH, (Pierre-Louis-André) né à Toulouse en Languedoc le 26 Août 1744, Vol. au rég. de *Clermont*, Prince le 25 Avril 1765, Sous-L. audit rég., devenu *Condé* le 21 Mai 1766, Lieut. le 12 Nov. 1768, réformé le 9 Déc. 1776, Lieut. à la suite au rég. *Royal-Com-*

tois le 9 Déc. 1779, Cap. en fec. le 2 Nov. 1778, Cap. des Grenadiers le 3 Juin 1779.

DELPUECH, (Jean-Louis-Michel) né à Chamonte en Vivarais le... Nov. 1759, Sous-L. aux Vol. de *Naffau* en Fév. 1779, Sous-L. aux Vol. de *Naffa-Sége* en Avril 1781.

DELPUECH de Beaulieu, (Jean-Louis) né à Anduze le 2 Juill. 1741, Moufquetaire le 27 Mars 1760, Cap. dans la légion de *Condé* le 21 Mai 1766, réformé le 9 Déc. 1776, Cap. à la fuite du 4e rég. des *Chaffeurs* le 8 Avril 1779.

DELPUECH, Puedemar, de Comeiras, (Philippe-César) né à St-Hipolyte le 27 Nov. 1737, Lieut. au rég. de *Navarre* le 5 Avril 1747, réformé le... 1749, Lieut. au bataillon de *Montpellier* le 25 Fév. 1750, Lieut. aux *Grenadiers de France* le 16 Mars 1757, Cap. de la légion de *Condé* le 21 Mai 1766, réformé le 9 Déc. 1776, Cap. à la fuite du 4e rég. des *Chaffeurs* le 8 Avril 1779.

DELSUPECHES, (Martin-Joseph) né à Bombé en Flandres le 11 Mai 1741, Cavalier dans *Mouttier* le 4 Mars 1759, Fourr. dans *Royal-Navarre* le... 1762, Maréc. de Log. le... 1763, Fourr. le... 1764, P. E. le 6 Sept. 1774, paffé au fec. rég. des *Chevaux-Légers* le... 1779, Sous-L. le 16 Juill. 1779.

DEMARSSA, (Jean-Joseph) né aux Truel en Rouergue, le... Oct. 1742, Cav. dans *Royal* en 1766, Sous-L. le 10 Mai 1771.

DEMBARERE, Cap. du *Génie* à Carantan.

DEMEAUX, Afpirant du *Génie* à Breft.

DEMOLIN, (Jean-Baptifte-Joseph) né à Autavefne en Artois, le... 17..., Soldat au rég. de la *Marine* le 8 Mars 1757, P. D. le 3 Juin 1779.

DEMOULIN, (François) né à Malaudry, près Carignan, en Champagne, le 3 Janv. 1736, Cavalier dans *Royal-Pologne* le 10 Avril 1760, Maréc. de Log. le 8 Oct. 1769, Adjudant le 8 Av. 1779, P. E. le 7 Oct. 1782.

DEMOUSTIER, Garde du Roi dans B. le 14 Mars 1773.

DENICOURT, Mar. de Log. des Gardes du Corps, compagnie de *Noailles* le 6 Juin 1779.

DENIS, Commiffaire des guerres à Chaumont.

DENIS de Senneville, Commiffaire des *Gendarmes* de la Garde.

DENNEVAL, Lieut. des *Maréchaux* de France à Seez.

DENOËS, Brig. des Gardes du Roi dans L. le 1 Janv. 1783.

DENOUÉ, (le Comte de) Brig. de drag. le 1 Mars 1780.

DENŒUX, Garde du Roi dans *Noailles* le 7 Mai 1755.

DENOUE, Garde du Roi dans *Noailles* le 17 Janv. 1763.

DENVAUD, Garde du Roi dans V. le 20 Novembre 1757.

DEPANSE de Mondefir, (N...) né à Mondefir en Quercy le 15 Juin 1739, Garde-Marine le 10 Avril 1758, Cap. au rég. des *Cuiraffiers du Roi* le 5 Avril 1762, réformé le 1 Mai 1763, remplacé Cap. com. en Juillet 1768, Cap. en pied le 4 Janv. 1770, ✠ le... 17...

DEPASSEBON, (le Comte de) Lieut. des *Maréchaux* de France à Marfeille.

DEPILLE Garde du Roi dans *Noailles* le 25 Avril 1773.

DEPONS, Garde du Roi dans L. le 11 Octobre 1775.

DEQUET, ✠ Adjudant de bataillon aux *Gardes Françoises*.

DERCE ✠, (N..., Ch.) né au château d'Erce en Guienne le 22 Août 1742, Page du Comte de Clermont en 1758, Sous-L. en 1760, Lieut. le 26 Mars 1761, Aide-Maj. le 16 Avril 1771, Com. de Cap. le 21 Fév. 1775, réformé en 1776, remplacé Cap. en fec. au rég. de *Conti*, drag., le 24 Juin 1780.

DEREMEAUX, (Pierre-Louis) né à Lille en Flandres le 7 Août 1728, Soldat au rég. de *Limosin*, inf. le 11 Déc. 1745, Serg. le 18 Janv. 1756, Porte-drapeau le 22 Juin 1767, Sous-L. aux gren. le 21 Déc. 1776, Lieut. en fec. le 5 Janv. 1779, Lieut. en pied le 1 Mars 1783.

DERNEMONT, Sous-L. de *Maréchauffée* à Valence.

DEROCHE, ✠ Maréchal de Log. des Gardes de Monfieur.

DERPARENX, (Joseph-Gabriel-Bernard) né à Ouche en Gafcogne le 20 Août 1729, Sous-L. au rég. de *Médoc* le 6 Août 1747, Lieut. en 1747, Cap. le 24 Mars 1769, ✠ en 1772, Cap. des grenad. le 18 Janvier 1781.

DERVAUD, Garde du Roi dans V. le 26 Janvier 1777.

DERUELLE, Maréc. de Log. des Gardes du Corps, compagnie de *Noailles* le 31 Mars 1774.

DERVIEUX, (le Ch. de) Lieut. des *Maréchaux* de France à Thiaucourt.

DESAGREVE, (Claude) né à Vernoux en Vivarais, le 21 Août 1729, Soldat au rég. de la *Marine* le 1 Mars 1751, P. D. le 24 Janv. 1764, Sous-L. le 17 Mai 1772, Cap. le 1 Août 1777.

DESAIFRES de la Bruyere, ✠ Lieut. des *Maréchaux* de France à Melun.

DESAIGNES, Lieut. de *Maréchauffée* à Bordeaux.

DESALES, Gardes du Roi dans V. le 22 Mai 1775.

DESALES, (Jean-Pierre) né à St-Salvy de Bonneval, près Alby, le 30 Avril 1736, Soldat au rég. *Royal-Comtois* le 30 Mars 1755, Serg. le 22 Avril 1753, Fourr. le 6 Déc. 1767, P. D. le 15 Juill. 1773, Sous-L. le 5 Juin 1776, Lieut. en fec. le 10 Novembre 1781.

DESANDROUINS, Brigadier d'inf. le 5 Déc. 1781.

DESANGLES, ✠ Infpecteur-Général de la *Maréchauffée* d'Auvergne, Montauban, Dauphiné, Languedoc, Provence, Rouffillon, & de la Corfe à Montauban.

DESARS, Garde du Roi dans *Noailles* le 30 Mars 1756.

DESART, (Charles-Alexandre, Ch. de) né à Ardres en Picardie, le... 1753, Vol. au rég. de *Beaujolois* en 1771, Sous-L. le 23 Avril 1774, Lieut. en fec. le 12 Juin 1781. E. D.

DESART de la Motte, Lieut. en fec. du 3e rég. d'*État-Maj.*

DESART, Sous-L. du rég. de *Chartres*, infanterie.

DESAVENNES, Lieut. de Roi dans l'*Ifle de France*.

DESAULT de St-Montan, Cap. du *Génie* à Nifmes.

DESAUTELS, Garde du Roi dans *Noailles* le 22 Mars 1770.

DESAUVERGNE, Brig. d'inf. le 1 Mars 1782.

DESBARRES, Garde du Roi dans V. le 3 Février 1767.

DESBERGES, Sous-L. de Maréchauffée à St-Brieux.

DESBERTAINS, Garde du Roi dans B. le 20 Mai 1756.

DESBIARS, Garde du Roi dans L. le 16 Juin 1764.

DESBOIS, Garde du Roi dans B. le 21 Mai 1772.

DESBOIS, Garde du Roi dans L. le 2 Octobre 1779.

DESBOIS, Garde du Roi dans L. le 4 Octobre 1778.

DESBOIS, Garde du Roi dans L. le 25 Février 1766.

DESBORDES, (N...) né à Rofai en Brie, le... 1756, Elève de l'Ecole Militaire, Sous-L. au rég. de Perche le 9 Mars 1774, Sous-L. des gren. le 18 Juin 1775, Lieut. le 10 Mars 1779, Lieut. en pied le 3 Nov. 1782.

DESBUCHAILLES, Garde du Roi dans L. le 13 Juin 1773.

DESCHABERT, (N...) né à St-Peraift en Vivarais le.... 1738, Vol. au rég. de Perche le 5 Avril 1755, Sous-L. le 1 Déc. 1756, rang de Cap. le 13 Juin 1774, fait les guerres de Canada, ✠ le... 1781.

DESCHABERT, (N...) né à St-Peraift en Vivarais le... 1757, Vol. au rég. de Perche le... 1771, Sous-L. à la fuite le 13 Fév. 1774, Lieut. en pied le 3 Novembre 1781.

DESCHABERT, (N..., Ch.) né à St-Peraift en Vivarais le... 1760, Cad. Gentilh. au rég. de Perche le 1 Juillet 1776, Sous-L. le 10 Mars 1779.

DESCHAPELLES, (N...) né à... le... 17.., Sous-L. au rég. d'Aquitaine le 18 Sept. 1781.

DESCHAMPNEUFS, Elève du Génie.

DESCHAMPS, ✠ premier Adjudant des Gardes Françoifes.

DESCHAMPS, (Pierre de la Pojade) né à la Mottemorrevel le 24 Juin 1761, Cadet Gentilh. au rég. Maréchal de Turenne le 2 Sept. 1780, Sous-L. le 26 Septembre 1781.

DESCHET, (Claude) né à Lyon le 8 Nov. 1741, Soldat au rég. Royal-Comtois le 15 Mars 1750, Serg. le 1 Mars 1760, Fourr. le 7 Sept. 1767, P. D. le 1 Juillet 1774.

DESCHOISY, (le Marquis) Lieut. de Roi en Saintonge.

DESCLAISONS, ✠ Brig. du Génie à Bayonne.

DESCONTRÉES, Garde du Roi dans B. le 22 Mars 1774.

DESCORDES, (Jean-Thomas d'Aboin, né à Cordes en Forez, le 21 Déc. 1732, Lieut. au rég. de la Marine le 20 Mars 1759, Cap. le 1 Août 1777, ✠ le... 17...

DESCOSTES de la Barge, (Jacques-Louis) né à Loify en Brie le 10 Nov. 1742, originaire de Cudrefin, Canton de Berne, Soldat dans Vigier le 5 Avril 1759, Serg. le 15 Oct. 1763, Sous-L. le 12 Août 1781, Sous-Aide-Maj. le 26 Mai 1782.

DESCOTS, Garde du Roi dans V. le 29 Mars 1760.

DESCOURTILS, ✠ Lieut. en fec. des Gardes Françoifes.

DESCOUTURES, Garde du Roi dans V. le 8 Sept. 1758.

DESCOUTURES, Garde du Roi dans V. le 3 Juillet 1779.

DESCRIMES, ✠ Prévôt Gén. de Maréchauffée à Aufch.

DESCRIVIEUX, (Joseph-Nicolas) né à Marbos en Breffe le 25 Janv. 1759, Cad. Gentilh. au rég. de la Marine le 6 Juin 1776, Sous-L. le 1 Août 1777.

DESCURTOLY, Garde du Roi dans B. le 19 Juin 1779.

DESDORIDES, ✠ (le Ch.) Lieut. des *Gardes Suisses* de Monsieur.

DESDORIDES, (le Ch.) Lieut. de Roi à St-Malo.

DESDORIDES, ✠ Lieut. en p. des *Gardes Françoises*.

DESDORIDES, Enseig. surnuméraire des *Gardes Françoises*.

DES-ECOTAIS, Chev. de Chantilly, (Louis-Joseph) né à... le 30 Mars 1717, Cad. à Metz le 1 Janv. 1729, Lieut. dans *Richelieu*, inf. le 5 Mai 1751; servit au siége de Kell en 33, & leva par Commission une compagnie dans le même rég.; il la commanda à l'attaque des lignes d'Ettingen, & au siége de Philisbourg en 1734, à l'affaire de Clausen en 1735, à la défense de Lints en Janv. 42, à la bataille d'Ettingen, où il fut blessé en 43, aux siéges de Menin, d'Ypres & de Furnes, & au camp de Courtrai en 1744, à la bataille de Fontenoi, au siége des ville & citadelle de Tournai, à l'affaire de Melle, à la prise de Gand, au siége du Château & à la prise de Bruges, aux siéges d'Ostende de Nieuport & d'Ath en 45, & obtint le 6 Oct. une Commission pour tenir rang de Col. d'inf; Col. d'un rég. de *Gren.-Royaux* le 28 Mars 1746, il le commanda aux siéges de la citadelle d'Anvers, de Namur, de ses châteaux, & à la bataille de Raucoux; il commanda le même rég. le 1 Mars 1747; se trouva à la défense d'Anvers le 1 Mai, au camp de Malines le 26 Juin, au camp de Tirlemont pendant la bataille de Lawfeld, au siége & à l'assaut de Berg-Op-Zoom; commanda le même rég. le 15 Fév. 48; il servit au siége & à la prise de Mastricht; devint Cap. des gren. dans le rég. de la *Tour Dupin*, le 1 Juin 49; commanda pendant la paix un bataillon des *Gren.-Royaux*; fut entretenu Col. réformé dans le rég. de la *Tour Dupin*, par ordre du 11 Juin 52; commanda un bataillon de *Gren.-Royaux* le 11 Janv. 55; un autre rég. de gren. le 16 Fév. 57; le conduisit à l'armée d'Allemagne; fut créé Brig. le 1 Mai 58; employé le même jour à l'armée d'Allemagne; créé Maréchal de Camp le 20 1761; employé en cette qualité à l'armée d'Allemagne le 1 Mai 62, & y a servi jusqu'à la paix, Lieut. Gén. le 1 Mars 1780.

DES-ECOTAIS, Brig. d'inf. le 5 Déc. 1781, Col. du 3e rég. d'*Etat-Major* le... 1782.

DESENDROUINS, ✠ Sous-Brig. du *Génie* aux Colonies.

DESERRE, Marquis de Gras, (N...) né au bourg de St-Andeol en Vivarais, le 20 Mai 1739, Enseig. au rég. de *Champagne*, inf en Mai 1754, Lieut. en Mai 1755, Cap. com. au rég. *Royal-Picardie*, cav. le 6 Juin 1766, Lieut. Col. des *Cuirassiers du Roi* en Juin 1782.

DESERVELUS, Lieut. de *Maréchaussée* à Evreux.

DESESGAULX de Nolet, (Jean-François-Gibert-Valere-Marie) né à Toulouse le 25 Déc. 1745, Enseig. au rég. de *Beaujolois* le 26 Janv. 1762, Lieut. le 28 Mars 1763; Lieut. en pied le 24 Mars 1769, Cap. en sec. le 29 Juillet 1782.

DES-ESSARDS, (Alexandre-Louis-Joseph, Comte) né à Abbeville en Picardie, le 6 Nov.

1743, Vol. dans *Col-Gén.*, cav. le 1 Janv. 1759, Corn. le 8 Mai 1759, Sous-L. le 8 Mai 1761, Lieut. le 21 Juill. 1769, Cap. au rég. *Royal-Navarre*, cavalerie le 9 Juin 1772.

DES-ESSARTS, (Charles-Louis-Emmanuel de Lafons, Comte) né à Desmarts en Picardie, le 7 Janv. 1741, Mousquetaire noir le 7 Janv. 1753, Corn. au rég. de *Bourgogne*, cav. le 1 Oct. 1756, Sous.L. le 1 Mars 1763, Lieut. le 26 Mars 1770, Cap. le 12 Nov. 1770, ✠ le.....

DESFONTAINES, Garde du Roi dans B. le 25 Février 1759.

DESFONTIES, (Jacques-Éléonore des Glacières) né à Paris le 20 Août 1732, Mousquetaire le 24 Juin 1753, Lieut. au rég. de *Clermont* le... 1761, Cap. de la légion de *Condé* le 20 Mai 1766, ✠ le 26 Juin 1768, réformé le 9 Déc. 1776, Cap. à la suite du 4ᵉ rég. des *Chasseurs* le 8 Avril 1779.

DESFORGES, (le Ch.) Lieut. des *Maréchaux* de France à Soissons.

DESFOSSÉS de Fransart, Lieut. des *Maréchaux* de France à Péronne.

DESGAUDIERES, Lieut. de Roi à Cambrai.

DESGAUDIERES, Enf. des *Gardes Françoises*.

DESGRANGES de Lambert, (Charles-Robert-Nicolas) né à St-Domingue le 6 Déc. 1754, Sous-L. au rég. Maréchal de *Turenne* le 17 Avril 1774, Capitaine à la suite le 3 Juin 1779.

DESGRIGNY, Sous-L. en sec. des *Gardes Françoises*.

DESGUERS, Brig. d'inf. le 1 Mars 1780.

DESGUERS, Commissaire des guerres à Montélimar.

DESGUICHARDS, Garde du Roi dans *Noailles* le 31 Mai 1756.

DESGUILLON, Garde du Roi dans B. le 28 Oct. 1775.

DESHAUTSCHAMPS, ✠ Maj. du *Génie* aux Colonies.

DESHAYES de Côme, (Louis-Marie-Jean) né au chât. de Beaurepos le 11 Nov. 1757, Page du Roi le 1 Juill. 1772, Sous-L. au rég. de *Bourgogne*, cav. le 1 Juillet 1775.

DESHAYES, (Jean-Baptiste Havre) né au Fort St-Pierre à la Martinique en 1745, Sous-L. au rég. de *Foix* le 18 Oct. 1765, Lieut. le 5 Avril 1771, Capitaine le 6 Juillet 1781.

DEHOURS, (Chev.) Major com. au Fort Peccais.

DES-ISNARS, (Gabriel-Joseph-Martial) né à Carpentras le 12 Oct. 1766, Page de Madame d'Artois en 1779, Sous-L. au rég. *Royal-Normandie* le 22 Août 1781.

DESLOGES, Garde du Roi dans B. le 17 Octobre 1772.

DESLOGES, Sous-L. de *Maréchaussée* à Limoges.

DESMAISONS, Garde du Roi dans B. le 4 Décemb. 1778.

DESMARETS de Paly, Mar. de Camp le 1 Mars 1780.

DESMATTY, Garde du Roi dans *Noailles* le 12 Décembre 1774.

DESMAZIERES, Sous-L. de *Maréchaussée*, à Laval.

DESMÉE, Enf. des *Gardes Suisses* d'Artois.

DESMIERS, Garde du Roi dans *Noailles* le 14 Mars 1769.

DESMOULINS, Major à Bitche.

DESMOUTIS, Brig. des Gardes du Roi dans L. le 1 Janvier 1776.

DESNAULLIERES, (Etienne-François le Moine) né à Nantes le 7 Oct. 1762, Cad. Gentilh. au rég. Royal-Navarre cav., le 19 Avril 1779, Sous-L. le 7 Juillet 1781.

DESNOÉS, (Gabriel Chev.) né à Guingamp en Bretagne, le... Juin 1727, Lieut. le 20 Janvier 1747, Capit. le 11 Mai 1769, Cap. en sec. le 7 Juin 1776, Cap. c. le 31 Mars 1779, Cap. des Gren. au rég. de la Reine inf. le 10 Septembre 1780, ✠ le 14 Avril 1772.

DESNOS, Brig. d'infant. le 5 Décembre 1781.

DESNOS, ✠ (le Comte) Col. du rég. Provincial d'Artillerie de la Fere, Brigadier.

DESNOYERS Duplessis, ✠ Brigadier des Gendarmes de Monsieur.

DESNOYERS, ✠ Brig. des Gendarmes Dauphins.

DESNOYERS, Commiss. des Guerres des Gardes de Monsieur.

DESOLME Duchambon, (Esprit-Marie-Joseph) né à Chillac en Vivarais, le... 1760, Cadet Gentilh. au régim. de Savoie-Carignan, le 4 Avril 1778, Sous-L. le 3 Juillet 1779.

DESPALLIERES, Garde du Roi dans V. le 2 Octobre 1756.

DESPERRIERES, (Gabriel Pechiné) né à Langres le 15 Déc. 1739, Lieut. dans la Tour-du-Pin inf., le 14 Juin 1757, Cap. dans Royal-Pologne cav., le 19 Mars 1760, ✠ le 9 Août 1781.

DESPERIERE, Garde du Roi dans L. le 1 Décembre 1759.

DESPERIES, Garde du Roi dans V. le 28 Juillet 1772.

DESPEYRAC, Garde du Roi dans V. le 31 Décembre 1771.

DESPICTIERES, (Pierre-Louis Tachereau) né à la Carte, en Touraine, en 1766, Cadet Gentilh. dans Bassigny, le 30 Avril 1781.

DESPINEL, (Ignace, Chev.) né à Carignan en Luxembourg, le 13 Avril 1756, Sous-L. au rég. de la Reine inf. le 29 Juillet 1774, Lieut. en sec. le 15 Janv. 1779, en pied le 18 Janv. 1781.

DESPINET, (Ignace Chev.) né à Carignan en Luxembourg, le 13 Avril 1756, Sous-L. au rég. de la Reine inf., le 2 Juil. 1773, Lieut. en sec. le 27 Nov. 1778, Lieut. en pied le 10 Sept. 1780.

DESPIENNES, Sous-L. en p. des Gardes Françoises.

DESPIÉS, Commissaire des Guerres à Bayeux.

DESPLAS, (le Comte) second Lieut. des Gardes de Monsieur.

DESPLAS, Garde du Roi dans Noailles le 8 Septembre 1775.

DESPLAS, (Jean Annibal) né à Cahors en Quercy, le 25 Oct. 1752, Vol. dans la Légion Corse en 1770, Offic. à la suite le 3 Mars 1774, idem, dans Bourgogne infant. le 24 Nov. 1776, idem, dans le 6e reg. des Chasseurs à cheval, le 1 Mai 1779, en pied le 1 Septembre 1779.

DESPORTES de Pardaillan, ✠ Brig. du Génie à Givet.

DESPRÉE, (Gilles-Robert) né à Planquerie en Normandie, le 25 Juin 1738, Soldat dans le rég. de la Reine inf, le 17 Fév. 1756, Sergent le 1 Juin 1765, Fourr. le 11 Oct. 1767, Sergent Major le 9 Juin 1776, P. Drap. le 23 Décembre 1779.

DESPRES, (Jean-Nicolas) né à Amance en Comté le 24 Avril 1734, Vol. dans Marcieu le 8 Avril 1755, Mar. de Logis le 1 Juillet 1755, Lieut. dans Royal-

Pologne cav., le 29 Mars 1759.

DESPRES de Leschelles, Cap. du *Génie*, à Cayenne.

DESPRETS, (Victor-Albert-Marie) né à Aslon en Hainault, le 23 Oct. 1745, Dragon au rég. d'*Orléans* le... 1764, *Gendarme de la Garde* le... 1767, Cap. à la suite des Troupes légères le 12 Déc. 1772, attaché au 4ᵉ rég. des *Chasseurs* le 8 Avril 1779.

DESPRETS de Sailly, Lieut. du *Génie* à Brest.

DESPREZ, ✠ Sous-Brigad. des *Gardes* d'Artois.

DESPY, Lieut. des *Maréchaux* France, à Bordeaux.

DESRAVIERS, Garde du Roi dans *Noailles* le 4 Mars 1756.

DESREAUX, Lieut. en sec. des *Gardes Françoises*.

DESRENAUDIES, (le Baron) Lieut. des *Maréchaux* de France à Guéret.

DESROBERT, ✠ Major du *Génie* à Sarrelouis.

DESROBERT, (François) né à Sierk dans les Évêchés, le 2 Fév. 1756, Sous-L. au rég. de *Foix* le 20 Juillet 1772, Lieut. le 7 Novembre 1778.

DESROCHES de Chassay, (Charles) né à Lisignac en Limosin, le 4 Juil. 1765, Sous-L. au régim. de *Foix*, le 19 Juin 1782.

DESROCHES, ✠ Lieut. Col. du rég. de *Hesse-d'Armstadt*.

DESROCHES, Garde du Roi dans L. le 31 Mai 1764.

DESROLANDS, Brig. de cav. le 10 Mai 1748.

DESROTOURS, Garde du Roi dans V. le 4 Octob. 1762.

DESROYES, (Louis) né au Pui-en-Velay le... 1753, Sous-L. d'*Orléans* inf. le 16 Juin 1776, Lieut. en sec. le 23 Juil. 1779, en pied le 10 Mai 1782.

DESROYS, ✠ Major du *Génie*, à l'Isle-de-France.

DESSALLES, Garde du Roi dans *Noailles* le 2 Janv. 1779.

DESSALLES, (le Marquis) Brig. le... 1745, Mar. de Camp le 10 Mai 1748, Lieut. Général le 17 Décembre 1759.

DESSAUX, (le Chevalier) Sous-L. du rég. de *Ségur* drag.

DESSOFFY de Cresneck, (le Comte) Maréchal de Camp le 1 Mars 1780.

DESTAULLE, (Jean-Baptiste-Gabriel) né à Estaulle en Bourgogne, le 27 Janv. 1733, Vol. au rég. de *Belsunce* le 24 Mai 1752, Enseig. au rég. de *Beaujolois* le 11 Mai 1756, Lieut. le 30 Oct. 1758, Sous-Aide-Major le 28 Mars 1763, Cap. le 11 Mai 1769, Aide-Maj. le 1 Juil. 1774, Cap. c. le 11 Juin 1776, ✠ en 1779.

DESTIBAIRE, Mar. de Logis des Gardes du Corps, comp. de *Noailles*, le 21 Juin 1781.

DESTIENNE, Garde du Roi dans *Noailles* le 16 Mars 1773.

DESTOURRES, (Gaspard-Hubert Magdelon Desguisières) né à Marseille le 4 Janv. 1743, Enf. au rég. de *Turenne* le 20 Juin 1761, Sous-L. le 26 Janv. 1773, Lieut. le 6 Août 1767, Cap. en sec le 21 Fév. 1779.

DESVALÉE, Garde du Roi dans *Noailles* le 31 Mars 1756.

DESVIGNE, Garde du Roi dans B. le 23 Août 1772.

DESULMES de Montifaut, (Charles) né au Château de Torcy en Bourgogne, le 9 Juin 1742, Soldat au rég. de *Bassigny* le 15 Avril 1765, Serg. le 15 Sept. 1766, P. Drap. le 27 Mai 1774, Quart. Mᵉ Trés. le 15 Juin 1776, Cap. en second le 25 Novembre 1782.

DÉSULMES, (Amable-Charles) né à Moulins en Bourbonnois le 5 Mars 1745, Sous-L. au rég. de *Limosin* le 10 Nov. 1772, Lieut. en sec. le 1 Juillet 1779, Lieut. en p. des Gren. le 30 Avril 1782.

DESUTTES, Garde du Roi dans *Noailles* le 30 Sept. 1766.

DESUTTES, Garde du Roi dans *Noailles* le 5 Juill. 1770.

DESUTTES, Garde du Roi dans *Noailles* le 2 Janv. 1779.

DESUTTES, Garde du Roi dans *Noailles* le 31 Déc. 1779.

DETHAIS, Garde du Roi dans V. le 31 Mars 1766.

DETREY, (Pierre) né à Brurey, en Franche-Comté, le... Drag. dans *Archor* le 26 Avril 1761, Maréc. de Log. le 15 Juin 1766, Fourr. le 11 Juin 1772, Maréc. de Log. en chef le 11 Juin 1776, P. G. dans *Durfort*, drag., le 2 Fév. 1781.

DÉVENOS, Garde du Roi dans V. le 8 Avril 1773.

DEVEU, Quart. Mr. Trés. du 5e. rég. des *Chevaux-Légers*.

DEVIGIER, Garde du Roi dans B. le 11 Mars 1761.

DEVIGIER, Garde du Roi dans B. le 29 Mars 1775.

DEULNEAU, Lieut. de Maréchaussée, à Verdun.

DEVOYONS, (Antoine-Auguste) né à Limoges le 6 Mars 1746 *Gendarme* de la Garde le 10 Sept. 1766, Sous-L. au rég. de *Bassigny* le 9 Mai 1767, Lieut. le 5 Mai 1772, Lieut. en premier le 28 Avril 1778, Cap. en sec. le 15 Août 1779, Cap. en s. des Chasseurs le 30 Av. 1781.

DEUX-PONTS, ✠, (B. P. Guillaume de) Col. du rég. de *Deux-Ponts*, dragon.

DEUX-PONTS, (le Cte. de) Col. du rég. de son nom.

DEUX-PONTS, (le Duc de) Col. propriétaire du rég. de son nom.

DEXMIER du Roch, Lieut. des *Maréchaux de France*, à Civray.

DEYDIER de Pierre-Feu, Lieut. des *Maréchaux de France*, à Toulon.

DEYMINY, Garde du Roi dans B. le 2 Juin 1772.

DHERBRÉE, Garde du Roi dans B. le 1 Oct. 1768.

DHYON, (Théodore-Joseph-François) né à Valenciennes le 4 Juillet 1750, Sous-L. le 29 Fév. 1768 Lieut. le 7 Avril 1773, Cap. en sec. du rég. du *Maine* le 18 Janv. 1785.

DIANCOURT, (Jean-Baptiste Vaultier de) né à Paris le 20 Nov. 1752, Vol. au rég. *Royal-Normandie* le 1 Mai 1767, Sous-L. le 11 Mai 1769.

DIENI, (George David) né à Mont-Belliard le 15 Oct. 1768, Bourgeois & originaire de Goumoens près Basle, Sous-L. dans *Vigier* le 15 Oct. 1782.

DIESBACH, ✠ (le Cte. Jean de) Lieut. en p. des *Gardes Suisses*.

DIESBACH, Lieut. en sec. des Gren. du rég. des *Gardes Suisses*.

DIESBACH Belle-Roche, (le Comte de) Lieut. Général le 1 Mars 1780.

DIESBACH, ✠*, (le Baron de) Cap. Commandant des *Gardes Suisses*, & Brigadier d'inf. le 1 Mars 1780.

DIESBACH Belle-Roche, (le Comte de) Maj. du régim. de son nom.

DIETTEMAN, ✠, Sous-Aide-Major & Fourrier de la *Gendarmerie* de France.

DIEUPART de Feneloue,

Sous-Lieut. de *Maréchauffée*, à Rennes.

DIGOINE des Palais, (Louis-François, Chev.) né à Mont-Dragon, en Provence, le 24 Juin 1759, Cad. Gentilh. dans l'*Isle-de-France* le 13 Mai 1780, Sous-L. le 16 Sept. 1780.

DIGOINE, Maj. à Dourlens.

DIJON, Garde du Roi dans *Noailles* le 27 Sept. 1779.

DILLON, ✠, (le Ch. de) Meft. de C. du rég. de son nom.

DILLON, ✠, (Barthelemy de) Lieut. Col. du rég. de son nom.

DILLON, (le Comte de) Brig. d'inf. le 1 Mars 1780.

DILLON, (le Cte. Edouard de) Col. de *Blaisois*, inf. & ✠.

DIMBLEVAL, Garde du Roi dans L. le 30 Septembre 1776.

DIMBLEVAL, Garde du Roi dans L. le 28 Septembre 1780.

DIMBLEVAL, Sous-L. de *Maréchauffée*, à Mirande.

DIMMONVIL, (N... Comte) né à..., le... 17..., Sous-L. en troisième dans le régiment d'*Aquitaine*.

DIMONVILLE, (Pierre-François-Nicolas Lecomte) né à Orval en Normandie, le 8 Octob. 1732, Lieut. le 15 Janv. 1756, Cap. en p. du rég. du *Maine*, le 12 Nov. 1768 ; ✠ le... 17...

DINETY, (Ponce) né au Puy-Lévêque en Quercy, en Mai 1749, *Gendarme* de la Garde du Roi, en Juin 1768, Vol. au rég. de *Berry* cav., en Sept. 1770, Sous-L. en Juin 1772, Lieut. en second, en Mai 1780.

DIRAI, Garde du Roi dans V. le 21 Décembre 1758.

DISPAN de St.-Florent, Li des *Maréchaux* de France, a Saint-Gaudens.

DISSE, (le Chev.) Lieut. du Roi, au Fort Saint-Sauveur.

DISIGNY, Garde du Roi dans L. le 2 Octobre 1775.

DIVONNE, (le Comte) Maréchal de Camp le 5 Déc. 1781.

DOILLIAMSON, (Thomé-Gabriel-François, Vicomte) né au Château de Coulibœuf en Normandie, le.... Oct. 1740, Com. dans *Montcalm* le 1 Fév. 1757, Cap. le 13 Avril 1759, réformé le 2 Fév. 1762, Aide-de-Camp du Maréc. Deftrées en 1762, Cap. c. des *Carabiniers* le 25 Avril 1770, Cap. en pied le 1 Avril 1776, rang de Maj. le 28 Février 1778, ✠ le 13 Juin 1779, Lieut. Col. com. d'escadron le 7 Mai 1780.

DOISANNE, (Charles) né à Issoudun en Berry le 10 Décemb. 1760, Cad. Gentilh. dans *Lanan* le 4 Avril 1778, Sous-L. à la suite le 28 Nov. 1778, Sous-L. en troisième le 22 Mai 1781.

DOIZON, Commissaire des Guerres à l'Orient.

DOLCE, ✠ Lieut. en p. des *Gardes Françoises*.

DOLFUS, (Jean) né à Mutshouffen le 23 Sept. 1750, Cadet dans *Vigier* inf., le 7 Oct. 1770, Sous-L. le 1 Juin 1773, Lieut. le 26 Mai 1781.

DOLLONNE, (Pierre-Gabriel-François, Comte) né au Château de la Pape, en Bresse, le 24 Juillet 1757, Vol. dans la Légion de *Lorraine*, le 10 Juin 1772, Sous-L. à la suite le 9 Nov. 1772, Sous-L. de la comp. des Chass. du rég. de *Chartres*, le 5 Déc. 1776, Cap. à la suite de *Barrois* inf. le 28 Fév. 1778, passé au 3e rég. des *Chasseurs* le 8 Avril 1779 ; a fait les campagnes d'Amérique en 1780 & 81, en qualité d'Aide-de-Camp de M. de Vioménil dans l'armée de

Rochambeau, & celle de 1782 & 83, en qualité de Sous-Aide-Maréchal Général de Logis de ladite armée.

DOLOMIEU, † (Artus, Louis-Marie, Cheval. de) né à Dolomieu en Dauphiné le 29 Juill. 1751, Sous-L. au rég de l'*Isle de France* le 25 Aout 1769, Sous-Aide-Maj. audit rég. le 9 Nov. 1772, Cap. de drag. au rég. de *Monsieur* le 17 Mai 1773, Cap. en f. le 7 Juin 1776.

DOMERGUE, ✠ Brig. des *Gendarmes* de Monsieur.

DOMÉZON, Garde du Roi dans B. le 27 Avril 1766.

DOMILIERS de Ville-Savoie, ✠ Commissaire principal des guerres à Soissons.

DONEY, ✠ Brig. des Gardes d'Artois, compagnie de Crussol.

DONJEU, ✠ Lieut. de Maréchaussée à Epinal.

DONIQUE, Trés. principal des guerres à Montauban.

DONISSAN, (le Marquis de) Maréchal de Camp le 5 Décembre 1781.

DONNEZAN, (Pierre-Reynier de) né à la Ruscade en Bragués, le 13 Mars 1737, Vol. dans les *Volontaires Etrangers* d'Austrasie en 1758, & y a fait la campagne de 59, Corn. en 60, Lieut. dans la légion de *Hainaut* en 1763, Cap. en 71, ✠ en 72, réformé en 76, attaché à la suite du 5ᵉ rég. des *Chasseurs* en 79; a fait la campagne de 60, & a eu un cheval tué sous lui; il fut chargé par M. de Boisselerau de porter des ordres au Maréchal de Broglie, & à M. de Stainville en 1761; & pour s'acquitter de cette commission, il fut obligé de percer les escadrons des ennemis.

avec 4 drag. seulement, & fit avec succès. En 1761 éta sous les ordres du Comte Caraman, il fit l'avant-garde, chargea à la tête de 30 drag. piquet des ennemis, le pou & en prit 20; il y eut un cl val tué sous lui, & reçut 7 cou de sabre, 2 coups de bayonette dans l'estomac, & fut f prisonnier de guerre; il a fait campagne de Corse sous M. Viomenil; fut détaché avec Général en Pologne en 177 & y fut fait prisonnier de guer

DONNEZAN, (le Com de) Maréchal de Camp le Avril 1780.

DONS-EN-BRAY, Enseig des *Gardes Françoises*.

DORAT, Garde du Roi d. L. le 3 Septembre 1766.

DORAT, Garde du Roi d. L. le 1 Octobre 1768.

DORAT, Garde du Roi d. V. le 3 Juillet 1781.

DORCIVAL, Garde du dans V. le 1 Juillet 1780.

DORDAIGNE, † (Bern Ch.) né à Cazideroque en A nois le 21 Fév. 1754, Sous le 5 Mai 1772, Lieut. au du *Maine* le 8 Avril 1779.

DORÉ Desantes, ✠ B des *Gendarmes* de la Reine

DOREIL, Commissaire guerres à Perpignan.

DOREY, ✠ Brig. des G darmes de la Reine.

DORIA, ✠ Major du G à Huningue.

DORIAL, Brig. des Ga du Roi dans B. le 12 Mars 17

DORIEULT de Cressonvi (Jos.-Louis, Ch.) né à Pont demer en Normandie, le 9 O 1756, Sous-L. le... 1775, Li en sec. du rég. du *Maine* le Décembre 1780.

DORIGNY, Commissaire des guerres à Plat-Pays.

DORIVAL de Creil, Sous-L. au 3e rég. d'État-Major.

DORLY, Commissaire des guerres dans l'Isle de Corse.

DORMAIS, Brig. d'infant. le 5 Décembre 1781.

DORMECHVILLE, ✶ Lieut. Col. du sec. rég. des Chasseurs.

DORMY, Baron de Vesvres Lieut. des Maréchaux de France à Bourbon-Lancy.

DORNANS de Sevilly, Lieut. des Maréchaux de France à Alençon.

DORNIER, (Jean-Claude) né au château de Dampierre en Comté le 3 Août 1755, Sous-L. au rég. de Bourgogne, cav. le 25 Décembre 1779.

DORRIC, Garde du Roi dans B. le 10 Juin 1772.

DORTAN, ✶ (le Vicomte de) Lieut. Col. du rég. de la Reine, cavalerie.

DORVILLE, Garde du Roi dans L. le 8 Novembre 1778.

DORVILLE, Garde du Roi dans L. le 31 Mars 1769.

DOSNER, ✶ Maj. de Royal-Suédois, infanterie.

DOSTALIS, Maréc. de Camp le 5 Décembre 1781.

DOSTEIN, (Pierre) né à Marcellus en Guienne le 25 Nov. 1745, Vol. dans le rég. de Clermont-Prince le 13 Janv. 1762, Maréc. de Log. le 20 Nov. 1765, P. E. le 24 Janv. 1771, Sous-L. le 1 Juin 1772, Aide-Maj. le 12 Août suivant, réformé & passé Sous-L. le 12 Juin 1776, Sous-L. au 4e rég. des Chasseurs le 26 Mai 1779, Lieut. en second le... 1780.

DOUARD de Fresne, Lieut. de Maréchaussée à Châtillon en Berry.

DOUBLAT, Sous-L. de Maréchaussée à Neufchâtel.

DOUMAT, Maj. à Briançon.

DOUZON, (le Comte de) Brig. de drag. le 1 Mars 1780.

DOYER, Sous-L. de Maréchaussée à Blois.

DOZÉ, ✶ Maj. de Brie, infanterie.

DRAST, (Gio-Battista, Baron de) né à Ajaccio le 12 Fév. 1765, Sous-L. au rég. Royal-Corse le 12 Avril 1781.

DREYMULLER, Timballier des Gardes du Roi dans Noailles.

DROLENVAUX, Commissaire des guerres dans l'Isle de Corse.

DROUART, de Ste-Marie, Lieut. du Génie à Lille.

DROUART de Lézey, Maj. à Gravelines.

DROUART de Lézey, Cap. en sec. du rég. de Poitou, infanterie.

DROUEL, Garde du Roi dans V. le 7 Mars 1767.

DROUET, (Jean-Baptiste-Marie de Montgermont) né à St-Meun en Bretagne le 7 Sept. 1758, Cad. Gentilh. dans l'Isle de France le 6 Juin 1776, Sous-L. le 8 Avril 1779.

DROUET, ✶ Maj. de Beauvoisis, infanterie.

DROUIN, (Dominique) né à Desling, Prévôté de Sarrebourg le 5 Fév. 1734, Soldat dans Vigier le 1 Mars 1751, Enseig. surnuméraire le 1 Mars 1761, en pied le 22 Oct. 1761, Quart. M. le 1 Mai 1768, rang de Lieut. le 27 Mars 1774, ✶ le 29 Juillet 1781.

DROULLIN, Garde du Roi dans L. le 2 Oct. 1776.

DRUCOURT, (Michel Jean-Baptiste de Beauchenry de) né à Drucourt en Normandie le

11 Mai 1758, Cad. Gentil-h. le 6 Juin 1776, Sous-L. le 20 Mars 1778, Lieut. en sec. le 18 Septembre 1781.

DRUMOND de Melfort, (le Comte de) Lieut. Gén. le 1 Mars 1780.

DUBALAY, (Pierre-Nicolas Besem de) né à Metz le 1 Mai 1746, Enseig. au rég. de la *Marine* le 7 Sept. 1758, Lieut. le 10 Déc. 1760, Cap. le 23 Fév. 1769, ✠ le .. 17...

DUBARD de Ternan, Aspirant du *Génie* à Thionville.

DUBARRY, (Jean-François-Germain) né à Savenés en Languedoc le 30 Sept. 1733, Lieut. au rég. de la *Marine* le 1 Mars 1756, Cap. le 27 Mars 1761, ✠ le... 17...

DUBEDAT, Garde du Roi dans L. le 14 Mai 1763.

DUBELAY, (Pierre-Victor-Julien) né à Talissat en Auvergne le 15 Août 1743, Enf. au rég. Maréchal de *Turenne* le 10 Fév. 1759, Lieut. le 17 Janv. 1760, Cap. le 9 Juin 1776.

DUBLAISEL, (le Bar.) Brig. le... 1747 Mar. de C. le 10 Fév. 1755, Lieut. Gén. le 25 Juillet 1762.

DUBLAISEL, (le Baron) Brig. d'inf. le 1 Mars 1780.

DUBLAISEL, (le Marquis) Brig. de cav. le 5 Déc. 1781.

DUBLAISEL de Laclaye, Maj. com. la Tour d'Embleteufe à Boulogne.

DUBLAISEL, Lieut. de Roi à Boulogne.

DUBLANC, (N...) né à Bordeaux le... 1739, Lieut. le 25 Mai 1756, Cap. au rég. de *Perche* le 31 Mars 1774, ✠ le... 1780, blessé à la bataille de Berghem & au siège de Dillembourg.

DUBLANC, Garde du Roi dans L. le 9 Janvier 1768.

DUBOCAGE, Garde du Roi dans B. le 11 Octobre 1774.

DUBOIS, Garde du Roi dans L. 1 Octobre 1758.

DUBOIS, Garde du Roi dans B. le 10 Septembre 1764.

DUBOIS, (Antoine) né à Damblain en Lorraine le 8 Oct. 1732, Serg. dans les *Colonies* en 1749, *idem* dans le rég. de la *Reine*, inf. le 26 Déc. 1760, Fourr. le 17 Sept. 1764, P. D. le 28 Août 1775, Sous-L. des grenadiers le 11 Août 1781.

DUBOIS, Garde du Roi dans *Noailles* le 6 Décembre 1763.

DUBOIS de Crance, Cap. du *Génie* aux Colonies.

DUBOIS Berenger, ✠ Sous-Aide-Major des *Gardes Françoises*.

DUBOIS Berenger, Lieut. des *Maréchaux* de France à Laval.

DUBOIS de la Ville, (Jacques-Antoine Pomponne) né à Granville en Normandie le 1 Mai 1762, Cad. Gentilh. dans *Bassigny* le 28 Avril 1778, Sous-L. le 1 Janvier 1780.

DUBOIS de Routy, ✠ Commissaire des guerres à Bourges.

DUBOIS, Martin Secrétaire du Gouvernement de Bourgogne à Besançon.

DUBOSC, Maj. du Château-neuf de Bayonne.

DUBOSC, Ch. de Vitermont, ✠ Major des *Cuirassiers* du Roi.

DUBOSC, (le Ch.) Lieut. de Roi à la citadelle de Lille.

DUBOUCHAGE, (le Ch.) Cap. du *Génie* à Montpellier.

DUBOUQUET, ✠ Major de *Boulonnois*, infanterie.

DUBOURG, ✠ (le Comte) Lieut. des *Maréchaux* de France à Crémieu. E. D. M.

DUBOURG, ✠ Lieut. Col. de *Lyonnois*, infanterie.

DUBOURG, ✠ (Charles-Pierre, Baron) né à... le... 17... Lieut. Col. de..., com. au Cap Tiburon.

DUBOURG, fils, (Charles-Jean-Louis-Henri, Vicomte) né au Château de Sauffens en Languedoc le... 17..., Page du Cte. d'Artois le... Septembre 1783.

DUBOURG, ✠ (le Ch.) Cap. du *Génie* à Brest.

DUBOUSQUET, Cap. du *Génie* à Montpellier.

DUBOUZET de la Manjoye, (François, Ch.) né à Beve en Gascogne le 15 Sept. 1742, Enseig. au rég. de *Talaru* le 6 Juin 1752, Lieut. le 21 Juin 1759, Sous-L. de *Royal-Roussillon* le 14 Janv. 1767, Aide-Maj. le 12 Oct. 1772, réformé le 26 Mars 1776, remplacé Cap. en sec. le 9 Mai 1772, Maj. du 4e rég. des *Chasseurs* le 8 Avril 1779, fait les campagne d'Hanovre de 1761 & 62, ✠ le 29 Août 1781.

DUBOYS, Brig. d'inf. le 1 Mars 1780.

DUBOYS, Major com. à Colmar.

DUBREUIL, Garde du Roi dans B. le 3 Avril 1780.

DUBREUIL Hélion Descombes, (Simon-Georges-Hiacinthe) né au St-Esprit en 1744, Enseig. dans *Orléans*, inf. le 18 Sept. 1760, Lieut. le 5 Avril 1762, Sous-L. le 1 Mars 1763, Lieut. le 21 Mai 1768, Cap. en sec. le 8 Avril 1779, a fait les campagnes de 60 & 62, ✠ le....

DUBREUIL, (François-Jérôme Cherriere) né à Clermont en Auvergne le... Avril 1761, Cad. Gentilh. au rég. de la *Reine*, inf. le 27 Nov. 1778, Sous-L. le 3 Juin 1779.

DUBREUIL, (Claude-Louis-Marie-Bernard) né à Bourg en Bresse le 15 Janv. 1764, Cad. Gentilh. au rég. de la *Marine* le 1 Nov. 1778, Sous-L. le 14 Août 1779.

DUBREUIL, (N...) né au Breuil en Normandie le... 1737, Lieut. au rég. de *Perche* le 15 Déc. 1756, Cap. le 17 Avril 1774, ✠ le... 1781.

DUBUAT, ✠ Sous-B. du *Génie* à Condé.

DUBUAT, Cap. du *Génie* à St-Malo.

DUBUISSON, ✠ (le Comte) Maj. du rég. du Roi, drag.

DUBUISSON, (François) né à Douai, en 1746, Soldat au rég. de *Bassigny* le 17 Mars 1764, Serg. le 1 Oct. 1768, Serg.-Maj. le 15 Juin 1776, Adjudant le 28 Juin 1778.

DUBUISSON, Secrétaire du rég. des *Gardes Françoises*.

DUCAILAR de Bardon, (Nicolas) né à Mande en Gévaudan, le 11 Mai 1726, Lieut. en sec. au rég. de *Bassigny* le 4 Fév. 1745, Lieut. le 30 Mars 1745, Cap. le 1 Juill. 1747, ✠ en 1763, Cap. des gren. le 1 Juill. 1774, Cap. des *Chasseurs* le 15 Juin 1776, Lieut. Col. le 28 Février 1778.

DUCAIRON, Maréchal de Logis des Gardes du Roi dans L. le 31 Décembre 1773.

DUCAIRON, Garde du Roi dans L. le 24 Décembre 1777.

DUCASSEL, (Jean-François) né à Alençon en Normandie le 22 Mars 1758, Cad. Gentilh. au rég. de la *Reine*, inf. le 6 Juin 1776, Sous-L. le 28 Août 1777, Lieut. en sec. le 2 Juin 1781.

DUCASSEL, (Louis, Ch.) né à Alençon le 25 Juin 1763, Cad. Gentilh. au rég. de la *Reine* inf., le 15 Janv. 1779, Sous-L. le 18 Janvier 1781.

DUCASSEL, Garde du Roi dans B. le 6 Juin 1777.

DUCASTELET, (Charles-Joseph-Eugène Départ) né au Castelet, en Picardie, le 30 Mai 1758, Sous-L. le 29 Juillet 1774, Lieut. en sec. du rég. du *Maine* le 24 Sept. 1780.

DUCHAFFAUD, Garde du Roi dans B. le 1 Avril 1774.

DUCHAILA, Enseig. surnuméraire des *Gardes Françoises*.

DUCHAILA, Garde du Roi dans B. le 29 Mai 1773.

DUCHALLARD, (Jean-Armand-Marie) né à Mouprovoir, Paroisse de Charon en Poitou, le 3 Juillet 1765, Cad. Gentilh. au rég. de *Foix* le 28 Oct. 1780, S.-L. le 6 Janv. 1781.

DUCHANIN, Garde du Roi dans B. le 24 Fév. 1766.

DUCHARLAT, (Claude-Gabriel du Faure, Ch. de) né à Argentac le 22 Oct. 1761, Cad. Gentilh. au rég. de *Savoie-Carignan* le 4 Avril 1778, Sous-L. le 3 Juin 1779.

DUCHASTEL, (Jean-René, Ch.) né à ... près Dinan en Bretagne le 12 Mars 1750, Page de la Reine le... 1762, Sous-L. de la *Légion de Condé* le 21 Mai 1766, Aide-Maj. le... 1772, rang de Cap. le 30 Mai 1776, passé à la suite du 4ᵉ rég. des *Chasseurs* le 8 Avril 1779.

DUCHASTELET, (Marie-Antoine Vaillant) né à Boulogne en 1737, Sous-L. au rég. de *Foix* le 1 Janv. 1757, Lieut. le 4 Octob. 1757, Cap. le 6 Novemb. 1761, breveté Lieut. Col. en 1781, ✶ en 1780.

DUCHASTELIER du Mesnil † le (Marq.) Col. du rég. de *Mestre-de-Camp-Général*, cav.

DUCHATEL, (Louis-Théodore Gergue) né à Thionville le 14 Oct. 1753, Sous-L. dans l'*Isle-de-France* le 22 Mai 1767, Lieut. le 24 Avril 1774, Lieut. en sec. le 11 Juin 1776, Lieut. en p. le 8 Avril 1779.

DUCHATELET, (le Duc) Lieut. Gén., Col. Inspecteur du rég. du *Roi*, infanterie.

DUCHATELET, (le Duc) Lieut. Gén. le 1 Mars 1780.

DUCHATELET, (le Chev.) Lieut. de Roi, à Rocroy.

DUCHATELLIER, (Philippe-François-Nicolas-Denis) né à Amboise le 19 Août 1751, Sous-L. au rég. de *Royal-Comtois* le 28 Juillet 1773, Lieut. en sec. le 2 Juin 1777, Lieut. en pied le 17 Novembre 1779.

DUCHATELLIER, (N.....) né à ...., Sous-L. en 3ᵉ au rég. des *Cuirassiers du Roy*.

DUCHATENET, Brig. des *Gendarmes* de la Garde.

DUCHAYLAR, (N... Marquis) *Mousquetaire* noir le 26 Mars 1774, réformé le 15 Mars 1775, Lieut. en sec. d'*Artillerie* dans Grenoble, le 31 Janv. 1776, Sous-L. en sec. du rég. du *Roi* inf., le 27 Mai 1777, Cap. réformé dans *Royal-Navarre*, cavalerie, le 28 Fév. 1778.

DUCHEMIN, Maréchal de Camp le 1 Mars 1780.

DUCHENOY, Garde du Roi dans V. le 1 Juillet 1774.

DUCHESNAY, (Jean) né à Nogent-le-Rotrou au Perche, le 26 Avril 1729, Lieut. au rég. de *Piémont* le 21 Fév. 1747, Capit. le 25 Déc. 1757, ✶ le 1 Juin 1772, Cap. des Grenad. en Août 1779, Major au rég. de

Berry infanterie le 5 Juin 1781.

DUCHESNE de Ruville, Commiss. des Guerres, à Sedan.

DUCHESNEAU, Sous-L. en pied des *Gardes Françoises*.

DUCHEYRON, Garde du Roi dans L. le 20 Sept. 1771.

DUCHEYRON, P. Étend. des *Gendarmes* de la Garde.

DUCHILLEAU, (le Marq.) Maréchal de Camp le 5 Déc. 1781.

DUCHILLOIS, Lieut. des *Maréchaux* de France, à Montreuil-Bellay.

DUCHILLOU, (Jean-Félix de Clabot) né à Semere, Paroisse de Poitiers, le 3 Sept. 1756, *Mousquetaire* de la Garde du Roi le 17 Nov. 1773, réformé le 17 Nov. 1775, Cad. Gentilh. au rég. de *Foix* le 1 Juillet 1778, Sous-L. le 15 Octobre 1780.

DUCHIRONCEAUX, Garde de la Manche le 15 Déc. 1782.

DUCLOS, (Jean Laget) né à Messués en Languedoc, le 28 Mars 1769, Sous-L. au rég. de *Savoie-Carignan*, le 29 Mai 1769, Lieut. le 31 Janv. 1774.

DUCLOS de Guyot, Elève du *Génie*.

DUCLUZEL, Lieut. en p. des *Gardes Françoises*.

DUCOMPAS, Cap. en sec. du rég. de *Ségur*, dragon.

DUCOR, Garde du Roi dans V. le 17 Août 1765.

DUCOUDRAY de la Bretonnerie, (Nicolas) né à Minure en Normandie le 2 Août 1743, Vol. aux *Carabiniers* le 1 Mai 1761, Maréc. de Log. le 1 Juin 1762, P. E. le 1 Mai 1763, Sous-L. le 20 Avril 1768, Lieut. en sec. le 23 Juillet 1780.

DUCOUDRAY, Garde du Roi dans V. le 2 Octobre 1756.

DUCREULX de Trezette,

Lieutenant de *Maréchaussée*, à Montbrisson.

DUCROS, Brig. d'inf. le 5 Décembre 1781. E.

DUCROS, Brig. des Gardes du Roi dans V. le 31 Mars 1782.

DUCUMONT, (Louis-Marie-Joseph Sévère) né au Puislant Bonnet, en Poitou le 6 Sept. 1758, Page de la grande Ecurie en Mai 1774, Sous-L. au rég. d'*Aquitaine* le 19 Déc. 1777, employé au rég. le 13 Mai 1780, Lieut. en sec. le 18 Sept. 1781.

DUCY, (Charles-Joseph-Victoire Tauffin de) né à Villiers en Normandie, en Mai 1757, Page du Roi en Mars 1772, Sous-L. à la suite dans *Berry*, cav., en Déc. 1774, en pied en Fév. 1775, Cap. à la suite de la cav. en Avril 1778.

DUDEFFAN, ✠, Prévôt Gén. de *Maréchaussée*, à Riom.

DUDEMAINE, Lieut. de Roi à l'Isle d'Oleron.

DUDEMAINE, Commissaire des Guerres au Camp de St-Roch.

DUDESCHAUX, (Marie-François-César de Vaulchier) né le 20 Sept. 1692, Page de la Chambre du Roi en 1709, Ens. au rég. de *Champagne* en Janv. 1710, Cap. le 2 Juin 1711, Cap. des Gren. le 21 Fév. 1736, commandant de bataillon le 10 Mai 1740, rang de Lieut. Col. le 12 Mars 1744, Lieut. Col. le 19 Mars 1748, Brig. le 10 Mai suiv.; il servit à l'armée de Flandres en 1710 & 1711, se trouva à l'attaque de Denain, aux sièges de Marchiennes, de Douay & du Quesnoy en 1712, au siège de Fribourg en 1713, à l'armée d'Italie en 1733 & 1736, en Westphalie sur les frontières de Bohême & de Bavière en 1741, & les deux années suiv. à l'affaire d'Auguenum, au siége de Fribourg en 1744, à l'armée du Bas-Rhin en 1745, au siége de Namur & à la Bataille de Raucoux en 1746, à la bataille de Lawfeld en 1747, au siége de Mastricht en 1748, & quitta le service & la Lieutenance Col. le Mars 1757.

DUDEZERFEUL, (le Ch.) Cap. du *Génie*, à Brest.

DUDOGNON de Montmort, (le Comte) Exempt des Gardes du Roi dans V. le 5 Mai 1771, Sous-L. le 1 Janv. 1776, Mest. de Camp le 2 Oct. 1777.

DUDOIGNON, (le Comte) Lieut. de Roi, en Limosin.

DUDRENEUC, (le Comte) Maréc. de C. le 1 Mars 1780.

DUDRENEUC, Lieut. en sec. des *Gardes Françoises*.

DUDRENEUC, (le Chev.) Lieut. en s. des *Gardes Françoises*.

DUDRESNAY, (le Marq.) Ens. des *Chevaux-Légers* de la Garde.

DUEIL, ✠ Aide-Major, à Gravelines.

DUEIL, Sous-L. au rég. des *Grenadiers-Royaux* de Picardie le 20 Août 1782.

DUFAGET, (le Marquis) Lieut. des *Maréchaux de France* à Toulouse.

DUFAI, Garde du Roi dans L. le 2 Octobre 1777.

DUFAUR, Garde du Roi dans *Noailles* le 14 Déc. 1770.

DUFAURE, Garde du Roi dans V. le 23 Fév. 1781.

DUFAUX, Garde du Roi dans *Noailles* le 10 Juin 1756.

DUFAY de Villiers, ✠ Maj. du *Génie*, à Bonifacio.

DUFAY, Garde du Roi dans L. le 6 Fév. 1774.

DUFEUGUERAY, (le Baron) Lieut. de Roi, à Dieppe.

DUFEY, Garde du Roi dans *Noailles* le 18 Mars 1773.

DUFORNEL, ✠ Lieut. des *Maréchaux* de France, au département de Saint-Didier.

DUFOUR, (Jean-Emmanuel né à Goumoëns près Bernes; a servi en Hollande, puis Enseig. dans *Vigier* le 8 Janvier 1763, Sous-L. le 16 Oct. 1765, Lieut. le 30 Juin 1776.

DUFOUR de Vignaux, ✠ Brig. des *Gendarmes* de Monsieur.

DUFOURG, Brig. des Gardes du Roi dans V. le 15 Février 1780.

DUFRAINAUD, Garde du Roi dans B. le 10 Juin 1773.

DUFRAISSE, Garde du Roi dans V. le 2 Juin 1755.

DUFRESNE, Garde du Roi dans i. le 13 Avril 1760.

DUFRESNOY, (N... né à Chaumont au Vexin-François, le... 1747, Sous-L. au rég. du *Perche* le 1 Fév. 1761, Lieut. le 13 Avril 1771, Cap. le 26 Déc. 1780; fait la campagne de 1769.

DUFRESNOY, Quart. Mtre Trés. du rég. de *Bourbon*, drag.

DUGABÉ, Lieut. des *Maréchaux* de France, à Pamiers.

DUGAIGNEAU, Lieut. du *Génie*, à Airst.

DUGALLOIS Dufort, ✠ Brig. des *Gendarmes* Dauphins.

DUGARREAU de Grésignac, (François) né à Saint-Gris en Limosin le 28 Octob. 1750, Sous-L. au rég. de *Bassigny* le 11 Août 1768, Lieut. le 15 Déc. 1772, Lieut. en pied le 28 Avril 1778, Cap. en sec. le 1 Janv. 1780.

DUGOULET, (le Baron) Mar. de Camp le 1 Avril 1768.

DUGRANGER, Garde du Roi dans V. le 4 Sept. 1774.

DUGROS, Garde du Roi dans V. le 8 Avril 1771.

DUGUET, (Jacques) né à Montbrisson en Forez, le... 17... Sous-L. à la suite dans le rég. de *Savoie-Carignan*, le 28 Mai 1775, en p. le 15 Juin 1776, Lieut. en second le 6 Août 1781.

DUGUEY, Lieut. de *Maréchaussée*, à Clermont en Beauvoisis.

DUHAGUET, Lieut. des *Maréchaux* de France, à St.-Sever.

DUHAILLAY, (le Marquis) Brig. de cav. le 1 Mars 1780.

DUHAL, ✠ Major du rég. de *Chartres* infanterie.

DUHALGOET, (le Marq.) Lieut. des *Maréchaux* de France, à Nantes.

DUHALLAY, (Emmanuel-Louis-Éléonore-Agathe Dauste) né à Paris en Déc. 1761, *Mousquetaire* en 1772, *Chevau-Léger* de la Garde ordinaire du Roi en 1778, Cap. réformé au rég. de *Jarnac* drag., en Juin 1778, idem, au rég. de *Berry*, caval. en Novembre 1780.

DUHALLAY de Monchamps, (Georges-Jacques, Chev.) né à Vire en Normandie le 14 Avril 1746, Elève de *Royal-Artillerie*, le 14 Mai 1764, *Mousquetaire* le 15 Juin 1766, Sous-L. au rég. *Royal-Navarre* cav., le 16 Avril 1773, Lieut. le 19 Août 1774, Lieut. en second le 26 Mai 1780.

DUHAMEL, (Jean-Baptiste-Louis-François Boulanger) né à Amiens le 6 Février 1732, Lieut. dans *Laval* inf., le 11 Février 1747, Corn. dans *Royal-Roussillon* cav. le 1 Oct. 1756, Aide-Major dans les *Volontaires-Etrangers* le 6 Mai 1758, Cap. le 15 Déc. 1758, Aide-Major de *Dragons* le 13 Déc. 1774, incorporé dans *Boufflers* le 9 Déc. 1776, repassé dans le 4e rég. des *Chasseurs* à cheval, le 3 Juin 1779, a eu son cheval tué sous lui, & reçut 5 à 6 blessures à l'affaire de Cétemberg la nuit du 6 au 7 Sept. 1760 ; blessé au passage du Veser, le 16 Juillet 1757.

DUHARLAY, Aide-Major des *Gardes* de la Porte de Monsieur.

DUHART, (le Marquis) Sous-L. en 3e du rég. de *Ségur*, dragon.

DUHAUT, Quart. Mr Trés. du rég. de *Chamborant* hussars.

DUHAUTIER, Garde du Roi dans L. le 26 Nov. 1769.

DUHAUTOY, (le Vicomte) Maréchal de Camp le 1 Mars 1780.

DUHAUTOY, (le Comte) Adjudant du Major, à Calais.

DUHAY, (le Cheva.) Lieut. des *Maréchaux* de France, à Saint-Brieux.

DUHAZÉ, Garde du Roi dans L. le 3 Février 1769.

DUHOMER, Garde du Roi dans L. le 26 Novembre 1770.

DUHOMME de Ste.-Croix, Lieut. des *Maréchaux* de France, à Bayeux.

DUHOUX, (Charles) né à Mirecourt en Lorraine, le 10 Oct. 1756, Dragon dans la Légion de *Lorraine* le 1 Mai 1773, Sous-L. à la suite le 15 Mai 1776, en pied dans la comp. des Chasseurs du rég. de *Bourbon* le 5 Déc. 1776, passé au 3e rég. des *Chasseurs* le 1 Juin 1779.

DUHOUX d'Ennecourt, (Charles-François) né à Charmois-Lorgueilleux, en Lorraine, le 25 Juillet 1755, Vol. dans la Légion de *Lorraine* le 25 Avril 1771, Sous-L. à la suite le 17

Mai 1773, en pied le 21 Février 1774, attaché au rég. de Limosin à la suppression des légions le 20 Mai 1777, passé Sous-L. au 3ᵉ régim. des *Chasseurs* le 20 Avril 1779.

DUHOUX, (Joseph) né à Mirecourt en Lorraine le 25 Sept. 1762, Sous-L. à la suite du 3ᵉ rég. des *Chasseurs* le 1 Septembre 1779.

DUJARD, Quart. Mᵉ Tréſ. du rég. de *Lescare*, dragon.

DUJUGLART, (Antoine-François) né au Fresne près du Mans, le 13 Nov. 1760, élevé à l'Ecole Militaire, Cad. Gentilh. dans *Berry* inf. le 6 Juin 1776, Sous-L. le 1 Sept. 1777. Lieut. en second le 5 Novemb. 1781.

DWISSEL, Garde du Roi dans B. le 29 Sept. 1766.

DULAC, (N....) né à Uzès le... 1761, Cad. Gentilh. au rég. de *Perche* le 10 Mars 1779, Sous-L. le 15 Août 1779.

DULANDREAU, (René-Marie Jousbert, Baron) né aux Herbies en Poitou, le... 1750, Page de la Reine le..... 1766, Sous-L. à la suite dans *Royal-Navarre* cav., le 16 Avril 1770, en pied le 21 Juin 1772.

DULAUDREAU, (Pierre-Marie Jousbert, Chev.) né au Château du Landreau en Poitou, le 20 Nov. 1757, Mousquetaire le 15 Mai 1775, Sous-L. à la suite du rég. *Royal Navarre*, cavalerie, le 1 Mars 1779.

DULAU, (le Comte) Maréc. de Camp le 1 Mars 1780.

DULAU, (le Marquis) Brig. d'inf. le 1 Mars 1780.

DULAU, (Jean-Gaston, Vicomte) né à Manles en Agenois le 16 Mai 1744, Vol. dans *Normandie* infant. le 1 Avril 1758, Lieut. le 18 Mai 1760, Sous-

Aide-Major le 11 Avril 1770, Aide-Major le 3 Sept. 1775, Cap. en ſec. le 16 Juin 1776, Major du régim. de *Turenne* le 8 Avril 1779, ✠ le 20 Août 1781; fait la campagne de 1760, 1761 & 1771.

DULAU de Lage, (Henri) né à Selette en Angoumois, le 28 Oct. 1764, Sous-L. en 3ᵉ au rég. de *Turenne*, le 29 Juin 1781, en pied le 16 Juin 1783.

DULAURENS (Florentin-Marie) né à Concarneau en baſſe-Bretagne le 14 Fév. 1742, Mousquetaire de la Garde du Roi en... 17..., Sous-L. au rég. de *Foix* le 5 Oct. 1761, Lieut. le 18 Décemb. 1761, Cap. le 19 Juin 1765, ✠ en Mars 1783.

DULIGONDÉS, (le Marq.) Lieut. des *Maréchaux* de France à Mont-Luçon.

DULIN, Garde du Roi dans *Noailles*, le 31 Mars 1774.

DULION, Enſ. des *Gardes Françoises*.

DULONGUAY, Brig. des Gardes du Roi dans V., le 15 Décembre 1778.

DULUC, (N.... Marquis) né à Paris le 2 Sept. 1741, Aide de Camp de M. ſon père en 1758, Cap. le 2 Sept. 1759, Meſt. de Camp com. le rég. *Royal-Corse*, inf. le 15 Nov. 1765, Maréc. de Camp Colon. propriétaire le 11 Novembre 1782, ✠ le....

DULYS, Lieut. des *Gardes Suisses* d'Artois.

DUMAINE de Ste-Lanne, ✠, Lieut. Col. du régim. de *Vivarais*. Brig. d'inf. le 1 Mars 1780.

DUMAISNIL, (George-Achille-Roger Bonne-Main) né à Couloure, en Bourgogne, le 26 Sept. 1740, Lieut. du rég. du

Maine le 22 Mars 1758, Cap. en p. ✠ le 17 Avril 1774.

DUMANS de Chalais, Lieut. des *Maréchaux de France*, à Laval.

DUMARCHÉ, Lieut. du *Génie* à Strasbourg.

DUMARCHIS, Garde du Roi dans L. le 25 Avril 1763.

DUMARCHIS, Brig. des Gardes du Roi dans L. le 31 Déc. 1779.

DUMARGAT de Crecy, Lieut. des *Maréchaux de France* à Bourges.

DUMAS, (Mathieu) né à Montpellier le 23 Déc. 1753, Sous-L. au rég. de *Médoc* le 17 Mai 1773, Cap. à la suite le... 17... a été employé à l'armée de Rochambeau.

DUMAS, (le Marquis de) Mar. de Camp le 1 Mars 1780.

DUMAS, Maréc. de Camp le 1 Mars 1780.

DUMAS, Sous-L. de *Maréchaussée*, à Lons-le-Saulnier.

DUMAS, Garde du Roi dans V. le 31 Mars 1761.

DUMAS, Garde du Roi dans V. le 25 Janv. 1759.

DUMAS, (Pierre-Louis Dumas de St-Marcel) né à Montpellier le... 1755, Lieut. au bataillon de milice de *Montpellier* en 1775, réformé en 1776, Sous-L. à la suite au rég. d'*Aquitaine* le 14 Avril 1777, Lieut. en sec. le 24 Juillet 1781, Lieut. en p. le 6 Avril 1782.

DUMAS de Pollard, Maréc. de Logis des *Gardes Françoises*.

DUMEIX, Garde du Roi dans V. le 8 Juillet 1781.

DUMERLES, Garde du Roi dans L. le 29 Déc. 1769.

DUMESNIL, (François-Julie) né à St-Denis en Normandie le 29 Juillet 1757, Cad. Gentilh.

au rég. de *Beaujolois* le 6 Juin 1776, Sous-L. le 22 Juin 1779.

DUMESNIL, (François-Louis des Vieux, Ch...) né à Paris en Déc. 1755, Vol. au rég. de *Berry* en Avril 1771, Sous-L. à la suite en Oct. suivant, en activité en Août 1773, breveté de Cap. en Mai 1774, Cap. c. en Juillet 1781.

DUMESNIL, (N...) né à Bayeux en Normandie le 6 Sept. 1732, Vol. au rég. de *Conti*, inf., en 1757, Corn. le 27 Janv. 1758, Lieut. le 25 Mars 1763, ✠ le... 1779.

DUMESNIL, (Hubert-Jean) né à Bar-le-Duc en Lorraine le 26 Déc. 1748, Sous-L. au rég. de *Médoc* le 18 Nov. 1767, Lieut. le 9 Nov. 1772, Lieut. des Grenadiers le...

DUMETZ, Commissaire des Guerres, à Valenciennes.

DUMIRAT, Major au Fort Médoc en Guienne.

DUMOLINET d'Archicour, (Jean) fut Cap. d'une compagnie d'hommes d'armes des anciennes ordonnances de la compagnie de M. de Moyencourt en 1537, après avoir succédé en cette place à son beau-frère Waast de Waroquier, Seigneur de la Motte & de Méricourt, qui la lui donna par son testament du 31 Août 1537. D. E.

DUMON de Signeville (Pierre-Gaspard) né à Signeville le 6 Déc. 1755, Soldat dans la Légion de *Lorraine* le 1 Janv. 1770, Sous-L. le 6 Déc. 1776, attaché au rég. de *Languedoc* le 6 Déc. 1776, passé au 3e. rég. des *Chasseurs* le 8 Avril 1779.

DUMONCEAU, Major à Landau.

DUMONCEL, ✠, Cap. aux *Gardes Françoises*.

DUMONT, Brig. d'inf. le 1 Mars 1780.

DUMONT, (Pierre Sorget, Ch.) né à Rivin, en Auvergne, le 21 Juin 1751, Sous-L. dans l'Isle-de-France le 16 Septemb. 1769, Lieut. le 1 Juillet 1774, Lieut. en sec. le 11 Juin 1776, en p. le 8 Avril 1779.

DUMONT, Garde du Roi dans B. le... Mars 1757.

DUMONT, (Joseph Gauban) né à Lézat, Comté de Foix en 1754, Gendarme de la Garde le 1. Avril 1769, Sous-L. au rég. de *Médoc* le 29 Juillet 1773.

DUMONT, Garde du Roi dans L. le 18 Décembre 1764.

DUMONTEIL, Garde du Roi dans *Noailles* le 22 Mars 1758.

DUMONTEIL, Garde du Roi dans *Noailles* le 3 Déc. 1765.

DUMONTET, (le Marquis) Lieut. des *Maréchaux* de France à Limoges.

DUMONTET de Cardaillac, (le Comte) Lieut. des *Maréchaux* de France à Limoges.

DUMONTET, Comte de Cardaillac, (Jean) né à Janaillac en Limosin, le... 1747, Sous-L. au rég. Maréchal de *Turenne* le 27 Mars 1766, Lieut. le 4 Août 1770, Cap. en sec. le 17 Avril 1782.

DUMONTET de la Colonge, Commissaire des guerres à Salins.

DUMONTIER, Garde du Roi dans *Noailles* le 9 Janv. 1765.

DUMONTOIS, Garde du Roi dans B. le 2 Mars 1778.

DUMONTOT, Lieut. en sec. des *Gardes Françoises*.

DUMORET, Garde du Roi dans *Noailles* le 30 Mars 1766.

DUMORT, Quart. M. Trés. du rég. de *Col.-Gén.*, dragon.

DUMOSNARD, (Jacques) né à Montmorillon en Poitou, le 24 Nov. 1759, Cad. Gentilh. au rég. *Royal-Comtois*, le 5 Juin 1776, Sous-L. le 2 Juin 1777.

DUMOULIN, (Jean-Baptiste) né à Alençon le 22 Oct. 1740, Enseig. au rég. de l'*Isle de France*, le 26 Nov. 1761, réformé le 19 Avril 1763, Sous-L. le 19 Juill. 1765, Lieut. le 13 Août 1770, Cap. en sec. le 8 Avril 1779, ✠ le... 1780.

DUMOULIN, (Jean Favier) né à St-André en Languedoc le 1 Avril 1757, Vol. au rég. de *Médoc* le 1 Oct. 1767, Sous-L. le 30 Déc. 1769, Lieut. le 23 Avril 1773.

DUMOULIN, (Jean-Pierre-Joseph-Favier) né à St-André en Languedoc, le... 1764. Cad. Gentilh. dans *Médoc* le 20 Mars 1779, Sous-L. dans *Orléans*, inf. le 30 Mai 1781 des *Chasseurs* le 20 Août 1781.

DUMOULIN de St-Etienne, (Jean-Antoine, Ch.) né à St-André le... 1768, Cad. Gentilh. dans *Royal*, cav. le 22 Oct. 1779, Sous-L. d'*Orléans*, inf. le 10 Mai 1782.

DUMOULIN, Garde du Roi dans *Noailles* le 23 Juin 1779.

DUMOULIN, Brig. d'inf. le 5 Décembre 1781.

DUMOULIN, ✠, Brig. du *Génie* à Verdun.

DUMOURET, Garde du Roi dans B. le 22 Mars 1761.

DUMOURIER, Brig. d'inf. le 5 Décembre 1781.

DUMOURIER le Maigre, ✠, Lieut. de *Maréchaussée* à St-Brieux.

DUMYRAT, (N...) né à Roannes en Forez le 20 Oct.

1756, Vol. dans la légion de *Condé* le 30 Avril 1772, Sous-L. à la suite le 28 Juill. 1773, incorporé Sous-L. en pied dans *Conti*, drag. le 9 Déc. 1776.

DUMYRAT, (Jean) né à Roannes en Forez le 10 Mars 1759, Vol. au rég. *Royal-Navarre*, cav. le... 1778, Cad. Gentilh. le 22 Juill 1779, Sous-L. à la suite le 1 Juillet 1780.

DUNEAU, (Antoine) né au Port-de-Pascal en Guienne en 1732, drag. au rég. d'*Apchon* le 2 Avril 1751, Maréchal de Log. le 1 Août 1758, P. G. le 1 Mars 1763, rang de Sous-L. en 1765, Sous-Aide-Major le 22 Mai 1771, Lieut. en sec. le 11 Juin 1776, Lieut. en pied le 12 Février 1779.

DUNEDO, (le Marquis) Maréc. de Camp le 5 Décemb. 1781.

DUNODAY, (le Ch.) Lieut. des *Maréchaux* de France à Ploermel.

DUPAC, Garde du Roi dans B. le 13 Mars 1771.

DUPARC, (Louis-Brunet) né à Jarnac en Saintonge le 13 Août 1722, Soldat au rég. d'*Aquitaine* le 20 Sept. 1737, gren. le 1 Juillet 41, Sergent le 1 Juin. 1744, Lieutenant en sec. des gren. le 27 Juin 1747, Lieut. le 15 Oct. 1753, Cap. le 13 Août 1761, ✠ le 10 Nov. 1762, Aide-Maj. en 1763, blessé de 4 coups de feu, un au reins au siège de Prague, à la cuisse à l'affaire de Montalban, au bras à l'affaire de Tidon, à la jambe à l'affaire de Stravambery.

DUPAYRON, Sous-L. de *Maréchaussée* au Puy.

DUPELON, Garde du Roi dans B. le 22 Février 1772.

DUPERON, (le Comte) Lieut. de Roi au Duché de Bourgogne.

DUPERRÉ, Trés. principal des guerres à la Rochelle.

DUPERREAU, (le Vicomte) Lieut. des *Maréchaux* de France à Périgueux.

DUPERRIER, † (N.. Ch.) né à..., Page du Prince Conti le... Sous-L. en 3ᵉ au rég. de *Conti*, drag. le 2 Septembre 1781.

DUPERRIER de Boisfranc, né à... Sous-L. au rég. de *Conti*, drag. le 2 Mai 1781.

DUPERRON, (Pierre-Marie le Hâtier, Ch.) né à Rouen le 27 Août 1735, Mousquetaire le 11 Avril 1750, Corn. des *Carabiniers* le 1 Oct. 1756, Lieut. le 7 Sept. 1758, rang de Cap. le 14 Juin 1762, Cap. com. le 28 Avril 1765, Cap. titulaire le 20 Avril 1768, ✠ le 23 Mars 1774, Cap. en sec. le 1 Avril 1776, Cap. en p. le 27 Oct. 1776, rang de Maj. le 13 Juin 1779.

DUPETIT de la Salle, Sous-L. de *Maréchaussée* à Poitiers.

DUPETIT Thouars, Lieut. du *Roi* & des *Maréchaux* de France à Saumur.

DUPETITBOIS, ✠ (le C.) Major du rég. d'*Orléans*, drag.

DUPEUTY, Secrétaire du Gouvernement-Général de Picardie.

DUPIN, Garde du Roi dans L. le 25 Mai 1773.

DUPIN, Lieut. Col. de *Neustrie*, inf. Brigadier d'inf. le 1 Mars 1780, ✠.

DUPIN, (le Ch.) Capitaine du *Génie* à St-Malo.

DUPIO, Garde du Roi dans L. le 12 Octobre 1773.

DUPLESSIS de Greuldant,

(Jean-Jude, Ch.) né à Rennes le 1 Oct. 1747, Sous-L. au rég. de la *Reine*, drag. le 25 Nov. 1765, Lieut. le 20 Mai 1770, Cap. à la suite le 25 Juin 1775, Maj. du 6ᵉ rég. des *Chasseurs* le...

DUPLESSIS, Louis-François) né au village de Nanteuil, près Limoges le 16 Fév. 1760, Cad. Gentilh. au rég. *Royal-Comtois* le 3 Nov. 1778, Sous-L. le 7 Août 1779.

DUPLESSIS, (N..., Ch.) né au Mailleraut en Normandie en 17... Lieut. au bataillon de *Caen* en 1757, *idem* dans celui de Falaise en 1759, Sous-L. au rég. de *Conti*, drag. en 1770, Lieut. en sec. le... 1773.

DUPLESSIS, (Louis-Dominique le Bas de Courmont, Ch.) né à Paris le 19 Juillet 1749, Mousquetaire le... 1767, Cap. réformé au rég. *Royal-Normandie* le 11 Avril 1770, Cap. en pied le 5 Mai 1772, Cap. en sec. à la nouvelle formation le 16 Juin 1776, Cap. com. le 28 Mai 1779.

DUPLESSIS, Garde du Roi dans B. le 6 Avril 1764.

DUPLESLIS, ✠ Lieut. en pied des *Gardes Françoises*.

DUPLESSIS Bellière, (le Comte) Mest. de Camp en sec. de *Flandres*, infanterie.

DUPLESSIS, Enseigne surnuméraire des *Gardes Françoises*.

DUPLESSIS de la Ricardaye, Trés. principal des guerres à Amiens.

DUPOLLET, (Antoine-Charles) né à Dieppe en Normandie le... Sept. 1741, Enseig. au rég. de la *Reine*, inf. le 12 Avril 1762, Lieut. le 11 Mai 1769, Cap. en sec. le 31 Mars 1779.

DUPOMMIER, Brig. des Gardes du Roi dans B. le 31 Décembre 1781.

DUPOMMIER, Garde du Roi dans B.

DUPONCET de Chermont, Cap. du *Génie* à Valenciennes.

DUPONT de Jonchère, (Marie-Alexandre, Ch.) né à Soyon en Vivarais le 9 Janv. 1753, Sous-L. le 11 Mai 1769, Lieut. au rég. du *Maine* le 28 Fév. 1778.

DUPONT, Cad. Gentilh. au rég. de *Médoc*.

DUPONT, Garde du Roi dans B. le 7 Janvier 1778.

DUPORTAIL, Brig. des *Gendarmes Anglois*.

DUPORTAL. (le Ch.) Cap. du *Génie* à Brest.

DUPOTET, Maréchal de Logis des Gardes du Roi dans B. le 31 Décembre 1782.

DUPOTET, Garde du Roi dans B. le 18 Octobre 1758.

DUPOTET, Garde du Roi dans B. le 20 Mars 1774.

DUPRAEL, Comte de Surville, ✠ Lieut. en pied des *Gardes Françoises*.

DUPRAT, (Jean-Louis, Comte) né à... en Auvergne en 1745, Corn. dans *Bourbon-Busset*, cav. le 1 Fév. 1759, Aide de Camp du Prince Condé en 1762, réformé en 1762, Cap. dans *Royal-Picardie*, cav. le... Mars 1763, rang de Lieut. Col. dans les *Grenadiers à cheval* en 1765, réformé en 1776, Lieut. Col. d'*Orléans*, inf. le 28 Avril 1778, ✠ le... 17...

DUPRÉ de St. Maur, ✠ Lieut. en pied des *Gardes Françoises*.

DUPRÉ, (Henri) né à Vilosue en Armentois le 6 Fév. 1758, Cad. Gentilh. au rég.

d'*Aquitaine* le 6 Juin 1776, Sous-L. le 10 Mars 1778, Lieut. en second le 18 Sept. 1781.

DUPRE Danthecourt, (Antoine-Henri) né à Relonfay en... le 20 Oct. 1762, Cad. Gentilh. au rég. d'*Aquitaine* le 4 Avril 1778, Sous-L. le 1 Sept. 1779.

DUPUGET, (le Ch.) Brig. d'inf. le 1 Janvier 1768.

DUPUGET, (Charles-François) né à Paris le 23 Août 1764, Cad. Gentilh. au rég. de la *Marine* le 8 Janv. 1779, Sous-L. le 25 Janvier 1782.

DUPUIS de Rame, (Dominique) né à Montreuil sur mer le 15 Mai 1755, Sous-L. dans le bataillon *Provincial* d'Abbeville en Mai 1775, Sous-L. à la suite le 1 Juill. 1780, Lieut. de la *Garde Côe* le 1 Mars 1779, Sous-L. en 3e dans le rég. de *Savoie-Carignan* le 1 Décembre 1782.

DUPUY, (François-Ignace-Guillaume) né à Avignon le 19 Janv. 1751, Vol. dans *Lanan* le 10 Août 1767, Sous-L. le 19 Juin 1758, Lieut. le 11 Juin 1772, Sous-L. le 11 Juin 1776, Lieut. en sec. en 1777, Lieut. en pied le 5 Août 1779.

DUPUY, (Jean-Baptiste-Joseph) né à Montreuil-sur-mer le 23 Juin 1752, Sous-L. au rég. *Savoie-Carignan* le 29 Mai 1769, Lieut. le 17 Mai 1773, Lieut. des gren. le 23 Avril 1781.

DUPUY, (N...) né en Quercy le... 17... Cad. Gentilh. au rég. de *Conti*, drag. le... 17... Sous-L. le 2 Mai 1782.

DUPUY, Garde du Roi dans L. le 5 Octobre 1766.

DUPUY, Garde du Roi dans B. le 6 Octobre 1771.

DUPUY, Garde du Roi dans B. le 1 Mai 1764.

DUPUY, Garde du Roi dans L. le 11 Août 1776.

DUPUY Montbrun, † ✠. (le Baron) Lieut. Col. com. le bataillon de garnison de Rouergue.

DUPUYNEUF, Sous-L. de *Maréchaussée* à Vienne.

DUQUESNAY, (Edme-Robert) né à Agrée en Nivernois le 3 Mai 1758, Sous-L. au rég. de la *Marine* le 17 Avril 1775, Lieut. le 15 Fév. 1780.

DUQUESNOY, (le Marquis) Lieut. des *Maréchaux* de France à Avranches.

DUQUESNOY, Garde du Roi dans L. le 26 Janv. 1756.

DURAGET, (le Ch.) Aide-Maj. com. à Neufbrisack.

DURAND, (Jean-Pierre) né à Vatries, au Comtat Vénaissin le 10 Juill. 1737, Drag. au rég. de *Monsieur* le 2 Mars 1756, Fourr. le 1 Nov. 1767, Maréchal de Logis en Chef le 6 Juin 1776, Porte-Guidon le 14 Juin 1779.

DURAND, (Joseph) né à la Pradelle, près d'Alby, le 17 Oct. 1731, Soldat au rég. de la *Reine*, inf. le 20 Avril 1750, Serg. le 18 Mars 1751, Sous-L. des gren. le 4 Nov. 1757, Lieut. le 9 Mai 1760, chargé du détail le 23 Fév. 1763, Quart. M. le 1 Avril 1768, Com. de Cap. le 28 Fév. 1778, Cap. en sec. le 31 Mars 1779, ✠ le 6 Avril 1779.

DURAND, Maj. à Toulon.

DURAND, Garde du Roi dans V. le 2 Avril 1775.

DURAND, Lieut. de *Maréchaussée* à Bourg-en-Bresse.

DURAND, Brig. d'inf. le 3 Janvier 1770.

DURAND de Cuny, ✠ Lieut. de *Maréchaussée* à Grenoble.

DURAND de Laroque, Maj. de *Piémont*, infanterie & ✠.

DURANTEAU de Beaune, (Jean-Joseph) né à Bordeaux le 10 Fév. 1748, Sous-L. au rég. de *Médoc* le 14 Mars 1769, Lieut. le 9 Novembre 1772.

DURAS, (Emmanuel-Félicité de Durfort, Duc de) né à... le 19 Déc. 1715, d'abord connu sous le nom de Comte de Duras, entré aux Mousquetaires en 1731, Duc sur la démission de son père en Mai 33, il prit le nom de Duc de Durfort, & obtint une compagnie de cav. dans le rég. du *Chayla*, le 25 Août; passa avec le rég. à l'armée d'Italie en Oct.; se trouva à la conquête du Milanés en Nov., Déc., Janv., & Fév. 34; Col. d'un rég. d'inf. de son nom le 10 Mars 34, il le commanda à la même armée à l'attaque des lignes d'Ettingen, & au siége de Philisbourg; il servit à l'armée du Rhin en 35; il prit le nom de Duc de Duras en Fév. 41; marcha en Avril 42 à l'armée de Bavière, sous les ordres du Duc d'Harcourt, puis du Comte de Saxe, où, étant d'un corps de réserve, il se distingua dans plusieurs occasions, marcha sur la frontière de Bohême, où l'armée de Saxe joignit celle que commandoit le Maréchal de Maillebois; mais étant resté avec son rég. à la réserve commandée par le Comte de Saxe, il concourut à la prise d'Ellembogen & de Caaden, & entra en France au mois de Janv. 1743; créé Brig. le 20 Fév. suiv., Col. du rég. d'*Auvergne* le 6 Mars; il se démit de celui qu'il avoit; employé à l'armée du Rhin sous le Maréchal de Noailles le 1 Mai de la même;

il se distingua au combat d'Ettingen, finit la campagne en Basse-Alsace, & concourut à la défense de cette frontière; employé à l'armée de Flandres le 1 Avril 45; il se trouva à la bataille de Fontenoi, au siége de la ville de Tournai; créé Maréchal de Camp le 1 Mai; déclaré le 1 Juin, Aide de Camp du Roi le même jour; il se démit du rég. d'*Auvergne*, & accompagna le Roi pendant le reste de la campagne; il continua de servir en qualité d'Aide de Camp du Roi en 46 & 47; se trouva à la bataille de Raucoux & à celle de Lawfeld; créé Lieut. Gén. le 15 Mai 48; déclaré en Déc. suiv. Ambassadeur Extraordinaire en Espagne en Mai 52; Gouv. du Château Trompette le 1 Nov. 55; revenu de son Ambassade en Oct. créé Pair de France en Déc. suiv.; reçu en cette qualité au Parlement le 12 Fév. 57; employé à l'armée d'Allemagne le 1 Mars suiv.; s'est trouvé à la bataille d'Hastembeck, à la conquête de l'Electorat d'Hanovre; dépêché par le Maréchal de Richelieu pour apporter au Roi la convention conclue à Closter Seven le 10 Sept., il arriva à Fontainebleau le 16, & la remit au roi; premier Gentilh. de la Chambre, après le décès du Duc de Gesvres le 17 Oct. en a prêté serment le 19; employé à l'armée d'Allemagne le 1 Mai 1769; s'est distingué à la tête de différens détachemens qu'il commandoit; ✠ E le Juin 67; Gouverneur & Lieut. Gén. de la Franche-Comté en 1770; créé *Maréchal de France* le 24 Mars 1775.

DURAS, (le Duc de) M.

téchal de Camp le 1 Mars 1780.

DURAS, (le Comte de) Brig. d'inf. le 1 Mars 1780.

DURAT, ✠ (le Comte de) Meſt. de Camp en ſec. de Cambraiſis, infanterie.

DURAT, (le Comte de) Duc, Maréchal de Camp le 16 Avril 1767.

DURAT, ✠ (le Ch. de) Col. du rég. des Grenadiers-Royaux de Lyonnois.

DURAT, Garde du Roi dans B. le 30 Juin 1771.

DURDAN, (Guillaume-Adrien Fromentier de) né à Bernier en Normandie le 11 Nov. 1744, Lieut. dans le bataillon de Milice de Rouen le 10 Mars 1761, Sous-L. dans Berry, inf. le 22 Mars 1767, Sous-L. des Gren. le... 1768, Sous-Aide-Maj. le 31 Août 1771, Lieut. en p. des Chaſſ. le 11 Juin 1776, Cap. en ſ. le 1 Juin 1780.

DUREPAIRE, Garde du Roi dans L. le 2 Oct. 1757.

DUREPAIRE, Garde du Roi dans N. le 16 Mai 1771.

DUREPAIRE, Garde du Roi dans Noailles le 24 Fév. 1775.

DURFORT, (Etienne-Narciſſe, Vicomte de) né à Paris le... Oct. 1753, Sous-L. dans Chartres, cav., le... 1769, Cap. dans Condé, cav., en 1770, Guidon de Gendarmerie en 1771, Enſ. & Meſt. de Camp en 1776, Meſt. de Camp en ſec. dans Royal, drag., le 9 Mai 1777, Meſt. de Camp com. les drag. de ſon nom le 11 Nov. 1782.

DURFORT Civrac, (Louis-Henri-Emeri-Venant, Comte de) né à Paris le 11 Octob. 1750. Mouſquetaire de la Garde du Roi le 1 Juillet 1760, Sous-L. au rég. de Rouergue, inf., en 1767, Cap. au rég. de Berry, cav.,

en 1770, Cap. com. au Carabiniers en 1770, Meſt. de Camp de cav. en Fév. 1774, Meſt. de Camp com. du rég. des Cuiraſſiers du Roi le 26 Mai 1776.

DURFORT, (le Comte de) Lieut. Gén. le 5 Mars 1781.

DURFORT, (le Vicomte de) Maréc. de Camp le 3 Janv. 1770.

DURFORT, (le Cte. Louis de) Col. du rég. Dauphin, cav.

DURFORT, (le Chev. de) Lieut. de Roi, à Gravelines.

DURFORT, (le Comte de) Command. en ſ. du Fort Médoc.

DURIEU de Maiſon-Neuve, (Pierre) né à Caiſſes, en Périgord, le 28 Avril 1739, Garde-du-Corps du Roi, compagnie de Noailles, le 18 Avril 1757; Enſ. au rég. de Flandres le 12 Mars 1761, Lieut. au rég. de Savoie-Carignan le 15 Décemb. 1761, Lieut. des Grenad. le 24 Juin 1774, Cap. le 15 Juin 1776, Cap. c. le 23 Av. 1782.

DURIEU de Maiſon-Neuve, (Etienne) né à Caſtillon, en... le 6 Août 1764, Cad. Gentilh. au rég. de Savoie-Carignan le 1 Octobre 1780.

DURIVAL, Garde du Roi dans Noailles le 15 Mars 1770.

DURIVAULT, (N...) né à la Buſſière, en Poitou le... 1758, Elève de l'Ecole Militaire, Cad. Gentilh. au rég. de Perche le 6 Juin 1776, Sous-L. le 2 Mai 1777, Lieut. en ſec. le 3 Nov. 1782.

DURLER, ✠, Cap. comm. des Gardes Suiſſes.

DUROCHER, ✠, Lieut. de Maréchauſſée, à Angers.

DUROCHER, Exempt de Maréchauſſée, commandant la brigade de Nanterre.

DUROSCOAT, Brig. d'inf. le 17 Juin 1770.

DUROSCOAT, Lieut. des *Maréch. de France*, à St-Brieux.

DUROSEL de Beaumanoir, (le Comte) Maréc. de Camp le 20 Avril 1768.

DUROSEYL, (Pierre-Benoît Puy, Chev.) né à Montbrisson, en Forez, le 4 Déc. 1744, Sous-Lieut. au rég. de *Foix* le 4 Oct. 1757, Lieut. le 8 Oct. 1761, Cap. le 6 Nov. 1762, ✠ le 9 Nov. 1781.

DUROSOY, ✠, Maréc. de Log. des *Gendarmes* de Flandres.

DUROU, (le Baron) Lieut. des *Maréchaux de France*, à Tartas.

DUROULLE, Garde du Roi dans L. le 6 Septembre 1767.

DUROURE, Garde du Roi dans V. le 3 Avril 1768.

DUROURE, (le Comte) Maréchal de Camp le 3 Janv. 1770.

DUROURE, ✠, (le Ch.) Lieut. des *Maréchaux de France*, à Nismes.

DUROY, Garde du Roi dans V. le 27 Décembre 1757.

DUROYER de Bournonville, Lieut. des *Maréchaux* de France à Ham.

DURR, (David) né à Strasbourg le 16 Juill. 1744, Vol. dans *Fischer* le... Juill. 1758, blessé à l'affaire de Wetter en 1759, Sous-L. le 16 Juin 1760, blessé à Gladenback en 1761, Lieut. en pied dans *Conflans* le 12 Avril 1763.

DURRE, Garde du Roi dans V. le 30 Septembre 1780.

DURRE, (le Ch.) Exempt des Gardes du Roi dans V. le 4 Août 1773, Sous-L. le 1 Janv. 1776, Mest. de Camp le 11 Juillet 1779.

DURUD, Garde du Roi dans V. le 14 Septembre 1771.

DUSAILLANT, Brig. des Gardes du Roi dans L. le 9 Novembre 1777.

DUSART, Garde du Roi dans L. le 6 Mars 1774.

DUSAULGET, (Jean-François, Ch.) né à... le... 17... Cad. Gentilh. du Roi de Pologne en 1756, aujourd'hui Cap. à l'Hôtel Royal des Invalides.

DUSAULT, Maj. à Phalsbourg.

DUSAUTRAY, ✠ Maréchal de Logis des Gardes d'Artois.

DUSAUZAY, (le Marquis) Maréchal de Camp le 20 Avril 1768.

DUSAUZAY, (le Ch.) Sous-L. en sec. des *Gardes Françoises*.

DUSAUZET, Garde du Roi dans B. le 24 Décembre 1757.

DUSAZAY, Sous-L. en sec. des *Gardes Françoises*.

DUSERRE, (Louis-Antoine-Henri, Ch.) né à Castres le 19 Fév. 1755, Vol. au rég. Royal-Normandie le 1 Mai 1771, Sous-L. le 1 Juin 1772.

DUSOULIER, (Martial) né à St-Laurent sur Gore en Limosin le 9 Oct. 1718, Vol. d'*Artois*, inf. le 1 Mai 1742, a fait la campagne de Bavière, Corn. dans *Royal*, cav. le 11 Juill. 1742, Lieut. le 13 Fév. 1745, Cap. le 20 Oct. 1745, réformé le 17 Mars 1749, Aide-Maj. le 6 Juin 1750, Cap. de *Carabiniers*, le 21 Oct. 1757, ✠ le 12 Oct. 1758, Lieut. Col. de la brig. de *Montesquiou* le 4 Juill. 1764, rang de Col. le 9 Avril 1767, réformé le 1 Avril 1776, Lieut. Col. com. d'escadrons en 1776, Col. en sec. de la 2e brig. le 1 Mai 1779, Brig. des Armées le 1 Mars 1780, Col. de la première brig. le 7 Mai 1780, blessé à Minden, jouit de 2400 liv. de pension.

DUSOULIER, (Louis-Susanne) né au château de la Broussardière, Paroisse St. Claude en Agenois, le 17 Oct. 1748, Sous-L. dans *Royal*, cav. le 1 Mai 1764, Cap. le 22 Fév. 1770.

DUSOULIER, (Louis) né à St-Laurent de Gore le... Sept. 1762, Cad. Gentilh. dans *Royal*, cav., le 4 Avril 1778, Sous-L. le 5 Novembre 1779.

DUSOULIER, (Louis) né à Fiennes en Boulonnois, le 7 Fév. 1763, Cad. Gentilh. dans *Royal-Navarre*, cav. le 24 Avril 1778, Sous-L. le 6 Juill. 1781.

DUSOULIER, (Louis) né à Melun en Gatinois, le 9 Juill. 1758, Sous-L. à la suite du rég. de la *Reine*, inf. le 8 Oct. 1774, en pied le 28 Mars 1775, Lieut. en sec. le 31 Mars 1779, Lieut. en p. le... 1783.

DUSSERRE, ✠ Maréchal de Logis des *Gendarmes* de Monsieur.

DUSTON de Morlon, (Louis-Guiglande) né à Huos en Languedoc le 7 Mai 1753, Sous-L. au rég. de *Foix* le 22 Juin 1771, Lieut. le 1 Juill. 1776.

DUTRANCHANT de Lignerolle, (Jacques-Denis, l'Homme-Dieu) né à Lhieulin en Beauce le 15 Mars 1749, Sous-L. au rég. de *Beaujolois* le 12 Mars 1768, Lieut. en sec. le 19 Janvier 1781.

DUTEIL, Brig. d'inf. le 1 Mars 1780.

DUTERTRE, Lieut. du Roi de la citadelle de Montreuil.

DUTERTRE, Maj. à Philippeville.

DUTERTRE, ✠ (le Ch.) Commissaire des guerres au Havre.

DUTERTRE, Garde du Roi dans B. le 30 Avril 1778.

DUTERTRE, (Louis) né à Rimboval en Artois le 5 Août 1758, Cad. Gentilh. le 3 Nov. 1778, Sous-L. au rég. *Royal-Comtois* le 17 Nov. 1779.

DUTILLET, (le Marquis) Maréchal de Camp le 1 Mars 1780.

DUTILLET, (le Comm.) Maréchal de Camp le 1 Mars 1780.

DUTILLET, (Élie) né à... Lieut. Col. du régim. de *Lassay* inf., en 17....

DUTILLOY, ✠ Lieut. des Gardes de la *Prévoté de l'Hôtel*.

DUTOUR, Quart Mᵉ Trés. du rég. de *Languedoc*, infant.

DUTROCHET, ✠ (le Ch.) Major du rég. du Roi inf., & Brigadier le 1 Mars 1780.

DUTRONCHET, ✠ Brig. des *Gendarmes* de la Reine.

DUTRONQUOY, (le Ch.) Lieut. des *Maréchaux* de France, à Saint-Quentin.

DUVERDIER, ✠ (le Chev.) Lieut. Col. d'*Auvergne*, inf., Brigadier le 1 Mars 1780.

DUVERDIER, (le Comte) Lieut. des *Maréchaux* de France, à Uzerches.

DUVERGÉ, Quart. M. Trés. du rég. de *Lorraine* dragon.

DUVERGER, Garde du Roi dans L. le 9 Décembre 1760.

DUVERGER, Garde du Roi dans L. le 13 Février 1767.

DUVERGER, Garde du Roi dans L. le 22 Novembre 1776.

DUVERGIER, Lieuten. des *Maréchaux* de France, à Quimperley.

DUVERNE, ✠ Lieuten. de *Beaujolois*

Beaujolois inf., Brigadier le 1 Mars 1780.

DUVERNE, (Barthelemy) né à Château-Neuf en Nivernois le 23 Avril 1717, Vol. au rég. de *Beaujolois* le 8 Avril 1743, Enf. le 8 Avril 1744; Lieut. le 30 Mars 1745, Cap. le 1 Sept. 1755, Cap. Aide-Major le 28 Août 1758, Major le 8 Avril 1763, Lieut. Col. le 22 Juin 1767, Lieut. Col. en pied le 8 Avril 1779, ✠ en 1758, Brig. le 1 Mars 1780. D.

DUVERNE, (Charles-Éléonore) né à Saint-Saulger en Nivernois le 10 Janv. 1754, Sous-L. au rég. de *Limosin* infant. le 21 Mai 1771, Lieut. en sec. le 28 Avril 1778, Lieut. en pied le 18 Juin 1780.

DUVERNE de Jailly, (Paul-Marie) né à Jailly en Nivernois le 6 Juillet 1759, Cad. Gentilh. au rég. de *Beaujolois* le 6 Juin 1776, Sous-L. le 24 Mars 1779.

DUVERNE de Praile, (Louis-Marie, né à Giverdy en Nivernois le 25 Juillet 1760, Cadet Gentilh. au rég. de *Limosin* le 6 Juin 1776, Sous-L. le 8 Av. 1779.

DUVERNE, (Edme-François Chev.) né à Saulges en Nivernois le 1 Janvier 1761, Cad. Gentillh. au rég. de *Limosin* le 6 Juin 1776, Sous-L. des Chass. le 8 Avril 1779, Lieut. en second des Grenadiers le 1 Mars 1783.

DUVERNOIS, Elève du *Génie*.

DUVEYRIER, Lieuten. de *Maréchaussée*, à Aix.

DUVIGIER de Steimbroug, Maréchal de Camp le 1 Mars 1780.

DUVIGNAL, Brig. des Gardes du Roi dans B. le 31 Décembre 1782.

DUVIGNAU, Garde du Roi dans V. le 15 Juin 1772.

DUVIGNAU de Beaulieu, Cap. du *Génie*, à Blaye.

DUVIGNAU le jeune, ✠ Major du *Génie*, a Narbonne.

DUVIGNAU, Brig. d'inf. le 1 Mars 1780.

DUVIGNAU, ✠ Brig. du *Génie*, à Versailles.

DUVIGNAU du Verger, Lieut. du *Génie*, à Mont-Louis.

DUVIGNEAU, (Pierre) né à Romesauge, près Metz, le 23 Août 1748, Soldat dans l'*Isle-de-France* le 25 Mai 1751, Serg. le 1 Mai 1760, P. Drap. le 1 Juillet 1763, Sous-L. des Gren. le 8 Juillet 1766, Lieut. en sec. le 23 Août 1778.

DUVILLARS, Brig. d'infant. le 20 Février 1761.

DUVIVIER, (Charles Lechoisne) né à St.-Martin-le-Bouillant en Normandie, le 18 Mai 1760, Cad. Gentilh. dans *Berry* infant. le 8 Avril 1779, Sous-L. le 20 Avril 1780.

DUVIVIER de Régie, (Jacques) né à la Sauvetat en Agenois le 17 Sept. 1758, Cad Gentilh. au régim. de la *Reine* inf. le 31 Mars 1779, Sous-L. le 10 Septembre 1780.

DUVIVIER, Cap. du *Génie*, à Saint-Martin de Ré.

DUVIVIER, Major de la Citadelle de Besançon.

E

ECQUEVILLY, (Augustin-Louis Hennequin, Marquis d') né à... le... 17..., Lieut. en sec. au rég. du *Roi* inf. le 17 Mai 1738, Cap. Génér. des Toiles, Chasses, Tentes, Pavillons du Roi & de
1784.

l'équipage du sanglier, & Lieut. de la Capitainerie de St.-Germain-en-Laye, sur la démission de son père le 24 Juin 1741. Il suivit le rég. du *Roi* en Bohème, se trouva à la prise de Prague en Novembre, devint Lieut. le 13 Avril 1742, combattit à Sahay en Nov., servit à la défaite de Thein, à celle de Prague, & se distingua à plusieurs sorties & à la retraite de cette place au mois de Déc. Mest. de Camp Lieut. du rég. *Royal*, cavalerie, le 6 Mars 1743; il le commanda à la bataille d'Ettingen la même année, aux siéges de Menin, d'Ypres & de Furnes, à l'affaire d'Anguenum, au siége de Fribourg en 1744, à la bataille de Fontenoy, de Tournay & de sa Citadelle, de Dendermonde, d'Oudenarde & d'Ath en 1745, au siége de Bruxelles, à la bataille de Raucoux en 1746, à la bataille de Lawfeld en 1747, créé Brig. le 1 Janvier 1748; il servit au siége de Mastricht la même année, au camp d'Aimeries en 1754, à la bataille d'Hastembeck, & à la conquête de plusieurs places de l'Electorat d'Hanovre en 1757; créé Maréc. de Camp le 10 Fév. 1759; il s'est démis du rég. *Royal*; créé Lieut. Général le 1 Mars 1780. M. D.

ECQUEVILLY, (Armand-François Hennequin, Comte d') né à Paris le 30 Sept. 1747, *Mousquetaire* le... Nov. 1761, Cap. com. dans *Royal*, cav., le.... 1765, Mest. de Camp le 15 Fév. 1771, ✠ le 25 Nov. 1779.

ECQUEVILLY, (le Vicomte d') Col. en s. du rég. de *Deux-Ponts* dragon. E.

EDME, (N...) né à Amency, Isle de France, le... 1716, Vol. au rég. de *Perche* le 2 Mai 1754, Serg. le 3 Avril 1755, Sous-L. des Gren. le 9 Juillet 1758, Ens. le 25 Juil., Lieuten. le 17 Sept. 1758, rang. de Cap. le 29 Déc. 1777, ✠ le .. 1781; fait la guerre de Canada.

EDON, ✠ Sous-L. de *Maréchaussée*, à la Flèche.

EGMONT, (Casimir Pignatelly, Comte d') né à .. le 6 Déc. 1727, fut d'abord connu sous le nom de Marquis de Renty; il fit une campagne en Flandres dans les *Mousquetaires*, & obtint le 13 Mars 1743, une comp. dans le rég. de *Mestre-de-Camp-Général* drag. Son père étant mort le 22 Mai suivant, il prit le titre de Duc de Bisache dans le Royaume de Naples, & fit la campagne sur le Rhin sous les ordres du Maréchal de Noailles; créé Mest. de Camp du rég. de cavalerie d'*Egmont*, sous le nom de Chev. de Bisache, le 14 Fév. 1744, il servit aux siéges de Menin & d'Ypres, passa pendant celui de Furnes à l'armée de Saxe, & finit la campagne au camp de Courtray; il se trouva à la bataille de Fontenoy, aux siéges de Tournay & de sa Citadelle, d'Oudenarde, de Dendermonde & d'Ath en 1745, au siége de Bruxelles, à la bataille de Raucoux en 1746, à la bataille de Lawfeld en 1747; créé Brig. le 1 Janvier 1748; il servit au siége de Mastricht, prit le nom de Marq. de Pignatelly en se mariant, le 12 Déc. 1750, & celui de Comte d'Egmont à la mort de son frère aîné, le 3 Juil. 1753. Il servit au camp d'Aimeries la même année, passa en qualité d'Aide de Camp du Maréchal de Richelieu son beau-père, dans l'Isle de Minorque en 1756, & contribua à la conquête de cette isle; il apporta au Roi la Capitulation des ennemis, & fut créé Maréc. de Camp le 23 Juillet 1756, il se démit alors de son rég. Employé à l'armée d'allemagne le 1 Mai 1757, se trouva de la bataille d'Hastembeck, a la conquête de l'Electorat d'Hanovre, & revint en France en Déc. Employé en Allemagne le 1 Mai 1758 & 59, s'est trouvé aux batailles de Crévelt & de Menden; il a été employé en Guienne sous le Maréc. de Richelieu le 1 Juin 1760, à l'armée du Haut-Rhin le 1 Mai 1761, créé Lieut. Général le 25 Juillet 1762. M. D.

ELBÉE de Sablonnières, (Henri-François d') né à Sonchamp en Beauce, le... 1731, Lieut. au Bataillon de Milice de *Chartres*, le.. 1743, Vol. au rég. de *Penthièvre* cav., le... 1744, Corn. le... 1746, réformé le... 1748, Corn. le... 1757, Aide-Major le... 1759, rang de Cap. le 2 Juil. 1761, ✠ le... 1763, réformé le 12 Juin 1776, Cap. en sec. au 4ᵉ rég. des *Chasseurs*, le 13 Mai 1779; blessé à la bataille de Fontenoy & à celle de Rosbach.

ELBHECQ, (le Baron d') Brig. d'inf. le 1 Mars 1780. M.

ELLIOTT, (Antoine-Gaspard-Amable, Comte d') né à Lunéville, le 4 Sept. 1718, Enf. au Service Palatin pendant deux ans, Sous-Lieut. au rég. *Royal-Deux-Ponts* en 1761; a fait la campagne de 1761, Cap. au rég. des *Vol. Etrangers de Wurmser* le 2 Fév. 1761, Cap. de drag. audit rég. en Août suivant, réformé à la paix avec ses appointemens, Cap. de drag. dans la Légion de *Hainaut* le 8 Juillet 1761; détaché le 31 Juil. par ordre de la Cour, aux ordres de M. de Viomenil en Pologne en 1771; a commandé jusqu'en 1772, le Château du pays de Landskrou pour les Confédérés, breveté Lieut. Col. le 10 Mars 1772, & le 1 Juin suivant; rentré en France le même mois, Lieut. Col. attaché au Corps des Dragons, avec 1800 livres en 1773; Lieut. Col. du 3ᵉ rég. des *Chasseurs*, le 8 Avril 1779.

ELVA, (le Comte d') Maréc. de Camp le 3 Janvier 1770.

ENNEVELIN, Prévôt Général de *Maréchaussée*, à Lille.

ENNEZAT, (Henri Isaac Maugue d') né à Clermont en Auvergne, le.., Cadet Gentilh. au rég. d'*Aquitaine* le 4 Mai 1780, Sous-L. le 16 Mai 1781.

EPERNAY, (le Cheval. d') Cap. d'*Artillerie*, à Genève.

EPINAY St-Luc, (le Marq. d') Brig. d'inf. le 5 Déc. 1781.

EPINVILLE, (Charles-Louis d') né à Lagny en Brie, le 11 Juillet 1759, Cad. Gentilh. au rég. *Royal-Comtois*, le 6 Juin 1776, Sous-L. le 28 Fév. 1778.

EPTINGEN, (le Baron d') Mar. de C. le 3 Janv. 1770. M.

EPTINGEN, † (le Baron d') Col. du rég. de son nom, & Maréchal de Camp. D. E.

EQUEVILLEY, (Jules-César-Susanne le Mercier d') né à Vezoul en Franche-Comté, le 26 Déc. 1764, Cad. Gentilh. au rég. de la *Marine* le 10 Juillet 1779, Sous-L. le 25 Janv. 1780.

ERBACK Schomberg, (le Comte d') Brig. d'inf. le 3 Janvier 1770.

ERLACK de Riggisberg, Abraham, Baron d') né à... le.. 17..., Enf. surnuméraire du rég. des *Gardes Suisses* le 25 Avril 1737; il servit sur le Rhin, devint Lieut. le 13 Fév. 1734, &

servit encore sur le Rhin, Cap. Lieut. de la comp. de son frere aîné le 17 Mai 1735; il la commanda à l'affaire de Clausen en Oct., & fut réformé en Février 1737, Cap. Lieut. de la comp. d'Erlack au régim. des *Gardes Suisses* le 11 Fév. 1742; il la commanda aux siéges de Menin, d'Ypres, à l'affaire de Reischewaux, & au siége de Fribourg en 1744; créé Brig. le 1 Janv. 1748. Il obtint le même jour une comp. entiere dans le régim. de *Bettens*, & servit comme Brig. au siége de Mastricht la même année; il a fait la campagne de 1760 en Allemagne; créé Maréc. de Camp le 20 Février 1761, a eu un rég. Suisse de son nom, en quittant le rég. des *Gardes* le 21 Fév. 1762. ✠ * Lieut. Gén. M.

ERLACK, ✠ (le Comte d') Cap. com. la Gén. des *Gardes Suisses*, & Maréchal de Camp le 1 Mars 1780. M. E.

ERLACK, (le Ch. d') Sous-L. en second des *Gardes Suisses*.

ERLACH, (le Chev. d') Ens. des *Gardes Suisses*.

ERLACH, Ens. des *Gar. Suiss.*

ERNEST de Sparre, (le Comte) Maréchal de Camp le 5 Décembre 1781. M. D.

ERNEST, Lieut. Col. du rég. d'*Ernest* infanterie.

ESCARS, (François-Marie, Marquis d') né à... le 8 Octobre 1709, *Mousquetaire* en Octob. 1726, Cap. au rég. de *Toulouse* caval. le 16 Mars 1729, & commanda sa compag. aux siéges de Garradadda, de Pizzighitone & du Château de Milan en 1733, à ceux de Tortonne & de Novarre, aux batailles de Parme & de Guastaile en 1734, aux siéges de Regio, de Reveré & de Gonzague en 1735; Col. du rég. de *Santerre* inf. le 16 Avril 1738, il le commanda à l'armée de Westphalie en 1741 sur les frontieres de Bohême au secours de Braunau, au ravitaillement d'Egra en 42, à la défense de la Baviere en 43, à la prise de Nice, à l'attaque des retranchemens de Villefranche & de Mont-Alban, aux siéges du château Dauphin, de Demont & de Cony, à la bataille de Cambden, de Lulmo en 44, aux siéges d'Acquy, de Sarravalle, de Tortonne, à la prise de Pavie, au combat de Ruffedo, aux siéges d'Alexandrie, de Valence, d'Astiade Casal en 45, déclaré Brig. en Nov.; son rég. ayant été fait prisonnier à Asti le 4 Mars 46, il le joignit en Dauphiné où il passa la campagne & leva un nouveau bataillon pour représenter celui qui étoit prisonnier, il campa à Briançon en 47, se trouva le 19 Juillet à l'attaque des retranchemens de l'Assiette où il commanda l'attaque de la gauche se rendit de-là au camp de Guillestres où il demeura jusqu'au 11 Oct.; il continua de servir à l'armée d'Italie jusqu'à la paix; créé Maréc. de Camp le 10 Mai 48, se démit du rég. au mois de Janv. 49, Lieut. Gén. du Gouvernement de Limosin à la mort de son pere le 1 Sept. 54, employé à l'armée d'Allemagne le 1 Mars 57, se trouva à la bataille de Hastembeck, à la prise de Minden, d'Hanovre, nommé Menin de Mgr. le Dauphin le 16 Mai 58, se trouva à la bataille de Crewelt. M. D.

ESCLIGNAC, (Charles-Madeleine de Preissac de Matestang, Comte d') né à... le... 17..., Corn. dans *Vintimille*, cav., le 16 Sept. 1735, sec. Corn. des

Chevaux-Légers de Berry sur la démission du Chev. d'Esclinac, son oncle, Lieut. Col. de cav. le 18 Juin 42, joignit la Gendarmerie à l'armée de Westphalie, passa sur les frontières de Bohême, se trouva au ravitaillement de Braunau, rentra en France en Janv. 43, & servit cette campagne sur le Rhin; il étoit avec la Gendarmerie à la prise Weissembourg, & des lignes de la Louttre à l'affaire d'Auguenum & au siége de Fribourg en 44, & passa le 24 Oct. de cette année à la charge de 1 Corn.; il se trouva à la bataille de Fontenoy, aux siéges de Tournay, d'Oudenarde, de Dendermonde & d'Ath en 45; il obtint, le 4 Fév. 1746, une Commission pour tenir rang de Mest. de Camp de cav., & servit cette année aux siéges de Mons, de Charleroy & à la bataille de Raucoux; il se trouva l'année suivante à celle de Lawfeld, & au siége de Mastricht en 48, à l'armée d'Allemagne en 57, à la bataille de Lutzelberg en 58, créé Brig. le 10 Fév. 59; il combattit à Minden le 1 Août, passa le 23 à la charge de Sous-L. de la compagnie des Gendarmes Anglois, servit en Allemagne en 1760, se trouva à Corback, à Warbourg & à Clostercamps; fait Cap. Lieut. des Gendarmes de Berry le 20 Fév. 1761, il commanda sa compagnie en Allemagne; fut déclaré Maréc. de Camp en Déc., se démit de sa compagnie, Lieut. Gén. le 1 Mars 1780. M. D.

ESEBECK, ✠✠, (le Baron d') Lieut. Col. du rég. de Deux-Ponts.

ESLACS d'Arcambal, (le Marq. d') Maréc. de Camp le 1 Mars 1780.

ESMANGARD, Garde du Roi dans L. le 2 Mars 1774.

ESMANGART de Bournonville, (le Chev. d') Maréc. de Log. de la compagnie Générale des Gardes Suisses.

ESMOND, Garde du Roi dans L. le 28 Nov. 1778.

ESMOND, Garde du Roi dans L. le 28 Nov. 1778.

ESPAGNAC, (le Baron d') Exempt des Gardes du Roi dans L. le 9 Oct. 1772, Sous-L. le... 1776, Mest. de Camp le 31 Déc. 1779. M. D.

ESPAGNE (d') Garde du Roi dans Noailles le 13 Mai 1759.

ESPALUNGUES, ✠ (le Ch. de) Lieut. des Maréc. de France à Arras.

ESPARBES de Lussan, (Jean-Jacques, Comte d') né à... le... 17... Lieut. en sec. au rég. de la Marine le 8 Janv. 1738, Lieut. le 20 Nov. 1740, il fit la guerre en Bohême, & se trouva à la prise de Prague en Nov. 41, au combat de Sahay, au ravitaillement de Frawemberg, à la défense de Prague en 42, Cap. au rég. de Commissaire Gén., cav. le 17 Mars 42; il commanda sa compagnie à l'armée de Bavière & sur les bords du Rhin, à l'armée sur les frontières de Piémont, sous les ordres du Prince de Conti en 44, à l'armée du Bas-Rhin en 45, au siége de Mons & de Charleroi, à la bataille de Raucoux en 46, au camp de Valence en 47, Col. du rég. de Soissonnois, inf. le 19 Sept.; il le commanda en Dauphiné & à l'armée d'Italie, Col. du rég. de Piémont le 1 Fév. 49; il se démit de celui de Soissonnois, & commanda le sien au camp d'Alsace en 53, au camp de Cherbourg en 56, à la bataille de Rosback, où il fut blessé en 57, au combat de Sundershausen, à la prise de Cassel & de la Hesse, à la bataille de Lutzelberg en 58 ; créé Brig. le 10 Fév. 59 ; employé à l'armée d'Allemagne par lettres du même jour ; il se distingua à la bataille de Bergen, & se trouva à celle de Minden ; il fut employé à l'armée d'Allemagne le 1 Mai 62, & il se trouva aux affaires de Tilinghausen en 1761, & à différentes actions de 62 ; déclaré Maréchal de Camp en Déc., il se démit de son rég. & est resté en Allemagne jusqu'à l'évacuation des places conquises, Lieut. Gén. le 1 Mars 1780, Com. en sec. de la Province de Guienne le... M. D.

ESPARBÈS, (le Marquis de) Brig. d'inf. le 1 Mars 1780.

ESPEYRON, ✠ Major de *Soissonnais*, infanterie.

ESPINAY St. Luc, (N..., Marquis d') né à... le... 17..., Mousquetaire de la Garde le 1 Mai 1752, Com. au rég. de *Penthièvre* le 1 Janv. 1757, Cap. le 5 Sept. 1759, Col. de drag. le 13 Mars 1771, ✠ le 12 Janv. 1771, Col. en sec. dans *Beaujolois* le 13 Avril 1776, Mest. de Camp com. celui de *Perche* le 13 Avril 1780, a fait toutes les campagnes d'Allemagne, Aide de Camp du Maréchal de Soubise en 1762, Brig. des Armées le 5 Déc. 1781.

ESQUELBECQ, (le Ch. d') Maréc. de C. le 5 Déc. 1781.

ESQUEYRAC, (le Marquis d') Sous-L. des *Gend. Anglois*.

ESSARDS, (Philippe-Georges-Ferdinand, Ch. des) né à Caen le 31 Mai 1763, Sous-L. à la suite des *Carabiniers* le 15 Juin 1779, en pied le 7 Mai 1780.

ESTABLES, (le Comte d') Lieut. de Roi en Languedoc. M.

ESTAING, (Charles-Théodat, Comte d') Vice-Amiral, com. les Armées Navales en Amérique, né à... le 28 Nov. 1729, élevé près de Mgr. le Dauphin de 36 à 39, entré aux Mousquetaires le 1 Mai 1738, fit sa première campagne en Flandres en 1744 ; il se trouva aux sièges de Menin & d'Ypres, puis étant passé en Alsace avec la maison du Roi ; il combattit à Auguenum, & servit au siège de Fribourg ; il se trouva à la bataille de Fontenoi, au siège des ville & citadelle de Tournai en 45, à l'armée de Flandres en 46, & entra le 24 Sept., Lieut. de la compagnie Colonelle du rég. de *Rouergue*, avec rang de Cap. & Commission du même jour ; il combattit à Raucoux au mois d'Oct. ; il combattit à Lawfeld le 2 Juill. 1747 ; obtint une compagnie dans le même rég. le 27 Nov., & le rég. par com. du 1 Janv. 48 ; il le commanda au siège de Mastricht la même année, & au camp de Richemont en 55 ; il donna la démission de son rég. en Nov. 1756 ; fut créé Brig. le 18 & partit pour servir dans les Indes Orientales en cette qualité, sous M. de Lally ; arrivé le 28 Avril 1758 à Pondichéry, il en fut détaché le même jour pour investir Goudelour, qui capitula le 4e jour ; il concourut à la prise des trois Forts qui défendoient les approches du Fort David, qu'on enleva, l'épée à la main ; il servit ensuite au siège du Fort St-David, devant lequel on ouvrit la tranchée le

20 Mai, & qui se rendit le 2 Juin; après la prise de cette place il s'empara de Divicottei que les Anglois avoient évacué; il marcha peu après au siége de Tanjaour qu'on fut obligé d'abandonner faute de subsistances & de munitions; le 4 Oct. il attaqua Arcate; s'empara le 12 Déc. d'Egmora & de St-Thomé; le 13, l'armée attaqua la Basse-Ville de Madras, & s'empara des Fauxbourgs une heure après, les ennemis firent une sortie dans laquelle le Comte d'Estaing fut fait prisonnier de guerre; il fut créé Maréchal de Camp le 20 Fév. 1761, échangé dans le même temps; il se distingua à plusieurs expéditions dans l'Inde. & revenant en France, il fut pris sur le vaisseau qui le transportoit, & conduit à Londres; de retour en France, il a été créé Lieut. Gén. des Armées le 25 Juill. 1762, & avoit été désigné pour commander en chef une expédition projettée, qui n'a point eu lieu à cause des préliminaires signés en Nov.; créé ✠ E le 1 Janv. 1767; toutes les actions d'éclat, les prises & les campagnes qu'a commandé depuis cet Illustre Général, devant être un jour un monument éternel pour le montrer pour l'exemple à la postérité, nous n'entreprendrons pas de les faire paroître aux yeux du public que nous n'ayons appris les détails les plus circonstanciés de toutes les actions qu'il a commandées; c'est pourquoi nous ne saurions trop recommander à tout le militaire en général qui s'est trouvé sous ses ordres, de nous faire part des circonstances de toutes les actions dont ils auront été les témoins & les juges, &c. &c.

ESTAMPES, (N..., Comte d') né à Paris le 11 Sept. 1763, Sous-L. au corps de la cav. le 1 Mai 1780, 3e Sous-L. au 2e rég. des *Chev.-Légers* le 25 Juin 1781. M. D.

ESTAMPES, (le Marquis d') Maréchal de Camp le 3 Mars 1780.

ESTANIOL, Lieut. des *Maréchaux* de France à Stenay & le Montois.

ESTERHAZY, (le Comte d') Maréchal de Camp le 1 Mars 1780. M. D.

ESTERNO, Lieut. de Roi à Mezières.

ESTISSAC, (le Duc d') Brig. d'inf. le 10 Fév. 1734, Gouverneur de Bapaume. M. D.

ESTOUILLY, (d') Lieut. du Roi à St-Quentin.

ESTOURMEL, (Louis-Marie, Marquis d') né à... le 10 Mai 1744, Mousquetaire dans la première compagnie le 10 Mai 1760, Corn. des *Chevaux-Légers d'Orléans* le 2 Mars 1762, Enseig. des *Gendarmes Ecossois* le 1 Fév. 1770, Sous-L. le 18 Août 1771, Col. en sec. du rég. de la *Marche*, drag. le 8 Avril 1776, ✠ le 10 Mai 1778, Brig. le 1 Mars 1780, Mest. de Camp c. le rég. *Royal-Pologne*, cav. le 11 Novembre 1781. M. D.

ESTRÉE, (le Ch. d') Brig. d'infanterie le 1 Mars 1780.

ESTRÉE, Maréchal de Camp le 5 Décembre 1781.

ESTRÉES, (Louis-Charles-César Letellier de Louvois, sgr. de l'ancien Duché d'Estrées-Cœuvres, au Soissonnois, Baron de Montmirail en Brie) né le 2 Juill. 1695, d'abord Ch. de Malte, & appellé le Ch. de Louvois, puis Marquis de Courtanvaux, Mest. de Camp, Lieut. du rég. Royal-Roussillon, cav. 22 Mars 1718, a eu Commission pour exercer la charge de Cap. Col. des Cent Suisses de la Garde 19 Avril 1722, Brig. 20 Fév. 1734, Maréc. de Camp 24 Fév. 1738, Insp. de cav. & de drag. 24 Avril 1740, Lieut. Gén. 2 Mai 1744, Ch. des Ord. 2 Fév. 1746, Gouv. de la Rochelle & pays d'Aunis 17 Nov. 1747, Ministre-d'Etat 2 Juill. 1758, Gouv.-Gén. des Evêchés de Metz & Verdun, en remettant la Rochelle, Launis-Féri, créé Duc en Janv. 1763, Maréchal de France le 24 Février 1757.

ESTREUX, (Louis-François Merlin) né à Douay en Flandres le 19 Janv. 1754, Sous-L. du rég. de la Marine le 19 Sept. 1775, Lieut. le 10 Août 1781.

ETERNO, (le Comte d') Mar. de C. le 5 Déc. 1781. M. D.

ETHIS de Cornic, Commissaire principal des Guerres surnuméraire, à Paris.

ETIENNE, (le Baron de St.) Lieut. des Maréchaux de France, à Aurillac. M. D.

ETIGNY, Sous-Aide-Major des Gardes Françoises.

EU, (Raoul de Brienne premier Comte d') fut fait Connétable de France au mois de Juillet 1327, sur la démission de Gaucher de Châtillon; le Roi l'envoya, en 1329, au-devant d'Edouard, Roi d'Angleterre, qui venoit rendre hommage pour le Duché de Guienne; il signa en 1322 la ligue défensive que firent les Rois de France & de Castille; il étoit à la prise de Rennes en 1342, & fut tué au Tournois des noces de Philippe de France, Duc d'Orléans le 18 Janv. 1344.

EVIN de Princé, Exempt de Maréchaussée, à Bondy.

EVRARD, ✠, Cap. com. au 3e. rég. d'Etat-Major.

EVRY, (le Marq. d') Maréc. de Camp le 1 Mars 1780. M. D.

EYLER, (Mathias) né à Buttbom, en Lorraine le 29 Sept. 1732, Soldat dans Vigier le 8 Nov. 1749, Sergent le 15 Juillet 1753, P. D. le 25 Juin 1778.

EYRÉ, (le Ch. d') Cap. du Génie, aux Colonies.

EYSSAUTIER, père Commissaire des Guerres, à l'Isle de Minorque.

EYSSAUTIER, fils, Commissaire des Guerres, à Toulon.

F

FABERT, (Affricain Alexandre, Chev. de) né à Moulins dans les Evêchés, le 9 Oct. 1741, Lieut. au rég. de Savoie-Carignan le 16 Mars 1757, Cap. le 4 Août 1770; blessé à la bataille de Mendin le 1 Août 1759, Cap. com. le 7 Mai 1777, ✠ le 14 Août 1781, a obtenu sa retraite le 12 Avril 1783.

FABERT Hermann, né à Ratisbonne le 11 Oct. 1756, Sous-L. dans Conflans le 14 Octobre 1774.

FABIANI, (Simoné) né à Sancta-Riparata, en Corse, le 11 Nov. 1754, Sous-L. le 13 Juillet 1771, Lieut. le 15 Juin 1772, Cap. au rég. Royal-Corse inf., le 12 Mai 1780.

FABRE, (Jean, Chev. de) né à Montpellier le 14 Septemb. 1725, Lieuten. de Milice le 10 Sept 1733, Capit. le 12 Avril

1734, réformé en 1735, Lieut. en sec. dans *Beaujolois*, le 17 Juin 1742, Lieut. le 16 Août 1746, Cap. le 17 Fév. 1748, Cap. des Gren. le 4 Août 1770, Chef de bataillon le 1 Juil. 1774, ✠ le 11 Juin 1760.

FABRE, Lieuten. de *Maréchaussée*, à Vannes.

FABRE de la Martillière, Cap. d'*Artillerie*, à la fonderie de Strasbourg.

FABREGAL, (Pierre) né à Villefranche en Rouergue le 25 Juin 1728, Soldat au rég. de *Baffigny* le 1 Avril 1753, Serg. le 1 Avril 1754, P. Drap. le 20 Août 1757, Sous-L. des Gren. le 5 Fév. 1769, Lieut. en p. le 1 Oct. 1779, Lieut. en p. des Grenadiers le 25 Août. 1780.

FABRICY, Brigadier d'infanterie le 5 Décembre 1781.

FABRY d'Augé, Capitaine du *Génie*, à Bordeaux.

FABRY, ✠ Cap. d'*Artillerie*, au Fort l'Écluse.

FABRY, (Jean-Marie) né à Mézieux en Dauphiné, le 11 Janv. 1741, Soldat au rég. de *Beaujolois* le 25 Déc. 1758, Serg. le 1 Mai 1762, Four. le 1 Sept. 1770, Adjudant le 11 Juin 1776, P. Drap. le 23 Juil. 1779, Sous-L. des Grenadiers le 9 Juillet 1781.

FAGNON, ✠ Porte Enf. des *Gendarmes* d'Artois.

FAGUER, Chirurgien Major des Gardes du Roi dans V.

FAILLY, Lieut. des *Maréchaux* de France, à Chartres.

FAILLY, Sous-L. du 3ᵉ rég. d'*Etat-Major*.

FAILLY, (le Chev. de) Sous-Lieut. du 3ᵉ régim. d'*Etat-Major*.

FAILLY, Garde du Roi dans B. le 19 Janvier 1778.

FALAINE, Lieut. de Roi de Toul & pays Taulois.

FALCK, Brigadier d'infant. le 1 Mars 1780.

FALGARDE, Garde du Roi dans V. le 20 Janvier 1777.

FALGAS, Quart. Mᵉ Trésor. dans *Languedoc* dragon.

FALGUEROLLES, Lieut. de Roi en Languedoc.

FALGUIERE, Garde du Roi dans B. le 2 Juillet 1773.

FALKENHAYN, (le Baron de) Lieuten. Général le 11 Novembre 1781. M. D.

FALLIERE, (Jean-Baptiste-Marie-Louis-Hilaire, Page de) né à Dieppe le... 1762, Sous-L. à la suite d'*Orléans* inf., le 23 Juin 1777, en pied le 28 Février 1778, Lieut. en sec. le 30 Mai 1780, embarqué sur le vaisseau l'Intrépide le 28 Déc. 1779. sur l'Actionnaire le 14 Décembre 1781.

FALLOIR, Garde du Roi dans B. le 21 Janvier 1768.

FALQUIERE, Garde du Roi dans *Noailles* le 8 Fév. 1775.

FALVELLY, Garde du Roi dans L. le 16 Octobre 1770.

FANGET, Garde du Roi dans V. le 4 Juillet 1777.

FARCONET, (Laurent Rodolphe, Chev. de) né à Tournon le 10 Août 1762, Sous-L. du bataillon de Milice d'*Andufe*, le... 17..., Sous-L. au 4ᵉ régim. des *Chasseurs*, le 1 Juil. 1779.

FARCONET, (Maximien de) né à Tournon en Vivarais, le 6 Oct. 1756, Sous-L. dans la Légion de *Condé* le 9 Juil. 1772, incorporé dans *Lorraine* drag., le 9 Déc. 1776, passé dans le 4ᵉ rég. des *Chasseurs*, le 26 Mai 1779, Lieut. en second le 1 Juillet 1779.

FARCONNET, ✠ Commiss.

faire principal des Guerres, à Tournon & au Puy.

FARCONNET, Aspirant du *Génie*, à Metz.

FARGÉS, Maréchal de Camp le 3 Janvier 1770.

FARGUES, (Jean-Joseph, Comte de) né à Aurillac en Auvergne, le 19 Mai 1755, *Chevau-Léger* de la Garde le 5 Mai 1770, Cap. dans *Royal* caval., le 14 Juin 1780.

FARGUES, (François Mealet, Ch. de) né à Aurillac le ... *Chevau-Léger* de la Garde le 5 Mai 1770, Sous-L. dans *Royal*, cav., le 8 Déc. 1776, Cap. le 12 Juillet 1781.

FARINEY, Cap. d'artillerie, dans l'Inde.

FARJONEL, (Jean-Jacques de) né à Moulins, en Bourbonnois, en 1763, Cad. Gentilh. au rég. de *Berry*, cav., en Fév. 1780, Sous-L en Mars 1780.

FARJONEL, Garde du Roi dans *Noailles* le 21 Janv. 1764.

FARJONEL, (Gabriel-Jacques de) né à Moulins, en Bourbonnois, en 1735, Volont. au rég. de *Noailles*, cav., en 17... brèveté de Lieut. en Janv. 1756, & Cap. en Sept. 1758, Maj. du rég. de *Berry*, caval., en Juin 1767, brèveté Mest. de Camp en Mars 1771, ✠ en Janv. 1773, Lieut. Col. en Mars 1774.

FARVILLE, ✠, Lieut. Col. commandant le bataillon de garnison de *Royal-Auvergne*.

FAVANCOURT, (Ch. de) Brig. de drag. le 1 Mars 1780.

FAVART, ✠, Brigadier du *Génie*, à Landau.

FAVART d'Herbigny, ✠, Cap. du *Génie*, à Sedan.

FAVAS, (N... de) né à Draguignan le... 1736, Lieut. dans *Perche* le 17 Juillet 1754, Cap. le 12 Avril 1759, ✠ le... 1778, a fait la campagne de 69.

FAUCHAIS de la Fiacherie, (Adrien-Joseph) né à Puigny au Perche le 16 Août 1755, Elève de l'Ecole Militaire, Lieut. au rég. *Royal-Comtois* le 28 Juill. 1773, Cap. en sec. le 3 Juin 1779.

FAUCHAIS, (Anne-Pierre de la Faucherie, Ch. de) né à Lugny au Perche, le 27 Août 1758, élevé à l'Ecole Militaire le... 17... Cad. Gentilh. dans *Bassigy* le 30 Mars 1778, Sous-L. le 3 Juin 1779.

FAUCHEY de la Combe, Lieut. de *Maréchaussée*, à Libourne.

FAUCONNET, ✠, Maréc. de Log. des *Gendarmes* de Monsieur.

FAUDRAN, Garde du Roi dans *Noailles* le 14 Fév. 1771.

FAUDOAS, (le Marquis de) Col. du rég. de *Picardie*, inf., & ✠. M.D.

FAUDOAS, (Marquis de) Brig. d'inf. le 5 Déc. 1781.

FAVERNET, Garde du Roi dans L. 3 Août 1775.

FAVIER, ✠ Commissaire des Guerres des *Gardes* d'Artois.

FAULTRIER, Brig. d'inf. le 5 Déc. 1781.

FAULTRIER, ✠, Comm. le Col. d'artillerie de Metz.

FAULTRIER, Quart. Mc. Trés. des *Grenadiers-Royaux* de Languedoc.

FAURE, Exempt de *Maréchaussée*, commandant la Brig. du Bourg la Reine.

FAURE de Giers, Directeur d'artillerie, à Montpellier.

FAURIGNON, Garde du Roi dans L. le 14 Juin 1767.

FAURRE de Monpalain, ✠ Brig. des *Gendarmes* de la Reine.

FAUTON, ✠ Chef de Brig. du rég. de *Besançon*, artillerie.

FAUVEAU, Lieut. de Roi, au Château de Bouillon.

FAUVELET, Lieut. de *Maréchaussée*, à Nancy.

FAY de Villier, ✠ Cap. d'artillerie, à Bonifacio.

FAYDIT, (Maurice de) né à Riom en Auvergne, le 6 Février 1741, Lieut. au rég. de *Soissonnois* le 8 Avril 1757, réformé le.... Nov. 1762, Sous-L. au rég. de *Beaujolois* le 15 Juin 1763, Lieut. en sec. le 11 Mai 1769, Lieutenant en p. le 3 Novembre 1778.

FAYDIT de Montlong, (le Chev. de) Capit. du *Génie*, à Aire.

FAYEL, Garde du Roi dans L. le 9 Avril 1760.

FAYET, Sous-L. en p. des *Gardes Françoises*.

FAYET de Fonville, ✠ Lieut. de *Maréchaussée*, à Nevers.

FAYOLLE, (Jean-Antoine de) né à Lyon le... 1729, Vol. dans *Harcourt* drag., le... Fév. 1749, Lieut. le 24 Juin 1756, Lieut. en p. le... 1766, commission de Cap. le 9 Déc. 1771, ✠ le 18 Déc. 1778, Cap. en sec. au 3e rég. des *Chasseurs* le 6 Avril 1782; a fait 4 campagnes sur le Bas-Rhin; blessé de 3 coups de sabre dans un détachement.

FEGELY, (le Cte. de) Sous-Aide-Maj. des *Gard. Suiss.* M. D.

FEIGNET, (Hubert) né à Talmay en Bourgogne, le 13 Décembre 1739, Volont. dans *Dampierre* le 1 Avril 1756, Cornette le 19 Sept. 1758, Lieut. au rég. de *Bourgogne* cav., le 11 Avril 1768, commission de Cap. le 22 Février 1779, ✠ le...

FEINGUENET, ✠ Sous-Aide-Major des *Gardes Suisses*.

FÉLIX de St.-Maime, ✠ (le Comte de) Col. de *Soissonnois*, infanterie. M. D.

FELLÉS, (Jean-Marc, Chev. de) né au Château de Fellés, près Sarlat, le 1 Mai 1755, Page le 1 Mai 1771, Sous-L. le 2 Juin 1774, réformé le 1 Avril 1776, remplacé le 1 Mai 1779.

FENIS, Garde du Roi dans B. le 29 Juin 1757.

FENIS, Garde du Roi dans B. le 15 Mai 1771.

FENIS de Sufanges, Lieuten. de Roi à la Citadelle de Cambray.

FENOYL, Enf. des *Gardes Françoises*.

FERMÉ des Mornières, Sous-Lieut. de *Maréchaussée*, à Chataud en Berry.

FERQUEL, Sous-L. de *Maréchaussée*, à Decise.

FERRAND, (Michel-Christophe de) né à Huningue en Alsace, le... 1760, Soldat au rég. de *Beaujolois* le 1 Sept. 1777, Cad. Gentilh. le 1 Sept. 1779, Sous-L. le 29 Juillet 1782.

FERRAND, (Claude-Élisée de) né à Castres en Languedoc, le 19 Juin 1736, Vol. au régim. de *Bissigny* le 1 Mai 1754, Lieut. le 21 Fév. 1756, Cap. le 4 Mai 1771, Capit. com. des Chasseurs le 28 Avril 1778, Cap. com. des Gren. le 1 Oct. 1779, Cap. com. le 30 Avril 1781, ✠ le 15 Juillet 1781.

FERRAND des Rose, (Pierre-Élisée de) né à Castres le 18 Nov. 1739, Vol. au rég. de *Bissigny* le 1 Avril 1756, Lieut. le 1 Juil. 1757, Cap. le 8 Mai 1772, Cap. com. le 28 Avril 1778, Cap. des Grenad. le 30 Avril 1781, ✠ le 15 Juillet 1781.

FERRAND, Commissaire des Guerres, à Grenoble.

FERRAND, Major à Valenciennes.

FERRANDI, (Felice-Antonio) né à Pietra-de-Verde, en Corse, le 16 Sept. 1744, Lieut. le 1 Sept. 1769, Cap. au régim. Royal-Corse infant., le 1 Août 1771.

FERRARY de Romans, (le Comte de) Lieuten. de Roi au Duché de Bourgogne. M. D.

FERRARY, Brigad. de caval. le 10 Mai 1748.

FERRERY, (Giovan-Baptista) né à Morra-Piemont, le 10 Mars 1754, Sous-L. le 24 Mars 1772, Lieut. en p. au régiment Royal-Corse, le 28 Oct. 1777.

FERRETTE, † (le Comm. de) Major de Royal-Allemand, cavalerie.

FERRIERES, (Marq. de) Cap. en sec. dans Ségur, drag. M.

FERRIERE du Chatel, ✠ (Chev. de) Lieut. Colonel des Grenad-Royaux de Guienne.

FERRIET, ✠ Cap. d'Artillerie, à Nancy.

FERRON, (Claude) né à Helmaurapt en Champagne, le 17 Avril 1737, Carabinier le 25 Mars 1755, Maréc. de Log. le 16 Avril 63, Fourr. le 13 Août 65, rang de P. E. le 1 Mai 73, en pied le 2 Juin 74, réformé le 1 Avril 76, remplacé le 1 Avril 1779, il a été blessé à Crevelt.

FERROUL de Laurence, Sous-L. des Gardes de Monsieur.

FERRUSSAC, (le Ch. de) Cap. d'artillerie à Antibes.

FERRY, (Jacques-Patrice de) né à l'Isle de Bourbon, le 21 Sept. 1761, Cad. Gentilh. dans Royal, cav. le 6 Mars 1779, Sous-L. le 1 Juin suiv.

FERRY, Commissaire des guerres à Auch.

FERSEN, (Comte de) Col. en sec. du rég. de Deux-Ponts, infanterie. M. D.

FERSEN, (Comte de) Brig. d'inf. le 10 Mai 48.

FERTEL, Trompette des Gardes du Roi dans V.

FESTENBOURG, né à Manchzelle en Palatinat le 3 Avril 1757, Hussard dans Conflans le 11 Juill. 1766, Cad. Gentilh. le 26 Juill. 1776, Sous-L. le 14 Mars 1779.

FEUGERAY, (le Baron du) Lieut. de Roi à Dieppe.

FEUGRAY, Garde du Roi dans V. le 1 Déc. 1755.

FEUOYL, (Cte. de) Maréc. de Camp le 5 Déc. 1781. M. D.

FEUQUIERES, Garde du Roi dans L. le 13 Mai 1763.

FEURS, Sous-L. de Maréchaussée à Ridevigier.

FEYDEAU de St-Christophe, Lieut. Col. d'Armagnac, inf. & ✠.

FEYDEAU de St-Christophe, (Jean-Bernardin de) né à Bellac en Basse-Marche, le 30 Déc. 1738, Gendarme de la Garde le 25 Juin 1755, Lieut. au rég. de Médoc le 26 Nov. 1755, Aid.-Maj. le 23 Nov. 1759, Cap. le 28 Avril 1763, Cap. com. des gren. le 22 Janv. 1779, Maj. le 5 Nov. 1780, ✠ le,.. 1781.

FEYDEAU, (Michel, Ch. de) né à Bellac, le 9 Mars 1740, Gendarme de la Garde le 25 Juin 1755, Lieut. au rég. de Médoc le 26 Nov. 1755, Cap. le 26 Fév. 1770, Cap. com. des Chasseurs le 4 Juin 1776, ✠ en 1781.

FIEDMONT, Maréchal de Camp le 1 Mars 1780.

FIENNES de Sautricourt, Lieut. des Maréchaux de France, à St-Paul. M. E.

FIERVILLE de Saint-Clou, (François-Louis de) né au Château de Vincennes le 19 Juin 1768, Volont. aux *Carabiniers* le 1 Janv. 1782, Sous-L. à la suite le 16 Mars 1783.

FIGUEROLLES, Garde du Roi dans *Noailles* le 8 Octob. 1770.

FILHOT, Maj. à Dieppe.

FILLEY de la Barre, ✠ Maj. du *Génie*, à Maubeuge.

FILLEY de la Barre, (le Ch. de) Cap. du *Génie*, à Weissembourg.

FINANCES, Garde du Roi dans *Noailles* le 7 Oct. 1766.

FINANCE, Garde du Roi dans *Noailles* le 28 Sept. 1778.

FINGAUT, Quart. Me. Trés. du rég. de *Paris*.

FIORELLA, (Pasquale-Antonio) né à Ajacio le 5 Mars 1753, Sous-L. le 23 Juill. 1770, Lieut. le 31 Mars 1774, Cap. au rég. *Royal-Corse*, inf., le 20 Mai 1781.

FITTE de Gariez, Lieut. des *Maréchaux de France*, à Rivière-Verdun. M.

FITZJAMES, (Charles, Maréc. Duc de) né à... le 4 Nov. 1712, fut d'abord connu sous le nom de Comte de Fitz-James, Gouverneur & Lieut. Gén. de Limosin sur la démission du Comte Henri de Fitz-James, son frère, le 28 Déc. 1729; il entra aux Mousquetaires en 1730, obtint une compagnie de caval. dans *Montrevel* le 31 Mars 1732, & un rég. de cav. Irlandoise de son nom le 16 Mars 33; il le commanda au siége de Kell la même année, au siége de Philisbourg en 34, à l'armée du Rhin en 35; devenu Duc de Fitz-James, Pair de France en Juillet 36, sur la démission de son frère aîné, créé Brig. le 1 Janv. 1740, employé à l'armée de la Meuse sous les ordres du Maréchal de Maillebois le 1 Août 41; il marc. avec la première division qui partit de Sedan le 28, conduisit son rég. dans le pays de Julliers où il passa l'hiver; il marcha avec la seconde division de l'armée en Août 42, pour aller en Bohême où il n'y eut que quelques escarmouches; il rentra en France avec l'armée en Juillet 43, finit la campagne en Basse-Alsace sous les ordres du Maréc. de Noailles; créé Maréc. de Camp le 2 Mai 44, employé à l'armée du Roi le 1 Mai 45; il servit au siége de Tournay, où il resta pendant la marche de l'armée aux ennemis pour la bataille de Fontenoy; il servit ensuite aux siéges de la Citadelle d'Oudenarde, de Dendermonde; on le destina, le 18 Déc. 45, pour servir avec un corps de troupes qui devoit s'embarquer & qui n'eut point lieu; il fut employé à l'armée de Flandres le 1 Avril 46, couvrit avec l'armée le siége de Mons, de Saint-Guillain & de Charleroy, servit à celui de Namur & combattit à Raucoux; il se rendit à Gand le 15 Avril 47, eut des Lettres de service pour l'armée, combattit à Lawfeld & couvrit avec l'armée le siége de Berg-op-Zoom, servit au siége de Mastricht, fut créé Lieut. Gén. le 10 Mai, reçu Pair de France au Parlement le 17 Mars 55, ✠ le 1 Janv. 56, reçu le 2 Fév. suiv., employé à l'armée d'Allemagne le 1 Mars 57, s'est trouvé à la bataille d'Hastembeck, contribua à la prise de plusieurs places de l'Electorat d'Hanovre, & rentra en France en Nov.; il fut employé à l'armée d'Allemagne le 16 Mars

58 ; obtint le 30 le rég. de *Berwick*, vacant par la mort de son frère, se trouva à la bataille de Crevelt au mois de Juin, conduisit au mois d'Octobre dix bataillons & douze escadrons de l'armée commandée par le Prince de Soubise qu'il joignit le 9, combattit avec la plus grande distinction à Lutzelberg le 10, & rejoignit l'armée du Maréchal de Contades le 23 ; il s'est démis de son rég. de cav. en faveur de son fils le 10 Fév. 59, fut employé à l'armée d'Allemagne le 10 Mai ; il a commandé plusieurs détachemens considérables, s'est trouvé à la bataille de Minden, où il a chargé les ennemis à la tête de la cavalerie, est rentré en France en Nov., nommé pour commander dans la Province de Languedoc & sur les côtes de la Méditerranée le 16 Sept. 1761, nommé pour commander en Guienne, Navarre & Béarn le 1 Nov. 1765, depuis en Bretagne en 1771, créé *Maréc. de France* le 24 Mars 1775.

FITZ-JAMES, (le Duc de) Maréc. de Camp le 1 Mars 1780. M. D. E.

FITZ-James, †(Ch. de) Col. en sec. du régim. de *Berwick*, infanterie.

FIZELIER, Garde du Roi dans *Noailles* le 8 Mars 1775.

FLAMANVILLE, Garde du Roi dans V. le 27 Avril 1781.

FLAMARENS, (Marquis de) Maréc. de Camp le 1 Mars 1780. M. E. D.

FLAMARENS, (le Comte de) Lieut. Gén. du Gouvernement d'Aunis, Maréc. de Camp le 1 Mars 1780.

FLAMBARD, ✠, Lieut. de *Maréchauffée*, à Rouen.

FLANCHSLANDEN, (Baron de) Mar. de C. le 1 Mars 1780. M.

FLAUJAC, Garde du Roi dans V. le 3 Avril 1756.

FLAVIGNY, Sous-L. en sec. des *Gardes Françoises*. M. E. D.

FLAVIGNY, ✠, (Marq. de) Lieut. en p. des *Gardes Franç.*

FLAVIGNY, Brig. des Gardes du Roi dans *Noailles* le 30 Mars 1781.

FLECHIN, (le Comte de) Col. d'*Auxerrois* & ✠. M.

FLERS, (Marquis de) Maréc. de C. le 1 Mars 1780. M. D. E.

FLEURANGES, ✠, Lieut. en sec. des *Gardes Françoises*.

FLEURIANT, Garde du Roi dans V. le 2 Janv. 1774.

FLEURIOT, Brig. des Gardes du Roi dans B. le 29 Juin 1780.

FLEURIVAL, Quart. Mte. Trés. du rég. de *Strasbourg*, artil.

FLEURY, Garde du Roi dans *Noailles* le 20 Décemb. 1749, Fourr. le 1 Janv. 1776, Sous-L. Porte-Etendard le 12 Mars 1780, Mest. de Camp le 17 Mars 1781.

FLEURY, ✠, Brig. des Gendarmes d'Artois.

FLEURY, (André-Hercules de Rosset de Roccozel, Duc de) né à… le 27 Sept. 1715, fut d'abord connu sous le nom de Marquis de Fleury, Enseig. dans *Angoumois* le 4 Août 1726, Lieut. le 11 Fév. 27, passa dans cette qualité au rég. de la *Marine* le 15 Fév. 1728, obtint une compagnie le 2 Fév. 1730, fait Col. d'*Angoumois* le 27 Déc. 1731, il le commanda au siège de Kell en 1733, Mest. de Camp Lieut. du rég. *Royal*, drag., le 10 Mars 34 ; il se démit du rég. d'*Angoumois*, obtint la charge de Sénéchal de Carcassonne, de Beziers & de Limoux le 24 Juin, servit au siège de Philisbourg, & obtint le Gouvernem. d'Aigues-mortes le 27 Sept. ; il continua de servir à l'armée du Rhin en 35, devenu Duc de Fleury, Pair de France sur la démission de son pere le 30 Mars 1736; il obtint le Gouvernement Général de Lorraine & Barrois par provisions du Roi de Pologne données à Luneville le 24 Oct. 1737, avec promesse du Roi de lui confirmer ce Gouvernement lors de la réunion de la Lorraine à la France le 28 du même mois; il eut, le 10 Mai 1738, un brevet portant permission d'accepter le Gouvernement des Ville & Citadelle de Nancy, qui lui fut donné par le Roi de Pologne le 15 du même mois; créé Brig. le 1 Fév. 1740, premier Gentilhomme de la Chambre du Roi à la mort du Duc de la Trimoille le 5 Juin 1741; employé à l'armée d'Allemagne, il marcha en Bohême, se trouva à la prise de Prague, au Bivoac de Pilleck, au combat de Sahay, à la levée du siége de Fravemberg, à la retraite de l'armée sous Prague, à la défense de cette place, à la fameuse sortie du 22 Août, à la retraite de Prague sous le Maréchal de Belle-Isle, & rentra en France au mois de Fév. 1743; employé à l'armée du Rhin sous le Maréchal de Noailles le 1 Av. suiv., il combattit à d'Ettingen, & finit la campagne en Basse-Alsace; employé à l'armée de Flandres le 1 Avril 44, créé Maréchal de Camp le 2 Mai, il servit au siége de Menin comme Brig., déclaré Maréc. de Camp le 7 Juin avec des lettres de service du même jour, il se démit du rég. Royal, drag., servit aux siéges d'Ypres & de Furnes, passa de Flandres en Alsace, & se trouva au siége d'Auguenum, au siége de Fribourg ; il fut employé le 1 Avril 45, à l'armée du Bas-Rhin à la même armée le 1 Mai 46 ; il servit aux siéges de Mons, de St-Guilain & de Charleroy ; il couvrit le siége de Namur, & combattit au siége de Raucoux ; il se rendit, le 20 Mai 47, en Provence, fut employé à l'armée sur cette frontière le 1 Juin, se trouva au passage du Var à l'attaque des retranchemens de Ville-Franche & de Montalban, au siége & à la prise de Vintimille, au ravitaillement de cette place au mois d'Octobre, destiné pour servir aux Pays-Bas le 1 Mai 48, il ne joignit point ; créé Lieut. Gén. le 10 du même mois ; il fut reçu comme Pair au Parlement le 18 Fév. 51, obtint le grand Bailliage de Nancy en survivance du Marquis de Custine le 24 Déc. 1752, ✠ le 1 Janv. 53, reçu le 2 Fev., employé à l'armée d'Allemagne le 1 Mars 57 ; il s'est trouvé à la prise de quelques postes, est revenu en Juin pour servir auprès du Roi comme premier Gentilhomme de sa Chambre, entré en possession du Grand-Bailliage de Nancy en Novembre. M D. E.

FLEURY, ✠ Lieut. des Gardes de la Prévôté de l'Hôtel.

FLEURY, ✠ Major de *Saintonge*, infanterie.

FLOGNY, (le Comte de) Lieut. des *Maréchaux* de France à St-Florentin. M. D.

FLOID, (Charles-Augustin de) né à Guingamp le... 1735, Vol. au rég. de la *Reine*, inf. le 13 Avril 1755, Lieut. le 1 Nov. 1756, Garçon-Maj. le 15 Sept. suiv., Sous-Aid.-Maj. le... Fév. 1763, Cap. Aide-Maj. le 20 Mars 1774, Cap. en sec. le 9 Juin 1776, Cap. com.

le 3 Juin 1779, ✠ le...

FLOISSAT, Commissaire de la Gendarmerie.

FLOMONT, (le Ch. de) Sous-L., Porte-Etendard des Gardes du Corps dans Noailles le 30 Juin 1777, Mest. de C. le 6 Juin 1779.

FLOQUET, ✠ Brig. des Gendarmes Ecossois.

FLORESSAC, (le Marq. de) Lieut. Gén. du Gouvern. de la Haute & Basse-Marche. M. D.

FLOTTE, ✠ Cap. d'artillerie à Sisteron.

FLOYE, Charles-Augustin, Ch. de) né à Guingamp en Bretagne le... 1735, Vol. au rég. de la Reine, inf. le 1 Avril 1755, Lieut. le 1 Nov. 1756, Garçon-Maj. le 15 Sept. suiv. Sous-Aide-Maj. le... Fév. 1763, Cap. Aide-Maj. le 20 Mars 1774, Cap. en f. le 9 Juin 1776, Cap. c. le 3 Juin 1779, ✠ le... 17...

FLY-MILORDIN, ✠, Cap. com. le 3ᵉ. rég. d'Etat-Major.

FOINANT, (Joseph) né à Noray en Lorraine, le 5 Oct. 1737, Soldat au rég. Royal-Comtois le 27 Janv. 1756, Gren. le 1 Sept. 1758, Serg. le 11 Fév. 1762, Fourr. le 11 Fév. 1766, Lieut. des gren. le 15 Juill. 1773, Commission de Cap. le 28 Février 1778.

FOLENAY, ✠ Lieut. Col. des Grenad.-Royaux du Comté de Bourgogne.

FOLENAY, ✠ Lieut. Col. de Poitou, infanterie.

FOLLEVILLE, (Marquis de) Com. du bataillon de Garnison de Beauce. D. M.

FOLMONT de Testas, Cap. du Génie à Lourdes.

FOLZER, ✠ Lieut. Col. com. le bataillon de Garnison d'Angoumois.

FOMPITON, (Jean-Joseph-François de Massacré de) né à St-Genies en Périgord, le 28 Sept. 1743, Enseig. au rég. de Bassigny le 14 Janv. 1761, Lieut. le 11 Août 1768, Cap. en sec. le 28 Avril 1778, Cap. en sec. des Chasseurs le 15 Août 1779, Cap. com. le 30 Avril 1781.

FONSBLANC, ✠ Lieut. Col. com. le bataillon de Garnison de Languedoc.

FONTAGES, (Antoine de) né à St-Porcin-d'Hauteroche en Auvergne, le... 1761, élevé à l'Ecole Militaire le..., Cad. Gentilh. dans Bassigny le 4 Avril 1778, Sous-L. le 3 Juin 1779.

FONTAINE, (Richard-Jacques-Pierre-Michel-Victor, Ch. de) né à St-Victor au Maine, le 1 Déc. 1753, Vol. dans Royal-Cravattes le... 1769, Sous-L. à la suite du sec. rég. des Chevaux-Légers le 6 Déc. 1771, en pied le 1 Juin 1772.

FONTAINE Moreau, (le Comte de) Lieut. de Maréchaussée à Tonnerre. D. M.

FONTAINE, Sous-L. de Maréchaussée, à Avranches.

FONTAINE, Maj. de la citadelle de Perpignan.

FONTAINE, Garde du Roi dans V. le 1 Juillet 1759.

FONTAINE, Garde du Roi dans L. le 6 Novembre 1773.

FONTAINE Martel, Enseig. des Gardes Françoises.

FONTAINES, (N..., Ch. de) né à Fontaines en Normandie, le 10 Déc. 1753, Sous-L. à la suite dans le rég. des Cuirassiers du Roi le 19 Mai 1774, Sous-L. en pied le 10 Sept. 1780.

FONTAINES, (Marquis de) Maréchal de Camp le 5 Décembre 1781. M. D. E.

FONTALARD,

FONTALARD, (le Ch. de) Lieut. du Génie des Colonies.

FONTANGES, Garde du Roi dans B. le 25 Décembre 1761.

FONTARECHE, (N..., Ch. de) né à Uzès, le... 1745, Sous-L. au rég. de Perche le 18 Juin 1768, Lieut. le 19 Mai 1774, Lieut. en pied le 20 Mars 1775, Cap. le 8 Sept. 782.

FONTARECHES, (le Baron de) Lieut. des Maréchaux de France à Villen.-les-Avignon. M.

FONTBANIDE, ✠ Cap. du Génie à la Martinique.

FONTBLAIN, Garde du Roi dans L. le 22 Novembre 1755.

FONTBRESSIN, Garde du Roi dans L. le 25 Nov. 1769.

FONTENAY de St-Aubin, Lieut. des Maréchaux de France à Mortagne.

FONTENELLE, ✠ Maréc. de L. des Gendarmes de la Reine.

FONTENU, (Marquis de) Brig. d'inf. le 1 Mars 80. M.

FONTETTE, Enseigne surnuméraire des Gard. Françoises.

FONTETTE, Maréc. de C. le 3 Janvier 70.

FONTGALLAND, (le Ch. de) Aide-Maj. à Briançon.

FORELL, Lieut. en sec. des Gardes Suisses.

FORESTIER, Brig. de drag. le 1 Mars 80.

FORGET, Maj. d'Aire, ville & château.

FORNETS, (le Ch. de) Maj. à Rochefort.

FORSAN, Lieut. des Maréchaux de France à Hedde.

FORTAGES, (N... de Bordes de) né à Menac en Guienne, le 10 Août 1744, Lieut. des Gardes-Côtes le 1 Janv. 1758, Lieut. dans Montmorin, le 21 Déc. 1761, réformé le 19 Avril 1763, Lieut. le 28 Mars 1768, 1784.

Cap. en sec. dans l'Isle de France le 24 Février 1780.

FORVILLE, (Antoine-René-Alexis-Horson de) né au château de Chézel en Touraine, le 15 Juin 1741, Corn. au rég. d'Archeau le 1 Fév. 1757, Lieut. le 15 Août 1760, Sous-Aide-Maj. au rég. du Roi, cav. le 15 Mars 1763, Lieut. le 25 Mars 1765, Cap. en sec. au 2e rég. des Chevaux-Légers le 5 Avril 1780.

FOS, Brig. des Gendarmes Bourguignons.

FOUBERT, ✠ Lieut. en p. dans Ségur, dragon.

FOUCARD d'Olimpies, Lieut. de Roi à Montpellier.

FOUCAUD, (Louis, Ch. de) né à Lascos en Périgord, le 15 Juin 1750, Vol. dans les Carabiniers le 3 Mars 65, Sous-L. dans Royal Etranger le 5 Déc. 67, rentré Sous-L. des Carabiniers le 24 Mars 72, Lieut. le 29 Sept. 1774, réformé le 1 Avril 76, Lieut. en sec. le 7 Mai 1780.

FOUCAUD, Garde du Roi dans V. le 13 Mars 1758.

FOUCAUD de la Bretle de Pontbriland, (Louis de) né au château de Celfes, près Riberal en Périgord, le 8 Mai 1742, Corn. aux Carabiniers le 1 Oct. 1758, Lieut. le 12 Mars 1760, rang de Cap. le 13 Mai 1766, Aide-Maj. le 28 Avril 1769, réformé le 1 Avril 1776, Cap. en sec. le 1 Avril 1776, Aide-Maj. le 1 Mai 1779, ✠ le 29 Déc. 1779, rang de Maj. le 7 Mai 1780, blessé à Minden, Aid.-Maj. Gén. du Corps le 16 Mars 1783.

FOUCAULD, (François, Vicomte de) né à Bergerac le 18 Mars 1726, Mousquetaire le... 1742, Lieut. en sec. au rég. d'*Enghien* le 17 Mars 1744, Lieut. le 15 Juill. suiv., Aide-Maj. le 13 Août 1750, rang de Cap. le 22 Août 1754, Cap. le 30 Août 1759, ✠ le... 1759, Maj. du rég. de l'*Isle de France* le 19 Fév. 1766, rang de Lieut. Col. le... Juin 1770, Lieut. Col. le 7 Mai 1777, Brig. le 1 Mars 1780. M. D. E.

FOUCAULT, (Guillaume de) né à Bourges, le 11 Nov. 1749, Sous-L. au rég. de la *Marine* le 18 Juin 1768, Lieut. le 11 Mars 1774, Cap. le 15 Février 1780.

FOUCAULT, ✠ Cap. d'artillerie à la Rochelle.

FOUCAULT, ✠ (Marquis de) Col. de *Mestre de Camp Général*, dragon. M.

FOUCAULT, (Vicomte de) Brig. d'inf. le 12 Nov. 70. M.

FOUCAULT l'aîné, Sous-L. de *Maréchaussée*, à St-Palais.

FOUCAULT, (le Ch. de) Sous-L. de *Maréchaussée*, à Dax.

FOUCHÉ, P. E. du rég. *Royal-Champagne*, cavalerie.

FOUCHET, ancien Garçon Major d'artillerie à Metz.

FOUCQUET, (le Marquis de) Col. en sec. d'*Armagnac*, infanterie, & ✠. M. D. E.

FOUET de Conflans, (Antoine-Clene) né à Belloy en Bourgogne le 26 Nov. 1740, Cav. au rég. d'*Escouloubre*, devenu *Royal-Normandie*, le 17 Fév. 1760, Fourr. le 1 Avril 1763, Quart. M. le 19 Fév. 1766, rang de Lieut. le 17 Août 1770, réformé & remplacé Sous-L. le 16 Juin 1776, Lieut. en sec. le 30 Janv. 1778.

FOUGERAUX de Blaveau, ✠ Cap. du *Génie*, à Brest.

FOUGERE, Sous-L. de *Maréchaussée* à Pierrelatte.

FOUGERES, Garde du Roi dans L. le 4 Décembre 1758.

FOUGEROLLES, (Claude Rochefort de) né à Ferrières en Bourbonnois, le 27 Avril 1728, Lieut. le 29 Nov. 1745, Cap. le 1 Déc. 1741, ✠ le 6 Mars 1763, Cap. des gren. le 1 Juillet 1774, Cap. des *Chasseurs* le 8 Juin 1776, Cap. des *Fusiliers*, au rég. de *Limosin*, inf. le 18 Juin 1780.

FOUGEROUX, Garde du Roi dans V. le 16 Juillet 1764.

FOUGIERES, (le Comte) Lieut. Gén. du *Bourbonnois*, Maréc. de Camp le 3 Janvier 1770. M. E. D.

IOUGUEROLLES, Louis-Etienne de) né à Vichy en Bourbonnois, le 24 Déc. 1757, Sous-L. à la suite de la légion de *Lorraine* le 6 Fév. 1774, en pied dans le rég. de *Bourbon* le 5 Déc. 1776, passé au 3e rég. des *Chasseurs* le 1 Juin 1779.

FOUILHAC, ✠ Sous-Brig. du *Génie*, à Bordeaux.

FOUILLETTE, (Charles de) né à Fontainebleau, le 15 Déc. 1732, Vol. dans la *Rochefoucault* le... Mars 1757, Enseig. au rég. Maréchal de *Turenne*, le 5 Juin 1758, Lieut. le 22 Nov. 1758, Sous-Aide-Maj. le 26 Janv. 1763, Cap. le 17 Avril 1774, fait la campagne de 57, 58 & 79.

FOUQUET, (Comte de) Lieut. Gén. le 25 Juill. 62. M.

FOURCAUD, Garde du Roi dans B. le 17 Septembre 1765.

FOURCROI, Maréc. de C. le 1 Mars 1780.

FOURNAS de Fabrezan, (le Ch. de) Lieut. du *Génie* à Perpignan.

FOURNEL, Garde du Roi dans B. le 2 Juin 1779.

FOURNEL, (Marquis de) Sous-L. des *Gendarmes* d'Artois. M. D.

FOURNIER, Sous-L. de *Maréchaussée* à St-Omer.

FOURNIER, ✠ Capit. du *Génie*, à Toulon.

FOURNIER de Villé, Commissaire des Guerres, en Normandie.

FOURNIER de Verrier, Cap. du *Génie*, à Saumur.

FOURS, (Comte de) Brigad. d'inf. le 1 Mars 1780, M. D.

FOURTON, (Jacques) né à Sommières en Languedoc, le... 1731, Soldat au rég. de *Limosin*, le 14 Avril 1748, Sergent le 14 Avril 1756, Fourrier le 10 Août 1764, Sergent-Major le 8 Juin 1776, P. Drap. le 5 Janv. 1779, Sous-L. des Grenadiers le 18 Janvier 1781.

FOUZILLE de la Grange, (Adélaïde-Blaize-François le Lièvre, Marq. de) né à Paris le 21 Déc. 1766, Lieut. en sec. du bataillon de garnison d'*Artois*, le 5 Mai 1781, Sous-L. à la suite des *Carabiniers* le 4 Août 1782, M. D.

FRADIN, Garde du Roi dans B. le 12 Janvier 1776.

FRAGUIER, (Marquis de) Maréc. de Camp le 1 Mars 1780, M. D.

FRAGUIER, (Jean-Baptiste-Augustin, Baron de) né à Besançon en 1754, Page du Roi en 1768, Garde du Roi en 1772, Cap. à la suite dans *Lanan* le 24 Août 1775, Cap. en sec. le 22 Juin 1781.

FRAINQUIN, ✠ Brig. des *Gendarmes* de Flandres.

FRAISANS de Glatigny, Major à la Citadelle de Cambray.

FRAMBOISIER, ✠ Brig. des *Gendarmes* de Monsieur.

FRAMERY, Garde du Roi dans B. le 10 Janvier 1759.

FRANC, (Cheval. de) Brig. de dragon le 1 Mars 1780.

FRANCE, (Chev. de) Brig. de cavalerie le 1 Mars 1780.

FRANCE de la Ronce, ✠ Maréchal de Logis des *Gendarmes* Bourguignons.

FRANCES, Quart. Mᵉ Trés. du rég. du *Roi*, dragon.

FRANCFORT, Maj. du rég. du *Roi*, cavalerie.

FRANCHET Deran, (le Ch. de) Brig. d'inf. le 1 Mars 1780.

FRANCHET Deran, (le Ch. de) Lieut. de Roi, à Besançon.

FRANCHI, (Pavolo-Francesco) né à Pietralba en Corse, le 18 Fév. 1731, Sous-L. le 13 Juil. 1771, Lieut. en p. au rég. *Royal Corse* le 14 Oct. 1774.

FRANÇOIS, (Jean) né à Paris le... 1745, Soldat le 26 Août 1761, Sergent le 1 Sept. 1766, Fourrier le 1 Mars 1771, Sergent-Major le 9 Juin 1776, Adjudant le 23 Juin 1779, Porte Drap. au rég. de la *Reine* inf., le 11 Août 1781.

FRANCOND, Lieuten. des *Maréchaux* de France, à Mende.

FRANQUEVILLE d'Abancourt, ✠ (le Cheval. de) Cap. du rég. des *Grenadiers-Royaux* de Picardie.

FRANQUEVILLE, ✠ Cap. com. le 3ᵉ rég. d'*Etat-Major*.

FRANQUEVILLE, Lieut. des *Gardes* de la Porte du Roi.

FRANSURES de Grécourt, ✠ Cap. d'*Artillerie*, à St.-Quentin & Ham.

FRANSURES de Villers, ✠ Cap. d'*Artillerie*, à Cambray.

FRANVAL, ✠ Lieut. Col. de *Bourbon* infanterie.

K 2

FREBOURG, (Joseph-Jean-René-François-Marie, Ch. de) né à Sarzand en Bretagne, le 14 Août 1765, Elève de l'École Militaire, Cad. Gentilh. au rég. Royal-Comtois, le 1 Janvier 1780, Sous-L. à la suite le 16 Août 1781, en pied le 26 Janv. 1782.

FREBOURG, (Denis-René de) né à Cantilly au Maine, le 17 Avril 1727, Cad. au rég. de Limosin le 15 Oct. 1744, Lieut. le 28 Mai 1746, Aide-Major le 15 Oct. 1747, Cap. le 14 Août 1757, ✠ le 3 Mai 1772, Cap. com. le 8 Juin 1776, Cap. des Grenad. le 18 Juin 1780, idem des Fusiliers, le 1 Mars 1783.

FRÉCHENCOURT, Lieut. de Roi, à Péronne.

FRÉDEVILLE, Garde du Roi dans B. le 18 Décembre 1758.

FREDIANI, (Pietro Pavolo) né à Calvi en Corse, le 28 Juin 1754, Sous-L. au rég. Royal-Corse infant., le 8 Avril 1779.

FREDY, (Chev. de) Brig. d'infanterie le 1 Mars 1780.

FREDY, Lieuten. des Maréchaux de France, à Vitry.

FREMEAUX, ✠ Cap. d'Artillerie, à Lille.

FREMICOURT, Maj. com. à l'Orient.

FREMIN, Sous-L. de Maréchaussée, à Chinon.

FREMONT de la Merveillère, Cap. du Génie, à Mont-Dauphin.

FREMUR, (Marquis de) Maréc. de Camp le 1 Mars 1780.

FRENOY, (le Cheval. de) Lieutenant des Maréchaux de France, à Montreuil.

FRESLON de la Freslonnière, Lieutenant des Maréchaux de France, à Ploermel.

FRESNE, (le Chevalier de) Cap. d'Artillerie, à Cherbourg.

FRESNE, Lieut. de Roi en Guienne.

FRESNOIS, (Nicolas-François le Thuer de) né à St.-Ail en Lorraine, le 3 Fév. 1738, Cad. dans le rég. Royal-Artillerie, batail. de Françure, le 9 Juillet 1754, réformé en Janv. 1756, Lieut. en sec. des Volontaires-Etrangers le 1 Juin 1756, Lieutenant des Volont. d'Austrasie le 1 Janv. 1760, passé dans les Volont. de Heinault en Avril 1763, incorporé Lieut. en p. dans Orléans drag. le 4 Déc. 1776, commiss. de Cap. le 15 Décemb. 1772, passé au 3e rég. des Chasseurs le 1 Juin 1779; s'est trouvé à l'affaire du Maréch. de Broglie en 1761, où il a perdu son cheval, ayant mis pied à terre pour barrer le chemin aux ennemis & favoriser la retraite du Maréchal; il reçut pour cette action 600 liv. de gratification; a fait la campagne de 1769, a été blessé d'un coup de feu le 24 Déc. 1760, a reçu une gratification de 250 liv. en considération de ses services, le 1 Mars 1774, ✠ le 19 Novemb. 1779.

FRESNOY, Garde du Roi dans L. le 30 Mars 1771.

FRESSINAUX, (Joachim-Robin de) né à Monlezun en Bourb....ois, le 22 Mai 1738, Sous-L. le 15 Janv. 1756, Lieut. le 26 Mars 1756, Cap. en p. du rég. du Maine le 9 Sept. 1761, ✠ le... 17...

FREVAL, Major du rég. de Bourbon, dragon.

FREYTAG, Brigadier d'inf. le 1 Mars 1780.

FRÉZALS de Pourfaud, (Antoine-Louis-Bernard) à Chauny en Picardie le 27 Mai 1761, Cad. Gentilh. au rég. de Bourgogne cav., le 15 Mai 1779, Sous-L. le 1 Juin 1780.

FRIAC, Garde du Roi dans V. le 19 Décembre 1757.

FRIBOURG, (Joseph-Jacques-Jean de) né à Mamers au Maine, le 20 Juillet 1767, Sous-Lieut. au rég. de *Limosin*, le 18 Mars 1783.

FRICON, (Joseph-Philippe) né à la Bouleur en Poitou, le 22 Nov. 1734, Soldat Gentilh. au rég. de *Picardie* le 1 Mars 1750, Sergent en Avril 1753, convoqué à l'arrière-ban de la Noblesse du Poitou en 1758, Ens. au rég. de *Beaujolois* le 28 Sept. 1759, Lieut. le 20 Juin 1761, Cap. en sec. le 22 Juin 1779, ✠ le... Août 1781.

FRIGIERE, Garde du Roi dans *Noailles* le 20 Septembre 1759.

FRIMONT, Maréchal de Camp le 5 Décembre 1781.

FRIRION, Quatt. Me Trés. d'*Artois* infanterie.

FRISON, (Michel-Joseph) né à Tournay en Flandres le 31 Mars 1727, Soldat au régim. de *Limosin* inf. le 30 Nov. 1745, Serg. le 22 Août 1755, Fourrier le 10 Août 1764, P. Drap. le 1 Avril 1769, Sous-L. de la comp. des Grenad. le 21 Déc. 1776, Lieut. en sec. des Fusiliers le 15 Juin 1781.

FRITSCH, Sous-Lieut. de *Maréchaussée*, à Strasbourg, ✠

FROISSARD de Berfaillin, Lieut. en p. des *Gardes Françoises*.

FROISSARD de Berfaillin, Ens. surnuméraire des *Gardes Françoises*.

FROMENT de Chau-du-Mont, (André) né à Avaux en Combrailles, le... 1741, Gren. Volont. dans *Orléans* inf. le 10 Février 1758, Ens. le 10 Mars 1759, Lieut. le 18 Sept. 1760, Cap. en sec. le 7 Août 1778; a fait les campagnes de 1759 & 1762, Capit. en p. le 10 Mai 1782, ✠ le 1 Septemb. 1781.

FROMENT, Lieut. Col. de *Rohan-Soubise* infant., M.

FROMENTAL, (Joseph-Maurice Morel de) né à Fromental en Poitou, le 15 Juil. 1751, Sous-L. le 30 Avril 1769, Lieut. le 30 Avril 1775, Lieut. en p. le 3 Juin 1779, Cap. en sec. au régim. de *Bassigny* le 18 Juin 1782.

FROMENTAL, (le Chev. de) Lieut. des *Maréchaux* de France, au Dorat.

FROMENTAL, (N....) Officier dans..., retiré du Service le..., à Monterol.

FRONDAD, (le Baron de) Commandant à Bitche.

FRONSAC, (le Duc de) Lieutenant Général le 1 Mars 1780, D. M. E.

FROTTIER, (François-Gabriel de) né à St-Loup, en Saintonge, le 20 Mars 1762, Cad. Gentilh. au rég. de *Limosin*, le 29 Février 1780, Sous-Lieut. le 24 Août 1781.

FUMEL, (le Comte de) Lieut. Général le 1 Mars 1780, M. D.

G

GAALON, Garde du Roi dans L. le 29 Décembre 1779.

GABRIEL, Trompette des Gardes du Roi dans B.

GACHET de Sainte-Suzanne, ✠ Prévôt Général de *Maréchaussée*, à Paris.

GADAGNE, (Comte de)

GAG

Guidon des *Gendarmes* de la Garde, D. E. M.

GAFFORI, ✠ Col. du rég. de l'*Isle-de-Corse*.

GAGNERES, (Louis de) né à Vousiers en Champagne, le 18 Juin 1726, Vol. dans *Barbançon*, depuis *Royal-Navarre*, cav., le... Mars 1745, Maréc. de Logis le... Nov. 1745, Corn. le... Oct. 1756, Lieut. le... Juil. 1761, rang de Cap. le 14 Juin 1762, Aide-Major le... Nov. 1764, ✠ le... Oct. 1775, réformé le 21 Juin 1776, Cap. en fec. le 28 Août 1777, Cap. en p. le 9 Mai 1778, blessé à Minden le 30 Août 1759.

GAGNERES, (Jean-Baptiste) né à Vousières en Champagne le 24 Déc. 1738, Vol. dans *Mousin*, cav. en 1753, Lieut. en sec. dans *Fischer* en 1760, Sous-l de la Légion de *Hainaut* le 23 Avril 1765, Lieut. en sec. de la comp. des Chasseurs du rég. de *Chartres* le 7 Nov. 1776, ✠ le 30 Oct. 1781, Lieut. en sec. du 3ᵉ rég. des *Chasseurs* le... 17...; a fait les campagnes d'Allemagne & une en Corse.

GAILHAC, de la Gardie, (Baron de) Brig. d'inf. le 5 Décembre 1781.

GAILLARD, Garde du Roi dans B. le 7 Mai 1770.

GAILLERE, Maréchal des Logis des Gardes du Roi le 29 Sept. 1782.

GAIN, † (Comte de) Col. en second d'*Artois* cavalerie. M. D.

GAIX, ✠ Commissaire des Guerres, à Castres & Alby.

GALAND, (le Chev. de) Commiff. des Guerres, à Charleville & Rocroy.

GALARD, Commissaire des Guerres, à Condé & Bouchain.

GAL

GALAUP, Brig. des Gardes de Monsieur.

GALBAUD, Lieut. du *Génie*, à Brest.

GALIBERT, Maréc. de C. le 5 Décembre 1781.

GALIEN de Préval, Aspirant du *Génie*, à Landau.

GALIFFET, ✠ (le Baron de) Lieut. Col. de *Royal-Lorraine*, cavalerie. M D.

GALL, (Jean-André) né à Wissembourg en Alsace, le 27 Oct. 1747, Soldat au rég. d'*Aquitaine* le 2 Fév. 1764, Cap. le 12 Août 1767, Serg. le 20 Avril 1775, Serg.-Maj. le 16 Avril 1778, Quart. M., Trés. du rég. le 18 Septembre 1781, avec rang de...

GALLETYER, (Esprit-Marie) né à Poitiers le 24 Déc. 1744, Soldat au rég. de *Limosin* le 10 Mars 1761, Serg. le 18 Juin 1768, Fourr. le 3 Sept. 1770, Serg.-Maj. le 8 Juin 1776, Porte-Drapeau le 18 Janvier 1781.

GALLIÉ, Garde du Roi dans B. le 27 Décembre 1766.

GALLOIS de la Grange, ✠ Maréchal de Logis des *Gendarmes Dauphins*.

GALLOIS, ✠ Sous-Directeur d'artillerie, à Phalsbourg.

GALLUP, Maj. d'*Auxerrois* & ✠.

GAMBS, Major de *Bourbonnois* inf., & ✠.

GAMOND de Montval, Cap. du *Génie*, à Grenoble.

GAND, (le Comte de) Col. en sec. du rég. de *Picardie*, infanterie. M. D.

GAND, (Vicomte de) Col. en sec. du rég. de *Chartres*, dragon. M. D.

GANEAU, (Charles-Pierre de) né à Paris, le 12 Juin 1757,

Offic. au rég. Provincial d'*Autun* le 1 Mai 1773, Sous-L. au rég. Royal-Comtois, le 28 Juillet 1773, Lieut. le 23 Mai 1775.

GANGES, ✠ (Comte de) Col. de *Bourgogne*, inf., Brig. le 5 Décembre 1781. M. D.

GANGOLFF, ✠ Commissaire des guerres à Phalsbourg & Sarrebourg.

GANOT, (Gaspard-Joseph de) né à Verdun le 25 Juin 1724, Vol. dans *Royal Pologne* le 1 Mai 1738, Corn. le... Juill. 1741, Cap. le 10 Août 1745, Maj. le 20 Fév. 1760, ✠ le... Sept. 1758, réformé Maj. & passé Cap. le... 1761, Commission de Lieut. Col. le 25 Sept. 1766, Maj. au rég. *Royal-Picardie* le 22 Fév. 1770, Lieut. Col. au rég. de *Bourgogne*, cav., le 28 Oct. 1773, Brig. des Armées le 1 Mars 1780.

GANOT, ✠ Sous-Directeur d'artillerie, à St-Malo.

GANTÈS, (Joseph-Henri-François, Ch. de) né à Brignolle le 21 Juin 1747, Lieut. des vaisseaux du Roi le... 17..., ✠ le 4 Novembre 1782.

GANTÈS, (Pierre-Aimé Hilarion de) né le 26 Nov. 1760, Enseig. des *Vaisseaux du Roi*, Sous-Aide-Maj. de la *Marine Royale*.

GANTÈS, (Jean-François-Louis de) né à... le 22 Nov. 1727, Cap. des *Vaisseaux du Roi* le... 17... ✠ le...

GANTÈS de la Pastourelle, (Robert Antoine de) né à... le... 17..., Gouverneur de Saintes le... 17..., ✠ le... 17... Écuyer de main de la feue Reine le... 17...

GANTÈS, (François-Ignace-Manuel) né à Bleinsvelle en Artois, le 25 Janv. 1750, Page du Roi le 1 Janv. 1763, Sous-L. à la suite dans *Royal-Pologne*, cav. le 1 Déc. 1766, en pied le 20 Avril 1768, Cap. à la suite le 29 Sept. 1775, Cap. en sec. le 17 Juill. 1782.

GANTÈS, (Louis-Henri Rosselin de) né à Bleinsvelle en Artois le 24 Janv. 1767, Page de la Chambre du Roi le 1 Janv. 1778, premier Page, a obtenu une pension de 600 l., Sous-L. au rég. de *Beaujolois* le 14 Fév. 1783.

GANTIÉS, Cap. d'artillerie, à Besançon.

GARABE, (le Chev. de) Exempt des *Cent Gardes Suisses*.

GARAT, Garde du Roi dans V. le 4 Juillet 1759.

GARAT, Brig. des Gardes du Roi dans R. le 26 Mars 1781.

GARAVAQUE, ✠ Cap. du *Génie* aux Colonies.

GARCIN, (Etienne) né à Sisteron le... 1736, Soldat dans l'*Isle de France*, le 20 Mai 1756, Serg. le 1 Juill. 1758, Fourr. le 1 Oct. 1763, Serg.-Maj. le 11 Juin 1776, P. D. le 28 Juin 1782.

GARDEBOSC, (Martin Grégoire de) né à Foix le 12 Mars 1747, Sous-L. au rég. Maréchal de *Turenne* le 3 Avril 1768, Lieut. le 18 Août 1775.

GARDERA, Garde du Roi dans V. le 11 Décembre 1774.

GARDEY, Garde du Roi dans B. le 11 Février 1767.

GARDIN de Roseaux, Brig. des Gend. de Monsieur.

GARDIN de la Gestière, ✠ Lieut. de *Maréchaussée*, faisant les fonctions de Prévôt Général à Rennes.

GARGAN, (François-Joseph Druon, Ch. de) né à Rollepot en Artois, le 4 Juin 1755,

Lieut. le 7 Mars 1747, réformé le 13 Mars 1749, Enseigne le... Août 1749, Cap. le 26 Nov. 1761, réformé le 19 Avril 1763, Cap. de la *Lieut. Col.* le 12 Nov. 1768, Cap. com. au rég. de l'*Isle de France* le 11 Mai 1769, ✠ le... 1772, Cap. des gren. le... 1780.

GARGILESSE, (Gabriel-Anne-Charles Dubreuil Dubost, Ch. de) né à Beaufort en Anjou, le 10 Sept. 1750, Vol. dans *Durfort* le 28 Avril 1769, Sous-L. à la suite le 4 Mai 1771, en pied le 1 Juin 1772, réformé à la suite le 11 Juin 1776, remplacé le 17 Juillet 1777.

GARIN, (Gaspard) né à Beley le 5 Fév. 1727, Dragon au rég. *Dauphin* le 1 Fév. 1744, Cav dans *Royal-Étranger* le 17 Mars 1756, Maréc de Log. le 27 Août 1763, Fourr. le... 1772, Maréc. de Log. le... 1776, P. E. au 2ᵉ rég. des *Chevaux-Légers* le 26 Juillet 1779.

GARNIER, ✠ Adjudant de bataillon aux *Gardes Françoises*.

GARNIER de Silly, Sous-L. de *Maréchaussée*, à Autun.

GARNIER Dulyon, Cap. du *Génie*, à Bayonne.

GARNIER, Aspirant du *Génie*, aux Colonies.

GARNIER, Sous-L. de *Maréchaussée*, à Mortagne.

GAROSTE, Garde du Roi dans *Noailles* le 11 Janv. 1762.

GARPILHET, ✠ Brig. du *Génie*, à St-Malo.

GARSAULT, ✠ Major de *Royal-Roussillon*, infanterie.

GASCOING, (Louis-Antoine de) né à Moulins en Bourbonnois, le 18 Janv. 1758, Sous-L. au rég. de *Limosin*, le 23 Août 1772, Lieut. en sec.

le 14 Juin 1779, Lieut. en pied le 24 Août 1781.

GASSENDY, Cap. d'artillerie, à l'Arsenal de Metz.

GASSONVILLE, ✠ P. E. des Gardes d'Artois.

GASSOT de la Vienne, Ens. surnuméraire des *Gardes Françoises*.

GASTEL de Racle, ✠ Porte E des *Gendarmes Bourguignons*.

GASTEL, (Jean-Charles-Joseph, Ch. de) né à Soranne en Normandie, le 26 Fév. 1746, Mousquetaire-gris le 10 Fév. 1763, Sous-L. au rég. Maréchal de *Turenne* le 23 Oct. 1763, Lieut. le 30 Déc. 1769, Cap. en sec. le 16 Juin 1781, fait la campagne de 79.

GASTINES, (le Ch. de) Maj de *Royal*, infanterie & ✠.

GASTON, Maj. de *Royal la Marine*, infanterie.

GATTIS, (Pierre-Alexis Vincent) né à Avignon, le 22 Janv. 1746, Soldat aux *Gardes Françoises*, le 24 Nov. 1766, Caporal le 1 Août 70, Serg. le 31 Août 71, Serg. des gren. le 31 Oct. 78, a donné sa démission le 24 Fév. 82, passé Sous-L. aux *Carabiniers* le 4 Août 1782.

GAU, Commissaire des guerres, en Amérique.

GAUCHÉ, (François) né à Paris le 18 Oct. 1734, Soldat au rég. d'*Aquitaine*, le 19 Mars 1751, Serg. le 25 Mai 1758, Fourr. le 1 Juin 1766, Porte-Drapeau le 18 Janv. 1775, Sous-L. le 10 Juin 1776, Lieut. en sec. le 15 Mai 1781, blessé au siége de Cassel, d'un coup de feu à la jambe le... & d'un autre sous Estre à l'épaule droite.

GAUCHE, Garde du Roi dans *Noailles* le 4 Oct. 1771.

GAUCOURT, (Vicomte de) Guidon des *Gendarmes* de la Garde. D. M.

GAUCOURT, ✠, (Vicomte de) Lieut. Col. de *Boufflers*, drag.

GAUCOURT, (le Comte de) Maréchal de Camp le 1 Mars 1780.

GAUCOURT, Brigadier des Gardes du Roi dans L. le 22 Juillet 780.

GAUDECHART, (René-François de) né au Château de l'Épine en Picardie, le 18 Juillet 1746, *Mousquetaire* de la Garde le 7 Mars 1763, Cap. à la suite dans *Royal-Pologne* le 6 Mars 1774, Cap. en sec. le 7 Août 1778.

GAUDIN, (Jean) né à Malestroit en Bretagne, le 7 Mars 1747, Cavalier dans *Bourgogne* le 1 Mai 1766, Maréchal de Logis le 1 Sept. 1767, Fourr. le 15 Juin 1772, P. Enseig. le 8 Mai 1774.

GAUDIN, Ancien Garçon-Major d'*Artillerie*, à Besançon.

GAUDIN, Capitaine du *Génie*, à Calvi.

GAVENAS, (le Baron de) Lieutenant des *Maréchaux* de France, à Viviers, M. D.

GAUGI, Lieuten. de Roi du Gouvernement de Poitou.

GAVILLE, (le Cheval. de) Exempt des cent *Gardes Suisses*.

GAULARD, Ancien Garçon-Maj. d'*Artillerie*, au Fort Griffon.

GAULDRÉE Boileau, Commissaire des *Guerres*, au Camp de St-Rock.

GAULEZAC, Garde du Roi dans B. le 5 Avril 1775.

GAULMIN DE Beauvoir, (Gilbert, Comte de) né à Moulins le... 17.., Page du Roi en Août 1765, Sous-L. dans *Berry*

cav. le 10 Déc. 1769, Cap. à la suite dans *Bourgogne* cav. le 28 Juillet 1773, Cap. en sec. le 24 Août 1778.

GAULTIER, Quart. Me Trés. de *Blaisois* infanterie.

GAULTIER de Vainfrais, ✠ Lieut. de *Maréchaussée* com. la Brigade de Villejuif.

GAULTIER, ✠ Lieuten. de *Maréchaussée*, à Rheims.

GAULTRON, Exempt de *Maréchaussée*, à Sève.

GAUSSEN Dumas, Major, à Avesnes.

GAUTHEY, ✠ Lieuten. de *Maréchaussée*, à Challon.

GAUTHIER, Garde du Roi dans B. le 1 Juillet 1773.

GAUTHIER, Timballier des Gardes du Roi dans V.

GAUTHIER, Garde du Roi dans B. le 16 Novembre 1770.

GAUTHIER, Garde du Roi dans V. le 15 Février 1767.

GAUTHIER de Mezia, Contrôleur des *Gendarmes* de la Garde.

GAUTIER de Larville, Lieut. de *Maréchaux* de France, à Vire.

GAUTIER d'Auteville, Prévôt Gén. de *Maréch.*, à Bastia.

GAUTRAY, Sous-L. de *Maréchaussée*, à Dourdan.

GAUVILLE, (Charles-Élie-François-Louis de) né à la Forest-le-Roi près Dourdan, le 1 Juin 1753, Sous-L. au régim. de la *Reine* inf. le 5 Sept. 1768, Sous-Aide-Major le 28 Mars 1775, Lieut. en sec. le 3 Juin 1776, Lieut. en p. le 24 Sept. 1778, Capit. en sec. le 3 Juin 1779.

GAUVILLE, (Marquis de) Maréchal de Camp le 1 Mars 1780. M. D.

GAUVILLE, (Louis-Henri-Charles de) né à Orléans le 13

Juillet 1750, Page le 27 Sept. 1763, Sous-L. a la suite des *Carabiniers* le 20 Avril 1768, en pied le 28 Avril 1769, Lieut. en sec. le 10 Novembre 1782.

GAY de Vernond, Aspirant du *Génie*, à Landrecies.

GAYA, Major a Bouchain.

GAYARD de Changey, Commandant du Château de Dijon.

GAYAULT de Colou, Lieut. des *Maréchaux de France*, à Issoudun.

GAYON, (Marquis de) Brig. d'inf. le 5 Déc. 1781.

GAYON, (le Comte de) Lieut. Gén. le 25 Juill. 1762.

GAYOT, (Jean-François de) né à Bourg en Bresse, le 12 Sept. 1752, Sous-L. au rég. de *Foix* le 11 Mai 1769, Lieut. le 17 Avril 1775.

GAZEAU, (Pierre-Gabriel de Landraire de Boissière) né à Liere en Poitou le 8 Mars 1764, Elève de l'Ecole Militaire, Cad. Gentilh. dans l'*Isle-de-France* le 20 Mars 1779, Sous-L. le 28 Juin 1782.

GELB, Maréc. de Camp le 3 Janvier 1770.

GELLENONCOURT, (N...) né à Darneuill en Lorraine le... 1739, Enf. au rég. de *Lorraine* le... 47, Cadet du Roi de Pologne le... 1754, Lieut. réformé au rég. *Dauphin* le 11 Fév. 1757, en pied le 24 Juin 1758, Cap. au rég. de *Perche* le 17 Avril 1775, ✠ le... 1779, blessé à la bataille de Bergen en 1759, fait la campagne en Corse.

GELLENONCOURT, (N... Ch. de) né à d'Arneuil le... 1743, Page du Roi de Pologne le 5 Sept. 1755, Enf. au rég. de *Perche* le 23 Mai 1759, Lieut. le 1 Janv. 1760, Cap. le 11 Juin 776, ✠ le... 1781.

GEMASSE, Garde du Roi dans V. le 5 Mars 1775.

GENIÉS, (François-Antoine Dug de) né à Bourg en Quercy le 12 Juillet 1763, Cad. Gentilh. au rég. de *Turenne* le 4 Avril 1778, Sous-L. le 24 Janv. 1780.

GENIS de la Combe, Lieut. de Roi, à Arras.

GENLIS, (Comte de) Brig. de drag. le 1 Mars 1780. M. D.

GENOT, Maréc. de Log. des *Gendarmes* de la Garde.

GENSAC, Garde du Roi dans B. le 7 Avril 1771.

GENTILI Vincente, né à Nonsa en Corse le 22 Janv. 1759, Sous-L. au rég. *Royal-Corse* le 8 Avril 1779.

GENTILLON, Quart. Me. Trés. du rég. d'*Auxonne*, art.

GEOFFRAY, (Antoine) né St-Clément près Mâcon le 28 Fév. 1728, Cavalier dans *St-Jal* le 1 Mai 1750, passé aux *Carabiniers* le 1 Aout 55, Fourr. le 1 Avril 58, Maréc. de Log. le 16 Avril 63, Fourr. le 13 Août 65, rang de P. E. le 25 Avril 71, en pied le 1 Mai 72, réformé le 1 Avril 76, remplacé le 1 Mai 1779, a eu l'avant-bras droit cassé au service.

GEOFFRION de Criseul, Cap. du *Génie*, à Valenciennes.

GEOFFROY, (André-Paulin de) né au Muy, en Provence, le 18 Août 1764, Cad. Gentilh. au rég. *Royal-Comtois* le 22 Juill. 1779, Sous-Lieut. le 16 Juin 1781.

GEOFFROY, Brig. d'infante. le 4 Sept. 1781.

GEOFFROY, ✠, Brig. du *Génie*, à la Martinique.

GEOFFROY, Aspirant du *Génie*, à Toulon.

GEOFFROY, Sous-Lieut. de *Maréchaussée*, à Lagny.

GEORGER, ✠, Maj. d'*Esterhazy*, hussard.

GERALDIN, (Cte. de) Brig. de cav. le 15 Juill. 1762. M. D.

GERARD de la Pomelière, (Joseph) né à Louze en Champagne le 20 Mai 1724, *Carabiniers* le 12 Janv. 1745, Maréc. de Log. le 1 Oct. 58, P. E. le 1 Mars 63, rang de Lieut. le 28 Avril 69, ✠ le 28 Fév. 78, Lieut. en sec. le 16 Mars 1783.

GERARD, Sous-L. de *Maréchaussée*, à Neuf-Châtel.

GERARD, (N... de) né à Sarlat le... 1763, Cad. Gentilh. au rég. de *Perche* le 25 Mai 1779, Sous-L. le 25 Juill. 1781.

GERARD, (Charles) né à Renonville en Champagne le 25 Nov. 1738, a commencé à servir comme Volontaire dans le rég. de *Savoie-Carignan* le 5 Juin 1755, Sergent des Gren. le 1 Avril 1759, Porte-drapeau le 1 Mars 1768, Sous-L. des Gren. le 4 Mai 1771, Lieut. le 4 Mars 1776.

GERBER, (Joseph) né à Schlestatt en Alsace le 29 Oct. 1723, Soldat dans *Vigier* le 6 Déc. 1740, Sergent le 1 Mai 1752, P. D. le 21 Déc. 1776, rang de Lieut. le 4 Juin 1781.

GERMAIN, (Jean-Baptiste-François-Marie de) né à Montpellier le 15 Août 1760, Cad. Gentilh. au rég. de la *Reine*, inf., le 6 Juin 1776, Sous-L. le 28 Août 1777, Lieut. en sec. le 11 Août 1781.

GERMAIN, Maj., au Port-Louis.

GERMAIN, Quart. Mᵉ. Trés. de *Royal*, infanterie.

GERMAY, Lieut. des *Maréchaux de France*, à Blamont.

GERMONT, Garde du Roi dans *Noailles* le 10 Déc. 1769.

GERVILLE, (le Chev. de) Lieut. des *Maréchaux de France*, à Vernon.

GESTAS, (Sébastien-Charles-Hubert, Comte de) né à... le... 17..., Col. en sec. du rég. du *Maine* le 4 Sept. 1781.

GESTAS, (Chev. de) Brig. d'infant. le 1 Mars 1780.

GESTE de Laas, Maj. de la Citadelle, à Bayonne.

GEVAUDAN, (Marie-François-Joseph-Xavier-Népomène-Collins) né au Château de Douzon en Auvergne le 7 Nov. 1755, Sous-L. à la suite d'*Orléans*, drag., le 6 Janv. 1771, en pied le... Juin 1772, Cap. le 31 Janv. 1774, réformé le 8 Juin 1776, remplacé Cap. en sec. le 8 Avril 1779, passé au 3ᵉ. rég. des *Chasseurs* le 1 Juin 1779, Cap. en p. le 31 Mai 1782.

GEVAUDAN, (le Chev. de) Major à Montpellier.

GIAC, ✠ Lieut. Col. com. le bataillon de garnison d'*Aquitaine*.

GIACOMONI, (Gasparo-d'Ortoli) né à Gennes en Italie, le 16 Sept. 1750, Sous-L. le 28 Fév. 1770, Lieut. le 23 Juillet 1770, Cap. au rég. *Royal-Corse* inf. le 8 Avril 1779.

GIAVALDINI, (Anton.-Giuseppe) né à Orezza le 5 Avril 1752, Sous-L. le 8 Mai 1771, Lieut. en p. au rég. *Royal-Corse* infant. le 6 Juin 1776.

GIBAULT, Quart. Mᵉ Trés. d'*Aunis* infanterie.

GIBELIN, (François-Georges-Joseph de) né à Soleure le 19 Sept. 1762, Sous-Lieut. dans *Vigier* le 1 Janvier 1782.

GIGAUDET, Quartier Mᵉ Trés. du rég. de la *Reine* drag.

GIGNIOUX de Bernede, Élève du *Génie*.

GIGORD, Maj. de *Neustrie* infanterie, & ✠.

GIGOUNOUX de Verdon, ✠ Lieut. de *Maréchauffée*, à Périgueux.

GILIBERT de Merlhiac, ✠ Prévôt Général de *Maréchauffée*, à Brives.

GILLANT, (Jean) né à Champneuville aux 3 Evêchés, le 23 Avril 1741, entré dans la *Gendarmerie* le 27 Fév. 1757, *Carabinier* le 18 Mars 1760, Maréc. de Logis le 1 Sept. 1764, Fourr. le 16 Juillet 1771, rang de P. Enf. le 29 Sept. 1774, en pied le 9 Août 1781.

GILLEBERT, Maj. de l'Hôtel Royal des Invalides.

GILLEBERT, Garde du Roi dans B. le 17 Février 1775.

GILLEDE de Preffac de Leftang, (Joseph-Catherine) né à Toulouse le 21 Septemb. 1755, Sous-L. dans *Berry* inf. le 31 Mars 1774, Lieut. en sec. le 20 Avril 1780, Lieut. en p. le 5 Novembre 1782.

GILLET, Garde du Roi dans L. le 2 Octobre 1774.

GILLOT d'Hon, ✠ Commissaire des Guerres, à Givet & Philippeville.

GIMAT, (N....) né à Vicfefenfac en Gafcogne, le... 1762, Cad. Gentilh. au rég. de *Perche* le 10 Mars 1779.

GIMEL, ✠ Lieut. Colon. du rég. de *Metz*, artillerie.

GINESTE, Trompette des Garde du Roi dans B.

GINESTOUS, (Cte. de) Cap. en p. dans *Ségur* dragon, M. D.

GIOVANNI, (Pavelo-Francesco de) né à Baftia le 13 Déc. 1745, Sous-L. le 14 Avril 1769, Lieut. le 22 Fév. 1770, Cap. au rég. *Royal-Corfe* infant., le 8 Avril 1779.

GIOVANNI, (Leonardo de) né à Baftia le 15 Mars 1758, Sous-L. le 9 Juin 1774, Lieuten. en sec. au rég. *Royal-Corfe* inf. le 8 Avril 1779.

GIOVANNI, (Carlo de) né à Baftia le 16 Avril 1755. Cap. au rég. *Royal-Corfe* inf. le 9 Avril 1768.

GIOVELLINA, (Alexandro-Celonna de) né à Giovellina en Corfe, le 15 Déc. 1752, Sous-L. le 1 Sept. 1769, Lieuten. le 15 Juin 1772, Cap. au rég. *Royal-Corfe* inf. le 12 Mai 1780.

GIRANGY, Garde du Roi dans L. le 27 Décembre 1776.

GIRARD de Château Vieux, Cap. du *Génie*, à la Martinique.

GIRARD de Fougeray, Lieut. du *Génie*, au Saint-Esprit.

GIRARD, Quart. Me Tréf. d'*Anjou*, infanterie.

GIRARDET, (N... de) né à Autun le 22 Mars 1728, Vol. au rég. de la *Sarre* le... Décemb. 1741; a fait les campagnes de 1742, 1743 en Bavière, où il fut blessé d'un coup de feu à la jambe, Lieut. au batail. de *Semur* en Bourgogne, le 18 Mai 1744, passé à celui de *Châlons* en 1745; a fait cette année & la suivante la campagne d'Italie, y a été blessé d'un coup de fusil; fait prisonnier par les Anglois dans la traversée de Marseille à Gênes, Cap. au bataillon de Châlons le 25 Oct. 1747, passé dans les *Volontaires-Etrangers* le 1 Juin 1756; s'eft trouvé à l'affaire de St-Caft le 11 Sept. 1757; a fait les campagnes de 1759, 60, 61 & 62, a été bleffé d'un coup de fufil à la cuiffe à Nehauzen, le 14 Sept. 1761, ✠ le 22 Mars 1763; a fait les campagnes de 1769 en Corfe, comme Capit. des Chaffeurs de la Légion de

Lorraine, breveté Major le 13 Juil. 1771, commission de Lieut. Col. le 3 Mars 1774, attaché au rég. de *Béarn* le 9 Mai 1777, en qualité de Cap. com. au 3ᵉ rég. des *Chasseurs* le 8 Avril 1779.

GIRARDIN de Vauvré, Brig. de dragons le 1 Mars 1780.

GIRARDIN, Sous-L. de *Maréchaussée*, à Metz.

GIRARDOT, Maréchal de Camp le 1 Mars 1780.

GIRARDOT, Garde du Roi dans B. le 8 Juillet 1762.

GIRAUD, (Pierre-Joseph Trimond de) né à Arles en Provence le 28 Déc. 1756, Vol. au régim. d'*Aquitaine* le 10 Août 1772, Sous-L. le 2 Mars 1773, Lieut. le 13 Mars 1779, Lieut. en p. le 10 Août 1782.

GIRET, Garde du Roi dans V. le 23 Juin 1766.

GIROD de Montrond, Cap. du *Génie*, à Joux.

GIROD de Chantrant, Cap. du *Génie*, aux Colonies.

GIROD de Vienney, Trésor. principal des Guerres, à Besançon.

GIRONCOURT, (Henri-Jean-Baptiste de) né à Ligny en Barrois le 29 Mars 1743, Cad. du Roi de Pologne en 1759, Enf. au rég. de *Bassigny* le 14 Janv. 1761, Lieut. le 11 Août 1768, Sous-Aide-Major le 2 Mars 1773, Cap. en sec. le 28 Avril 1778, Cap. com. le 25 Nov. 1782.

GIRONDE, (Gilbert, Comte de) né à Tournon en Agénois, le... 1750, Sous-L. au rég. de la *Marine* inf. le 18 Juin 1768, Lieut. le 29 Juillet 1774, en p. à la suite le 3 Juin 1779, M. D.

GIRONDE, (Marq. de) Brig. d'infanterie le 25 Juillet 1762.

GIRY de Laroque, Adjudant du Major à la Tour de Boul, à Toulon.

GIRY, Garde du Roi dans L. le 17 Janvier 1757.

GIRY, (Louis de) né à Bagnols en Languedoc le 9 Mars 1738, Enf. au rég. de *Médoc* le... Avril 1748, Lieut. le 1 Sept. 1754, Aide-Major le 20 Mai 1758, Cap. le 28 Avril 1763, en pied le 14 Sept. 1764, ✠ le 1 Juin 1773, Capitaine des Grenadiers en 17....

GIRY, (Louis) né au bourg de Louton-Peyral, paroisse de Craponne en Velay, le 23 Oct. 1729, Dragon au rég. d'*Aubigné* en 1749, Soldat au régim. d'*Aquitaine* le 24 Janv. 1753, Serg. le 1 Mai 1754, Sous-L. le 12 Sept. 1766, Lieut. le 10 Juin 1776, Lieut. en p. le 13 Mai 1780, blessé d'un coup de feu au genouil droit à la bataille de Minden, le 1 Août 1759, & d'une contusion au bas-ventre au siége de Cassel au mois de Mars 1761.

GIRY, Brig. des Gardes du Roi dans L. le 1 Octob. 1778.

GISAUCOURT, (le Comte de) Lieut. de Roi en Champagne, M. D.

GISOTTI, (Giuseppa-Antono) né à Cambiano-Piemont le 17 Janv. 1731, Sous-L. P. Drap. au rég. *Royal-Corse* le 25 Août 1775.

GIVERVILLE, Lieuten. des *Maréchaux* de France, à Orbec.

GIUSEPPI, (Anton-Geronimio) né à Pietralba le 16 Mars 1741, Sous-L. le 31 Janv. 1774, Lieut. en sec. au régim. *Royal-Corse*, infanterie le 23 Novemb. 1777.

GLAIZE de la Marcelle, (Jean-Joseph) né à la Ciotat en Provence le 10 Novemb. 1752, Sous-L. dans *Berry* inf. le 9 Juin 1772, Lieut. en sec. le 8 Avril

1779, Lieuten. en p. le 27 Juillet 1781.

GLAPION, Garde du Roi dans L. le 14 Avril 1762.

GLATIGNY, (Philippe-Anne-René Moloré de) né au Mans, au mois de Mai 1758, Enf. au régim. provincial d'*Argenton* en 1773, Sous-Lieut. à la suite dans *Lanan* le 24 Mars 1775, en pied le 5 Août 1779.

GLERESSE, (Chevalier de) Lieut. en sec. des *Gardes Suisses*.

GLEZE, ✠ Commissaire des Guerres, à Wissenbourg.

GLIMONT père, Lieut. des *Maréc.* de France, à Montdidier.

GLIMONT fils, Lieut. des *Maréchaux* de France, à Montdidier.

GLIMONT, ✠ Cap. d'*Artillerie*, à Montmedy.

GLOCKER, Maréc. de Camp le 1 Mars 1780.

GLUTZ, Sous-L. en p. des *Gardes Suisses*.

GLUTZ, Sous-L. en sec. des *Gardes Suisses*.

GOBERT, Aspirant du *Génie*, à la Rochelle.

GODARD, (Jean-Baptiste) né à St.-Pierremont en Champagne en 1738, Cavalier au rég. de *Berry*, en Mars 1757, Brig. en 1760, Maréchal de Logis en Avril 1763, P. Étend. en Sept. 1778, Lieut. en s. en Oct. 1781.

GODARD d'Hélincourt, Lieut., de Roi à Saint-Vincent.

GODARD, Garde du Roi dans V, le 28 Septemb. 1775.

GODDE, Commissaire des Guerres, à Rouen.

GODEFROY, (Jean-Louis-Pierre de) né à Avranches en Normandie le 29 Juin 1749, élevé à l'Ecole Militaire le...17..., Sous-Lieut. dans *Berry* inf. le 21 Mai 1766, Lieut. le 15 Sept. 1769, Cap. en sec. le 5 Sept. 1779, Cap. com. le 15 Mai 1785.

GODDIN de Tieffeneau, ✠ Lieut. Col. de *Sonnenberg* inf.

GODINOT de Villaire, Cap. du *Génie*, à Briançon.

GOGUET, (Thomas-Nicolas de Grand-Maison de) né à la Flotte, Isle-de-Ré, le 11 Août 1736, Lieut. des *Gardes-Côtes* le 28 Avril 1758, Enf. au rég. de *Bassigny* le 22 Juil. 1758, Lieut. le 18 Fév. 1759, Cap. le 2 Mars 1773, blessé à Manebourg en 1762, gratifié de 200 livres en 1762, Cap. c. le 3 Juin 1779, *idem* le 1 Oct. 17... d'une comp. de son nom, ✠ le 15 Juil. 1781.

GOHIN, Lieutenant de Roi, à Thionville.

GOIRAUD, ✠ Lieut. Col. du régiment de *Strasbourg*.

GOLBERY, Lieut. du *Génie*, à Neuf-Brisack.

GOMBAUD de Sereville, Quatt. M. Trés. de *Boulonnois*, infanterie.

GOMER, (Ch. de) Maréc. de Camp le 1 Mars 1780.

GOMER, (Alexandre-Louis-Gabriel de) né à Amiens le 15 Fév. 1762, Vol. dans *Royal-Pologne*, cav. le 12 Juin 1777, Sous-L. à la suite le 10 Août 1777, en pied sans appointemens le 18 Juillet 1781.

GOMMEAU, Garde du Roi dans B. le 28 Avril 1773.

GONDIN, (Jean-Charles de) né à Sommières en Languedoc le 10 Fév. 1739, Vol. du rég. de *Béarn* le 5 Déc. 1755, Lieut. le 12 Mars 1756, réformé le 31 Déc. 1762, entré dans le rég. des *Recrues* de Toulouse le 1 Oct. 1763, réformé le 1 Janv. 1767, Sous-L. des *Gren. de France*, le 22 Janv. 1767, Lieut. le 12 Août 68, Cap.

de drag. à la suite de la légion de *Lorraine*, le 4 Mai 1771, en pied le 2 Mars 73, Chef de l'escadron des *Chasseurs* du rég. de *Bourbon*. le 5 Déc. 76, Cap. en pied du 3ᵉ rég. des *Chasseurs*, le 1 Juin 1779.

GONDOT, fils, Commissaire des guerres, à Paris.

GONDRECOURT, (Marie-Antoine-René de) né à Châalons en Bourgogne en Oct. 1761, Cad. Gentilh. en Juill. 1777, Sous-L. au rég. de *Berry*, cav. en Avril 1778.

GONIDEC de Penlan, Coastantin-Guide) né à Caen le 15 Nov. 1764, élevé à l'Ecole Militaire, Sous-L. dans *Berry*, inf. le 12 Nov. 1780, Sous-L. le 26 Janvier 1782.

GONTAUD, (Comte de) Brig. de drag. le 6 Déc. 81. M.

GONTAUT Duc de Biron, (Charles-Antoine-Armand de) né à... le 7 Oct. 1708, fut d'abord connu sous le nom de Marquis de Gontaut, entra aux Mousquetaires le 16 Août 1728, & en sortit le 16 Avril 1730, Cap. de cav. dans *Anjou* le... passé à une compagnie du rég. de *Noailles*, le 11 Janv. 32, servit au camp de la Moselle la même année, au siège de Kell en 33, à l'attaque des lignes d'Ettingen, au siège de Philisbourg en 34, fait Col. du rég. de *Mailly*, inf., qui prit le nom de *Biron*, le 7 Mars 35; il le commanda à l'armée du Rhin, & se trouva à l'affaire de Clausen; il servit à l'armée de Westphalie, sous le Maréc. de Maillebois en Août 41; passa l'hiver dans l'Electorat de Cologne, & marcha au mois d'Août 1742, sur les frontières de Bohême; d'où il chassa les ennemis, & entra en France en Janv. 43; fut créé Brig. le 20 Fév. suiv.; employé à l'armée de Flandres le 1 Avril 45; il servit au siège de Tournai; combattit à Fontenoi; se trouva aux sièges de la citadelle de Tournai, d'Oudenarde, de Dendermonde & d'Ath; déclaré Maréchal de Camp en Déc., le brevet expédié le 1 Mai précédent; employé à l'armée de Flandres le 1 Mai 46, Aide de Camp du Roi le 1 Mai 47; il obtint le 13 le Gouvernement des ville & fort de Landau, sur la démission du Maréchal de Biron, son père, & combattit avec valeur à Lawfeld; créé Lieut. Gén. le 10 Mai 48, ✠ B le 1 Janv. 57, reçu le 2 Fév. *Lieut. Gén. du Languedoc*, au département de Vivarais, Vélay & des Ardennes, à la mort du Maréchal de Mirepoix, le 14 Oct. suivant, a prêté serment le 19, créé Duc par brevet le 25 Août 1758, il a pris le nom de Duc de Gontaut. M. D.

GONTAUT, (Armand-Alexandre-Henri, Marquis de) né à... le... 17...., Aide-Maj. avec rang de Col. au rég. des *Gardes Françoises* le... 17...

GONTAUT de St-Geiniez, (Comte de) Maréchal de Camp le 1 Mars 1780.

GONTAUT, (Félix-Nicolas, Comte de) né à... le... 17..., Corn. de drag. dans *Languedoc* le... 1744, blessé à l'attaque de Montalban la même année, blessé au passage du Tanaro, fait Cap. au rég. du *Roi*, drag. le... 1749, blessé de trois coups de feu sous les ordres de M. de Villemur en 58, fait Col. du rég. de *Tournaisis* le 1 Février 1761.

GONTEAU, (Pierre de St-Orse-de-Monfer de) né à St-Orse en Périgord le 27 Avril 1750, Sous-L. le 3 Sept. 1768, Lieut. le 2 Mars 1773, Lieut. en pied le 28 Avril 1778, Cap. en fec. au rég. de *Baſſigny*, le 5 Juin 1780.

GONVELLE, Garde du Roi dans L. le 21 Mars 1775.

GOODT, ✠ Lieut. en pied des *Gardes Suiſſes*.

GOOZE, (le Comte de la) Lieut. de Roi du Gouvernement de la Haute & Baſſe Marche.

GOSSIN, (N... Poulle de) Lieut. des *Maréchaux* de France à Lille, & Cap. com. le 3e rég. d'*Etat-Major*.

GOSSON, (Louis-François-Joseph de) né à Campigneul en Picardie, le 21 Oct. 1766, Sous-L. en 2e au rég. de la *Marine* le 3 Décembre 1781.

GOSSON, (Pierre-François-Ferdinand de) né à Arras le 1 Déc. 1737, Lieut. au rég. de la *Marine* le 29 Mars 1757, Cap. le 6 Novembre 1771, ✠ le... 17...

GOSSON de Rionval, Lieut. des *Maréchaux* de France, à Sens.

GOTHO, Cap. du *Génie*, à Port-Vendre.

GOTTESHEIM, (Baron de) Major de *Chamborant*, huſſards. M. D.

GOTTREAU de Penſier, Sous-L. en pied des *Gardes Suiſſes*.

GOTTREAU, Lieut. en fec. des *Gardes Suiſſes*.

GOUDON, Garde du Roi dans *Noailles* le 16 Oct. 1772.

GOUGELOT, (Jean) né à St-Benoitte en Picardie le... 17... Sous-L. au rég. du *Maine*, le 12 Septembre 1780.

GOUGUET, Sous-L. de *Maréchauſſée*. à Angoulême.

GOULARD, Garde du Roi dans *Noailles* le 28 Sept. 1778.

GOULET, (Marquis de) Col. en fec. de *Breſſe*, infanterie. M. D.

GOULET de Rengy, ✠ com. l'Ecole d'Artillerie, à Verdun.

GOULET de Vigy, ✠ Sous-Directeur d'Artillerie, à Maubeuge.

GOULET de Latour, ✠ Lieut. Col. du rég. d'*Auxonne*, artillerie.

GOUNION de St-Léger, ✠ Lieut. de *Maréchauſſée*, à Amiens.

GOUPIL, Garde du Roi dans *Noailles* le 19 Octobre 1755.

GOURCY, (Charles-Henri de) né à Verdun, le 12 Juin 1764, Vol. dans *Royal-Pologne*, cav. le 14 Avril 1778, Cad. Gentilh. le 6 Août 1779, Sous-L. le 2 Mai 1783.

GOURDON d'Ainzy, Brig. d'infanterie le 1 Mars 80.

GOURNEL, Lieut. en pied des *Gardes Suiſſes*.

GOUSSIES, (Pierre Marie) né à Châlons en Champagne, le 20 Nov. 1735, Soldat dans le rég. de la *Reine*, inf., le 17 Avril 1757, Serg. le 1 Sept. 1762, Fourr. le 17 Sept. 1764, Adjudant le 9 Juin 1776, P. D. le 20 Avril 1778, Quart. M., Tréf. le 31 Mars 1779.

GOUVERNET, (Marquis de) Lieut. Général le 1 Mars 1780. M. D.

GOUVION de Lancé, Lieut. du *Génie*, à Toul.

GOUVION l'aîné, Cap. du *Génie*, en Amérique.

GOUVION, cadet Cap. du *Génie*, à Longwy.

GOUY d'Arcy, (Marquis de) Lieut.

Lieut. Gén. le 1 Mars 80. M. D.

GOUY d'Arcy, (N... Marquis de) Mest. de Camp en sec. du rég. des *Cuirassiers du Roi*, cavalerie, en 1783.

GOUY, (Comte de) Brig. d'inf. le 1 Mars 1780. M. D.

GOUYON de Beaucorp, (François - Christophe de) né au Portes en Bretagne, le 16 Août 1748, Sous-L. à la suite dans *Royal-Navarre*, cav., le 25 Janv. 1771, en pied le 1 Juin 1772, Sous-Aide-Maj. le 28 Janv. 1775, Lieut. en sec. le 12 Déc. 1778, Lieut. en pied le 8 Avril 1782.

GOUYON du Vauronault, (François-Louis-Claude, Ch. de) né à Pléhével en Bretagne, le 21 Fév. 1740, Garde-Marine le... Déc. 1755, Garde-Pavillon le... 1757, Lieut. au rég. de *Boisgelin* le... 1761, Cap. dans *Royal-Navarre*, cav., le 7 Avril 1773, ✠ le... 1781.

GOUYON, (le Comte de) Lieut. des *Maréchaux* de France, à Vitré. D. M.

GOY, (N... de) né à Montel-de-Gelas en Auvergne le... 1764, Elève de l'Ecole Militaire, Cad. Gentilh. au rég. de *Perche* le 25 Mars 1779, Sous-L. le 15 Mai 1781. D. M.

GOY, (N..., Ch. de) né à Montel-de-Gelas, le... Elève de l'Ecole Militaire, Sous-L. au 3e rég. d'Etat-Major, le... 1782, idem au rég. *Royal* le... 1783.

GOYON, (le Comte de) Lieut. Gén. le 1 Mars 1780. M. D.

GOYON, (le Comte de) Brig. d'infanterie le 1 Mars 80.

GOYON, Enseig. surnuméraire des *Gardes Françoises*.

GOYON, (Marquis de) Lieut. Général le 1 Mars 80.

GOYON, Major à Nantes.

GRAIMBERG, Lieut. des *Maréchaux* de France, à Braine. D.

GRAMONT, (Duc de) Brig. d'infanterie le 1 Mai 45. M. D.

GRAMONT, (le Marquis de) Lieut. Gén. le 10 Mai 1748.

GRAMONT, (Comte de) Lieut. Gén. le 1 Mars 1780.

GRAMONT de Villemontes, Aspirant du *Génie*, à Mezières.

GRAMONT, Maj. à Cambrai.

GRANDCHAMP, (Jean-Baptiste Warmosson de) né à Vaumontreuil en Champagne, le 7 Juin 1745, Soldat au rég. Maréchal de *Turenne* le 1 Nov. 1763, Serg. le 18 Fév. 1767, Adjudant le 9 Juin 1776, P. D. le 4 Juillet 1777, Sous-L. le 17 Avril 1782.

GRANDCHAMP, (Simon-Vauchier de) né à Arlay en Franche-Comté, le 15 Sept. 1734, Lieut. au rég. de la *Marine* le 8 Mai 1746, Cap. le 6 Sept. 1758, ✠ le... 17... D.

GRANDCHAMP, Garde du Roi dans *Noailles* le 14 Avril 1775.

GRANDCOURT, ✠ Chef de brigade du rég. de *Metz*, arr.

GRANDEAU, ✠ Maréchal de Logis des *Gendarmes Anglois*.

GRANDIDIER, Major de la *Sis Samade*, infanterie.

GRANDMAISON, Lieutenant Général le 5 Déc. 1781.

GRANDPRÉ, Garde du Roi dans L. le 29 Octobre 1780.

GRANDPRÉ, Maréchal de Camp le 3 Janvier 70.

GRANDPRÉ, Lieut. des *Maréchaux* de France, au Mans.

GRANDRAT, Garde du Roi dans L. le 20 Avril 1763.

GRANDRUT, brig. des Gardes du Roi dans L. le 30 Juin 1779.

GRANDRUT, Cap. d'artillerie aux Forges-des-Evéchés.

GRANDVAL, (Jacques-Adam de) né au Havre-de-Grace, le 8 Sept. 1739, Gendarme de la Garde le 16 Avril 1754, Lieut. dans *Berry*, inf. le 9 Oct. 1758, Sous-Aide-Maj. le 22 Mars 1767, Lieut. des gren. le 31 Juin 1776, ✠ le 16 Avril 1779, Cap. en f. des gren. le 8 Avril 79, Cap. com. des *Chaff.* le 27 Juill. 1781. D.

GRANDVILLERS, ✠ Major d'*Eptingen*, infanterie.

GRANDVOINET, (Antoine) né à Besançon le... Oct. 1745, Sous-L. aux *Volontaires de Naffau* en Fév. 1779, Sous-L. au corps de *Naffau-Siegen*, en Août 1779, Lieut. en f. le... 17...

GRANDVOIR, Garde du Roi dans *Noailles* le 13 Janvier 1780. D.

GRANDUT, Garde du Roi dans L. le 28 Juillet 1765.

GRANDUT, Garde du Roi dans L. le 10 Juin 1775.

GRANGE d'Arquieu, (le Comte de la) Lieut. de Roi du Gouvernement d'Annis. M. D.

GRANGUE, (Marie-François-Léonard-Grégoire-Aimé Dubreuil, Ch. de) né à Pont-l'Evêque en Normandie le 9 Mars 1760, Cad. Gentilh. au rég. *Royal-Comtois*, le 3 Juin 1779, Sous-L. le 27 Sept. 1780.

GRAS de Pontrofier, Sous-L. de *Maréchauffée*, à Bric-Comte-Robert.

GRAS, Quart. M., Tréf. des *Gren.-Royaux* de Touraine.

GRASSE, (Marquis de) Maréchal de C. le 1 Mars 80. D. M.

GRASSET, Garde du Roi dans L. le 5 Avril 1773.

GRATRY, Garde du Roi dans V. le 3 Janvier 1780.

GRATTIER de Graterie, Brig. d'infanterie le 1 Mars 80.

GRAVE, Garde du Roi dans V. le 22 Avril 1759.

GRAVE, (N... de) né à... le... 17..., Cap. à la suite dans le rég. d'*Aquitaine* le...

GRAVE, (Comte de) Maréchal de Camp le 3 Janvier 70, M. D.

GRAVE, (Marquis de) Col. en fec. du rég. de la *Couronne*, infanterie. M. D.

GRAVE, (Jean-Pierre) né à St-Germain, près Betfort, le 25 Mars 1733, Soldat dans *Alface* le 1 Déc. 1749, Bas-Offic. des *Volontaires Etrangers* le 1 Mars 1756, a fait les campagnes de 57, 58, sur les Côtes de Bretagne, a été bleffé à l'affaire de St-Caft; il a fait les campagnes de 59 & 60, où il fut bleffé au vifage, Sous-L. le 10 Oct. 1761, incorporé dans les *Volontaires de Hainaut*, a fait les campagnes de Corfe, Lieut. le 25 Avril 1772, ✠ le 30 Oct. 1781, attaché en qualité de Lieut. au 3e rég. des *Chaffeurs* le 1 Juin 1779.

GRAVEROL, (N... de) né à Calviffon en Languedoc le... 1761, Vol. au rég. de *Perche* le 13 Mai 1779, Cad. Gentilh. le 15 Août 1779, Sous-L. le 7 Septembre 1781. D.

GRAVERON, (Louis-Henri de) né à Heudreville en Normandie, le 13 Avril 1744, Moufquetaire-noir le . 1757, Corn. des *Cuiraffiers* le... 1760. Cap. le 14 Oct. 1761, réformé le 1 Mai 1771, remplacé au fecond rég. des *Chevaux-Légers*, le 4 Août 1771. D.

GRAWENREITH, ✠ (Baron de) Col. en fec. de *Naffau-Saarbruck*. D. M.

GREAULME, (Comte de) Maréchal de Camp le 3 Janvier 70. D. M.

GRÉEN de St-Marsault, (Comte de) Cap. en sec. dans *Ségur*, dragons. M. D.

GREMECEY, Garde du Roi dans B. le 2 Janvier 1778.

GREMION, Garde du Roi dans B. le 18 Avril 1778.

GREMION, Adjudant des *Gardes Suisses*.

GREMION, Brig. d'inf. le 5 Décembre 81.

GREVILLE, Cap. d'artillerie à Cherbourg.

GRIBEAUVAL, Lieut. Gén. le 20 Juin 63.

GRILLE, (le Ch. de) Sous-L. des Gardes du Corps dans *Noailles* le 11 Mars 1780.

GRILLOT de Prédelys, ✠, Brig. du *Génie*, à Strasbourg.

GRIMALDI, (Francisco-Eugenio, né à Bastia le 28 Oct. 1758, Sous-L. le 25 Av. 1775, Lieut. en f. au rég. *Royal-Corse*. inf., le 8 Avril 1779.

GRIMALDY, †, (Charles-Louis de) né à Nice le 19 Avril 1750, Sous-L. le 21 Mai 1766, Lieut. le 19 Juin 1771, Cap. en sec. du rég. du *Maine* le 28 Déc. 1780. M. D. E.

GRIMALDY, † (Chev. de) Col. en sec. de *Condé*, infant.

GRISAY, Garde du Roi dans B. le 25 Mars 1779.

GRIVEL de Saint-Maurice, (Comte de) Brig. de drag. le 1 Mars 1780. M. D.

GRIUM, (François-Joseph-Antoine-Félix) né à Soleure le 14 Mai 1764, Sous-L. dans *Vigier* le 11 Mars 1782. D.

GROLÉE, Garde du Roi dans *Noailles* le 25 Oct. 1765. M. D.

GROMARD, Garde du Roi dans B. le 6 Mars 1757.

GROOS, Enseig. des *Gardes Suisses*.

GROSMARRE, ✠ chef de brig. du rég. de *Strasbourg* artillerie.

GROSSETETE, (Pierre-François) né à Courtrai en Franche-Comté, le..., Soldat au rég. de la *Marine* le 13 Avril 1752, P. D. le 23 Fév. 1769, Sous-L. le 22 Août 1772, Lieutenant le 1 Août 1777.

GROSSETETE, Sous-L. de *Maréchaussée*, à Langres.

GROSSOLLES, (le Chev. de) Lieut. Général le 1 Mars 1780.

GROULT de Rivières, Aide-Major des *Gardes Suisses* d'Artois en survivance.

GRUMET de Montpies, Cap. du *Génie*, au Fort-l'Écluse.

G'SELLE, Quartier Mᵉ Trés. du régim. de *Salis* infanterie.

GUALI, Baron de St.-Rome Lieut. des *Maréchaux* de France, à Millaud, M. D.

GUALY, (Jean-Pierre, Ch. de) né à Millaud en Rouergue, le 3 Juin 1759, Sous-L. à la suite au rég. de *Savoie-Carignan* le 27 Juin 1775, en pied le 10 Mai 1777.

GUATRY, Garde du Roi dans V. le 14 Mars 1779.

GUEMENÉ, (Prince de) Brig. de cavalerie le 1 Mars 1780.

GUENAUD de Montbelliard, Sous-L. dans *Ségur*, dragon.

GUENAUD, (Marquis de) Brigadier d'infanterie le 1 Mars 1780, M. D.

GUENTZ, (Jean-Baptiste) né à Bitsche en Lorraine, le 24 Juin 1751, Vol. dans *Royal-Nassau* le 1 Février 1769, Sous-Lieut. le 1 Janv. 1771, incorporé dans *Conflans* le 26 Juillet 1776.

GUÉPOULLAIN, (Gilles-

Esther-Benoît de) né à Mortain en Basse-Normandie le 10 Mai 1737, Chevau-Léger de la Garde du Roi le 1 Avril 1751, Cap. dans Noailles le 8 Mars 1761, Major dans Royal-Pologne cav. le 15 Juin 1770, ✠ en Décemb. 1770, Lieutenant Colon. le 24 Mars 1774. D.

GUERAULT, Garde du Roi dans Noailles le 7 Mars 1771.

GUERCHEVILLE, Enseigne surnuméraire des Gardes Françoises.

GUERCHY, (Marq. de) Col. d'Artois infanterie, M. D. E.

GUERET, Quart. Mᵉ Trés. des Grenadiers-Royaux de Normandie.

GUERGORLAY, (le Comte de) Maréchal de Camp le 3 Janvier 1770, M. D.

GUERILLOT, Lieuten. des Maréchaux de France, à Gray.

GUERIN, (Grégoire Castain de) né à Saint Jean-d'Angeli en Saintonge le 10 Déc. 1745, Soldat au rég. de Beaujolois le 1 Mai 1766, Serg. le 21 Février 1768, Fourr. le 11 Juin 1776, P. Drap. le 30 Novemb. 1781.

GUÉRIN, (Jean-Louis) né à Poudevelle en Bresse, le 13 Nov. 1731, Sous-L. le 11 Mars 1763, Lieut. le 30 Avril 1768, Cap. en second du régiment du Maine le 8 Avril 1779.

GUERIN, (le Chev. de) Cap. d'Artillerie à l'équipage de Bretagne.

GUERIN du Bocher Dumesnil, ✠ Lieut. de Maréchaussée, à Provins.

GUERIN de Foucin, Capit. du Génie, aux Colonies.

GOUEROULT, Garde du Roi dans L. le 5 Avril 1775.

GUEROULT, ✠ Brig. des Gendarmes Bourguignons.

GUEROULT, Garde du Roi dans Noailles le 7 Mars 1771.

GUEROULT, Garde du Roi dans Noailles le 4 Avril 1758.

GUERRE, (Etienne) né à Lignan en Languedoc, le 24 Déc. 1735, Soldat au rég. de la Marine le 4 Mai 1751, P. Drap. le 17 Mai 1772, Sous-Lieut. le 11 Juin 1776.

GUERRE, (Claude-Joseph) né à Nancy le 12 Sept. 1745, Cavalier le 2 Mars 1764, Sous-L. le 4 Mai 1768, Sous-Aide-Maj. le 1 Juin 1772, réformé & remplacé Sous-L. le 16 Juin 1776, Lieut. en sec. le 25 Mai 1777.

GUERRY de la Barre, Lieut. de Maréchaussée, à Fontenay.

GUGGER DE Staudack, (Beate-François-Xavier-Antoine) né à Roschach près St.-Gall, le 13 Juin 1757, Cad. dans Vigier le 8 Avril 1776, Sous-L. le 1 Oct. 1777. D.

GUGY, ✠ * Major de Sonnenberg infanterie.

GUI de Villeneuve, Major à Betfort.

GUIBERT, (le Comte de) Maréchal de Camp le 16 Avril 1767, M. D.

GUIBERT, (le Comte de) Colonel de Neustrie inf., & ✠.

GUIBERT, (Comte de) Brig. d'infant. le 5 Décembre 1781.

GUICHARD, Major à Dunkerque

GUIGNON, Garde du Roi dans Noailles le 29 Mars 1769.

GUIGUET, Sous-L. en sec. des Gardes Suisses.

GUILBERT, Garde du Roi dans V. le 21 Septembre 1776.

GUILBERT, Garde du Roi dans V. le 9 Avril 1779.

GUILBERT, Garde du Roi dans V. le 19 Décembre 1779.

GUILHEM, Garde du Roi

dans B. le 12 Avril 1762, D. M.

GUILLAUME, (Pierre Petit) né à Ecquevilley en Comté le 29 Sept. 1734, Cavalier dans *Marcieu*, incorporé dans *Royal-Pologne* le 1 Janvier 1750, Maréchal de Logis le 6 Mars 1764, Adjudant le 16 Juin 1776, Porte Enseigne le 8 Avril 1779.

GUILLEMIN, (Jean) né à Aumont en Franche-Comté le 15 Sept. 1731, Soldat au régim. d'*Aquitaine* le 14 Juin 1749, Sergent le 1 Oct. 1761, Porte Drapeau le 6 Novembre 1771.

GUILLEMIN, Quartier Mᵉ Trés. du 3ᵉ régim. des *Chevaux-Légers*.

GUILLEMINOT, (Jean-Baptiste) né à Seure en Bourgogne, le 28 Oct. 1738, *Carabinier* le 25 Oct. 1755, Fourrier le 1 Mai 1761, Maréchal de Logis le 16 Avril 1763, Fourr. le 13 Août 1765, P. Enf. le 1 Mai 1773, réformé le 1 Avril 1776, remplacé le 1 Mai 1779, Lieutenant Quart. Mᵉ de la Brigade de *Cambon* le 29 Août 1779, blessé à Minden.

GUILLOMONT, Major à Lille.

GUILLOT Defréaux, Lieut. de *Maréchaussée*, à Montargis.

GUILLOT, Quart. Mᵉ Trés. de *Penthièvre* infanterie.

GUILLOTTE, ✠ Lieut. de *Maréchaussée*, de l'Isle-de-France.

GUILLOTTE l'aîné, Exempt de *Maréchaussée*, dans l'Isle-de-France.

GUILLY de la Massuere, Sous-Lieut. de *Maréchaussée*, à Tours.

GUIMARE, (l'Abbé de) Aumônier des *Gardes Suisses* de Monsieur.

GUIN, Sous-Lieut. de Maré-chaussée, à l'Isle-Jourdain.

GUINES, (le Duc de) Lieutᵗ de Roi, en Artois, M. D.

GUINTRAND, Maréchal de Camp le 1 Mars 1780.

GUIRAL, Garde du Roi dans B. le 23 Décembre 1774.

GUIRAUDET, (Pierre-Philippe de) né à Alais le 25 Juin 1741, Lieut. du bataillon de *Privas* le 17 Mars 1758, Ens. au rég. de *Turenne* le 16 Août 1759, Lieut. le 1 Août 1760, Capitaine le 28 Février 1778.

GUIRIO du Menmur, (Gabriel-Marie de) né à Lesneven en Bretagne, le 18 Déc. 1749, Cap. des *Gardes-Côtes* le... 1756, Sous-L. dans *Berry* inf. le 23 Août 1766, Lieuten. le 9 Déc. 1771, Lieut. en p. le 17 Juillet 1777, Cap. en sec. le 1 Juin 1780.

GUIROUX, Commissaire des Guerres, à Cambray.

GUIRY, (le Marq. de) Lieut. des *Maréchaux de France*, à Paris & Magny. M. D.

GUITRY, (Ch. de) Brig. de cav. le 1 Mars 1780.

GUITTARD, ✠ Maréc. de Log. des *Gendarmes* Bourguignons.

GUITTON, Garde du Roi dans L. le 1 Août 1772.

GURY, (Jean-Grand) né à Fontenay, en Vauge le 27 Mai 1739, Caval. au rég. de *Sabran* le 10 Oct. 1756, Brig. le 13 Avril 1763, Maréc. de Log. le 16 Sept. 1764, Fourr. le 15 Juin 1773, P. E. au sec. rég. des *Chevaux-Légers*, le 8 Avril 1779.

GUSTIN, Quart. Mᵉ. Trés. de *Bretagne*, inf.

GUYON, (Jean-Baptiste) né à Seillière en Franche-Comté le 23 Juin 1739, Soldat au rég. de la *Marine* le 1 Déc. 1755, P. D. le 22 Août 1772, Sous-L. le 18 Juin 1775, Lieut. le 11 Juin 1776, rang de Cap. le 2 Août 1780.

GUYOT, Garde du Roi dans V. le 14 Avril 1760.

H

HACHETTE, (Pierre) né à Rheims le... 1740, Soldat d'*Orléans*, inf. le 5 Nov. 1757, Serg. le 1 Janv. 1761, P. D. le 1 Avril 1775, fait les campagnes de 58 & 62, Sous-L. le 12 Septembre 1779.

HACHETTE, Cap. du *Génie*, à Douay.

HACQUEVILLE, Enf. surnuméraire des *Gardes Françoises*.

HAFFREGUES de Lannoit, (Jacques-Joachim-Marie d') né à Lille en Flandres, le 28 Oct. 1759, Sous-L. au rég. de la *Marine* le 29 Mai 1775, Lieut. le 20 Avril 1780.

HAGRINSARD, (Henri-Romain-Desiré le Gillon d') né à Armentières en Flandres le 6 Déc. 1732, Lieut. au rég. de *Beaujolois* le 1 Nov. 1756, Cap. le 11 Mai 1769, ✠ le... Août 1781.

HAIZES, (Louis-François d') né au Havre-de-Grace le... 1753, Sous-L. d'*Orléans*, inf. le 14 Janv. 1772, Lieut. en sec. le 13 Mars 1779, en pied le 30 Mai 1780.

HALET, (Volmar-François-Xavier-Joseph, Ch. de) né à Liége le 15 Mars 1761, Volont. dans la Légion *Corse* le 10 Mai 1775, Cad. Gentilh. le 24 Nov. 1776, id. dans la Légion de *Dauphiné*, au rég. de *Schomberg* le 24 Nov. 1776, idem dans le 6e. rég. des *Chasseurs* le 1 Mai 1779, Sous-L. à la suite le 1 Nov. 1779, en p. le 15 Août 1780.

HALLEBOUT, Maréchal de Camp le 16 Avril 1767.

HALLOT, (Marquis de) Mar. de C. le 16 Av. 1767. M. D.

HALLOT, (Cte. d') Sous-L. en sec. des *Gardes Françoises*.

HALLOT, ✠ Lieut. Col. du rég. de *Monsieur*, infanterie.

HALWILL, (Cte. d') Mar. de C. le 15 Juillet 1762. M. D.

HAMELIN, (Denis-Jacques-Raynond de) né à Verneuil-sur-Oise, en Picardie, le 28 Juillet 1761, Cad. Gentilh. au rég. de *Limosin*, inf., le 18 Janv. 1781, Sous-L. le 30 Avril 1782. D.

HAMILTON, (Comte de) Col. en sec. de *Royal-Suédois*, infanterie. M. D.

HAMMEL, (Christian-Joseph) né à Hadémar, en Allemagne, le 15 Fév. 1748, Soldat au rég. de la *Marine* le 10 Janv. 1764, P. D. le 11 Juin 1776, Sous-L. le 3 Juin 1779.

HANÉS, (Charles) né à Metz le 5 Mars 1730, Soldat de *Royal-Roussillon* le... Juin 1743, Soldat dans *Montmorin* le 1 Avril 1755, Sergent le 1 Oct. 1756, P. D. le 17 Juillet 1763, rang de Lieut. le 2 Mars 1775, Sous-Lieut. dans l'*Isle-de-France* le 11 Juin 1776.

HANGEST, ✠ Col. du rég. de *Grenoble*, artillerie. M. D.

HANNAIRE de Vieville, Commissaire des Guerres, à l'Isle-de-Ré.

HANNONCOLLES, Garde du Roi dans B. le 15 Mars 1778.

HANRY, Aspirant du *Génie* à l'Isle-de-Ré.

HARAMBURE, (Victe. d') Mar. de C. le 1 Mars 1780. M. D.

HARAMBURE, (Baron d') Brig. de cav. le 5 Déc. 1781.

HARCHIES, (le Comte d') Lieut. des Maréchaux de France à St-Omer. M. D.

HARCOURT, (le Duc d') Lieut. Gén. le 25 Juillet 1762.

HARCOURT, (Marq. d') Maréc. de Camp le 5 Déc. 1781.

HARCOURT, (Cte. d') Col. en f. du *Commissaire Gén*, cav.

HARDEVAL, (Charles-Nicolas le Pecheur d') né à Nancy le 16 Fév. 1748, Sous-L. le 24 Juillet 1766, Lieut. le 30 Août 1771, Cap. en fec. du rég. du *Maine* le 28 Déc. 1780.

HARDOUIN Manfart, (le Comte d') Lieut. de Roi du Bourbonnois. M. D.

HARDOUINEAU, Garde du Roi dans L. le 10 Avril 1770.

HARDOUINEAU, Garde du Roi dans L. le 11 Déc. 1777.

HARGENVILLIER, ✠ Lieut. Col. de *Penthièvre*, infanterie.

HARGICOURT, ✠ (Barry, Comte d') Brig. de cav. le 5 Déc. 1781, & Col. de *Royal-Champagne*.

HARNONVILLE, Garde du Roi dans V. le 24 Juill. 1775.

HARTMANIS, Maréc. de Camp le 3 Janv. 1770.

HARTMANIS, Maréc. de Camp le 1 Mars 1780.

HARVILLE, (Comte d') premier Lieut. des *Gendarmes Anglois*. M. D.

HASTEL, ✠ Maj. d'*Alsace*, infanterie.

HASVILLE, ✠ Lieut. Col. commandant le bataillon de Garnison de la *Marine*.

HAUCOURT, (N... d') né Courcelles en Beauvoisis le... 1751, Elève de l'Ecole Militaire en 1757, ✠ le 25 Août 1766, Sous-L. au rég. de *Perch* le 28 Mars 1766, Lieut. le 25 Août 1773, Cap. le 15 Mai 1781.

HAUDART, ✠ P. E. des *Gendarmes* Dauphins.

HAUMIERES, Tréf. principal des Guerres, à Clermont-Ferrant.

HAUMONT, Maréc. de Camp le 3 Janvier 1770.

HAVRÉ & de Croy, ✠ (le Duc d') Col. de *Flandres*, inf., Brig. le 1 Mars 1780.

HAVRINCOURT, (Charles-Gabriel-Dominique de Carderac, Bailli d') né à Havrincourt le 1 Déc. 1722, † le 26 Oct. 1723, Corn. au rég. des *Cuirassiers* du Roi le... 1738, Cap. le 12 Nov. 1743, Maj. le 4 Avril 1747, Exempt des Gardes du Roi le 7 Août 1747, Lieut. de la compagnie Ecossoise le 17 Juin 1776, Meft. de Camp le 12 Nov. 1755, Brig. le 1 Avril 1767, Maréc. de Camp le 1 Mars 1780, Commandeur de St-Vanbourg le... Oct. 1767, Commandeur d'Oisemont le 20 Mai 1777, Procureur Général, Receveur de son Ordre au Grand-Prieuré de France le 22 Avril 1782, Bailli Grand'-Croix de son Ordre le 8 Mars 1783. M. D. E.

HAVRINCOURT, (Anne-Gabriel-Pierre de Carderac, Marquis d') né à... le 21 Sept. 1739, Mousquetaire le 1 Fév. 1753, Cap. de cav. le... 1757, Col. des *Grenadiers de France* le 4 Déc. 61, Meft. de Camp du régim. *Royal-Etranger*, cav., le... Août 1770, Brig. le 1 Mars 1780, Maréc. de Camp le 5 Déc. 1781, Gouverneur d'Hesdin le 4 Mars 1767, ✠ le... 17...

HAUSEN, (Pierre d') né à Saargueminnes, en Lorraine le 9 Nov. 1736, entré dans la Légion *Royale* le 1 Mars 1757, Lieut.

en p. le 9 Avril 1758, Cap. des Vol. d'*Auſtraſie* le 1 Janv. 1760, paſſé dans *Fland-es*, inf., le 8 Avril 1779, attaché au 3e. rég. des *Chaſſeurs* en 1779, a fait les campagnes d'Hanovre, & réformé à la paix, bleſſé à l'affaire de Bilefeld en 1755, ✠ le... 1781.

HAUSEN, (Jean-Ferdinand-Philippe, Baron d') né à Keling, Lorraine Allemande le 15 Mai 1757, Sous-L. au rég. de *Savoie-Carignan* le 29 Sept. 1774, Lieut. en f. le 23 Avril 1782. M.

HAUSSONVILLE, (le Cte. d') Maréc. de Camp le 3 Janv. 1770. M. D.

HAUTEFEUILLE, (François le Texier, Vicomte d') né à... le... 17.. Officier de Marine le... 17... Meſt. de Camp en ſec. du rég. de *Normandie* le... 17..., Meſt. de C. c. du rég. de l'*Iſle-de-France* le... 17... ✠ le... 17...M.

HAUTEFEUILLE, (Marquis d') Maréc. de Camp le 1 Mars 1780.

HAUTENTOT, (François-Louis-Bon de Venois d') né à la Guadeloupe le 16 Juin 1762, Sous-L. au rég. du *Maine* le 28 Décembre 1780.

HAUTERIVE, (d') Cap. du *Génie*, à Grenoble.

HAUTERIVE, Garde du Roi dans *Noailles* le 30 Août 1779.

HAUTERIVES, (Henri-Carriere d') né à Toulouſe le 15 Mai 1726, Officier dans *Royal-Comtois* en 1751, réformé en 1753, Chevau-Léger dans la Légion de *Soubiſe* en 1755, Cap. en 1769 dans la Légion *Corſe*, ✠ en 1770, paſſé dans le rég. de *Languedoc*, drag., le 1 Sept. 1776, puis dans le 6e. rég. des *Chaſſeurs* le 1 Mai 1779.

HAUTEVILLE, ✠*, (le Baron d') Col. en ſec. de *Royal-Allemand*, cavalerie. M. D.

HAUTMESNIL, (Pierre-Florent-Marie Couillard d') né à Roye, en Picardie, le 28 Janv. 1760, Cad. Gentilh. d'*Orléans*, inf., le 4 Fév. 1778, Sous-L. à la ſuite le 29 Janv. 1779, en p. le 20 Août 1781, Lieut. en ſec. le 10 Mai 1782. D.

HAUTT, (Philipe) né à Deux-Ponts le 13 Mars 1739, Maréc. de Log. dans *Conflans* le 6 Août 1768, Fourr. le 6 Oct. ſuivant, Sous-L. le 1 Mai 1775.

HAY, Lieut. des *Maréchaux de France*, à Dole.

HAYANGE, (François Wendel d') né au château d'Hayange en Lorraine en 1746, à commencé à ſervir dans *Bouillon*, Sous-L. au rég. de *Foix* le 6 Juillet 1761, Lieut. le 18 Oct. 1766, Cap. le 20 Mai 1778.

HAZEY, (Paul-François Odoard du) né au Hazey, près Gallion-l'Archevêque, le 24 Nov. 1730, Garde du Roi le 26 Janv. 1748, Corn. des *Carabiniers* le 1 Oct. 1756, Lieut. le 7 Sept. 1758, rang de Cap. le 21 Mai 1771, ✠ le 20 Avril 1772, Cap. command. le 2 Juill. 1774, réformé le 1 Avril 1776, a pris une Lieutenance en p. le 27 Oct. 1776, Cap. à la ſuite le 27 Mai 1777, Cap. en ſec. le 1 Mai 1779, Cap. en p. le 16 Mars 1782. D.

HEBERT, Maréc. de Camp le 25 Juillet 1762.

HEBERT, Gouv. de Salces.

HEBERT, Garde du Roi dans V. le 20 Juin 1755.

HEBERT, Tréſ. principal des Guerres, à Dijon.

HÉDOUVILLE, *Garde de la Manche* le 15 Décembre 1782.

HEGAN, Maréc. de Camp le 1 Mars 1780. D.

HELIAND, (Louis-Charles d') né à Château-Gontier, en Anjou, le... 1766, Elevé à l'Ecole Militaire le... 17..., Sous-L. dans *Bussigny* le 18 Juin 1781. D.

HELIOT, Brig. d'inf. le 5 Décembre 81.

HELIOT, ✠ Col. du rég. de la *Fere*, artillerie.

HELIOT, ✠ Adjudant de bataillon aux *Gardes Françoises*.

HELMSTAD, (Comte de) Col. du rég. d'*Esterhazy*, hussard. M. D.

HEMEL, ✠ Brig. des *Gendarmes Bourguignons*.

HEMEL, ✠ (Ch. d') Lieut. Col. du rég. d'*Aulbonne*, inf.

HÉMERY, ✠ Inspecteur & com. des brigades de *Maréchaussée* de l'Isle-de-France.

HÉMERY, Lieut. de *Maréchaussée*, à Falaise.

HENIN, (Prince d') Brig. de cav. le 5 Déc. 81. M. D.

HENNET, Elève du *Génie*.

HENNEZEL de Beaujeu, (Antoine-François, Comte d') né à Beaujeu en Champagne, le 19 Juin 1721, Lieut. au rég. de *Beaufremont*, drag. le 1 Janv. 1733, sous le nom de *Beaujeu*, Cap. sous le nom d'Hennezel dans *Lévy*, cav., le 1 Janv. 1743, ✠ le... 1745, Lieut. de Roi au grand Bailliage d'Anion le 15 Sept. 1751, retiré le 22 Mai 1758, avec 708 livres de pension. M. D.

HENRIAT, ✠ Lieut. en p. des *Gardes Suisses*.

HENRION de Magnoncourt, Lieut. des *Maréchaux de France* à Vesoul.

HENRIOT, ✠ Lieut. de *Maréchaussée*, à Bar.

HENRY, Lieut. de *Maréchaussée*, à Avesnes.

HERAUD, Garde du Roi dans V. le 10 Octobre 1755.

HERAUD, Com. à Colmar.

HERBAIN, Major au Château de Luxemberg.

HERBIN, Lieut. Col. com. le batail. de garnison de Conti.

HERBOUVILLE, (Marquis d') Enseig. des *Gendarmes de la Garde*. M. D.

HERCÉ, (le Ch. de) Lieut. des *Maréchaux de France*, à Mayenne.

HERCULAIS, (Comte de) Brig. de cav. le 5 Déc. 81. M. D.

HEREAU, ✠ Maréchal de Logis des *Gendarmes* d'Artois.

HERICOURT, (le Marquis d') Gouverneur de Mont-Dauphin. M. D.

HERICY, (Marq. d') Maréc. de Camp le 3 Janv. 70. M. D.

HERICY d'Estrahan, (le Marquis d') Lieut. Gén. le 10 Mai 1748. M. D.

HERISSARD, Garde du Roi dans V. le 20 Nov. 1755.

HEROUARD, Cap. com. au rég. des *Grenadiers-Royaux* de la Picardie.

HEROUVILLE, (Marquis d') Lieut. Gén. le 1 Mars 80.

HEROUVILLE, Hilaire-Marie-Charles de Ricouart d') né à Villeroi en Brie, le 28 Oct. 1756, Sous-L. à la suite au rég. de *Monsieur*, drag. le 8 Juillet 1777, Sous-L. en pied le 10 Août 1781. M. D.

HEROUVILLE, (d') Cad. Gentilh. au rég. de *Médoc*.

HEROUVILLE, (d') Garde du Roi dans L. le 9 Juin 1767.

HERTENSTEIN, Brig. d'inf. le 5 Décembre 81.

HERTENSTEIN, fils, Sous-L. en sec. des *Gardes Suisses*.

HESSENSTEIN, (Comte d') Lieut. Gén. le 16 Avril 1771. M.

HESSERHEINSFELS, (le Prince Charles de) Col. de *Royal-Allemand*, caval. M. D.

HERVAUT, Garde du Roi dans *Noailles* le 25 Mai 1767.

HERVILLE, (Louis de Jouenne d'Egrigny d') né à Compiegne, le 17 Août 1755, Eléve de l'Ecole Militaire, Lieut. au rég. *Royal-Comtois* le 28 Juill. 1775, Cap. en sec. le 3 Juin 1779. D.

HÉRY, (Jean-Jacques) né à Biberist, Canton de Soleure, le 7 Mai 1736, Soldat dans *Vigier* le 15 Oct. 1753, Enf. le 25 Déc. 1760, Sous-L. le 22 Oct. 1761, Lieut. le 6 Mai 1767, a perdu l'œil gauche à la bataille de Sunderhausen en Juillet 1758.

HÉRY, (François) né à Scey en Comté, en Déc. 1739, Cav. en Déc. 1755, Brig. en Déc. 1760, Maréc. de Log. en Avril 1763, Porte-Etendard en Mai 1766, Quart. M. en Juin 1772, Trés., chargé du détail du régiment de *Berry*.

HEU, Commissaire des guerres, à Valogne.

HEURARD, Garde du Roi dans *Noailles* le 24 Juin 1779.

HEYMANN, Brig. de cav. le 1 Mars 1780.

HEYSEN de Klein, (Philippe-Laurent, Ch. de) né à Rodemack, Généralité de Metz, le 10 Août 1736, Vol. au rég. de *Fersen* en 1750, Enseig. le... 1752, a levé une compagnie dans le corps des *Volontaires Etrangers* le 1 Juin 1756, attaché au rég. d'*Auvergne* en 1777, passé au 3e rég. des *Chasseurs* le 1 Juin 1779, a fait les campagnes de 1757, 58 sur les Côtes de Bretagne, de 1759, 60, 61 & 62, dans l'Hanovre, où il a reçu un coup de bayonnette dans le bas-ventre, a fait la campagne en Corse en 1769, a été blessé d'un coup de feu au bras droit, ✠ le 7 Juin 1779. D. M.

HIERMONT, (Louis-François-Henri Bretel d') né à Beauvais en Picardie, le 3 Octobre 1755, Sous-L. au rég. de la *Marine* le 20 Avril 1773, Lieut. le 28 Février 1778. D.

HINNISDALL, ✠ (Comte de) Col. en sec. de la *Marck*, infanterie. D. M.

HIRIBERRY, Com. du fort Socoa de St-Jean-Pied-de-Port.

HIRZEL de St-Gratien, ✠ Maj. du rég. de *Steiner*, inf.

HOBACQ, Major à Calais.

HOCQUART, ✠ Lieut. en sec. des *Gardes Françoises*.

HOCQUART, (Ch.) Lieut. en sec. des *Gardes Françoises*.

HOCQUELUS, (d') Garde du Roi dans L. le 11 Décembre 1778.

HODICGE, (Comte d') Maréchal de C. le 1 Mars 80. M. D.

HOFFELISE, (Louis-Stanislas, Ch. d') né à Nancy le 4 Fév. 1738, Page le 1 Avril 1755, Com. des *Carabiniers* le 1 Juill. 1759, Lieut. le 15 Mars 1760, rang de Cap. le 17 Avril 1764, Cap. com. le 28 Avril 1769, réformé le 1 Avril 1776, remplacé le 28 Fév. 1778, ✠ le 29 Déc. 1779, rang de Maj. le 10 Novembre 1781.

HOFFELIZE, (Joseph-Thiébaut, Ch. d') né à Nancy le 20 Sept. 1768, Sous-L. au 3e rég. des *Chasseurs*, le 19 Novembre 1781.

HOGGUER, (Georges-Léonard d') né à St-Gal en Suisse,

le 10 Janv. 1715, Cad. dans *Vigier*, inf. le 30 Avril 1734, Enseig. le 27 Août 1755, Cap. Lieut. le 20 Juin 1744, rang de Cap. le 9 Fév. 1756, Maj. le 14 Août 1759, ✠* le 19 Oct. 1759, Cap. en pied le 8 Juin 1764, Lieut. Col. d'inf. le 11 Août 1764, Col. le 4 Juin 1780, blessé à la bataille de Sunderhausen en Juill. 1758, blessé 3 fois à l'affaire de Dillembourg en Janvier 1760.

HOGGUER, (Frédéric-Henri, Baron de) né à Amsterdam le 6 Mai 1763, originaire de St-Gal, Cad. dans *Vigier* le 12 Mai 1780, S.-L. le 29 Juil. 1780. D. M.

HOMBOURG, Quart. M., Trés. de *Vexin*, infanterie.

HONGRIVE, Garde du Roi dans B. le 2 Décembre 1764.

HONORATI, Enf. surnuméraire des *Gardes Françoises*.

HONORÉ du Locron, Lieut. des *Maréchaux* de France, à Bouchain.

HOPÉ de Vlierden, Brig. de cavalerie le 1 Mars 1780.

HOPITAL, (le Baron de l') Lieut. de Roi, à Corté. M. D.

HORRIC, Garde du Roi dans B. le 24 Juin 1779.

HORRIC, Garde du Roi dans B. le 12 Juin 1778.

HORTOVE, Maj. de Boulogne & Château.

HOUARDOT, Timballier, Garde du Roi dans L. le...

HOUDAN, ✠ Lieut. des *Maréchaux de France*, à Abbeville.

HOUDAN, (d') Garde du Roi dans L. le 16 Mars 1761.

HOUDETOT, (Comte d') Lieut. Gén. le 1 Mars 1780.

HOUDETOT, (le Comte de) Lieut. de Roi du *Boulonnois*. M. D.

HOUDETOT, Pierre-Joseph de) né à St-Martin de Fresling en Artois, le 22 Mars 1759, Cad. Gentilh. au rég. *Royal-Comtois*, le 3 Juin 1779, Sous-L. le 27 Septembre 1780.

HOUDEVILLE de Merval, (François de) né à Merval en Soissonnois le 11 Sept. 1760, Enseig. au rég. Provincial de *Soissons*, le 27 Août 1774, Cad. Gentilh. au rég. *Royal-Comtois* le 6 Juin 1776, Sous-L. le 28 Février 1778.

HOUDOUART, ✠ Cap. c. au rég. des *Grenadiers-Royaux* de la Picardie.

HOUSSARD, ✠ Maréch. de Log. des *Gendarmes* de Flandres.

HOUSSELOT, Maréchal de Logis des Gardes du Roi dans B. le 26 Mars 1781.

HOU.SET de Cateville, Trésor. principal des guerres à Caen.

HOUZÉ de St-Paul, ✠ Sous-Directeur d'art. à Strasbourg.

HOZIER, (le Comte d') Lieut. des *Maréchaux de France* à Rambouillet. D.

HUART, (Baron d') Brig. d'infanterie le 1 Mars 80. M. D.

HUBERT de Babelon, (François-Toussaint) né à... Sous-L. au rég. de *Foix* le 19 Juin 1781.

HUÉ de Grais, Brig. de cav. le 1 Mars 80.

HUE, Brig. des *Gendarmes Anglois*.

HUGEL, Brig. d'inf. le 1 Mars 1780.

HUGLEVILLE, (Ch. d') Sous-L. dans *Ségur*, drag. D.

HUGOT, Quart. M. Trés. d'*Artois*, cavalerie.

HUGUET, Cap. du *Génie*, à Douay.

HULLIN de Champeroux, Commissaire Ordonnateur des guerres, à Brest.

HUMBERC, Brig. de cav. le 1 Mars 80.

HUNOLSTEIN, (Comte d') Col. du rég. de *Chartres*, drag.

HUNOSTEIN, (Baron d') Major de *Chartres*, drag. M. D.

HURTAUT, (N...) né à Paris en 1721, a servi dans *Blois* le 4 Juin 1741, Serg. le 1 Mai 1752, P. D. dans *Perche* le 1 Fév. 1763, ✠ le... 1778, a fait toutes les guerres & les campagnes de Canada, a été blessé au siège du Fort Georges en 1757.

HUSSON, (Philippe) né à Sédan en Champagne, le 14 Oct. 1739, Soldat au rég. *Savoie-Carignan* le 24 Mars 1756, Serg. le 21 Août 1763, Fourr. le 18 Sept. 1764, P. D. le... 1774.

HUSSON de Prailly, (Nicolas d') né à Toul le 27 Fév. 1752, Sous-L. au rég. de la *Marine* le 2 Sept. 1768, Lieut. le 24 Oct. 1774, Cap. le 2 Août 1780.

HUSSON, (Jean-Etienne d') né à Toul le 1 Juin 1765, Cad. Gentilh. au rég. de la *Marine* le 25 Janv. 1780, Sous-L. le 10 Août 1781.

HUSTIN, (Nicolas-Joseph-Ferdinand) né à Bordeaux, le 29 Janv. 1755, Sous-L. dans l'*Isle de France* le 9 Nov. 1772, Lieut. en sec. le 8 Avril 1779.

HUTEAU, (le Cte. d') Lieut. de Roi en Languedoc. M. D.

HUVIER de Mée, Aspirant du *Génie*, à Valenciennes.

HUYN, ✠ Prévôt Gén. de *Maréchaussée*, à Nancy.

I

JABRO, ✠ Lieut. Col. com. le bataillon de garnison de *Bourgogne*.

JACOB, Sous-Lieutenant de *Maréchaussée*, à Sézanne.

JACOBÉ, ✠ Maréc. de Logis des *Gendarmes* de la Reine.

JACOBEL, (François-Louis) né à Neufchatel en Suisse le 15 Juin 1741, Cad. dans *Vigier* le 1 Mai 1754, Ens. le 3 Avril 1756, Sous-L. le 16 Sept. 1762, Cap. le 26 Déc. 1772; blessé à la bataille de Rosback le... Novemb. 1757, ✠* le 16 Décembre 1781. D.

JACOMEL de Chauvigny, (Joseph-François-Louis) né à Bessan en Languedoc le 13 Mars 1745, Lieut. *Garde-Côte* le 31 Juillet le 31 Juillet 1761, Ens. au rég. de *Beaujolois* le 21 Déc. 1761, Lieut. le 24 Août 1768, Cap. en second le 12 Juin 1782. D.

JACOMEL, (François, Ch. de) né à Bessan, près Agde, en Languedoc, le 3 Nov. 1759, Cad. Gentilh. dans *Beaujolois* le 3 Nov. 1778, Sous-L. le 25 Juillet 1779.

JACQUESSON, Major à Mont-Médy.

JACQUIER de Rosée, (le Baron de) Lieut. des *Maréchaux de France*, à Givet. M. D.

JADART, Commissaire Ordonnateur des Guerres, dans l'Isle-de-Corse.

JAECKLIN, (Théodore de) né à Haute-Réalt de Rodel, le 13 Avril 1763, Cad. dans *Vigier* le 1 Mai 1781, Sous-L. le 3 Juin suivant. D.

JAILLY, (Jean-Charles-Léonard Duverne, Chev. de) né à Jeilly en Nivernois le 10 Octob. 1760, Vol. au rég. de *Beaujolois* le 26 Août 1778, Cad. Gentill. le 22 Juin 1779, Sous-L. le 30 Avril 1781. D.

JAKUBOWSKI, (le Baron de) Maréc. de Camp le 1 Mars 1780. M. D.

JALAMONDES de la Sardinière, (Claude-Marie-Cézar Palluat, Chev. de) né à Bourg en Bresse le 20 Avril 1737, Vol. des *Carabiniers* le 1 Mars 1756, Fourr. le 1 Déc. 1758, Maréc. de Logis le 1 Mai 1760, Com. le 1 Déc. 1762, Lieut. le 23 Mai 1766, rang de Cap. le 26 Sept. 1774, Lieut. en sec. le 1 Avril 1776, Lieut. en p le 1 Mai 1777, blessé à Minden, Cap. en sec. le 16 Mars 1780. D.

JAMBAR, Quart. Mᵉ Trés. de *Vermandois* infanterie.

JAMBERT; Aspirant du *Génie*, à Rocroy.

JANET, Quart. Mᵉ Trésor. de *Guienne*, infanterie.

JANSON, (Marq. de) Maréc. de Camp le 1 Mars 1780. M. D.

JANSON, ✠ Brig. des *Gendarmes* Écossois.

JANSON, ✠ Brig. des *Gendarmes* Dauphins.

JANSON, ✠ (Marquis de) Col. en sec. de *Languedoc* inf.

JAQUINOT, Garde du Roi dans L. le 13 Septembre 1767.

JARLAT, Secrétaire du Gouvernement général des trois Évêchés.

JARNAC, (Marq. de) Maréc. de Camp le 5 Déc. 1781. M. D.

JARRY, (N... Richard de) né à...le..., Sous L. au rég. d'*Aquitaine* le 18 Sept. 1781, Lieut. en second le 18 Juillet 1782.

JAUBERT, Garde du Roi dans B. le 31 Mars 1757.

JAUBERT, Garde du Roi dans *Noailles* le 27 Juin 1768.

JAUBERT, Major à Mont-Louis.

JAUCOURT, (Marquis de) Maréchal de Camp le 3 Janvier 1770. M. D.

JAUCOURT, (le Comte de) Maréchal de Camp le 20 Juillet 1762.

JAUCOURT, (François, Comte de) Colon. en second de *Condé*, dragon.

JAUGAY, (Lazare) né à Vandenesse en Bourgogne le 25 Mars 1739, Milicien au bataillon de Sémur le 18 Fév. 1756, tiré aux *Carabiniers* le 7 Avril 1760, Fourr. le 1 Avril 1762, Maréc. de Logis le 16 Avril 1763, Fourr. le 9 Août 1767, rang de P. Enf. le Mai 1773, en pied le 2 Juin 1774, réformé le 1 Avril 1776, remplacé le 1 Mai 1779.

JAVRES, (Pierre-René de Lestottière, Chev. de) né à St.-Mexent en Poitou, le 19 Avril 1753, Lieut. dans le rég. provincial de *Poitiers* le 4 Août 1771, Sous-Lieut. à la suite dans *Bassigny* le 18 Octob. 1777, en pied le 28 Avril 1778.

JEANBART, Quart. Mᵉ Trésorier, avec rang de Lieut. en p. d'*Auvergne*, infanterie.

JEANSEING, Commissaire des Guerres, à Marsal & Vic.

JEHANNOT de Crochard, Commissaire des Guerres, à Nancy.

JEHANNOT fils, Trés. principal des Guerres, à Nancy.

JENIN, ✠ Prévôt Général de *Maréchaussée*, à Dijon.

JENNER, Sous-L. en p. des *Gardes Suisses*.

JEOFFRE, (Pierre-François) né à Romans en Dauphiné, le... Soldat au rég d'*Aquitaine* le 11 Août 1766, Caporal le 30 Sept. 1770, Sergent le 6 Fév. 1773, Sous-L. des Grenadiers le 13 Janvier 1783.

JEOFFROY de Petit-Bois, (Claude) né à Randan en Auvergne, le 21 Déc. 1732, Soldat au rég. de Savoie-Carignan le 15 Mars 1756, Serg. le 1 Nov. 1758, Fourr. le 11 Nov. 1764, P. Drap. le 4 Mars 1770, Sous-L. le 15 Juin 1776, idem des Gren. le 15 Juin 1781.

JERNINGHAM, (Chev. de Brig. d'infant. le 1 Mars 1780.

ILHER, ✠ Major de Bouillon, infanterie.

IMBERT de Bourdillon, (Remond-Denis d') né à Pezenas en Languedoc le 11 Oct. 1734, entré dans les Gardes de Lorraine le 15 Fév. 1750, Enf. au régim. de Beaujolois le 17 Juil. 1758, Lieut. le 17 Nov. 1758, Cap. en sec. le 11 Juin 1776, ✠ le... Août 1781.

IMBERT d'Enne-Velin, Lieut. des Maréchaux de France, à Lille.

IMBERT, Garde du Roi dans V. le 1 Janvier 1776.

IMBERT, (le Baron d') Lieuten. des Maréchaux de France, à Marseille. M. D.

IMBERT, Garde du Roi dans B. le 8 Septembre 1758.

IMBERT, ✠ Lieut. des Maréchaux de France, au département de Pézenas.

IMBERT du Bosc, Lieut. des Maréch. de France, à Rhodès.

IMBERT de Cherling, Lieut. des Maréchaux de France, à Cambray.

IMBERT, Lieut. Colon. des Grenadiers-Royaux de Lionnois.

IMBERT du Maitre, Capit. d'Artillerie, à Monaco.

IMBLEVAL, (d') Garde du Roi dans L. le 12 Mai 1763.

INVILLIER, Lieut. Général le 1 Mars 1780.

JOANNÈS, ✠ Lieut. Col. du régiment de Paris.

JOANNIS, Garde du Roi dans V. le 3 Avril 1777.

JOBAL de Pagny, Lieut. de Roi à la Citadelle de Metz.

JOBAL, ✠ Lieut. Col. dans Languedoc, dragon.

JOBARD, Cap. du Génie, à Bouillon.

JOCHINEAU de Tourdonet, (Augustin-Jacques de) né à... Sous-L. au régim. de Foix le 31 Janvier 1783.

JOFFROY Dabbans, (le Comte de) Sous-L. des Gardes du Roi dans V. le 6 Mai 1781.

JOISEL, ✠ Lieut. de Maréchaussé, à Meaux.

JOLIVET, Garde du Roi dans B. le 1 Avril 1772.

JOLY de Ponthemery, Commissaire des Guerres, à Bourg en Bresse.

JOLY d'Aussi, Commissaire des Guerres à Saintes & Saint-Jean d'Angeli.

JOLY, (N....) Sous-L. au 3e rég. des Chasseurs, tué à Savanach le 10 Janvier 1780.

JONCHÈRES, Garde du Roi dans Noailles le 15 Janvier 1763.

JONCIÈRES, Garde du Roi dans L. le 12 Octobre 1776.

JONSAC, (Marq. de) Lieut. Général le 17 Décembre 1759.

JOREL de St.-Maurice, Sous-Lieutenant de Maréchaussée, à Montfort-Lamaury.

JORY, (l'Abbé) Aumônier des Gardes du Roi dans Noailles.

JOSSINET, Sous-L. de Maréchaussée, à Dijon.

JOST, Sous-Lieut. en p. de Gardes Suisses.

JOSSIGNY, Garde du Roi dans Noailles, le 22 Janv. 1779.

JOTEMPS, Garde du Roi

dans B. le 27 Décembre 1757.

JOUARD du Maignou, Lieuten. des *Maréchaux de France*, à Toul.

JOUBERT, Brig. d'infanterie le 1 Mars 1780.

JOUEN, Quart. Me Trésor. de *Cambraisis*, infanterie.

JOUFFREY, Vicomte de la Cressonière, (Louis-Henri-Joseph, de) né au Fort St.-François-Lezère, d'Aire, en Artois, le 8 Déc. 1750, Lieut. au rég. provincial d'*Arras*, le 1 Fév. 1774, passé au bataillon d'*Artois* le... 17..., passé au rég. des *Grenad.-Royaux* de la Picardie le 18 Avril 1782.

JOUFFROY, ✠ ancien Garç. Major d'*Artillerie*, à Besançon.

JOUGLA, Garde du Roi dans B. le 15 Mars 1761.

JOVIAC, (Marq. de) Maréc. de Camp le 5 Déc. 1781. M. D.

JOVIAC, (Comte de) Sous-Lieut. des *Gardes* de Monsieur.

JOULLIN, Garde du Roi dans V. le 29 Mars 1771.

JOULLY de Jourdain, Lieut. de *Maréchaussée*, à Issoudun.

JOURDAIN, (Philippe-Daniel de) né à Niort en Poitou le... 1753, Sous-L. au régim. de la *Reine* infant., le 28 Juil. 1773, Lieut. en sec. le 19 Sept. 1778, en p. le 2 Juin 1780. D.

JOURDAIN, † (Philippe-Daniel de) né à Niort en Poitou le... 1753, Sous-L. au rég. de la *Reine* le 28 Juil. 1773, Lieut. en sec. le 27 Nov. 1778, Lieut. en p. le 2 Juin 1780.

JOURDAN, (Louis de) né à Angers le 3 Juillet 1762, Sous-Lieut. au régim. du *Maine* le 24 Septembre 1780. D.

JOUSSERAND, (Anne-Frédéric André, Cheval. de) né à Ruffie en Poitou, le... 1757, Cad. Gentilh. au rég. de *Beaujolois* le 6 Juin 1776, Sous-L. le 3 Novembre 1778.

JOUSSERANT, (Charles-Lachaux de) né à Limaray en Poitou le 3 Janvier 1756, Sous-Lieut. au rég. de *Beaujolois* le 3 Avril 1774, Lieut. en sec. le 12 Juin 1782.

JOUSSERANT, Garde du Roi dans V. le 1 Septemb. 1771.

JOUVANCOURT, (le Ch. de) Sous-L. de *Maréchaussée*, à Néauphle.

JOUVELLE, Garde du Roi dans L. le 31 Mars 1771.

IRLAND, ✠ (N..., Cte. d') né à... le... 17..., *Chevau-Léger* de la Garde le... 17... M. D.

ISANGHIEN, (Louis de Grand-de-Mérode de Montmorency, Prince d'Isenghien & des Malmines dans les Pays-Bas Autric.) né le 16 Juillet 1678, Col. du rég. d'inf. *de St.-Maurice*, incorporé dans *Poitou* le 11 Fév. 1697, Brig. le 2 Avril 1703, Maréchal de Camp le 20 Mars 1709, Lieut. Général le 8 Mai 1718, Chev. des Ordres du Roi le 3 Juin 1724, Lieut. Gén. au pays d'Artois même année, Gouverneur d'Arras le 16 Sept 1725.

ISELIN de Lanan, (Chev. d') Maréchal de Camp le 5 Décembre 1781.

ISLE, ✠ (Marq. d') Maj. de la *Colonelle-Générale*, drag. M.

JUJARDY, Commissaire des Guerres, en Amérique.

JUIGNÉ, (Marq. de) Lieut. Général le 1 Mars 1780. M. D.

JUIGNÉ, (le Marquis de) Lieut de Roi du Gouvernement du Poitou.

JUIGNÉ, (Baron de) Maréc. de Camp le 1 Mars 1780.

JULIANA, Lieut. en sec. des *Gardes Françaises*.

JULIEN, (Charles de) né à St.-Flour en Auvergne le 17 Janvier 1740, Lieuten. au rég. de *Turenne* le 5 Janv. 1756, Cap. le 4 Août 1770 Grenad. le 17 Avril 1782, ✠ le 26 Décembre 1781.

JULIEN, (N.... de) né à... le... 17..., Sous-L. au rég. d'*Aquitaine* le... 1782.

JULIEN, (Jean-Meyrel) né à St.-Julien en Lorraine le 26 Mai 1736, Soldat dans l'*Isle-de-France* le 17 Nov. 1755, Serg. le 20 Avril 1756, P. Drap. le 17 Avril 1772, Quart. Mᵉ le 24 Avril 1774, rang de Lieut. le 11 Juin 1776.

JULIEN, Quart. Mᵉ Trésor. de l'*Isle-de-France*, infanterie.

JUMILHAC, (le Marq. de) Maison du Roi, Brig. en 1738, Maréc. de Camp en 1740, Lieut. Général le 1 Mai 1745. M. D.

JUMILHAC, (le Marquis de) Lieut. de Roi, en Guienne.

JUMILHAC, (Comte de) Maréchal de Camp le 3 Janvier 1770.

JUMILHAC, (Vicomte de) Maréchal de Camp le 3 Janvier 1770.

JUNCQUIÈRES, Lieut. des *Maréchaux de France*, à Crépy en Valois.

JUNECOURT, Cap. d'*Artillerie*; à l'Armée de Rochambeau.

JUNET, (Joseph-Xavier) né à Pontarlier en Franche-Comté, en Déc. 1734, Cavalier en Juin 1759, Fourrier en Oct. 1761, Maréc. de Logis en Juin 1762, Quart. Mᵉ en Mars 1773, Brevet de Lieut. en Avril 1768, en pied en Juin 1772, chargé du détail en Janv. 1771, Cap. des guides de l'Armée sous le Maréchal de Broglie en Juin 1778, *idem* sous M. le Comte de Vaux en Juin 1779, Cap. réformé au rég. de *Berry*, cavalerie, en Juin 1779.

IVOLEY, ✠ (le Baron d') Directeur d'Artillerie, à la Rochelle. D. M.

IVOLEY, (Baron d') Brigad. d'infant. le 5 Décembre 1781.

IVORY, (le Chevalier d') Capitaine du *Génie*, à Rocroy.

IVRY, (Nicolas Richard d') né à Beaune en Bourgogne en 1761, Sous-L. dans *Lanan* le 27 Août 1777, en p. le 2 Fév 1781.

JUVENEL, (Mathieu de) né à Pézenas en Languedoc le 14 Nov. 1748, Sous-L. le 5 Mai 1771, Lieut. au rég. du *Maine* le 8 Avril 1779.

JUVIGNY, Garde du Roi dans L. le 11 Novembre. 1780.

K

KADREL, Garde du Roi dans *Noailles* le 16 Octobre 1772.

KAGUENECK, Brig. des Gardes du Roi le 6 Juin 1779.

KALBEAN de Cardelan, Lieuten. des *Maréchaux de France*, à Auray.

KALCKGRABER, Quart. Mᵉ Trés. du rég. *Dauphin*, dragon.

KALIO, (Guillaume Artur, Chev. de) né Château de Kalio, près Tréguier, le 5 Sept. 1725, Lieut. au rég. de *Monsieur* le 5 Avril 1746, Cap. le 1 Sept. 1747, Lieut. C. au rég. de *Foix* le 9 Nov. 1772, ✠ le 13 Février 1761. D. M.

KALIO, ✠ Lieut. Col. com. le batail. de garnison de *Royal-Marine*.

KARRER, Lieut. en p. des *Gardes Suisses*.

KARRER,

KARRER le jeune, Lieut. en sec. des *Gardes Suisses.*

KAYER, (François-Antoine de) né à Rosheim en Basse-Alsace le 13 Juin 1730, Ent. dans les troupes Danoises en 1756, Lieut. en sec. dans *Fischer* le 13 Mars 1760, blessé à Varrbourg le 31 Juillet suivant, Lieut. en p. en 1761, Aide-Major chargé du détail le 12 Avril 1763, Cap. le 16 Fév. 1766, Maj. le 2 Avril 1780, ✠ le 4 Septembre 1781.

KELLERMANN, ✠ Lieut. Col. du *Colonel-Gén.*, hussards.

KEMPE, Sous-L. de *Maréchaussée*, à Thouars.

KENNEDY, Cap. du *Génie*, au Fort-Barrault.

KENNEDY, Com. à Sierck.

KERALIO, (Ch. de) Maréchal de Camp le 1 Avril 1780. *Voyez* le Supplément.

KERAVEL, Brig. de cav. le 10 Février 59.

KEREMPUL, (Joseph-Joachim, Ch. de) né à Rennes en Bretagne, en 1762, Page de la Grande Ecurie en Déc. 1777, Sous-L. à la suite du rég. de *Berry*, cav. en Janvier 1781. D.

KERGRÉE, Garde du Roi dans L. le 3 Septembre 1775.

KERGU, † (Louis-Agathe-Marie de) né au Château de Kerga en Bretagne, le 10 Nov. 1757, Sous-L. à la suite du rég. *Royal-Etranger* le 4 Mai 1771, en pied le 1 Juin 1772, Lieut. en sec. au 2ᵉ rég. des *Chevaux-Légers* le 29 Mai 1779. D.

KERGUENECH, Lieut. des *Maréc de France*, à Guincamp.

KERMEL, Sous L. en sec. des *Gardes Françoises.*

KERMELEC, Garde du Roi dans B. le 30 Juillet 1770.

KERRAVEL de Lerret, (Georges-Yves-Marie-Anselme de) né à Morlaix, le 17 Nov. 1767, Cad. Gentilh. le... 17..., Sous-L. des *Chasseurs* au rég. de *Limosin*, infanterie le 1 Mars 1783. D.

KGINSSIAUX de Krasdoué, (Charles-Marie de) né à Lesnevin en Bretagne, le 23 Déc. 1749, Vol. dans la légion de *Condé* le 1 Sept. 1771 Sous-L. à la suite le 9 Nov. 1772, réformé le 9 Déc. 1775, Sous-L. en 3ᵉ au 4ᵉ rég. des *Chasseurs* le 25 Juillet 1781. D.

KGRION, ✠ Lieut. Col., com. le bataillon de garnison de *Savoie Carignan.*

KICK, (Antoine) né à Marseille le 19 Nov. 1734, Bourgeois de St-Gall, Cad. dans *Vigier* le 22 Avril 1759, Enseig. le 24 Août 1759, Sous-L. le 29 Oct. 1761, Cap. le 29 Août 1764, Cap. com. le 12 Novembre 1768. D.

KLINGENBERG, Maréchal de Camp le 1 Avril 1759.

KLINGLIN, (Baron de) Brig. de drag. le 1 Mars 80.

KLINSPORT, Brig. d'inf. le 12 Novembre 1763.

KLOECKLER, (Baron de) Brig. d'inf. le 1 Mars 1780.

KOLLY, Adjudant des *Gardes Suisses.*

KOUALLAN, (Louis-François de) né à Quintin en Bretagne le 11 Avril 1758, Sous-L. à la suite du rég. de l'*Isle-de-France*, le 17 Juill. 1774, en pied le 3 Juill. 1775, Lieut. en sec. le 28 Juin 1782. D.

KRBELLEC, Garde du Roi dans V. le 20 Septembre 1779.

KUNTY, (Georges) né à Carlstat en Croatie, le 3 Nov. 1729, Vol. dans *Fischer* le...

Juill. 1757, Sous-L. dans *Conflans* le 10 Avril 1763, Lieut. en fec. le 8 Août 1768, Lieut. en p. le 26 Juillet 1776.

L

LAAGE, (Augustin de) né à St-Florent en Anjou, le 2 Avril 1747, Sous-L. dans l'*Isle de France* le 17 Juill. 1763, Lieut. le 17 Avril 1772, Sous-Aide-Maj. le 16 Juin 1773, réformé & remis Lieut. le 11 Juin 1776, Cap. en fec. le 22 Juin 1781. D.

LAAGE, (Eugène-Gabriel, Ch. de) né à Fourfe en Poitou, le 17 Fév. 1754, Sous-L. dans l'*Isle-de-France* le 4 Août 1770, Lieut. le 3 Juill. 1775, Lieut. en fec. le 11 Juin 1776, en p. le 8 Avril 1779.

LAAGE, (Neide de) né à la Buffière en Poitou, le... 1745, Vol. au rég. de *Perche* le... 1762, Sous-Aide-Major le 7 Nov. 1770, Sous-L. le 1 Fév. 1763, Lieut. en p. le 11 Juin 1776, Cap. le 15 Août 1779, a fait la campagne de 62.

LAAGE, (de) Garde du Roi dans L. le 6 Février 1777.

LAAGE, (N..., Ch. de) né à la Buffière en Poitou, le... 1761, Elève de l'Ecole Militaire, Cad. Gentilh. au rég. de *Perche*, inf. le 6 Juin 1776, Sous-L. le 1 Juill. 1776, Lieut. en fec. le 28 Septembre 1782.

LAAGE, (le Marq. de)Lieut. des *Maréc. de France* à Blois.

LAAGE, Garde du Roi dans L. le 13 Mai 1769.

LABADIE, Garde du Roi dans B. le 3 Janvier 1778. D.

LABALENIE, Garde du Roi dans *Noailles* le 15 Avril 1770.

LABARE, de Caroy ✠, Chef de brig. du rég. de *Metz*, art.

LABARRE, (Antoine-François-Charles de) né à Paris le 5 Mars 1764, Sous-L. dans *Berry*, inf. le 6 Avril 1783.

LABARRE, Lieut. des *Maréchaux de France*, à Gisors.

LABARRE de Laage, Garde du Roi dans L. le 14 Avril 1765.

LABARRE, Garde du Roi dans *Noailles* le 14 Janv. 1761.

LABERGERE, ✠ Maj. du *Génie* a Hesdin.

LABARRIERE, ✠ Maj. du rég. de *Metz*, artillerie.

LABARTERE, Garde du Roi dans B. le 27 Décembre 1761.

LABARTHE de Fumar, (Antoine de) né à St-Félix de Caraman, le 29 Mars 1740, Lieut. des *Volontaires de Clermont*, le 16 Mai 1758, Cap. le 12 Nov. 1768, fait la campagne d'Hanovre, ✠ le 29 Août 1781, Cap. à la fuite du 4ᵉ rég. des *Chaffeurs* le... 17... M. D. E.

LABARTHE, Maréchal de Camp le 1 Mars 80.

LABARTHE, ✠ (Vicomte de) Lieut. Col. des *Grenadiers Roy. de l'Isle de France*. M. D.

LABARTHE, Garde du Roi dans B. le 4 Octobre 1778.

LABASSÉE, ✠ Sous-Lieut. à Boulogne.

LABASSÉE, Sous-L. des *Grenadiers Royaux de la Picardie*.

LABASSÈRE, (Barthelemy de la Verrie de) né au Château de Maumuflon en Armagnac, le 6 Mars 1743, Lieut. en fec. dans les *Cantabres* le 8 Juill. 1757, Lieut. le 20 Janv. 1761, Aide-Maj. le 16 Fév. 1761, Corn. dans *Chabrillant* le 10 Août 1761, Lieut. aux *Carabi-*

niers le 14 Juin. 1762, Sous-Aide-Maj. de la brigade de *Malvoisin*, le 18 Aout 1764, rang de Cap. le 20 Avril 1768, Aide-Maj. de la brigade de *Montesquiou*, le 25 Avril 1770, réformé le 1 Avril 1776, Cap. en sec. le 28 Fév. 1773, ✠ le 21 Juill. 1780, Cap. en p. le 7 Mai 1780, Aide-Major de la prem. brig. le 16 Mars 1783. D.

LABASSERE, Garde du Roi dans *Noailles* le 4 Nov. 1769.

LABASTIDE, Garde du Roi dans B. le 29 Juin 1765.

LABASTIDE, (Jean-Baptiste-Martin de) né à Limoges le 9 Fév. 1759, Sous-L. dans *Enghien*, inf. le 4 Juill. 1777, Sous-L. à la suite dans *Royal*, cavalerie le 17 Février 1780. D.

LABASTIDE, Garde du Roi dans B. le 26 Mars 1779.

LABASTIDE, (Joseph, Ch. de) né à Castillonnet en Périgord, le 28 Mars 1755, Page le 18 Avril 71, Sous-L. aux *Carabiniers* le 1 Mai 73, réformé le 1 Avril 76, remplacé le 1 Mai 1779. D.

LABASTIDE, Garde du Roi dans V. le 8 Juin 1771.

LABATUT, (Nicolas-Bernard-Marie d'Escaussé de) né à St-André en Gascogne en 1765, élevé à l'Ecole Royale Militaire, Sous-L. au rég. de *Médoc* le 22 Juin 1782. D.

LABAUME, (Jean-Baptiste Mollet de) né à Gauva-sur-Loire le 24 Juin 1736, Gendarme le 1 Mars 1756, Corn. de la légion de *Lorraine* le 1 Avril 1759, Lieut. le 5 Mai 1772, Lieut. en pied le 5 Déc. 1776, Cap. en sec. le 12 Fév. 1780, passé au 3ᵉ rég. des *Chasseurs* en qualité de Lieut. le 29 Août 1780, Commission de Cap. le 4 Avril 1781, ✠ le 1 Oct. suiv., a fait la guerre d'Allemagne & une campagne en Corse, 3 en Amérique, où il a eu un cheval tué sous lui. D.

LABAUME, ✠ (le Ch. de) Lieut. des *Maréchaux de France*, à Gualle.

LABAUME, Garde du Roi dans V. le 1 Juillet 1773.

LABAUNERIE, (Jean de Maultabré de) né à Chemillé en Touraine, le 18 Oct. 1758, Lieut. au rég. Provincial de *Tours*, le 1 Mai 1773, Sous-L. au rég. de la *Reine*, inf. le 8 Juin 1776, Lieut. en s. le 3 Mars 1779. D.

LABAYETTE de Galle, Chef de brigade du rég. de *Grenoble*, artillerie.

LABAYLE, Garde du Roi dans *Noailles* le 14 Mars 1775.

LABAZONNIERE, (Armand-Eugène de) né à Thorigny en Normandie le 15 Fév. 1765, Cad. Gentilh. au rég. de *Limosin* le 24 Oct. 1780, Sous-L. le 6 Septembre 1781. D.

LABBÉ de Briancourt Commissaire des guerres, à Bergues & Gravelines.

LABBE de Talsy, ✠ Sous-Brig. du *Génie* avec rang de Colonel, à Paris.

LABBESSE, Garde du Roi dans B. le 1 Avril 1766.

LABÉ, Quart. M. Trés. des *Grenad.-Royaux* de Lorraine

LABEAU, (Antoine-Raimond-Colinet de) né à Aurillac en Auvergne le 26 Sept. 1733, Sous-L. des gren. au rég. de la *Reine*, inf. le 1 Déc. 1755, Lieutenant le 7 Juillet 1756, inscrit aux Mousquetaires-Gris le 1 Juill. 1754, Capitaine le 28 Juill. 1773, Cap. en sec. le 9 Juin 1775, Cap. c. le 3 Juin 1759, ✠ le... 1780. D.

LABEAU, (Gerard Colinet, Ch. de) né à Aurillac, le 6 Avril 1736, Lieut. le 27 Janv. 1757, Cap. en sec. au rég. de la *Reine*, inf., le 4 Juill. 1777, ✠ le... 1781.

LABEAU, (Anselme-Raimond-Colinet de) né à Aurillac le 26 Sept. 1733, Sous-L. des Grenad. dans la *Reine*, inf., le 1 Déc. 1755, Lieut. le 7 Juill. 1756, inscrit aux Mousquetaires le 1 Juill. 1754, Cap. com. la Lieutenance Col. le 28 Juill. 1773, Cap. en sec. le 9 Juin 1776, Cap. com. le 3 Juin 1779, ✠ le... 1780.

LABEAU, (Gaspard-Colinet, Ch. de) né à Aurillac le 6 Avril 1736, Lieut. au rég. de la *Reine*, inf., le 27 Janv. 1757, Cap. en sec. des Grenad. le 4 Juill. 1777, ✠ le.. 1781.

LABEAUSSIERE, (Pierre Richer de) né au Mans le 3 Juin 1754, Sous-L. au rég. de *Savoie-Carignan* le 28 Juillet 1773, Lieut. des Chass. le... 1779. D.

LABELINAYE, (Comte de) Brig. d'inf. le 1 Mars 1780. M. D.

LABELIVE, Garde du Roi dans V. le 1 Sept. 1771.

LABELLISSUE, (Pierre-François de Nicole de) né à Lanion, en Bretagne, le 3 Mai 1750, Sous-L. au rég. de *Bassigny* le 15 Déc. 1759, Lieut. en sec. le 28 Avril 1778, Lieut. en p. le 1 Janv. 1780. D.

LABERGES, Sous-L. de *Maréchaussée*, à Brignolles.

LABÉRILLAIS, Major de *Viennois*, inf., & ✠.

LABERNARDIERE, (Pierre-Louis au Capitaine de) né à Vicher-au-Bois, Jurisdiction de Bourges, le 8 Déc. 1753, Lieut. au rég. d'*Aquitaine* le 1 Avril 1771, Lieut. le 26 Juin 1778, Lieut. en p. | le 16 Mai 1781. D. M.

LABERNARDIERE, (Pierre, Ch. de) né à Vicher au Bois, en Berry, le 9 Sept. 1757, Sous-L. au rég. d'*Aquitaine* le 31 Mars 1774, Lieut. le 13 Mai 1780, Lieut. en p. le 18 Sept. 1781, Cap. en s. le 18 Juill. 1782.

LABICHE, Garde du Roi dans L. le 6 Déc. 1776.

LABIGNETIERE, Brig. des Gardes du Roi dans V. le 13 Mars 1780.

LABILLARDERIE, (Marq. de) Maréc. de Camp le 16 Avril 1767. M. D.

LABILLARDERIE, (Ch. de) Maréc. de Camp le 1 Mars 1780.

LABINTINAYE, (Jean-Baptiste-Simon-Marie de) né à Rennes le 13 Sept. 1751, Lieut. en sec. à la suite de l'Artillerie le 7 Janv. 1778, Cap. à la suite de l'infant. le 3 Juin 1779, Cap. réformé à la suite de *Royal*, cav., le 18 Nov. 1781. D.

LABLACHE, (le Marq. de) Brig. de drag. le 10 Mai 1748. M. D.

LABLACHE, (Jacques-Hyacinthe de) né à Rochemoure, en Vivarais, le 5 Fév. 1741, Vol. au rég. de *Marbeuf*, drag., 1758, Maréc. de Log. en Mai 1763, Sous-L. en 1765, Commission de Cap. en Avril 1769, Cap. en sec. au 5e. régim. des *Chasseurs* le 13 Nov. 1781. D.

LABLACHE, (le Comte de) Maréc. de C. le 3 Janv. 1770. M.

LABLANCHARDIERE, Garde du Roi dans V. le 24 Janv. 1768.

LABLINAYE, Lieut. des *Maréchaux de France*, à St-Malo.

LABODERIE, (Jacques-Casimir de) né à Ste-Honorine la Chardonne, en Normandie, le...

Mars 1756, Lieut. au rég. de *Beaujolois* le 1 Mai 1757, Cap. le 4 Août 1770, ✠ le... Août 1781. D.

LAPOISSIERE, Garde du Roi dans L. le 18 Avril 1773.

LABOISSIERE, Garde du Roi dans *Noailles* le 29 Mai 1775.

LABOISSIERE, Major, à Perpignan.

LABOISSIERE, Lieut. des *Maréchaux de France*, à Guincamp.

LABOLLE, (Joseph) né à St-Clair, en Gascogne, le 18 Mars 1727, Soldat au rég. de *Foix* le 8 Sept. 1743, Sous-L. le 8 Déc. 1767, Lieut. en s. le 23 Janv. 1772, ✠ en Janv. 1780.

LABORDE, ✠ Chef de Brig. du rég. de *Metz*, artillerie.

LABORDE de Pecomme, Cap. du *Génie*, à Phalsbourg.

LABORDE de Contans, Cap. du *Génie*, à la Rochelle.

LABORIE, Chirurgien Major des Gardes-du-Corps dans *Noailles*.

LABORIE, Garde du Roi dans V. le 11 Mars 1766.

LABORIE, ✠ Sous-Direct. d'artillerie, à l'Isle-de-Ré.

LABORIE, ✠ Quart. Me. Trés. de *Bourbon*, inf.

LABOUCLE Boulogne, ✠ Brig. des *Gendarmes* Anglois.

LABOULANDIERE, Major, à Amiens.

LABOULAYE, Garde du Roi dans V. le 10 Déc. 1758.

LABOULLAYE, (le Chev. de) Garde du Roi dans *Noailles* le 9 Mars 1763, Brig. le 30 Sept. 1778, Fourrier le 12 Mars 1780.

LABOULLAYE, ✠ Major d'*Orléans*, cavalerie.

LABOURDONNAYE, †(le Marquis de) Sous-L. des *Gendarmes* Bourguignons. M. D. E.

LABOURDONNAYE, † (Chev. de) Sous-L. en p. des *Gardes Françoises*.

LABOURDONNAYE, ✠ (le Vicomte de) Col. en sec. de la *Sarre*, infanterie.

LABOURGONNIERE, (Jean-Joseph de) né à Morlaix, en Bretagne, le... Oct. 1760, Sous-L. au corps de *Nassau-Siégen* en Octobre 1781. D.

LABOYRIE, (Chev. de) Sous-L. en p. des *Gardes Françoises*.

LABRETONNE, Garde du Roi dans V. le 7 Août 1768.

LABRETONNIERE, Garde du Roi dans B. le 9 Mai 1778.

LABRIDERIE, Garde du Roi dans B. le 9 Juillet 1779.

LABRIFFE de Preaux, Brig. de cav. le 1 Mars 1780. M. D.

LABRO, Brig. des Gardes du Roi dans *Noailles*, le 30 Juin 1777.

LABROSSE, (Augustin Sallemont, Ch. de) né à Tours le 29 Sept. 1735, Cad. Gentilh. à Rochefort le 1 Déc. 1752, Sous-L. dans les Colonies en Juin 1757, Lieut. au rég. de *Foix* le 1 Nov. 1762, Cap. le 29 Fév. 1768, ✠ en 1777. D.

LABROSSE, Charles-Vincent Dubreuil de) né à Labrosse en Boulonnois, le 25 Juillet 1755, Sous-L. au rég. de *Médoc* le 9 Nov. 1770, Lieut. en sec. le 20 Mars 1779, M. D.

LABROUE, (Jean-François de) né à Moissac en Querey le 7 Août 1755, Sous-L. à la suite du rég. d'*Orléans*, drag., le 7 Avril 1773, en pied le 15 Avril 1775, réformé le... Juin 1776, remplacé le 6 Avril 1778, passé au 3e rég. des *Chasseurs* le 1 Juin 1779, M. D.

LABROUE, Garde du Roi dans V. le 30 Sept. 1778.

LABROUSSE, Garde du Roi dans B. le 7 Mars 1757.

LABROUSSE, Garde du Roi dans V. le 3 Avril 1769.

LABROUSSE, Brigadier des Gardes du Roi dans L., le 15 Mars 1778.

LABROUSSE, Garde du Roi dans V. le 2 Avril 1782.

LABROUSSIERE, Garde du Roi dans V. le 2 Déc. 1766.

LABRUE, Garde du Roi dans *Noailles* le 26 Septemb. 1773.

LABRUE, Garde du Roi dans *Noailles* le 26 Septembre 1773.

LABRUE, Garde du Roi dans *Noailles* le 26 Septembre 1773.

LABRUYERE, ✠ Lieut. Col. com. le bataillon de garnison d'*Anjou*.

LABUISSIERE, ✠ (le Ch. de) Lieut. des *Maréchaux de France*, à Montargis.

LABUSSIERE, (de) Garde du Roi dans L. le 25 Juin 1781.

LABUSSIERE, Enseigne des *Gardes Françoises*.

LACARRY Moleon, Brigad. d'infanterie le 20 Avril 1768.

LACARTE, (le Marquis de) Enf. de la Gen. du *Colonel-Gén.* infanterie, M. D.

LACAYROUSE, Garde du Roi dans *Noailles* le 19 Septembre 1765.

LACELLE, † (Louis-Benjamin, Chev. de) né au Château Dauger, près Guéret, le 2 Mars 1764, Page de la Reine le 1 Avril 1778, Sous-L. en 3ᵉ des *Carabiniers* le 4 Août 1782, M. D.

LACGER, ✠ Lieut. Col. c. le bataillon de garnison de *Berry*, M. D.

LACGER, Lieut. des *Maréchaux de France*, à Castres.

LACGER de Camplong, Lieuten. des *Maréchaux de France*, à Carcassonne.

LACHAISE, Garde du Roi dans V. le 18 Novembre 1759.

LACHAISSAGNE, Brig. de dragons le 25 Juillet 1762.

LACHAMONERIE, (Charles-François Saulieu de) né à Nevers le 26 Août 1753, Sous-L. au régim. de *Limosin* inf. le 14 Janvier 1772, Lieut. en sec. le 8 Avril 1779, Lieut. en p. le 15 Juin 1781, D.

LACHAPELLE, (Alexandre-François-Marie le Filleul, Comte de) né à la Chapelle, en Normandie, le 12 Août 1737, Mousquetaire de la 1ᵉ comp. le 1 Oct. 1750, Enf. aux *Gardes Françoises*, avec rang de Cap., le 1 Oct. 1751, Sous-Aide-Major le 14 Déc. 1767, Lieut., avec rang de Lieut. Col., en Juin 1769, Aide-Major en Janvier 1770, ✠ en Mai 1770, breveté de Col. en Mai 1772, Meſt. de Camp com. le rég. de *Baſſigny*, le 14 Mai 1776, Brigad. des Armées le 11 Mars 1780, M. D. E.

LACHAPELLE, (Jean-Marie de) né à Lyon le 7 Sept. 1729, Sous-L. le 30 Janv. 1760, Lieut. le 6 Avril 1761, Cap. en p. du rég. du *Maine* le 28 Novembre 1777.

LACHAPELLE de Bellegarde, ✠ Directeur d'Artillerie, à la Fere.

LACHAPELLE, (François David, Ch. de) né à Fontenay-le-Comte en Poitou, le 12 Mars 1749, élevé à l'École Militaire le 12 Avril 1760, Sous-L. au rég. de *Baſſigny* le 20 Av. 1766, Sous-Aide-Maj. le 20 Mars 1769, Cap. en sec. le 28 Avril 1778,

Cap. en fec. des Grenad. le 3 Juin 1779, ✠ le...

LACHAPELLE, (Louis-Henri-Guillaume Godefroi de) né à Perpignan le 21 Août 1763, Cad. Gentilh. au rég. d'*Aquitaine* le 15 Juin 1779, Sous-L. le 13 Mai 1780.

LACHARCE, (Vicomte de) Maréchal de Camp le 1 Mars 1780, M. D.

LACHARLONNIE, Garde du Roi dans L. le 24 Mars 1759.

LACHARPENTERIE, ✠ Capitaine d'*Artillerie*, à Caen.

LACHARRIERE, Garde du Roi dans V. le 20 Sept. 1756.

LACHASSAGNE; ✠ (le Baron de) Major de la *Rochefoucaud*, dragon, M. D.

LACHASSAGNE, Lieut. de *Maréchaussée*, à Guéret.

LACHASTRE, (Claude-Louis, Comte de) né à Paris le 1 Oct. 1745, Lieut. d'infant. en Mars 1761, Lieut. des *Carabiniers* en Déc. 1763, Cap. *idem* en Avril 1764, Col. aux *Grenad. de France* en Janv. 1770, Col. dans *Royal-Vaisseaux* en Juillet 1771, Mest. de Camp com. au rég. des drag. de *Monsieur* le 24 Févr. 1774, ✠ le 1 Mars 1779, Brig. des Armées du Roi en Déc. 1782, Grand-d'Espagne de la sec. classe, Chevalier de la Toison d'Or, M. D. E.

LACHASTRE, (Henri-Léonard, Chev. de) né à... Habite Leyre en Limosin, Vol. au rég. de Grammont le 15 Avril 1754, Corn. le 26 Janv. 1760, Lieut. le 8 Avril 1762, Lieut. dans *Royal-Roussillon*, cav., le... Cap. en fec. au 2e. rég. des *Chevaux-Légers* le 15 Sept. 1780.

LACHATRE, (Marquis de) Lieut. Gén. le 25 Juillet 1762. M. D.

LACHAU, Garde du Roi dans B. le 5 Juillet 1778.

LACHAUD, ✠ Prevôt Gén. des *Gardes Françoises*.

LACHAUSSEE, (Charles de) né à Montreuil sur mer, en Picardie, en Juill. 1763, Page du Roi en 1769, Sous-L. au rég. de *Berry*, cav., en Avril 1772, Lieut. en sec. en Juin 1779.

LACHAUSSEE, Major, à Montreuil.

LACHAUSSEE, Cap. d'artillerie, à Granville.

LACHAUVIGNERIE, Maj. à la Citadelle de Lille.

LACHAUX, Maj. à Nismes.

LACHESNAYE, Garde du Roi dans B. le 24 Mars 1773.

LACHEVALERIE, Garde du Roi dans *Noailles* le 28 Déc. 1762.

LACHEVARDERIE, Garde du Roi dans V. le 18 Mars 1771.

LACHEVARDIERE, (François de) né à la Grand-Ville, près Mézières, en Champagne, le... 1738, Vol. au rég. de la *Reine*, inf., le... Avril 1755, Enseig. le 1 Nov. 1756, Lieut. le 1 Janv. 1757, Cap. en sec. le 9 Juin 1776, Cap. com. le 10 Sept. 1780, ✠ le... 1780.

LACHEVIERE, Louis-Jean-François, Chev. de) né à Martigue Ferchaud, en Bretagne, le 19 Sept. 1747, élevé à l'Ecole Militaire, Sous-L. au rég. de *Médoc* en 1765, Lieut. le 24 Mars 1769, Sous-Aide-Maj. le 4 Mars 1771, Cap. en sec. le 28 Avril 1778. D.

LACHEZE, (Comte de) Lieut. Gén. le 25 Juillet 1762. M. D.

LACHEZE, Commissaire des Guerres, à Tours.

LACHICHE, Brig. d'inf. le 5 Déc. 1781.

LACHICHE, ✠ Brig. du Génie, à Grenoble.

LACHIEZE, Garde du Roi dans B. le 1 Octob. 1762.

LACHOSEDIE, Garde du Roi dans L. le 12 Déc. 1778.

LACICOTERIE, Garde du Roi dans B. le 21 Nov. 1762.

LACLAVERIE de Bressure, Lieut. de Maréchauffée, à Auch.

LACOINDRIE, Garde du Roi dans L. le 17 Fév. 1775.

LACOLLETRYE (Jean-Julien Tiercelin de) n. à Mortagne au Perche le 1 Août 1745, Mousquetaire noir en 1766, Sous-L. au rég. Royal-Comtois le 24 Mars 1769, Sous-Aide-Maj. le 17 Juin 1770, Cap Aide-Maj. le 15 Juill. 1773, Cap. com. le 28 Fév. 1778. D.

LACOLOMBE, Garde du Roi dans Noailles le 25 Mars 1760.

LACOLOMBIERE, Garde du Roi dans Noailles le 27 Juin 1779.

LACOLOMBIERE, Command. au Fort du Courgain. D.

LACOMBE, (Etienne-Bernard, Chev. de) né à Tulle, en Limosin, le 20 Février 1753, Sous-L. dans Berry, inf., le 5 Nov. 1769, Lieut. en sec. le 20 Août 1777, Lieut. en p. le 20 Avril 1780, Cap. en sec. le 13 Mai 1783. D.

LACOMBE, Inspecteur Gén. de la Maréchauffée de l'Orléannois, Bourbonnois, Berry, Lionnois & Bourgogne, à Amiens.

LACOMBE, (N... de) né à Verriat, en Périgord, le 29 Mars 1725, Porte-Etendard au régim. des Cuirassiers du Roi le 1 Mars 1763, Commission de Lieut. le 24 Mars 1772, Sous-L. en pied le 1 Août 1779.

LACOMME, Garde du Roi dans V. le 2 Avril 1760.

LACOMMERE, Garde du Roi dans Noailles le 31 Déc. 1774.

LACORCELLE, Lieut. de Roi à Embrun.

LACORREGE, (Pierre Raimond de) né à Clerac, en Agénois, le... Janv. 1754, Vol. au rég. de Beaujolois le... 1772, Sous-L. le 17 Mai 1773, Lieut. en sec. le 30 Avril 1781. D.

LACORREGE, (Charles-Martin de) né à Lassepede en Agénois le 1557, Cad. Gentilh. d'Orléans, inf., le 6 Juin 1776, Sous-L. le 20 Juin 1777, Lieut. en sec. le 18 Déc. 1779, embarqué sur la Victoire le 29 Déc. 1779.

LACOSSE, (Jean-Jacques Daniel de) né à Beaumont de Lomagne le 19 Juillet 1752, Vol. au rég. Beaujolois le 29 Avril 1768, Sous-L. le 24 Août 1769, Lieut. en sec. le 23 Juill. 1779, Lieut. en p. le 14 Fév. 1782. D.

LACOSTE, (Marquis de) Guidon des Chevaux Légers de la Garde. M. D.

LACOSTE, Maréc. de Camp le 1 Mars 1780.

LACOSTE, Commandant, à Pradelles.

LACOSTE, Brig. d'inf. le 10 Mai 1748.

LACOSTE, ✠ Cap. d'artillerie, à Belle-Isle.

LACOTIERE, (Antoine Jacob, Chev. de) né à Roman en Bresse le 9 Juin 1749, Sous-L. au rég. de Foix le... Déc. 1767, Lieut. le 20 Juill. 1772, Cap. en Juill. 1782. D.

LACOUDRAY, (Joseph Jaquinal) né à Joigny en Bourgogne le 1 Déc. 1730, Vol. au rég. de Graffin le... Déc. 1745, Lieut. réformé en 1747, Lieut.

en sec. le... Fév. 1748, Lieut. en p. en 1759, ✠ en 1771, rang de Cap. le 11 Déc. même année Cap. en sec. des Chasseurs du rég. de *Bourbon*, drag., le 5 Déc. 1776, passé au 3e. rég. des *Chasseurs à cheval* le 1 Juin 1779, a été blessé trois fois en Allemagne & en Corse Cap. en p. le 1 Mars 1782. D.

LACOUDRAY, (Nicolas de Myjouquet) né à Varennes, en Lorraine le 19 Janv. 1757, Sous-L. au rég. de la *Marine* le 31 Juillet 1775, Lieut. le 2 Août 1780.

LACOUDRELLE, Sous-L. P. E. des Gardes du Roi dans L. le 1 Janv. 1776, Mest. de Camp le 24 Déc. 1777. D.

LACOUR, (Jean Scipion de) né à Valrogne, en Languedoc, le 15 Mars 1744, Ens. au rég. de *Médoc* le 15 Sept. 1760, Lieut. le 1 Fév. 1762, Cap. en sec. le 24 Avril 1774. D.

LACOUR de Grainville, (Charles-Marie de) né à Grainville, en Normandie, le... Sept. 1765, élevé à l'Ecole Militaire le 16 Juin 1780, Sous-L. dans *Berry*, inf. le 12 Sept. 1780, Sous-L. le 5 Nov. 1782. D.

LACOUR de Fief, Garde du Roi dans V. le 19 Août 1764.

LACOUR, Maréc. de Logis des Gardes du Roi dans B. le 31 Décembre 1782.

LACOUR, (N...) né à d'Arnay, en Lorraine le... 1740, Cadet du Roi de Pologne le 10 Déc. 1755, Lieut. à la suite du rég. de *Perche* le 1 Fév. 1759, Cap. le 24 Mars 1772, ✠ le 1781, blessé à la Berghen le... 1759, fait campagne en Corse en 1769. D.

LACOUSSAYE, (Alexandre-François de) né à St-Savin, ré-

sident à Mesle, en Poitou, le 18 Fév. 1751, Sous-L. au rég. de la *Reine*, inf., le 10 Sept. 1769, Lieut. en sec. le 4 Juill. 1777, Lieut. en p. le 15 Janv. 1779, Cap. en sec. le... 1783. D.

LACOUSSAYE, (René, Ch. de) né à Mesle, en Poitou, le 17 Déc. 1758, Sous-L. au rég. de la *Reine*, inf., le 14 Août 1775, Lieutenant en sec. le 31 Mars 1779. D.

LACOUSSAYE, Garde du Roi dans *Noailles* le 6 Janv. 1765.

LACOUTURE, Lieut. en p. des *Grenadiers-Royaux* de la Picardie.

LACROIX, Sous-L. de *Maréchaussée*, à St-Mihel.

LACROIX de Talvande, † né à... en Normandie le 2 Sept. 1763, Sous-L. au rég. du *Maine* le 30 Août 1781.

LACROIX, (Pierre de) né à la Rochelle le 27 Juin 1754, Sous-L. au rég. de *Médoc* le 9 Nov. 1772, Lieut. en sec. le 25 Mai 1779. D.

LACROIX, (Jacques de) né à Anglare, en Languedoc, le... 1763, Sous-L. au rég. du *Maine* le 8 Avril 1779. D.

LACROIX, (Jean-François-Nicaise) né à Arsillers, en Champagne, près Vitry, le 17 Juillet 1735, Soldat au rég. de *Royal-Comtois* le 30 Nov. 1757, Serg. le 22 Avril 1763, Fourr. le 1 Sept. 1764, Quart. Me. le 15 Juill. 1773, Quart. Me. Trés. le 15 Juin 1776.

LACROIX, ✠ Commissaire des *Chevaux-Légers* de la Garde.

LACROIX, Cap. du *Génie*, à Verdun.

LACROPTE, Sous-L. de *Maréchaussée*, à Libourne.

LACYPIERRE, Brigad. des

Gardes du Roi dans B. le 22 Déc. 1782.

LADEVESE, Lieut. de Roi en Guienne.

LADEVESE, (Louis-Joseph-Gabriel d'Arré de) né à Thin en Vivarais, en 1757, Sous-L. au rég. de *Médoc* le 9 Nov. 1772, Lieut. en sec. le 20 Septembre 1779. D.

LADEVESE, (Paul de Charrin de) né à Chazain en Guienne le 12 Oct. 1737, Lieut. au rég. de *Savoie-Carignan* le 7 Juill. 1758, Cap. le 28 Juill. 1773, blessé à la bataille de Minden en 1759, Cap. en sec. des Grenad. le 3 Juin 1759, ✠ le 14 Août 1781, Cap. com. le 18 Juillet 1780. D.

LADONCHAMP, ✠ (le Ch. de) Maj. du rég. de la *Fere*, artillerie.

LADOUZE, (Jean-Louis d'Abzac, Vicomte de) né à Périgueux le 1 Mars 1745, Page le 1 Juill. 1760, Sous-L. des *Carabiniers* le 1 Juill. 64, Lieut. le 23 Mars 72, réformé le 1 Avril 76, Lieut. en sec. le 1 Mai 79, Lieut. en p. le 13 Juillet 1780. M. D. E.

LAFAGE, (Jean-Jacques Mourgues de) né à Lafage en Auvergne, le 21 Août 1736, Caval. le 1 Mai 1755, Corn. le 1 Oct. 1756, Lieut. le 2 Oct. 1759, réformé & passé Sous-L. le 1 Mars 1763, Lieut. le 5 Juin 1763, Lieut. en p. le 16 Juin 1776, rang de Cap. le 5 Avril 1780, ✠ le 1 Janvier 1780.

LAFAGE, Quart. M., Trés. de *Saintonge*, infanterie.

LAFAGE, Garde du Roi dans *Noailles* le 31 Mars 1769.

LAFAJOLLE, (Louis-Marie de Pharamond de) né à Youl-pillac en Albigeois en 1759. Cad. Gentilh. au rég. de *Berry*, cav., en Juill. 1776, Sous-L. en Avril 1778. M. D.

LAFAIRE, ✠ (Comte de) Sous-L. des Gardes de Monsieur. M. D.

LAFARE, (le Ch. de) Maréchal de Camp le 1 Mars 80.

LAFARE, (Marquis de) Brigadier de cavalerie le 1 Mars 1780. M. D.

LAFARE, (le Marquis de) Col. du rég. de *Piémont*, infanterie, & ✠.

LAFARELLE, ✠ Maj. de *Royal-Pologne*, cavalerie.

LAFARELLE, (François-Barthelemy de) né à Paris le 11 Déc. 1736, Cad. Gentilh. dans *Rochefort*, le 24 Avril 1753, Lieut. dans *Belsunce* le 28 Fév. 1756, Cap. dans *Royal-Pologne*, cav. le 18 Janv. 1760, Maj. le 24 Mars 1774, ✠ le 21 Décembre 1776.

LAFAVERIE, Garde du Roi dans L. le 29 Octobre 1770.

LAFAVERIE, (Jean-Gaspard de la Faverie de Martignac) né à Molières en Quercy, le 24 Juin 1752, Sous-L. au rég. de *Médoc* le 23 Nov. 1769, Lieut. le 9 Novembre 1772. D.

LAFAUTRIERE, (le Comte de) Lieut. de Roi au Duché de Bourgogne. M. D.

LAFAYE, Aide-Maj. des Gardes de la *Prévoté de l'Hôtel*.

LAFAYE, Garde du Roi dans B. le 1 Juillet 1763.

LAFAYE, Garde du Roi dans L. le 7 Décembre 1766.

LAFAYE, Garde du Roi dans B. le 27 Décembre 1771.

LAFERE, (François de) né à Châteauroux en Berry, le 1 Nov. 1766, Page de Monsieur le 1 Juill. 1779, Sous-L. à la suite des *Carabiniers* le 10 Novembre 1782. D.

LAFERGANTIERE, Lieut. des *Gardes* de la porte du Roi.

LAFERIERE, Garde du Roi dans *Noailles* le 23 Juin 1775.

LAFERONAYS, (Vicomte de) Brig. de cav. le 1 Mars 80. M. D.

LAFERRANDIERE, Lieut. de *Maréchauffée*, à Poitiers.

LAFERRE, Garde du Roi dans *Noailles* le 27 Mars 1771.

LAFERRE, Garde du Roi dans *Noailles* le 31 Mai 1762.

LAFERRE, Garde du Roi dans *Noailles* le 25 Janv. 1759.

LAFERRIERE, ✠ Maj. de *Languedoc*, infanterie.

LAFERRIERE, (Alexandre-Louis-César-Hortense Leclerc de) né à Paris le 6 Janv. 1764, Cad. Gentilh. dans *Bissary* le 31 Juill. 1779, Sous-L. le 30 Avril 1781, des *Chasseurs* le 24 Août 1781. D.

LAFERRIERE, (Marquis de) Lieut. Gén. le 17 Déc. 59.

LAFERRIERE, Sénéchal du Lyonnois.

LAFERRONAYS, (Ch. de) Maréchal de Camp le 1 Mars 80.

LAFERRONAYS, (Marquis de) Lieut. Gén. le 5 Déc. 1781. M. D.

LAFERRONAYS, (le Comte de) Gouverneur de Dole.

LAFERTÉ, (Eugène-Antoine du Meun de) né à Monceau en Bourgogne, le 3 Avril 1758, Vol. au rég. de *Beaujolois*, le 15 Mai 1775, Cad. Gentilh. le 16 Juin 1776, Sous-L. le 23 Mars 1778, Lieut. en sec. le 14 Février 1783. M. D.

LAFERTÉ Senneterre, (Comte de) Col. en sec. d'*Enghien*, infanterie. M. D.

LAFERTÉ Meun, ✠ (le Comte de) Maj. du 4ᵉ rég. des *Chevaux-Légers*.

LAFERTÉ, (Jean-Joseph de Meun, Ch. de) né à Mans en Nivernois, le 15 Déc. 1760, Cad. Gentilh. dans l'*Isle de France*, le 6 Juin 1776, Sous-L. le 2 Janvier 1778.

LAFERTÉ Meun, (Jacques-Louis, Marquis de) né au Château de Monceau en Nivernois, le 7 Février 1757, Sous-L. à la suite du rég. *Royal-Navarre*, cav. le 24 Mars 1774, Sous-L. à la suite des *Carabiniers* le... Mai 1775, Cap. réformé dans *Royal-Navarre* le 12 Juillet 1781. M. D.

LAFEUILLIEZ, Maréchal de Logis des Gardes du Roi le 1 Janvier 1783.

LAFEURE, Sous-L. de *Maréchauffée*, à Amiens.

LAFITE Dauzas, Major, à Mezières.

LAFITTE, Garde du Roi dans *Noailles* le 2 Juin 1754.

LAFITTE du Courteil, (Hilaire-Urbain, Ch. de) né à Beruges, près de Poitiers, le 21 Oct. 1762, Elève de l'Ecole Militaire, Cad. Gentilh. le 4 Avril 1778, Sous-L. le 8 Avril 1779, Lieut. en sec. le 13 Mai 1783.

LAFITTE de Clave, Cap. du *Génie*, à Cambrai.

LAFITTE du Courteil, Cap. du *Génie*, aux Colonies.

LAFITTE de Caupenne, Major, à St-Omer.

LAFLOTTE, Garde du Roi dans B. le 3 Avril 1775.

LAFON, Garde du Roi dans V. le 4 Mai 1771.

LAFOND, Garde du Roi dans *Noailles* le 2 Avril 1774.

LAFOND, Garde du Roi dans *Noailles* le 24 Juin 1779.

LAFOND, Garde du Roi dans B. le 3 Novembre 1771.

LAFOND, Garde du Roi dans *Noailles* le 17 Décembre 1767.

LAFOND de la Duye, (Michel-François-Marie de) né à Blois, en Juin 1757, Sous-L. à la suite du rég. de *Berry*, cav. en Janv. 1774, en pied en Août 1775, Cap. à la suite dans *Bassigny*, inf. en Fév. 1778, puis dans *Berry*, cav. en Juin 1779. D.

LAFOND, (Michel) né à Villefranche de Lauragais, le 11 Mai 1737, Soldat au rég. de la *Marine* le 16 Mars 1756, P. D. le 8 Juin 1781.

LAFOND, (Jean-Alexandre de) né à Coucy en Picardie, le... 1765, Cad. Gentilh. le 29 Déc. 1779, Sous-L. d'*Orléans*, inf. le 30 Mai 1780. D.

LAFONS, (Louis-Anne, Ch. de) né à Bernes, près St.Quentin, en Picardie, le 3 Octobre 1757, Cad. Gentilh. au rég. *Royal-Comtois* le 6 Juin 1778, Sous-L. le 1 Septembre 1779.

LAFONS, (le Ch. de) Lieut. des *Maréchaux de France*, à Noyon.

LAFONTAINE d'Ollezy, Lieut. des *Maréchaux de France* à la Fere.

LAFONTAINE, Sous-L. de *Maréchaussée*, à Nantes.

LAFOREST, Garde du Roi dans V. le 24 Décembre 1760.

LAFOREST d'Ivonne, (le Comte de) Brig. d'inf. le 12 Novembre 1770. M. D.

LAFOREST d'Ivonne, (le Comte de) Lieut. de Roi à la citadelle de Besançon.

LAFOREST, Sous-L. de *Maréchaussée*, à Roanne.

LAFOREST, Garde du Roi dans *Noailles* le 29 Mars 1778.

LAFORETIERE, Garde du Roi dans L. le 22 Déc. 1774.

LAFORGE, (Louis-Joseph, Ch. de) né à Requinghem en Artois, le 21 Déc. 1755, Sous-L. au rég. de la *Marine*, le 31 Janv. 1774 Lieut. le 7 Août 1778. D.

LAFORGUE, Maj. à Douai.

LAFORRE, Garde du Roi dans B. le 27 Juin 1769.

LAFOSSE, Garde du Roi dans *Noailles* le 26 Mai 1770.

LAFRANQUERIE, Brig. des Gardes du Roi dans V. le 5 Mai 1776.

LAFRAPINIERE, Sous-L. de *Maréchaussée*, à Bouganeuf.

LAGALLISSIERE, Sous-L. de *Maréchaussée*, à Sens.

LAGALISSONNIERE, (le Comte de) Brig. de drag. le 5 Décembre 81. M. D.

LAGARDE, (Etienne, Ch. de) né au Château de Bonne-Coste en Quercy, le 25 Oct. 1752, Sous-L. dans la légion *Corse* le 8 Nov. 1767, incorporé dans *Belsunce* en 1776, passé dans le 6e rég. des *Chasseurs* le 1 Mai 1779, Lieut. en sec. le 1 Septembre 1780.

LAGARDE, (le Ch. de) Brig. d'inf. le 1 Mars 1780.

LAGARDE, Garde du Roi dans V. le 22 Septembre 1774.

LAGARDE, Garde du Roi dans B. le 10 Avril 1773.

LAGARDE, Enseigne surnuméraire des *Gardes Françoises*.

LAGARDE, Garde du Roi dans *Noailles*, le 19 Déc. 1768.

LAGARENNE, Garde du Roi dans L. le 1 Octobre 1779.

LAGARENNE, Maréchal de Logis des Gardes du Roi dans L. le 1 Décembre 1778.

LAGARIGUE, Cap. d'artillerie à la Fonderie de Blois.

LAGARINIERE, Garde du Roi dans L. le 2 Octobre 1777.

LAGENESTE, ✠ Sous-Directeur d'artillerie, à Marseille.

LAGENESTE, Brig. d'inf. le 5 Décembre 1781.

LAGERVAISAIS, (Nicolas-Marie Magon de) né à St-Servant, près St-Malo, le 17 Juin 1765, Sous-L. à la suite des *Carabiniers* le 4 Août 1782.

LAGICLAIS, (N.... de) né à St-Malo en Bretagne, le 12 Fév. 1755, Garde-Marine le 1 Fév. 1770, Sous-L. au rég. des *Cuirassiers du Roi* le 3 Juillet 1779.

LAGIRONDE, Garde Roi dans B. le 22 Mars 1774.

LAGIRONSIERE, (Henri-Pierre Mulet de) né au village de Bonte dans les 3 Evêchés, le 4 Juin 1743, a commencé à servir dans le bataillon de *Mazarin*, Lieut. au rég. de *Foix*, le 23 Nov. 1758, Cap. le 18 Fév. 1763, ✠ en Juin 1776.

LAGOHIERE, Garde du Roi dans B. le 8 Avril 1778.

LAGONDIE, (Noël-André de Guilhem de) né à Exideuil en Périgord, le 10 Oct. 1746, Cav. dans *Royal-Roussillon*, le 1 Mars 1763, Sous-L. le 13 Nov. 1765, Lieut. le 24 Mars 1769, Aide-Maj. dans la légion de Flandres le 14 Oct. 1770, Bréveté Cap. le 2 Mars 1773, Cap. en sec. au rég. de *Monsieur*, drag. le 18 Août 1776, Cap. com. le 4 Août 1780. M. D

LAGORCE, ✠ (Comte de) Lieut. Col. au rég. *Dauphin*, cavalerie. M. D.

LAGORGE, (Jacques-François de) né à Ligny en Barrois en 1751, Cad. dans une compagnie du Roi de Pologne, Sous-L. à la suite dans *Lanan* le 24 Mars 1769, en pied le 1 Juin 1772, Lieut. en sec. le 5 Août 1779.

LAGORSE, (le Ch. de) Sous-L. des Gardes du Roi dans L. le 20 Décembre 1782.

LAGOSHYERE, Cap. d'artillerie à l'Arsenal de Strasbourg.

LAGOULLERIE, Garde du Roi dans *Noailles* le 30 Nov. 1774.

LAGOUTRIE, Garde du Roi dans B. le 27 Novembre 1771.

LAGOUTTE, (Bernard) Garde du Roi dans B. le 30 Juin 1780.

LAGRANDIERE, (François-Augustin-Jérémie Palamède de) né à Mezières en Touraine, le 9 Mai 1764, Elève de l'Ecole Militaire, le... 17... Cad. Gentilh. au rég. Maréchal de *Turenne* le 6 Mai 1780, Sous-L. le 16 Juin 1781.

LAGRANDIERE, (Palamède-Giel-Gabriel-Marie, Ch. de) né à... le... 17... Cad. Gentilh. le 16 Mai 1781, Sous-L. au rég. d'*Aquitaine* le 18 Sept. 1781.

LAGRANDVILLE, (Marquis de) Brig. d'inf. le 10 Mai 1748. M. D.

LAGRANGE de la Chabronlie, (N....) né à St.-Hivier-la-Perche, en Limosin, le ... 1753, Sous-L. au rég. de *Perche*, le 11 Fév. 1773, Lieut. le 2 Mai 1777, Lieutenant en p. le 15 Août 1779, D.

LAGRANGE, Garde du Corps du Roi dans *Noailles*, le 14 Juin 1741, Sous-L. le 11 Mars 1780, Mestre de Camp le 27 Mars 1782. D.

LAGRANGE, Exempt des cent *Gardes Suisses.*

LAGRANGE, (Guillaume, Chev. de) né au Port-Ste.-Marie en Agénois, le... Mars 1732, Lieut. le 1 Déc. 1755, Cap. c. au rég. de la *Reine* infant. le 12 Nov. 1770, en pied le 17 Mai 1773, Cap. en f. le 9 Juin 1776, Cap. com. le 31 Mars 1779, ✠ le... 1781, D.

LAGRANGE, (Jean-Charles Gerboux de) né à Marin en Agénois, le... 1742, Lieut. en fec. dans *Orléans* inf, le 8 Novemb. 1754, Enf. le 26 Février 1755, Lieut. le 1 Sept. 1755, Cap. le 29 Février 1760, réformé le 1 Mars 1763, remplacé le 19 Juil. 1763, ✠ le 15 Déc. 1779; a fait les campagnes de 1757 & 1762.

LAGRANGE, (Marquis de) Maréchal de Camp le 3 Janvier 1770. M. D.

LAGRANGE, Sous-Lieut. de *Maréchauffée*, à Séez.

LAGRANGE, Maréc. de Logis des Gardes du Roi dans L. le 1 Janvier 1783.

LAGRAVE, *Garde* de la Manche, le 23 Décembre 1781.

LAGRAVE, ✠ Commiffaire principal des Guerres, à Rouen.

LAGRAVE, (Louis-Bonaventure Greffier, Cheval. de) né à Paris en 1756, Vol. au rég. de *Médoc* le 16 Août 1773, Sous-Lieuten. le 24 Avril 1774, D.

LAGRAVERE, Garde du Roi dans V. le 1 Janvier 1775.

LAGRAVERE, Garde du Roi dans V. le 16 Décembre 1770.

LAGRAVIERE, ✠ Lieuten. Col. com. le bataillon de garnifon d'*Orléans*.

LAGRAVIERE, (François-Louis-Gabriel Dupin de) né à la Guarivière, Paroiffe de Lufignan en Poitou, le 28 Mars 1760, Cad. Gentilh. au rég. de *Foix*, le 6 Juin 1776, Sous-L. le 7 Nov. 1778, Lieut. le 6 Juillet 1781, D.

LAGRAVIERE, Capit. du *Génie*, à Marfeille.

LAGROYE, Sous-L. en p. des *Gardes Françoifes*.

LAGUICHE, (Marquis de) Brig. de dragon le 5 Décembre 1781, M. D.

LAGUICHE, (Chevalier de) Brig. de cav. le 20 Fév. 1759.

LAGUISARDIE, Brigad. des *Chevaux-Légers* de la Garde.

LAHAGE, ✠ (Comte de) Lieut. Col. du régim. provincial d'Artillerie de *Strasbourg*, M. D.

LAHAUTEPIE, Garde du Roi dans V. le 22 Avril 1769.

LAHAYE, ✠ Sous-L. de *Maréchauffée*, à Harcourt.

LAHAYE, Lieut. de Roi, à Bapaume.

LAHITTE, (Jean Meillan, Chev. de) né à Vic-Fefenfac le 21 Juin 1753, Sous-Lieut. dans l'*Ifle-de-France* le 31 Janvier 1774, Lieut. en fec. le 17 Mai 1780, D.

LAHITTE, (le Comte de) Lieut. des *Maréchaux de France*, à Grenade, M. D.

LAHITTE de Lartigues, Jean-François-Xavier de) né à Limpax en Armagnac le 20 Avril 1744, Enf. le 26 Nov. 1761, Lieut. le 2 Mars 1762, réformé le 19 Avril 1763, Lieut. le 19 Juillet 1765, Cap. en fec. le 8 Avril 1779, D.

LAHOULIERE, Brig. d'inf. le 12 Novembre 1770.

LAHOULIERE, Lieut. de Roi, à Salces.

LAHOUSSAYE, Garde du Roi dans *Noailles*, le 28 Avril 1754.

LAHOUSSAYE, ✠ (le Ch. de) Cap. d'*Artillerie*, à Landau.

LAHOUSSAIE, Garde du Roi dans L. le 14 Avril 1770.

LAHUTIERE, Garde du Roi dans V. le 27 Septembre 1761.

LAJARD, (Pierre-Auguste de) né à Montpellier, le 25 Avril 1757, Sous-L. à la suite dans le rég. de *Médoc*, le... 17..., D.

LAIGLE, † (Augustin-Louis des Acres, Victor de) né à Paris, Paroisse de..., le 11 Oct. 1766, Sous-L. à la suite des *Carabiniers* le 24 Février 1782, M. D.

LAIGLE, (Louis-l'Espérance des Acres, Vicomte de) né à Paris le 5 Août 1764, Sous-L. à la suite des *Carabiniers* le 13 Juillet 1780, M. D.

LAIGLE, (Comte de) Maréc. de Camp le 1 Mars 1780, M. D.

LAINÉ, Garde du Roi dans L. le 26 Août 1772.

LAINÉ, Brig. de drag. le 1 Mars 1780.

LAJOLAIS, Commandant à Witlembourg.

LAJOMARIE, Cap. du *Génie*, à Grenoble.

LAIR, (le Cheval. de) Cap. du *Génie*, à Montreuil.

LAIR, (Blaise, Chevalier de) né à Vittaison en Auvergne, le 2 Février 1763, Cad. Gentilh. le 3 Juin 1779, Sous-L. au régim. *Royal-Comtois*, le 12 Juillet 1782, D.

LAISAC, (Guillaume Ayrolles de Sangles de) né à Nant en Rouergue, le 28 Fév. 1741, Lieut. le 13 Mars 1758, Capit. le 28 Juillet 1773, Cap. en sec. le 8 Juin 1776, Cap. en s. des Gren. le 24 Juin 1779, Cap. c. au rég. de *Limosin* infant. le 12 Novembre 1779.

LAJUBERIE, Garde du Roi dans B. le 16 Mai 1771.

LAIZER, (Marq. de) Sous L. en s. des *Gardes Franç*. M. D.

LALANDE, Exempt des Gardes du Roi le 9 Avril 1769, Mest. de Camp le 5 Mai 1771, Sous-L. dans V. le 1 Janv. 1776.

LALANDE, ✠ (le Cheval. de) Sous-L. de *Maréchaussée*, à Lunéville.

LALAURENCIE, (le Chev. de) Aide-Major du rég. du *Roi* infanterie, & ✠.

LALAURENCIE, Aide-Maj. du rég. du *Roi* inf., avec rang de Colon., & ✠, D.

LALEU, Cap. du *Génie*, à Charlemont.

LALEU, (Étienne de) né à Paris le 31 Juillet 1740, Sous-L. le 15 Janvier 1756, Lieut. le 14 Août 1757, Cap. en p. du rég. du *Maine* le 12 Nov. 1768, ✠ le... 17...

LALIMAN, (Jean-Norbert de) né à Taillebourg, en Guienne, le 6 Juin 1742, Lieuten. au batail. de Milice de *Marmande*, le 13 Août 1765; a fait la campagne de 1762, en qualité de Volontaire au régim. de *Limosin*, Sous-L. le 20 Avril 1765, Lieut. en sec. des Gren. le 8 Juin 1776, 1er Lieuten. des fusiliers le 21 Déc. 1776, Cap. en sec. le 12 Novembre 1779, D.

LALINIERE, Brig. de caval. le 1 Mars 1780.

LALIONNOIS, Garde du Roi dans L. le 11 Octobre 1775.

LALLEMAND, ✠ (le Cte. de) Major du 5e. régim. des *Chasseurs*. M. D.

LALLEMANT, ancien Garç.-Major d'*Artillerie*, à Toulon.

LALOERE, (André-Gilles de) né à Paris en 1741, Sous-Lieut. dans *Choiseuil* en 1758, com. de Cap. le 1 Février 1763, passé à une compagnie dans *Durfort*, dragon, le 11 Juin 1772; a eu un cheval tué sous lui à l'affaire du 24 Juin 1762, fait prisonnier le même jour, Cap. en f. le 11 Juin 1776, Cap. com. en 1778.

LALOUBIERE, Major, à Port Vendre

LALUSTIERE, (le Ch. de) Cap. du *Génie*, aux Colonies.

LALUZERNE, (Cézar-Guillaume de) né à..., Elève de l'École Militaire le..., Sous-L. dans *Bretagne* inf., le... 1781, fait les sièges de Mahon & de Gibraltar, Sous-L. dans *Orléans* le..., 3e Sous-L. au second régim. des *Chevaux-Légers*, le 8 Juin 1783, M. D.

LALUZERNE, (Cte. de) Maréchal de Camp le 3 Janvier 1770, M. D.

LALUZERNE, (le Chevalier de) Maréchal de Camp le 5 Décembre 1781.

LAMADELAINE, Garde du Roi dans L. le 7 Septemb. 1762.

LAMADELAINE, Garde du Roi dans *Noailles*, le 6 Décembre 1771.

LAMAILLARDIERE, (le Vicomte de) Lieut. Général, en Picardie, M. D.

LAMALARTIERE, (Comte de) Major du régim. provincial d'*Artillerie* de Grenoble, M. D.

LAMARCHE, (François Drouot de) né à Wifche en Alface, le 14 Juil. 1733, Dragon dans la *Frife* le 1 Janvier 1751, Lieut. en f. dans *Cambéfort* le 1 Janv. 1760, bleffé près Barcken le 19 Oct. 1760, Lieut. en p. le... Mars 1761, Cap. en fec. le 13 Sept. 1761, Cap. dans les *Vol. Etrangers de Wurmfer*, le 1 Février 1762, bleffé à la poitrine à l'attaque de Naum, réformé à la paix avec une penfion de 500 l., Com. du cordon d'Alface le 1 Juil. 1769, réformé le 16 Avril 1771, Cap. de Huffards dans la légion de *Conflans* le 6 Novemb. 1771, ✠ le 14 Novemb. 1779.

LAMARIBERT, Garde du Roi dans L. le 28 Oct. 1780.

LAMARLIERE, (le Comte de) Adjudant du Lieut. de Roi, à Montpellier, M.

LAMARQUE, Quart. Meft. Tréforier d'*Armagnac*, infant.

LAMARRA, Garde du Roi dans V. le 8 Avril 1778.

LAMARRE, ✠ Brigadier des *Gendarmes* Dauphins.

LAMARSALLE, Garde du Roi dans *Noailles*, le 21 Juillet 1774.

LAMARTINIERE, Major commandant, à Auxonne.

LAMARTINIERE, Cap. du *Génie* de l'Ifle-de-France.

LAMARTINIERE, Capitaine d'*Artillerie* à l'armée de Rochambeau.

LAMARTISIERE, (Marc-Antoine de) né à Belle-Ville en Beaujolois, le... 17..., Cad. Gentilh. au rég. d'*Aquitaine*, le 6 Mai 1780, Sous-L. le 24 Juillet 1781, D.

LAMBALLERIE, Garde du Roi dans L. le 8 Janvier 1776.

LAMBERT l'aîné, Trompette des Gardes du Roi dans B.

LAMBERT fils, Commiff. des Guerres Adj., à Montpellier.

LAMBERT, ✠ Commiffaire des Guerres, à Montpellier.

LAMBERT, Garde du Roi dans B. le 6 Mai 1775.

LAMBERT, ✠ P. Étend. des *Gendarmes* de la Reine.

LAMBERT, Timbalier des Gardes du Roi dans B.

LAMBERT, ✠ Prévôt Gén. de *Maréchauffée*, à Orléans.

LAMBERTIE, (Marquis de) Maréchal de Camp le 1 Mars 1780, M. D.

LAMBERTIE,

LAMBERTIE, (le Comte de) Sous-L. des Gardes du Corps dans *Noailles*, le 11 Mars 80, M. D.

LAMBERTIE, ✠ (Comte de) 1er Lieut. des *Gendarmes Bourguignons*, M. D.

LAMBERTY, (Comte de) Col. en sec. de *Royal la Marine*, infanterie, M. D.

LAMBERTYE, Lieut. de Roi, à Sar-Louis.

LAMBESC, (Prince de) Brig. de drag. le 5 Décembre 1781.

LAMBILLY, Sous-L. en sec. des *Gardes Françoises*.

LAMER, (Pierre-Charles de) né Toulon le 20 Fév. 1753, Sous-L. au rég. de *Médoc* le 28 Nov. 1770, Lieut. le 24 Avril 1774. D.

LAMERLIERE, (Pierre-Paul de) né à Grenoble, en Dauphiné, le... 1762, Cad. Gentilh. au rég. de *Foix* le 26 Oct. 1780, Sous-Lieut. le 6 Juillet 1781.

L'AMETH, Col. en sec. d'*Auvergne*, inf. M. D.

LAMETH, † ✠, (Ch. de) Col. en f. du rég d'*Orl.*, drag.

LAMETH, † (le Ch. de) Col. en f. du *Meft.-de-C.-Gén.*, cav.

LAMETH, (Alexandre-Théodore-Victor, Ch. de) né à Paris le 28 Oct. 1760, furnuméraire aux Gardes-du-Corps le... Avril 1778, Sous-L. au rég. *Royal-Champagne* le... Mai fuivant, Cap. au rég. *Royal*, cav., le 6 Octob. 1779.

LAMILTIERE, Major au Pont-St.-Efprit.

LAMIRAUDE, Lieut. de *Maréchauffée*, à Tulles.

LAMIRAULT des Cartes, (Charles-Joseph Bafile de) né à Montmorillon, en Poitou, le 7 Nov. 1755, Sous-L. au rég. *Royal-Normandie* le 1 Juin 1772, réformé le 16 Juin 1784.

1776, remplacé le... 1777. D.

LAMIRE, (le Marquis de) Lieut. de Roi de la Province de Picardie. M. D.

LAMOLERE, ✠ Commissaire principal des Guerres, à Orléans & Vendôme.

LAMONE, ✠ Brig. des *Gendarmes* de Flandres.

LAMONIE, père, Lieut. des *Maréchaux de France*, à Sommières.

LAMONIE, fils, Lieut. des *Maréchaux de France*, à Sommières.

LAMONNERAYE, (Léonard-Hiacynthe Tadey de) né à Rennes, en Bretagne, le 1 Mars 1751, Sous-L. au rég. de *Savoie-Carignan* le 9 Avril 1768, Lieut. le 2 Mars 1773, Sous-Aide-Maj. le 25 Juillet 1773, Cap. en sec. le 23 Avril 1782. D.

LAMONTANIERE, (Pierre-François de) né à Paris le 25 Mai 1738, entré dans la Gendarmerie le 1 Janv. 1756, blessé à la bataille de Minden d'un boulet de canon qui a tué son cheval & d'un coup de bayonnette à la cuisse, Lieut. dans la Légion *Corse* en 1769, Lieut. en p. dans le rég. de Languedoc en 1776, passé dans le 6e. rég. des *Chasseurs* en 1779, ✠ le 25 Juin 1782. D.

LAMORINIERE, Garde du Roi dans B. le 28 Juin 1772.

LAMORLIE, Garde du Roi dans V. le 16 Mars 1759.

LAMORLIERE, Lieut. Gén. le 25 Juillet 1762.

LAMORTIERE, Maréc. de Camp le 1 Mars 1780.

LAMOTHE, Lieut. de Roi, à Blaye.

LAMOTHE, Brig. des Gardes du Roi dans V. le 17 Nov. 82.

LAMOTHE Difant, (le Baron de) Garde du Roi dans *Noailles* le 15 Sept. 1759, Sous-L. P. E. le 1 Janv. 1776, Sous-L. le 12 Mars 1780, Meſt. de Camp le 30 Décembre 1780. M. D.

LAMOTHE, (Georges-François au Pepin de) né à Dreuzy, en Nivernois le 11 Juillet 1754, Sous-L. au rég. de *Limoſin*, inf., le 6 Janv. 1771, Lieut. en ſec. le 4 Juillet 1777, Lieut. en p. le 18 Juin 1780. D.

LAMOTTE Goudreville, Maj. au château de Bouillon.

LAMOTTE Vauvert, (le Comte de) Cap. en ſec. du rég. de *Penthievre*, inf., en 17.... Major du rég. des *Gren.-Royaux* de la Picardie. M. D.

LAMOTTE, Garde du Roi dans L. le 12 Août 1764.

LAMOTTE, Garde du Roi dans L. le 17 Août 1775.

LAMOTTE, Garde du Roi dans *Noailles* le 27 Juin 1779.

LAMOUREUX de St-Alban, Tréſ. principal des Guerres, à Grenoble.

LAMOUSSAYE, (Marq. de) Sous-L. en p. des *Gardes Françoiſes*. M. D.

LAMOUSSAYE, † (Ch. de) Sous-Lieut. en ſec. des *Gardes Françoiſes*.

LAMOUSSE, (Jean de) né à Moulins le 5 Juin 1758, Cad. Gentilh. au rég. de la *Couronne* le 6 Juin 1776, Sous-L. le 2 Juin 1777, Lieut. en ſec. le 1 Août 1780, paſſé Sous-L. des *Carabiniers* le 26 Mai 1782.

LAMY, Aide-Major, à Belle-Iſle.

LANAVERRE, ✠ Major du Génie, à Navarreins.

LANCRY de Rimberlieu, Lieut. de Roi, à Compiegne.

LANDE, (Hilaire-Clément Dubois, Ch. de) né à Meſle, en Poitou, le... 1735, Volont. dans *Orléans*, drag., le 1 Janv. 1754, Corn. le 1 Fév. 57, Lieut. le 2 Mai 59, Commiſſion de Cap. le 14 Juin 62, ✠ le... Nov. 81 Cap. en ſec. au 3e. rég. des *Chaſſeurs* le 2 Juillet 1782, a fait les campagnes de 1757, 58, 59, 60, 61 & 62 en Allemagne, a eu un cheval tué ſous lui. D.

LANDELLE, Garde du Roi dans V. le 28 Sept. 1775.

LANDERSET, (Nicolas-Xavier de) né Fribourg le 6 Déc. 1755, Cad. dans *Vigier* le 15 Mai 1778, Sous-L. le 14 Mars 1782. D.

LANDES de St-Palais, (Joſeph-Louis-Gaſpard de) né à Bernas, en Languedoc, le 16 Janvier 1764, Cad. Gentilh. dans *Baſſigny* le 16 Septembre 1780. D.

LANDEVOISIN, Fourrier Major des Gardes-du-Corps dans *Noailles* le 1 Janv. 1776.

LANDOS, Jean-Guillaume de Colombel de) né à Langogne, en Gévaudan, en Déc. 1748, Aſpirant d'artill. en Juin 1765, élève en Juin 1768, Lieut. au rég. d'*Artillerie* de Strasbourg en Déc. 1768, Cap. au Vol. de *Naſſau-Siégen* en Fév. 1779, Capitaine commandant en Mai 1780. D.

LANDRE, ci-devant Baron d'Hanneſſe, (Marie-Innocent-Louis de Maillard, Comte de) né au Château de Landre en Champagne, le 30 Nov. 1750, Sous-L. dans *Royal-Cravates* le 22 Juill. 1766, Capitaine à la ſuite dans *Durfort*, le 4 Mai 1771, remplacé le 11 Juin 1772, Cap. en ſec. le 11 Juin 1776. M. D.

LANDREVILLE, (Comte de) Brig. de cav. le 1 Mars 80. M. D.

LANDRIAN, ✠ Maj. du régim. *Dauphin*, infanterie.

LANDRU, Lieut. de *Maréchaussée*, à Arras.

LANDWIND, Lieut. en fec. des *Gardes Suisses*.

LANEUVILLE, (Denis-Victor Focras de) né à Cériac-le-Castel, en Rouergue, le... 1753, Sous-L. à la fuite d'*Orléans*, inf. le 13 Juill. 1771, Lieut. en fec. le 1 Juill. 1778, en pied le 18 Décembre 1779. D.

LANEUVILLE, (le Ch. de) Sous-L. du 3ᵉ rég. d'*Etat-Major*. D.

LANGALERIE, (Charles-Louis, Ch. de) né le 2 Mars 1751, Bourgeois de Geneve, Sous-L. au fervice de Wirtemberg, paflé dans *Vigier* le 2 Janv. 1765, Sous-Aide-Major le 21 Mai 1767, Aide-Maj. le 1 Fév. 1770, rang de Cap. le 27 Mars 1774. D.

LANGE, (François-Patras de) né à Grenoble le 4 Oct. 1739, Vol. au rég. de la *Reine*, inf. le 1 Avril 1754, Lieut. le 14 Août 1755, Cap. com. le 11 Mai 1769, en pied le 12 Nov. 1779, Cap. en fec. le 9 Juin 1776, Cap. comandant le 31 Mars 1779, ✠ le... 1780. M. D.

LANGERON, (Marquis de) Lieut. Gén. le 25 Juill. 1762. M. D.

LANGERON, (le Marquis de) Gouv. à Briançon. M. D.

LANGHAC, (le Comte de) Maréchal de Camp le 16 Avril 1767. M. D.

LANGHAC, (Marquis de) Maréchal de Camp le 3 Janvier 1770. M. D.

LANGIER, ✠ (le Baron Hipolyte de) Lieut. des *Maréchaux de France*, à Digne. M. D.

LANGLADE, Garde du Roi dans B. le 14 Septembre 1771.

LANGLANTIER, Lieut. de Roi au Fort Niculaye.

LANGLEMAN, (Alexis) né à Bagville en Normandie, le 12 Juin 1737, Serg. dans *Berigard* le 27 Sept. 1754, Brig. dans les *Volontaires de Clermont* le... 1758, blefié à l'affaire du Mur en 1758, Maréchal de Logis dans *Cambefort* en 1760, Lieut. dans *Wurmfer* en 1762, blefié à l'affaire de Fridbourg, Lieut. au fervice de la Reine en 1768, paflé dans *Conflans* en 1770, Sous-L. d'huffards le 12 Sept. 1773, Lieut. en pied le 14 Novembre 1779.

LANGLOIS, (Jean-Charles) né au Pont-de-l'Arche en Normandie le... 1742, Soldat au rég. de *Limofin* le 26 Sept. 1761, Serg. le 13 Septembre 1764, Porte-Drapeau le 5 Avril 1780.

LANGLOIS de Zézy, Lieut. en fec. des *Gardes Françoises*. D.

LANGLOIS, Brig. des Gardes du Roi dans V. le 1 Oct. 1777.

LANGLOIS, Quatr. M. Tréf. de *Sannenberg*, infantetie.

LANGON, (le Marquis de) Exempt des Gardes du Roi dans L. le 29 Juin 1768, Meft. de Camp le 31 Déc. 1771, Sous-L. le 1 Janv. 1776, Lieut. le 20 Décembre 1782. D.

LANGUESAING, Eleve du *Génie*.

LANJAMET, (N..., Vicomte de) né à Rennes le.... 1743, Offic. au rég. des Grenadiers de France le... 1754, Cap. au rég. de Ste-Aldegonde, cav. en 1760, Mest. de Camp en sec. de celui de Perche le 13 Mai 1780, a fait les campagnes d'Allemagne. M. D.

LANNOY Beaurepaire, (le Ch. de) com. le Fort St-François d'Aire.

LANNOY, (Comte de) Lieut. Gén. le 1 Mars 1780. M. D.

LANOAILLE, (Jean-Baptiste) né à Jurac en Guienne, le 6 Fév. 1753, Sous-L. dans l'Isle de France le 17 Avril 1773, Lieut. en sec. le 8 Avril 1779. D.

LANOAILLE, (Jean-Baptiste de) né à la Pattue en Guienne, le 25 Juill. 1742, Ens. le 14 Mars 1758, Lieut. le 18 Fév. 1759, Cap. le 8 Mai 1772, Cap. com. le 28 Avril 1778, ✠ le 15 Juillet 1781.

LANOESECHE, (Guillaume-Marie Drouet de) né à St-Thurian en Bretagne, le 17 Janv. 1737, Enseig. au rég. de l'Isle de France le 13 Oct. 1761, Lieut. le 26 Nov. suiv., Sous-Aide-Maj. le 28 Mai 1756, Aide-Maj. le 24 Avril 1774, Cap. en sec. le 4 Juill. 1777, Cap. com. le 28 Juin 1782. D.

LANOESECHE, (François-Léonard Drouet de) né à St-Thurian, le 10 Juin 1744, Ens. au régt de l'Isle de France le 29 Déc. 1761, réformé le 19 Avril 1763, Sous-L. le 17 Juill. 1763, Lieut. le 13 Juill. suiv., Cap. en sec. le 17 Mai 1780.

LANOESECHE, Cap. d'artillerie, à Brest.

LANORDET, Garde du Roi dans V. le 30 Avril 1769.

LANOUE, (Ch. de) Brig. d'infanterie, le 5 Décembre 1781. M. D.

LANOUE Bogar, (le Comte de) Lieut. des Maréchaux de France, à Montcontour. M. D.

LANSAC, Sous-L. en sec. des Gardes Françoises.

LANTY, (Jean-François-Gabriel-Achiles-Duverne de Jailly de) né à Jailly en Nivernois, le 7 Nov. 1764, Cad. Gentilh. au rég. de Limosin, le 31 Janv. 1780, Sous-Lieut. le 18 Juin 1780. D.

LAPALISSE, Garde du Roi dans B. le 30 Mars 1775.

LAPALLU, (Ch. de) Sous-Aide-Maj. des Gardes Françoises.

LAPALLU, ✠ Lieut. en p. des Gardes Françoises.

LAPALLU, (Louis-François-Pierre de) né à Coulaudon en Normandie, le 1 Août 1758, Cad. Gentilh. dans Bassigny, le 28 Avril 1778, Sous-L. le 15 Août 1779. M. D.

LAPASSETTE, ancien Garçon-Major d'art., à Betfort.

LAPAUSE, Maréchal de Camp le 1 Mars 1780.

LAPEISSONIERE, (N... de) né à Lyon le... 1743, Enseigne au rég. de Perche, le 1 Janv. 1760, Lieut. le 2 Nov. 1761, Sous-Aide-Maj. le 6 Juin 1767, Lieut. en p. le 11 Juin 1776, Cap. le 20 Mars 1778, ✠ le... 1783. D.

LAPELOUZE, Major de Champagne, inf. & ✠.

LAPERENNERIE, Brig. des Gardes du Roi dans L. le 22 Juillet 1781.

LAPEROUSE, Brig. d'inf. le 1 Mars 1780.

LAPEYCHARDIERE, Garde

du Roi dans *Noailles*, le 6 Décembre 1770.

LAPILLIERE, (N... de) né à l'Aigle en Normandie, le 13 Sept. 1751, Sous-L. au rég. des *Cuirassiers du Roi*, le 29 Juin 1770.

LAPISSE de la Mothe, ✠ Cap. du *Génie*, à Mezières.

LAPIVARDIERE, (François de) né à la Caffagne en Haute-Marche le... 1751, Sous-L. au rég. de la *Reine*, inf. le 2 Août 1771, Lieut. en fec. le 2 Avril 1778, en p. le 31 Mars 1779. D.

LAPIVARDIERE, Garde du Roi dans L. le 24 Janvier 1767.

LAPIZE, Garde du Roi dans *Noailles* le 31 Juin 1759.

LAPLACE, Sous-L. des *Grenadiers Royaux* de la Picardie, le 10 Août 1781.

LAPLASSE, Garde du Roi dans B. le 5 Janvier 1762.

LAPLESNOYE, (le Comte de) Exempt des Gardes du Roi dans *Noailles* le 24 Juin 1771, Mest. de Camp le 29 Juin 1773, Sous-Lieut. le 1 Janvier 1776, Lieut. le 22 Décembre 1782. M. D.

LAPOMELIE, (Jean-Jacques-Charles, Ch. de Bruchard de) né au Château de la Pomelie en Limofin, le 4 Sept. 1759, Cad. Gentilh. au rég. Maréchal de *Turenne* le 6 Juin 1776, Sous-L. le 28 Fév. 1778, Lieut. en fecond le 16 Juin 1783. M. D.

LAPORTE, ✠ (le Baron de) Lieut. Col. com. le bataillon de Garnifon de Brie. M. D.

LAPORTE, ✠ (Marquis de) Sous-L. des Gendarmes de Monfieur. M. D.

LAPORTE, (Etienne-François, Comte de) né à la Côte St-André en Dauphiné le.... Janv. 1743, Sous-L. au rég. de la *Marine* le... 1756, Lieut. en 17..., Cap. en 1758, réformé en 1763, Cap. au rég. Provincial de *Grenoble* le.... 17...., remplacé dans le rég. de la *Marine* le..., puis dans le rég. d'*Auxerrois* le... 1776, Col. en fec. du rég. de *Viennois* le... 1778, ✠ le... 17..., Col. en fec. du rég. *Royal-Normandie* le 22 Mars 1782. M. D.

LAPORTE, (Théodore-Jean-Joseph de) né à Remaifnil en Picardie, le 3 Juill. 1762, Cad. Gentilh. dans *Royal-Pologne*, cav. le 4 Avril 1778, Sous-L. le 20 Sept. 1781. D.

LAPOTERIE, Gouv. de la citadelle, à Arras. M. D.

LAPOTERIE, Lieut. Gén. le 1 Mars 1780.

LAPOTERIE, ✠ Brig. des *Gendarmes de Flandres*.

LAPPOTERIE, (Charles-René de St-Ouen de Courcelles de) né à Paris le 24 Août 1751, Sous-L. aux *Gren. de France* le 1 Juin 1769, Sous-L. dans *Durfort* le 1 Juin 1772. D.

LAPOYADE, (Pierre de) né à Lamotte Monrevel le... 1760, Cad. Gentilh. au rég. Maréchal de *Turenne* le 4 Avril 1778, Sous-Lieuten. le 21 Février 1779. D.

LAPOYADE, (Pierre) né à Juliac en Bazadois, le 6 Nov. 1760, Cad. Gentilh. dans l'*Ifle de France* le 6 Juin 1776, Sous-Lieut. le 8 Avril 1779. D.

LAPOYADE, (Jean-Jacques) né à Piquetterie en Périgord, le 2 Sept. 1766, Vol. dans l'*Ifle de France* le 1 Avril 1781,

Sous-Lieut. en 3e le 24 Février 1782. D.

LAPOYADE, (Pierre de Beauville) né à Fiquetterie en Périgord le 20 Sept. 1736, Gendarme de la Garde le 4 Sept. 1754, Enseig. dans *Montmorin* le 1 Déc. 1756, Lieut. le 29 Oct. 1757, Cap. com. la *Lieut. Colonelle* le... 1770, Cap. com. au rég. de l'*Isle de France* le 9 Novembre 1772.

LAPOYPE, Sous-L. en sec. des *Gardes Françoises*.

LAPRADE de la Valette, Cap. du *Génie*, à Metz.

LAPRADERIE, Brig. des Gardes du Roi dans L. le 5 Mai 1782.

LAPRESLE, (André Pâtissier de) né à Mâcon, le 3 Janv. 1742, Gendarme le 10 Nov. 1758, Garde du Roi le... Avril 1761, Enseig. dans *Berry*, inf. le 16 Mars 1762, Lieut. le... 1762, com. de Cap. le 6 Juill. 1779, Cap. commandant le 13 Mai 1782. D.

LAPRUN, Aide-Maj. du rég. d'*Auxonne*, artillerie.

LAPUJADE, Brig. des Gardes du Roi dans V. le 30 Juil. 1782.

LARAFINIE, Garde du Roi dans *Noailles* le 11 Mars 1774.

LARBOULERIE, Brig. d'inf. le 1 Mars 80.

LARBOURLERIE, Lieuten. Col. de *Béarn*, inf., Brig. & ✠.

LARCHER de Chaucont, ✠ Maj. du *Génie*, à Auxonne.

LARCHER, (Comte de Latouraille de) Gouverneur de Pontevelle. M. D.

LARCHER, Aspirant du *Génie*, à Dunkerque.

LARCHER d'Aubancourt, ✠ Sous-Brig. du *Génie*, chargé de la conduite des ouvrages de la Bastille & de la tenue des plans en relief, à Paris.

LARCHIER de Courcelles, (le Baron de) Lieut. des *Maréchaux de France*, au Pont-de-l'Arche.

LARCY, (Jacques Louis de) né au Vigan, le 8 Fév 1764, Cad. Gentilh. dans l'*Isle de France* le 8 Avril 1779, Sous-L. le 17 Mai 1780. D.

LARDÉ d'Incourt, Cap. com. au rég. des *Grenadiers Royaux* de la Picardie. D.

LARDEMELLE, (Jean-Baptiste Alexis-Joseph de) né à Valenciennes, le 22 Juill. 1731, Vol. dans *Salus* dans la compagnie de son père, le 1 Janv. 1746, Corn. au mois d'Avril 1747, réformé le.. Janv. 1749, Maréchal de Logis, remplacé Corn. en 1757, Cap. le 24 Mars 1759, ✠ le... Avril 1771, Lieut. Col. du 4e rég. des *Chasseurs*, le 8 Avril 1779. D.

LARDEMELLE, ✠ (le Ch. de) Lieut. Col. d'*Orléans*, cavalerie.

LARDENOY, ✠ (Comte de) Col. en sec. du rég. de la *Reine*, cavalerie. M. D.

LARENOMMIERE, ✠ Maj. du rég. *Provincial d'Artillerie de Strasbourg*.

LARESSONNIERE, (Jean-Pierre-Jacques Savate de) né à Poitiers, le 26 Mars 1750, élevé à l'École Militaire, Sous-L. au rég. de *Médoc*, le 10 Juill. 1767, Lieut. le 23 Nov. 1769, Cap. en sec. le 28 Avril 1778. D.

LAREVANCHERE, Garde du Roi dans V. le 19 Avril 1773.

LAREVOLLOT, Garde du Roi dans V. le 31 Mars 1767.

LARGENTIERE, Garde du

Roi dans L. le 5 Avril 1763.

LARIBBEHAUTE, ✠ Lieut. de *Maréchaussée*, à Riom.

LARICHARDIERE, (Louis Bonier de) né à Aigre en Poitou, le 28 Janv. 1739, a commencé à servir dans le bataillon de *Larene*, Lieut. au rég. de *Foix* le 10 Nov. 1762, Cap. le 29 Fév. 1768, ✠ en 1782. D.

LARIE, Garde du Roi dans L. le 23 Juin 1771.

LARIGAUDIE, Garde du Roi dans V. le 6 Mars 1759.

LARIPPE, (Gilbert de la) né à Aigue-Perse, en Auvergne, le 9 Mai 1748, Sous-L. au rég. de *Médoc* le 4 Sept. 1767, Lieut. le 24 Fév. 1770, Lieut. des Gren. le 24 Mars 1770, Sous-Aide-Major le 23 Janv. 1771, Cap. en sec. le 20 Mars 1779, D.

LARIVIERE de Coincy, Lieut. Général le 1 Mars 1780.

LARIVIERE, (Jean-Pierre de) né à Neufmaison en Thierache, le 31 Mai 1739, Soldat au rég. de *Turenne* le 1 Avril 1756, Serg. le 13 Mai 1758, P. Drap. le 12 Nov. 1768, Sous-L. des Gren. le 9 Juin 1776, Lieut. en second le 21 Février 1779.

LARIVIERE, (Vicomte de) Brigadier de cavalerie le 3 Janvier 1770, M. D.

LARIVIERE de Coincy, Commandant à Toulon.

LARMINAT, Commissaire des Guerres, à Verdun.

LAROCHASSIERE, Aide-Major des *Gardes Suisses* de Monsieur.

LAROCHE, (Jean-Baptiste de) né à Mont-Luçon en Bourbonnois, le 26 Déc. 1750, Vol. au rég. *Royal-Navarre*, cav., le 15 Avril 1769, Sous-L. le 1 Mars 1769, Lieuten. le 13 Mars 1771, D.

LAROCHE, Garde du Roi dans *Noailles*, le 10 Mars 1778.

LAROCHE, Lieut. de *Maréchaussée*, à Bailleul.

LAROCHE, (Jacques-François-Alexandre de Gals de) né à Tonins en Guienne, le... 1750, Sous-L. à la suite de la légion de *Lorraine*, le 22 Mai 1772, en p. le 28 Juin 1773, Lieut. en s. des Chasseurs du rég. de *Bourbon*, le 5 Déc. 1776, passé au 3e rég. des *Chasseurs* à cheval, le 1 Juin 1779, D.

LAROCHE, (François-Claude de) né Genouillac dans les Cévenes, le 19 Janvier 1740, Enf. au rég. de *Savoie-Carignan* le 26 Oct. 1755, Lieut. le 1 Août 1757, Capitaine le 11 Mai 1769, Cap. c. le 7 Mai 1777, D.

LAROCHE-AIMONT, (Vicomte de) Col. en sec. du régim. de *Ségur*, M. D.

LAROCHE-AIMONT, (le Comte de) Lieut. Général le 1 Mars 1780.

LAROCHE-AIMONT de la Roussière, (Jacques, Vicomte de) né à Périgueux le 29 Août 1757, Page du Roi. de la petite écurie, le 1 Août 1773, Sous-L. à la suite du régim. *Royal-Navarre*, caval., le 12 Déc. 1775, Cap. réformé le 18 Fév. 1778, M. D.

LAROCHE-AIMONT, (Charles-Antoine-Guillaume, Marq. de) né au Château de Mainsat, en Auvergne, le 31 Mai 1751, Garde du Roi dans N., le... 1767, Cap. dans *Noailles*, cav., le... 1767, Col. du rég. provincial de *Perigueux*, le 15 Mai 1773, Mest. de Camp c. le rég. *Royal-Navarre* cav., le 24 Février 1774.

LAROCHE-AIMONT, (Jean-Aubin de) né à Halaine en Périgord, le 17 Sept. 1737, Lieut. au rég. de *Beaujolois* le 8 Oct. 1761, Sous-L. des Gren. le 18 Fév. 1768, Lieuten. le 24 Août 1768, Capitaine en sec. le 30 Avril 1781.

LAROCHE-AIMONT, Garde du Roi dans *Noailles* le 25 Novembre 1756.

LAROCHE-BERNARD, Brigadier des Gardes du Roi dans *Noailles* le 25 Mars 1773.

LAROCHE-BOUSSEAU, (Marq. de) Maréc. de Camp le 5 Décembre 1781. M. D.

LAROCHE-BOUSSEAU, (Chev. de) Enf. surnuméraire des *Gardes Françoises*, D.

LAROCHE-BOUSSEAU, Enf. des *Gardes Françoises*.

LAROCHE-BROCHARD, † (François-Xavier-Fidel-Amand de) né à Surin en Poitou, le 2 Décembre 1761, Cad. Gentilh. au rég. de la *Reine* infant., le 1 Octobre 1778, Sous-L. le 31 Mars 1779, D.

LAROCHE de Clenne, (Charles Gaston de) né à Bourbon-l'Archambault, en Bourbonnois le 15 Sept. 1764, Élève de l'École Militaire, Cad. Gentilh. au régim. *Royal-Comtois*, le 6 Mai 1780. D.

LAROCHE de la Bigotie, Lieut. des *Maréchaux de France*, à Bergerac.

LAROCHE du Maine, (le Marq. de) Brig. de caval. le 1 Mars 1780, M. D.

LAROCHEFOUCAUD, (Duc de) Brig. d'inf. le 1 Mars 1780, M. D.

LAROCHEFOUCAUD Bayers, (Marq. de) Maréc. de Camp le 1 Mars 1780.

LAROCHEFOUCAUD, (Vicomte de) Maréc. de Camp le 1 Mars 1780, M. D.

LAROCHE-GIRAULT, ✠ Col. du régim. de *Strasbourg*, artillerie.

LAROCHE-JAQUELIN, ✠ (Marquis de) 1er Lieut. des *Gendarmes* de Monsieur.

LAROCHE-LAMBERT, (Jean-Baptiste-Alexandre de) né à Cahors le 15 Novemb. 1754, Sous-L. dans la légion *Corse*, le 13 Avril 1770, idem dans le rég. de *Languedoc*, idem dans le 6e rég. des *Chasseurs*, le 23 Juin 1779, D. M.

LAROCHE-PALIERE, Lieut. de Roi, au Pont-Saint-Esprit.

LAROCHE-VALENTIN, Brigadier d'inf. le 1 Mars 1780.

LAROCHE St.-André, Brig. d'infanterie le 10 Mai 1748.

LAROCHE St.-André, (le Chevalier de) Lieut. de Roi, à Maubeuge.

LAROCHETTE, ✠ Prévôt Général de *Maréchaussée*, à Grenoble.

LAROCQUE, (Louis de) né à Rouen le 15 Mars 1760, Cad. Gentilh. dans *Berry* inf., le 1 Août 1778, Sous-L. le 5 Septembre 179, D.

LAROCQUE, Garde du Roi dans V. le 20 Octobre 1771.

LAROCQUE Bernières, Commissaire Gén. des *Gardes Suisses*, ayant la police du régiment.

LAROLIERE, ✠ (Chev. de) Major de *Bourgogne*, infanterie.

LAROQUE, (Nicolas de) né à Marseille en Provence le 24 Déc. 1736, Lieut. au rég. de *Savoie-Carignan*, le 7 Mai 1757, Cap. le 4 Mai 1771, Cap. en s. des Gren. le 2 Juin 1777, Cap. com. le 1 Décembre 1777. D.

LAROQUE, Lieutenant des *Maréchaux de France*, à Rieux.

LAROQUE, (le Chev. de) Major du Château de Ferrières.

LAROQUE, Major de la Citadelle de Marseille.

LAROQUE, (Charles-Eugene-Narcisse de) né à Tinche-Briacq en Normandie, le 4 Fév. 1755, Page du Roi, de la grande écurie, le 19 Avril 1770, Sous-L. au rég. *Royal-Navarre*, caval., le 17 Oct. 1772, Sous-L. en 3ᵉ le 12 Septemb. 1781, D.

LAROQUE, (le Comte de) Lieutenant Général le 1 Mars 1780, M. D.

LAROQUE, ✠ Lieut. Col. de *Bourgogne*, infanterie.

LAROQUE, Garde du Roi dans *Noailles* le 29 Juin 1763.

LAROQUE de Savy, (Jean, Ch. de) né à Mont-Pasier en Périgord, le 12 Avril 1750, Sous-Lieut. au rég. de *Médoc*, le 22 Février 1770, Lieut. le 17 Mai 1773, D.

LAROQUE Bouillac, (Jean-Charles Flottard, Comte de) né au Château de la Roque, en Quercy, le 9 Janv. 1743, *Mousquetaire* de la Garde le 8 Février 1755; fait campagne en Allemagne en 1761, a obtenu 150 l. de pension, a raison de ses services & de ceux de son père, Lieut. dans la légion *Corse* le 1 Sept. 1769, Capit. en sec. dans *Noailles*, drag., le 9 Novemb. 1772, entré dans le 6ᵉ rég. des *Chas.* le 23 Juin 1779. M. D.

LAROQUE de Savy, (Isaac-Pierre de) né à Montpasier en Périgord en 1743, Enf. au rég. de *Médoc* le 30 Mai 1754, Lieuten. le 21 Déc. 1760, Lieut. des Gren. le 23 Janv. 1771, Cap. en second le 17 Mai 1773.

LAROQUETTE, (Jean-Louis de Maurelet de) né à Aix en Provence, le... 1757, Vol. au rég. de *Beaujolois* le 1 Août 1773, Sous-L. le 26 Mai 1774, Lieutenant en second le 12 Juin 1782, D.

LAROZIERE, (Marquis de) Maréc. de Camp le 5 Décembre 1781, M. D.

LARRARD, ✠ Lieut. en sec. des *Gardes Françoises*.

LARREY, Lieut. de Roi, à Dax & Saint-Sever.

LARREY, (Bertrand-Marie de) né à Dax en Gascogne le 27 Fév. 1757, Sous-L. à la suite du rég. *Royal-Navarre*, caval., le 29 Avril 1775, Cap. réformé le 3 Juin 1779. D.

LARROCHE, Garde du Roi dans B. le 12 Août 1770.

LARROCHE, Brigadier des Gardes du Roi dans B., le 22 Décembre 1782.

LARROCHE, Garde du Roi dans B le 21 Août 1762.

LARROUX, (le Chev. de) Exempt des Gardes du Corps dans *Noailles*, & Sous-Aide-Maj. le 31 Déc. 1773, Mest. de C. le 31 Déc. 1774, Sous-L. P. Étend. le 6 Juin 1779, Aide-Major le 30 Mars 1781, D.

LARTIGUE, Garde du Roi dans *Noailles*, le 14 Mars 1771.

LARTIGUE de Merenville, (Joseph de) né à Gimont en Guienne, le 1 Déc. 1760, Vol. au rég. de *Beaujolois*, le 1 Mai 1775, Cadet Gentilh. le 6 Juin 1776, Sous-L. le 3 Novembre 1778, D.

LARUE Bernard, Major, à Verdun.

LARUE, (Jean-Antoine-César, Chev. de) né à Boulogne le 15 Juil. 1741, Enf. au rég. de la *Marine* le 27 Février 1757, Lieut. le 6 Juin 1758, Cap. le 13 Avril 1769, ✠ le... 17..., D.

LARUE, (Jean-Louis-Marie de) né à Boulogne-sur-Mer, le 7 Juin 1735, Lieut. au rég. de la

Marine, le 1 Mars 1756, Cap. le 20 Mars 1759, ✠ le... 17...

LASALLE, (Claude St.-Denis de) né à Châteaudun en Beauce, en 1746, Sous-L. dans *Orléans* inf., le 15 Avril 1764, Lieut. en p. le 1 Oct. 1778, Cap. en f. le 18 Décembre 1779. D.

LASALLE, Maréc. de Camp le 1 Mars 1780.

LASALLE, Brig. de cavalerie le 1 Mars 1780.

LASALLE, Brig. d'infant. le 1 Mars 1780.

LASALLE, fec. Lieut. Col. du rég. du *Roi* inf., Brigad. & ✠.

LASALLE, ✠ (Jean-Charlemagne de Meynier, Comte de) né à... le 20 Mai 1749, Page du Roi en la grande écurie, le 15 Mars 1763, aujourd'hui Col. en fec. du régim. de *Lorraine*, dragons, M. D.

LASALLE, (Marq. de) Lieut. Gén. le 10 Mai 1748, M. D.

LASALLE, Lieut. de Roi, à la Citadelle de Bayonne.

LASALLE de Preifche, Commiffaire des Guerres, à Longwy.

LASALLE, ✠ Commiffaire Ordonnateur des Guerres, à Metz.

LASALLE, ✠ Infpect. Gén. de la *Maréchauffée* de Touraine, Rouen, Caen, Alençon, & de la Bretagne, à Poitiers.

LASALLE, Sous-L. de *Maréchauffée*, à Chantonnay.

LASALLE, Lieut. Col. com. le bataillon de garnifon de Vermandois.

LASALLE, Garde du Roi dans *Noailles*, le 27 Juin 1779.

LASALLE, ✠ Brig. des *Gendarmes Écoffois*.

LASALLE, (Charles-César Hulin, Chev. de) né à la Beurrière en Anjou, le 20 Fév. 1740, Enf. dans *Berry* inf., le 12 Avril 1756, Com. dans le *Commiffaire-Gén.*, cav., le 1 Octobre 1756, Cap. dans *Royal-Pologne*, le 6 Octob. 1759, ✠ le 9 Août 1781.

LASALLE, Garde du Roi dans V. le 16 Décembre 1770.

LASALLE, Garde du Roi dans V. le 31 Janvier 1772.

LASALLE, Brig. des Gardes du Roi, comp. de *Noailles*, le 1 Janvier 1776.

LASALLE, Garde du Roi dans L. le 11 Février 1764.

LASALLETTE, Commiffaire des Guerres, à Chartres.

LASALSETE, (Jean-Jacques-Bernardin Colaud, Cheval. de) né à Grenoble le 27 Déc. 1758, Sous-L. à la fuite de l'*Ifle-de-France*, le 15 Déc. 1775, en pied le 11 Juin 1776, D.

LASAULSAYE, Commiffaire des Guerres, à Rouen.

LASAULX, Garde du Roi dans V. le 19 Mai 1759.

LASAUMES, ✠ (le Comte de) Maj. du fec. régim. d'*Etat-Major*, M. D.

LASAUSAYE, (François Narciffe Maffon, Chev. de) né à Charente en Saintonge, le 11 Avril 1753, Sous-L. dans *Berry* inf., le 9 Oct. 1768, Lieut. le 21 Sept. 1774, Lieut. en p. le 6 Juillet 1779, Cap. en fec. le 5 Novembre 1782, D.

LASCASES, (Marq. de) Col. de *Languedoc*, infant., M. D.

LASCOURS, (Chevalier de) Brig. d'inf. le 5 Décemb. 1781.

LASCOUS, Garde du Roi dans L. le 18 Avril 1757.

LASELLE, ✠ Lieut. en p. des *Gardes Françoifes*.

LASELVE du Chaffain, (François de) né à Tulle en Limofin, le 10 Mars 1755, Sous-L. dans *Berry* infant., le 9 Déc. 1771,

Lieut. en fec. le 8 Avril 1779, Lieutenant en p. le 27 Juillet 1781, D.

LASERRE, (Jean de) né à Molière en Périgord, le 5 Août 1740, Sous-L. au rég. de *Foix* le 6 Juillet 1765, Lieut. le 21 Mai 1771, Capit. le 6 Juillet 1781, D.

LASERRE, (le Comte de) Lieut. de Roi en Guienne, M. D.

LASERRE, Commiſſaire des Guerres, à Morlaix.

LASERRE, Garde du Roi dans L. le 20 Décemb. 1771.

LASERVE, (Jean-Robinet, Chev. de) né à Bertry en Périgord, le 21 Fév. 1761, Cadet Gentilh. au rég. *Royal Comtois*, le 4 Décembre 1780, D.

LASERVE, (François-Robinet de) né à Bertry en Périgord, le 11 Avril 1758, Sous-L. à la ſuite au rég. *Royal-Comtois*, le 17 Avril 1774, en pied le 14 Oct. 1774, Lieut. en fec. le 28 Fév. 1778, Lieut en p. le 10 Novembre 1781, D.

LASIVERIE, Maréc. de Logis des Gardes du Roi dans L., le 15 Décembre 1774.

LASIVERIE, Garde du Roi dans L. le 1 Octobre 1780.

LASONDIERE, (N.... de) né à Sainte-Marie en Angoumois le... Sept. 1747, *Mousquetaire* gris le... Mai 1768, Cap. dans *Royal*, cav., le 1 Juin 1780.

LASONE, (Noël-Félicien-Ruffin, Marquis de) né à... Meſt. de Camp en fec. du rég. de *Médoc*, le..., M. D.

LASORINIERE, (Louis-Pierre Duverdier de) à St.-Pierre de Schemitay en Anjou, le 16 Mars 1757, Sous-L. au rég. du *Maine* le 17 Nov. 1779, D.

LASSAIGNE, Garde du Roi dans L. le 28 Mars 1756.

LASSAT, Garde du Roi dans L. le 29 Mars 1758.

LASSAUBOLLE, (Henri de) né à Bouglon en Gaſcogne, le 25 Avril 1763, Cad. Gentilh. au rég. de la *Marine*, le 25 Janv. 1780, Sous-L. le 25 Juin 1781, D.

LASSAUBOLLE, Brig. d'inf. le 1 Mars 1780.

LASSEGRIVE, Garde du Roi dans V. le 1 Avril 1775.

LASSENAY, Sous-Lieut. de *Maréchauſſée*, à Betfort.

LASSUS, ✠ Lieut. Col. de la *Sarre*, infanterie.

LASTAYRIE, Vicomte du Saillant, (Urbain-Pierre-Louis, Marquis de) né au Château de Lavergne en Limoſin, le 14 Juil. 1740, Corn. dans *Penthièvre* le 1 Août 1767, Cap. le 13 Août 1761, réformé & paſſé Lieut. des *Carabiniers* le 3 Juillet 1763, Cap. com. le 1 Avril 1765, en pied le 23 Mai 1776, rang de Maj. le 2 Juillet 1774, Cap. en fec. le 1 Avril 1776, Cap. en p. le 18 Avril 1776, rang de Lieut. Col. le 28 Fév. 1778, ✠ le 20 Juin 1778, Lieuten. Col. c. d'eſcadron le 7 Mai 1780, bleſſé à Rosback, M. D.

LASTIC, (Anne-François, Marquis de) né à Paris, Paroiſſe de..., le 24 Sept. 1759, Vol. au *Corps-Royal* de Strasbourg; en Mai 1775, Lieut. en fec. le 22 Sept. 1775, Cap. à la ſuite du rég. de *Beaujolois*, le 21 Août 1777, M. D.

LASTIC, (Vicomte de) Brigad. de cavalerie le 10 Mai 1748. M. D.

LASTRE, (de) Garde du Roi dans L. le 1 Janvier 1761.

LASUZE, (Marquis de) Col. du régim. *Dauphin* infanterie, M. D.

LASUZE, Sous-L. au rég. des *Grenad.-Royaux* de la Picardie.

LATAILLE, Lieut. des *Maréc. de France*, à Pithiviers.

LATAILLE de Tretinville, (Alexandre-César) né à Pithivier, en Beauce, le 20 Juin 1757, Sous-L. au rég. de la *Marine* le 17 Avril 1775, Lieut. le 25 Janvier 1780. D.

LATAPIE, (Gaspard-Baptiste de) né à St-Paul, en Quercy, le 22 Mai 1753, Sous-L. au rég. de *Médoc* le 14 Mai 1774. D.

LATERNAY Laval, A. M. C. le Fort Lupin.

LATGER, Garde du Roi dans B. le 30 Novembre 1772.

LATHANNE, Maréchal de Camp le 5 Décembre 1781.

LATIER de Bayanre, ✠ (le Marquis de) Lieut. des *Maréch. de France*, à Valence. M. D.

LATOUCHE, (N... Marquis de) né à Rochefort le 26 Juin 1753, Mousquetaire avec dispense d'âge par permission expresse du Roi le 2 Mai 1767, Cap. au rég. de *Conti*, drag., le 25 Avril 1772. M. D.

LATOUR, Garde du Roi dans B. le 2 Mai 1767.

LATOUR, (Jacques-Louis Jaucourt de) né à Aizecourt-le-haut, en Picardie, le 17 Mai 1736, *Carabinier* le 2 Fév. 56, Fourr. le 31 Oct. 62, Maréc. de Log. le 19 Avril 63, rang de P. E. le 20 Fév. 74, en pied le 2 Juin suiv., réformé le 1 Avril 76, remplacé le 1 Mai 79, Lieut. Quart. M^e. de la Brig. de *Montaigu* le 29 Août 1779.

LATOUR, (Nicolas) né à Vaucler, en Champagne, le 13 Avril 1734, Cavalier dans *Montcalen* le 13 Juin 53, passé aux *Carabiniers* le 2 Fév. 62, Maréc. de Log. le 16 Avril 63, Fourr. le 1 Oct. 65, rang de P. E. le 2 Juin 74, Adjudant de la Brig. de *Cambon* le 1 Mai 79, P. E le 13 Juin 1779.

LATOUR, Brig. de cav. le 1 Mars 1780.

LATOUR, (Chev. de) Mar. de Camp le 16 Avril 1767.

LATOUR, Maréc. de Logis des *Gardes* du Roi dans L. le 31 Décembre 1774.

LA TOUR-D'AUVERGNE, (N... de) né à Cassagnouse, en Auvergne, le 24 Mars 1730, Com. au rég. des *Cuirassiers* du Roi le 23 Mai 1762, Sous-L. le 18 Avril 1763, Lieut. en pied le 11 Juin 1772, Lieut. en sec. le 21 Juin 1776. M. D. E.

LATOUR d'Auvergne, (le Comte de) Lieut. Général le 1 Mars 1780.

LATOUR d'Auvergne Corret, Lieut. en p. dans *Angoumois*, inf.

LATOUR Dupin Gouvernet de Verneuil, ✠ Lieut. des *Maréchaux de France*, à la Salle St-Pierre. M. D. E.

LATOUR Dupin Montauban, (Marquis de) Col. en sec. de *Chartres*, infanterie. M. D. E.

LATOUR Dupin de Paulin, (le Comte de) Lieut. Général le 5 Décembre 1781. M. D.

LATOUR Dupin, (Marq. de) Col. en sec. du rég. de la *Reine*, drag. M. D.

LATOUR Dupin de la Charce, (le Vicomte de) Gouverneur de Pontarlié. M. D. E.

LATOUR Dupin, (le Vicomte de) Maréc. de Camp le 1 Mars 1780.

LATOUR de Saint-Prevat, (Jean de) né à Saint-Prevat, en Périgord, le 8 Janvier 1755, Sous-L. à la suite au rég. de drag. de *Monsieur* le 17 Avril 1774, S.-L. en 3e. le 30 Juill. 1781. D.

LATOUR de Montfaucon, (Antoine la Mothe de) né à St-Aurelle, en Quercy, en 1744, Soldat au rég. de *Médoc* le 8 Mai 1760, Sergent en 1763, P. D. le 11 Avril 1775, Sous-L. des Grenadiers le 29 Mai 1778.

LATOUR de Clamouse, (Jean-Baptiste-Charles-Louis-Augustin de Floriot de) né à Mande, en Gévaudan, le... Sous-L au rég. de *Turenne* le 30 Juillet 1782. D.

LATOUR Maubourg, (Jean-Hector de Fay, Baron de la Tour de Maubourg, & en partie de Dunieres dans le Velay) né vers 1684, d'abord appellé Marquis de Latour de Maubourg, Col. du rég. de *Ponthieu*, inf., 13 Janv. 1707, Inspecteur Gén. d'infant. 25 Mai 1718, Brig. 1 Fév. 1719, Maréc. de Camp 20 Fév. 1734, Lieut. Gén. le 1 Mars 1738, Chev. des Ordres 2 Fév. 1748, s'est démis de la Charge d'Inspecteur Génér. 6 Sept. 1753, Gouv. de St-Malo le 12 Av. 1754.

LATOUR de Foissac, Cap. du *Génie* au Fort Louis.

LATOURAILLE, (le Comte de) Lieut. de Roi au Duché de Bourgogne. M. D.

LATOURAUDAIS, Garde du Roi dans L. le 5 Avril 1771.

LATOURETTE, (Marie-Jean-Antoine de la Rivoire, Marquis de) né à Tournon, en Vivarais le 2 Mars 1751, Vol. au rég. Dauphin le 1 Mai 1766, Sous-L. le 7 Juin 1767, rang de Cap. en 1770, Col. en sec. du rég. de l'*Isle-de-France* le 4 Août 1778. M. D.

LATOURETTE, (le Comte de) Sous-Lieut. des *Gardes* du Roi dans L. le 22 Juillet 1780. M. D.

LATOURNELLE, (Vicomte de) Brig. d'inf. le 1 Mars 1780. M. D.

LATOURNELLE, (Louis-Julien-Constant le Roi de Ligniere de) né à Coligny en Bresse le 1 Fév. 1740, Enseig. au rég. de la *Marine* le 1 Mars 1756, Lieut. le 12 Juill. 1756, Cap. le 27 Mars 1761, ✠ le... 17... D.

LATRANCHADE, Garde du Roi dans B. le 17 Oct. 1770.

LATREMBLAYE, Sous-L. de *Maréchaussée*, à Corbeil.

LATREMOILLE, (le Duc de) Maréc. de Camp le 7 Janv. 1770.

LATREMOUILLE, Prince de Tarente, (Charles-Bretagne-Marie-Joseph de) né à Paris le 24 Mars 1764, Cad. Gentilh. le 4 Avril 1778, Sous-L. surnuméraire au rég. de l'*Isle-de-France* inf. le 18 Avril 1779, Sous-L. en 3e. au rég. *Royal-Normandie*, cav., le 22 Juin 1781. M. D. E.

LATRESORIERE de Pendry, (Laurent Barbot de) né à... le... 17... Cad. Gentilh. au rég. d'*Aquitaine* le 16 Mai 1781, Sous-Lieut. le 18 Sept. 1781. D.

LATRESORIERE, (Marc Babot de) né à Angoulême le 17 Déc. 1735, Lieut. le 1 Fév. 1748, réformé le... 1749, Lieut. de Milice le 1750, Lieut. dans *Montmorin* le 19 Avril 1757, Cap. le 26 Nov. 1761, réformé le 19 Avril 1763, Cap. au rég. de l'*Isle-de-France* le 11 Mai 1769, ✠ le... 17...

LATRESORIERE, (Marc Barbot de) né à Angoulême le 9 Oct. 1738, Lieut. au rég. de *Montmorin* le 7 Mars 1747, réformé en 1749, Lieut. au bataillon de Milice d'*Angoulême* en 1750, Lieut. au rég. d'*Aquitaine* le 1 Mars 1767, Aide-

Maj. le 14 Juin 1762, Cap. le 24 Mars 1765, ✠.

LATROLLIERE, né en Bourbonnois, Cad. Gentilh. au rég. de *Conti*, dragon, le... 17..., Sous-L. le 2 Sept. 1781.

LAVACQUERIE, Lieuten. en p. des *Gardes Françoises*.

LAVAL, (Guy-André-Pierre de Montmorency, Maréchal, Duc de) né à..., le 21 Sept. 1723, fut d'abord connu sous le nom de Marquis de Laval; il entra aux Mousquetaires le 1 Janv. 1741; fit la campagne de Flandres en 42; obtint le 4 Avril 43, une compagnie au rég. *Royal-Pologne*, cav. combattit à Dettingen, le 27 Juin suivant; fait Col. du rég. d'inf. de son nom, le 22 Août. Il le commanda en Basse-Alsace pendant le reste de la campagne; il se trouva à la prise de Weissembourg, à celle de la Lauttre, à l'attaque des retranchemens de Suffelsheim, & au siége de Fribourg, d'où il marcha à l'armée du Bas-Rhin, sous les ordres du Maréchal de Maillebois; passa l'hiver à Flersheim sur le Mein, & concourut à la prise du poste de Cronembourg, au mois de Mars 45. Il commanda cette année-là, la campagne sur le Rhin, sous les ordres du Prince de Conti; passa à l'armée de Flandres le 1 Juin; se distingua avec le rég. de *Crillon*, à l'affaire de Melle le 9 Juillet; concourut à la prise de Gand; servit au siége du Château; déclaré Brig. le 25 du même mois; employé à l'armée de Flandres, le 1 Mai 46; blessé à la bataille de Raucoux. Il servit en 1747 aux siéges de l'Ecluse, du Sac de Gand, d'Hulst, d'Axel & de Berg-Op-Zoom, au siége de Mastricht, en 48; déclaré Maréchal de Camp en Déc. Il se démit de son rég.; fut employé le 1 Mars 56, sur les côtes de la Méditerranée; il passa dans l'Isle de Minorque, sous les ordres du Maréchal de Richelieu; concourut à la conquête de cette Isle, & servit au siége & à l'assaut du Fort Philippe. Il fut employé à l'armée d'Allemagne, le 1 Mars 57; commanda pendant quelque temps 6 bataillons & 6 escadrons à Halteren; combattit ensuite à Hastembeck; concourut à la conquête de l'Electorat d'Hanovre, & revint après la capitulation de Closter-Seven. Il fut employé à la même armée le 16 Mars 58; combattit à Crewold; obtint l'érection de la Baronie d'Arnac & du Marquisat de Magnac, en Duché, sous le nom de Laval, le... Oct., les lettres registrées le 29 Nov. suiv. Il se trouva à la bataille de Minden le 1 Août 59; fut déclaré Lieut. Gén. des armées le 17 Déc. suiv.; employé en cette qualité à l'armée d'Allemagne le 1 Mai 1760, & 16 Mars 1761. Il s'est trouvé à l'affaire de Corback, à celle de Filinghausen; a obtenu le Gouvernement de Mont-Dauphin, le 30 Nov. 1761. Créé *Maréchal de France*, le 13 Juin 1783, a prêté serment le 6 Juill. suiv., Gouverneur de la Principauté de Sédan le... 17... & de l'Aunis le... 17...

LAVAL, (le Marquis de) Col. de *Bourbonnois*, inf. & ✠ Brig. le 5 Déc. 1781, Gouverneur en survivance de la Principauté de Sédan.

. LAVAL, (Comte de) Col. en sec. de la *Rochefoucault*, dragons.

LAVAL, (le Vicomte de) Colonel d'*Auvergne*, infant., & ✠.

LAVAL, Garde du Roi dans V. le 14 Avril 1771.

LAVAL, (N...) né à Montpasier en Périgord, le... 1754, Sous-L. à la suite du rég. de *Perche*, le 28 Juill. 1773, en p. le 7 Avril 1774, Sous-L. en p. le 11 Juin 1776, Lieut. en p. le 20 Mars 1778.

LAVAL, (N..., Ch. de) né à Montpasier, le... 1761, Cad. Gentilh. au rég. de *Perche* le 20 Mars 1778, Sous-L. le 15 Août 1779.

LAVAL, (Louis-François Garnier de) né à Montpellier, le 1 Mars 1745, Lieut. de Milice, Garde-Côte le... 1761, Garde du Roi le 4 Mars 1763, Sous-L. dans la légion de *Condé* le 21 Mars 1766, Lieut. le 29 Fév. 1768, incorporé dans *Boufflers* le 9 Déc. 1776, repassé dans le 4ᵉ rég. des *Chasseurs*, le 3 Juin 1779.

LAVALDENE, (François Loraine de) né à Boulenc en Comtat, le 15 Fév. 1731, Sous-L. au rég. de Poitou en 1748, réformé en 1750, Lieut. au rég. de *Beaujolois* le 1 Mai 1756, Lieut. des gren. le 17 Nov. 1758, Cap. le 14 Mars 1769, ✠ le... 1773. D.

LAVALDENE, (Jean-Antoine-Xavier de Gaillard, Ch. de) né à Boulenc en Comtat, le 8 Mars 1759, Cad. Gentilh. au reg. de *Beaujolois*, le 3 Nov. 1778, Sous-L. le 23 Juillet 1779.

LAVALETTE, ✠ Sous-Directeur d'artillerie, à Corté.

LAVALETTE, ✠ Lieut. Col. com. le bataillon de garnison de *Piémont*. M. D.

LAVALETTE, Brig. d'inf. le 5 Décembre 1781.

LAVALETTE, ✠ Major du régiment de *Paris*.

LAVALETTE, Sous L. de *Maréchaussée*, à la Rochelle.

LAVALLETTE, Sous-Lieut. en p. des *Gardes Françoises*. M. D.

LAVAREILLE, Garde du Roi dans V. le 13 Mai 1773.

LAVAREINNE, (Jacques-Antoine Deschamps de) né à Montluçon en Bourbonnois, le 6 Mars 1728, Corn. le 1 Août 1743, réformé le 5 Janv. 1749, remplacé le 1 Oct. 1756, Lieut. le 10 Fév. 1759, Cap. le 7 Avril 1760, ✠ le 15 Mars 1763, réformé le 1 Avril 1763, Cap. com. le 18 Juin 1768, Cap. en p. le 11 Avril 1770, Cap. com. d'escadron le 16 Juin 1776, Cap. com. dans le rég. *Royal-Normandie*, le 21 Avril 1777. M. D.

LAVARENNE, ✠ (le Ch. de) Sous-Brig. du *Génie*, à Cambrai.

LAVARENNE, Brig. d'inf. le 1 Mars 1780.

LAVAUGUYON, (Duc de) Brig. d'inf. le 5 Décembre 1781. M. D.

LAVAUPALLIERE, (Marquis de) Maréchal de Camp le 3 Janvier 1770. M. D.

LAVAULX, ✠ (Comte de) Lieut. Col. du 6ᵉ rég. des *Chevaux-Légers*. M. D.

LAVAUR de St-Remy, (Jérôme de) né à Inglace en Quercy, le... 1717, Vol. dans *Chabrillan*, le... 1733, Marée. de Log. le... 1742, Corn. le... 1742, Lieut. le... 1746, ✠ l:... 1771, rang de Cap. au 2ᵉ rég. des *Chevaux-Légers* le 7 Avril 1773. D.

LAVAUR, Garde du Roi dans B. le 14 Juillet 1764.

LAVAUR, Garde du Roi dans B. le 25 Octobre 1767.

LAVAUR, Garde du Roi dans V. le 1 Juin 1774.

LAVAUX de Pierre-Brune, Lieut. des *Maréchaux de France*, à Gueret. D.

LAUBÉ, (Henri-Alexandre, Ch. de) né à Lamballe, le 29 Avril 1746, Enseig. au rég. de la *Marine* le 25 Janv. 1762, Sous-L. le 9 Mars 1763, Lieut. le 14 Oct. 1774, Cap. le 7 Août 1778. D.

LAUBÉ, (Pierre-Nicolas de) né à St-Mihiel en Lorraine le 8 Mai 1740, Corn. dans *Marcieu* le 1 Oct. 1756, Sous-L. le 24 Mars 1763, Sous-Aide-Maj. le 20 Avril 1768, Lieut. en sec. le 16 Juin 1776, Lieut. en p. dans *Royal-Pologne*, cav. le 8 Avril 1779, ✠ le 5 Octobre 1781.

LAUBEPIN, (Marquis de) Brig. de cav. le 20 Fév. 1761. M. D.

LAUBEPINE, (Marquis de) Brig. de cav. le 1 Mai 1758. M. D.

LAUBESPIN, (Antoine-Joseph Ruf de Mouchet de) né à Rainteau, près St-Claude en Comté, le 10 Oct. 1765, Elève de l'Ecole Militaire, le 28 Nov. 79, Sous-L. à la suite des troupes le 8 Avril 81, Sous-L. en 3e des *Carabiniers* le 4 Août 1782. D.

LAUBRIE, Garde du Roi dans V. le 21 Août 1761.

LAUDERSET, (Joseph de) né à Fribourg, le 1 Fév. 1752, Cad. dans *Vigier* le 1 Janvier 1774, Sous-L. le 24 du même mois, Lieutenant le 27 Avril 1783. D.

LAVEISSIERE, Garde du Roi dans B. le 8 Avril 1780.

LAVELLE, Maréchal de Log. des Gardes du Corps, compag. de *Noailles* le 10 Mars 1781. D.

LAVENNERIE, Garde du Roi dans V. le 15 Sept. 1772.

LAVERGNE, (Pascal-Vidal de) né à Périgueux, le 28 Mai 1739, Tréf. au rég. Maréchal de *Turenne*, le 16 Juin 1763, réformé le 1 Sept. 1764, Sous-L. le 24 Sept. 1764, Lieut. le 12 Juill. 1770, Cap. en sec. le 17 Avril 1782. D.

LAVERGNE, (Antoine-Benoit de) né à Narbonne, le 1 Avril 1739, Lieut. au bataillon de Milice de *Beziers* le 1 Mai 1756, Enseig. au rég. d'*Aquitaine* le 1 Juill. 1758, Lieut. le 17 Sept. 1758, Aide-Major le 30 Mars 1762, Cap. le 28 Avril 1763, Cap. le 1 Juillet 1775, Maj. du rég. le 24 Juin 1780, ✠ le... 17... D.

LAVERMONDIE, Garde du Roi dans V. le 24 Décembre 1760.

LAVERNE Léger, (Marie-Philippe de Tranchant de) né à Borrey en Franche-Comté, le 24 Oct. 17..., Sous-L. dans *Durfort* en 3e le 28 Oct. 1781. D.

LAVERNEDE, Garde du Roi dans L. le 25 Février 1775.

LAVERNÉE, (Jean-François-Eléonor-Gaillard de) né à St-Amour, le 21 Avril 1756, Aspirant d'art. à Besançon, le 1 Juin 1769, au rég. de *Bassigny* le 17 Avril 1776, Cad. le 24 Avril 1776, Sous-L. le 2 Juin 1777, Lieut. en sec. le 18 Juin 1782. D.

LAVERNETTE, Lieut. de Roi au Duché de Bourgogne.

LAVERNY, Garde du Roi dans L. le 22 Novembre 1776.

LAUHANHIER,

LAUHANHIER, Brig. des Gendarmes de la Garde.

LAVIEFVILLE, (le Ch. de) Enseig. des *Gard. Franç.* M. D.

LAVIEUVILLE, (Marquis de) Sous-L. en sec. des *Gardes Françoises.* M. D.

LAVIGNE, (Charles de) né à Gimon en Gascogne, le 5 Septembre 1742, Soldat au rég. de *Médoc* en 1760, Serg. le... 1763, P. D. le 12 Mars 1774, Sous-L. des gren. le 11 Avril 1775, Lieut. en sec. en 1778.

LAVIGNER, (Baron de) Exempt des *Gardes Suisses* de Monsieur. M. D.

LAVILLE, Maj. à Lauterbourg.

LAVILLENEUVE , (René-Guillaume-Paul-Etienne-Gabriel Gelin de) né à St-Malo en Bretagne en Mars 1753, Elève de l'Ecole Militaire en Oct. 1764, Sous-L. au rég. *Royal-Marine* en Nov. 1769, Cap. à la suite du rég. *Provincial de Rennes*, en 1771, *idem* au rég. de *Bresse*, inf. en Juin 1779, *idem* au rég. de *Berry*. cav. en Nov. 1780. D.

LAVILLEON, (Claude-Marie-Joseph de) né au Saou en Basse-Bretagne, le 21 Nov. 1759, Page de la Reine le 1 Avril 1774, Sous-L. au rég. de la *Reine* le 3 Janv. 1777, Lieut. en sec. le 3 Juin 1779. D.

LAVILLETTE, ✠ Lieut. de *Maréchaussée*, à Besançon.

LAVIOLAYE, (Alexandre-Jean-Baptiste de) né à Paris, le 21 Janv. 1763, Cad. Gentilh. au rég. Maréchal de *Turenne* le 24 Janv. 1780, Sous-L. à la suite le 29 Juin 1780, en 3e le 29 Juin 1781. D.

LAVIT Devigne, (Jean-Baptiste de) Lieut. des *Maréchaux de France*, à Beziers. D.

LAULANIER, Cap. du *Génie*, à Chilippeville.

LAULANIER, (N...) né à Ste-Croix en Périgord, le.... 1760, Cad. Gentilh. au rég. de *Perche* le 6 Juin 1776, Sous-L. le 20 Mars 1778. D.

LAULANIER, (N... , Ch. de) né à Ste Croix, le... 1761, Cad. Gentilh. au rég. de *Perche* le 6 Juin 1776, Sous-L. le 20 Mars 1778.

LAUMONT, Lieut. en p. dans *Ségur*, drag.

LAUMOY, Cap. du *Génie*, en Amérique.

LAUNAC, (Ch. de) Brig. de cav. le 6 Janvier 1771.

LAUNAY, Brig. d'infant. le 1 Mars 1780.

LAUNAY, (Chev. de) Brig. d'inf. le 1 Mars 1780.

LAUNAY, ✠ Brig. des *Gendarmes Bourguignons*.

LAUNAY, (Jacques-Charles-René de) né à St-Pierre-sur-Dives en Normandie, le... Avril 1738, Gendarme Ecossois le 21 Déc. 1756, Vol. au rég. d'*Orléans*, drag. en 1759, P. G. en 1763, Gendarme de la Garde en 1768, réformé en 1775, Cap. à la suite de l'inf. en 1778, attac. au rég. de *Limosin* en 1779.

LAUNAY, Commissaire des guerres, à Roanne.

LAUNAY, (René-François-Marie de) né à Longué en Anjou, le 26 Fév. 1743, Sous-L. le 1 Juin 1763, Lieut. le 22 Avril 1768, Cap. en sec. du rég. du *Maine* le 15 Sept. 1778.

LAUNOY, (Comte de) Mar. de C. le 1 Mars 1780. M. D.

LAUR, (Pierre - Maxime, Baron de) né à Salles en Béarn, le 20 Juin 1755, Sous-L. à la suite des *Carabiniers* le 20 Mai 72, en pied le 1 Mai 73;

réformé le 1 Avril 76, remplacé le 1 Mai 1779. M. D.

LAURANS, Adj. du Maj. au Fort de l'Écluse.

LAURAS du Faix, (le Comte de) Lieut. des *Maréchaux de France*, à Bourg en Bresse. M. D.

LAURENS, ✠ Lieut. des *Maréchaux de France*, à Aix.

LAURENT, (Joseph) né à Bar-le-Duc en Lorraine, le 22 Fév. 1742, Soldat au rég. d'*Orléans* le 12 Mars 1758, Serg. le 29 Avril 1762, Serg.-Maj. le 2 Mai 1777, P. D. le 9 Avril 1780.

LAURIAT, (Charles de Gouset de) né au Château de Lauriat, près Brioude en Auvergne, le 1 Juin 1756, Sous-L. le 4 Oct. 1774, Lieut. en sec. le 6 Août 1780, Lieut. en p. † le 28 Septembre 1781. D.

LAURIAT, (Charles Gouset de) né au Château de Lauriat en Auvergne, le 16 Juin 1757, Sous-L. au rég. *Royal-Comtois* le 28 Juill. 1773, Lieut. en sec. le 2 Juin 1777, Lieut. en p. le 16 Juin 1781.

LAURIERES, ✠ Lieut. en p. des *Gardes Françoises*.

LAURON, ✠ Major du 5ᵉ rég. d'*État-Major*.

LAUSON, Garde du Roi dans V. le 8 Avril 1770.

LAUTHIER, Garde du Roi dans B. le 31 Décembre 1770.

LAUSTINE, Sous-Lieut. en sec. des *Gardes Françoises*.

LAW de Lauriston, Maréc. de Camp le 1 Mars 1780.

LAUWEREYNS, Cap. du *Génie*, à Landau.

LAUZANNE, (Toussaint-Joseph de) né à St-Tuphine, Paroisse de Boroha en Bretagne, le 12 Mars 1754, Sous-L. au rég. de la *Marine* le 23 Août 1772, Lieut. le 1 Sept. 1777, Cap. dans *Royal*, cav. le 12 Juillet 1781.

LAUZON, (Pierre-Philippe de) né à Plibon en Poitou, le 28 Mai 1759, Sous-L. au rég. de *Foix* le 6 Sept. 1775, Lieut. le 5 Avril 1781.

LAUZUN, (le Duc de) Brig. de drag. le 1 Mars 1780, Col. du rég. de hussards de son nom. M. D.

LAYROULE, ✠ Lieut. de *Maréchaussée*, à Pamiers.

LAZEAU de la Boitlière, Brig. d'inf. le 1 Mars 1780.

LAZIERS, Chef de brig. du rég. d'*Auxonne*, artillerie.

LEBAILLY, ✠ Maréchal de Logis des *Gendarmes Écossois*.

LEBARRERE de Pequeuse, Lieut. du *Génie*, aux Colonies.

LEBAS, Lieut. de *Maréchaussée*, à Alençon.

LEBE, (Etienne) né à Québec en Canada, le 14 Sept. 1747, Vol. au rég. de *Vivarais* le 24 Mai 1766, Sous-L. au rég. de *Beaujolois*, le 24 Août 1768, Lieut. en sec. le 3 Nov. 1778, Lieut. en p. le 12 Juin 1782. D.

LEBEAU, ✠ Commissaire des guerres, à Alençon.

LEBECHU, Garde du Roi dans V. le 28 Mai 1777.

LEBEGUE, Sous-L. de *Maréchaussée*, à Verdun.

LEBET, ✠ Brig. des *Gendarmes Dauphins*.

LEBEUF, Maréchal de Camp le 1 Mars 1780.

LEBLANC, Lieut. de *Maréchaussée*, à Blois.

LEBLOIS, (Henri) né à la Pornerie en Berry, le... 1753, Sous-L. au rég. de la *Reine*, inf. le 11 Mai 1769, Lieut. en sec. le 14 Août 1775, Lieut. en p. le 27 Nov. 1778, Cap. en second le 10 Mai 1780. D.

LEBLOND de Luchy, Sous-L. des *Grenadiers-Royaux* de la Picardie.

LEBŒUF, Garde du Roi dans B. le 24 Août 1778.

LEBOULEUR, Garde du Roi dans *Noailles* le 19 Sept. 1763.

LEBRET, Garde du Roi dans L. le 11 Juin 1771.

LEBRET, (Cardin-Victor-René) né à la Flèche en Anjou, le 12 Mars 1748, Sous-L. à la suite des *Carabiniers* le 14 Août 1766, *idem* à la suite de *Royal-Normandie*, le 11 Mai 1770, en pied le 1 Juin 1772, Cap. réformé le 7 Avril 1773, Cap. en sec. le 29 Mai 1778. D.

LEBRETON, ✠ Lieut. de *Maréchaussée*, com. la brigade de Sève.

LEBRUN, Quart. M. Tréf. de *Vivarais*, infanterie.

LEBRUN-LEBLOND, (Casimir) né à Vire en Normandie, le 17 Mai 1754, Gendarme de la Garde le 14 Janv. 1771, Sous-L. à la suite du rég. *Royal-Navarre*, cavalerie, le 2 Mai 1780. D.

LECAMUS, (le Comte) Maréchal de Camp le 1 Mars 1780. M. D.

LECANDRE, (Anne-Bernard-Gabriel) né à Saintes en Avril 1758, Vol. au rég. de *Berry*, cav. en Mars 1780. D.

LECANDRE, (Charles-Etienne-Madelaine) né à Saintes en Saintonge en 1766, Cav. en Mars 1770, Cad. Gentilh. au rég. de *Berry*, cav. en Mai 1778, Sous-L. en Août 1781.

LECANDRE, (Etienne-Jean) né à Paris en Déc. 1726, Cav. au rég. de *Berry* en Mars 1743, Maréc. de Logis en Déc. 1755, Corn. en Avril 1758, Lieut.

en Mars 1762, Sous-Aide-Maj. en Mars 1763, Aide-Maj. en Déc. 1771, Commission de Cap. en Janv. 1772, Maj. du rég. de *Berry* en Mars 1774, ✠ en 1775.

LECHARRON, (André-Louis-Lambert, Ch. de) né à Lanferon en Alsace, le 30 Nov. 1759, élevé à l'Ecole Militaire, Cad. Gentilh. au rég. de *Limosin*, inf. le 6 Juin 1776, Sous-L. le 21 Fév. 1778, Lieut. en sec. le 24 Août 1781. D.

LECHARTIER, Garde du Roi dans B. le 22 Juin 1775.

LECHARTIER, Garde du Roi dans B. le 7 Juin 1767.

LECHAUFF, (Pierre-Jean-Louis) né à Nantes en Bretagne, le 29 Juin 1765, Sous-L. en 3ᵉ au rég. de la *Marine*, le 17 Fév. 1781. D.

LECLERC, (N...) né à Thodure en Dauphiné, le 4 Juin 1731, Drag. au rég. d'*Aubigné* le 1 Mai 1752, Cav. au rég. de *Clermont*, à présent *Conti*, drag. le 17 Oct. 1758, Brig. le 25 Mars 1763, Maréc. de Log. en 1765, Fourr. en 1766, Sous-L. le 6 Nov. 1771, Lieut. en p. le 13 Mars 1774, chargé de l'administration de la caisse, le 17 Mars 1775, Quart. M. Tréf. le 16 Juin 1776.

LECLERC de la Vernée, Lieutenant de *Maréchaussée*, à Auxerre. D.

LECLERC de Mazerolle, Lieut. des *Maréchaux de France*, à Besançon.

LECLERC, Quart. M. Tréf. d'*Alsace*, infanterie.

LECLERC, Brig. des Gardes du Roi dans V. le 19 Janv. 1782.

LECLERC, Quart. M. Tréf. de *Lyonois*, infanterie.

LECOINTRE du Vaugoin,

✠ Lieut. de *Maréchaussée*, au Mans.

LECOMTE, (François) né à Eymet en Périgord, le 15 Juill. 1731, Soldat au rég. de la *Reine*, inf. le 8 Oct. 1753, Serg. le 1 Janv. 1756, Fourr. le... 1764, P. D. le 20 Fév. 1771, Sous-L. des Grenadiers le 9 Juin 1776, Lieut. en second le 31 Mars 1779.

LECOMTE, (Antoine-François) né à Neufchâteau en Lorraine, le 4 Mai 1727, Vol. au rég. de la *Reine*, inf. le 1 Mars 1747, Lieut. le 15 Mai 1747, Cap. le 29 Janv. 1757, réformé le 12 Fév. 1763, remplacé le... Juin 1767, Cap. des gren. le 31 Mars, Chef de bataillon le 31 Juin 1779, ✠ le 14 Janvier 1772. D.

LECOMTE d'Escourières, Sous-L. de *Maréchaussée*, à Carantan.

LECOMTE, ✠ Lieut. de *Maréchaussée*, com. la brigade des *Chasses*, à Versailles.

LECOMTE de Lalière, Cap. du *Génie*, à Cherbourg.

LECOQ, Exempt de *Maréchaussée*, com. la brigade de St-Germain.

LECORDIER, Sous-L. de *Maréchaussée*, à Rheims.

LECORDIER de Beaumont, (Jacques) né à St-Jean-le-blanc en Normandie, le 29 Avril 1759, Sous-L. au rég. du *Maine* le 23 Juillet 1781. D.

LECOURTOIS, ✠ Lieut. de *Maréchaussée*, à Nancy. D.

LECOUSTURIER de Pithienville, Major à Strasbourg.

LECUYER, ✠ Lieut. de *Maréchaussée*, à Gien.

LEDOUX, ✠ Brig. des *Gendarmes Ecossois*.

LEDOUX de Glatigny, Sous-L. de *Maréchaussée*, à Lyons-la-Forêt.

LEDUC, Maréc. de Camp le 1 Mars 1780.

LEDUC, (Jean) né à Vesoul en Franche-Comté, en Janvier 1752, Gendarme de la *Garde* au mois d'Avril 1768, Garde de M. le Comte d'Artois en Fév. 1773, Sous-L. aux *Volontaires de Nassau* en Déc. 1778, Lieut. en sec. en Avril 1781. D.

LÉE, Brig. d'inf. le 11 Janv. 1768.

LEFEBURE de Ville, ✠ Sous-L. des *Gardes* d'Artois.

LEFEBURE du Boulay, (François-Anne-Alexandre) né à Pont-Audemer, en Normandie, le 30 Janv. 1739, Enseig. dans *Berry*, infant., le 3 Août 1758, Lieut. le 9 Oct. 1758, Cap. le 4 Mars 1775, Cap. c. le 1 Juin 1780, ✠ le 7 Mai 1783. D.

LEFEBVRE, (Charles-Toussaint, Chev.) né à Pont-Audemer le 31 Oct. 1740, Lieut. des *Gardes-Côtes* le 21 Juin 1758, Enseig. dans *Berry*, inf., le 2 Avril 1761, Sous-L. des Gren. en 1768, Lieut. le 27 Novemb. 1768, Cap. en sec. le 8 Avril 1779, Cap. c. le 23 Avril 1781.

LEFERON, Garde du Roi dans L. le 13 Août 1758. D.

LEFERON des Tourelles, Sous-L. des *Gardes* d'Artois.

LEFERON, fils, Sous-L. des *Gardes* d'Artois.

LEFEVRE, ✠ Cap. d'artillerie, à Metz.

LEFEVRE de Givry, Cap. d'artillerie, à Kingental.

LEFEVRE, Maréc. de Camp le 1 Mars 1780.

LEFEVRE, Quatt. Mᵉ. Trés. du rég. de *Picardie*, inf.

LEFEVRE de Seval, Lieut. de *Maréchaussée*, à Bourges.

LEFEVRE, Secrétaire du Gouvernement de Roussillon, à Perpignan.

LEFEVRE, Garde du Roi dans V. le 17 Sept. 1763.

LEFEVRE, (Christophe) né à Beaumarais, en Lorraine, le 20 Oct. 1730, Soldat au rég. de *Beaujolois* le 30 Déc. 1749, Sergent le 28 Mars 1763, Fourr. le 1 Sept. 1770, Sergent Maj. le 11 Juin 1776, P. D. le 9 Juill. 1781. D.

LEFILLEUL, (Charles-Alexandre-François-Marie) né à Paris le 14 Mars 1762, Cad. Gentilh. le 14 Mars 1777, Sous-L. à la suite du rég. de *Bussigny* le 23 Mars 1778. D. M.

LEFORESTIER, Garde du Roi dans L. le 7 Fév. 1775.

LEFORT, (le Baron de) Col. en sec. de *Bouillon*, infanterie. M. D.

LEFORT, (le Baron de) Brig. de cav. le 1 Mars 80. M. D.

LEFRANÇOIS du Manoir, Aspirant du *Génie*, à Cherbourg.

LEGAUCHER du Broutet, (Jean-Nicolas) né à Broutet, en Picardie, le... 1762, Cad. Gentilh. d'*Orléans*, inf., le 31 Avril 1778, Sous-L. le 13 Mars 1779, des Gren. le 6 Oct. 1780. Lieut. en s. le 28 Août 1782. D.

LEGER, Sous-L. de *Maréchaussée*, à Château-Thierry.

LEGIER, ✠ Brig. du *Génie* au Havre.

LEGIER du Plan, Cap. du *Génie*, à Montpellier.

LEGIER, ✠ Sous Directeur d'artillerie, à Befort.

LEGIER, Brig. d'inf. le 5 Décembre 81.

LEGONIDEC, (Louis-Yves) né à Guingamp le 7 Mai 1759, Enseig. au bataillon de Milice de *Vanues* le 1 Juin 1775, Sous-L. au rég. de la *Reine*, inf., le 6 Avril 1778. D.

LEGOUZ Duplessis, Maréc. de Camp le 1 Mars 80.

LEGRAND, ✠ Commissaire des Guerres, à Besançon.

LEGRAND, (N...) né à Fresne-sur-Lescaut, en Hainault, le 6 Décembre 1736, P. E. au rég. des *Cuirassiers* du Roi le 1 Juin 1772, Lieut. Quart. Me. Trés. le 13 Mars 1778.

LEGRAND, Brig. des Gardes du Roi dans V. le 1 Octobre 1777.

LEGRAND, (Alexandre) né à Champolitte, en Franche-Comté le 6 Nov. 1730, Dragon au rég. de *Monsieur* le 15 Mars 1751, Maréchal de Logis le 1 Sept. 1759, Fourr. le 21 Sept. 1764, Porte-Guidon le 30 Avril 1774.

LEGRAND, ✠ Commissaire ordonnateur des Guerres, à Besançon.

LEGRAND, Elève du *Génie*.

LEGRAS, Brig. de cav. le 1 Mars 80.

LEGRIS de St.-Denis, (Charles-Adrien) né à St.-Cit de Salerne, en Normandie, le 7 Juill. 1741 ; a commencé à servir dans le bataillon de *Pont-Audemer* jusqu'en 1763, Sous-L. au rég. de *Foix* le 2 Avril 1768, Lieut. le 8 Août 1774.

LEGROS, Quart. Me Trés. du régim. du *Roi*, cavalerie.

LEGROS, Garde du Roi dans V. le 7 Août 1777.

LEGROS, Garde du Roi dans V. le 7 Août 1777.

LEGROS, Garde du Roi dans V. le 15 Juillet 1780.

LEGUEY d'Adancourt, Sous-

Brig. des *Gardes* de la Porte du Roi.

LEGUEY de la Vigne, ✠ Brig. des *Gendarmes* Anglais.

LEHAUTIER, ✠ Cap. d'*Artillerie*, au Havre.

LEHÉLEC, (François-Henri le Meintier, Comte de) né à Vannes en Bretagne en 1753, Vol. au rég. de *Berry* cav., en Sept. 1772, Sous-L. à la suite en Juillet 1773, en pied en Janv. 1774, Sous-Aide-Major en Fév. 1775, Cap. à la suite de la cav. en Avril 1776.

LEJAY de Creuilly, (Pierre Hugues de) né St.-Étienne en Forez le 1 Mars 1740, Lieuten. le 12 Nov. 1751, Cap. le 2 Mars 1762, réformé le 9 Avril 1763, Cap. au rég. de l'*Isle-de-France*, le... Septembre 1770, D.

LELEY de la Tabétie, ✠ Intendant des Armées du Roi, à Paris.

LELORRAIN, Garde du Roi dans *Noailles* le 4 Sept. 1770.

LELYMONIER de la Marche, (Jean-Baptiste-Paul) né à Acigné, Diocèse de Rennes, le 8 Déc. 1754, Sous-L. à la suite dans *Berry* inf. le 10 Mars 1777, en pied le 17 Juil. suivant, Lieut. en sec. le 27 Juillet 1781. D.

LEMAIRE, (Dominique-Paul) né à Marseille le 25 Janv. 1749, Vol. au rég. de *Beaujolois* le.. 1771, Sous-L. le 17 Mai 1773, Lieut. en sec. le 30 Avril 1781, D.

LEMAITRE de Beaumont, (Joseph-Augustin) né à Marseille le 23 Août 1757, Sous-L. au rég. Maréc. de *Turenne* le 7 Sept. 1774, Lieut. en sec. le 16 Juin 1781. M. D.

LEMARCHAND de Burbure, Sous-L. de *Maréchaussée*, au Château du Loir au Mans.

LEMARCHAND de Touragny, Lieut. des *Maréchaux de France*, à Argentan.

LEMARCHANT, (Jean Egélipe) né à Cerceaux en Normandie, le 12 Avril 1758, Cav. au rég. *Royal* le 14 Avril 1775, Cadet Gentilhomme le 29 Mars 1780. D.

LEMARESCHAL, Garde du Roi dans L. le 10 Nov. 1780.

LEMARIÉ, Lieut. en second dans *Ségur*, dragon.

LEMERCIER de Lasource, Maréchal de Camp le 20 Juillet 1762.

LEMERCIER, Enf. des *Gardes Suisses* de Monsieur.

LEMERCIER, (Joseph-Alexis) né à Morteau en Franche-Comté le 1 Sept. 1777, Caval. au rég. de *Montcalm* le 1 Janv. 1756, passé aux *Carabiniers* le 15 Sept. 59, Maréc. de Logis le 15 Avril 63, Four. le 1 Juin 69, P. Enf. le 29 Août 1779.

LEMINEUR, (N....) né à Vanneau-le-Chatel, en Champagne, le... 1735, Gren. au rég. de *Perche* le 16 Déc. 1751, Sergent le 1 Oct. 60, P. Drap. le 17 Juin 1770, Quart. M. Trés. le 11 Juin 1776; a fait la Guerre d'Allemagne, la campagne de 1769, a été blessé en 1761.

LEMOINE du Hauchamp, Lieut. en sec. des *Gren.-Royaux* de la Picardie.

LEMOINE, (Marie-Antoine) né à Rouen le 15 Août 1741, Enf. dans *Champagne* inf. le 28 Oct. 57, Lieut. le 1 Juillet 58, Capitaine dans *Moustier*, depuis *Royal-Navarre*, cav., le 19 Mai 61, 1er Cap. le 9 Avril 79, ✠ le 29 Octobre 1781, D.

LEMONNIER, Quart. M. Trés. du rég. de *Strasbourg*, artillerie.

LEMONNIER, Commissaire des Guerres.

LENCE, ✠ (le Chev. de) Directeur d'Artillerie, à Brest.

LENCLOS, Garde du Roi dans L. le 11 Avril 1710.

LENFANT, Brig. de cav. le 4 Octobre 1770.

LENGAIGNE, Sous-L. des *Grenadiers-Royaux* de la Picardie.

LENGLÉ de Mariencourt, ✠ Sous-Brig. du *Génie*, à Berghes.

LENOBLE, (Noël-Gilles) né à Caen le 15 Août 1741, Enf. au rég. Maréc. de *Turenne* le 20 Fév. 1758, Lieut. le 22 Nov. 1758, Cap. le 9 Juin 1772, a fait la campagne de 1758 & 1759. D.

LENOIR, Garde du Roi dans L. le 19 Avril 1761. D.

LENOIR de Pas-de-Loup, Commissaire des Guerres, à la Rochelle.

LENOIR, ✠ Commiss. des Guerres, à Niort.

LENOIR de Pas-de-Loup, père, Commissaire des Guerres, à Saumur.

LENOIR de Rouvray, Brig. d'inf. le 5 Décembre 1781.

LENOIR Desvaux, ✠ Sous-Brigadier du *Génie*, à Saint-Omer.

LENORMAND, (Louis) né à Paris le 26 Mars 1736, drag. le 9 Sept. 1759, Brig. le 20 Mai 1765, Maréchal de Logis le 26 Mai 1766, P. G. au 4ᵉ rég. des *Chasseurs* le 10 Sept. 1780, fait la campagne d'Hanovre en 1759, 60, 61 & 62.

LENSONNIER, Élève du *Génie*.

LENTILHAC, (François-Charles de) né à Lentilhac en Quercy le 29 Oct. 1760, Vol. dans *Royal Pologne*, cav., le 24 Avril 1775, Sous-L. à la suite le 10 Août 1777, en p. le 8 Août 1779. D. M.

LENTILHAC, (Dominique-François, Chev. de) né Lentilhac le 25 Fév. 1762, Cad. Gentilh. dans *Royal-Pologne* cav., le 4 Avril 1778, Sous-L. le 20 Septembre 1781.

LEONARDI, (Angelo-Antonio) né à Frasseto en Corse, le 10 Août 1732, Sous-Lieut. le 22 Février 1770, Lieut. le 7 Juin 1776, Capit. le 8 Avril 1779. D.

LEONARDI, (Louis-Joseph de) né à Hotingue en Picardie le... 1761, Cad. Gentilh. au rég. de *Beaujol.* le 12 Mai 1780. D.

LEPAUL, (Nicolas né à Ste.-Marie en Franche-Comté, le... 17.., Cavalier au rég. de *Damas*, depuis *Royal-Navarre*, le 12 Mars 1756, Maréchal de Logis le 17 Avril 63, Four. le 1 Oct. 64, Maréc. de Log. en chef le 21 Juin 76, P. Enseig. le 15 Juillet 1782.

LEPAULMIER, Garde du Roi dans L. le 7 Mai 1770.

LEPECHEUX, (Charles-Marie) né à..., Vol. dans les *Volontaires de Hainaut*, le 1 Avril 1761, Sous-L. le 1 Octob. 61, Lieut. de la légion de *Lorraine* le... 17..., rang de Capit. à la suite du 4ᵉ rég. des *Chasseurs*, blessé à Damenebourg.

LEPERE, ✠ Porte Enf. des *Gendarmes* de Monsieur.

LEPETIT de Montfleury, Élève du *Génie*.

LEPICARD Dascour, Com. au Fort Griffon, à Besançon.

LEPINAY, Garde du Roi dans L. le 15 Octobre 1779.

LEPINASSE, Lieutenant des *Maréchaux de France*, à Cosne sur Loire.

LEPINE de Robersard, Com-

O 4

missaire des Guerres, au Quesnoy & Landrecies.

LEINE, ✠ Cap. d'artillerie à la Fonderie de Strasbourg.

LEPINEAU, Commissaire des Guerres, à Toul.

LEPINETTE, Lieuten. des Maréchaux de France, à Lons-le-Saulnier.

LEPIPRE, (N.....) né à Arras le... 1744, Mousquetaire gris le 18 Avril 58, Lieut. le 21 Mai 62, Cap. au rég. de *Perche* le 15 Août 79; a fait les campagnes de 62, 69 & 79. D.

LEPRETRE de Jaucourt, (le Cheval.) Major de *Colon.-Général*, infanterie, & ✠. M. D.

LEQUIN, Quart. M. Trés. de *Royal-Italien*, infanterie.

LERAYER, Garde du Roi dans B. le 6 Décembre 1778.

LEREVEINT, (Gabriel Jacques) né au Château Landon en Gatinois, le 18 Mars 1740, *Carabinier* le 18 Oct. 54, Four. le 31 Oct. 62, Maréc. de Logis le 19 Avril 63, Four. le 13 Août 65, P. Enf. le 20 Avril 68, rang de Lieut. le 28 Avril 69, Sous-L. le 20 Fév. 74, Lieut. en pied le 2 Juil. suivant, réformé le 1 Avril 76, Lieut. en second le 26 Décembre 1779.

LEREINGRAFF de Graweiller, Brig. de cav. le 10 Mai 1748.

LERHAYER, Garde du Roi dans V. le 22 Avril 1771.

LERHEINGRAFF de Stein, Maréchal de Camp le 20 Février 1761.

LERIN de Montigny, (Louis-René-Joseph) né à Caen le 25 Mai 1738, Vol. dans *Royal-Piémont* caval., le 1 Mars 57, Corn. le 18 Juin 58, Sous-L. le 16 Avril 63, Sous Aide-Maj. le 14 Oct. 63, rang d'Aide-Major le 30 Oct. 69, rang de Cap. le 5 Déc. 71, Cap. en sec. le 28 Fév. 78, Major du rég. *Royal-Navarre* cav., le 5 Juin 81, ✠ le... 1781. D.

LERINCK, (N....) né à Niesser en Saxe le 27 Juil. 1740, P. Étend. au rég. des *Cuirassiers du Roi* le 1 Juin 72, réformé le 27 Juin 76, remplacé P. Étend. le 13 Mars 1778.

LERIQUE de Marquais, Lieut. des *Maréchaux de France*, à Béthune.

LEROI des Bordes, Cap. du *Génie*, à Brest.

LEROY de Bedée, Cap. d'Artillerie, à Caen.

LEROY, Lieut. de *Maréchaussée*, à Versailles.

LEROY de la Trochardays, Sous-Lieut. de *Maréchaussée*, à Dinan.

LEROY Deserocourt, (Jean-George-Philippe) né à Nancy le 29 Déc. 1756, Sous-L. au rég. *Royal*, cav., le 4 Mai 71, Cap., le 3 Juin 1779.

LEROY de Lachayse, Brig. d'infanterie le 1 Mars 1780.

LEROUX, (Joseph-Charles de Mazé) né Vernans près Saumur, en Anjou, le 1 Sept. 1750, Sous-L. au rég. d'*Aquitaine* le 2 Sept. 68, Lieut. le 18 Janv. 75, Capit. en sec. le 18 Sept. 1781.

LEROUX de Chairfonds, Lieut. des *Maréchaux de France*, à la Rochelle.

LEROUX, Sous-L. de *Maréchaussée*, à Thiers.

LERSE Descourgeat, Capit. du *Génie* à la Rochelle.

LESANCQUER, Commissaire des Guerres, au Port-Louis.

LESAY de Marnesia, † (Ch. de) Lieut. Col. de l'*Escure*, dragons.

LESCOURS, (Alexandre-Julien, Ch. de) né à Oradan en

Poitou, le... 1733, Corn. dans *Chabrillan*, le... 1745, réformé le... 1748, remplacé le... 1757, Cap. le... 1759, réformé dans *Cravattes*, le... 1765, ✠ le... 1771, remplacé le... 1772.

LESCOURS, (Grégoire de) né à Niort en Poitou, le 6 Avril 1754, Sous-L. dans *Berry*, inf. le 31 Mars 1774, Lieut. en sec. le 20 Avril 1780, Lieut. en p. le 23 Avril 1783. D.

LESCURE, (Marquis de) Brig. de drag. le 1 Mars 1780. M. D.

LESCURE, (Pierre, Comte de) né à Rheims le 11 Avril 1756, Sous-L. au rég. d'*Orléans*, drag. le 1 Juin 1772, Cap. réformé dans *Royal-Navarre*, cav. le 3 Juin 1779. M. D.

LESEIGNEUR, ✠ Maj. du premier rég. d'*Etat-Major*.

LESEMELLIER, Cap. du *Génie*, à Landrecies.

LESÉNÉCHAL, (François-Paul-Auguste) né à Douvran en Normandie, le 15 Juin 1738, Soldat au rég. de *Lorraine*, le 15 Juin 1757, Sous-L. au rég. de la *Reine*, inf. le 1 Fév. 1763, Lieut. le 11 Mai 1769, Lieut. en p. le 4 Juillet 1777, Cap. en sec. le 2 Juin 1780.

LESIGNY, Brig. des Gardes du Roi dans B. le 31 Décembre 1782.

LESLAY, (Charles-Marie du) né à Guingamp en Bretagne, le 7 Sept. 1760, Cad. Gentilh. au rég. de la *Marine*, le 6 Juin 1777, Sous.Lieut. le 10 Avril 1778. D.

LESPAGNOL, Lieut. des *Maréchaux de France*, à Châtillon-sur-Marne.

LESPARRE, Garde du Roi dans V. le 16 Février 1772.

LESPINASSE, Cap. du *Génie*, à Metz.

LESPINASSE, (le Ch. de) Maréchal de Camp. le 1 Mars 1780.

LESPINASSE, (Marquis de) Brig. d'inf. le 20 Avril 1768. M. D.

LESPINAY, (Augustin, Ch. de) né à Montaigu en Poitou, en Juill. 1753, Vol. dans *Berry*, cav. en Déc. 1768, Sous-L. en Janv. 1771, Lieut. en sec. en Avril 1778, Cap. à la suite en 1779. D.

LESRAT, (le Ch. de) Lieut. de Roi, à Antibes.

LESSARD, Garde du Roi dans *Noailles* le 14 Juin 1773.

LESSE, Garde du Roi dans *Noailles* le 26 Mai 1780.

LESTANDART, (N....., Marquis de) né en Normandie, le... 17..., Page du Duc d'Orléans, le... 17..., Sous-L. au rég. d'*Orléans*, cav. le... 17... Cap. au rég. de *Conti*, drag. le 17 Mars 1775, réformé en 1776, remplacé le 24 Juin 1780. M. D.

LESTANG, Cap. du *Génie*, à Brest.

LESTOCQ, Balthasard-Philippe, Ch. de) né à Louvencourt en Picardie, le 21 Oct. 1762, Cad. Gentilh. dans *Berry*, inf. le 20 Avril 1780, Sous-L. le 27 Juillet 1781. D.

LESTORTIERE, (Charles-Gabriel Janvre de) né à St-Maixant en Poitou, le 8 Sept. 1760, Elève de l'Ecole Militaire, Cad. Gentilh. au rég. Maréchal de *Turenne*, le 6 Juin 1776, Sous-L. le 7 Déc. 1776, Lieutenant en second le 17 Avril 1782. D.

LESTRADE, (le Ch. de) Lieut. Col. de *Royal-Auvergne*

infanterie, Brigadier & ✠.

LESTRADE, Brig. d'inf. le 5 Décembre 1781.

LESTRADE, Maj., Com. au Fort Chapus.

LESTRANGE, Garde du Roi dans Noailles le 8 Avril 1759.

LESTRE, Garde du Roi dans V. le 3 Juillet 17....

LESTRIGUIER, Quart. M. Trés. de Soissonnois, inf.

LESUEUR Desfresnes, (Jean-François) né à Guiton en Normandie, en Août 1750, Sous L. au rég. d'Artois, cav. en Mai 1768, Commission de Cap. au rég. de Berry, cav. en Fév. 1778, en pied en 17... D.

LETANG, (Amboise de) né à la Croix en Angoumois, le 6 Sept. 1756, Sous-L. au rég. du Maine, le 28 Fév. 1782.

LETEIL, (Charles-Joseph-Pierre-César, le Comte de) né à Teil en Poitou, le 1 Juillet 1763, Cad Gentilh. au rég. de la Reine, inf. le 29 Avril 1780, Sous-L. le... 1783. M. D.

LETELLIER, ancien Garçon-Maj d'art., à l'Arsenal de Douay.

LETELLIER, ✠ Brig. des Gendarmes Bourguignons.

LETELLIER, Garde du Roi dans V. le 14 Novembre 1767.

LETENEUR, Exempt de Maréchaussée, com. en sec. la brigade des Chasses à Versailles.

LETOILE, Garde du Roi dans L. le 13 Janvier 1772.

LETOILLE, (Louis Jacques de) né à Argers le... 1760, Cad. Gentilh. au rég. de la Reine, inf. le 1 Oct. 1778, Sous-L. le 31 Mars 1779. D.

LETOUR de Maubourg, † (Marie-Victoire-Nicolas de Fay, Ch. de) né à la Motte de Galore en Dauphiné, le 22 Mai 1767, Lieut. en 3e au rég. de Beau-jolois, le 15 Juillet 1782. M. D.

LETOURNEAU, Garde du Roi dans Noailles le 31 Mars 1775.

LETOURNEUR, Cap. du Génie, à Cherbourg.

LETOURNEUR, ✠ (Marquis de) Maj. des Gardes d'Artois. M. D.

LEVAILLANT, Garde du Roi dans L. le 30 Sept. 1775.

LEVAILLANT, (Georges-François-Marie) né près Condé-sur-Moiraux, aux Isles, le 1 Mai 1750, Sous-L. au rég. de Rouergue le 8 Nov. 1767, idem dans la Légion - Corse, le 1 Sept. 1769, Lieut. le 1 Juin 1775, incorporé dans Belsunce, drag. passé à St-Domingue, le 24 Sept. 1777, idem au 6e rég. des Chasseurs, le 1 Mai 1779. D.

LEVALLOIS, (Jacques-Mathias) né à Bayeux le... Déc. 1760, Cad. Gentilh. au rég. de la Reine, inf. le 27 Sept. 1778, Sous-L. le 31 Mars 1779.

LEVASSEUR, Quart. M. Trés., avec rang de Cap. dans Béarn, infanterie.

LEVASSEUR, (Jean-Baptiste) né à Cuvilly en Picardie, le 13 Juill. 1735, Drag. dans Apchon, le 12 Janv. en 1753, Fourr. en 1758, P. G. le 22 Mai 1782, Sous-L. le 2 Février 1781. D.

LEVASSEUR, Sous-L. des Gardes de la Prévôté de l'Hôtel.

LEVASSEUR de Rambecque, ✠ Lieutenant des Maréchaux de France, à Aire.

LEVAVASSEUR, Commissaire des guerres, à Vitry.

LEVAVASSEUR, fils, Trés. principal des guerres, à Châlons.

LEVÉ de Sciorac, Capitaine du Génie, à Perpignan.

LEVENEUR, ✠ Col. de *Lyonnois*, infanterie.

LEVENEUR, (Jean-Marie) né à Eſtable en Bretagne, le 23 Mai 1759, Sous-L. au rég. du *Maine*, le 4 Mars 1780.

LEVER, (Louis-Auguſtin) né à... Page de Madame le 31 Juill. 1760, Sous-L. à la ſuite du rég. du *Roi*, drag. le 29 Sept. 1777, Cap. réformé au rég. *Royal-Navarre*, cav. le 31 Mai 1783.

LEVERRIER, (Charles-Joſeph) né à Aimelot en Normandie, le 24 Sept. 1740, Enſeig. au rég. de l'*Iſle-de-France*, le 13 Oct. 1761, Lieut. le 26 Nov. 1761, réformé le 19 Avril 1763, Lieut. le 13 Juin 1765, Cap. en ſec. le 8 Avril 1779. D.

LEVESQUE, Garde du Roi dans L. le 12 Août 1771.

LEVEUX, ✠ Brig. du *Génie*, à Boulogne.

LEVEUX, Brig. d'inf. le 1 Mars 80.

LEVICOMTE, Tréſ. principal des guerres, à Rennes.

LEVIGNEN, Maréc. de C. le 3 Janvier 70.

LÉVIS, (François Gaſton, Maréchal, Marquis de) né à... le 23 Août 1720, fut d'abord connu ſous le nom de Chev. de Lévis, entra Lieut. en ſec. au rég. de la *Marine*, le 25 Mars 1735, fait Lieut. le 3 Juin ſuiv. Il fit la campagne ſur le Rhin; fut fait Cap. le 1 Juin 1737; paſſa en Bohême en 1741; ſe trouva à la priſe de Prague, au mois de Nov., au cantonnement de Piſſeck, pendant l'hiver à l'affaire de Sahay, à la levée du ſiége de Frawemberg par les ennemis, à la défenſe de Thein, à la défenſe de Prague, où il marcha à toutes les ſorties, à la fameuſe retraite de cette place en 42; rentra en France avec ſon rég. & toute l'armée en Fév. 1743; il combattit la même année à Dettingen; paſſa en Août avec ſon rég. à l'armée de la Haute-Alſace, ſous les ordres du Maréchal de Coigny; y combattit à la défenſe des ennemis, près Rhinvilliers; il commanda ſa compagnie à la défaite du Général Naſaſty, près de Saverne, à l'affaire d'Auguenum, au ſiége & à la priſe des ville & château de Namur; paſſa l'hiver en Suabe, ſous les ordres du Maréchal de Coigny. Il ſervit en 1745, à l'armée du Bas-Rhin, ſous les ordres du Prince de Conti; & ſe trouva au paſſage du Rhin en préſence des ennemis, le 10 Juil.; au mois de Juil. de l'année ſuiv. il marcha avec ſon rég. à l'armée d'Italie, où il arriva au mois de Sept.; il y concourut à la défenſe de la Provence, à la repriſe de pluſieurs poſtes de cette Province, dont les ennemis furent chaſſés en Mars 47; il fut créé Ai.-de-Maréchal-Général de Logis de cette armée, le 23 Avril; ſe trouva au paſſage du Var, à l'attaque des retranchemens de Villefranche & de Montalban, à la priſe de Nice & de la citadelle de Villefranche, du Fort de Montalban & du Château de Vintimille; obtint, le 15 Août, une Commiſſion pour tenir rang de Col. d'inf., marcha au mois d'Oct. au ſecours de Vintimille & ſe trouva au combat qui ſe donna ſous cette place, il continua de remplir à cette armée les fonctions d'Aide-Mar. Gén. de Logis juſqu'en Fév. 49; obtint le 27 Fév. 56, une Commiſſion de Col. réformé à la ſuite du rég. de la

Marine en quittant sa compagnie ; il fut créé Brig. le 11 Mars suivant, alla en Canada sous les ordres du Marquis de Montcalm, y servit dans toutes les expéditions avec la plus grande intelligence, & la plus grande valeur, s'y trouva à toutes les actions & combats, & revint après la capitulat. de Montréal, en Fév. 1761 ; il fut créé Mar. de C. le 20 Oct. 1758, après le combat qui se donna sur le Fort Carillon, & au succès duquel il avoit particulièrement contribué; il fut créé Lieut. Gén. des armées à son retour, le 10 Fév. 1761 ; & par la Capitulat. du Canada il ne pouvoit servir de toute la guerre, mais le Roi d'Angleterre lui ayant permis, par considération, de servir en Europe seulement, il fut employé à l'armée du Bas-Rhin le 9 Avril, se trouva à l'affaire de Filinghausen le 16 Juil. fut détaché en Août avec un corps de troupes pour joindre l'armée du Haut-Rhin, commandée par le Maréchal de Broglie, & y servit le reste de la campagne : il a pris le nom de Marquis de Lévis en se mariant en Mars 1762, créé *Maréchal de France* le 13 Juin 1783, a prêté serment le 14 du même mois, Gouverneur d'Arras le... 17...

LEVIS, (Comte de) Maréc. de Camp le 5 Déc. 1781. M. D.

LEVIS, (Vicomte de) Cap. en survivance des *Gardes* de *Monsieur*.

LEVIS Mirepoix, (Comte de) Col. en sec. de *Colonel-Général*, infanterie.

LEVIS, (Gaston-Pierre-Marc, Vicomte de) né à Paris le 7 Mars 1764, Offic. à la suite du *Corps-Royal* d'Artillerie le 7 Mars 1779, Cap. à la suite de la cavalerie attaché aux *Carabiniers* le 7 Mars 1781.

LEVISTON, Garde du Roi dans L. le 28 Mars 1757.

LEUZIERE, Garde du Roi dans B. le 21 Nov. 1762.

LEYBARDIER, (N...) né à Mussidan, en Périgord, le... 1760, Cad. Gentilh. au rég. de *Perche* le 20 Mars 1778, Sous-Lieut. le 15 Août 1779. D.

LEYDE, (Marq. de) Maréc. de Camp le 25 Août 1749. M. D.

LEYMARIE, (Jean) né à Périgueux le... 1763, Cad. Gentilh. au rég. de *Beaujolois* le 23 Juillet 1779, Sous-Lieut. le 15 Juillet 1781. D.

LEYMONERIE, Garde du Roi dans *Noailles* le 7 Mai 1763.

LEYRAC, (François Puyabilys de) né à Tulles le 10 Avril 1760, Cad. Gentilh. dans *Berry*, inf., le 4 Avril 1778, Sous-L. le 5 Sept. 1779. D.

LEYVAL, ✠, Lieut. en p. des *Gardes Françoises*.

LHERITIER, (Guillaume) né à Chémillé au Maine le 25 Nov. 1731, Dragon au rég. de *Monsieur* le 19 Avril 1755, Four. le 10 Sept. 1764, Maréc. de Log. en chef le 6 Juin 1776, Lieut. le 14 Juin 1779, Quart. Me. Trés. le 15 Juillet 1779.

LHERMITE, (Joseph Tristan, Chev. de) né au Château de la Riviere le. 1762, Cad. Gentilh. au rég. Maréc. de *Turenne* le 4 Avril 1778, Sous-L. le 11 Fév. 1779. D.

LHERMITE, (Etienne-François Tristan de) né à la Riviere, en Limosin, le 1 Nov. 1755, S.-L. au rég. Maréc. de *Turenne* le 9 Juin 1772, Lieut. le 21 Fév. 1779. D.

LHERMITE, (Marie-Anne-

Baptiste-Martin de St-Denis de) né à Mortagne au Perche le 11 Nov. 1758, Cad. Gentilh. le 16 Juin 1776, Sous-Lieut. le 20 Mars 1778, Lieut. en sec. le 18 Sept. 1781, Lieut. en p. le 18 Juillet 1782.

LHOLLIER, Quart. Me. Tréf. du rég. *Dauphin*, cavalerie.

LHOPITAL, Garde du Roi dans *Noailles* le 2 Fév. 1774. M. D.

LHOPITAL, Mar. de Camp le 1 Mars 1780. M. D.

LHOTE, (Jean) né à Bussière Badile, en Périgord, le 12 Nov. 1730, Soldat dans le rég. de l'*Isle-de-France* le 19 Fév. 1748, Sergent le 18 Déc. 1756, P. D. le 17 Juillet 1763, rang de Lieut. le 2 Mars 1773, Sous-L. le 11 Juin 1776, des Grenad. le 27 Août 1778, Lieut. en sec. des Grenad. le 28 Juin 1782.

LHUILLIER, Brigadier des Gardes du Roi dans *Noailles* le 30 Juin 1782. D.

LHUILLIER de la Chapelle, (Louis-Jacques) né à Cesse, près Stenay, en Champagne, en 1752, Sous-L. au rég. de *Monsieur*, drag., le 11 Juin 1769, Lieut. le 1 Juin 1772, Lieut. en sec. le 6 Juin 1776, Lieut. en p. le 22 Nov. 1781. D.

LHUILLIER, ✠, Lieut. de *Maréchauffée*, à Dijon.

LHUILLIER de la Chapelle, (Louis) né à Poitiers le 16 Mai 1762, Sous-L. au rég. du *Maine* le 18 Déc. 1782.

LHUIS, (Vicomte de) Brig. de cav. le 1 Mars 80. M. D.

LIANCOURT, (le Duc de) Brig. de drag. le 5 Déc. 81. M. D.

LICHY, (Jean-Eustache de) né à Remilly en Nivernois le 26 Nov. 1758, Cad. Gentilh. au rég. *Limosin*, inf., le 1 Juillet 1779, Sous-Lieut. le 18 Juin 1780. D.

LIDONNE, Garde du Roi dans L. le 2 Octobre 1757.

LIDONNE, (Jacques-François) né à Périgueux le 19 Août 1749, S.-L. au rég. Maréc. de *Turenne* le 31 Juill. 1766, Lieut. le 9 Juin 1771, Cap. en sec. le 17 Avril 1782.

LIDONNE, Garde du Roi dans L. le 2 Oct. 1757, Four. le 31 Déc. 1780.

LIEBAUX, Sous-L. de *Maréchauffée*, à Gray.

LIEBERT, Aide-Maj. du rég. de *Strasbourg*, artillerie.

LIEDEKERKE, (Marie-Ferdinand-Hilarion de) né à Hozemont, Pays de Liége, le 17 Juin 1762, Sous-L. à la suite au rég. *Royal-Comtois* le 26 Juin 1778, Sous-L. le 3 Juin 1779. D.

LIECEOIS, Cap. du *Génie*, à Corté.

LIENARD, Garde du Roi dans V. le 23 Déc. 1762.

LIGIER, (François-Joseph) né à Courte-Fontaine, en Franche-Comté, le 18 Mars 1733, Dragon dans *Apchon* le 20 Mai 1754, Brig. le 10 Avril 1763, Maréc. de Log. le 6 Sept. 1765, Fourr. le 11 Juin 1772, Maréc. de Log. en chef le 11 Juin 1776, P. G. dans *Durfort*, drag. le 5 Août 1776.

LIGNERAT, Garde du Roi dans V. le 25 Juin 1767.

LIGNES, Garde du Roi dans L. le . . . Sous-L. Porte-Etendard le 31 Décembre 1781.

LIGNEVILLE, (le Comte René de) Sous-L. des Gardes du Roi le 12 Mars 1781. M. D.

LIGNIERES, Garde du Roi dans B. le 16 Décembre 1778.

LIGNIERS, Enf. surnuméraire des *Gardes Françoises*.

LIGNOL, (Christophe-Nicolas-Louis de) né à Châlons le 8 Janv. 1733, employé pour le service de l'armée aux ordres de M. Guyot, Intendant en ·57, Tréf. dans *Clermont* cav. le 11 Juil. 63, Sous-L. le... 66, commission de Cap., & détaché en Pologne en 72, passé au 3e rég. des *Chasseurs* le... 1779.

LIGNY, Garde du Roi dans *Noailles* le 27 Mars 71. M. D.

LIGONDÈS, (le Marq. de) Lieut. des *Maréchaux de France*, à Mont-Luçon. M. D.

LIGONET, Garde du Roi dans V. le 6 Mars 1767.

LILLE, (Chev. de) Brig. de cavalerie le 25 Juillet 1762.

LILLEROY, ✠ (le Baron de) Lieut. des *Maréchaux de France*, au Saint-Esprit.

LIMAN, (Louis-Antoine-Noël de Raguet de) né à Valenciennes le 12 Mai 1762, élevé à l'Ecole Militaire, Cad. Gentilh. au rég. *Royal-Comtois*, le 4 Avril 78, Sous-L. le 3 Juin 79. D.

LIMOGES de Thuit, (le Ch. de) Lieuten. des *Maréchaux de France*, au Havre.

LIMOGES, ✠ (le Comte de) Lieut. Col. com. le bataillon de garnison de *Penthièvre*. M. D.

LIMON, ancien Garçon-Maj. d'*Artillerie*, à l'Arsenal de Strasbourg.

LINCÉ, Major de la Ville & Château-Vieux de Bayonne.

LINDEN-BAUM, (Baron de) Brigadier de cavalerie le 1 Mars 1780, M. D.

LINNEVILLE, (Jean-Victor Carpentier de) né à Canverville en Normandie le 11 Nov. 1761, Cad. Gentilh. dans *Orléans* drag. le 4 Avril 78, passé au 3e régim. des *Chasseurs* le 1 Juin 79, Sous-Lieut. le 10 Janvier 1780. D.

LIOBET, Garde du Roi dans L. le 18 Octobre 1763.

LIOTAUD, (Joseph) né à Maubeuge le... 1750, Soldat d'*Orléans* inf. le 1 Oct. 64, Serg. le 3 Sept. 66, Adj. le 16 Juin 76, P. Drap. le 7 Août 78, Sous-L. le 9 Avril 1780.

LIPPENS de Kerkove, Lieut. en p. du 3e rég. d'*Etat-Major*.

LIPPENS de Gamchine, Lieut. en sec. du troisième rég. d'*Etat-Major*.

LIRAC, (N.... de) né au St.-Esprit en Languedoc, le... 1776, Sous-L. en 3e au rég. de *Perche* le 30 Septembre 1781.

LIRÉ, Commiss. des Guerres des *Gardes Françoises*.

LISLE de Moncel, ✠ Lieuten. des *Maréchaux de France*, à Sainte-Menehoud.

LISLEROY, Ens. surnuméraire des *Gardes Françoises*.

LIVAROT, (le Marquis de) Col. d'*Armagnac* infanterie, & ✠, Brig. le 5 Décembre 1781. M. D.

LIVET, (Jean-Baptiste-Robert de) né à Ourville en Normandie le 6 Juil. 1746, Sous-L. au régim. d'*Aquitaine* le 5 Juin 63, Lieut. le 4 Août 70, Cap. en second le 16 Mai 1781.

LIVRON, (Baron de) Maréc. de Camp le 1 Mars 1780. M. D.

LIVRY, Garde du Roi dans B. le 21 Décembre 1777.

LIVRY, (Hypolite Langua de) né à Paris le 28 Janv. 1765, Élève de l'École Militaire le... 80, Sous-L. au rég. du *Roi* le... 17..., Sous-L. au 4e régim. des *Chasseurs* le... 17... D.

LOBEL d'Alancy, ✠ Comiss. faire des Guerres de la *Gendarmerie*.

LOCMARIA, (Marquis de) Brigadier le 1 Mars 1780. M. D.

LOCQUIN, Élève du *Génie*.

LOMAGNE, (Étienne, Ch. de) né à Gimon en Gascogne, le 14 Fév. 1733, Lieut au rég. de *Médoc* le 5 Août 47, Cap. le 21 Déc. 60, ✠ le... 17..., Capit. des Grenadiers en 1774.

LOMBARD Descardes, (le Chev. de) Major commandant de Charlemont.

LOMBART de St-Laurent, Capit. du *Génie*, à Huningue.

LOMBART de Rocquefort, Capitaine du *Génie*, à Antibes.

LOMENIE, (Marq. de) Brig. de cav. le 5 Déc. 1781. D. M.

LOMENIE, ✠ P. Enf. des *Gendarmes Écossois*.

LOMONIE, (le Marq. de) Enseig. des Gardes du Roi dans *Noailles*, le 21 Mai 1772, Mest. de Camp le 6 Avril 1768, Lieut. le 1 Janvier 1776, Lieut. comm. d'Escadron le 12 Mars 1780, Brigad. le 5 Déc. 1781. M. D.

LOMPIAN, ✠ Lieut. Colon. com. le bataillon de garnison de *Viennois*.

LONDIOS, Quart. M. Trés. de *Royal*, dragons.

LONGEAUX, Lieuten. des *Maréchaux de France*, à Bar-le-Duc.

LONGEVILLE, ✠ Lieuten. Col. du rég. de *Grenoble*, artillerie.

LONGUEVAL, Capit. du *Génie*, à Aiguemorte. D. M.

LONGUEVIALLE, Garde du Roi dans *Noailles* le 8 Décembre 765.

LONS, (Comte de) Brigad. d'infant. le 1 Mars 1780. M. D.

LOQUESSIE, Garde du Roi dans V. le 16 Décemb. 1773.

LOQUESTE, Garde du Roi dans V. le 5 Avril 1775.

LORAILLE, (Ambroise-Charles-Nicolas, Chev. de) né à Lauquetot-Pont-de-Caux, en Normandie, le 17 Août 1751, Sous-L. au rég. de *Beaujolois* le 4 Nov. 66, Lieut. en sec. le 11 Juin 76, Lieut. en p. le 25 Mai 1780. D.

LORAS, Major de *Flandres* infanterie, & ✠. M. D.

LORCHER, (Gabriel) né à Bagneville en Normandie, en Janv. 1755, Cavalier au rég. de *Berry* en Sept. 62, Fourrier en Juin 58, Maréchal de Logis en Avril 59, P. Etend. en Mars 63, Lieutenant en p. en Mai 1766.

LORGE, (Duc de) Brig. de caval. le 5 Décemb. 1781. M. D.

LORIN, (Antoine) né à Wolme en Allemagne le... 1733, Soldat dans l'*Isle-de-France* le 2 Janv. 50, Serg. le 15 Sept. 54, P. Drap. le 1 Juillet 1774.

LORMAUD, Garde du Roi dans V. le 21 Mars 1779.

LORMET, Brig. d'inf. le 1 Mars 1780.

LORMET, (Baron de) Brig. de caval. le 1 Mars 1780, M. D.

LOROQUE, (Jean-Louis de) né à Mouy en Limosin, le 15 Avril 1748, Sous-L. au rég. de *Bassigny*, le 12 Août 1766, Lieut. le 6 Nov. 1771, Cap. en sec. le 15 Juillet 1779.

LORT, (Comte de) Sous-L. en sec. des *Gardes Françoises*. M. D.

LORT de St-Victor, Maréc. de Camp le 1 Mars 80.

LORT de St-Etienne, (Laurent-Louis-Aimable de) né à Thonon, Duché de Chablais, le 4 Nov. 1742, Vol. dans *Noailles*, le 15 Oct. 1758, Corn. le 26 Mars 1758, Lieut. le 1 Nov. 1763, Cap. le 25 Mars 1765, Cap. des *Carabiniers*, le 20 Avril 1768, Cap.

en sec. le 1 Avril 1776, Cap. en p. le 1 Mai 1779, ✠ le 16 Mars 1783.

LORT, (le Baron de) Lieut. de Roi, à Strasbourg. M. D.

LORTAL, Garde du Roi dans V. le 24 Décembre 1760.

LORTAT, Sous-L. de Maréchaussée, à Civray.

LOSSENDIERE, (Comte de) Maréchal de Camp le 3 Janvier 70. M. D.

LOSTENDE, (Joseph-Marcial-Benoît de) né à Limoges en Limosin, le... Juill. 1760, Cad. Gentilh. au rég. de Foix, le 18 Juill. 1780, S.-L. le 5 Av. 1781.

LOSTANGE, (Henri. Marquis de) né à..., Sous-L. à la suite dans Royal-Piémont en 1771, en pied en 1772, Cap. à la suite dans Royal-Cravates en 1773, Cap. en sec. en 1779, Mest. de Camp en sec. dans Durfort, drag. le 13 Avril 1780. M. D.

LOUAISEL, Garde du Roi dans V. le 19 Octobre 1759.

LOUVAGNY, (Jacques-Alexandre-René de Beaurepaire, Comte de) né au Château de Louvagny en Normandie, le 27 Sept. 1752, Page du Roi le 8 Avril 70, Sous-L. au régim. de Bourgogne cav., le 6 Juin 1773, M. D.

LOUVAT, (Jean-Benoît Merlin, Comte de) né à Nancy le 11 Janv. 1755, Sous-L. au rég. de Bourgogne caval., le... 70, Lieut. en sec. le 3 Juillet 1779, M. D.

LOUVEL de Coutrittes, Cap. d'Artillerie, à Brest.

LOUVEL, Garde du Roi dans Noailles le 2 Juillet 1773.

LOWENDAL, (Comte de) Maréchal de Camp le 1 Mars 1780, M. D.

LOWESTEIN, (le Prince Charles de) Maré. de Camp le 1 Avril 1780. M. D.

LOUVOIS, (Marq. de) Brig. de cav. le 1 Mars 1780. M. D.

LOYENS, Sous-L. de Maréchaussée, à Douay.

LOYS de Marigny, (Jérôme-Jean P. de) né à Montpellier, le 15 Août 1761, Cad. Gentilh. au rég. d'Aquitaine, le 24 Juil. 1778, Sous-Lieuten. le 16 Mai 1781.

LOYS, Capitaine des Gardes Suisses.

LOYSEL le Gaucher, ✠ Cap. d'artillerie, à Montreuil.

LOYSEY, Lieut. de Roi, au Duché de Bourgogne.

LOZÉ, Garde du Roi dans Noailles le 22 Mars 1775.

LUBERSAC, (Marquis de) Brig. d'inf. le 5 Déc. 1781. M. D.

LUBERSAC, Sous-L. en sec. des Gardes Françoises.

LUC, (Louis-Gabriel de) né au Château de Grimont, près Metz, le 16 Août 1765, Sous-L. au rég. d'Aquitaine, le 18 Juillet 1782. D.

LUCAS, Sous-L. de Maréchaussée, au Blanc en Berry.

LUCAS, Sous-L. de Maréchaussée, à Nantua.

LUCE, (François-Marie-Alexandre de) né à Maubeuge en Hainaut, le 9 Sept. 1751. Sous-L. au rég. de Limosin, inf. le 6 Janv. 1771, Lieut. en sec. le 28 Avril 1778, Lieut. en p. le 18 Juin 1780. D.

LUCENAY, Sous-L. de Maréchaussée, à Digoin.

LUCENAY, ✠ Lieut. de Maréchaussée, à Roanne.

LUCHET, (Ch. de) Brig. d'inf. le 1 Mars 80.

LUCHEN, (André) né à Loutterkoffen

Loutterkoffen, Canton de Soleure, en Avril 1740, Cad. dans *Vigier*, le 7 Janv. 1749, Enf. le 3 Avril 1755, Sous-L. le 20 Janv. 1766, Cap. le 27 Août 1780.

LUCRNER, (le Baron de) Lieut. Gén. le 20 Juin 1763. M. D.

LUDRE, (Ch. de) Maréc. de Camp le 5 Déc. 81.

LUDRE, (Comte de) Maréchal de Camp le 5 Déc. 81. M. D.

LUGAGNIAC, (Alexandre-Félix Peyrot de) né à Milhau en Rouergue, le 15 Mars 1741, Enseigne au rég. de l'*Isle-de-France*. le 29 Mars 1760, Lieut. le 27 Oct. 1763, Cap. com. la *Lieut.-Colonelle*, le 1 Février 1774, Cap. titulaire le 14 Avril 1774, Cap. en sec. le 11 Juin 1776, Cap. com. le 17 Mai 1780. D.

LUGMEAU, (Benoît-Antoine de) né à Buannes en Gascogne, le 27 Mai 1753, Lieut. au rég. Provincial d'*Auch*, en 1771, Sous-L. au rég. de *Médoc*, en 1775. D.

LUGMEAU de Chassan, (Jean-Grégoire, Ch. de) né à Buannes en Gascogne en 1757, Cad. Gentilh. au rég. de *Médoc*, le 6 Juin 1776, Sous-L. le 26 Mars 1780.

LUKER, (Marquis de) Brig. d'inf. le 1 Mars 80. M. D.

LULLIN de Châteauvieux, Maréc. de Camp le 1 Mars 80.

LUMINADE, (Philippe-François de Beaupoil, Baron de) né à... le... 17... a servi dès l'âge de 13 ans, Corn. dans la *Mest.-de-Camp-Gén.*, cav. fut réformé en 49, entra aux Mousquetaires en 17..., passa Lieut. au rég. de la *Sarre*, le... 1751,

Cap. Aide-Maj. en 1756, passa à une compagnie en 1759, fut réformé en 1763, remplacé au rég. des *Recrues* de la ville de Paris, en 17..., réformé en 1767. M. D.

LUNAS, Garde du Roi dans *Noailles*, le 18 Mars 1778.

LUPPÉ de Besmeaux, (Louis de) né à Auch en Gascogne, le 4 Juill. 1760, Cad. Gentilh. au rég. de *Foix*, le 1 Juill. 1776, Sous-L. le 7 Nov. 1778, Lieut. le 19 Juin 1782. D.

LURON de Marré, (Jean-Baptiste de) né à l'Arches, Isle de St-Domingue, le... 1746, Sous-L. d'*Orléans*, inf. le 13 Mai 1768, Lieut. en sec. le 28 Fév. 1778, en p. le 12 Sept. 1779, Cap. en sec. le 10 Mai 1782.

LUSACE, (Comte de) Lieut. Gén. le 12 Août 58. M. D.

LUSIGNAN, (Louis de Couhé de) né à St-Savin en Poitou, le 8 Nov. 1737, Lieut. au bataillon de *Châteauroux*, le 29 Mars 1757, Lieut. en sec. des *Grenadiers-Royaux* d'Espinasse en Nov. 1759, a fait la campagne de 67, Lieut. en sec. des *Volontaires d'Austrasie*, le 4 Avril 1762, a fait la campagne de 62, réformé le 23 Avril 63, Sous-Aide-Major du rég. des *Recrues* de Poitou, le 1 Oct. 1762, réformé le 1 Janv. 67, Sous-L. de la légion de *Lorraine*, le 13 Fév. 69, a fait la campagne de Corse, Lieut. en pied le 14 Fév. 1774, réformé le 4 Déc. 1776, attaché au rég. de *Beauvoisis*, le 5 Déc. 1776, attaché au 3ᵉ rég. des *Chasseurs*, le... Mai 1779, ✠ le 29 Mars 1782. M. D.

LUSIGNAN, (Jean de Couhé, Comte de) né à Beaulieu,

Paroisse de Grasse en Angoumois, le... 1-... Sous-L. au bataillon de Milice de *Poitou*. le... 17...

LUSIGNAN, (Aimery de Coulhé, Ch. de) né à Beaulieu, Paroisse de Grasse en Angoumois, le... 17... Cav. dans *Artois*, le... 17..., fait Cad. Gentilh. le... 17..., Sous-L. du 6e. rég. des *Chevaux-Légers*, le... 1779, Lieut. en sec. le... 1783.

LUSIGNAN, (Marquis de) Lieut. Gén. le 5 Déc. 1781.

LUSIGNAN, (René-Benjamin de) né à Maillé en Poitou, le 8 Sept. 1753, Sous-L. le 4 Avril 1774, Lieut. en sec. du rég. du *Maine*, le 28 Décemb. 1780.

LUSIGNAN, (Marquis de) Brig. de cav. le 1 Mars 80.

LUSIGNAN, (Hugues-Thibault-Henri-Jacques, Marquis de) né à Paris en 1759, Mousquetaire-noir, le 6 Mars 1763, Sous-Lieut. des *Carabiniers* en 1767 Cap. dans *Conti*, cav. en 1770, Mest. de Camp de cav. 1774, Col. en sec. dans *Orléans*, inf. le... Juin 1776, ✠ le...

LUSIGNAN, (le Ch. de) Maj. à Brest.

LUSSAYE, Lieut. de Roi, à Grenoble.

LUSSEUX, Secrétaire du Gouvernement d'Arras.

LUXEMBOURG, (Prince de) Brig. de cav. le 1 Mars 80. M. D.

LUXEMBOURG, (Duc de) Maréchal de Camp le 1 Mars 1780.

LUXEMONT, (N... de) né à Paris le 5 Mars 1726, Aide de Camp du Comte de Bavière en 1743, *idem* de M. le Maréchal de Soubise, en 1761, Lieut. réformé à la suite du rég. de *Conti*, drag. le 14 Oct. 1761, Sous-L. le 1 Avril 1763, Lieut. le 10 Fév. 1764, Sous-Aide-Maj. le 4 Juill. 1764, Aide-Maj. en 1769, Com. de Cap. en 1772, réformé le 16 Juin 1776, Cap. com. l'escadron auxiliaire le 16 Juin 1776, com. le 3e escadron le 24 Juin 1780, ✠ en 1779. D.

LUYNES, (Duc de) Maréchal de Camp le 5 Déc. 81. M. D.

LUYT, ✠ Commissaire des guerres, à la Fere.

LUZE, Sous L. en p. des *Gardes Suisses*.

LUZE, cadet, Enseigne des *Gardes Suisses*.

LUZY, Garde du Roi dans L. le 10 Avril 1773.

LUZY, Cap. du *Génie*, à Cherbourg.

LUZY de Cousans, † (Louis-Gilbert de) né à Rouanne en Forez, le 6 Janv. 1751, Sous-L. au rég. de *Bretagne*, inf. le 6 Juill. 1768, Lieut. le 2 Mars 1773, Lieut. en p. le 17 Déc. 1777, Cap. réformé au rég. *Royal-Navarre*, cav. le 3 Juin 1779. D.

M

MABILE, Commissaire des Guerres, à Paris.

MABILE, Élève du *Génie*.

MACARTY, Garde du Roi dans L. le 8 Juin 1767.

MACDONAL, (Henri-Jacques-Édouard-Charles, Comte de) né à Maudant en Écosse le 13 Déc. 1745, a commencé à servir dans *Ozilly* en 17..., Sous-L. au rég. de *Foix* le 1 Janv. 57, Lieut. le 19 Juin 65, Cap. le 1

MAC

Juillet 76, breveté Mest. de C. en Juillet 80, & ✠ en 1780, M. D.

MACHAT de Pompadour, (François-Louis-Philibert de) né à Angoisse en Périgord le 17 Mars 1761, Cad. Gentilh. au rég. de la *Marine* le 1 Novembre 1778, Sous-Lieut. le 14 Août 1779. M. D.

MACHAULT, (Comte de) Maréc. de Camp le 1 Mars 1780. M. D.

MACMAHON, (N.... de Charny, Comte Maurice de) né à Autun en Bourgogne le 8 Oct. 1753, *Mousquetaire* de la Garde du Roi le 15 Juin 68, Cap. à la suite des *Cuirassiers* du Roi le 7 Avril 75, Cap. en pied le 16 Sept. 75, réformé le 21 Juin 1776, Cap. en sec. en 17... M. D.

MACNAB, Garde du Roi dans *Noailles* le 23 Avril 1763.

MACQUART, (Louis-François de Ruaire, Chev. de) né à Triancourt en Champagne le... Mars 1754, *Gendarme* de la Garde en Déc. 70, Sous-L. au rég. *Royal-Nassau*, hussards, en Oct. 71, Sous-L. au rég. de *Champagne* caval. en Juil. 76, Lieut. aux *Volont. de Nassau* en Déc. 78, Lieut. en p. aux *Volontaires de Nassau-Siégen*, en Août 1779. D.

MACUSSON, *Garde* de la Manche le 27 Mars 1782.

MADAILLAC, (le Chev de) Lieut. de Roi à Charlemont & Givet.

MADRID de Montaigle, (le Comte de) Lieut. des *Maréchaux de France*, à Guise. M. D.

MADRON, ✠ (Cheval. de) Lieut. Col. des *Grea.-Royaux* de Quercy.

MAËS, Commandant de la

MAG

porte d'Hagueneau, à Strasbourg.

MAFRANC, Garde du Roi dans B. le 5 Avril 1778.

MAGIN, Cap. du *Génie*, à Valenciennes.

MAGNIAU, ✠ Quart. M. Trés. du régim. d'*Orléans*, dragons.

MAGNIER, Quart. M. Trés. du rég. des *Grenad.-Royaux* de la Picardie.

MAGONET, Brig. des Gardes du Roi dans V. le 11 Décembre 1781.

MAGRON, (Jacques) né à Revigny en Barrois, le 4 Juin 1733, Cavalier dans *Royal* le 28 Fév. 51, Four. le 1 Janv. 58, P. Ens. le 24 Août 69, Lieut. le 26 Janvier 1773.

MAHON, (Louis de Balb de Bertons, Duc de Crillon & de) né à... le... 17..., fut d'abord connu sous le nom de Marquis de Crillon, Lieutenant en second au régiment du *Roi* le 7 Sept. 1733, passa avec ce régiment à l'armée d'Italie en Oct. suiv., & se trouva aux siéges de Gerra-d'Adda, de Pizzighitone & du château de Milan, à la défense de Colorno, à la bataille de Parme au mois de Juin 34, créé Lieut. le 1 Août suiv.; il combattit à Guastalla en Sept., & marcha au siége de la Mirandole en Oct.; il contribua en 35 à la prise du château de Gonzague, de Reggiolo & de Révéré; rentra en France avec le rég. du *Roi* en Juin 36, & continua d'y servir jusqu'en 38; fait Col. du rég. de *Bretagne* le 16 Avril 38; destiné à servir à l'armée de Bavière, il y marcha avec la 3ᵉ division des troupes en Avril 42; pendant le séjour de cette armée au camp de Nideraltack, il fut détaché le 28 Mai avec dix piquets d'inf. dans une reconnoissance que le Maréchal de Tering & le Duc d'Harcourt firent en personne pour attaquer un pont des ennemis, le Duc de Crillon fut attaqué dans sa retraite par des troupes légères, & après s'être battu pendant 3 heures dans les bois, il se fit jours à travers des ennemis, & rentra au camp à dix heures du soir, ayant perdu environ 30 hommes; il marcha ensuite avec l'armée pour joindre celle que commandoit le Maréchal de Maillebois sur les frontières de Bohême, fut cantonné à Eggelsem, sous les ordres de M. le Prince de Conti en Déc. 42; il marcha au secours de Brauneau le même mois; rentra ensuite dans ses cantonnemens, se trouva à la défense d'Eggenfelden & de Deckendorff; revint en France avec la troisième division de l'armée en Juill. 43, & finit la campagne au Fort-Louis, où son rég. fut mis en garnison; il servit en 44 à l'armée de la Moselle, commandée par le Duc de Harcourt; concourut à la défaite du Général Nadasty sur les hauteurs de Saverne; continua sa marche sur le Rhin, se trouva au siége de Fribourg, & passa l'hiver dans le Comté de Hohenzollern en Suabe, sous les ordres du Maréchal de Coigny; fait Col. d'un rég. d'inf. de son nom le 1 Janv. 45; se démit de celui de *Bretagne* & commanda le sien à la bataille de Fontenoy, au siége des ville & citadelle de Tournai; fut déclaré Brig. le 1 Juin; se distingua particuliérement au combat de Melle,

dont on lui dut en partie le succès; servit ensuite à la prise des ville & château de Gand, d'Ostende & de Nieuport; & fut destiné à un embarquement qui n'eut point lieu; employé à l'armée de Flandres le 1 Mai 46; détaché de l'armée du Roi sous les ordres de M. le Duc de Boufflers. Il eut des lettres de service le 1 Juin pour aller au siége de Mons; rejoignit l'armée du Roi à la prise de cette place; servit au siége des ville & château de Namur; il apporta au Roi la nouvelle de la reddition des châteaux de cette dernière place, & arriva le 2 Oct.; créé Maréc. de Camp le même jour; il se démit de son rég.; fut employé à l'armée d'Italie, sous les ordres du Maréc. de Belle-Isle le 18 Mai 47; se trouva au passage du Var, à la conquête de Nice, de Ville-Franche, de Montalban, de Vintimille; marcha au mois d'Oct. au secours de cette dernière place, attaquée par les ennemis; & se trouva au combat qu'on leur donna pour y faire entrer une nouvelle garnison; il fut député en Sept. 51 par la ville d'Avignon pour complimenter le Roi sur la naissance du Duc de Bourgogne; employé à l'armée d'Allemagne le 1 Mars 57, il servit d'abord un corps séparé, commandé par le Prince de Soubise, & joignit ensuite la grande armée; & fut de nouveau détaché pour être employé à l'armée que devoit commander le Prince de Soubise sur les frontières de Saxe; il la joignit en Août; il commandoit à Weissenfeld 4 bataillons Impériaux & 17 compagnies de gren. François, lorsque le Roi de Prusse fit attaquer cette ville le 31 Oct.; il se défendit avec la plus grande valeur, retira les troupes en bon ordre & tout ce qui leur appartenoit, & fit mettre le feu au pont; il combattit le 5 Nov. avec distinction à Rosback, où il fut blessé à la cuisse & eut son cheval tué sous lui; il continua d'être employé pendant l'hiver, sous les ordres du Maréchal de Richelieu le 1 Déc.; créé Lieut. Gén. le 1 Mai 58; employé à l'armée commandée par le Prince de Soubise; le même jour il commanda des détachemens considérables, avec lesquels il marcha toujours en avant; combattit à Lutzelberg le 11 Oct.; fut détaché le même jour avec 3 brigades d'inf. & toutes les troupes légères; il se porta jusqu'à Munden, où il fit plus de 400 prisonniers; détaché en Nov. avec deux brig. d'inf. & deux de cav., pour se porter sur la Haute-Verra, à l'effet d'enlever tous les fourrages du pays, & de soutenir la troupe de *Fische*, qui faisoit rentrer les contributions, il cantonna ses troupes & fit ses dispositions pour s'emparer du château de Spangenberg, afin de se rendre maître de tout le pays qui porte ce nom; il s'en empara & fit 42 prisonniers dont un Col. qui y commandoit: on trouva dans cette place 18 canons & 300 fusils, 2000 boulets, 42 barils de poudre, & une grande quantité de balles, & 18 moulins à bras; il fut employé sur les côtes de Flandres le 1 Mai 59; nommé pour commander en Picardie en l'absence du Duc de Chaulnes le 1 Mai 1760, il est passé, par permission du Roi au service d'Espagne, en qualité de Lieut. Général. Il y a commandé toutes les expéditions de cette guerre, y a été fait Cap. Gén., Grand-d'Espagne de la première classe, Duc de Mahon. M. D. E. *Voyez* CRILLON.

MAHUET de Bétainville, (Jacques-Marie-Antoine-César, Baron de) né à Pont-à-Mousson le 7 Nov. 1750, Vol. au rég. de *Beaufremont* le... 69, Sous-L. le 14 Sept. 72, rang de Cap. le 28 Fév. 78, Cap. en sec. au 4ᵉ rég. des *Chass.* le 13 Mai 1779, M.D.

MAIGNÉS, ✠ Cap. du *Génie*, à Oleron.

MAIGNOLS, Comm. de la Ville & Château de Lourdes.

MAILLAC, (Joseph de Moyria, Comte de) né à Maillac en Bugey le... 1729, Lieut. au rég. de *Foix* le 20 Mai 51, Cap. le 14 Mai 58, Lieut. Col. du rég. provincial d'*Autun* le... 71, *idem* de celui de la *Marine* le... 76, ✠ le... 17... M. D.

MAILLAN, (Étienne-Charles de) né à la Canourgue, Diocèse de Mende, le 17 Août 1755, Sous-L. à la suite du régim. de *Bassigny* le 10 Août 77, en pied le 22 Avril 78, Lieut. en sec. le 25 Novembre 1782.

MAILLARD, ✠ ancien Garçon-Major d'*Artillerie*, à Belle-Isle.

MAILLARD, (Bernard-Nicolas) né à Dreux, Isle-de-France, le 26 Sept. 1729, a commencé à servir dans la *Colonelle-Générale*, cav., le 1 Janv. 48, Soldat au régiment de *Savoie-Carignan*, le 7 Avril 54, Serg. le 15 Août 55, Sergent des Grenad. le 1 Janv. 62, Fourrier des Gren. le 11 Sept. 64, Porte Drap. le 4 Mai 71, Sous-L. des Grenad. le 8 Nov. 71, Lieut. en sec. le 28 Fév. 78, Lieut. en sec.

des Grenadiers le..., 1780.

MAILLARD, (François-Charles de) né à St.-Germain-en-Laye le 6 Août 1740, Gendarme de la Garde le 16 Juil. 55, Lieut. dans Berry infant. le 9 Oct. 58, Cap. le 17 Juil. 77, Cap. com. le 27 Juillet 82, ✠ le... 1781. D.

MAILLARD, Brig. de cav. le 1 Mars 1780.

MAILLARD, Lieutenant de Maréchauffée, à Langres.

MAILLARD, Lieutenant de Maréchauffée, à Valenciennes.

MAILLÉ, (N..., Vicomte de) né..., Mest. de Camp com. le 4e rég. des Chasseurs, le..., Brig. des Armées, ✠ le..., Brig. le 1 Mars 1780. M. D.

MAILLÉ de la Tourtaudière, (Charles-Marie de) né au Château d'Entrames le 9 Oct. 1744, Vol. dans Condé inf. le 1 Mai 65, Sous-L. le 21 Mai 60, Cap. dans la légion de Condé le 16 Avril 71, Cap. de drag. le 7 Avril 73, incorporé dans Boufflers le 9 Déc. 76, repassé dans le 4e rég. des Chasseurs le 3 Juin 1779, M. D.

MAILLÉ de Latour-Landry, (le Comte de) Maréc. de C. le 3 Janvier 1770. M. D.

MAILLET, ✠ (le Chev. de) Lieut. Col. du bataillon de garnison d'Auftrafie.

MAILLIARDOR, (Ch. P. de) Lieut. en sec. des Gardes Suisses. M. D.

MAILLIARDOR, (Marquis Constantin de) Sous-L. en sec. des Gardes Suisses.

MAILLIARDOR, (Simon de) Sous-L. en sec. des Gardes Suisses.

MAILLIARDOR, ✠ (Marquis de) Maréc. de Camp le 3 Janvier 1770.

MAILLIARDOR, (Ch. Albert de) Sous-Aide-Major des Gardes Suisses.

MAILLIART de Villacourt, (Charles-François de) né à Nancy le 25 Juin 1727, Corn. dans Heudicourt le 3 Avril 1746, Cap. le 1 Mai 1748, Maj. dans Touftain le 27 Janv. 1759, ✠ le 8 Mars 1763, réformé le 3 Avril 1763, Maj. du rég. Royal, cav., le 11 Août 1764, Commission de Lieut. Col. le 13 Juillet 1765, Commission de Mest. de Camp le 22 Fév. 1770, Lieut. Col. du rég. Royal, cav. le 8 Avril 1779, Brig. le 1 Mars 1780. D.

MAILLOT de Pont, Lieut. des Maréchaux de France, à Mirecourt.

MAILLOU, ✠ Major de Beauce, infanterie.

MAILLY, (Marquis d'Haucourt, Baron de St-Amand, Joseph-Augustin, Cte. de) né à... le... 17... entré aux Mousquetaires le... 1716, Enf. au rég. de Mailly, inf., le 13 Mars 1728, Guidon de la compagnie des Gendarmes de la Reine le 31 Mars 1733, avec rang de Lieut. Col. de cav. le même jour; il se trouva au siége de Kell, fait Sous-L. de la compagnie des Chev.-Légers de Berry avec rang de Mest. de Camp de cav. le 25 Mars 1734; il servit à l'attaque des lignes d'Ettingen & au siége de Philisbourg, à l'affaire de Clausen en 1735, Cap. Lieut. de la compagnie des Gendarmes de Berry le 16 Avril 1738, passe en Août 41, en Westphalie, sous les ordres du Maréchal de Maillebois, Capit. Lieut. de la compagnie des Gendarmes Ecossois le 11 Janv. 42, en se démettant de ceux de Berry : il marcha en Août avec l'armée de Westp.

phalie sur les frontières de Bohême & de la Bavière, où il se distingua à la tête de plusieurs détachemens, & rentra en France en Janv. 43; créé Brig. le 10 Fév. suiv., il joignit l'armée du Rhin en Juillet, & contribua à la défense de l'Alsace, fut employé à l'armée du Rhin le 1 Av. 44; il commanda un détachement de la Gendarmerie à l'attaque des lignes de Wissembourg, battit un corps des ennemis & les repoussa jusques dans les lignes; il servit au siége de Fribourg, fut employé à l'armée de Flandres le 1 Avril 45; il combattit à Fontenoy, servit aux siéges des ville & citadelle de Tournay, d'Oudenarde, de Dendermonde, fut déclaré Maréc. de Camp le 16 Août, & se trouva, en cette qualité, au siége d'Ath; il fut employé à l'armée d'Italie le 6 Avril 46, commanda un corps séparé, avec lequel il se trouva à la bataille de Plaisance, au passage du Pô, dont il fit l'arrière-garde & au combat du Tidon; il concourut ensuite à la défense de la Provence sous les ordres du Maréchal de Belle-Isle, fut employé à la même armée le 10 Mai 47, se trouva à la reprise des Isles Ste-Marguerite, commanda une colonne au passage du Vars le 3 Juin, & ayant franchi les Alpes avec le corps séparé qu'il commandoit; il se trouva, le 19 Juillet, à l'attaque des retranchemens de l'Assiette, dont il fit l'arrière garde lors de la retraite; il commanda ensuite un corps de troupes au camp de Vars qu'il préserva d'incursions au moyen des lignes qu'il fit construire depuis Briançon jusques en Savoie; il côtoya depuis l'armée jusques dans le Comté de Nice, & se trouva à la journée de la Roya où l'on força les ennemis de repasser; il obtint le commandement d'Abbeville le 1 Sept., fut employé à la même armée le 1 Juin 48, déclaré Lieut. Gén. en Déc., Inspecteur Gén. de la cav. & des drag. le 21 Mai 49, Lieut. Gén. au Gouvernement de Roussillon le 8 Août suiv.; il commanda dans cette Province & se rendit en Espagne pour y complimenter, de la part du Roi, l'Infante, Duchesse de Savoie, qu'il reçut ensuite en Roussillon; il conclut, en 1750, un traité particulier avec l'Espagne pour redresser les limittes des Pyrénées; il a procuré, par ses soins, à la Province de Roussillon, l'établissement d'une Académie Militaire pour la Noblesse, de plusieurs Hopitaux & Manufactures; il fut employé au camp de Sar-Louis le 1 Juillet 54, à l'armée d'Allemagne le 1 Mars 57; il servit d'abord un corps de troupes que commandoit le Prince Soubise, joignit ensuite la grande armée, se trouva à la bataille d'Hastembeck, il alla joindre l'armée commandée par le Prince de Soubise sur les frontières de Saxe, combattit à Rosback le 5 Nov., y fut blessé & fait prisonnier de guerre, échangé en 59, employé à l'armée d'Allemagne le 1 Mai 1760 & 61, y a commandé avec succès différens détachemens, ✠ le 26 Mai 1776, créé *Maréchal de France* le 13 Juin 1783, a prêté serment le 14 du même mois. M. D. E.

MAILLY d'Haucourt, (Louis-Marie, Comte de) né à... le... Oct. 1744, a été d'abord destiné pour l'Ordre de Malte, étant devenu aîné par la mort de son frère, il a été nommé Cap. Lieut.

des *Gendarmes* Ecoſſois ſur la démiſſion de ſon père, & Gouverneur d'Abbeville en ſurvivance le... 17...

MAILLY, (Vicomte de) Brig. d'inf. le 1 Mars 1780. M. D.

MAILLY, (le Duc de) Mar. de Camp le 5 Décembre 1781. M. D.

MAILLY, Marq. de Neſle, (Cte. de) Maréc. de Camp le 5 Décembre 1781.

MAINARD, Garde du Roi dans L. le 3 Mai 1763.

MAINBOURG, Maj. Commandant, à Bonifacio.

MAINEBEAU, Commiſſaire des Guerres, à Lille.

MAIRE de Boulignes, Cap. du *Génie*, à Gex.

MAISON-ROUGE, Tréſor. principal des Guerres, à Perpignan.

MAISONS, Brig. de cav. le 1 Janvier 1748. M. D.

MAISSACQ, (le Chev. de) Lieut. des *Maréchaux de France* à Montmorillon.

MAISTRE de Vaujour, Sous-Lieutenant en p. des *Gardes Françoiſes*.

MAISTRE, Garde du Roi dans *Noailles*, le 16 Mars 1774.

MALABIOU de la Fargue, Maj. de *Guienne*, inf., Brigad. le 1 Mars 1780. ✠.

MALARTIC, ✠ (Anne-Joſeph-Hipolyte, Comte de) né à... le 3 Juill. 1730, Col. du rég. de *Vermandois* le... 17..., Brig. des armées le... Maréc. de Camp le 1 Mars 1780. M. D.

MALARTIC, ✠ (Alexandre-François-Marie, Marquis de) né à... le 21 Oct. 1732, Lieut. Col. du rég. de *Vermandois* le 25 Février 1765. M. D.

MALARTIC, ✠ Lieut. Col. comm. le bataillon de garniſon de *Poitou*.

MALARTIC, ✠ Major de *Vermandois*, infanterie.

MALASSÉS, Quart. Me. Tréſ. du rég. de *Heſſe d'Armſtadt*, infanterie.

MALAUGER, (Jean Dominangel de) né à Bergerac en Périgord le 2 Fév. 1738, Garde du Roi le 6 Mars 1758, Lieut. dans *Montmorin* le 26 Nov. 1761, réformé le 19 Avril 1763, Lieut. dans l'*Iſle-de-France* le 22 Mai 1767, Cap. en ſec. le 8 Avril 1779. D.

MALAVILLERS, Cap. d'art. aux Forges des Evêchés.

MALAUZAT, (Pierre Amable Rochette de) né à Riom le 26 Janv. 1743, Lieut. le 27 Avril 1758, Cap. en p. du rég. du *Maine* le 7 Avril 1774. D.

MALCUYT, ✠ Brig. des *Gardes* de Monſieur.

MALDENS, (Guillaume-Pierre de) né à Limoges le 6 Août 1765, Cad. Gentilh. au rég. de *Foix* le 26 Oct. 1780, Sous-L. le... Janv. 1781. D.

MALDERRÉ, ✠ Lieut. en p. des *Gardes Françoiſes*.

MALEISSYE, (Marquis de) Brig. d'infant. le 1 Mars 1780. M. D.

MALER, Sous-L. de *Maréchauſſée*, à Sarguemines.

MALES, Maréc. de Logis des Gardes du Roi dans B. le 12 Mars 1780.

MALESSYE, Enſeigne des *Gardes Françoiſes*.

MALET de Rocquefort, ✠ Lieut. Col. commandant le bataillon de garniſon d'*Agénois*.

MALET, ✠ Major de *Rohan-Soubiſe*, infanterie.

MALHERBE, (N...) né à Ecure, en Normandie, le...

1758, Page du Roi de la grande Ecurie le 17 Oct. 1772, Sous-L. à la suite du rég. *Dauphin* le 27 Avril 1775, en pied le 11 Juin 1776, Lieut. en sec. du rég. de *Perche* le 26 Déc. 1780. D.

MALHERBE de Freney, Lieut. des *Maréchaux de France* à Falaise.

MALHERBE, Cap. d'art. au Port-Louis.

MALHERBE, Garde du Roi dans *Noailles* le 21 Mai 1770.

MALHERBE, (Jacques-François Robert de) né à St-Remy des Landes, en Basse-Normandie, le 6 Sept. 1747, entré à l'Ecole Militaire le 28 Juillet 1756, & sorti le 20 Août 1765, Sous-L. au rég. de *Foix* le 19 Juin 1765, Lieut. le 29 Fév. 1766, Cap. le 15 Octobre 1780. D.

MALHERBE, (Joseph-Charles-Louis de Poillé de) né à Mercou au Mans le 8 Oct. 1763, Cad. Gentilh. dans *Bassigny* le 15 Juillet 1779, Sous-L. le 25 Août 1780. D.

MALIDOR, Trompette des Gardes du Roi dans *Noailles*.

MALLER Spinette, (Jacques) né à Luttauge en Austrasie le 18 Oct. 1739, Lieut. en sec. des *Volontaires Etrangers* le 1 Juin 1756, Volont. dans *Austrasie* le 1 Janvier 1760, Cornette le 1 Mai 1772, Lieut. de drag. le... Avril 1773, incorporé dans *Chartres*, drag., le 4 Déc. 1776, passé au 3e. rég. des *Chasseurs* à cheval le 22 Mai 1779, s'est trouvé à l'affaire du Maréchal de Broglie le 10 Juillet 1761, & y fut blessé de plusieurs coups de sabre ne voulant pas se rendre prisonnier, gratifié de 150 liv., a fait la campagne de Corse en 1769, Commission de Cap. le... Juin 1779, a fait les campagnes de 1757, 58, 59, 60, 61 & 62 en Allemagne. D.

MALLEVILLE, (Hector-Charles de) né à Thecinolent en Normandie le 19 Nov. 1733, Volont. dans *Broglie* le 16 Juill. 1750, Fourr. le 1 Avril 1758, Maréc. de Logis le 1 Nov. 1758, P. E. le 1 Mars 1763, Lieut. le 17 Juin 1770, en pied le 7 Avril 1773, Lieut. en sec. le 21 Juin 1776, en p. au second rég. des *Chevaux-Légers* le 8 Juin 1783. D.

MALLEVILLE de Condat, Maréc. de Logis des Gardes de la *Prévôté de l'Hôtel*.

MALLUQUER, Garde du Roi dans V. le 4 Juill. 1779.

MALMAIS des Curnieux, Sous-Lieut. de *Maréchaussée*, à Bourges.

MALSEIGNE, (Alexandre-Ferdinand-Thomas-Benoît de Guiot de Maiche, Chev. de) né à Maiche, en Franche-Comté, le 7 Mars 1733, Volont. dans *Beaufremont*, drag., le 1 Fév. 1746, Corn. le 13 Juin 1746, Lieut. le 10 Juill. 1748, Aide-Major le 1 Mai 1756, rang de Cap. le 1 Juin 1758, Cap. le 19 Déc. 1760, ✠ le 1 Avril 1761, Cap. des *Carabiniers* le 17 Avril 1764, Commandant en 3e. de l'Ecole d'*Aquitaine* le 10 Mai 1767, Aide-Major Général du corps le 20 Avril 1768, rang de Lieut. Col. le 23 Mars 1772, obtenu 1000 liv. de pension le 1 Janv. 1773, rang de Col. le 20 Avril 1774, réformé Aide-Major Gén. le 1 Avril 1775, Lieut. Col. commandant d'escadron ledit jour, Lieut. Col. de la 2e. Brigade le 1 Mai 1779, Major Gén. du corps le 7 Mai 1779, obtenu 1500 liv. de supplément d'appointemens le 13

Fév. 1776, & le 8 Avril 1779. D.

MALSEGNE, ✠ (le Baron de) Lieut. Col. du rég. de *Toul*, artillerie. M. D.

MALVOISIN, (Charles-François, Baron de) né à Aboncourt, en Lorraine, le 10 Mars 1731, Lieut. d'inf. en 1747, Corn. au rég. de *Flamarins*, drag., en 1757, Cap. *idem*. en 1758, réformé en 1763, remplacé en 1764, ✠ le 24 Fév. 1771, Major au rég. de *Monsieur*, drag., le 24 Fév. 1774. M. D.

MALVOISIN, ✠ (Baron de) Lieut. Col. de la *Rochefoucault*, dragons.

MALUS, Commissaire principal des Guerres, à Dunkerque.

MANCEAUX, ancien Garç. Major d'*Artillerie*, à Antibes.

MANCHON, Commissaire des Guerres, à Arras.

MANCOMBRE, Garde du Roi dans *Noailles* le 15 Février 1775.

MANDAT, Sous-L. en f. des *Gardes Françoises*. M. D.

MANDELL, ✠ (le Cheval. de) Maj. de *Nassau-Saarbruck*.

MANDOLA de la Pallu, Commandant, à Antrevaux.

MANEGRE, (Charles Aubarbière de) né à Périgueux le 6 Nov. 1748, Sous-L. au rég. Maréc. de *Turenne* le 1 Août 1767, Lieutenant le 7 Sept. 1774. D.

MANELLE, Garde du Roi dans L. le 27 Février 1769.

MANESSIER, Lieuten. des *Maréchaux de France*, à Crécy.

MANESSIER, Lieut. en p. des *Grenadiers-Royaux* de la Picardie.

MANGON, (Chenu de) né à Yvoy en Berry le 13 Janvier 1754, Sous-L. au régim. de la *Marine* le 24 Oct. 1774, Lieut. le 14 Août 1779. D.

MANNEVILLE, Sous-Aide-Major des *Gardes Françoises*.

MANOSSON, Caporal des cent *Gardes Suisses*.

MANOUVILLE, Lieut. des *Maréchaux de France*, à Saint-Mihiel.

MANSIGNY, (le Chev. de) Lieutenant des *Maréchaux de France*, à Guérande.

MANSION de la Chabossière, ✠ Major, à Givet.

MANSON, ✠ Direct. d'*Artillerie*, à Strasbourg.

MARABAIL, Aide-Major, à Landau.

MARASLÉ, Brig. d'infant. le 1 Mars 1780.

MARBAIS, (Eugene-François-Joseph, Cheval. de Latour de) né à Arras le 1 Nov. 1764, Sous-L. à la suite des *Carabiniers* le 13 Juillet 1780. D.

MARBEUF, (Robert-Jean, Comte de) né à... le... 16..., Page du Roi en 1683. Il suivit ce Prince à l'Armée qui couvrit le siége de Luxembourg en 84, entra aux *Mousquetaires* en 87, se trouva à la bataille de Valcourt en 89, à la bataille de Fleurus en 90, au siége de Mons en 91; il fut fait alors Sous Brig., & combattit en cette qualité à Lause. Il servit au siége & à la prise des Ville & Château de Namur, combattit à Stinkerque en 92, à Merwinde en Juillet 93, & obtint une Ens. au régim. des *Gardes Françoises*, le 2 Sept. suivant. Il fit la campagne de 94, en Flandres, devint Sous L. le 10 Fév. 95, marcha au bombardement de Bruxelles, servit en Flandres en 96, & fut fait Lieut. en 97; on le choisit pour être Lieut. Col. du rég. de drag. de

Bretagne à la levée de ce rég. le 11 Mai 1702; il se démit de sa Lieut., & servit avec son rég. sur les côtes de Bretagne en 1702, 1703 & 1704; fut Mest. de C. du même rég. le 20 Mars 1705, il le commanda la même année à l'Armée de la Moselle sous le Maréchal de Villars, à la bataille de Ramillies en 1706, à l'armée de Flandres qui se tint sur la défensive en 1707, à l'Armée du Rhin sous le Maréchal de Berwick en 1708; créé Brig. le 29 Janv. 1709, il fut employé en cette qualité à l'Armée du Rhin en 1709, 10 & 11, à l'Armée de Flandres en 1712; il s'y trouva aux sièges de Douay, du Quesnoy, de Bouchain; à l'armée du Rhin en 1713, il y servit aux sièges de Landau & de Fribourg; son rég. ayant été licentié le 15 Août 1714, il fut entretenu Mestre de Camp réformé de drag. à la suite du rég. *Royal*, drag.; créé Maréc. de Camp le 1 Février 1719. Il commanda à Brest & en Basse-Bretagne jusqu'à sa mort; fut créé Lieut. Général le 1 Août 34, & mourut le 1 Juin 76. Lieut. Général au Gouvernemt. de Corse le... 17.. M. D.

MARBEUF, (Charles-Louis-René, Marquis de) né à... le... 17..., *Mousquetaire* le... 1738, Lieut. réformé au rég. du *Roi* le 15 Avril 41; il se trouva à la prise de Prague en Nov., fut fait Lieut. en sec. le 23 Mai 42, combattit à Sahay, servit au ravitaillement de Frawemberg, à la défense de Prague, se trouva à la fameuse retraite de cette place, à la bataille d'Ettengen en 43, aux sièges de Menin, d'Ypres, de Furnes, à l'affaire d'Auguenum, au siége de Fribourg en 44, à la bataille de Fontenoy, aux sièges des ville & citadelle de Tournay, d'Oudenarde, de Dendermonde & d'Ath en 45, au siége de Bruxelles en 46, Cap. au rég. des *Cuirassiers* du Roi le 8 Mars suivant; il commanda sa comp. à la bataille de Raucoux en Oct.; Mest. de C. Lieut. du rég. de cav. de Mgr. le *Dauphin* le 3 Mars 47, Menin de Mgr. le Dauphin, il commanda ce rég. à l'armée d'Italie cette année-là & la suivante; Mest. de Camp d'un rég. de drag. de son nom le 11 Juillet 55, il se démit du rég. *Dauphin*, & commanda le sien au camp de Gray la même année, au camp de Grandville en 56, sur les côtes de Bretagne en 47 & les années suivantes; créé Brig. le 15 Oct. 58, il continua de servir en Bretagne jusqu'à la paix; déclaré Maréchal de Camp le 20 Déc. 61, le brevet expédié le 20 Fév., il se démit alors de son régiment.

MARBEUF, † (N..., Chev. de) né à... le... 17.., Enf. au rég. de *Bourbonnois*, inf., le 3 Oct. 1728, Lieut. le 7 Juil. 29, Cap. le 23 Avril 32. Il commanda sa comp. au camp de la Moselle la même année, au siége de Kell en 33, à l'attaque des lignes d'Ettengen & au siége de Philisbourg en 34, sur le Rhin, la Moselle, & à l'affaire de Clausen en 35. Il se démit de sa compagnie en 38, pour aller servir à Malte où il resta plusieurs années; il fit la campagne de 46 en Bretagne, & contribua à chasser les Anglois de cette province; Aide-Major Général de l'infant. du Roi le 1 Mai 47, & 15 Avril 48, il obtint le 15 Fév. de cette année une commission pour tenir rang de Col. d'infant., & se trouva à la bataille de Lauwfeld & au siége de Berg-op-Zoom en 47, au siége de Maîtricht en 48, Aide-Maréc. Général de Logis de l'armée d'Allemagne le 1 Mars 57. Il a servi cette année & les deux suivantes, s'est trouvé à la bataille d'Hastembeck, à la prise de Minden & d'Hanovre, au camp de Clostersteven, à la marche sur le Zell en 57, à la retraite de l'Electorat d'Hanovre, à la bataille de Crevelt en 58, à la défense de Munster en 59; créé Brig. le 3 Sept. de la même année, employé en Bretagne le 1 Mai 60, Maréc. Général de Logis de l'armée, envoyé en Espagne le 1 Mars 62; il a servi au siége d'Almeyda, a été déclaré Maréc. de Camp en Déc., le brevet expédié le 25 Juillet précédent.

MARBEUF, (Comte de) Lieut. Général le 23 Octobre 1768.

MARCÉ, (Comte de) Brig. d'inf. le 1 Mars 1780. M. D.

MARCEL, ✠ Lieut. Colon. com. le bataillon de garnison d'*Auvergne*.

MARCELIN, Major du Fort Saint-François d'Aire.

MARCELLUS, (le Comte de) Lieut. de Roi en Guienne. M. D.

MARCET, (Jean-Louis) né à Genève le 9 Mars 1765, Sous-Lieut. dans *Vigier* le 26 Mai 1782. D.

MARCHAIS, ✠ Lieuten. de *Maréchaussée*, com. la brigade de Charenton.

MARCHAIS de la Tramière, Major de l'Isle-d'Oléron & Citadelle.

MARCHAIS de Blaigis, (François-Noël de) né au Bourg-la-Reine le 3 Avril 1737, Vol. au régim. d'*Enghien* le 3 Avril 56, Lieut. de cav. dans *Clermont* le 6 Mai 58, rang de Cap. le 25 Juil. 62, Cap. le 21 Mai 66, Capit. de drag. le 24 Mars 69, incorporé Cap. en sec. dans *Condé* le 9 Déc. 76, Cap. en p. le 27 Août 78, Cap. en sec. au 4e rég. des *Chasseurs* le 26 Mai 79; blessé à la retraite de Verle, à Cheremberg, & fait les campagnes depuis 58 jusqu'en 1762. D.

MARCHAND, Quart. M. Trés. de *Chartres*, infanterie.

MARCHAND, Quartier M. Trésor. du rég. de *Penthièvre*, dragons.

MARCHAND, Quartier M. Trésor. des *Grenadiers-Royaux* de l'Isle-de-France.

MARCHAND, Sous-L. de *Maréchaussée*, à Angers.

MARCIEU, (Pierre-Louis-Emé de Guiffray de Monteynard, Marquis de) né à... le... 17..., fut d'abord connu sous le nom de Chevalier de Marcieu, Corn. dans *Fouquet*, cav., le 10 Juin 1740, se trouva à la prise de Prague en 41, au combat de Sahay, au ravitaillement de Frawemberg, à la défense & à la retraite de Prague en 42, fait Cap. dans *Royal-Pologne* cav., le 28 Août 43; il joignit ce rég. sur le Rhin, & y finit la campagne. Il commanda sa comp. à la prise de Weissembourg & des lignes de la Loutre, à l'attaque des retranchem. de Suffelsheim, au siége de Fribourg en 44, en Suabe pendant l'hiver, Gouverneur de Valence sur la démission du Chev. de Marcieu son oncle, le 29 Juin 45. Il servit à l'armée du Bas-Rhin cette année, au siége de Mons & à la bataille de Raucoux en 46, Col. du régim. des *Landes*, infant., le 3 Avril 47; il le commanda au camp de Briançon, du 12 au 19 Juillet, qu'il se trouva à l'attaque des retranchemens de Lassiette; il passa le 21 à Mont-Dauphin, & y finit la campagne ; Mest. de Camp d'un rég. de cav. de son nom le 1 Janvier 48, il se démit de celui des Landes, & commanda le sien au siége de Mastricht la même année ; Gouverneur des Ville & Citadelle de Grenoble à la mort de son frère aîné le 30 Oct. 53, il se démit du Gouvernement de Valence, qu'on rendit à son oncle. Il quitta la † & prit le nom de Marquis de Marcieu, commanda son rég. au camp de Gray en 54, à la bataille d'Hastembeck, à la prise de Minden & d'Hanovre, au camp de Closterseven, à la marche sur le Zell en 57, à la retraite de l'Électorat d'Hanovre, à la bataille de Crewelt en 58 ; créé Brig. le 10 Fév. 59, il combattit avec la plus grande valeur à Minden, où son rég. perdit beaucoup. Il servit sur les côtes en 60 & 61, fut déclaré Maréc. de Camp en Déc. 61, le brevet expédié le 20 Fév. précédent ; il se démit alors de son rég. ; créé Lieut. Général le 1 Mars 1780. M. D

MARCILLAC, (Jean de) né à Cognac le... 1751, Sous-L. au rég. de Beaujolois le 13 Juillet 1767, Lieut. en sec. le 30 Mai 1777, Lieut. en p. le 30 Avril 1781. D.

MARCILLIER, ✠ Sous-L. de Maréchaussée, à Maintenon.

MARCON, Garde du Roi dans V. le 20 Septembre 1779.

MARCONNAY, (Louis-Isaac-Auguste, Comte) né à... le 11 Mars 1755, Page d'Orléans le 24 Juillet 1768, Sous-L. dans Orléans caval. le... Juillet 1771, Sous-L. à la suite dans Royal, caval., le 7 Mai 1777, Sous-L. en 3e le 20 Juin 1781. M. D.

MARCONNAY, Lieut. en s. des Gardes Françoises.

MARCOYROL de Beaulieu, Brig. d'infant. le 1 Mars 1780.

MARCY, (Louis-Jean-Philippe Luneau de) né à Bar en Bourgogne le 23 Juin 1765, Sous-L. au rég. de Beaujolois le 12 Juin 1782. D.

MARÉCHAL, ✠ Commissaire des Guerres, à Colmar.

MARENTIN, ✠ Commissaire principal des Guerres, à Limoges.

MARENTIN fils, Commissaire des Guerres, à...

MARESCAIL, Lieut. des Maréchaux de France, à Douay.

MARESCOT, Aspirant du Génie, au Quesnoy.

MARET, Lieut. de Roi en Alsace.

MARFAING, ✠ (le Chev. de) Brig. du Génie, à Douay.

MARGELAY, Brig. des Gardes du Roi dans Noailles le 30 Mars 1781.

MARGUENAT, ✠ (le Baron de) Cap. d'Artillerie, à Valencienne. M. D.

MARGUERAY, Garde du Roi dans L. le 25 Février 1766.

MARGUERIE, (Charles-Auguste de) né à Villers-Cotterets le 21 Fév 1764, Cad. Gentilh. d'Orléans inf. le 13 Mars 1779, Sous-L. le 3 Juin 1779. D.

MARGUERIE, (Comte de) Sous-Lieut. des Gardes d'Artois. M. D.

MARI, (Gio Camillo) né à Taglio en Corse le... 17..., Sous-Lieut. au rég. Royal-Corse le 12 Mai 1780.

MARICOURT, ✠ Lieuten. des Maréchaux de France, à Provins.

MARIE, Major commandant à Portecros.

MARIGNAN, (Jean-Baptiste Scitlan de) né à Auch en Gascogne le 25 Décemb. 1751, Sous-L. au rég. de Foix le 22 Juin 1771, Lieut. le 4 Juillet 1777. D.

MARILLAC, Maréc. de C. le 1 Mars 1780.

MARIN, Garde du Roi dans Noailles le 28 Mars 1773.

MARIN, (Philippe-Louis, Ch.) né à la Guadeloupe, le 17 Juin 1760, Mousquetaire de la première compagnie le 1 Oct. 73, Sous-L. à la suite des Carabiniers le 13 Juin 1779, en pied le 7 Mai 1780. D.

MARINIS, (le Comte de) Com. à St-Jean d'Angely. M. D.

MARION, (Joseph-Maria-dee de) né à Paris le 17 Avril 1756, Cad. Gentilh. au rég. de Limosin, infanterie le 1 Avril 1776, Sous L. le 4 Juill. 1777, Lieut. en sec. le 24 Août 178 . D.

MARISY, (Ferdinand de) né à Boulay en Lorraine, le 3 Nov. 1723, Vol. au rég. d'Alsece, en 1740, Lieut. en sec. le 19 Oct. 1742, Lieut. en p. en 1748, passé dans les Volontaires.Etrangers, en 1756, puis dans Fischer, hussards, le 14 Juill. 1757, blessé de trois coups de sabre à Niédervette, le 28 Août 1759, Cap. le 19 Mars 1760, ✠ le 21 Juin suiv., rang de Maj. le 18 Fév. 1770, Maj. le 26 Janv. 1771, rang de Lieut. Col. le 29 Mai 1775, Lieut. Col. le 14 Novembre 1779. D.

MARMANDE, Brig. d'inf. le 5 Décembre 81.

MARMIER, (Cte. de) Col. en sec. de Royal-Lorraine. D.

MARMIER, Brig. de drag. le 1 Janvier 48.

MARNE, (Xavier-Frédéric, Ch. de) né à Bar-le-Duc le 11 Juill. 1741, Cad. du Roi de Pologne, le... 1755, Corn. dans Royal, cav. le... Fév. 1757, Sous-L. le 1 Avril 1763, Lieut. le 4 Fév. 1772, ✠ le... 1781. D.

MAROLLES, ✠ (le Comte de) Lieut. des Maréchaux de France, à Lachis. M. D.

MAROT de la Gallotière, (Henri-Charles Animal de) né à Agen, le 25 Nov. 1759, Cad. Gentilh. au rég. de Beaujolois, le 22 Juin 1779, Sous-L. le 15 Juillet 1782.

MARQUE, Garde du Roi dans B. le 31 Mars 1774.

MARQUESSAC, (Pierre de) né à la Reille en Périgord, le... 1755, Sous-L. au rég. des Cravattes, le... 1772, Cap. en sec. au 2e rég. des Chevaux-Légers, le... 1778. D.

MARQUESSAC, (François de Laverne de) né à St-Ciprien en Périgord, le 2 Déc. 1756, Sous-L. au rég. Maréchal de Turenne, le 9 Juin 1772, Lieut. le 21 Février 1779. D.

MARQUETTE de Fleury, Commissaire des guerres, à Joinville.

MARQUIGNY, (Henri-Louis d'Arnaud de) né à Mezières en Champagne, le 15 Oct. 1740, Vol. dans Royal-Pologne, cav. en 1754, Corn. le 1 Oct. 1756, Sous-Aide-Maj. le 1 Mars 1763, Aide-Maj. le 17 Avril 1768, rang de Cap. le 18 Juin 1770, Cap. en sec. le 7 Août 1778, ✠ le 9 Août 1781, Cap. com. le 17 Juillet 1782. D.

MARRE, (Jean-François) né à Villefranche en Rouergue, le 12 Déc. 1732, Soldat au rég. de Bassigny, le 13 Avril 1751, Serg. le 21 Juill. 1756, P. D. le 5 Mai 1772, Sous-L.

le 21 Juill. 1775, Sous-L. des gren. le 2 Juin 1777, Lieut. en fec. le 15 Juill. 1781. D.

MARRIER d'Unieuville, Lieut. de Roi au Fort-Louis en Alsace.

MARROT, (Jean-Louis de) né à Notre-Dame de Lignières en Angoumois, en 1752, Sous-L. au rég. de Médoc en Juin 1775. D.

MARSILLY, (le Ch. de) Exempt des cent Gardes Suisses.

MARSILLY, Cap. d'artillerie, à Charleville.

MARTANGE, Lieut. Gén. le 1 Mars 1780.

MARTEAU, Afpirant du Génie, à Cambrai.

MARTEAU, (Nicolas-Jean-Louis) né à Villers, devant les Tours en Champagne, le 6 Juin 1732, Soldat au rég. de Limofin, le 6 Janv. 1748, Serg. le 24 Juin 1754, Porte-Drapeau le 27 Janv. 1766, Sous-L. des gren. le 15 Janv. 1781.

MARTEL, Garde du Roi dans L. le 2 Octobre 1777.

MARTEL, (Laurent) né au Boroger en Normandie, le 10 Août 1730, Cav. au rég. de Camille, aujourd'hui Royal-Navarre, le 26 Déc. 1746, Fourr. le 13 Mai 1758, Maréc. de Log. le 17 Avril 1763, Fourr. le... 1764, P. E. le 26 Août 1773, Quart. M. le 6 Déc. 1774, Tréforier le 11 Juin 1776.

MARTEL, (le Vicomte de) Lieut. des Maréch. de France, à Montierander. M. D.

MARTENEY, Brig. d'inf. le 1 Mars 80.

MARTIGNAC, (N... de) né à Sommières en Languedoc, le... 1732, Lieut. dans Royal-Rouffillon, le 25 Avril 1744,

Lieut. le 5 Mars 1746, Cap. le 17 Oct. 1746, Aide-Maj. le 25 Juill. 1762, ✠ le... 1762, Maj. de Touraine, le 25 Déc. 1768, rang de Lieut. Col. le 27 Juill. 1769, Lieut. Col. dans Perche, le 27 Sept. 1775, Brig. le 5 Décembre 1781, a fait la guerre de 44, 49, 57, 62, a été bleffé à Berghen. D.

MARTIGNY, (Louis-Alexis Maillard de) né à la Crofte en Bourgogne, le 25 Nov. 1762, Cad. Gentilh. au rég. de la Marine, le 8 Nov. 1780. D.

MARTIGNY, Lieut. des Maréchaux de France, à Meaux.

MARTILLAT, (Joachim de) né à Paillière en Auvergne, le 2 Oct. 1753, Sous-L. dans l'Isle de France, le 24 Avril 1774, Lieuten. en fec. le 22 Juin 1781. D.

MARTILLY, (Jean-Philippe Barbodière de) né à Cerilly, près Bourbon, le... Déc. 1736, Cav. au corps des Volontaires de Flandres, 1 Mai 54, Maréchal de Lo... dans les Volontaires de Hainaut, le 11 Nov. 1757, L... le 1 Avril 59, a fait toutes guerres avec ce rég, il a été b... le 11 Sept. 62, Lieut. dans légion de Hainaut, le 5 Avril 66, a fait les campagnes de C... en 69 & 70, paffé dans Bogogne, inf. en 1776, paffé 3e rég. des Chaffeurs, le 8 Avril 1779, ✠ le... 17... D.

MARTIMPREY, Bar. de Villefour, (Louis de) eft qualifié d'Enseig. d'Hommes d'Armes Ordonnances du Roi, fous la charge de Jean de Bourbon, Comte de Vendôme, dans une Commiffion du 4 Août 1465. M. D.

MARTIMPREY de Cornimont, (Nicolas-Joseph, Comte de) né à... le... 17... Maj. du rég. de Montureux. M. D.

MARTIN, (Pierre) né à Dijon, le 6 Janv. 1732, Sous L. le 1 Fév. 1763, Lieut. le 22 Janv. 1769, Cap. en f. du rég. du Maine, le 8 Avril 1772. D.

MARTIN, (Pierre-Elisée) né à Marseille, le 6 Nov. 1760, Bourgeois de Genève, Cad. dans Vigier, le 1 Mai 1780, Sous-L. le 20 Février 1781. D.

MARTIN, Lieut. de Maréchaussée, à Toulouse.

MARTIN, frère, Sous-L. de Maréchaussée, à Toulouse.

MARTIN de Campredon, Aspirant du Génie, à Lille.

MARTIN de Vallendré, Lieut. du Génie, à Sédan.

MARTINES, Brig. d'inf. le 12 Septembre 66.

MARTINET, ✠ Major du rég. de Dauphiné, drag.

MARTINET, Cap. du Génie, à Thionville.

MARTINET, Garde du Roi dans L. le 23 Décembre 1777.

MARTINON, Cap. du Génie, à Cherbourg.

MARTRIN, (le Ch. de) Maj. Com. du Château de Villefranche en Roussillon. D.

MARTY, A.-Maj. C. à Seyne.

MARZY, Brig. d'inf. le 1 Mars 80.

MASCARVILLE, Lieut. des Maréchaux de France, & Sénéchal de Castelnaudary.

MASOT, Maj. de Bastia.

MASPALU, (Philippe Marie Lefevre de) né à Valogne en Normandie, le 6 Janv. 1759, Sous-L. en 3e au rég. de Monsieur, drag., le 30 Juil. 1781. D.

MASSANNES, (Etienne de) né à... le... 16..., Cap. au rég. d'Orléans, inf. le 8 Avril 1646.

Il servit au siége de Courtray & de Dunkerque la même année, de la Bassée & de Lens en 1647, d'Ypres & à la bataille de Lens en 1648, au blocus de Paris, au siége de Cambrai, à la prise de Condé en 1649, au secours de Guise, au siége & à la bataille de Rhetel en 1650, à l'armée de Flandres en 1651, aux Combats de Blesneau, d'Etampes & du fauxbourg St-Antoine en 1652, au siége de Ste-Menehould en 1653, Mest. de Camp d'un rég. de cavalerie, qu'il leva le 7 Mai 1654, il le commanda à l'armée de Flandres, & se trouva aux siéges de Landrecy, de Condé & de St-Guillain en 1655; créé Maréchal de Camp le 7 Mai 1656, il servit la même année au siége de Valenciennes, à celui de Montmedy en 1657, eut son rég. licencié le 20 Juill. 1660. D.

MASSANNES, ✠ (François) né à... le... 1680, Lieut. Col. du rég. de Fimarcon, le... 1735, mort à... le... 1744. D.

MASSANNES, (François-Charles de) né à... le... 1740, Lieut. au rég. de Marbeuf en 1770, Cap. dans celui de Montpellier, le... 17..., réside à Sumène, Diocèse d'Alais. D.

MASSANNES, (Marie-Charles-César de) né à Sumaine en Languedoc, le 28 Fév. 1664, Cad. Gentilh. au rég. de Monsieur, drag. le 6 Juill. 1779, Sous-L. en pied le 24 Oct. 1780.

MASSEI, (Giuseppe-Maria de) né à Bastia le 10 Juin 1732, Lieut. le 1 Mai 1757, Cap. au rég. Royal-Corse, inf. le 22 Fév. 1770, ✠ le...

MASSEI, fils, (Luigi) né à Bastia, le 11 Janv. 1766, Sous-L. au rég. Royal-Corse, le 12 Avril 1781.

MASSELIERE,

MASSELIERE, (Joseph-Louis-Marie-Flottier de) né à Poitiers, le 24 Avril 1763, Page du Roi à la petite Ecurie, le 24 Déc. 78, Sous-L. des *Carabiniers* le 24 Février 1782. D.

MASSESI, (Luigi) né à Bastia, le 22 Avril 1749, Sous-L. le 21 Mai 1766, Lieut. le 22 Fév. 1770, Cap. au rég. *Royal-Corse*, inf. le 25 Aout 1775.

MASSESI, (Francesco) né à Oletta en Corse, le 4 Oct. 1754, Sous-L. au rég. *Royal-Corse*, le 12 Janvier 1778. D.

MASSEY, (Nicolas) né à Jussey en Franche-Comté, le 20 Janv. 1750, Vol. au rég. *Royal-Navarre*, cav. le 16 Sept. 1767, Sous-Lieut. le 24 Mars 1769, Lieutenant le 1 Septembre 1772. D.

MASSOL, ✝ (Ch. de) Sous-L. en sec. des *Gardes Françoises*. M. D.

MASSON Dumas, Sous-Brigadier des *Gardes* de la porte du Roi.

MASSY, (le Ch. de) Lieut. des *Maréchaux de France*, à Guerande.

MATALIN, Garde du Roi dans B. le 14 Décembre 1768.

MATALIN, Garde du Roi dans B. le 29 Août 1777.

MATHAN, (Comte de) Maréchal de Camp le 16 Avril 67, Lieut. de Roi à Caen, ville & château. M. D.

MATHEROT, Major des *Grenadiers-Royaux* du Comté de Bourgogne.

MATHIEU, (Etienne-Benoît) né à Mèze en Languedoc, le 26 Novembre 1735, Vol. dans *Bourgogne*, cav. le 1 Janv. 1752, Maréchal de Logis le 1 Janv. 1756, P. E. le 1 Mars 1784.

1763, Quart. M. le 26 Sept. 1767, Lieut. le 24 Mars 1769, Lieut. en p. le 1 Juin 1772.

MATHIS de Chapé, Tréspincipal des Guerres, à Limoges.

MATTEI, (Massimo) né à Bastia, le 12 Janv. 1739, Lieut. le 1 Juill. 1758, Cap. au rég. *Royal-Corse*, inf. le 7 Sept. 1772.

MAUBEC, ✠ Lieut. en p. des *Gardes Françoises*.

MAUBEUGE, Garde du Roi dans V. le 1 Juillet 1773.

MAUBEUGE, ✠ (Ch. de) Lieut. Col. com. le bataillon de garnison de Saintonge

MAUBOURG, Marie-Charles-César Florimont, Marquis de Latour, Comte de) né à Grenoble, le 11 Fév. 1757, Sous-L. à la suite du rég. de *Noailles*, drag. en Août 1772, Cap. le... Mars 1774, Mest. de Camp en sec. du rég. de *Beaujolois*, le 13 Avril 1780. M. D.

MAUDET, (le Comte de) Com. à Calvi. M. D.

MAUDION d'Atrigny, Lieut. des *Maréchaux de France*, à Richelieu.

MAUDION de Loesmé, Lieut. des *Maréchaux de France*, à Landau.

MAUDUIT Duplessis, Cap. d'art. à l'armée de Rochambeau.

MAULDE, (Comte de) Brig. d'inf. le 1 Mars 80. M. D.

MAULDE, (Ch. de) Brig. d'infanterie le 1 Mars 1780.

MAULEVRIER Langeron, (Comte de) Maréchal de Camp le 3 Janvier 70. M. D.

MAULEVRIER, (Comte de) second Lieut. des *Gendarmes d'Artois*. M. D.

Q

MAULJEAN de Gouzon, ✠ (Baron de) Lieut. Col. du rég. Provincial d'artillerie de Grenoble. M. D.

MAULMONT, (Antoine-Joseph, Ch. de) né à la Ribetie en Limosin, le 17 Janv. 1747, Sous-L. au rég. Maréchal de Turenne, le 22 Mars 1764, Sous-Aide Maj. le 4 Août 1770, Lieut. le 9 Juin 1776, Cap. en sec. le 26 Septembre 1781. D.

MAULNE, (Louis-Henri-Pierre-Amboise de) né à Châteauneuf en Poitou, le 8 Juin 1752, Sous-L. le 4 Mai 1771, Lieut. au rég. du Maine, le 15 Septembre 1778. D.

MAULNY, Garde du Roi dans V. le 15 Juin 1760.

MAUMIGNY de Verneuil, (Paul de) né à Nevers en 1735, Page de la grande Ecurie le 11 Mars 1751, Lieut. en sec. dans Apchon, le 25 Mai 1754, Lieut. en p. le 1 Sept. 1755, Cap. le 20 Août 1758, réformé en 1763, remplacé le 28 Avril 1765, ✠ le 11 Fév. 1777, Major dans Durfort, dragons, le 8 Avril 1779. D.

MAUMONT, Garde du Roi dans Noailles le 3 Août 1766.

MAUMUSSON, ✠ Lieut. Col. com. le bataillon de garnison du Perche.

MAUNY, (le Comte de) Lieut. des Maréchaux de France, dans la Principauté de Lamballe. M. D.

MAUPAS, ✠ Maj. de Royal, dragons.

MAUPASSANT, (Marc-Antoine de) né à Coifard en Champagne, le 10 Oct. 1733, Lieut. au rég. de la Marine, le 20 Mars 1759, Cap. le 11 Juin 1776, ✠ le... 17...

MAUPEOU, Marquis de Bully, (René Ange Auguftin, Marquis de) né à Paris le 13 Sept. 1746, Conseiller au Parlement le 7 Août 1764, Président à Mortier le 28 Août 1764, Col. du rég. de Bourgogne, cav. le 26 Oct. 1771. M. D.

MAUPEOU, (Marquis de) Lieut. Gén. le 17 Déc. 59. M. D.

MAUPEOU, (le Chev. de) Gouv. de Béthune.

MAURELHAN, Garde du Roi dans B. le 1 Juillet 1769.

MAURIAC, Garde du Roi dans L. le 22 Juin 1759.

MAURIAN, Garde du Roi dans Noailles le 20 Mars 1770.

MAUROUX, Trés. principal des guerres, à Auch.

MAUROY, (Marquis de) Maréchal de Camp le 1 Mars 80. M. D.

MAUROY, (Ch. de) Lieut. Col. du rég. Provincial d'artillerie de Toul.

MAUROY, (le Comte de) Cap. de cav. dans Dauphin 1718, Mest. de Camp 15 Mai 1719, Brig. 18 Oct. 1734, Maréc. de Camp 20 Fév. 1743, Lieut. Gén. 1 Janv. 1748. M. D.

MAUROY, (le Vicomte de) Cap. com. au rég. du Roi, cavalerie.

MAUSSABRÉ, (Jean-Isidore de) né à Villablin, Paroisse de Pelvoisin, près Buzançois en Berry, le 26 Août 1737, Lieut. du bataillon de Milice de Châteauroux, le 1 Avril 1754, Corn. dans Bourbon, cav. le 1 Fév. 1757, Lieut. le 1 Avril 1760, passé Sous-L. à la réforme en 1762, Lieut. de la Mest. de Camp, le 16 Avril 1767, Commission de Cap. le 8 Avril 1779, passé à la compagnie des Chasseurs du rég. de Bourbon, le 21 Mai 1779, s'est trouvé à la bataille de Rosback, le 5 Nov. 57, de Corback, le 10 Juillet 60, de Warbourg, le 31 du même mois, & y fut blessé de plusieurs coups de sabre, & y eut un cheval tué sous lui, ✠ le 19 Nov. 1779, Lieut. en p. du 3e rég. des *Chasseurs* le.... 17.... M. D.

MAUSSABRÉ, (Silvain) né au Château de Galzouzy en Berry, le 26 Avril 1763, Cad. Gentilh. au rég. Maréchal de *Turenne*, le 21 Fév. 1779, Sous-Lieut. à la suite le 29 Juin 1780, en pied le 2. Sept. 1780.

MAUSSABRÉ, (Joseph-Charles de) né à Villablin, près Basançois en Berry, le. .Juin 1736, Enseig. au rég. de la *Reine*, inf. le 27 Juill. 1757, Lieut. le 28 Juillet 1758, Cap. en sec. le 4 Juill. 1777, Cap. com. le... 1783, ✠ le... 1781.

MAY, ancien-Garçon-Maj. d'artillerie, à Lille.

MAYAT, (Etienne) né à Millac-Lesec en Périgord, le 8 Nov. 1735, Soldat au rég. de *Bassigny*, le 1 Déc. 1755, Serg. le 10 Sept. 1764, Serg. des grenad. le 18 Nov. 1770, Fourr. le 15 Oct. 1776, Serg.-Maj. le 6 Septemb. 1778, Adjud. le 19 Juill. 1781, P. D. le 10 Déc. 1782.

MAYENFISCH, Brig. d'inf. le 1 Mars 80.

MAYEUX, Commissaire des guerres, à l'Arsenal de Paris.

MAYROT, ✠ Lieut. Col. du rég. de *Bourbon*, drag.

MAZANCOURT, (Comte de) Maréchal de Camp le 1 Mars 80. M. D.

MAZANCOURT, ✠ Lieut. en p. des *Gardes Françoises*.

MAZELAIGNE, Commissaire des guerres, à Douay.

MAZENOD, Garde du Roi dans V. le 2 Février 1769.

MAZIERE, Brig. de cav. le 18 Juin 68.

MAZOYER, ✠ premier Adjudant des *Gardes Françoises*.

MAZZA, (Dominique) né à Kernes, près Cologne en Allemagne, en 1732, Soldat au rég. de *Foix*, le 20 Juill. 1763, Sous-L. le 8 Déc. 767, Lieut. le 1 Juillet 1776.

MÉAN, (le Baron de) Lieut. des *Maréchaux de France*, à Sarguemines. M. D.

MEAUSLÉ, ✠ (le Ch. de) Lieut. Col. du rég. *Dauphin*, infanterie.

MEAUX, (Jean-François-Gabriel, Ch. de) né à la Neuville, le 8 Juill. 1748, Enseig. au rég. *Royal-Comtois*, le 3 Déc. 1760, Lieut. en 1762, Sous-L. à la réforme le 22 Avril 1763, Lieut. le 23 Fév. 1769, Cap. le 15 Juill. 1773, Cap. des grenad. le 3 Juin 1779. D.

MEAUX, (Jean-Nicolas-Joseph de) né à la Neuville, près Rethel-Mazarin, le 12 Juin 1739, Lieut. au rég. *Royal-Comtois*, le 1 Janv. 1756, Cap. com. le 24 Mars 1769, Cap. avec troupe, le 15 Juillet 1773, Cap. des grenad. le 1 Juill. 1774, Chef de bataillon le 21 Juill. 1775, ✠ le 1 Janv. 1778 D.

MECHELY, Lieut. en sec. des *Gardes Suisses*.

MECOU, (Jean) né à Grenoble, le 7 Mars 1741, Soldat au rég. *Dauphin*, le 1 Fév. 1756, incorporé dans la légion de *Flandres* le 13 Avril 1763, Maréc. de Logis, le 21 Déc. 1772, Fourr. dans *Artois*, drag. le 18 Août 1776, Fourr. dans la *Reine*, drag. le 25 Déc. 1776,

Quatr. M. Trés. au 4e rég. des *Chasseurs*, le 8 Avril 1779.

MEDRANO, père, Lieut. des *Maréchaux de France*, au M. de Marsan.

MEDRANO, fils, Lieut. des *Maréchaux de France*, idem.

MEJANÉS, Garde du Roi dans B. le 11 Juin 1764.

MEJANÉS, Garde du Roi dans *Noailles*, le 2 Janvier 1778.

MEJANÉS, (N...) premier Page du Roi le .. 17... Cap. à la suite des dragons, le... 17...

MEIZIERES, (André-Gabriel-Jacques-Alexandre de Teissière de) né à Alais le 21 Oct. 1759, Cad. Gentilh. au rég. de *Savoie-Carignan*, le 6 Juin 1776, Sous-L. le 1 Septembre 1777. D.

MELDEN, Garde du Roi dans B. le 14 Décembre 1774.

MELDEN, Garde du Roi dans B. le 25 Août 1777.

MELET, Garde du Roi dans L. le 19 Octobre 1775.

MELET, Garde du Roi dans L. le 25 Octobre 1769.

MELET, Garde du Roi dans L. le 24 Décembre 1777.

MELFORT, (Comte de) Lieut. Général le 1 Mars 1780. M. D.

MELFORT, (Duc de) Col. en sec. de *Beauvoisis*, infanterie. M. D.

MELIGNENT, (Antoine, Ch. de Melignent, de Trigent) né à Gondom en Guienne, le 18 Juin 1740, Enseig. au rég. d'*Aquitaine*, le 7 Juill. 1758, Lieut. le 18 Avril 1761, Cap. le 10 Juin 1776, Cap. en sec. des grenad. le 29 Mai 1778, Cap. com. le 18 Sept. 1781, ✠. D.

MELINVILLE, (le Marquis de) Lieut. des *Maréchaux de France*, à Hennebon. M. D.

MELLET, (Comte de) Maréchal de Camp le 1 Mars 80. M. D.

MEMANGE, Brig. des Gardes du Roi dans L. le 20 Déc. 1782.

MEMBRAY, Garde du Roi dans *Noailles*, le 24 Juin 1779.

MENCARELLY, Quatr. M. Trés. de *Dillon*, infanterie.

MENGEOT, Lieut. Col., com. le bataillon de garnison de *Foix*.

MENGIN, (le Baron de) Aide-Maj. au Fort St-Sauveur. M. D.

MENIBUS, (le Ch. de) Cap. d'artillerie, à Boulogne.

MENIL-DURAND, (Baron de) Brig. d'inf. le 1 Mars 1780. M. D.

MENIL-GLAISE, ✠ Cap. en sec. des *Gardes Françoises*.

MENILLET, (Marquis de) Brig. d'inf. le 1 Mars 80. M. D.

MENON, (Charles-Louis, Comte de) né au château du Mée en Berry, le 29 Déc. 1751, Sous-L. à la suite dans *Dauphin*, drag. le 20 Avril 1768, Corn. dans *Colonel-Général*, drag. le... Juin 1771, Cap. de drag. le 13 Juin 1774, Cap. réformé au rég. *Royal*, cav, le 3 Juin 1779. M. D.

MENONVILLE, ✠ Maj. de *Touraine*, infanterie.

MENOU, Maj. d'*Auvergne*, infanterie.

MENOU, (Comte de) Maréchal de Camp le 5 Déc. 81. M. D.

MENOU Dumée, (Vicomte de) sec. Lieut. des *Gendarmes de Monsieur*. M. D.

MENOU, Brig. des Gardes du Roi dans B. le 31 Déc. 1782.

MERAINVILLE, (le Comte de) Gouverneur, à Narbonne. M. D.

MÉRAULT de Monneron,

Cap. du *Génie*, à la Guadeloupe.

MERCASTEL, Garde du Roi dans L. le 24 Mai 1779.

MERCEY, Cap. d'artillerie, dans l'Inde.

MERCIER, Sous-L. de *Maréchaussée*, à Landrecies.

MERCOYROL de Beaulieu, Lieut. Col. du *Colonel-Général*, inf., Brig. des armées, ✠.

MERCY, (François-Christophe de) né à Pompé à Nancy, en Lorraine, le 5 Avril 1757; a commencé à servir dans les *Carabiniers* le 4 Janv. 1775, Cad. Gentilh. au rég. de *Foix* le 1 Juillet 1778, Sous-L. le 15 Octobre 1780. D.

MERESSE, (Jacques-Nicolas de) né à Boulay en Lorraine le 6 Juillet 1760, Sous-L. au rég. du *Maine* le 3 Juil. 1779. D.

MEREVILLE, ✠ Lieut. Col. du sec. rég. d'*Etat-Major*.

MERGOT, Garde du Roi dans B. le 30 Juin 1765.

MERIAN, ✠ Maj. d'*Aulbonne*, infanterie.

MÉRILHOU, Garde du Roi dans V. le 13 Septemb. 1771.

MÉRILHOU, Garde du Roi dans V. le 1 Juin 1780.

MERINVILLE, (Vicomte de) Lieut. Gén. le 25 Juil. 1762. M.

MERLE Dambert, (Marquis de) Col. en sec. de *Royal-Roussillon* infant. M. D.

MERLE, (Comte de) Maréc. de C. le 1 Mars 1780. M. D.

MERLE, Lieut. des *Maréchaux de France*, au Buis.

MERLEN, ✠ Lieut. de *Maréchaussée*, à Boulogne.

MERLET, Maréc. de Camp le 7 Janvier 1770.

MERVIEL, (Jean-Joseph Rabinel de) né à Mende en Gévaudan le 5 Mars 1749, Vol. le 1 Mars 61, Corn. le 29 Nov. 61, réformé à la nouvelle composition le 31 Mars 63, remplacé Sous-L. le 1 Août 64, Aide-Maj. & rang de Capit. réformé le 16 Juin 76, Cap. en sec. le 9 Mai 78, Cap. en p. le 2 Août 1780. D.

MERVILLE, ✠ Inspecteur Général de la *Maréchaussée* de la Généralité de Paris, des Voyages & Chasses du Roi, du Soissonnois, Flandres, Picardie & du Hainault, à Paris.

MERVILLE, Exempt des *Gardes Suisses* de Monsieur.

MESENGES de Chardonnet, (Louis-François-Charles de) né à St.-Quentin-le-Petit, au Perche, le 8 Mai 1763, Sous-L. en 3ᵉ dans *Berry* inf., le 15 Août 1781. D.

MESGRINY, ✠ Aide-Major des *Gardes Françoises*.

MESLEY, (Baron de) Major de *Royal-Etranger* cav. M. D.

MESMES, (Chev. de) Brig. d'infanterie le 3 Janvier 1770.

MESMES, (le Marquis de) Lieut. Général le 5 Déc. 1781. M. D.

MESNARD, (Comte de) Col. des *Gardes* de la Porte de Monsieur. M. D.

MESNARD de Chouzy, (Jean Didier René de) né à Versailles le..., *Mousquetaire* gris le 6 Mai 1772, Lieut. en sec. dans l'*Artillerie* le..., réformé en 75, Cap. dans *Royal-Navarre* cav. le 17 Août 1777, Cap. en sec. le 6 Mars 1783. D.

MESNARD de la Rosais, (Ange-Olivier de) né à Rennes le 20 Juil. 1755, Lieut. au rég. provincial du *Mans*, le 4 Août 1771, Sous-L. à la suite dans *Royal-Navarre*, caval., le 19 Octobre 1773, en pied le 29 Avril 1779. D.

MESNARD, Brig. des Gardes

du Roi dans B. le 17 Mars 1782.

MESNIL, (Jean-Balthasard-Hector-Amédée de Bonardy, Marquis du) né à Paris le 19 Mars 1760, Vol. aux *Carabiniers* le 23 Avril 1780, Sous-L. à la suite le 13 Juillet 1780, en pied le 9 Août 1781. D.

MESSEY, (Comte de) Maréc. de Camp le 5 Déc. 1781. M. D.

MESSEY, (le Vicomte de) Sous-L. des Gardes du Roi dans *Noailles* le 29 Juin 1779, D. M.

MESSIMIEUX, Quart. M. Trés. du rég. du *Roi* inf., & ✠.

MESTRE, (de) Garde du Roi dans P. le 29 Juin 1765.

METIVIER, Lieutenant de *Maréchausée*, à Cahors.

METIVIER, (Gabriel de) né à Lamotte-Montravelle, en Périgord, le 10 Sept. 1742, Vol. au rég. d'*Austrasie* le 15 Juin 1767, Sous-L. le 15 Août 1767, Lieut. en sec. au rég. de *Monsieur*, drag., le 18 Août 1776. D.

METRIC, Lieut. de Roi à la Citadelle de Metz.

METTINGH, (Pierre-Frédéric de) né à Francfort le 28 Avril 1758, Vol. dans *Anhalt* le 1 Sept. 1775, rang de Sous-L. le 8 Juin 1776, Lieut. des Gren. le 23 Juin 1778, rang de Cap. à la suite de *Conflans* le 6 Fév. 1780, Cap. en second le 2 Avril 1780. D.

MEUNIER, ✠ Lieut. Col. de la *Fere*, infanterie.

MEUSNIER, Lieut. de *Génie*, à Cherbourg.

MEUTHOU de Toulouson, (Louis-Bernard) né à Rozy en Franche-Comté le 6 Août 1754, Sous-L. le 20 Mai 1772, Lieut. au rég. de la *Marine* le 1 Août 1777. D.

MEUZE, (Maximilien-Jean de Choiseul, Marquis de) né à... le 7 Juin 1715, mort Col. du rég. de son nom le 13 Mars 1734. M. D.

MEUZE; (François Joseph de Choiseul, Marquis de) né à... le 21 Juin 1736, Guidon des *Gendarmes* Bourguignons le... Avril 1767.

MEXIMIEUX, (le Marq. de) Lieut. des *Maréchaux de France*, à Belley. M. D.

MEYRAUD, (Jean de) né à Clermont en Auvergne le.... 1749, Sous-L. à la suite d'*Orléans* inf., le 6 Nov. 1771, en pied le 16 Août 1774, Lieut. en sec. le 13 Mars 1779, en p. le 30 Mai 1780, embarqué sur le vaisseau le Zodiaque le 10 Janv. 1780, rentré le 8 Janv. 1781. D.

MEZERA, Commandant à Stenay.

MEZERAC, Garde du Roi dans *Noailles* le 19 Juin 1774.

MEZERAY, Garde du Roi dans V. le 1 Août 1775.

MEZIERES, (Eugene-Éléonor de Béthisy, Marquis de) né à... le 25 Mars 1709, fut successivement Corn. de la comp. de Mestre de Camp du *Commissaire-Général*, caval., le 28 Février 1720, Guidon de la comp. des *Gendarmes* Écossois, avec rang de Mest. de Camp de cav. le 11 Août 1722. Il servit au siége de Kell en 33, fait Enf. de la comp. le 23 Déc. Il servit avec la *Gendarmerie* à l'attaque des lignes d'Ettingen, au siége de Philisbourg en 34, à l'armée du Rhin en 35; il s'y trouva à l'affaire de Clausen, Sous-L. de la comp. des *Gendarmes* de Berry le 11 Fév. 39, Brig. le 1 Janv. 40. Il marcha avec la *Gendarmerie* en Juillet 41, à l'armée du Bas-Rhin qui passa l'hiver en Westphalie.

Il suivit sa comp. sur les frontières de Bohême en Août 42, se trouva à plusieurs escarmouches contre les troupes de la Reine de Hongrie, & après être rentré sur les frontières de Bavière, il revint en France avec la *Gendarmerie* en Fév. 43. Il joignit l'armée du Rhin au mois de Juillet suivant, fit la campagne en haute Alsace sous le Maréc. de Coigny, fut employé à l'armée du Rhin le 1 Avril 44, créé Maréc. de C. le 2 Mai. Il contribua comme Brig. à la prise Weissembourg & des lignes de la Loutre, se trouva à l'affaire de Richevaux, & servit au siège de Fribourg, déclaré Maréc. de Camp en Déc. Il se démit alors de sa Sous-L., fut employé à l'armée du Roi le 1 Avril 45, combattit à Fontenoy, servit aux sièges & à la prise des ville & citadelle de Tournay, couvrit avec l'armée les sièges d'Oudenarde, de Dendermonde, d'Ostende & d'Ath. Employé à l'armée du Roi le 1 Avril 46, il couvrit avec l'armée les sièges de Mons, Charleroy, St-Guislain & Namur, combattit à Raucoux & commanda pendant l'hiver à Calais; il continua d'y commander pendant la campagne de 47; créé Lieut. Général le 10 Mai 48. Il commanda à Calais jusqu'au 1 Nov. 49. Gouverneur de Longwy le 13 Nov. 50; employé au pays Messin en qualité de Lieut. Général le 1 Mars 57. Il a eu le même jour un ordre pour commander à Longwy, où il a toujours résidé. Il est mort à... le... 17... *Voyez* Béthisy, page 30.

MEZIERES, (Chevalier de) Lieut. Général le 1 Mars 1780.

MEZIERES, Garde du Roi dans V. le 4 Octobre 1759.

MIBIELLE, Garde du Roi dans V. le 4 Mai 1767.

MICHAULT, (Charles-Louis) Lieut. en p. des *Grenad. Royaux* de la Picardie.

MICHEL, Four. des *Gardes Suisses* d'Artois.

MICOUD, (Comte de) Maréchal de Camp le 1 Mars 1780. M. D.

MIDDE, Brig. d'infant. le 12 Novembre 1772.

MIGNONNEAU, Commissaire des Gardes du Roi dans *Noailles*.

MIGOT, ✠ Major du rég. d'*Artois*, dragons.

MILET de Mureau, Capit. du *Génie*, à Bonifacio.

MILHAC, Garde du Roi dans *Noailles* le 23 Décemb. 1775.

MILHAU, Garde du Roi dans *Noailles* le 16 Juillet 1768.

MILLET, (Charles-Abraham de) né à Châtillon-sur-Seine le 15 Oct. 1754, Sous-L. au rég. de la *Reine* le 5 Mai 1772, Lieut. en fec. le 19 Sept. 1778, Lieut. en p. le 2 Juin 1783. D.

MILLET, (le Comte de) Gouverneur général du Maine & du Perche.

MILLEVILLE, (Marie-Paul de) né à Boissay en Normandie, le 12 Janv. 1760, Soldat au rég. de la *Reine* inf., le 19 Décemb. 1777, Cad. Gentilh. le 4 Avril 1778, Sous-L. le 17 Novembre suivant. D.

MILLIN de Grandmaison, Commiss. principal des Guerres, à Lyon.

MILLO, Maréchal de Camp le 3 Janvier 1770.

MILLO, Lieut. de Roi com. à Monaco.

MILLOT de Paubat, Aide-Major, à Douay.

MILLOT, Brig. des Gardes

du Roi dans *Noailles* le 25 Mars 1779.

MILLY, ✠ (Comte de) Lieut., avec les honneurs & le service des *Gardes Suisses* de Monsieur. M. D.

MILLY; Lieut. des *Maréchaux de France*, à Mâcon.

MILLY, (Jean-Louis Pontus Dethy de) né à Mâcon le 15 Déc. 1736, Enf. au rég. d'*Aquitaine* le 1 Déc. 1755, Lieut. le 1 Nov. 1756, Cap. le 8 Avril 1761; ✠ blessé de deux coups de feu, l'un à la jambe, à Crevestat en 1758, l'autre au bras, à Wilhelmslac, en 1762. D.

MILLY, (Philippe Josselin de) né à St.-Michel en Lorraine le 10 Fév. 1744; a commencé à servir dans le rég. *Royal-Barrois* en 17..., Sous-L. au rég. de *Foix* le 6 Mai 1760, Lieut. le 1 Juillet 1762, Capit. le 21 Mai 1771.

MILLY, Maréc. de Logis des Gardes du Roi dans B. le 17 Mars 1782.

MILON de Mesne, (Fortunat-Jean-Baptiste de) né au Château de Boisbonard, en Touraine, le 11 Mai 1765, Elève de l'Ecole Militaire le 6 Janvier 1781, Sous-L. à la suite des *Carabiniers* le 24 Fév. 1782. D.

MILON de Mesne, (Fortunat-Jean-Marie de) né à Ville-Perdue près Tours, le 11 Mars 1766, Elève de l'Ecole Militaire le 6 Janv. 1781, Sous-L. à la suite des *Carabiniers* le 24 Février 1782.

MILORD d'Ogilvy, Maréc. de Camp le 25 Juillet 1762.

MINARD, Garde du Roi dans B. le 20 Juin 1775.

MINARD, Lieut. de Roi au Port-Louis & l'Orient.

MINARD de Salleux, Brig. d'infanterie le 1 Mars 1780.

MINGHINI, (Jean Bernard de) né à Poskiavo en Grisons, le 9 Juin 1738, Cad. dans *Vigier* le 1 Mai 1764, Sous-L. le 6 Mai 1767, Lieuten. le 1 Août 1779. D.

MINIERE, (Pierre de) né à St.-Domingue le 2 Juin 1736, Sous-L. le 15 Mars 1755, Lieut. le 1 Avril 1756, Cap. en p. du rég. du *Maine* le 18 Déc. 1776, ✠ le... 17... D.

MIOMANDRE, Garde du Roi dans L. le 9 Juillet 1775.

MIRABEAU, (Chevalier de) Col. en sec. de *Touraine* infant. M. D.

MIRAMBE', (François Monami de) né à Mirambel en Limosin le 25 Juil. 1752, Vol. au rég. de *Monsieur*, drag., le 24 Mai 1774, Maréchal de Logis le 28 Mai 1776, Lieut. en sec. le 6 Juillet 1779. D.

MIRAMONT, ✠ Cap. en sec. des *Gardes Françoises*.

MIRAN, (Marq. de) Maréchal de Camp le 3 Janv. 1770. M. D.

MIRAUBEL, Garde du Roi dans *Noailles* le 28 Septembre 1778.

MIRBECK, ✠ Sous-L. des *Gardes* de Monsieur.

MIREMONT, Garde du Roi dans V. le 2 Septembre 1759.

MIREPOIX, (Marquis de) Brig. d'inf. le 23 Juillet 1756. M. D.

MIRIBEL; (Hector-François-Amédée Copin de) né à Grenoble le 18 Fév. 1757, Sous-L. le 19 Mai 1774, Lieut. en sec. au rég. du *Maine* le 17 Novembre 1779. D.

MIRIBEL, Cap. d'*Artillerie*, à Nantes.

MIRMAN, (Chev. de) Brig.

d'infanterie le 1 Mars 1780.

MIROMENIL, (Nicolas-Tomas Hue, Comte de) né à... le... 17..., Garde Marine le... 1745, Officier aux Gardes Françoises le... Col. des Grenadiers-Royaux de l'Isle-de-France, le... 1762, Brigad. des Armées le 3 Janv. 1770, Maréc. de C. le 1 Mars 1780. M. D.

MIRVILLE, (Marquis de) Brig. de caval. le 1 Mars 1780. M. D.

MISEREY, (Charles-Gabriel-Éléonore Girod de) né à..., Sous-Lieut. dans Royal, inf., le... 17..., Sous-L. à la suite de la cav. le 1 Mai 1780, 3e Sous-L. au sec. rég. des Chevaux-Légers le 29 Mai 1781, en pied le 8 Juin 1783. D.

MISERY, Garde du Roi dans L. le 15 Septembre 1766.

MISOUARD, (Louis-Gilles de Poilvilain de) né à Avanches le 18 Janv. 1758, élevé à l'Ecole Militaire, Cadet Gentilh. dans Berry inf., le 6 Juin 1776, Sous-L. le 20 Août 1777, Lieut. en sec. le 23 Avril 1782. D.

MISSOLZ; ✠ (le Chev. de) Chef de Brigade du régim. de Metz, artillerie.

MISSY, Elève du Génie.

MITHON, (Marq. de) Maréchal de Camp. le 1 Mars 1780. M. D.

MITHON, Sous-L. en p. des Gardes Françoises.

MITRY, (Jacques-Joseph, Comte de) né au Ménil en Lorraine en 1739, Corn. dans Toustain cav., le 24 Mai 1759, Cap. dans Nicolay le 30 Janv. 1761, réformé en 1763, remplacé Cap. com. le 19 Fév. 1766, passé à une comp. le 1 Janv. 1768, ✠ en 1777, Cap. com. dans Durfort drag. en Juin 1776. D.

MODÈNE, (le Comte de) Gouverneur du Luxembourg. M. D.

MŒUVES, (Frédéric) né à Berghosfen, en Cologne, le 3 Mai 1737, Fourrier dans le rég. de Nagel, en Cologne, le 4 Janv. 1754, Fourr. dans Royal-Nassau, en France, le 1 Janv. 1758, rang de Sous-L. le 3 Avril 1771, Quart. Me. Trés. le 4 Août 1774, incorporé dans Conflans le 26 Juillet 1776.

MOGES, (Charles-Théodose, Marquis de) né à Caen, en Normandie, le 6 Nov. 1741, surnuméraire des Chevaux-Légers en Mai 1757, Corn. dans la Colonelle-Générale, cav., en Avril 1760, Lieut. Col. à la suite de la cav. en Août 1772, idem. en Avril 1774, ✠ en Mai 1776, Mest. c. en sec. du rég. de Bassigny le 18 Mai 1776. D.

MOGES, (Charles-Théodose de) né à Paris le... 1767, Sous L. en 3e. dans Bassigny le 15 Fév. 1783. D.

MOLAC, (Marq. de) Lieut. Gén. le 5 Déc. 1781. M. D.

MOLARD d'Aley, ✠ Chef de Brig. du rég. d'Auxonne, artillerie.

MOLINIER de la Can, ✠ Cap. du bataillon de garnison d'Aquitaine.

MOLINIS, Garde du Roi dans B. le 23 Déc. 1760.

MOLINIS, Brig. des Gardes du Roi dans B. le 12 Mars 1780.

MOLL, Quart. Me. Trés. du rég. de Berchiny, hussards.

MOLLIERE, Cap. d'artillerie, à Nantes.

MOLMONT, Lieut. de Roi de la Citadelle de Ré.

MONACO, (Prince de) Maréc. de Camp le 10 Mai 1748. M. D.

MONBERT, Major de la Ville & Citadelle du Havre.

MONCAN, Garde du Roi dans Noailles le 2 Juin 1759.

MONCEY, (Bonne-Adrien Jeannot de) né à Besançon le.... Juillet 1754, Volont. au rég. de Champagne, inf., en Sept. 1769, Gendarme de la Garde en Avril 1772, Sous-L. aux Volont. de Nassau en Déc. 1778, Sous-L. au corps de Nassau-Siégen en Août 1779, Lieut. en sec. en Août 1782. D.

MONCHAT, (Marquis de) Brig. d'infant. le 1 Mars 1780. M. D.

MONCHENU, (Baron de) Col. en sec. de Mestre-de-Camp-Général, drag. M. D.

MONCHENU, (Jean-Joseph-Abel Falque, Ch. de) né à Tedure, en Dauphiné, le 12 Mai 1765, Elève de l'Ecole Militaire le 13 Mai 1780, Sous-L. à la suite des troupes le 25 Mai 1781, Sous-L. en 3e. aux Carabiniers le 4 Août 1782. D.

MONCHERVILLE, Garde du Roi dans V. le 23 Nov. 1760.

MONCIELLE, (Marquis de) Lieut. des Gardes Suisses de Monsieur. M. D.

MONCRIF, Garde du Roi dans B. le 11 Sept. 1769.

MONDAJORS, ✠ (Marq. de) Lieut. Col. de Barrois, infanterie. M. D.

MONDENARD, Lieut. Col. de Blaisois, inf., Brig. & ✠ le 1 Mars 1780.

MONDESIR, ✠ Lieut. Col. du rég. d'Orléans, drag.

MONDION, ✠ Major de Conti, infanterie.

MONDION d'Artigny, Louis-Auguste) né à Thouer, en Poitou, le 24 Mars 1760, Cad. Gentilh. au rég. de Foix le 6 Juin 1776, Sous-L. le 1 Juill. 1778, Lieut. le 6 Juill. 1781. D.

MONDION de Chassigny, (Louis-Joachim de) né à Châtellerault, en Poitou, le 20 Fév. 1765, Sous-L. au rég. de Foix le 10 Oct. 1782.

MONDOLOT, Garde de la Manche le 23 Déc. 1781.

MONDOMAINE, Major à Saumur & du Château.

MONDRAGON, (Jean-Jacques Gallet, Marquis de) né à Paris en 1754, Sous-L. au rég. d'Artois, cav., en 17..., Commission de Capit. au rég. de Berry, cav., en Avril 1777, en pied en 17... M. D.

MONFALCON, Garde du Roi dans Noailles le 23 Avril 1762.

MONFALCON, Garde du Roi dans Noailles le 3 Juill. 1755.

MONFORT, Garde du Roi dans B. le 1 Avril 1770.

MONFORT, (Pierre du Vertier de) né à Pomport, en Périgord, le... Mai 1734, Porte-Drap. au rég. Royal-Normandie en Fév. 1763, Sous-L. en Janv. 1769, Lieut. au rég. de Neustrie en Juin 1776, Cap. aux Volont. de Nassau en Fév. 1779, Cap. en sec. au corps de Nassau-Siégen en Août 1779.

MONFURON, ✠ Cap. d'artillerie au St-Esprit.

MONGERMONT, (Pierre Drouet de) né à Rennes le 17 Mai 1749, Sous-L. dans l'Isle-de-France le 13 Juillet 1771, Lieut. en sec. le 4 Juill. 1776, Lieut. en p. le 17 Mai 1780. D.

MONGU, (Martin) né à.... le... drag. le 28 Sept. 1759, P. G. dans le 4e. rég. des Chasseurs le 1 Sept. 1772.

MONICK, ✠ Adjudant des Gardes Suisses.

MONJOBERT, ✠ Chef de Brig. du rég. de la *Fere*, artillerie.

MONJOT, (Remy) né à Sédan le 15 Mars 1739, Cavalier dans *Charost* le 1 Janv. 1756, Brig. le... 1760, Maréc. de Log. le 26 Mai 1763, Fourr. le 6 Nov. 1769, P. E. le 10 Mai 1775, Sous-L. au sec. rég. des *Chevaux-Légers* le 1 Mai 1778.

MONMIREAU, (Gabriel de) né à Chartres le... 1737, Lieut. au rég. d'*Orléans*, inf., le 28 Nov. 1755, Cap. le 16 Juin 1776, a fait les campagnes de 57 & 62, Cap. en p. le 18 Déc. 1779, ✠ le 5 Oct. 1781, embarqué sur le vaisseau du Roi le *Bisarre* le... Déc. 1770, rentré en 1771. D.

MONNIER, Sous-L. de *Maréchaussée*, à Bourg en Bresse.

MONNIER de Courtois, Cap. du *Génie*, à Landrecies.

MONPEZAT, Garde du Roi dans V. le 8 Juillet 1759.

MONS, Enseig. des *Gardes Françoises*.

MONS en Barœul, Lieut. des *Maréchaux de France*, à Lens.

MONSPEY, (le Marquis de) Exempt des Gardes-du-Corps dans *Noailles* le 30 Mars 1776, Mest. de Camp le 31 Mars 1769, Aide-Major le 27 Mars 1773, Enf. le 30 Mars 1774, Brevet de Lieut. le 1 Janvier 1776, Lieut. le 30 Mars 1781, Brig. le 5 Déc. 1781. M. D.

MONSQUERES, (Charles-François de) né à Auch le 11 Juillet 1763, Cad. Gentilh. au rég. Maréchal de *Turenne* le 11 Juillet 1778, Sous-L. le 24 Janv. 1780.

MONT, (Charles-François Domel de) né à Arbois, en Franche-Comté, le 5 Mars 1761, Cad. Gentilh. le 28 Avril 1778,

Sous-L. au rég. de *Limosin* le 22 Juin 1779. D.

MONT, (Joseph-Laurent de) né à Paris le 29 Sept. 1747, originaire de Villa en Grisons, Cad. Gentilh. dans *Vigier* le 1 Janv. 1764, Sous-L. le 12 Nov. 1768, Lieut. le 3 Juin 1781, Sous-Aide-Major le 28 Fév. 1782, Aide-Major le 26 Mai 1782. D.

MONTABONNE, ✠ Lieut. Col. commandant le bataillon de garnison de *Vivarais*.

MONTADET, (Marie-François l'assama de) né à Lombés, en Gascogne le 1 Juin 1753, Sous-L. au rég. de *Médoc* le 17 Mai 1772.

MONTAGNAC, ✠ (le Cte. de) Lieut. Col. commandant le bataillon de garnison de *Bourbonnois*. M. D.

MONTAGNAC, (Charles-Louis-Nicolas, Comte de) né au Château de Cluis-Dessus, près Argentin en Berry, le 14 Sept. 1747, Sous-L. au rég. de la *Reine*, inf., le 29 Fév. 1768, Lieut. le 28 Juillet 1773, Cap. en second le 3 Juin 1779. M. D.

MONTAGNE, (Denis) né à Alby en Languedoc le 16 Août 1730, Soldat au rég. d'*Aquitaine* le 1 Mars 1747, Grenad. le 1 Mars 1750, Sergent le 1 Mai 1760, Porte-Drap. le 9 Mars 1768, Quart. Me. Tréf. le 14 Oct. 1775, Lieut. le 10 Juin 1776, a été blessé de deux coups de feu, l'un à l'affaire de Carillon en 1758, & l'autre à la bataille de Québec en 1760.

MONTAGU de Favols, (Antoine de) né à Molière, en Quercy le 23 Juillet 1753, Sous-L. à la suite dans *Royal-Pologne*, cav., le 17 Août 1774, en pied le 30 Janvier 1775. M. D.

MONTAIGNAC, Lieut. Gén. du Berry.

MONTAIGU, (Chev. de) Maréc. de Camp le 1 Mars 1780.

MONTAINVILLE, Anne-François-Eugène le Texier de) né à Paris, Paroisse St Roch le 10 Juin 1764, Cad. Gentilh. au rég. de Savoie-Carignan le 20 Mars 1780, Sous-L. le 23 Avril 1782. D.

MONTAIS, Sous-L. en sec. des Gardes Françoises.

MONTAL de la Marque, (Antoine Claude de) né à Aurillac, en Auvergne, le 27 Mai 1744, a commencé à servir dans le rég. de Royal-Barrois en 17... Sous-L. au rég. de Foix le 8 Mars 1761, Lieut. le 1 Juillet 1762, Cap. le 17 Avril 1775. D.

MONTALAIS, Brig. des Gardes du Roi dans L. le 1 Janv. 1776.

MONTALAMBERT, (Marquis de) Maréc. de Camp le 20 Fév. 1761. M. D.

MONTALAMBERT, (le Marq. de) Lieut. Gén. du Gouv. de la Saintonge & Angoumois.

MONTALAMBERT, ✠ (le Chev. de) Lieut. Col. command. le bataillon de garnison de Beaujolois.

MONTALAMBERT, (Baron de) Enf. des Chevaux-Légers de la Garde. D. M.

MONTALBAN, (Joseph de) né à Grenoble en Dauphiné le 3 Août 1748, Lieut. au rég. d'Artois, cav., le 10 Mai 1768, Cap. en sec. au rég. de Bourgogne, cav., le 19 Mai 1774. D.

MONTALENT, Garde du Roi dans B. le 24 Fév. 1779.

MONTAUD, Garde du Roi dans B. le 7 Juin 1774.

MONTAUGÉ, Garde du Roi dans Noailles le 29 Mars 1779.

MONTAULT, (Chev. de) Cap. en sec. dans Ségur, drag. M. D.

MONTAULT, Sous-L. Porte-Etend. des Gardes-du-Corps dans Noailles le 11 Mars 1780, Mest. de Camp le 27 Mars 1782.

MONTAULT, (Jean de) né à Foix au Comté de Foix le 20 Mars 1740, Enf. au rég. d'Aquitaine le 8 Avril 1761, Lieut. le 22 Juillet 1761, Cap. en sec. le 13 Mai 1780, Cap. com. le 18 Juillet 1782.

MONTAUSON, Garde du Roi dans L. le 30 Déc. 1774.

MONTAUT, Garde du Roi dans B. le 24 Fév. 1766.

MONTAUT de Montberault, (Comte de) Maréc. de Camp le 1 Mars 1780. M. D.

MONTAZET, (Marq. de) Maréc. de Camp le 5 Déc. 1781. M. D.

MONTAZET, (le Comte de) Lieut. Gén. le 1 Mars 1780.

MONTBAREY, (Prince de) Lieut. Génér. le 1 Mars 1780. M. D.

MONTBAZON, (Charles-Alain-Gabriel de Rohan, Duc de) né à Versailles le 18 Janv. 1764, Gendarme de la Garde le 20 Mars 1776, Sous-L. à la suite des Carabiniers le 13 Juill. 1780, Cap. à la suite le 25 Mai 1783. M. D.

MONTBEL, Lieut. de Roi, à Schelestat.

MONTBERAUT, (le Vicomte de) Com. la pet. Pierre. M. D.

MONTBOISSIER, ✠ (le Baron de) Col. du rég. d'Orléans, drag. M. D.

MONTPOISSIER, ✠ (le Comte de) Lieut. Gén. le 10 Mai 1748. M. D.

MONTBOISSIER, (le Cte. de) Com. en Chef de l'*Auvergne*.

MONTBRAN, Command du Fort Sainte-Croix, en Guienne.

MONTBRISON, (Jean-Soulier de) né à Castel-Jaloux en Guienne, le 18 Juin 1757, Lieut. le 28 Juin 1758, premier Lieut. le 8 Juin 1776, Cap. en sec. le 10 Janv. 1777, Cap. c. au rég. de *Limosin*, infanterie, le 15 Juin 1781.

MONTBRON, (Jean-Louis de Cherade de) né à Blon, Paroisse de Blac en Limosin, le 22 Août 1762, Cad. Gentilh. au rég. de *Limosin*, le 1 Juillet 1778, Sous-L. le 18 Juillet 1780. D.

MONTBRUN, (Léon-Houdart-Henri, Comte de) né à Boulogne sur mer, le 21 Nov. 1758, Page du Roi le 1 Janv. 1774, Cap. au rég. *Royal*, cav. le 28 Fév. 1778. M. D.

MONTBRUN, (Louis-Houdart de Dixmude, Ch. de) né à Boulogne, le 31 Mai 1761, Page du Roi, le 2 Sept. 1777, Cap. dans *Royal*, cav. le 1 Janv. 1780.

MONTBRUN, Lieut. des *Maréchaux de France*, à Libourne.

MONTCALM, (Comte de) Maréchal de Camp le 5 Déc. 81. M. D.

MONTCALM Gozon, (Gilbert-François-Dieu-Donné, Ch. de) † né à Montpellier, le 30 Sept. 1743, Corn. le 3 Déc. 1759, Cap. le 1 Déc. 1762, réformé & fait sec. Sous-Aide-Maj. le 1 Mars 1765, Cap. en p. le 5 Mai 1772, Cap. en sec. des *Chevaux-Légers* du rég. de la nouvelle formation, le 16 Juin 1776, Cap. com. le 30 Janv. 1778, Maj. du rég. *Royal-Normandie* le 24 Juin 1780. M. D.

MONTCANISY, ✠ Maj. du rég. de la *Reine*, drag.

MONTCARVILLE, ✠ Commissaire Ordonnateur des guerres, à Caen.

MONTCHAL, (le Vicomte de) Exempt des Gardes du Corps dans *Noailles*, le 27 Mars 1773, Mest. de Camp en 1775, Sous-L. le 30 Juin 1777. M. D.

MONTCHAMP, Lieut. des *Maréchaux de France*, à Alby.

MONTCHENU, (Cte. de) Maréchal de Camp le 1 Mars 80. M. D.

MONTCHEVREUIL, (Gilles-Louis de Bercher de) élevé à l'Ecole Militaire, né à Roye en Picardie, le 23 Août 1753, Sous-L. dans *Berry*, inf. le 17 Avril 1770, Lieut. en sec. le 1 Sept. 1777, Lieut. en p. le 1 Juin 1780.

MONTCHEVREUIL, (Comte de) Brig. d'inf. le 1 Janvier 48. M. D.

MONTCLA, Garde du Roi dans L. le 7 Juillet 1772.

MONTCORPS, (Comte de) Sous-L. des *Gardes d'Artois*. M. D.

MONTEAUT, Jean-Pierre-Joseph, Vicomte de) né à Bayonne, le 27 Avril 1765, premier Page de Monsieur, le 1 Juillet 1778, Com. de Cap. au rég. de *Berry*, cav. le 12 Juill. 1781. M. D.

MONTÉE, Lieut. en p. du 3e rég. d'*Etat-Major*.

MONTECLER, (Marq. de) Brig. d'inf. le 5 Déc. 81. M. D.

MONTEIL, (Marquis de) Lieut. Général le 1 Mars 1780. M. D.

MONTEIL, (Vicomte de) Maréchal de Camp le 1 Mars 80.

MONTEIL, (le Comte de) Lieut. de Roi à Narbonne. M. D.

MONTEJEAN, (Baron de) Maréchal de Camp le 5 Déc. 80. M. D.

MONTEJEAN, Enseig. des *Gardes Françoises*.

MONTEL, (Jules-Gilbert, Comte de) né à Paris le 27 Août 1748, Page de la Dauphine, le... Oct. 1763, Garde du Roi dans N. le... Janv. 1765, Cap. dans *Noailles*, cav. le... Juin 1767, Lieut. Col. à la suite de la cav. le... Oct. 1772, Mest. de Camp à la suite de la cav. le... Janv. 1773, Mest. de Camp en sec. du rég. *Royal-Navarre*, cav. le... Avril 1776, ✠ le... Novembre 1781. M. D.

MONTELEGIER, ✠ Lieut. Col. du 4ᵉ rég. des *Chevaux-Légers*.

MONTELS, (Pierre-Etienne de l'Isle de) né à Marseille en 1738, Mousquetaire en Janv. 1758, Cap. dans *Nicolay*, le 15 Mai 1762, réformé en 1763, remplacé à une compagnie le 9 Déc. 1771, Cap. en sec. le 11 Juin 1776, Cap. com. dans *Durfort*, drag. le 8 Février 1778.

MONTERBAN, Brig. des Gardes du Roi dans L. le 31 Décembre 1778.

MONTERBAN, Lieutenant de *Maréchaussée*, à Montmorillon.

MONTEREUX, (François-Joseph-Dieu-Donné, Comte de) né à Nancy le 27 Mars 1760, Sous-L. à la suite des *Carabiniers* le 17 Mai 77, en pied le 13 Juill. 1780. M. D.

MONTESPIN, (le Ch. de) Aide-Maj. de la grosse Tour, à Toulon.

MONTESQUIOU Fezensac, (Philippe-André-François de) Col. en sec. du rég. de *Lyonnois*.

MONTESQUIOU Fezensac, Baron d'Armagnac, (Anne-Pierre, Marquis de) né à... le 17 Oct. 1739, Mousquetaire du Roi en 1754, Chevau-Léger de la Garde le... 17..., Gentilh. de la Manche du Duc de Bourgogne, le... 17..., Col. des *Grenadiers de France*, le... 17... Col. du rég. *Royal-Vaisseau*, le 20 Fév. 1761, Brig. des armées le 20 Avril 1768, Maréchal de Camp le 1 Mars 1780, nommé ✠ le 2 Fév. 1783, Chancelier, Garde des Sceaux, des Ordres Militaires & Hospitaliers de St. Lazare, de Jérusalem & de Notre-Dame de Montcarmel, Cap. des *Chasses* de la Capitainerie de Senart. Il a été maintenu dans la possession de nom & armes de *Montesquiou*, comme Chef & descendant de cette illustre Maison, par Arrêt du Parlement du 31 Juill. 1783. M. D.

MONTESQUIOU Fezensac, (François-Joseph, Comte de) Sous-L. des Gardes du Corps, le 20 Décembre 1782.

MONTESQUIOU, (le Marquis de) Lieut. Gén. le 28 Déc. 1756. M. D.

MONTEYNARD, (Comte de) Maréchal de Camp le 1 Mars 1780. M. D.

MONTEYNARD, (le Marquis de) Gouverneur Gén. de la Corse, Lieut. Gén. le 28 Déc. 1758.

MONTFLEURY, (Sous-L. des Gardes du Roi dans V. le 1 Janvier 1783.

MONTFLEURY, (Dominique-François le Petit de) né à Caen, le... 17..., Cad. Gentilh. dans *Royal*, cav. le 12 Janv. 1780. D.

MONTFORANT, (N... de) né à Paris, le... 17..., Vol. au rég. de *Conti*, drag. en 1772, Sous-L. à la suite en 1776, en pied en 1778.

MONTFORT, ✠ Cap. d'artillerie, à Montpellier.

MONTFORT, Garde du Roi dans L. le 5 Oct. 1769.

MONTFORT, (le Comte de) Lieut. des *Maréchaux de France*, à Meaux. M. D.

MONTFORT, Cap. d'artillerie, à l'Ecole d'Auxonne.

MONTGAILLARD, ✠ (Marquis de) Col. en sec. de *Bourgogne*, infanterie. M. D.

MONTGARDÉ, Maréc. de Camp le 1 Mars 80.

MONTGAY, Garde du Roi dans B. le 16 Février 1772.

MONTGAZIN, (Charles, Ch. de) né à Toulouse le 27 Janv. 1723, Corn. des *Carabiniers*, le 23 Oct. 1742, Lieut. le 16 Avril 1745, rang de Cap. le 22 Juill. 1758, en pied le 7 Sept. 1758, ✠ le 23 Sept. 1759, rang de Maj. le 25 Avril 1770, rang de Lieut. Col. le 20 Fév. 1774, Cap. en p. le 1 Avril 1776, Lieut. Col. com. d'escadron, le 18 Avril 1776, rang de Col. le 28 Fév. 1778, Lieut. Col. de la première brigade, le 7 Mai 1780, blessé à Lawfeld, Crével & Minden. D.

MONTGON, ✠ (Comte de) Lieut. Col. d'*Anjou*, inf. M D.

MONTGON, Maj. de *Cambraisis*, infanterie, & ✠.

MONTGON, Lieut. des *Maréchaux de France*, à Niort.

MONTGOUR, (Gabriel de Chavanat de) né au Château de Montgour en Auvergne, le... Fév. 1766, Cad. Gentilh. au rég. Maréc. de *Turenne*, le 11 Sept. 1780, Sous-L. le 17 Avril 1782. D.

MONTGRAND de Lanapoule, Maréc. de Camp le 5 Décembre 81.

MONTGRAND, Major des Isles Ste-Marguerite.

MONTHIERS, Garde du Roi dans B. le 11 Juin 1769.

MONTHOLON, (Marquis de) Col. de *Penthièvre*, drag. M. D.

MONTHUCHON, ✠ Lieut. de *Maréchaussée*, à Coutances.

MONTI, (Marquis de) Lieut. Gén. le 25 Juill. 62. M. D.

MONTIER, Maréchal de Camp le 1 Mars 80.

MONTIGNY, (Benjamin, Baron de) né à Metz en Lorraine, le 21 Déc. 1743, Eleve de l'artillerie, le 1 Mars 1759, Corn. le 1 Janv. 1761, Sous-L. au rég. de *Royal-Bavière*, en 1762, Cap. au rég. de *Chabrillan*, drag. aujourd'hui *Monsieur* en Mars 1763, réformé le 3 Avril 1763, remplacé le 30 Juin 1772, Cap. com. le 6 Juin 1776, premier Cap. du rég. le 9 Nov. 1779. M. D.

MONTILLET, (Marquis de) Maréchal de Camp le 1 Mars 80. M. D.

MONTILLET, Trés. principal des guerres, à Lyon.

MONTJOUX, (le Marquis de) Lieut. des *Maréchaux de France*, à Montelimar. M. D.

MONTLEZUN, ✠ Lieut. Col. de *Touraine*, infanterie.

MONTLEZUN, Lieut. de Roi à la Citadelle de Marseille.

MONTLEZUN, (N... Marq. de) Eleve de l'Ecole Militaire, Sous-L. en 3e au rég. de *Conti*, drag. le... 1782. M. D.

MONTLEZUN, (N..., le Ch. de) Fourr. des Gardes du

Roi dans V. le 24 Oct. 1779.

MONTLIBERT, Garde du Roi le 29 Septembre 1770.

MONTLUC, Garde du Roi dans V. le 19 Mars 1775.

MONTMARIN, Com. au Château de Lictemberg.

MONTMARTIN, (Jean-François, le Comte de) né à Orval le 17 Janv. 1737, Lieut. le 20 Oct. 1757, Cap. en p. du rég. du *Maine*, le 7 Avril 1773, ✠ le... 17... M. D.

MONTMAURT, (N..., Ch. de) né à Dijon en Bourgogne, le 24 Oct. 1760, Sous-L. au rég. des *Cuirassiers du Roi*, le... 17...

MONTMELAS, Brig. d'inf. le 1 Mars 80.

MONTMIRAL, Garde du Roi dans V. le 27 Déc. 1777.

MONTMIREL, ✠ Commissaire des guerres, à Marseille.

MONTMORENCY, (le Baron de) Com. en Chef du Gouvernement d'Aunis, Lieut. Gén. le 10 Mai 1748. M. D.

MONTMORENCY, (Duc de) Maréchal de Camp le 25 Juillet 62. M. D.

MONTMORENCY Laval, (Marquis de) Maréc. de Camp le 1 Mars 1780. M. D.

MONTMORIN, (le Marquis de) Lieut. Gén. le 10 Mai 1748. M. D.

MONTMORIN, (Comte de) Brig. de cav. le 1 Mars 80.

MONTMORIN, (Edme-Marie Saulnier de) né à Joigny le 5 Mai 1734, Volont. dans *Fischer* le 10 Décembre 1752, Lieut. le 1 Mars 1755, Cap. au rég. des *Volontaires* le 1 Juin 1756, a commandé un détachement de son rég. à St-Cast, & une compagnie de Chasseurs en Westphalie en 59 & 60, Cap. de drag.

au rég. des Volont. d'*Austrasie* le 3 Sept. 1760, réformé à la suite des Légions le 23 Avril 63, Cap. de la Légion de *Lorraine* le 23 Avril 67, a commandé un détachement de 100 hommes en Corse en 69 & 70, réformé à la suite de l'inf. le 5 Déc. 1776, attaché au rég. de *Gatinois* le 9 Mai 77, passé au 3e. rég. des *Chasseurs* le 8 Avril 1779, blessé d'un coup de feu au genou à la retraite des ennemis sur Cassel le 29 Juillet 1760. D.

MONTMORT, (Marq. de) Lieut. Gén. le 1 Mai 1758. M. D.

MONTMORT, (le Marq. de) Exempt des Gardes du Roi dans V. le 18 Sept. 1764, Mest. de Camp le 30 Sept. 1774, Sous-L. le 1 Janv. 1775, Lieut. le 18 Mars 1780. M. D.

MONTOT, Brig. des Gardes du Roi dans L. le 1 Janv. 1783.

MONTOZON, Garde du Roi dans B. le 29 Sept. 1759.

MONTOZON, Garde du Roi dans B. le 30 Juin 1767.

MONTOZON, Garde du Roi dans B. le 30 Juin 1767.

MONTOZON, (Jean-Baptiste de) né à Périgueux le 3 Juin 1756, Sous-L. au rég. de *Bassigny* le 5 Mai 1772, Lieut. en sec. le 15 Juillet 1779, Lieut. en p. le 18 Juin 1782. D.

MONTPEZAT, (le Marq. de) Lieut. de Roi en Languedoc. M. D.

MONTPLAISIR, (le Chev. de) Lieuten. des *Maréchaux de France*, à Clairac.

MONTRATIER de Parasols, Lieut. des *Maréchaux de France*, à Montauban.

MONTREDON de Garaghule, (Jean-Baptiste-Charles-Victor

Victor de) né au Château de Caraghule, près Narbonne, en Languedoc, le 17 Juil. 1738; a commencé a servir dans le rég. *Royal-Barrois*, Sous-L. au rég. de *Foix* le 28 Fév. 1760, Lieut. le 8 Fév. 1762, Cap. le 2 Octob. 1762. D.

MONTREDON de la Blaquière, ✠ Sous-Brig. du *Génie*, à Calvy.

MONTREUIL, Garde du Roi dans V. le 6 Juin 1773.

MONTREUIL, (le Comte de) Lieut. Général le 5 Décemb. 1781. M. D.

MONTREVEL, (Comte de) Maréc. de C. le 3 Janv. 1770. M. D.

MONTREYNAUD, Garde du Roi dans V. le 17 Juin 1760.

MONTROMANT, (N... de Chapuis, Chev. de) né à Montbrillon en Lionnois, le 9 Nov. 1742, Corn. au rég. du *Roi* cav. le 8 Mai 1761, Sous-L. au rég. des *Cuirassiers* du Roi, le 16 Avril 1763, Sous-Aide-Major le 24 Sept. 1769, Aide-Major le 7 Avril 1775, commission de Cap. en Mai 1776, Cap. en sec. le 24 Décembre 1779. D.

MONTROSIER, Brig. d'inf. le 1 Mars 1780. M. D.

MONTROTY, (Augustin-Edme le Vaillant de) né à Montroty en Normandie, en Mars 1762, Cad. Gentilh. au rég. de *Foix* le 26 Juin 1779, Sous L. le 26 Octobre 1780.

MONTROZARD, ✠ Chef de Brigade du rég. de *Grenoble*, artillerie.

MONTS, (Joseph Raimond de) Cad. Gentilh. au régim. de *Metz*, puis dans *Poitou*, blessé & fait prisonnier à Plaisance, à 1784.

la prise du Château Dauphin, Cap. des Grenad., blessé à Rosbac dont il mourut. D.

MONTSOREAU, ✠ (Comte de) Col du rég. *Royal-Etrangers*, cavalerie. M. D.

MONTVIEL, Brigadier d'infanterie le 1 Mars 1780.

MONTVIELLE, (le Chev. de) Lieut. des Gardes de la Porte du Roi.

MONTVIOL, Garde du Roi dans L. le 21 Juin 1776.

MOORE, Maj. de *Berwick*, infanterie.

MORAMBERT, Garde du Roi dans *Noailles* le 21 Novembre 1756.

MORAND, Garde du Roi dans B. le 2 Octobre 1775.

MORANGIÉS, (Comte de) Maréchal de Camp le 25 Juillet 1762. M. D.

MORANGIES de St.-Alban, (Baron de) Brig. d'infant. le 1 Mars 1780. M. D.

MORBECQ, (Marquis de) Lieut. Général le 5 Décembre 1781. M. D.

MORCENG de Touville, (Jean-Pierre-Philippe de) né à la Touville en Normandie, le 1 Janvier 1758, Lieut. au régim. Maréc. de *Turenne*, le 22 Mars 1758, Cap. le 9 Juin 1772; a fait la campagne de 1758 & 1779. D.

MORÉ, (George-Léonard) né au rég. de *Vigier* le 3 Juillet 1743, a commencé à y servir comme Soldat le 1 Sept. 1751, Serg. le 22 Fév. 1762, P. Drap. le 4 Juin 1781.

MOREAU, Garde du Roi dans L. le 30 Mai 1761.

MOREAU, Quart. Me Trés. de *Viennois*, infanterie.

MOREAU de Bouy, Lieut. du Génie, à Belle-Isle.

MOREL, ✠ Brig. des Gardes de la Porte du Roi.

MOREL, Quart. Mc Trésor. de Royal-Roussillon, cavalerie.

MOREL, (Jean Baptiste-Pierre-Marc de) né à... le 17..., Sous-L. à la suite de l'Isle de France le... 17..., en pied le 4 Juillet 1771. D.

MOREL de la Borde, ✠ Brig. des Gardes de la Porte du Roi.

MOREL, Lieut. de Roi, au Fort-Barraux.

MOREL, Sous-L. de Maréchaussée, à Bordeaux.

MOREL, Sous-L. de Maréchaussée, à la Charité.

MOREL, (Claude) né à St.-Loup en Franche-Comté, le 28 Fév. 1728, Cavalier au rég. de Barbançon, dit Royal-Navarre, le 21 Mars 1747, Brigad. le... 1758, Marée de Log. le... 1761, P. Enf. le 25 Août 1767, rang de Lieut. le 3 Mars 1774, en pied le 16 Mai 1780.

MOREL, (Antoine) né à Lamotte en Picardie, le 25 Déc. 1734, Cavalier dans Royal-Pologne le 5 Avril 1750, Marée. de Logis le 1 Avril 1758, Porte Enf. le 4 Août 1769, Quart. M. Trésorier le 10 Juin 1776.

MOREL, Chev. de Framental, (Louis Guérin Honoré-Vincent-Bonaventure) né à Limoges le 28 Avril 1757, Cad. Gentilh. au régim. de Bussigny le 6 Juin 1776, Sous-Licut. le 28 Avril 1778. D.

MORELLY de Rozaty, (Andrea-Fraclio Comte de) né à Nice en Déc. 1754, Gendarme de la Garde en Avril 1774, réformé en Fév. 1776, Sous-L. à la suite du rég. Dauphin, drag., en Août 1777, idem dans la Rochefoucault, drag., en Juin 1780, idem dans celui de Berry, cav., en Mai 1783. M. D.

MORET, Fourrier des cent Gardes Suisses.

MORETON Chabrillan, (Comte de) Cap. en survivance des Gardes de Monsieur. M. D. Voyez CHABRILLAN.

MOREY, Lieut. de Maréchaux de France, à Nancy.

MORGAN, Cap. du Génie, à Cherbourg.

MORGES, (le Comte de) Lieut. de Roi en Dauphiné. M. D.

MORIER de Laval, (Hiacinthe) né à St.-Philippe de Caraman, en Languedoc, le 16 Mai 1748, Sous-L. au régim. Marée. de Turenne, le 20 Sept. 1766, Lieut. le 9 Juin 1772. D.

MORIN, Garde du Roi dans Noailles le 24 Juin 1769.

MORIN, Garde du Roi dans L. le 1 Juillet 1770.

MORINEAU, Garde du Roi dans B. le 1 Avril 1771.

MORIOLLES, (Comte de) Marée. de C. le 16 Avril 1767. M. D.

MORIS, (Jean-Baptiste) né à Cussey en Champagne le... 17... Cavalier au rég. de Damas, aujourd'hui Royal-Navarre, le 1 Mai 1755, Marée. de Log. le... 1764, P. Enseig. le 26 Mai 1780.

MORIZOT, Lieut. Col. de Cambraisis infanterie, & ✠.

MORLAINCOURT, (Alexandre-Bernard de) né à Bar-le-Duc le 30 Déc. 1757, Sous-L. au rég. Royal-Comtois le 28 Juil. 1773, Lieut. en sec. le 28 Fév. 1778, Lieut. en p. le 16 Juin 1781. D.

MORLAS, (Michele) né à Oletta le 27 Juin 1756, Sous-L.

le 15 Juin 1772, Lieut. en p. au rég. *Royal-Corse*, le 28 Novembre 1777.

MORLET, Commissaire principal des Guerres, à Valenciennes.

MORLET de Boisset, Lieut. du *Génie*, à Dunkerque.

MORLET, Capit. du *Génie*, à la Martinique.

MOROGUES, Lieut. des *Maréchaux de France*, à Baugency.

MORTEMART, (le Duc de) Colonel de *Lorraine*, infanterie. M. D.

MORTEMART, (Marq. de) Col. en sec. de la *Reine*, infant.

MORTON, (Jacques-Etienne Xavier Chapelle Béarnois de) né à Bergerac en Périgord, le 3 Août 1746, Sous-L. le 6 Octob. 1763, Lieut. le 10 Sept. 1769, Cap. en sec. du rég. du *Maine*, le 9 Mai 1780. D.

MOSNIERS, Garde du Roi dans V. le 1 Avril 1757.

MOSNIERS, Garde du Roi dans V. le 1 Juillet 1759.

MOTEL, Commissaire des Guerres, à Versailles.

MOTHES de Blanche, ✠ Lieutenant des *Maréchaux de France*, à Agen.

MOTHIS, (Jacques de) né à Montflanquin en Agénois, le 2 Déc. 1753, Sous-L. au rég. de la *Marine* le 11 Mai 1771, Lieut. le 30 Juillet 1775.

MOUCHERON, Garde du Roi dans *Noailles* le 14 Juin 1771.

MOUCHERON de Penranee, (Jean-Guillaume-Marie de) né à Quimper-Corentin, le 22 Avril 1765, Sous-L. dans *Berry* inf., le 13 Mai 1783. D.

MOUCHY, (Philippe de Noailles Maréchal Duc de) né à... le 7 Déc. 1715, fut d'abord nommé Marq. de Mouchy, puis Cte. de Noailles, Gouverneur & Capit. des Chasses, des Villes, Châteaux & Parcs de Versailles, Marly & dépendances, & Intendant desdites Maisons, le 11 Juin 1729. Il prêta serment entre les mains du Chancelier le 22, fit enregistrer ses Provisions a la Chambre des Comptes le 16, & au Bailliage de Versailles le 22 Novembre 1729; le Duc de Noailles son père en eut l'exercice pendant sa minorité. Il entra aux *Mousquetaires* le 20 Novembre 1729, obtint une comp. au rég. de *Montrevel*, caval., le 23 Mai 1731, fit sa première campagne au siège de Kell en 33; Col. d'un rég. d'inf. de son nom le 10 Mars 34, il le commanda à l'armée d'Allemagne ; il entra le premier l'épée à la main dans les lignes d'Ettengen, qui furent forcées par le Comte de Saxe, sous les ordres du Duc de Noailles, & servit ensuite avec distinction au siège de Philisbourg. Le Maréchal de Noailles, son père, ayant été nommé le 24 Fév. 35, pour commander l'armée d'Italie, le Comte de Noailles l'y suivit par ordre du Roi, se trouva à la prise de Gonzague, de Reggiolo, de Reveré, & suivit les ennemis qu'on chassa jusqu'au-delà du Trentin, où ils furent resserrés jusqu'à la signature des préliminaires ; il employa le reste du temps que son père demeura en Piémont, à parcourir les différentes Cours d'Italie, revint en France au commencement de 36, & entra en exercice du Gouvernement de Versailles le 8 Déc. 40; il fut fait Grand d'Espagne de la première classe, sur la démission de son père, le 8 Février suivant

Chevalier de l'Ordre de Malte, pour lui & ses fils aînés, à perpétuité, par substitution aux privilèges de la Maison d'Arpajon dont il épousoit l'héritière, par Bulle du Grand-Maître, le 28 Sept. suivant. Il passa à l'armée de Bavière avec son régim., en Avril 42, sous les ordres du Duc d'Harcourt; il se distingua le 17 Mai dans un détachement des troupes Impériales & Françoises, que le Duc d'Harcourt & le Maréchal de Turing commandèrent en personne pour chasser 2500 hommes des ennemis d'un camp qu'ils occupoient; il l'abandonnèrent à l'approche du détachement. Le Duc d'Harcourt continua alors sa marche, pour s'emparer d'un pont que le Comte de Kevenhuller avoit sur le Danube près le Château d'Hikelsberg; les troupes Françoises étant tombées dans une embuscade, furent obligées de se retirer dans le plus grand désordre, le Comte de Noailles à la tête seulement de 5 comp. de Grenad. & de dix piquets, fit l'arrière-garde, chargea cinq fois les ennemis, au nombre de 3000 hommes, & par une manœuvre hardie & un feu ménagé, rétablit l'ordre, ranima le courage par son exemple, & rentra au camp sans avoir pu être entamé, quoique vivement suivi par les ennemis. Cette action lui mérita les éloges de l'armée qui en avoit été témoin; le Duc d'Harcourt loua beaucoup son sang-froid, son courage & son intelligence. Il joignit ensuite l'armée commandée par le Maréc. de Vaillebois sur les frontières de Bohême, marcha avec la réserve sous les ordres du Comte de Saxe, se trouva à la prise du défilé de Meringue, fit le 3 Oct., à la tête de 15 compag. de Grenad. & de plusieurs piquets, une brillante retraite; il avoit marché avec le Maréc. de Maillebois, dont le dessein étoit de reconnoître les ennemis: le détachement fut attaqué & entouré en plaine par un détachement de 3000 hussards; le Comte de Noailles forma des Grenad. & des piquets une double colonne, que les ennemis ne purent jamais entamer, & rentra au camp de Bramenhof dans le plus grand ordre, n'ayant eu qu'un Lieut. des Grenad. de blessé & quelques Gren. tués & blessés. Il se trouva ensuite sous les ordres du Comte de Saxe, & toujours de sa réserve, à l'attaque de Falkenau, à la prise d'Ellenbogen, du défilé de Closterlé, de la ville de Caaden. Chargé à Poste-Fixe par le Comte de Saxe, de faire toutes les arrières-gardes de sa réserve depuis Deckendorff, il sauva dans une de ces arrières-gardes, 10 pièces de canon de la grande armée dont les ennemis s'étoient emparés: l'armée s'étant repliée sur les frontières de Bavière, le Comte de Noailles la quitta, & reçut ordre de rentrer en France avec son rég., en Janv. 43; fut créé Brig. le 20 Février suivant. Employé à l'armée du Rhin sous les ordres de son père le 1 Avril, reçut la croix de St.-Louis le 11 du même mois, servit avec la plus grande distinction à la bataille d'Ettengen, où il eut deux chevaux tués sous lui en portant un drapeau de son rég., & finit la campagne en Basse-Alsace. Il fut employé à l'armée du Roi en Flandres, le 1 Avril 44; créé Maréc. de Camp le 2 Mai, il servit comme Brigadier au siège de

Menin & d'Ypres ; déclaré Maréchal de Camp le 29 Juin, il se démit de son rég., servit au siége de Furnes, passa de Flandres en Alsace en Juil., commanda les Grenadiers à l'affaire d'Auguenum, y força l'épée à la main l'arrière-garde du Prince Charles, servit au siége & à la prise des ville & château de Fribourg ; fut employé à l'armée du Roi le 1 Avril 45, combattit à Fontenoy, où avec une brigade de cav., il enfonça la colonne d'inf. des Anglois, & leur prit quelques pièces de canon. Il servit aux siéges des ville & citadelle de Tournay, d'Oudenarde, de Dendermonde & d'Ath. Le Maréchal de Noailles, son pere, ayant été nommé au mois de Mars 46, Ambassadeur extraordinaire en Espagne, pour s'y acquitter d'une commission importante dont le Roi l'avoit chargé, il lui fut adjoint par le Roi, y reçut son Diplome de Grand d'Espagne, sous la dénomination de Duc de Mouchy, y fut nommé le 17 Mai Cheval. de la Toison d'Or, dont il reçut le collier des mains de Mgr. le Dauphin le 12 Juillet. Il rejoignit peu de jours après l'armée de Flandres, où il étoit employé comme Maréc. de Camp depuis le 1 Mai précédent, y finit la campagne, & se trouva à la bataille de Raucoux. Il fut employé à la même armée le 1 Mai 47, se trouva à la bataille de Lauwfeld, & couvrit avec l'armée le siége de Berg-op Zoom. Il servit en 48 au siége de Mastricht, & obtint le grade de Lieut. Général le 10 Mai ; il fut nommé Grande Croix de l'Ordre de Malte le 16 Nov. 1750, reçu par l'Ambassadeur de Malte le 15 Janv. 51 ; nommé Ambassadeur extraordinaire auprès du Roi de Sardaigne le 9 Août 55 ; il s'acquitta, à la satisfaction des deux Cours, de l'importante commission dont il avoit été chargé, se rendit ensuite à Parme, où il s'acquitta auprès de l'Infant Duc, d'une commiss. particulière que le Roi lui avoit donnée, & revint en France en Oct. ; il fut employé à l'armée d'Allemagne le 1 Mars 57, contribua à la conquête des premieres villes qui appartenoient au Roi de Prusse ; fut destiné le premier Juin, à servir premier Lieut. Général à l'armée que le Maréc. de Richelieu devoit commander en Allemagne, mais ce Général ayant pris le 3 Août le commandement de celle qui étoit aux ordres du Maréc. d'Estrées, le Comte de Noailles retourna à cette armée, concourut à la conquête de l'Electorat d'Hanovre, marcha à la tête de 40 bataillons & de 10 escadrons, pour arrêter les ennemis lorsqu'ils eurent rompu la capitulation de Closterseven. Il commanda la seconde ligne lorsqu'on marcha à eux vers Zell ; les habiles manœuvres & les sages dispositions du Général, les obligèrent de se retirer. Il revint en France en Janvier 58, fut employé à la même armée le 16 Mars suivant, se trouva à la bataille de Crewelt, où il fit l'arrière-garde avec le Marquis d'Armentières ; il continua de servir à la même armée le 1 Mai 59, commanda l'avant-garde, se trouva à la bataille de Minden le 1 Août, commanda quelques jours après l'arrière-garde de toute l'armée, & quoique continuellement harcelé par les ennemis, il ne put être entamé, & revint en Nov. ; créé ✠ le 2 Février 1767, &

Maréchal de France le 30 Mars 1753; commandant en chef la province de Guienne la même année. Voyez NOAILLES. M. D.

MOUETTE, Commissaire des Gardes du Roi dans L. le 2 Juillet 1773.

MOUGENOT, ✠ Sous-B. des Gardes d'Artois.

MOULET de la Retrie, Lieut. de Maréchaussée, à Château-Gonthier.

MOULINS, (Eugène-Jean Errault de) né à... en Anjou, le 13 Déc. 1764, Cad. Gentilh. au rég. d'Aquitaine le 6 Mai 1780, S.L le 18 Juin 1781. D.

MOULINIER, (Jean-Baptiste) né à Bergerac en Périgord le 2 Mars 1728, Soldat au rég. de la Marine le 22 Avril 1745, Lieut. le 6 Juin 1758, Cap. le 11 Juin 1776, ✠ le... 17...

MOULON, (François-Moulon de St.-Apol) né à Toulouse le 9 Oct. 1732, Gendarme de la Garde le 1 Mai 1752, Lieut. au rég. d'Aquitaine le 1 Déc. 1755, Capit. le 1 Avril 1761, blessé d'un coup de feu à Minden en 1759, ✠. D.

MOULON de la Chenaye, ✠ Lieut. de Maréchaussée, à Chinon.

MOUSIN, ✠ (Baron de) Lieut. des Gardes d'Artois. M. D.

MOUSIN, (Charle de) né à Bricy en Lorraine, le 26 Mai 1742, Enf. au rég. de Bussigny le 9 Août 1761, Lieut. le 14 Janv. 1762, Cap. en sec. le 28 Avril 1778, Capit. c. le 5 Juin 1780. D.

MOUSIN, (Charles-Joseph, Chev. de) né à Bar-le-Duc le 17 Nov. 1757, Sous-L. à la suite au rég. de Bussigny le 17 Juillet 1774, en pied le 25 Avril 1775, Lieut. en sec. le 5 Juin 1780.

MOUSSONVILLIERS, (Jean-Armand-François Gogué de) né à Chartres le... 17..., Elève de l'Ecole Militaire le 27 Septemb. 1766, Sous-L. au rég. Royal-Navarre, caval., le 14 Mars 1774, Cap. à la suite le 3 Juin 1779.

MOUSTIER, (Marquis de) Brigadier de cavalerie le 1 Mars 1780. M. D.

MOUTON, ✠ Brigad. des Gendarmes Ecossois.

MOUTTIN, ancien Garç.-Major d'artillerie, à Grenoble.

MOYENNEVILLE, Brigad. d'infanterie le 3 Janvier 1770.

MOYNIER de St.-Blancard, Brig. d'inf. le 1 Mars 1780.

MOYNIER de St.-Blancard, Lieutenant de Roi, à Brest.

MOYRIA, (Claude-Joseph de) né au Château de Moiria, à Lendou, le 24 Février 1743, Sous-L. dans la légion de Condé le... 1766, Lieut. le... 1772, réformé le... 1776, rang de Cap. le... 1779, attaché au 4e régim. des Chasseurs D.

MOYRIA Châtillon, ✠ (Comte de) Sous-L. des Gendarmes de la Reine. M. D.

MOYRIA, (Claude-Joseph de Mailhac de) né à Béziers le 4 Juil. 1751, Sous-L. dans l'Isle-de-France le 29 Mai 1769, Lieut le 24 Avril 1774, Lieut. en sec. le 11 Juin 1776, en p. le 8 Avril 1779. D.

MOYSEN, (Louis-Philippe de) né à Pers en Poitou le... 1768, Sous-L. d'Orléans, inf., le 29 Mars 1783. D.

MUISSARD, (N....) né à Lille en Flandres le... 1759, Sous-Lieut à la suite du régim. de Penche le 29 Septemb. 1775, en pied le 11 Juin 1776, Lieut. en second le 30 Sept. 1781. D.

MULLER Bonn, Sous-L. en p. des Gardes Suisses.

MULLER, Quart. M. Trés. de Courten, infanterie.

MULLER de Bonn, Lieut. en second des Gardes Suisses.

MULLER, Brig. d'inf. le 1 Mars 1780.

MULLER, Commandant à Lauterbourg.

MULLER, (François-Charles de) né à Bouxwiller en Alsace, le 3 Sept. 1730, Soldat dans Fersen en 1747, Bas-Offic. dans Saxe, drag., blessé d'un coup de feu en 1748 à Mastricht, Lieut. en sec. dans Fischer en 1760, Lieut. en p. en 1761, Aide-Major le 12 Avril 1763, Cap. le 19 Fév. 1766, ✠* le... Mars 1779.

MULLER, (Jean Baptiste-Balthasar de) né à Neffels, canton de Glarus, le 8 Décemb. 1760, Sous-L. dans Vigier le 6 Août 1777. D.

MULLOT, (N..., Chev. de) né en Bourgogne, Soldat dans l'artillerie le... 17..., P. Enf. le 17 Mars 1775, réformé le 15 Juin 1776, remplacé dans Conti dragons en 1779.

MUN, premier Lieut. com. d'escadron des Gardes du Corps dans Noailles le 4 Décembre 1765. M. D.

MUN, Jean Jacques, Chev. de) né à Moissac en Quercy le 2 Oct. 1749, Sous-L. dans l'Isle-de-France le 24 Sept. 1770, Lieut. le 3 Juillet 1775, Lieut. en sec. le 11 Juin 1776, Lieut. en p. le 1 Juillet 1782.

MUN, (le Comte de) Mest. de Camp. en 1776, Enseig. des Gardes du Corps dans Noailles en 1765, Lieut. com. d'escadron le 21 Avril 1774, Brigadier le 1 Mars 1780. M. D.

MUN, (Comte de) Brig. de cavalerie le 1 Mars 1780.

MUN, (le Marquis de) Sous-Lieut. des Gardes du Corps dans Noailles le 15 Décemb. 1781. M. D.

MUN, Sous-L. des Gardes du Corps dans Noailles le 15 Décembre 1782.

MUNNIER, ✠ Major de Salm, infanterie.

MURAT, (Michel-Philippe, Comte de) né à Vic-le-Comte en Auvergne, le 22 Oct. 1741, Corn. le 1 Fév. 1757, Lieut. le 13 Avril 1761, Sous-Aide-Maj. le 1 Avril 1763, réformé & com. d'escadron auxiliaire à l'instant de la réforme le 7 Juin 1776, Cap. réformé le 20 Avril 1777, Capitaine en second le 4 Août 1782. M. D.

MURAT, (Marquis de) Brig. d'infant. le 1 Mars 1780. M. D.

MURATEL, Garde du Roi dans Noailles le 29 Mars 1774.

MURCÉ, (le Comte de) Lieutenant des Maréchaux de France, à Chinon. M. D.

MURINAIS, (Comte de) Maréchal de Camp le 1 Mars 1780. M. D.

MURVIEL, (le Marq. de) Lieuten. le Roi en Languedoc. M. D.

MURVILLE, Quartier M. Trés., avec rang de Lieut. en p. de Chamarigie, infanterie.

MUSSAN, Brig. des Chev.-Légers de la Garde.

MUSSET, (Louis-Alexandre-Marie de) né au Château de Bonnaventure, en Vendomois, le 14 Nov. 1758, Vol. dans Auvergne le 18 Avril 1769, Sous-Lieut. le 18 Déc. suivant, Lieut. le 16 Juil. 1775, rang de Cap. le 28 Fév. 1778, attaché au rég. d'Orléans.

R 4

MUSSET Despatay, (Joseph-Alexandre de) né le 5 Avril 1719, Major du rég. de Chartres inf., ✠ le 6 Nov. 1747, retiré en 1766, avec 1000 livres de pension.

MUSSET, Marq. de Cogners, (Louis-François de) né le 16 Janv. 1709, entré dans Chartres en 1721, ✠ en 1746, Cap. des Grenadiers le 13 Mars 1748, retiré en 1758.

MUSSET, (Charles-Joseph-Loui de) né à.., Page du Roi le 1 Janv. 1774, Sous-L. au rég. de Chartres infant., le 24 Décembre 1778.

MUSSET de Patay, (Charles-Henri de) né en 17..., Elève de l'Ecole Militaire, Chevalier de St.-Lazare, Sous-L. du rég. de Poitou en 1774, Lieuten. dans Bresse infanterie en 1775.

MUSSIGNY, (Jean-Charles de) né à Roussillon en Bourgogne en 1754, Vol. au rég. de Berry caval., en Juin 1774, Sous-L. en Août 1776. D.

MUZEAU, (Bernard) né à Noroy en Franche-Comté le 3 Janv. 1734, Sous-L. au rég. du Maine le 22 Janvier 1769.

MYON, ✠ ts (Chevalier de) Major des Grenadiers-Royaux de Picardie, Maj. de Penthièvre infant. le... 1783. M. D.

N

NACQUART, Lieut. de Maréchaussée, à Metz.

NADAILLAG, (François-Louis du Pouget, Comte de) né à..., le... 17... entré aux Mousquetaires, le 19 Juill. 1721, obtint une compagnie de cav. dans Talleyrand, le 5 Nov. 1733, la commanda à l'attaque des lignes d'Ettingen & au siége de Philisbourg en 34, à l'affaire de Clausen en 35, à la prise de Prague en 41, au combat de Sahay, au ravitaillement de Frawemberg, à la défense & à la retraite de Prague en 42, à la bataille de Dettingen en 43, obtint une place d'Exempt des Gardes du Roi, le 30 Juill. de la même année ; il fit toutes les campagnes de Flandres de 44 à 48, soit avec le Roi, soit avec les Gardes du Corps, & se trouva aux siéges de Menin, d'Ypres, de Furnes & de Fribourg en 44, à la bataille de Fontenoi, aux siéges de Tournai, d'Oudenarde, de Dendermonde & d'Ath en 45, à la bataille de Rocoux en 46, à celle de Lawfeld en 47, & au siége de Mastricht en 48 ; il obtint le 3 Janv. 45, une Commission pour tenir rang de Mest. de Camp de cav., le grade de Brig. le 10 Mai 48, un brevet pour tenir rang d'Enseigne des Gardes du Corps le 11 Juill. 58 ; créé Maréchal de Camp le 20 Fév. 1761, employé en cette qualité au Camp de Dunkerque, le 1 Mai 1762 ; créé Lieut. Gén. le 1 Mai 1780. M. D.

NADAL, Chef de brig. du rég. d'Auxonne, artillerie.

NADAL, Brig. des Gardes du Roi dans V. le 15 Déc. 1778.

NADAUD, Garde du Roi dans L. le 10 Juin 1773.

NAJAC de St. Sauveur, ✠ Lieut. Col. com. le bataillon de garnison de Soubise.

NAMPTY, Brig. des Gardes du Roi dans Nouailles, le 6 Juin 1779.

NANCLARS, (Pierre-Arnaud de) né à Angoulême, le 7 Juill.

1764, Cad. Gentilh. au rég. de *Bassigny*, le 15 Août 1779, Sous-L. le 25 Août 1780. D.

NANTIAT, (Léonard-Martin, Ch. de) né à Fredaigne en Limosin, le 29 Oct. 1756, Sous-L. le 28 Fév. 1778, Lieut. en sec. du rég. du *Maine*, le 18 Janvier 1781. D.

NARBONNE Lara, (Jean-François, Duc de) né à Aubiac le 27 Déc. 1718, d'abord Lieut. au rég. d'inf. de *Tallard*, le 1 Déc. 1733. Il servit à l'attaque des lignes d'Ettingen, & au siége de Philisbourg en 34 sur le Rhin, la Moselle & à l'affaire de Clausen en 35; obtint une compagnie dans le même rég. le 16 Août 1740; il la commanda à l'armée de Flandres en 42, au Camp de Dunkerque en 43, aux siéges de Menin, d'Ypres & de Furnes, au Camp de Courtray en 44, à l'armée du Bas-Rhin, où il se trouva au passage du Rhin en présence des ennemis en 45, à la marche de Maubeuge, à Hérenstals sous le Comte d'Estrées, aux siéges de Mons, de Charleroi, des Ville & Château de Namur, à la bataille de Rocoux en 46, & de Lawfeld en 47, Col. réformé à la suite du même rég. le 8 Janv. 48. Il eut le même jour, un ordre pour commander les bataillons de Milice qui étoient en garnison à Belle-Isle, sous les ordres du Chevalier de Grossoles, fait Col. du rég. de *Soissonnois*, le 1 Fév. 49; il obtint dans le même mois une charge de Gentilh. de la Chambre de l'Infant Duc de Parme, employé Col. en Languedoc le 11 Fév. 53. Il eut le 19 Avril 55, un ordre pour commander dans le Diocèse de Castres, de la Vaur & d'Alby, sous les ordres du Lieut. Gén. de la Province, & commanda le rég. de *Soissonnois* à la conquête de l'Isle de Minorque, au siége, à la prise & à l'assaut de Mahon & du Fort St-Philippe en 56; il a servi en Languedoc depuis 57 jusqu'en 62, qu'il a été employé en Aunis, déclaré Maréchal de Camp en Déc. 62. Il s'est démis du rég. de *Soissonnois*, & a été employé en Languedoc le 1 Fév. 63. M. D.

NARBONNE Pelet, Baron de Fontanez, &c. (François-Raimont, Vicomte de) né à …. le 21 Oct. 1713, Lieut. réformé dans *Orléans*, drag. le 18 Mars 1721. Il servit au Camp de Lasaone en 1727, & obtint une compagnie du même rég. le 28 Déc. 1728. Il la commanda en 1733, au siége de Kell, après lequel il eut une Commission de Mest. de Camp réformé à la suite du rég. en quittant la compagnie; fait 3e Enseigne des Gardes du Corps du Roi dans *Harcourt*, le 1 Fév. 1734, avec rang de Mest. de Camp de cav; il servit sur le Rhin, & se trouva au siége de Philisbourg, on lui donna le Gouvernement de Sommières le 11 Avril 1736; devint 2e Enseigne le 9 Mai 1740, 3e Lieut. le 12 Octobre suivant, 2e Lieut. le 13 Juill. 43; servit la même année sur la frontière de Flandres; créé Brig. le 20 Fév. 43; se trouva à la bataille d'Ettingen; il servit le Roi dans ses différentes campagnes de Flandres, depuis 45 jusqu'à la paix, & se trouva aux différentes expéditions qui s'y firent, fut créé Maréchal de Camp le 1 Mai 45, déclaré en Nov. premier Lieut. de sa compagnie, le 16

Janv. 47; créé Lieut. Gén. le 6 Juin 1750 en quittant les Gardes du Corps; employé en cette qualité à Caen & dans sa dépendance, le 1 Mars 57; employé dans le Gouvernement de Bordeaux le 1 Mai 58, & le 1 Mai 1759. M. D.

NARBONNE Pelet, Fritzlar, (Comte de) Maréchal de Camp le 20 Avril 68.

NARBONNE, (le Vicomte de) Col. de Forez infanterie.

NARBONNE, (Ch. de) Col. en sec. d'Angoumois, infanterie.

NARBONNE-LARA Dumasse, (le Ch. de) né à Genouillac dans les Cévènes, le 21 Juill. 1736, Lieut. le 15 Déc. 1755, Cap. au rég. de *Beaujolois*, le 20 Sept. 1761, ✠ le 2 Août 1781.

NARBONNE-LARA, (Jean-Baptiste de) né à Gusse en Languedoc, le 19 Oct. 1756, Sous-L. au rég. de *Bissigny*, le 27 Nov. 1771, Lieut. en sec. le 3 Juin 1779, Lieut. en p. le 4 Août 1781.

NARCY, Sous-L. de Maréchaussée, à Rethel.

NARDIN, Com. l'Isle d'Aix & Fort de Fauras.

NARTUS, (François-Bernard de) né à Vorepé en Dauphiné, le 11 Août 1731, Vol. au corps *Royal d'Artillerie*, le 1 Janv. 1746, Cad. le 15 Janv. 1747, Sous-L. le 24 Juin 1753, Offic. Pointeur le 23 Juill. 1751, Sous-L. au rég. de *Clermont*, le 21 Avril 1763, Lieut. le 1 Juin 1772, *idem* dans le 4e rég. des *Chasseurs*, le 26 Mai 1779, ✠ le... 17.. D.

NASSAU Usingen, (Jean-Adolphe, Prince de) né à... le 10 Juill. 1740, Col. réformé à la suite du rég. d'inf. Allemand de *Nassau-Saarbruck*, le 11 Fév.

1752, Col. d'un rég. Allemand de son nom, le 12 Avril 1754. Il le commanda à la bataille d'Hastembeck, à la prise de Minden & d'Hanovre, aux camps de Closter-Seven & de Zell en 57, à la retraite de l'Electorat d'Hanovre en Janv. & Fév. 58, Mest. de Camp d'un rég. de cav. de son nom, sur la démission du Prince de Nassau-Saarbruck, son père le 14 Mars 1758. Il se démit de son rég. d'inf. qu'on incorpora dans celui de *Nassau-Starbruck* le 20 du même mois, & commanda son rég. de cav. au combat de Sonderhausen, à la prise de Cassel & de la Hesse, à la marche de l'Electorat d'Hanovre, à la bataille de Lutzelberg la même année, à celle de Bergen & de Minden en 59, aux affaires de Corback & de Warbourg en 1760; créé Brig. le 20 Fév. 1761; il se trouva à l'affaire de Grumberg, & au combat de Felinghausen, aux affaires de Grebenstein & de Joanberg en 1760, son rég. ayant été licencié le 21 Déc. 1762; il fut déclaré Maréchal de Camp en même temps. M. D.

NASSAU, (Prince Louis de) Maréchal de Camp le 16 Octobre 71. M. D.

NASSAU-SIÉGEN, ✠ (N... Prince de) né à..., Mest. de Camp, Propriétaire du rég. de son nom.

NASSAU-SIÉGEN, (Prince de) Brig. de cav. le 5 Déc. 81.

NAU, Garde du Roi dans *Noailles* le 4 Mars 1778. D.

NAUDIN, Commissaire des Guerres, en Corse.

NAUAC, (Jean Deodat-Martin-Joseph de Garrigues de) né au Château de Rosière en

Languedoc, le 11 Nov. 1764, Cad. Gentilh. dans *Baſſigny*, le 1 Janv. 1780, Sous-L. le 24 Août 1781. D.

NAYER, Brig. des *Gendarmes de Flandres*.

NAZELLE, ✠ (le Marquis de) Lieut. des *Maréchaux de France*, à Châalons. D.

NAZELLE, Garde du Roi dans *Noailles*, le 10 Sept. 1762.

NEDONCHEL, ✠ (Baron de) premier Lieut. des *Gendarmes d'Artois*. M. D.

NEGRE de Sancy, Lieut. des *Maréchaux de France*, à Vincennes.

NEREA, Sous-L. de *Maréchauſſée*, à Weiſſembourg.

NESLE, (le Chev. de) Maj. de St-Martin de Ré.

NESLE, Com. le Fort de la Prée.

NETREVILLE, Garde du Roi dans L. le 20 Mars 1755.

NEUFCARRES, Cap. d'artillerie, à l'Ecole de Douay.

NEUILLY, Com. à Dijon.

NEUILLY, Maj. du *Meſt. de Camp Général*, drag.

NICOLAY, (Marquis de) Col. en ſec. de *Brie*, infanterie. M. D.

NICOLAY, Quart. M. Tréſ. de *Navarre*, inf., rang de Cap.

NIEL, (Dominique - André de) né à Longage en Guienne, le 25 Nov. 1748, Sous-L. dans la *Légion Corſe*, en 1771, Lieut. le 5 Juin 1772, idem dans *Noailles*, en 1776, rentré avec la compagnie au 6ᵉ rég. des *Chaſſeurs*, le 25 Juin 1779. D.

NIESEWAUD, (Valentin) né à Schmollingen en Pologne, le 6 Oct. 1739, Sous-L. dans *Conflans*, le 1 Janvier 1768, Lieut. en ſec. le 14 Nov. 1779, rang de Cap. le 16 Fév. 1780. D.

NIEUL, (François-Alexis Ponte, Comte de) né à Poitiers le... 17..., a commencé à ſervir dans le rég. du *Roi* en 1758, Meſt. de Camp Com. au rég. de *Foix*, le 5 Janv. 1770, ✠ en 1770, Brig. des Armées du Roi le 1 Mars 1780. M. D.

NIOGRET, ancien Garçon-Maj. d'artillerie, à Beſançon.

NISON, ✠ Maj. du régim. d'*Auxonne*, artillerie.

NIVERNOIS, (Louis-Jules-Barbon-Mancini Mazarini, Duc de) né à..., le 16 Déc. 1716, fut d'abord connu ſous le nom de Prince de Vergagne, Duc ſur la démiſſion de ſon père, en Déc. 1730. Il prit le titre de Duc de Nivernois; entra aux Mouſquetaires en 31; obtint une compagnie de cav. dans *Montrevel*, le 20 Mars 33; la commanda à l'armée d'Italie, où il ſe trouva aux ſièges de Garra, d'Adda, de Pizzighitone, du château de Milan, de Tortonne & de Novarre; Col. du rég. de *Limoſin*, inf. le 10 Mars 34. Il le commanda à l'attaque des lignes d'Ettingen, & au ſiège de Philisbourg la même année, à l'affaire de Clauſen en 35. Il devint Grand d'Eſpagne de la première claſſe, à la mort de ſa mère, le 1ᵉʳ Janv. 38. Il paſſa avec ſon rég. à l'armée de Weſtphalie en 41; marcha avec cette armée en Bohème en 42; ſervit au ſiège d'Egra, où ſon rég. entra & contribua à la défenſe de cette place; il fut reçu à l'Académie Françoiſe, le 2 Fév. 43; créé Brig. le 20 Fév. ſuiv., la foibleſſe de ſa ſanté l'obligea de quitter le ſervice & de ſe démettre du rég. de *Limoſin*, en Avril 44. Il fut élu Honoraire de l'Académie des Inſcriptions & Belles-Lettres, le 27 Janv. 46, nommé Ambassadeur Extraordinaire à Rome le 1 Janv. 48, ✠ le 25 Avril 51; il obtint le 31 Mai suiv. la permission d'en porter les marques, & fut reçu le 21 Mai 52. Il se démit de l'Ambassade de Rome en Oct. 53, nommé Ambassadeur Extraordinaire à Berlin; il y arriva le 12 Janv. 56, prit congé du Roi de Prusse le 26 Mars suiv., & partit de Berlin le 5 Avril pour venir en France; Lieut. Gén. au Gouvernement de Lorraine, sur la démission du Maréchal de Belle-Isle par provision du Roi de Pologne, le 30 Déc. 58. Il obtint du Roi le 1 Fév. 59, un brevet qui lui permit d'accepter cette charge & la lui confirma lors de la réunion de la Lorraine à la France: nommé Ambassadeur en Angleterre, il partit de Paris le 4 Sept. 1762, eut sa première audience le 13 du même mois; la paix ayant été conclue en Nov. & signée à Paris le 2 Fév. 63, il revint en France au mois de Mai & fut présenté à S. M. le 29, nommé Gouverneur Gén. de Nevers, le... 17... M. D.

NIZAS, (Ferdinand-Marie de Carrion, Baron de) né à Cazoul en Languedoc, le... 1743, Sous-L. d'*Orléans*, inf. le 29 Juin 1767, Lieut. en sec. le 18 Fév. 1778, en p. le 23 Juillet 1779, Cap. en sec. le 10 Mai 1782. M. D.

NIZEROLLES, Cad. Gentilh. au régiment de *Médoc*.

NOAILLES, Comte d'Ayen de la Mothe Tilly, Vicomte de Carless, Marquis de Monclar, Comte Nogent-le-Roi, (Adrien-Maurice, Maréchal Duc de) né à Paris le 29 Sept. 1678, fut d'abord nommé Comte d'Ayen; il entra aux Mousquetaires en 1692, fut Cornette au rég. de cav. de *Noailles* le 8 Avril 1693, fit sa première campagne dans l'armée de Catalogne sous le Maréchal, son père, au siége de Roses qui capitula au mois de Juin; il obtint une compagnie dans le même rég. le 2 Déc. suiv.; se trouva à la tête de sa compagnie dans l'armée commandée par le Maréchal, son père, lorsqu'il défit entièrement les Espagnols auprès du Ter, le 27 Mai; emporta Palamos d'assaut le 7 Juin, prit le Château & la Garnison à discrétion le 10, se rendit Maître de Gironne le 29, s'empara d'Ostalric le 20 Juill., de Castelfollit le 8 Sept., obligea le Duc d'Escabonne de lever le siége d'Ostalric le 13; le Roi lui donna le rég. de *Noailles*, cav., sur la démission de son père, le 5 Déc.; il marcha au secours d'Ostalric au mois de Mai 1759, sous le Maréchal son père & sous le Duc de Vendôme à celui de Castelfollit en Juin, à celui de Palamos en Août; il conduisit son rég. en Flandres sur la fin de la campagne, servit en 1696 & 97 sur la Meuse sous le Maréchal de Boufflers jusqu'à la paix de Riswick, conclue en Sept.; le Roi le nomma Gouverneur & Lieut. Gén. des Comtés & Seigneuries de Roussillon, de Conflans & de Serdaigne, Gouverneur particulier des Ville, Château & Citadelle de Perpignan, sur la démission de son père, le 6 Mars 1698, & son père conserva le commandement de la Province & les appointemens; il fut nommé Gouverneur & Lieut. Gén. du Berry sur la démission du Comte d'Aubigné son beau-père le 14 du même mois; servit la même année au camp de Condom en 1700; il accompagna le Roi d'Espagne qui alloit prendre possession de ses Etats, suivit le Maréchal de Villars qui commandoit l'armée au Pays de Luxembourg & de Liége en 1701, créé Brig. de cav. le 29 Janv. 1702, Chev. de la Toison d'Or le 14 Mars; il marcha avec l'armée d'Allemagne sous le Maréchal de Catinat, combattit à Fredelingen sous le Maréchal de Villars, qui l'envoya porter au Roi les Drapeaux & les Etendards pris à cette bataille, il arriva à Versailles le 18 Oct.; se trouva à la prise de Brisack le 6 Sept. 1703, au combat de Spire le 15 Nov., à la prise de Landau le 16, devint Duc de Noailles sur la démission de son père le 21 Janv. 1704; il combattit sur le Rhin sous le Maréchal de Tallard à la bataille d'Hoctette le 13 Août, créé Maréchal de Camp le 26 Oct.; il commanda, en 1705, sur les frontières de Catalogne & dans le Roussillon, força le passage des montagnes, jetta un convoi dans Roses malgré la vigilance des frégates Angloises qui croisoient dans le Golfe: après le ravitaillement de Roses, il repassa en Roussillon pour y recevoir les régim. qui lui venoient de France, fait Col. d'un rég. d'inf. de son nom qu'il leva le 2 Fév. 1706; il joignit l'armée que le Roi d'Espagne & le Maréchal de Tessé conduisoient à Barcelonne; il entra le 8 Fév. par le col de Portcies dans le Lampourdan, charge Milord Donegal & Virola, chef des révoltés, les met en fuite, se saisit des Châteaux occupés par les rebelles, jusqu'à la rivière de Fluvia, les milices de Bascara lui disputent le passage de cette rivière, il leur tue 130 hommes, s'empare de Bascara & Navarra, il visite Roses, assure la frontière par plusieurs postes fortifiés; le Commandant de Gironne s'avance, le 14, dans le dessein de reprendre Bascara & Navarra, le Duc de Noailles lui taille en pièces 500 hommes, fait 100 prisonniers, passe le Ter le 16, se rend Maître du Château au-dessous de Gironne, accorde une Amnistie à tous les rebelles qui se soumettront, avec menace de passer au fil de l'épée tous ceux qu'on prendra armés contre le Roi d'Espagne, une bonne partie de la Catalogne, rentre dans le devoir & prête serment de fidélité: à la levée du siége de Barcelonne, le 12 Mai, il commanda l'arrière-garde, repoussa deux fois en un jour les ennemis qui le suivoient de près, il accompagna le Roi d'Espagne jusqu'à Madrid, lui procura, sur son crédit, des secours considérables d'argent; il fut créé Lieut. Gén. le 29 Mai, & par un second pouvoir du même jour, il fut nommé Commandant de l'armée du Roussillon sous le Maréchal de Tessé; le Roi d'Espagne lui donna le Commandement dans le Lampourdan le 28 Juillet suiv.; fait Cap. des Gardes du Roi sur la démission de son père le 17 Fév. 1707, il continua de commander l'armée de Roussillon & des frontières par pouvoir des 5 Av. 1707, du 7 Mai 1708, & 26 Avril 1709; il s'avança la nuit du 25 au 26 Juin 1707, contre Bascara & contre le Château de Calabons: la garnison de ce Château, composée de 140 hommes, se rendit prisonnière de guerre, on démolit le Château; il revint à Bascara, la mit à contribution & la démantela le 9 Sept.; il pénétra dans la Serdaigne, s'empara le 12; de Livia où les Députés de Puiserda lui présentèrent les clefs de leur Ville; la Province entière suivit l'impression de la Capitale; il y bâtit une Citadelle à 5 bastions avec demi-lune; il fit aussi fortifier Bellevert, & chassa 800 hommes d'un Fort voisin, fit raser le Fort & revint à la Cour après avoir pourvu à la sûreté du Roussillon; il canonna les alliés à Pont-Major en 1708, nourrit son armée à leurs dépens, causa une diversion favorable à l'entreprise du Duc d'Orléans qui assiégeoit Tortose, & conserva la ville de Roses; il entreprit, en 1709, d'enlever les quartiers de Châtillon, de Bascara & de Figuières où campoient les ennemis, évita les routes ordinaires, choisit les moins fréquentées, s'avança avec 2000 Grenadiers par le col de Raquasens; le 5 Août, sur le soir, entra dans la plaine de Figuières; une partie de sa cavalerie s'étoit égarée dans les montagnes & ne le joignit qu'une heure avant le jour; ce retardement ne lui permit pas de couper les trois quartiers, il tomba sur les deux rég. de cav. postés à Figuières, la garnison sortit pour les soutenir, le Duc de Noailles la poursuivit à toute bride dans un chemin coupé, essuya deux décharges de la cavalerie, une de l'infanterie, força la garnison de mettre bas les armes, mit en déroute la cavalerie, tout fut tué ou pris avec le bagage, un Lieut. Col., un Major, 10 Cap. 500 Cavaliers ou Soldats furent prisonniers. Frankenberg, Général Major des troupes Palatines, s'étoit retranché avec 2000 hommes de cav. sur le bord du Ter; le Duc de Noailles vint à lui par un défilé qu'on ne soupçonnoit point pratiquable & pour mieux le tromper il ordonna à son infanterie de marcher à la droite du Ter vers le Pont-Major; il étoit à trois quarts de lieue du camp du Gén. le 2 Sept. à une heure du jour, lorsque Frankenberg s'avançoit avec un détachement pour le reconnoître, mais il fut aussi-tôt enveloppé, blessé de deux coups de sabre, fait prisonnier; une partie de ses troupes furent aussi tuées & on prit l'autre; les fuyards poursuivis donnèrent l'alarme au camp, & le Duc de Noailles trouva les ennemis en bataille derrière un ravin; à son approche ils s'enfuirent sous le feu de la Gironne & dans les montagnes, laissant leurs tentes, équipages & munitions. Il pénétra en Catalogne jusqu'à Aulot & à la plaine de Vich, il en tira des secours en grain & en argent qui répandirent l'abondance dans son armée, il assura même pour tout l'hiver la subsistance des troupes en Roussillon, par la précaution qu'il eut de faire transporter une bonne partie de ces grains; aussi son armée ne se ressentit point de la disette générale qui désoloit la France, il se démit de son rég. de cav. en faveur d'un de ses frères le 7 Déc., commanda en chef l'armée de Catalogne par pouvoir du 24 Avril 1710; il campoit au Boulon en-deçà de Perpignan; il y reçut la nouvelle qu'une flotte de 24 vaisseaux Anglois & Hollandois avoient débarqué le 25 Juill. sur les côtes du Languedoc, entre Agde & Cette, il sentit le danger d'un pareil établissement qu'il seroit facile aux ennemis de soutenir par le secours de la mer & d'où ils entretiendroient la révolte du Vivarais & des Cévènes: sans attendre aucun ordre, il accourut du Roussillon fit marcher 900 chevaux, 1000 Grenadiers, un train d'artillerie dans lequel il y avoit des pièces de 24. Tout arriva devant Agde en 48 heures ; il força les Anglois d'abandonner Agde, en battit 600 près de Cette, reprit, l'épée à la main, le Fort dont ils s'étoient emparés, la flotte Angloise mit à la voile & se retira. Après la bataille de Saragosse, le 20 Août, le Duc de Noailles se rend à Bayonne donne ses ordres pour assurer la frontière, entre en Espagne avec le Duc de Vendôme, arrive à Valladolid, travaille au rétablissement des troupes d'Espagne, revient à Versailles, y propose le siège de Gironne. Philippe V le nomme Commandant en Catalogne, avec un pouvoir absolu & illimité le 25 Sept. ; à la mort de son frère on lui rendit son rég. de cav. le 25 Octob., on le fit Lieut. Gén. en Haute-Auvergne & Cap. de Najac le 28 ; il arriva à Perpignan le 28 Nov. avec les troupes qu'il avoit pu ramasser, l'Archiduc craint d'en être coupé, quitte la Castille, regagne Barcelonne, & le Duc de Noailles ouvre la tranchée devant Gironne le 27 Déc. Les pluies continuelles, le débordement des rivières, la réparation des quartiers, la défense opiniâtre des assiégés, une saison avancée auroient déconcerté une ame ordinaire & commune : le Duc de Noailles donne l'assaut le 23 Janvier 1711, à la Ville basse, il l'emporte ; la Ville haute capitule & se rend le 25 : on évacue le 31 les Forts de la montagne des Capucins; le Commandement de l'armée de Catalogne lui fut continué; il fut créé Grand d'Espagne de la première Classe par décrets du Roi d'Espagne des 3 Fév., 7 Juin 1711 & 3 Mars 1712 ; il eut la permission du Roi d'accepter cet honneur le 1 Avril suiv. ; il se démit, le 18 Mars 1714, de son rég. d'inf., & le 20 Juillet suiv. de la Lieutenance Gén. de la Haute-Auvergne ; fut pourvu du Gouvernement de Brives le 11 Mai 1715 ; il se démit, le 12 Août, du Gouvernement de Berry ; fait Président du Conseil des Finances le 24 Sept., Directeur au temporel de la Maison Royale de Saint-Cyr le 16 Fév. 1717, Cap. des Chasses, Gouverneur de St-Germain-en-Laye le 27 Oct., Conseiller au Conseil de Régence le 28 Janv. 1718 ; il se démit le même jour de la place de Président ; le Roi lui confia le Gouvernement de Nogent-sur-Seine le 4 Juin 1723, & le 3 Juin 1724 ; il se démit de son rég. de cav. en faveur de son fils ainé le 4 Mars 1730. Il offrit ses services pour la campagne de 33, préférant un emploi subordonné à une inaction qui blessoit sa délicatesse ; il servit à l'armée du Rhin sous le Maréchal de Berwick la nuit du 20 au 21 Oct. ; il releva la tranchée au siège du Fort de Kell qui capitula le 28, fut employé à la même armée le 1 Avril 34 ; on le chargea d'attaquer par les hauteurs les lignes d'Ettingen, commanda 11 bataillons, 2 rég. de drag., 100 Carabiniers de la Maison du Roi, marcha à la tête du rég. de Belmont ; les ennemis le laissèrent approcher, firent presqu'à bout touchant 3 décharges, les troupes montèrent sur les tranchées, & les forcèrent le 4 Mai ; le Duc de Noailles, quelques jours auparavant, observant attentivement ces lignes, s'étoit apperçu que les ennemis, dispersés dans les principaux ouvrages, n'avoient placé que 7 à 800 hommes vers la montagne, où ils ne soupçonnoient pas qu'on les pût attaquer. Le 16 Mai il partit du camp de Bruchsall avec 1600 hommes d'inf. & 1200 hommes de cav. pour aller reconnoître le pays du côté de Guelsheim & d'Épingen ; il rejoignit l'armée à Bruchsall le 20, on forma le siége de Philisbourg au mois de Juin ; un coup de canon y emporta le Maréchal de Berwick ; après sa mort, le Duc de Noailles créé *Maréchal de France* le 14 Juin 1734, les Lettres regiftrées à la Connétablie le 22 Sept. 1747 ; fut nommé, par pouvoir du même jour, pour commander l'armée d'Allemagne sous l'autorité & conjointement avec le Maréchal d'Asfeld, & en chef pendant son absence : Philisbourg se rendit le 18 Juillet ; il commanda en chef pendant l'hiver en Alsace, sur le Rhin & en Franche-Comté, sur les frontières des Trois Evêchés de la Lorraine, de la Sarre, de la Moselle, y compris le Hunsruck ; par ordre du 17 Oct., il revint à la Cour, prêta serment comme Maréchal de France le 9 Janv. 1735, eut le Commandement de l'armée d'Italie par pouvoir du 24 Fév. & l'a conservé jusqu'à la paix ; il prit le château de Gonzagues le 30 Mai, Reggiolo le 31, Reverèle 7 Juin : on signa les préliminaires de la paix en Octob. : nommé Ministre Plénipotentiaire pour les conférences qui devoient se tenir avec le Comte de Kevenhuller pour l'évacuation de l'Italie : il revint en France en 1736 ; commandant en chef dans les Provinces de Flandres, d'Artois, de Hainaut, Picardie, Boulonnois, Soissonnois, de la Champagne, des Trois-Evêchés, des frontières de Lorraine & du Luxembourg, & Commandant de l'armée du Roi en Flandres le 21 Août 1742 ; il garantit les frontières de l'invasion dont les ennemis paroissoient les menacer ; créé Ministre d'Etat le 10 Mars 1743 ; il eut le commandement d'Alsace, du Comté de Bourgogne & des troupes répandues en Lorraine le 1 Avril ; nommé Commandant en chef des armées sur toutes ces frontières ; il fut revêtu, le 3 du même mois, d'un plein pouvoir de conclure & de signer avec l'Empereur, les Electeurs, les Princes & les Etats de l'Empire, tels traités, articles, conventions qu'ils aviseroient bon être. Il s'approcha du Mein pour veiller sur les mouvemens des alliés qui menaçoient la Lorraine & la Bavière ; par les postes qu'il occupa il parvint, à les resserrer & à les faire affamer dans leur camp. Le Roi d'Angleterre prit le parti de camper & se rapprocher de Francfort, le Maréchal avoit bien prévu cette démarche : le village d'Ettingen est coupé par un ruisseau qui forme un ravin au-dessus du village, ses bords sont couverts d'arbres & de haies vives, on n'y peut arriver que par un chemin creux fort étroit, il falloit nécessairement que l'armée des alliés défilât en colonnes par ce chemin. Le Maréchal posta cinq Brigades d'infant. dans le village d'Ettingen, ordonna à l'Officier qui

qui les commandoit de n'en sortir que lorsqu'il le feroit avertir ; le plan du Maréchal étoit qu'aussitôt que la premiere colonne se trouveroit engagée dans le défilé en-deçà du ruisseau, ces cinq Brigades se plaçassent entre la colonne & le ruisseau, attaquassent la colonne à dos, pendant que la Maison du Roi, la cavalerie & le gros de l'infanterie qui étoient maîtres de la plaine, la chargeroient en front, pour empêcher les autres colonnes de secourir la premiere : on devoit les foudroyer avec l'artillerie ; plusieurs Brigades devoient encore donner sur les derrières de l'ennemi, escarmoucher, l'amuser. Les mesures du Maréchal étoient justes, le succès en étoit infaillible ; le Roi d'Angleterre, & la premiere colonne qu'il conduisoit ne pouvoient échapper. L'impétueuse bravoure d'un seul homme fit échouer le projet le mieux concerté, & occasionna un combat sanglant où la perte fut égale, & ne décida de rien. L'Officier qui commandoit les cinq Brigades, ne fut pas plutôt arrivé à Ettingen que, contre l'ordre du Maréchal, il passa le ravin, la cavalerie de la Maison du Roi & quelques rég. de cav. le suivirent. Le tems que mirent ces troupes à faire ces mouvemens, l'embarras qu'elles trouvèrent au passage, donnèrent au Roi d'Angleterre le loisir de se ranger en bataille : les François un peu en désordre par la difficulté du terrein, marchèrent aux ennemis, le projet du Maréchal étoit éventé, le ravin passé, l'artillerie devint inutile, celle des ennemis avantageusement placée, faisoit des ravages affreux, le Maréchal ne songea plus qu'à

soutenir l'attaque, la Maison du Roi revint six fois à la charge ; on se battit quatre heures & demie : l'action d'Ettingen se passa le 27 Juin. Le Maréchal eut le Commandement en chef de l'armée du Mein & de celle qui venoit de Bavière ; le 2 Juillet il commanda l'armée de Flandres sous le Roi le 1 Avril 1744, Menin capitula le 4 Juin, Ypres le 27, la Kenoque le 29, Furnes le 10 Juillet ; le Prince Charles, après avoir passé le Rhin en Juill., étoit entré en Alsace ; le Roi voulut secourir cette Province en personne, nomma le Maréchal de Noailles Commandant de l'armée sur le Rhin le 1 Août, réunit l'armée du Rhin a celle de la Moselle & aux troupes détachées de Flandres, dont il donna le Commandement Gén. au Maréchal, le 13 Août ; le Maréchal battit les Impériaux à Auguenum le 23, attaqua leurs retranchemens, leur tua 3000 hommes, & finit l'action a dix heures du soir : l'armée Françoise resta en bataille toute la nuit, elle se mit en marche à la pointe du jour ; le Maréchal apprit que le Prince Charles avoit profité des ténèbres pour repasser le Rhin, il dépêcha un Courier au Roi qui lui apporta cette nouvelle à Metz ; il suivit le Roi au siège de Fribourg qui capitula le 6 Nov., l'accompagna en sa campagne de Flandres e 45 ; il fut chargé d'une Commission particulière pour la Cour de Madrid, partit le dernier Mars 45, en revint le 12 Juillet, joignit l'armée de Flandres & y servit le Roi dans toutes ses campagnes jusqu'à la paix ; après la retraite du Maréchal de Biron, il a exercé les fonctions de premier

Maréchal de France depuis le 1 Janv. 48, jusqu'au 23 Juin. 56, que la mort du Maréchal de Biron l'a fait Président du Tribunal; il s'est retiré du Conseil au mois de Déc. 1757; il est mort le 24 Juin 1766. *Voyez* MOUCHY.

NOAILLES, Duc d'Ayen, Marquis de Maintenon, &c. (Louis, Maréchal Duc de) né à... le 21 Avril 1713, fut d'abord connu sous le nom de Comte d'Ayen, pourvu de la compagnie Ecossoise des Gardes-du-Corps du Roi, du Gouvernement Gén. du Roussillon & du Gouvernement particulier des ville & citadelle de Perpignan, du Gouvernement de St Germain-en-Laye, & de la Capitainerie des Chasses en dépendante en survivance du Duc de Noailles son père le 2 Fév. 1718; il entra aux Mousquetaires en 1729; obtint, par permission du 4 Mars 1730, le rég. de cav. de *Noailles* sur la démission de son père; il prêta serment pour la compagnie des Gardes-du-Corps le 23 Déc. 1731, & eut le même jour un Brevet qui lui permettoit de servir en qualité de Cap. des Gardes-du-Corps conjointement avec son père, & commença le 1 Janv. 1732; il s'est trouvé au siège de Kehl en 33, à l'attaque des lignes d'Ettingen, au siège de Philisbourg en 34; son père ayant été nommé, en Fév. 35, pour commander l'armée d'Italie, le Duc d'Ayen l'y suivit & servit au siège & à la prise du château de Gonzague, de Reggiolo, de Revéré, à la marche de l'armée dans le Trentin, qui obligea les ennemis de se retirer sur les frontières du Tirol. Il fut créé Duc d'Ayen en Fév. 37, les Lettres registrées au Parlement de Paris le 12, & a celui de Bordeaux le 16 Mars suivant, il en prit le titre; créé Brig. le 1 Janv. 1740, employé à l'armée de Baviere le 1 Mai 42; il y servit d'abord sous les ordres du Duc d'Harcourt, ensuite sous ceux du Comte de Saxe, & se trouva pendant le séjour de cette armée au camp de Nideraltaich, à plusieurs escarmouches fort vives entre les postes avancés des deux armées. Cette armée s'étant mise en marche pour joindre celle que commandoit le Maréc. de Maillebois, la brigade que commandoit le Duc d'Ayen, passa à la réserve du Comte de Saxe; on s'empara de plusieurs défilés, on chassa de Falkenau un corps de Huffards, le Duc d'Ayen concourut à la prise d'Ellenbogen où 5000 hommes capitulèrent; il marcha à Dekendorff, d'où il rentra en France avec son rég. en Janv. 43; il fut employé à l'armée du Rhin le 1 Avril 43; fut créé Maréchal de Camp le 14 Mai avec des Lettres de service du même jour; il combattit avec distinction, à Ettingen; & finit la campagne en Basse-Alsace; fut employé à l'armée de Flandres le 1 Avril 44, fut fait Aide-de-Camp du Roi le 1 Mai; il servit aux sièges de Menin, d'Ypres, de Furnes; passé ensuite en Alsace, il se trouva à l'affaire d'Auguenum, au siège & à la prise de Fribourg; il fut employé à la même armée le 1 Avril 45, Aide-de-Camp du Roi le 1 Mai; il combattit à Fontenoy, servit aux sièges des ville & citadelle de Tournay, au siège d'Oudenarde; il servit encore Aide-de-Camp du Roi le 1 Mai 46, & revint avec le Roi au mois de Juillet; fut employé à l'armée de Flandres, & Aide-de-Camp du Roi le 1 Mai 45; il combattit à Lawfelt en Juillet; créé Lieut. Gén. le 2 Janv. 48; il fut destiné pour être employé à l'armée des Pays-Bas le 15 Avril; mais la paix ayant été signée le 30, il ne joignit pas l'armée; reçu le 1 Janv. 49, reçu le 2 Fév. suiv.; il s'est démis de son rég. en faveur de son fils, en Janv. 54, est entré en jouissance du Gouvernement de St-Germain sur la démission de son père le 27 Déc.; employé à l'armée d'Allemagne sous le Maréchal d'Estrées le 1 Mars 57, il joignit l'armée vers le 5 Mai, combattit à Hastembeck en Juillet, concourut à la conquête de l'Electorat d'Hanovre, commanda à Cassel pendant quelque tems, puis un corps de cavalerie, rentra en France en Déc.; il est entré en possession de la compagnie des Gardes-du-Corps sur la démission de son père le 25 Déc. 58, s'en est démis en 1776, créé *Maréchal de France* le 24 Mars 1775. M. D.

NOAILLES, fils du précédent, (Emmanuel-Marie-Louis, Marquis de) né à... le 11 Nov. 1741, Gouverneur de Vannes & d'Auray en Déc. 1762, Envoyé & Ministre Plénipotentiaire en Basse-Allemagne, ensuite auprès des Etats-Généraux des Provinces-Unies, premier Gentilh. de la Chambre de Monsieur, frère du Roi, le 22 Janv. 1775.

NOAILLES, ✠ fils du Maréchal de Mouchy, (Louis-Marc-Antoine, Vicomte de) né à... le 17 Avril 1756, fut d'abord nommé le Chev. d'Arpajon, ensuite le Vicomte de Noailles, Brig. des Armées le 1 Mars 1780.

Voyez MOUCHY. M. D.

NOBLAT père, ✠ Commissaire des Guerres, Adjoint, à Strasbourg.

NOBLAT de Morvillard, fils, Commissaire des Guerres à Strasbourg, employé à Genève.

NOBLESSE, (Etienne) né à Moustier, près d'Amiens, le 13 Mars 1729, Soldat au régim. de Foix le 9 Mars 1747, Sous-L. le 19 Juin 1769, P. D.

NOBLET de la Clayte, (le Marquis de) Lieut. des *Maréchaux de France*, à Mâcon. M. D.

NOÉ, (le Marquis de) Maréchal de Camp le 3 Janv. 70. M. D. E.

NOÉ, (Vicomte de) Maréchal de Camp le 3 Janv. 70.

NOÉ, (Comte de) Maréchal de Camp le 1 Mars 1780. M. D. E.

NOEL, Garde du Roi dans V. le 16 Mars 1759.

NOEL, le Vicomte de Lieut. des *Maréchaux de France*, à Sézanne. M. D.

NŒUFVILLE Montador, ✠ (Jean-Florent-Joseph de) né le... 1707, Lieut. Col. de l'Hôtel Royal des Invalides.

NŒUFVILLE Brugnaubois, ✠ (Florent de) né à... le... 1710, Cap. au rég. des *Grenadiers-Royaux* de la Picardie.

NŒUFVILLE Brugnaubois, (Joseph-Charles-Louis-Marie de) né à Brugnaubois, le... 1742, Garde du Corps de Monsieur.

NŒUFVILLE Brugnaubois, (Auguste-Jacques-Joseph-Florent, Chev. de) né à Brugnaubois, le... 1753, Sous-L. des *Grenadiers-Royaux* de la Picardie.

NŒUFVILLE Brugnaubois,

(Antoine-Nicolas-François de) né le... 1757, Garde du Corps de Monsieur.

NŒUFVILLE Brugnaubois, (Eustache-Marie-Blaise de) né le... 1756, Sous-L. au *Bataillon d'Artois*.

NŒUFVILLE Brugnaubois, (Joseph-Charles-Florent de) né le... 1762, Sous-L. au rég. des *Gren. Royaux* de la Picardie.

NOGAREDE, (Royer-Honoré-Alexandre de) né à Toulouse, le 1 Juill. 1752, Sous-L. à la suite au rég. *Royal-Normandie*, cav. le 24 Mars 1769, en p. le 1 Juin 1772. D.

NOGUÉS, Lieut. de Roi aux Navarreins.

NOINVILLE, ✠ Lieut. Col. du 5ᵉ rég. des *Chevaux-Légers*.

NOIRÉ, (Marie-François Couin de) né à Chatelleraut en 1731, Enseig. au rég. *d'Orléans*, le 24 Mars 1748, réformé le 11 Mars 1749, remplacé le 5 Avril 1751, Lieut. le 10 Août 1752, Cap. le 28 Mars 1756, réformé le 1 Mars 1763, remplacé le 21 Mai 1766, ✠ le 1 Janv. 1773, a fait les campagnes de 48, 57 & 62. D.

NOIRFOSSE, ✠ Prévôt Géné. de *Maréchauf.*, à Soissons.

NOIRMONT, (René-Hipolyte de) né à Paris, le 15 Déc. 1750, Lieut. au rég. Provincial de *Paris*, le 5 Mai 1772, Lieut. au rég. *Royal-Comtois*, le 28 Juill. 1773, Cap en sec. le 28 Fév. 1778, Cap. des *Chasseurs*, le 16 Juin 1781. D.

NOIZET de St-Paul, Aspirant du *Génie*, à Brest.

NOLIVOS, (Vicomte de) Lieut. Gén. le 5 Déc. 1781. M. D.

NOLLET de Malvoue, ✠ P. E. des *Gendarmes Anglois*.

NOMBEL, Garde du Roi dans B. le 26 Avril 1775.

NONANCOURT, Cap. d'art. à l'École de Strasbourg.

NONCOURT, (le Baron de) Lieut. des *Maréchaux de France*, à Neufchâteau. M. D.

NORDMANN, (Baron de) Brig. de cav. le 10 Fév. 59. M. D.

NORT, ✠ (le Chev. de) Lieut. des *Maréchaux de France*, à Melun.

NOSVIELLE, Brig. de cav. le 3 Janvier 70.

NOUAIL de Villegille, Lieut. des *Maréchaux de France*, à St-Malo.

NOUÉ, Brig. d'infant. le 1 Mars 80.

NOUÉ, Lieut. Col. du rég. du *Roi*. inf., Brig. & ✠.

NOUGAREDE, (Jean-André Reymonde de) né à Castelnaudari, le 24 Juill. 1759, Cad. Gentilh. au rég. de *Savoie-Carignan*, le 4 Oct. 1777, Sous-L. le 28 Février 1778. D.

NOURRY, (Louis-Alexandre, Ch. de) né à Cercy-la-Tour en Nivernois, le 20 Janv. 1749, Sous-L. au rég. de *Limosin*, le 17 Mars 1762, Lieut. le 23 Août 1772, Lieut. en sec. le 8 Juin 1776, premier Lieut. le 17 Août 1778, Cap. en sec. le... Août 1781. D.

NOYAN, Lieut. des *Maréchaux de France*, à Dole.

NOYEL, Lieut. des *Maréchaux de France*, à Villefranche en Lyonnois.

NOYELLES, ✠ (le Ch. de) Maj. du 2ᵉ rég. d'*État-Major*.

NOZIERE, (Marquis de) Maréchal de Camp le 3 Janv. 70. M. D.

NUCHEYSE, (Michel-Claude de) né à Belleve en Niverrois, le 19 Juin 1763, Cad. Gentilh. au rég de *Limofin*, le 17 Juill. 1779, Sous-L. le 18 Juin 1780. D.

NUGENT, (le Ch. de) Lieut. Gén. le 25 Juill. 1762.

NUGUET, (le Ch. de) Lieu-tenant Gén. le 25 Juillet 1762.

NUGUET, Maréchal de Logis des Gardes du Roi le 19 Janvier 1782.

NYRENHEIN, ✠* (Baron de) Col. de *Royal-Médoc*, infanterie. M. D.

O

OBENHEIM, (Aimé-Magnier, Baron d') né à... le... 17... Lieut. au rég. *Royal Allemand* le 2 Fév. 1727. Il servit au Camp de Stenay, Cap. le 12 Sept 1729. Il commanda fa compagnie au Camp du Pays Meffin en 33, à la prife de Treves, au fiége de Straerback & à celui de Philisbourg en 34, à l'affaire de Claufen en 35; Maj. de fon rég. le 12 Oct. 41; paffa la même année à l'armée de Bohême; il fe trouva avec fon rég. à la prife de Prague, au bivoac de Pifeck, au combat de Sahay, au ravitaillement de Frawemberg, à la défenfe de Prague, à la retraite de cette place en 42; devint Lieut. Col. le 24 Janv. 43; rentra en France avec l'armée en Fév. Il joignit avec fon rég. l'armée du Rhin, le 1 Juill. fuiv., & y finit la campagne fous les ordres du Maréc. de Noailles; il concourut à la prife de Veiffembourg en 44, à la défaite des ennemis, à Auguenum, & marcha en Bavière avec un corps de troupes fous les ordres du Comte de Ségur; il paffa l'hiver avec ce corps aux environs de Donawert; fe trouva au mois d'Avril au combat de Pafenhoffen; fe diftingua à la retraite de Bavière, & joignit au mois de Mai 45, avec l'armée, celle du Bas-Rhin, commandée par le Prince de Conti.

Il y finit la campagne & ne fit point celle de 45, Créé Brig. le 10 Mars 47; employé à l'armée de Flandres, le 1 Avril fuiv. Il fe trouva à la bataille de Lawfeld, & fervit au fiége de Maëtricht en 48, & au camp de Richemont en 55; employé à l'armée d'Allemagne, le 15 Mars 57. Il a fervi jufqu'a la paix; s'y eft trouvé aux différentes actions qui s'y font paffées; créé Maréc. de Camp le 10 Fév. 59, Lieut. G. le 25 Juill. 1762. M. D.

OBENHEIN, Cap. du *Génie*, à Condé.

OBERBOC, Lieut. des *Gardes* de la porte d'Artois.

OBRIEN, ✠ Maj. du rég. de *Walsh*.

OBSONVILLE, Lieut. en fec. des *Gardes Françoifes*.

OCONNOR, Maréchal de Camp le 1 Mars 80 M D.

ODDE, Garde du Roi dans V. le 14 Février 1764.

ODDET, Lieut. en p. des *Gardes Suiffes*.

ODOYER, ✠ Lieut. Col. de *Berwic*, infanterie.

OFFAREL, Commiffaire des guerres, à Maubeuge.

OFFELISE, (Comte d') Maréchal de C le 5 Déc. 81. M. D.

OFFRANVILLE, (Comte d') Maréchal de Camp le 1 Mars 80. M. D.

OGIER, Garde du Roi dans V. le 14 Avril 1760.

278

OGIER, Sous-L. en p. des Gardes Françoises.

OILLIAMSON, (Marquis d') Brig. de cav. le 5 Déc. 1781. M. D.

OILLIAMSON, (le Comte d') Exempt des Gardes du Roi dans L. le 8 Août 1755, Maît. de Camp le 26 Déc. 1769, Sous-L. le 1 Janv. 1776, Brig. le 5 Déc. 1781, Lieut. le 20 Déc. 1782. M. D.

OLHASSARY, ✠ Commiss. Ord. des Guerres, à Schelestat.

OLIGNON, ✠ Maréchal de Logis des Gendarmes Dauphins.

OLIVE, (Jean Pierre, Ch. d') né à Toulouse, le 15 Mai 1738, Enseigne au rég. de Beaujolois, le 17 Mai 1757, Lieut. le 17 Nov. 1758, Lieut. des grenad. le 24 Mars 1769, Cap. le 11 Mai 1769, ✠ le... Août 1781. D.

OLIVIER, Sous-L. de Maréchaussée, à Honschon.

OLIVIER, Garde du Roi dans V. le 13 Janvier 1771.

OLIVIER, Cap. d'artillerie, à Maubeuge.

OLLONNE, (Comte d') Maréchal de Camp le 1 Mars 80. M. D.

OLRY, Maréchal de Logis des Gardes du Corps, compagnie de Noailles, le 25 Mars 1779.

OLRY, Garde du Roi dans Noailles, le 30 Déc. 1772.

OMS, Sous-L. en p. des Gardes Françoises.

OMEARA, (Thomas) né à Dunkerque, le... Août 1750, Cad. au rég. de Clare, aujourd'hui Berwick, en Fév. 1758, Sous-L. au rég. de Rouvemont, aujourd'hui Wals, en Juin 1767, Lieut. au mois de Mars 1771, Lieut. au dépôt de Recrues de l'Isle-de-Ré, en Fév. 1775, Cap.

Aile-Maj. aux Volontaires de N... en Déc. 1778, Cap. com. au corps de N... et Steger, en Août 1779. D.

OMLRAN, ✠ Maj. de Dillon infanterie.

OENOIS, ✠ Commissaire des Guerres, à Calais.

OPROMER, Quart. M. Trés. du rég. de ... artillerie.

ORAISON, (Mathieu-Alexandre-Annet-Raymond de Fulque, Marquis d') né à Aix, le 6 Juill. 1766, Sous-L. à la suite des Carabiniers, le 24 Février 1782. M. D.

ORBENDEL, Lieut. de Maréchaussée, à Caen.

ORCIVAL, (Pierre-Jean d') né à Tougit en Gascogne, le... 1763, Cad. Gentilh. au rég. de la Marine, le 21 Juil. 1779, Sous-L. le 2 Août 1780 D.

ORDRE, (d') Lieut. des Maréch. de France, à Boulogne.

ORFEUILLE, (Marie-Jérôme-Auguste de St Martin d') né à Poitiers, le 9 Déc. 1754, Vol. au rég. de Beaujolois, le 10 Mai 1774, Sous-L. le 7 Mai 1777, Lieut. en sec. le 15 Juil. 1781. D.

ORGERES, (Comte d') Brig. de drag. le 1 Mars 80. M. D.

ORIEULT, Garde du Roi dans Noailles, le 29 Novemb. 1772.

ORIOCOURT, (d') Trés. principal des Guerres, à Metz.

ORLÉANS, (Joseph d') né à Cogressa en Berry, le 2 Fév. 1746, Vol. au rég. de Limosin, inf. le 10 Déc. 1764, Sous-L. le 6 Sept. 1766, Lieut. le 14 Janv. 1771, Lieut. en sec. le 8 Juin 1776, premier Lieut. le 28 Avril 1778, Cap. en sec. des grenad. le 11 Juin 1781.

ORLÉANS de Ace, (le Ch.

d') Lieut. des *Maréchaux de France*, à Orléans.

ORMANCEY, Maréchal de Camp le 1 Mars 80.

ORNAC) ✠ Lieut. Col. du *Mest. de Camp-Général*, drag.

ORNANO, (Comte d') Maréchal de Camp le 1 Mars 1780. M. D.

ORRY, Sous-L. de *Maréchaussée*, à Niort.

ORSANNE de Montlexis, Lieut. des *Maréchaux de France*, à Bourges.

ORTE, (Jean-Baptiste-Denis d') né à l'Isle-de-Bourbon, le 20 Fév. 1755, domicilié à Bordeaux, Sous-L. dans *Berry*, inf. le 4 Mars 1775, Lieut. en sec. le 1 Juin 1780, Lieut. en p. le 1 Mai 1785. D.

ORTES, (Ch. d') Brig. d'inf. le 1 Mars 80.

ORVAULT, (le Marquis d') Lieut. des *Maréchaux de France*, à Nantes. M. D.

ORVILLE, (Ch. d') Lieut. de Roi, à Rochefort.

OSMOND, Marquis d') Col. en sec. d'*Orléans*, cav. M. D.

OSSUN, (Comte d') Col. de *Royal-Vaisseau*, inf. M. D.

OSSUN, (Pierre-Paul, Marquis d') né à... le 29 Janv. 1713, Mousquetaire en 1730, Cap. dans *Condé*, drag. le 18 Avril 1733. Il commanda sa compag. au siége de Kell la même année, à l'attaque des lignes d'Ettingen & au siége de Philisbourg en 34, à l'affaire de Clausen en 35, Guidon de la compagnie des *Gendarmes de la Reine*, avec rang de Lieut. Col. de cav. le 1 Mai 42. Il joignit la Gendarmerie à l'armée de Westphalie; passa avec cette armée sur les frontières de Bohême, où il se trouva au secours de Braunau en 42; servit sur le Rhin en 43; devint Ensg. de la compagnie des *Gendarmes d'Anjou* le 5 Déc.; contribua à la reprise de Veissembourg & des lignes de la Lautre, à la défaite des ennemis à Augenum, & servit au siége de Fribourg en 44; Cap. Lieut. de la compagnie des *Chevaux-Légers de Berry*, avec rang de Mest. de Camp de cav. le 14 Déc. de la même année; il combattit à Fontenoi; servit aux siéges de Tournay, d'Oudenarde, de Dendermonde & d'Ath en 45, & prit la compagnie des *Chevaux-Légers de la Reine*, le 1 Déc.; il la commanda aux siéges de Mons, de Charleroi, de Namur, & à la bataille de Raucoux en 46, à la bataille de Lawfeld en 47, au siége de Mastricht en 48; créé Brig. le 10 Mai de cette année; Ambassadeur auprès du Roi de Naples, le 1 Avril 51. Il s'y rendit en Juin 52, ✠ le 1 Janv. 57. Il a obtenu la permission d'en porter les marques le 29 Mai. Créé Maréchal de Camp le 20 Fév. 61 en se démettant de la compagnie des *Chevaux-Légers de la Reine*, Ambassadeur Extraordinaire en Espagne avec un brevet de Conseiller-d'Etat d'épée en Janv. 62. Créé Lieut. Général le 1 Mars 1780. M. D.

OUDAN, (le Ch. d') Lieut. des *Maréchaux de France*, à Château-Thierry.

OUVRIERES, Lieut. de *Maréchaussée*, à Rhodes.

OYSE, (Marie-Joseph de Brancas, Marquis d') né à... le 18 Oct. 1687, Mousquetaire en Oct. 1703. Il fit la campagne de 1704 en Flandres; obtint une compagnie dans le rég.

d'inf. de son frère, le 1 Oct. de la même année, & la commanda à l'armée de Flandres en 1705, à l'armée de la Moselle en 1706, en garnison en 1707 & 1708, Col. de ce rég. sur la démission de son frère le 13 Juill. 1709. Il continua de servir en garnison; Col. du rég. d'*Orléannois*, le 17 Sept. 1711; commanda son nouveau rég. en 1712, deuxième Corn. des *Chevaux-Légers d'Orléans*, le 4 Mai 1713, avec rang de Mest. de Camp de cav. Il se trouva aux sièges de Landau & de Fribourg; Cap. Lieut. de la compagnie des Gen- darmes *d'Orléans*, le 6 Août 1715; créé Brig. le 1 Février 1719; il servit au siège de Kell en 1733; se trouva à l'attaque des lignes d'Ettingen & au siège de Philisbourg en 1734; créé Maréc. de Camp le 1 Août en se démettant de sa compagnie, & fait la campagne en cette qualité; envoyé à l'armée du Rhin le 1 Mai 1735, il se trouva à l'affaire de Clausen au mois d'Oct. & ne servit plus. *Voyez* BRANCAS. M. D.

OZENAY, (le Marquis d') Lieut. des *Maréchaux de France*, à Mâcon. M. D.

P

PACCIONI, (Angelo-Matteo) né à Niole en Corse le 19 Déc. 1759, Sous-L. au régiment *Royal-Corse* le 15 Août 1781. D.

PADIÉS, Capitaine du *Génie*, à Brouage.

PAGENSTECHER, Brigad. d'infanterie le 1 Mars 1780.

PAGES de Fallières, Lieut. de Roi, à Saint-Martin-de-Ré.

PAGEZE de St-Lieux, (Louis- Pierre-Charles-Marie de) né à St.-Lieux, diocèse de Lavour, le 14 Mai 1753, Sous-L. au rég. de la *Reine* inf. le 11 Mai 1769, Cap. réformé dans *Royal-Cravattes* cav., le 7 Avril 1773, Capitaine en second le 22 Janvier 1779.

PAGY, ✠ Brigadier des *Gendarmes* Dauphins.

PAGY, (Pierre de) né à Lambesc en Provence, le 3 Mai 1738, Enf. au rég. de la *Tour-du-Pin* dit *Béarn*, en 1755, Lieut. le 1 Mars 1756, Capit. le 29 Sept. 1758, réformé le 21 Fév. 1763, remplacé le 25 Août 1767, Aide-Major le 4 Août 1772, blessé à la bataille de Crewelt d'un coup de feu à la jambe droite en 1777, Cap. des Grenad. le 7 Juil. 1780, Major du régim. de *Bassigny* le 5 Juin 1781, ✠ le 22 Juin 1781.

PAGNON de la Borie, Lieut. de *Maréchaussée*, à Saintes.

PAGNOZ, (Philippe Petetng de) né à Dolle en Comté le 16 Juin 1754, Sous-L. le 20 Janv. 1770, Lieut. en sec. le 4 Juillet 1777, Lieut. en p. au rég. de la *Reine* infant. le 31 Mars 1779.

PAGNY, (Chev. de) Brigad. d'infanterie le 1 Mars 1780.

PAIGNAT, ✠ Sous-Aide- Major de la *Gendarmerie*.

PAIGNAT d'Orban, ✠ Maréchal de Logis des *Gendarmes d'Artois*.

PAILHOU, Aspirant du *Génie*, à la Rochelle.

PAJOT de Villeparot, (Pierre- Maximilien de) né à.... le...., Corn. au régim. de cav. de *Tarneau* en 1704; il se trouva à la bataille d'Hoëster en Août, à l'armée du Rhin en 1705; Cap.

au rég. *Royal-Etranger* le 3 Janvier 1706; il commanda sa comp. à la bataille de Ramillies, en Mai, en Flandres en 1707; Col. de *Beauvoisis* infant. le 31 Août, il alla joindre son rég. à l'armée du Rhin où il finit la campagne; il le commanda à l'armée du Dauphiné, où il se trouva à l'attaque des deux Sésannes en 1708; à la même armée en 1709 & les années suivantes jusqu'à la paix; créé Brig. le 1 Fév. 1719, il servit au siège de Phinsbourg en 1734, créé Maréchal de Camp le 1 Août; employé sur le Rhin en 1735, il se trouva à l'affaire de Clausen; il est mort à… le 19 Déc. 1754, âgé de 71 ans.

PAJOT de Marcheval, Enf. surnuméraire des *Gardes Françoises*. D.

PAIX de Cœur, Garde du Roi dans V. le 2 Juillet 1769.

PAIX de Cœur, Garde du Roi dans V. le 2 Juillet 1769.

PALAMINY, Lieut. des *Maréchaux de France*, à Rieux.

PALARIN, (Jean-Laurent-François de) né à Toulouse le 5 Janv. 1766, Sous-L. en pied sans appointemens dans *Royal-Pologne*, cavalerie, le 18 Juillet 1781. D.

PALARIES, Maréc. de Camp le 1 Mars 1780.

PALATAIN, (François) né à St..Jean de Gardonenque, en Languedoc, le 17 Mars 1735, Soldat au rég. de la Marine le 9 Avril 1752, P. Drap. le 18 Juin 1767, Lieut. le 11 Juin 1776, Quartier Mc Trésorier….

PALISSOT de Montenay, Capitaine du *Génie*, au Port-Louis.

PALLAVICINI, (Pietro) né à Ajacio le… 1745, Sous-L. au rég. *Royal-Corse* le 1 Juin 1780. M. D.

PALLEVILLE, Garde du Roi dans *Noailles* le 2 Janvier 1773.

PALLEVILLE, Garde du Roi dans *Noailles* le 9 Mars 1771.

PALLUEL, (N….) né à Palluel en Périgord le… 1762, Cad Gentilh. au rég. de *Perche* le 15 Août 1779, Sous-L. le 7 Novembre 1782. D.

PALMAROLE, (François-Joseph-Antoine Bertrand de) né à St.-Philion en Roussillon le 9 Août 1755, Sous-L. à la suite dans *Royal-Pologne* le 13 Août 1771, Sous-L. en p. le 1 Juin 1772, Lieut. en sec. le 8 Août 1779. D.

PALMAROUX, Garde du Roi dans *Noailles* le 29 Septembre 1774.

PALMES Despaing, (Comte de) Brigadier d'infanterie le 1 Mars 1780.

PALYS de Montrepos, ✠ Sous-Brigadier du *Génie*, aux Colonies.

PANISSE, (Alexandre-Jean-Baptiste de Traipoli de Marck de) né à Aix le 5 Juin 1766, surnuméraire des *Gardes* d'Artois le 5 Juin 1781, retiré avec congé le 28 Mai 1782, Sous-L. à la suite des *Carabiniers* le 24 Février 1782. D.

PANSERON, (Jean-François-Claude de) né à Mauregard, Ille-de-France, le 7 Mai 1760, Cavalier au rég. d'*Orléans* le 4 Mai 70, Brigad. le 6 Oct. 75, Maréc. de Logis le 5 Déc. 75, passé dans *Royal-Normandie* Quart. Mc. Trésor. le 7 Mai 1781.

PANTHOU, Garde du Roi dans B. le 30 Juin 1771.

PANTROS, ancien Garçon-Major d' *Infanterie*, à Dijon.

PAPILLON, Prévôt Général de la *Maréchaussée* de l'Isle-de-France.

PAQUET, Quart. M. Tréf. de *Royal La-Marine*, infant.

PARADÉS, Garde du Roi dans *Noailles* le 31 Mai 1755, Fourrier le 12 Mars 1780.

PARAGE, Garde du Roi dans *Noailles* le 10 Mars 1778.

PARAVICINI, (Jean-Baptiste, Baron de) né à Vervins en Thiérache le 23 Avril 1734, Bourgeois de la ville de Coire, Enf. dans *Vigier* le 14 Mai 48, Sous-L. le 11 Octob. 48, Aide-Major le 23 Juillet 58, Capit. Aide-Major le 20 Mai 59, Cap. com. le 19 Oct. 59, Cap. propriétaire le 1 Sept. 63, ✠ le 1 Juin 73, Major d'inf. le 4 Juin 80; blessé à la bataille de Roezen en Avril 59, à l'affaire de Dillenbourg en Janv. 1760. M. D.

PARAVICINI Cappelli, (Louis, Cheval. de) né à Fauconcourt le 5 Août 1752, originaire du pays des Grisons, Bourgeois de Coire, Elève de l'Ecole Militaire le 28 Fév. 1762, ✠ le 23 Janv. 1769, Enf. des *Gardes Suisses* le 10 Février 1770, Sous-L. le 13 Avril 1776, Cap. dans *Vigier* le 31 Mai 1779.

PARAZOLS, (Antoine-Dorothée de Montautier de) né à Montauban en Quercy, le 21 Oct. 1742, Corn. dans *Marcieu* le 10 Avril 1762, Sous-Aide-Major de *Royal-Pologne*, cav., le 1 Mars 1763, Aide-Major le 21 Mai 1766, rang de Cap. le 11 Mai 1769, Cap. en sec. le 30 Janv. 1778, Capit. com. le 10 Avril 1782. D.

PARCHAPPE, Garde du Roi dans V. le 2 Décembre 1764.

PARDAILLAN, (Alexandre de Beaudéan de Parabère, Cte. de) né à... le.. Il leva une comp. au rég. de *Lisbonne* cav., le 26 Fév. 1646; servit en Catalogne au siége de Lérida, à la prise de Dixmude, des Forts de la Knoque, de Nieusdau, de l'Ecluse, au combat qui se donna sur la digue entre l'Ecluse & Dixmude en 1647; à la prise d'Ypres, à la bataille de Lens, à la prise de Furnes en 1648; Mest. de Camp d'un rég. de cav., qu'il leva par commission du 22 Janv. 1749, il marcha à l'armée de Catalogne, qui empêcha les ennemis d'entreprendre le siége de Barcelonne, on se tint sur la défensive en 1650; créé Maréc. de Camp le 28 Août, il servit en Catalogne en 1651; on fut hors d'état d'y rien tenter, à cause de la désertion du Comte de Marchin, qui emmena une partie des troupes sous Mgr. le Prince de Condé: il étoit à la défense de Barcelonne en 1652, au secours de Roses, au siége de Gironne en 1753, au siége de Stenay en 1654; créé Lieut. Général le 16 Juin 1655, il se démit de son rég. qui fut licentié. Employé à l'armée commandée par le Maréchal de Turenne, il étoit au siége & à la prise de Landrecies, de Condé, de Valenciennes en 1656, de Montmedi en 1657; pourvu de la Lieut. Génér. du Bas-Poitou le 28 Fév. 1658; Gouverneur de Lusignan le 21 Mars 1674, il commanda dans le Poitou en différens temps, jusqu'au mois de Mai 1694, qu'il se démit de cette charge. Il est mort le 18 Juill. 1702, âgé de 83 ans. M. D.

PARDAILLAN, (le Baron de) Enf. des *Gar. Suiss.* de Monsieur.

PARDAILLAN, (Comte de) Col. de *Penthièvre*, inf., Brig. des Armées le 5 Décemb. 1781.

PARDIEU, (le Marquis de) Colon. de *Guienne*, inf., & ✠ Brigad. le 1 Mars 1780. M. D.

PARDIEU, Sous-L. de *Maréchaussée*, à Saint-Amand en Berry.

PARENT, Brig. des Gardes du Roi, comp. de *Noailles*, le 1 Janvier 1776.

PARGUEZ, Tréf. des Gardes du Roi.

PARIS, Sous-Lieut. de *Maréchaussée* à Montle

PARIS, ✠ Maréc. de Logis des *Gendarmes* d'Artois.

PARISON, (Charles-Félix) né à Sommevoie en Champagne, en Mars 1741, Cavalier au rég. de *Berry* en Juin 1759, Maréc. de Log. en Sept. 1766, Sous-L. en Août 1767, P. Fren L. en Juil. 1769, Lieuten. en p. en Mai 1774.

PARISOT, Garde du Roi dans *Noailles* le 19 Octobre 1778.

PAROY, (le Marq. de) Lieut. de Roi en Champagne. M. D.

PARRA, (François) né à Belley en Bugey le 20 Décemb. 1733, Sous-L. le 1 Fév. 1761, Lieut. au regim. du *Maine* le 14 Janvier 1772. D.

PARRON, ✠ Lieut. Colon. com. le bataillon de garnison de *Barrois*.

PARSEVAL, Commissaire des Guerres, à Brest.

PASCAL, Lieuten. des cent *Gardes Suisses*.

PASCAL de Keren-Veyer, (François-Nicolas) né à Roscoff en Bretagne le 11 Juil. 1729, Enf. au régim. de *Limosin* le 29 Nov. 45, Aide-Maj. le 17 Mai 51, commission de Cap. le 8 Juil. 56, ✠ le 5 Mars 63, brevet de Maj. le 27 Juillet 69, Major du rég. de *Berry* inf. le 4 Mai 71, commission de Col. le 5 Mars 74, Lieuten. Colonel le 5 Juin 1781. D.

PASCAL, (Jean-Baptiste, Ch. de) né à Roscoff en Bretagne le 25 Sept. 1736, Lieut. le 1 Juil. 1747, Cap. le 11 Juil. 1760, ✠ le 5 Mai 1772, Cap. com. le 8 Juin 1776, Cap. des Chasseurs le 4 Juil. 1777, idem des Gren. le 1 Mars 1781.

PASCALIS, Commissaire des Guerres, à Hesdin.

PASCALIS, (Pierre Raoul de) né à Dieppe le... 1766, Cadet Gentilh. au rég. de la *Reine* inf. le... 17... D.

PASCALIS, Garde du Roi dans B. le 12 Juillet 1779.

PASDELOUP, (Joseph Lenoir, Chev. de) né à Saumur le 18 Juin 1762, Vol. aux *Carabiniers* le 15 Juin 1776, Sous-L. à la suite le 18 Juin 1777, en pied le 20 Août 1779. D.

PASQUELANI, (Gio Battista) né à Bastia le 17..., Sous-Lieut. au rég. *Royal-Corse* le 12 Mai 1780. D.

PASQUIER du Sablon, Aspirant du *Génie*, à Besançon.

PASSAC, (le Chevalier de) Lieutenant des *Maréchaux de France*, à Orléans & Baugency.

PATOT de Gironville, Commissaire des Guerres, à Brest.

PATRAS de Campagno, Lieut. des *Maréchaux de France*, à Calais.

PAVILLARD, (Charles) né à Orbe près Berne le 2 Février 1731, Enseig. dans V... le 8 Juillet 1745, Sous-L. le 11 Juil. 1746, Capit. Lieut. le 5 Mars 1761, Lieut. le 16 Oct. 1761, ✠ le 11 Juin 1762, rang de Cap. le 11 Avril 1773, Cap. des

Grenadiers le 17 Avril 1774.

PAVIN de Fontenay, Commissaire principal des Guerres, à Grenoble.

PAVIN, (Claude-François de) né à Auteuil en Vivarais, le 20 Janvier 1741, Lieut. au rég. Maréc. de *Turenne*, le 20 Février 56, Aide-Major le 8 Oct. 68, Cap. le 4 Août 70, ✠ le 1 Mars 82, a fait la campagne de 1757 & 1758. D.

PAUL d'Herville, Commissaire Ordonnateur des Guerres, à Mezières.

PAUL, (Pierre) né à Generat en Languedoc le 20 Mai 1728, Dragon dans *Thianges* le 1 Sept. 49, Four. en 58, Maréc. de Log. en chef le 1 Sept. 63, passé à St.-Domingue avec l'escadron des *Chasseurs de Belsunce* le 24 Sept. 77, Sous-L. le 1 Août 79, incorporé au 6ᵉ régim. des *Chasseurs* le 1 Mai 79; il a fait 5 campagnes, dont 4 à Saint Domingue.

PAUL, (Jean-Baptiste de) né à Calvison en Languedoc, le 21 Mars 1757, Cadet Gentil. le 6 Juin 1776, Sous-L. le 1 Mai 1778, Lieut. en sec. le 30 Avril 1782. D.

PAULET, Garde du Roi dans L. le 27 Février 1763.

PAULET, (Pierre) né à Aimargues en Languedoc, le 5 Août 1741, Soldat au régim. de *Limosin* le 25 Avril 1757, Sergent le 1 Oct. 1761, P. Drap. le 12 Déc. 1771, Sous-Lieut. aux Grenad. le 5 Janv. 1779, *idem* des fusiliers le 18 Janv. 1781, Lieuten. en sec. le 30 Avril 1782.

PAULINI, (Antonio) né à Ghisoni en Corse, le 13 Décemb. 1730, P. Drap. le 21 Mars 1763, Sous-L. le 22 Fév. 1770, Lieut.

le 31 Mars 1774, Cap. au rég. *Royal-Corse* infant. le 19 Septembre 1780.

PAUSAT, (François) né à Castelnaudary en Languedoc, le 15 Mai 1730, Soldat au rég. *Royal-Comtois* le 14 Octob. 1755, Sergent le 22 Juil. 1760, Four. le 26 Avril 1767, Adjudant le 5 Juin 1776, P. Drap. le 22 Juin 1779.

PEAU de Pontphely, Lieut. des *Maréchaux de France*, à Lamballe.

PECAULT de Larderet, Cap. du *Génie*, à Besançon.

PECCAULT, (Chevalier de) Cap. d'*Artillerie*, à la Martinique.

PECHALVET, Garde du Roi dans V. le 22 Mars 1755.

PECQUET, Brigadier des *Gendarmes* Écossois.

PEHU, (Claude-Charles de) né à Crepy le 3 Avril 1755, élevé à l'École Militaire en 17... Sous-L. au rég. de *Savoie-Carignan* le 2 Mars 1773, Lieut. en sec. le... 1778. D.

PELAGRUE, (Jean-Henri de) né au Château de Montagudet le 7 Sept. 1748, Sous-L. au rég. de *Rouergue* en 1764, rang de Cap en 1768, Cap. dans la légion *Corse* le 1 Sept. 1769, Cap. des Chasseurs dans *Noailles* le 23 Nov. 1776, passé au 6ᵉ régim. des *Chasseurs* le 23 Juin 1779. D.

PELERIN, (Antoine-Paul) né à Auduze le... 1760, Sous-L. à la suite au rég. de *Savoie Carignan* le 7 Juin 1775, en pied le 10 Mai 1777. D.

PELERIN, (Pierre) né à St.-Maixant en Poitou le... 1718, Soldat d'*Orléans* inf. le 4 Fév. 1755, Sergent le 12 Mai 1758, P. Drap. le 11 Nov. 1771, Sous-

Lieut. le 7 Août 1778 ; a fait les campagnes de 57 & 62, Lieut. en second le 20 Août 1781.

PELET, Maréchal de Camp le 1 Mars 1780.

PELET, ✠ Lieut. en second des *Gardes Françoises*.

PELET, (Cheval. de) Lieut. en sec. des *Gardes Françoises*.

PELFRENE, Sous-L. de Maréchaussée, à Châtillon-sous-Loing.

PELICOT, Quart. Mᵉ Trés. du régiment de *Ségur*, dragons.

PELIGNIERES, (le Comte de) Lieut. des *Maréchaux de France*, à la Charité-sur-Loire. M. D.

PELIGNIERES, Garde du Roi dans *Noailles* le 12 Novembre 1759.

PELISSIER Desgranges, ✠ Lieut. des *Maréchaux de France*, à Apt.

PELISSIER, Sous-L. de Maréchaussée, à Béziers.

PELLEPORT, ✠ (Marquis de) Exempt honoraire des *Gardes Suisses* d'Artois. M. D.

PELLETIER, (N....) né à Auxonne en Franche-Comté le... 1758, Sous-L. à la suite du rég. de *Perche* le 26 Avril 1775, en pied le 11 Juin 1776, Lieut. en second le 15 Mai 1781. D.

PELLETIER, (Pierre-Antoine) né à Jussay en Comté le 31 Janv. 1730, Cavalier dans *Marcieu* en 53, Maréc. de Logis le 20 Sept. 56, Aide de Camp de M. de Grolier en 58, Corn. le 10 Avril 60, réformé le 24 Mars 63, Sous-L. le 12 Avril 63, Lieut. le 1 Juin 72, Lieut. en sec. le 10 Janv. 78, Lieuten. en pr. dans *Royal-Pologne* cav., le 1 Août 1779.

PELOMBET, Garde du Roi dans V. le 31 Juillet 1762.

PELOMBET, Garde du Roi dans B. le 6 Février 1768.

PELOUX de Saint-Romain, (le Chev. de) Major de *Forez*, infanterie, & ✠.

PELTIER, (François-Xavier) né à Mersvier en Alsace le 4 Déc. 1744, Sous-Lieut. dans la *Marck* en 1758, Lieut. en sec. en 1759, Lieut. dans *Conflans* le... 1761, Lieuten. en p. le... 1767, Cap. en sec. le 14 Novembre 1779. D.

PENHOET, (Marquis de) Brigadier d'infanterie le 5 Décembre 1781. M. D.

PENIN, Garde du Roi dans V. le 7 Mars 176..

PENOUST, Lieut. de Maréchaussée, à Limoges.

PERACHE, (Antoine-François) né à Utteville, le 22 Juin 1764, Cad. Gentilh. au régim. de *Savoie-Carignan*, le 8 Avril 1780, Sous-Lieuten. le 6 Août 1781. D.

PERALDI, (Gio-Giuseppe) né à Ajaccio le 10 Août 1759, Sous-L. le 7 Juin 1776, Lieut. en sec. au rég. *Royal Corse* inf. le 20 Mai 1781. D.

PERAULT, Aspirant du Génie, à la Rochelle.

PERCENAT, Brig. de cav. le 1 Mars 1780.

PERCIER, ancien Garç.-Maj. d'*Artillerie*, à Huningue.

PERDEVILLE, (Adrien-François-Marc Dyel de) né à Saint-Aubin de Cofen en Normandie, le 1 Nov. 1756, Lieut. dans *Berry* inf. le 13 Janvier 1756, Cap. le 9 Déc. 1771, Cap. c. le 8 Avril 1779, ✠ le... 1781, retiré avec... de pension. D.

PERDIGAU, ✠ Cap. d'*Artillerie*, à Mézières.

PERDREAUVILLE, (Jacques David, Chev. de) né à Nonancouit en Normandie, le 2 Déc. 1769, Sous-L. à la fuite au rég. Roy. b. ont. isle 3 Juil. 1778, Sous-Lieut le 3 Juin 1779. D.

PERETTI, (Antorio-Pascquale) né à Lavia en Corse le 3 Juillet 1759, Sous L. au rég. R. y... Corse le 29 Décembre 1772. D.

PERETTI, (Giacomo de) né à Lavia en Corse le 2 Sept. 1751, Cap. au rég. Royal-Corse infant., le 1 Septembre 1769.

PERES, (Jean-Baptiste, Ch. de) né à Gimon en Gascogne le 4 Juin 1735, Vol. au régim. de Médoc en 1753, Lieut. le 26 Nov. 1755, Capit. le 30 Déc. 1759, ✠ le 11 Mai 1780. D.

PEREZ, (Jean-Paul de) né à Gimon en Gascogne le 16 Nov. 1754, Vol. au rég. de Médoc le 26 Mars 1769, Sous-L. le 18 Sept. 1769, Lieut. le 9 Novembre 1772.

PERIGNAT, (Chevalier de) Brigadier de cavalerie le 1 Mars 1780.

PERIGORD, (Gabriel-Marie de Talleyrand, Comte de) né à... le 1 Oct. 1726, fut d'abord connu sous le nom de Comte de Taillayrand; il entra Enf. dans la Colonelle du rég. de Normandie, le 27 Juil. 41, passa avec ce rég. à l'armée de Bavière en Mars 42, y servit jusqu'en Juil. 43 qu'elle rentra en France, & suivit la campagne sur les bords du Rhin. Il prit le nom de Comte de Périgord, en se mariant, le 28 Déc. de la même année; devint Lieut. de la Colonelle le 24 Janv. 44, & eut le même jour une commission pour tenir rang de Cap.; il servit en cette qualité à l'armée de Flandres, qui couvrit les sièges de Menin, d'Ypres & de Furnes, & occupa le camp de Courtray pendant le reste de la campagne. Son père, qui étoit Col. du rég., ayant été tué au siége de Tournay, le 9 Mai 45, le Roi lui accorda ce rég. par commission du 11. Il se trouva avec lui à la bataille de Fontenoy, aux sièges des ville & citadelle de Tournay & à ceux de Dendermonde, d'Oudenarde & d'Ath; il le commanda au siège de Bruxelles & à la bataille de Raucoux en 46; au camp de Malines, puis au siège de Berg-op-Zoom en 47, au siège de Maëstricht en 48; il obtint une place de Menin de M. le Dauphin le 23 Avril 49, les charges de Gouverneur & de Lieut. Général, & de Grand Bailli de Berry, le Gouvernement particulier de Bourges & d'Issoudun, sur la démission du Prince de Chalais, le 1 Janv. 52; le rég. Dauphin, cav., le 11 Juillet 53, en se démettant de celui de Normandie. Il commanda le rég. Dauphin au camp de Richemont en 55; créé Brig. le 22 Juil. 56; Grand d'Espagne du chef de sa femme à la mort du Prince de Chalais, le 24 Fév. 57. Employé à l'armée d'Allemagne le 1 Mars suiv., il se trouva à la bataille d'Hastembeck, à la prise de Minden & d'Hanovre, à la course sur les ennemis vers Zell, & à la bataille de Crewelt; créé Maréchal de Camp le 20 Fév. 60. Employé la même année à l'armée d'Allemagne, s'est démis du rég. Dauphin en Janv. 62; créé Lieut. Général le 1 Mars 1780.

PERIGORD, Elève du G...

PERILLE de Moleron, ✠ Commissaire des Guerres, à Lille.

PERILLE de Moleron, fils,

Commissaire des Guerres en survivance, à Lille.

PERNELLE, (Charles) né à Cambray le 1 Janv. 1722, Carabinier le 1 Nov. 1737, Maréc. de Logis le 15 Nov. 1744, Corn. le 15 Mars 1760, Lieut. le 20 Juin 1761, rang de Cap. le 26 Avril 65, ✠ le 29 Avril 1770, Lieut. en p. le 1 Avril 1776, Cap. en sec. le 13 Juillet 1780, en p. le 10 Nov. 1782.

PERNET, ✠ Sous-L. de Maréchaussée, à Dole.

PERNOT, Maréc. de Camp le 1 Mars 1780.

PERNOT du Breuil, (François-Thomas) né à Chalene en Champagne le 21 Déc. 1744, Vol. au rég. de Beaujolois le 11 Juin 1767, Sous-L. le 19 Fév. 1768, Sous-Aide-Major le 11 Mai 1769, Lieut. en sec. le 11 Juin 1776, Lieut. en p. le 22 Juin 1779. D.

PERONNIN, (Joseph) né à Moulins le 5 Fév. 1746, Gendarme de la Garde le... Fév. 1772, P. G. au 4e. rég. des Chasseurs le 8 Avril 1779, Sous-L. le 6 Avril 1780. D.

PERRET, ✠ Cap. dans Diesbach, infanterie.

PERRETI Giacomo Alfonso, né à Lavia en Corse le 27 Juillet 1753, Sous-L. le 10 Août 1771, Lieut. en p. au rég. Royal-Corse inf. le 21 Août 1775. D.

PERRIEN de Crenan, Enseig. surnuméraire des Gardes Franç.

PERRIER, ✠ Lieut. Col. de Bouillon, infanterie.

PERRIER de Lisle-Fort, ✠ (Raymond du) né à... le .. 17... Cap. com. au rég. de Beauvoisis le... 17... M. D.

PERRIER, Baron d'Ussau, Abbé Lay de St-Arnion & d'Anos, (Martin-Louis de) né à... le 16 Août 1765, Mousquetaire de la Garde le... 1771, Cap. dans Royal, drag., le... 17... Gouverneur de Saint Jean de Luz & de Cybour le... 1778, ✠ le... 1782. M. D.

PERRIERE, père, Lieut. des Maréchaux de France, à Saint-Jean d'Angély.

PERRIERE, fils, Lieut. des Maréchaux de France, à Saint-Jean d'Angély.

PERRIERE de Roissi, ✠ Lieut. des Maréchaux de France, à la Rochelle.

PERRIET, ancien Garçon-Maj. d'artillerie, à Salins.

PERRIN de la Courbejolliere, †, (Jean-Charles Amauri, Ch. de) né à Ste-Lumine en Bretagne le 6 Nov. 1752, Sous-L. le 19 Mai 1774, Lieut. en sec. au régim. du Maine le 9 Mai 1780. D.

PERRINET des Franches, Sous-L. en p. des Gardes Suisses.

PERROCHEL, (René-François-Hortence, Comte de) né au Château de St-Aubin au Maine en 1745, Mousquetaire du Roi le 23 Mars 1766, Sous-L. au rég. Dauphin, cav., le 13 Mai 1768, Lieut. le 1 Juin 1772, Cap. de drag. au rég. de Monsieur le 17 Mai 1773, Cap. en sec. le 7 Juin 1776. D.

PERROT de Galbert, ✠ Cap. d'artillerie, à Bastia.

PERROT, ✠ Brig. des Gendarmes de Flandres.

PERROT, Commissaire des Guerres, à l'Isle d'Oleron.

PERROT des Chalais, Sous-L. de Maréchaussée, à Montluçon.

PERROTIN, ✠ Cap. du Génie au St-Esprit.

PERSAN, Garde du Roi dans Noailles le 2 Fév. 1773.

PERSAN, (Comte de) Maréchal de Camp le 1 Mars 80. M. D.

PERSILHON, Garde du Roi dans B. le 25 Juin 1763.

PERSON, ✠ Exempt de Maréchaussée, com. la brigade de Bondy.

PERTHUIS, (le Chev. de) Aspirant du *Génie*, à St-Malo.

PERTHUIS, Enseig. surnuméraire des *Gardes Françoises*.

PERTICOZ, ✠ Cap. d'artillerie, à Amiens & Péronne.

PERUSSE Descars, (Louis-Nicolas, Marquis de) né à... le 8 Juin 1724, fut d'abord connu sous le nom de Chevalier Descars; il entra Corn. au rég. de cav. de *Toulouse*, le 5 Nov. 1733, & le joignit à l'armée d'Italie, où il se trouva aux siéges qui s'y firent & aux batailles de Parme & de Guastalle; il entra Enseig. au rég. d'inf. de *Santerre*, dont son frère étoit Col. le 25 Janv. 1740; servit en Westphalie sur la frontière de Bohême & en Bavière en 1741, 42 & 43; obtint une compagnie dans le même rég. le 18 Déc. de la même année; il la commanda à l'attaque de Châteaufort sur la frontière de Piémont en 44, aux siéges de Sarravalla, de Tortonne, à la prise de Plaisance, de Parme & de Pavie, au combat de Rivaronne, aux siéges d'Alexandrie, de Valence, d'Asti & de Casal en 45; ayant passé l'hiver à Asti, il y fut fait prisonnier de guerre, le 4 Mars 1746 avec toute la garnison; Col. d'un rég. d'inf. de son nom, le 29 Sept. 47; il le commanda à Gênes jusqu'à la paix; ce régiment ayant été incorporé dans celui de *Lanat*, le 10 Fév. 49, il fut attaché Col. à la suite des *Grenadiers de France*, le 15 du même mois; il prit le nom de Marquis de Pérusse, le 1 Sept. 1750, en se mariant; fait Col. du rég. de *Normanare*, le 26 Juill. 55; créé Brig. le 10 Fév. 59; il commanda ce rég. à l'affaire de Clostercamps en Oct. 1760, à l'armée de Soubise en 1761, s'en démit le 1 Fév. 62, resta Col. réformé à la suite du rég. par ordre du même jour; créé Maréc. de Camp le 20 Avril 1768. M. D.

PERUSSE Descars, (le Comte de) Maréc. de Camp le 1 Mars 80. M. D.

PESCHERY, (le Marquis de) Lieut. de Roi, en Alsace. M. D.

PESTALOZZY, (César-Hipolyte de) né à... le... 17..., Cadet aux *Gardes* en 1718, Enseig. de la compagnie de *Vigier*, le 24 Janv. 1721, idem dans celle de *Machet*, le 5 Nov. 1726, Sous-L. le 16 Août 1729, Lieut. en sec. le 30 Janv. 1734; il fit la campagne sur le Rhin en 35, ✠ le 13 Avril 1736, Aide-Maj. du rég. le 13 Avril 48, Com. pour tenir rang de Col. d'inf. le 22 Mars 42; servit sur le Rhin en 43, aux siéges de Menin, d'Ypres, à l'affaire de Reschewaux, au siége de Fribourg en 44, à la bataille de Fontenoi & aux siéges des ville & citadelle de Tournay en 1745, à la bataille de Lawfeld en 47; créé Brig. le 1 Janv. 48, il servit en cette qualité au siége de Mastricht, & obtint le 19 Mars 52, une Commission pour tenir rang de Cap. aux *Gardes Suisses* & commander en cette qualité la compagnie *Lieut.-Colonelle*; il a passé le 20 Nov. 57 au commandement de la *Compagnie-Générale*; créé Maréc. de Camp le le 20 Fév. 61, Lieut Gén. le 16 Avril 67.

PESTALOZZI, (Comte de) Major du rég. de *Schomberg*, drag. M. D.

PETEL Descalier, Brig. d'inf. le 1 Mars 80.

PETER, Quart. M. Tréf. de *Berwick*, infanterie.

PETIET, Commissaire des Guerres, à St-Malo.

PETIGAS de la Garenne, S.-L. de *Maréchaussée*, au Mans.

PETIT, Sous-L. de *Maréchaussée*, à Noyon.

PETIT de la Borde, Cap. d'artillerie, à Klingental.

PETIT, Quart. M. Tréf. du rég. de *Monsieur*, infanterie.

PETIT, Thouars Lieut. des *Maréc. de France*, à Saumur.

PETIT, Thouars Lieut. de Roi à Saumur & à Château.

PETITY, Comt. à Ajaccio.

PETITOT, Garde du Roi dans B. le 25 Mars 1758.

PETITOT, (Claude) né à Grandnoir en Franche-Comté, le 31 Janv. 1752, Soldat au rég. Maréc. de *Turenne*, le 15 Avril 1770, Cap. le 11 Fév. 1774, Serg. le 16 Sept. 1774, P. D. le 21 Février 1779.

PETREMAN, † (N..., Ch. de) né à Vélay en Franche-Comté, le 1 Oct. 1758, Sous-L. au rég. des *Cuirassiers du Roi* le... 17... D.

PEUIL, Garde du Roi dans *Noailles*, le 10 Août 1778.

PEUILLON, ancien Garçon-Maj. d'artillerie, à Rocroy.

PEYER, (Eberhard de) né à Shaffhausen en Suisse, le 2 Sept. 1723, Enseig. dans *Royal-Bavière*, le 1 Juill. 1741, Lieut. en sec. le 1 Juill. 1743, en p. le 29 Janv. 1744, Cap. le 4 Oct. 1752, ✠* le 28 Nov. 1760, 1784.

Cap. dans *Vigier*, le 20 Janv. 1765. D.

PEYER, (Jean-Conrad de) né à Schaffhausen le 1 Mai 1739, Cad. dans *Royal-Bavière*, le 1 Mai 1754, Sous-L. le 1 Oct. 1756, Lieut. le 6 Juin 1758, Sous-L. dans *Vigier*, le 27 Janv. 1767, Lieut. le 2 Mai 1779, ✠ le 16 Oct. 1781. D.

PEYRAC, Sous-L. de *Maréchaussée*, à Figeac.

PEYRARD, Commissaire des Guerres, à Versailles.

PEYRAUD de la Cheze, ✠ Lieut. en p. des *Gardes Franç.*

PEYRE, (Jean-Henri de Moret, Comte de) Baron de Marchastel de Monrodat, Marquis de Montarnal & de Pagas, Baron d'Audos, de Salis, Grand-Bailly du Gévaudan, Gouverneur Lieut. Gén. & Grand-Sénéchal du Bourbonnois, Baron des Etats du Languedoc; créé Maréc. de Camp le 1 Mars 1780.

PEYSAC, (François Dumas, Comte de) né à... le... 16..., Mousquetaire en 1700; il se trouva au combat de Nimègue en 1702, à celui de Keren en 1703, à la bataille de Ramillies en 1706; obtint une compagnie dans *Royal-Roussillon*, cav. le 15 Nov. de la même année; il la commanda à l'armée du Rhin en 1707, à la bataille d'Oudenarde en 1708, Col. d'un rég. d'inf. de son nom le 2 Avril 1709; il le commanda à l'armée du Dauphiné jusqu'à la paix. Ce régiment ayant été réformé le 14 Janv. 1714; il fut retenu Col. réformé à la suite du rég. *Dauphin*, le 5 Fév. suiv.; on lui donna le 1 Janv. 34, le commandement d'un bataillon de Milice de la Généralité de Limoges; créé Brig. le 1 Août,

T

& par ordre du 25, on joignit au bataillon qu'il commandoit, le bataillon de la *Morelière*, pour en former un rég. qui porta son nom & qu'il commanda jusqu'en Nov. 36, qu'on licencia les Milices; il se retira à Peysat, près Userches, & y mourut le 1 Sept. 1741. M. D.

PEYSAC, (N..., Comte de) né au Château de Peysac en Limosin, le 28 Avril 1749, second Sous-Lieut. au rég. du *Roi*, infanterie, le 9 Août 1765, Lieut. en sec. le 13 Juill. 1766, Sous-L. au rég. de *Conti*, drag. le 9 Juill. 1769, Cap. en sec. le 25 Avril 1772, réformé le 1 Juin 76, remplacé Cap. en sec. dans le même rég. le... 1778.

PEYSSARD, Garde du Roi dans V. le 8 Mars 1774.

PEZET, Garde du Roi dans B. le 21 Septembre 1774.

PFIFFER DE WYHER, Lieut. Gén. le 1 Janv. 68.

PHILIPEAU, Comte d'Harbault, Lieut.-de Roi, au Gouvernement de l'Orléanois.

PHELIPPE de la Houssaye, (Nicolas-Léon) né à... le... 16... Com. au rég. d'*Ourches*, cav. le... 1696. Il fit cette campagne & la suivante en Flandres; se trouva au camp de Coudun, près Compiegne en 1698; il obtint une compagnie au rég. *Dauphin Etranger*, le 12 Mars 1702; la commanda à l'armée d'Allemagne sous le Maréchal de Catinat qui n'entreprit rien; passé en Sept. sous les ordres du Marquis de Villars; il combattit à Fredelingen, le 14 Oct.; se trouva au siége de Kell, à l'attaque des lignes de Stolhoffen, à l'attaque des retranchemens de la vallée d'Hornberg, au combat de Munderkergin, à la premiere bataille d'Hocstet, à la prise d'Ansbourg en 1703; à la seconde bataille d'Hocstet, sous le Maréc. de Merchin; Col. d'un rég. d'inf. de son nom, le 14 Janv. 1705, il le commanda à l'armée de la Moselle sous le Maréc. de Villars; Col. du rég. d'inf. de *Limosin*, le 8 Avril 1706, il se démit de celui qu'il avoit & commanda celui de *Limosin*, au siége de Turin, à la bataille de Castiglione, à l'armée du Dauphiné en 1707 & 1708, à la bataille de Malplaquet en 1709, à l'armée de Flandres en 1710 & 1711, au combat de Denain, aux siéges du Quesnoi, de Douay, de Bouchain en 1712, aux siéges de Landau & de Fribourg en 1713; créé Brig. le 1 Fév. 1719, il servit au siége & à la prise de Fontarabie, des ville & château de St-Sébastien, & fut employé le reste de la campagne sur la frontière du Béarn; employé à l'armée du Rhin, le 15 Sept. 1733, il resta avec son rég. au Camp du Pays Messin; créé Maréc. de Camp le 20 Fév. 1734, il se démit du rég. de *Limosin*; fut employé à l'armée du Rhin le 1 Avril & servit au siége de Philisbourg; il continua d'être employé à l'armée du Rhin le 1 Mai 35, jusqu'à la paix; créé Lieut. Gén. le 1 Mars 1738; employé à l'armée du Rhin le 1 Août 41, il marcha avec la premiere division des troupes qui partirent de Sédan, le 28 Août pour se rendre en Westphalie, & commanda pendant l'hiver dans le Duché de Berg; il passa en Bohême & en Bavière avec cette armée en Août 1742; il marcha avec la 4e division de cette armée, lorsqu'elle rentra en France en Juill. 43, & fut employé en Haute Alsace sous le Maréc. de Coigny, le 1 Août; il contribua à la défense du Rhin & commanda pendant l'hiver à Weissembourg le 1 Nov.; employé à l'armée du Rhin sous le Maréc. de Coigny, le 1 Avril 1744, il concourut à la défense de l'Alsace, & contribua à faire évacuer cette Province par les ennemis; il obtint le Gouvernement de Maubeuge, le 15 Oct.; il y a résidé & a commandé en Hainaut, jusqu'au 30 Avril 1748; il sortit de Maubeuge au mois de Janv. 46, & commanda un corps de troupes considérable à Binch pour masquer la garnison de Mons & de Charleroi, pendant le siége de Bruxelles; il est mort le... 1763. M. D.

PHELIPPE, Comte de la Houssaye, aujourd'hui Comte de Faronvilles, ✠ fils, (Clément-Nicolas-Léon) né à... le... 17... Cap. de cav., Lieut. Col.

PHELIPPE, Marquis de Billy, (Dominique-François) mort au château de Villiers, le 4 Nov. 1783, Voyez BILLY & la nouvelle Histoire de Berry, par M. Pallet.

PHELIPPE, Lieut. de Roi, à Verdun.

PHILIBÉE, ✠ Brig. des Gendarmes Anglois.

PHILIPPE, Maj. de la citadelle de Strasbourg.

PHLINES de Villiersfaux, Cap. du Génie, à Gex.

PIANELLY, (Antonio-Michel) né à Olmeto en Corse, le 29 Sept. 1747, Sous-L. le 23 Juill. 1770, Lieut. en p. au rég. Royal-Corse, inf. le 25 Août 1775. D.

PIANELLY, (Francisco-Antonio) né à Olmeto en Corse, le 20 Oct. 1759, Sous-L. au rég. Royal-Corse, le 8 Avril 1779.

PIART, Garde du Roi dans Noailles, le 10 Nov. 1756.

PICARD des Guyons, Brig. de cav. le 3 Janvier 70.

PICHON, Commissaire des Guerres, dans l'Isle de France.

PICOT, ✠ (Comte de) Lieut. Col. com. le bataillon de garnison de Condé. M. D.

PICOT, Lieut. de Roi, en Guienne.

PICQUES, Brig. d'inf. le 1 Mars 80.

PICQUET du Quesnel, Lieut. du Roi, à Dourlens.

PIEDOUE, Garde du Roi dans L. le 3 Mars 1769.

PIERARD, Quart. M. Trés. du 3e régiment d'Etat-Major, avec rang de Lieut. en second.

PIERRE, (Charles de) né à Avranches en Normandie, le 7 Avril 1752, Sous L. au rég. de Médoc, le 23 Avril 1771, Lieuten. en second le 9 Juin 1774. D.

PIERRE, Aide-Maj. du rég. de Besançon, artillerie.

PIERRELEVÉE, Lieut. de Roi, à Nismes.

PIERREPONT, (Pierre, Comte de) né à Auzoir-la-Ferrière en Brie, le 30 Déc. 1745, Mousquetaire, le 1 Janv. 1761, Lieut. en sec. au rég. du Roi, inf. le 10 Fév. 1763, Cap. au rég. Royal-Navarre, cav. le 4 Mai 1771. D.

PIERREPONT, Maréc. de Logis des Gardes du Roi, le 20 Décembre 1782.

PIERREQUIN, (Nicolas) né à Deville en Lorraine, le 7 Juillet 1738, Soldat au rég. Royal-Barrois, le 3 Juill. 1759,

Sous-L. au rég. de *Foix*, le 11 Septembre 1763.

PIERREVERT, (Paul-Auguste de Bernier de) né à... le... 17..., a servi dans..., s'est trouvé au siège de Philisbourg en 1754, a été élu Syndic de la Noblesse de Provence en 1772, Lieut. des *Maréchaux de France*, à Forcalquier, réside à Pierrevert, près Manosque. D. M.

PIERREVERT, ✠ (Louis, Jérôme-Charles de Bernier, Marquis de) né à... le... 17..., Garde-Marine au département de Toulon, le... 17..., Lieut. de Vaisseau, le... 17..., Cap. d'une des compagnies de la Marine, le... 17... Il a fait la guerre contre l'Empereur de Maroc, le Bey de Tunis, les rebelles de Corse, la campagne de 1778, sous M. le Comte d'Estaing; s'est trouvé à la prise de la Grenade, à l'entrée & à la sortie de Rhode-Island, aux attaques de Ste-Lucie; obtint ensuite le commandement du *Tigre*, avec lequel il protégea le commerce de Marseille, prit plusieurs Corsaires & livra un combat à un chébeck Anglois de force supérieure, le Roi lui confia en 1781, le commandement de la *Sardine* & de la *Blonde*, qu'il commande encore.

PIERREVERT, † (Antoine Melchior de Bernier, Ch. de) né à... 17..., Garde-Marine au département de Toulon, le... 17..., Lieut. des *Vaisseaux du Roi*, le... 17..., Cap. d'une compagnie de la Marine, le... 17..., s'étoit trouvé à la prise de la Grenade, & à toutes les actions de M. le Comte d'Estaing en 1778. Il s'embarqua ensuite sur le *Héros* avec son oncle le Bailly de Suffren, dont il mérita les éloges au combat de la Praja, près du Cap Vert, à ceux du 17 Fév. & 12 Avril, livrés dans l'Inde en 1782; il eut ensuite le commandement de la Frégate la *Bellonne*, & bientôt après, la tête emportée par un boulet de canon en attaquant sur la côte de Ceylan la Frégate Angloise le *Couventry*, qui lui étoit supérieure, ce qui le fit regretter du Général & de tout le corps de la Marine.

PIERREVERT, † (Ferdinand-Marc-Antoine de Bernier, Ch. de) né à..., le... 17..., Enseig. des *Vaisseaux du Roi*, le... 17..., Offic. Garde-Marine le... 17..., s'est trouvé à la prise de la Grenade & aux autres actions du Comte d'Estaing, aux 3 combats livrés à l'Amiral Rodney, à la hauteur de la Dominique, par le Comte de Guichen en 1780, au combat du 24 Avril 1781, & à celui du Comte de Grasse, à la prise de Tabago & d'Yorck-Town & du Général Cornwallis.

PIERREVERT, ✠ (Louis-Nicolas de Bernier, Marquis de) né à..., le... 17..., Cap. des gren au rég. des *Gardes Françoises*, le... 17..., créé Brig. d'inf. le 5 Déc. 1781, Lieut. de Roi de la ville & citadelle de Honfleur, le... 17..., s'est trouvé au siège de Mastricht & à la bataille de Lawfeld, Gentilh de S. A. S. M. le Duc d'Orléans.

PIERRON, ✠ Sous-Brig. du *Génie*, à Marseille.

PIERSON, Quart. M. Trés. du *Mest.-de-Camp-Général*, dragons.

PIGAULT, Cap. d'artillerie, à Calais.

PILLERAULT, (Pierre-Etienne) né à Paris, le 18 Janv. 1743, Soldat des *Carabiniers*, le 26

Fév. 1759, Maréc. de Logis le 27 Sept. 1767, chargé du détail de la brigade de *Montaigu*, le 1 Nov. 1767, Fourr. de la compagnie le 1 Oct. 1769, brevet de P. E. le 29 Sept. 1774, chargé du détail du corps le 13 Nov. 1774, premier Adjudant le 1 Avril 1776, chargé de l'administration générale le 1 Avril 1776, Quart. M. de la première brigade le 1 Mai 1779, Trésor. le 29 Août 1779.

PILLES, (Comte de) Maréchal de Camp le 5 Déc. 81. M. D.

PILLIER, (Joseph-Albert-Laurent de) né à Roschach, près St-Gall, le 15 Juin 1739, Sous-L. dans *Vigier*, le 12 Janv. 1765, Lieut. le 13 Juill. 1777.

PILLON Darquebouville, ✠ Directeur d'art. à Auxonne.

PIMARSON, (N...) né à Aubtette, le... 1741, a servi dans *Guienne*, le 3 Mars 1755, Serg. en 1761, P. D. dans *Perche*, le 21 Juin 1775, a fait la guerre de Canada, & la campagne de 69.

PIMODAN, (Marquis de) Brig. de cavalerie le 1 Mars 80. M. D.

PIMODAN, † ✠, (Ch. de) Lieut. en p. des *Gardes Françoises*.

PIMODAN, Enseigne des *Gardes Françoises*.

PIMODAUD, (Charles-Armand, Baron de) né à Paris en 1764, Elève de l'Ecole Militaire en 1779, Sous-L. à la suite du rég. de *Berry*, cav. en Mars 1780. M. D.

PINA, † (N... de) né à Grenoble, le... 17..., Lieut. en sec. dans le corps *Royal*, le 23 Mai 1772, Sous-L. dans la légion de *Condé*, en 1772, incorporé dans *Conti* drag., le 9 Déc. 1776, Lieut. en sec. le 2 Mai 1782. D.

PINARD de Boishebert, Cap. du *Génie*, à Gravelines.

PINDRAY, (Pierre de) né à Barbezieux en Saintonge, le... 1752, Sous-L. à la suite d'*Orléans*, inf. le 5 Mai 1772, en p. le 22 Oct. 1774, Lieut. en sec. le 8 Avril 1779, en p. le 10 Septembre 1780. D.

PINEAU, (Charles-Denis, Ch. de) né à Bordeaux, le 5 Sept. 1735, Lieut. le 12 Nov. 1755, Cap. le 26 Nov. 1761, réformé le 19 Avril 1763, Cap. com. la *Lieut.-Colonelle*, le 11 Mai 1769, Cap. com. le 3 Août 1770. D.

PINON, Marquis de St-Georges, (Anne-Louis) né à Paris, Paroisse St. Paul, le 24 Avril 1720, Mousquetaire en 1733; obtint une compagnie dans le rég. *Col.-Gén.*, cav. le 21 Déc. suiv.; il la commanda à la prise de Prague en 1741, au combat de Sahay, au ravitaillement de Frawemberg, à la défense & à la retraite de Prague en 42, à la bataille d'Ettingen en 43; il servit en qualité d'Aide-Maréc. Gén. de Logis de la cav. de l'armée commandée par le Maréc. de Saxe, le premier Avril 44, & continua de servir en cette qualité pendant toute la guerre; il couvrit avec l'armée de Saxe, les siéges de Menin, d'Ypres & de Furnes, & occupa le camp de Courtray pendant le reste de la campagne 1744; il se trouva à la bataille de Fontenoi, où il fut blessé, au siège de Tournai en 1745, & obtint le 22 Mai une Commission pour tenir rang de Mest. de Camp de cav.; il servit au siége de Namur, combattit à

Rocoux en 1746, à Lawfeld en 1747, & servit au siége de Maftricht en 1748, au camp d'Aymeries avec son rég. en 1754, Meft. de Camp Lieut. d'une brig. de *Carabiniers*, le 6 Déc. 1756; il la commanda à l'armée d'Allemagne en 1757, de Crewelt en 1758; de Minden en 1759, aux affaires de Corback & de Warbourg en 1760; créé Brig. le 1 Mai 1758, Maré. de Camp le 20 Fév. 1761, employé en cette qualité à l'armée d'Allemagne le 1 Mai 1761 & 62; créé Lieut. Gén. le 1 Mars 1780, Grand-Croix de St-Louis le 15 Mai 1773. M. D.

PINON, ✠ (N..., Ch. de) né à Paris, Paroisse St-Paul, le... 17.., Cap. de drag. au rég. de *Caraman*, le... 17..., Lieut. Col. le.. 17...

PINOT, ✠ Brig. des *Gendarmes* de Monsieur.

PINOT, (Pierre-Marc) né à la Rochelle, le 26 Août 1724, Soldat dans *Berry*, inf. le 26 Oct. 1744, Serg. le 5 Nov. 1749, P. D. le 1 Fév. 1763, rang de Lieut. le 26 Janv. 1773, Lieut. en sec. des gren. le 11 Juin 1776, ✠ le 19 Fév. 1779.

PINS de Moufegon, (Jean-Jacques-François-Claude de) né à Caftres en Languedoc, le... 1760, Sous-L. à la suite d'*Orléans*, inf. le 28 Fév. 1778, en pied le 20 Mars suiv., Lieut. en sec. le 10 Fév. 1780, embarqué sur le vaisseau le *Zodiaque*, le 10 Janvier 1780. D.

PINSUN, Brig. d'inf. le 1 Mars 80.

PINTHEVILLE de Cernom, (François de) né au château de Cernom en Champagne, le 2 Avril 1762, Cad. Gentilh. le 4 Déc. 1780, Sous-L. en 3e au rég. *Royal-Comtois*, le 31 Août 1781. D.

PINTON, (Jean-Pierre) né à Bourgogne en Champagne, le... 1743, Soldat au rég. d'*Orléans*, inf. le 15 Août 1758, Serg. le 5 Juin 1768, Serg.-Maj. le 2 Mars 1778, P. D. le 12 Septembre 1779.

PIOGER de St-Perran, Lieut. du *Génie*, à Breft.

PIOGER, Chev. de St-Lazare au sortir de l'Ecole Militaire, Chevau-Léger de la *Garde*, le... 17..., Maire Commandant pour le Roi, à Abbeville en 1782.

PIOT de Courcelle, ✠ Lieut. des *Maréchaux de France*, à Troie.

PIOT, Commiffaire des guerres, à Montargis.

PIRCH, ✠*, (le Baron de) Col. du rég. de *Heffe d'Armftadt*. M. D.

PISSIS, Sous-L. de *Maréchauffée*, à Brioude.

PISTORIS, Brig. de drag. le 1 Mars 80.

PISTORY, Trompette des Gardes du Roi dans V.

PISTOYE, Cap. d'artillerie, à Marseille.

PITAT, ✠ Brig. des *Gendarmes Anglois*.

PIVOLLOT, (Jean-Alexandre) né à Strasbourg, le 23 Sept. 1737, Huffard dans *Ferrafi*, le 1 Fév. 1765, paffé dans *Naffau*, le 10 Nov. 1756, bleffé à la bataille de Minden en 1759, Fourr. le 4 Déc. 1759, Maré. de Logis le 1 Août 1761, bleffé à Gottengen, à l'affaire de M. le Comte de Veaux, Quatt. M. le 1 Mars 1763, Lieut. le 17 Juin 1770 Lieut. le 4 Août 1774, Lieut. en sec. dans *Conflans*, le 26 Juill. 1776, Lieut. en p. le 10 Novembre 1779.

PIVOLOT, ✠ Lieut. Col. de *Chamborant*, huſſards.

PLAINVILLE, ✠ (le Chev. de) Commiſſaire des Guerres, à Pont-Audemer.

PLANCHER, Lieuten. du *Génie*, aux Colonies.

PLANQUET, (le Baron de) Lieut. des *Maréch. de France*, à Saint-Pons. M. D.

PLANSON, Lieut. de *Maréchauſſée*, à Vienne.

PLANTA, ✠ Sous-Directeur d'*Artillerie*, à Grenoble.

PLANTA, Garde du Roi dans *Noailles* le 16 Décembre 1774.

PLANTADE, (Cheval. de) Brig. d'inf. le 5 Décemb. 1781.

PLEYNESELVE, (Joſeph Armand, Chev. de) né à Pleineſelve en Picardie le 4 Déc. 1758, Sous-L. au rég. du *Maine* le 5 Septembre 1778. M. D.

PLEURRE, (Claude Charles, Marquis de) né au Château de Pleurre, en Champagne, le 7 Sept. 1737, Page le 24 Mai 52, Lieut. à la ſuite d'*Orléans* cav., le 13 Juin 55, Corn. dans la *Commiſſ.-Générale*, caval., le même jour, Cap. le 29 Mars 58, Cap. des *Carabiniers* le 27 Avril 61, rang. de Maj. le 28 Avril 69, rang de Lieut. Colon. le 23 Mars 72, ✠ le 22 Mars 74, Cap. en p. le 1 Avril 76, Lieut. Col. com. d'eſcadron le 1 Mai 79, Col. en ſec. de la 2ᵉ brig., le 7 Mai 1780. M. D.

PLOTOT, Lieuten. de Roi, à Condé.

PLOUY, (Céſar-Nicolas le Blon, Chev. du) né au Château du Plouy en Picardie, le 10 Mars 1752, Sous-L. dans *Bourgogne* cav. le 1 Mai 68, paſſé Sous-L. des *Carabiniers* le 25 Avril 70, paſſé Cap. dans *Navarre* le 3 Juin 79, rentré Cap. en ſec. des *Carabiniers* le 9 Août 1781. D.

PLUMET, (Louis) né à Baune en Bourgogne le 22 Janv. 1732, Soldat au rég. de la *Marine* le 17 Août 1752, P. Drap. le 18 Juin 1774, Sous-L. le 14 Oct. 1775, Lieut. le 3 Juin 1779.

PODENAS, (Comte de) Brig. d'infant. le 1 Mars 1780. M. D.

POIGNAT, (Vicomte de) Sous-Lieut. des *Gardes* d'Artois. M. D.

POINBEUF, Tréſorier principal des Guerres, à Alençon.

POINCARÉ, (Aimé François de) né à Nancy le 15 Juil. 1739, Enſ. au ſervice de l'Empereur le... 1756, Cap. des Chaſſeurs dans la légion de *Poloski* en Pologne le... 1770, rang de Capit. en France le... 1774, attaché au 4ᵉ régim. des *Chaſſeurs* le 8 Avril 1779. D.

POISSON Deſlondes, Major au Queſnoy.

POISSON Deſlondes, ✠ Sous-Brig. du *Génie*, à Cherbourg.

POISSON Deſlondes, Brig. d'infanterie le 1 Mars 1780.

POISSON Deſlondes, ✠ Brigadier du *Génie*, à Lille.

POISSON de Malvoiſin, Maréchal de Camp le 3 Janvier 1770.

POITEVIN, Garde du Roi dans L. le 31 Mai 1765.

POIX, † (Philippe-Louis-Marc-Antoine de Noailles, Prince de) né à... le 12 Nov. 1752, Gouverneur & Capitaine des Chaſſes en ſurvivance, de Verſailles, Marly & dépendances, le 2 Sept. 1763, Col. du rég. de *Noailles*, dragons, le... 17..., Cap. des Gardes du Roi en ſurvivance du Maréchal Prince de Beauveau, ſon beau-père, le... Juin 1774. M. D.

POIX, ancien Garç.-Major d'*Artillerie*, au Château de Joux.

POLARD Despréaux, ✠ Sous-L. des *Gardes* d'Artois.

POLASTRE, Lieut. de Roi, à Mont-Dauphin.

POLASTRIE, Aspirant du *Génie*, à Mont-Dauphin.

POLASTRON, (Jean-Baptiste, Comte de) né à... le... 16..., fut d'abord Lieut. & Garç.-Major du rég. du *Roi* le 6 Juin; il servit au siége de Brisack sous Mgr. le Duc de Bourgogne, au siége de Landau, à la bataille de Spire sous le Maréchal de Tallart; Col. du rég. de *Forez* inf., le 4 Fév. 1704, il le joignit à l'armée du Piémont, & le commanda au siége & à la prise de Verceil, d'Yvrée & de sa citadelle, de Verné, qui se rendit au mois d'Avril 1705, au siége de Chivas, à la bataille de Cassano au mois d'Août de la même année; au siége de Turin, à la bataille de Castiglione en 1706; repassé en France avec les troupes au mois de Mars 1707, il servit la même année à l'armée du Dauphiné, & contribua à faire lever le siége de Toulon; à la même armée sous le Maréc. de Villars en 1708; il se distingua à l'attaque des deux Sésanne. Il continua de servir à l'armée du Dauphiné sous le Maréc. de Berwick en 1709, 1710 & 1711; fait Col. du rég. de la *Couronne* le 27 Fév. 1712, il se démit du rég. de *Forez*, & commanda le sien à l'armée d'Espagne qui se tint sur la défensive: il marcha au secours de Gironne en 1713, combattit contre les rébelles de Catalogne, & servit au siége de Barcelone sous le Maréchal de Berwick en 1714: on le créa Inspecteur Général de l'inf. le 24 Sept. de la même année, Gouverneur de Castillon en Guienne; créé Brig. le 1 Fév. 1719, employé à l'armée des frontières de l'Espagne, il servit au siége & à la prise de Fontarabie, des ville & château de Saint-Sébastien & d'Urgel, au siége de Roses. Employé en qualité de Brig., il commanda sur la frontière de Champagne le 6 Oct. 1733; créé Maréchal de Camp le 20 Fév. 1734, il se démit du régim. de la *Couronne*. Employé à l'armée du Rhin le 1 Avril, il monta plusieurs tranchées au siége de Philisbourg, se trouva à l'attaque des lignes d'Ettingen, & continua de servir à l'armée du Rhin le 1 Mai 1735; nommé Sous-Gouverneur de Mgr. le Dauphin le 20 Nov. suivant, il se démit de son Inspection, & resta auprès de Mgr. le Dauphin. Créé Lieut. Général le 1 Mars 1738, on lui donna le Gouvernement de Neuf-Brisack le 1 Avril suivant. Employé à l'armée auxiliaire qu'on envoya en Bavière le 20 Avril 41, il se démit le 26 de la place de Sous-Gouverneur du Dauphin, commanda la colonne de la droite des troupes qui passèrent le Rhin le 22 Sept., la conduisit en Bohême. Chargé à l'assaut de Prague de la fausse attaque, il y fit faire un feu si vif qu'il attira presque toute la garnison de son côté, ce qui facilita le succès des véritables attaques. Détaché en Déc., il eut le commandement de 6 bataillons & de 17 escadrons François, 10 bataillons & 1000 cavaliers Saxons, 25 escadrons Prussiens. Il s'avança avec ce corps de troupes sur la Zarawa jusqu'à Chrudin, marcha ensuite jusqu'à Jenikaw,

& les Saxons jusqu'à Teuchbrod, les Prussiens jusqu'à Landscron sur la frontière de Moravie, s'empara du poste de Teuchbrod le 4 Janv. 42, y fit 200 hommes prisonniers de guerre, marcha le 5 à Polma, joignit ensuite les troupes du Roi de Prusse, servit au siége d'Iglaw, & après la prise de cette place, il retourna à Prague avec les troupes Françoises qui étoient à ses ordres, & y arriva le 2 Mars. Il eut le commandement de Volin, en Bohême, après la mort du Marquis de Ximenès, & y est mort le 4 Mai 1742, âgé de 56 ans. M. D.

POLASTRON, (Jean-François-Gabriel, Comte de) né à... le... 17..., Col. du régim. de la *Couronne*, le... 17..., s'en est démis en 1756, Gouverneur de Castillon & du Castillonnois, le... 1·..., Grand Sénéchal du Comté d'Armagnac le... 17...

POLASTRON de la Hilière, Lieut. Col. com. le bataillon de garnison de *Médec*.

POLI (Antonio) né à Sucrella, le 6 Janv. 1739, Sous-L. au rég. *Royal-Corse* inf., le 28 Novembre 1777.

POLICARD, (Alexandre de) né à Bordeaux le 10 Nov. 1761, Cad. Gentilh. dans *Berry* inf. le 5 Sept. 1779, Sous-Lieut. le 27 Juillet 1781. D.

POLIGNAC, (Armand Scipion Sidoine Apollinaire Gaspard, Comte de) né à... le... 16..., entra Lieut. réformé au rég. de *Piémont* le 16 Fév. 1673, servit avec ce rég. jusqu'à la paix de Nimegue; Lieut. au rég. du *Roi* inf. le 20 Janv. 1682; Cap. le 30 Avril 1683, il se trouva au siége & à la prise de Courtray, de Dixmude, au bombardement d'Oudenarde la même année, à l'armée de Flandres qui couvrit le siége de Luxembourg en 1684; on lui donna le rég. d'inf. d'*Aunis* à sa formation le 22 Sept.; ce rég. ayant été mis au nombre des rég. de campagne le 19 Sept. 1691, le Vicomte de Polignac le commanda au siége de Namur, au combat de Steenkerque, au bombardement de Charleroy en 1692; sur les côtes sous Monsieur en 1693, à l'armée d'Italie en 1694, à l'armée de Catalogne en 1695, au siége de Valence en Italie en 1696, à l'armée de la Meuse en 1697; créé Brig. le 29 Janv. 1702, employé à l'armée de Flandres le 21 Avril, il contribua à la défaite des Hollandois sous Nimegue, passa ensuite en Allemagne sous les ordres du Marquis de Villars, & fut blessé à la bataille de Fredelingen, où il se distingua. Employé à l'armée d'Allemagne en 1703, il servit au siége de Brisack sous M.gr. le Duc de Bourgogne; au siége de Landau sous le Maréc. de Tallart, & combattit à Spire; créé Maréchal de Camp le 10 Fév. 1704, il se démit du rég. d'*Aunis*, & fut employé Maréc. de Camp à l'armée de Savoie sous le Duc de la Feuillade; il y contribua à la défense du Chambery, à la prise de Suze, à la soumission des Vaudois dans les vallées de Saint-Martin & de Saint-Germain, à la réduction de la vallée d'Aouft: il se trouva au siége & à la prise de Villefranche, de St.-Ospitio, de Montalban, de Nice; au passage de la vallée de Suze, au siége de Chivas, à la défaite de l'arrière-garde des Savoyards lors de leur retraite de devant cette place, à la prise d'Aumont, au

Blocus de Montmelian, au siége & à la bataille de Turin en 1706; Gouverneur du Velay & de la ville du Puy le 4 Déc 1718; créé Lieut. Général le 1 Fév. 1719 : il est mort à Paris le 4 Avril 1739, âgé de 79 ans.

POLIGNAC, (Melchior-Armand, Marquis de) né à... le 1 Fév. 1717, Col. du régim. *Dauphin* cav. le 10 Février 1738, premier Ecuyer de Mgr. le Comte d'Artois, ✠ le 2 Février 1777.

POLIGNAC, (Jules, Duc de) né à... le 9 Juin 1745, Col. du rég. du *Roi* cav. le... 17..., premier Ecuyer de la Reine, en survivance du Comte de Tessé, le 23 Août 1776, Brigad. des Armées le 5 Décembre 1781.

POLIGNAC, † (Louis-Denis-Auguste, Chev. de) né à... le... 1720, fut dabord destiné à l'état Ecclésiastique ; il obtint le Prieuré de Nantua le... 17..., & le quitta pour entrer aux *Mousquetaires* le 1 Oct. 1742 ; il se trouva à la bataille d'Ettinger en 43, obtint une comp. de drag. dans le rég. de *Septimanie* lors de sa levée, le 1 Mars 44; il fit la campagne de 45, servit au siége de Mons & à la bataille de Raucoux en 46, au siége de Berg-op-Zoom en 47 ; fait Col. du rég. de *Brie* le 1 Janvier 48, il l'alla joindre à Génes où il servit jusqu'à la paix ; après s'être particulièrement distingué à l'affaire de Saint-Cast en Bretagne en 58, il y reçut une blessure dont il mourut peu après, ayant été fait Brigadier le 5 Octobre 1758.

POLIGNAC, (François-Alexandre, Comte de) né à... le... 17..., a commencé de servir sur mer en qualité de Lieut. des vaisseaux le... 17..., Cap. réformé à la suite du régim. de *Clermont* Prince, cav., le 17 Mars 1744; premier Gentilh. de la Chambre de Mgr. le Comte de Clermont, il suivit ce Prince aux siéges de Menin, d'Ypres & de Furnes. obtint le 15 Juillet une commission de Mest. de Camp réformé à la suite de son rég., passa en Flandres, en Alsace, avec ce Prince, & servit au siége de Fribourg; il se trouva à la bataille de Fontenoy, aux siéges de Tournay, de Dendermonde, d'Oudenarde & d'Ath en 45; au siége de la citadelle d'Anvers, à celui de la ville de Namur; il apporta au Roi la nouvelle de la prise de cette place, fut créé Brig. le 20 Sept. 46. De retour à l'armée, il combattit à Raucoux ; il étoit à la bataille de Lauwfeld en 47, & au siége de Mastricht en 48 ; Col. Lieut. du régim. d'*Enghien* inf. le 23 Janv. 1750, il le commanda & servit Brig. au camp de Sar-Louis en 54, à la bataille d'Hastembeck, à la prise de plusieurs places de l'Electorat d'Hanovre, à l'affaire de Zell en 57; créé Maréc. de Camp le 1 Mai 58, il se démit de son rég., fut employé à l'armée d'Allemagne le même jour ; il se trouva à la bataille de Crewelt; après laquelle on se tint sur la défensive, à la bataille de Minden en 59; commanda à Rutemonde en 60; créé Lieuten. Général le 1 Mars 1780.

POLLALION, Baron de Glavenas, Officier dans l'escadron des Volont. commandés par le Comte de Roussillon; s'est trouvé au siége de Saluces commandé par M. le Prince, le 26 Nov. 1639, Lieut. d'inf. le 22 Février 1649, Cap. le 27 Août 1646.

POLLALION, Chev. de Glavenas, (Louis de) né..., Sous-Lieutenant dans *Auvergne*.

POLLALION, Chevalier de Montessague, (Jean-Baptiste) né..., Cap. dans *Narbonne* le 10 Déc. 1766, Major de cav. dans *Villars* en 1697, ✠ mort dans le rég. après 40 ans de Service.

POLLALION, Baron de Glavenas, (Jean-Antoine de) Corn. dans la cavalerie... le 27 Avril 1709.

POLLALION, Baron de Glavenas, (Charles de) élevé à l'Ecole des Gentilh. de Metz en..., Lieut. dans *Ponthieu* en 1734.

POLLALION, Chevalier de Glavenas, (Claude de) né... Sous-L. dans *Boissieux* en 1706, Lieut. en 1710, Lieuten. dans *Limosin* en 1714, Aide-Major en 1733, Cap. en 1734; a fait les campagnes du Dauphiné, le siège de Fontarabie, ville & château de St.-Sébastien, où il fut grièvement blessé d'un coup de feu à l'épaule; fait le siége de Philisbourg en 1734, les campagnes de Bavière & de Flandres, ✠ en 1744; retiré avec... de pension.

POLLALION, Chevalier de Glavenas, (Jean de) né..., Officier dans *Limosin* en 1734, dans la Maison du Roi en 1736, Cap. dans *Montmorin* en 1747, ✠ le... 17..., retiré en 1757.

POLLALION, Baron de Glavenas, (Charles de) né..., Sous-Lieut. dans *Auvergne* en 1769, Lieut. le 16 Juillet 1775, Lieut. des *Maréchaux de France*, à Viviers le 1 Janv. 1781. M. D.

POLLORESKI, (Comte de) Maréc. de Camp le 5 Décembre 1781. M. D.

POLLORESKI, Brig. de cav. le 1 Janvier 1748.

POLONCLAU, Trés. principal des Guerres, à Rouen.

POLY, (le Comte de) Lieut. Général le 1 Mars 1780. M. D.

POMEROL, (César-Louis-Marie de) né à Villefranche de Rouergue le 2 Fév. 1758, Sous-Lieut. le 15 Sept. 1773, Lieut. en sec. du rég. du *Maine* le 12 Septembre 1780. D.

POMMARD, ✠ Prévôt Général de *Maréchaussée*, à Amboise.

POMMARD, Lieutenant des *Maréchaux de France*, à Auxerre.

POMME, Aide-Major au Fort de la Magdelaine, à Toulon.

POMMIER, Garde du Roi dans V. le 26 Mars 1777.

POMMIER, Cap. du *Génie*, à Phalsbourg.

POMPIGNAN, (Jean-Georges-Louis-Marie le Franc de) né à Paris le 8 Déc. 1760, Sous L. à la suite des *Carabiniers* le 28 Février 1778. M. D.

POMPRY, Lieut. de *Maréchaussée*, à Quimper.

POMPRY de Salsogne, Brig. des *Gendarmes* de la Garde.

POMPRY, Brig. de cavalerie le 5 Décembre 1781.

PONCE Payot, Sous-L de *Maréchaussée*, à Mauriac.

PONCHAROST, Brigad. de dragons le 1 Mars 1780.

PONLEROY, Maréchal de Camp le 1 Mars 1780.

PONS, ✠ (Vicomte de) Col. du rég. de *Dauphiné* infanterie. M. D.

PONS, (Vicomte de) Brig. d'infanterie le 5 Décemb. 1781.

PONS Saint-Maurice, (Emmanuel-Louis-Auguste de) né à... le 20 Oct. 1712, fut d'abord connu sous le nom de Chevalier de Pons; il entra Corn. au rég. de cav. de *Brisack* le 18 Mars

1729, obtint une comp. de cav. au rég. de *Saint-Simon* le 20 Juin 1733; servit au siége de Kell la même année, au siége de Philisbourg en 34, à l'affaire de Clausen en 35; Col. du rég. de *Bassigny* le 21 Fév. 40, il le joignit en l'Isle de Corse, où il servit jusqu'au mois d'Avril 41, qu'il rentra en France; il le commanda en Flandres où on se tint sur la défensive, en 42; à la bataille d'Ettengen en 43, à la défaite du Général Nadasty, à l'attaque des retranchemens de Suffelsheim, au siége de Fribourg, à l'armée de Suabe sous le Maréchal de Coigny pendant l'hiver, en 44; à l'armée du Bas-Rhin sous les ordres de Mgr. le Prince de Conty en 45, aux siéges de Mons & de St-Guilain en 46; il apporta au Roi la nouvelle de la prise de cette derniére place, arriva à Choisy le 27 Juillet; fut créé Brig. le même jour: employé en cette qualité le 1 Août, il joignit l'armée commandée par le Maréchal de Saxe, servit au siége de la ville de Namur, & combattit à Raucoux. Employé à l'armée de Flandres le 1 Mai 47, il se trouva à la bataille de Lauwfeld & au siége de Berg-op-Zoom. Employé à la même armée le 15 Avril 48, il servit au siége de Maftricht; créé Maréc. de Camp le 10 Mai, déclaré au mois de Déc. seulement, il se démit du régim. de *Bassigny*, & fut fait Mest. de Camp. Lieut. du rég. d'*Orléans* drag. le 1 Fév. 49. Employé à l'armée d'Allemagne le 1 Mars 57, & 16 Mars 58; il s'est trouvé à la bataille d'Haftembeck en 57, à celle de Crewelt en 58 : il a pris le nom de Comte de Pons St.-Maurice en se mariant le 1 Mai 75; créé Lieut. Général le 17 Déc. de la même année; premier Gentilh. de la Chambre de Mgr. le Duc d'*Orléans*, & Gouverneur de Mgr. le Duc de Chartres le... 17... M. D.

PONS, (Chev. de) Brig. d'inf. le 1 Mars 1780.

PONS de la Grange, (Antoine, Vicomte de) né à Riom le 31 Oct. 1756, Page du Roi le 1 Juillet 17..., Sous-L. à la suite au rég. *Royal-Normandie* le 15 Déc. 1774, en p. le 12 Juillet 1779. M. D.

PONS de Ste.-Croix, Lieut. du *Génie*, à Montpellier.

PONS, (le Chev. de) Lieut. de Roi, à Haguenau.

PONSIN, (Barnabé) né à Verpel en Champagne le... 1735, & Cavalier au régiment *Royal-Normandie* le... 1752, Porte Enf. le 7 Octobre 1780.

PONSSON, Garde du Roi dans B. le 23 Sept. 1769.

PONT de Virson, Sous-L. des *Gardes Françoises*.

PONTAVICE de Heuffey, Lieut. des *Maréchaux de France*, à Fougeres.

PONTBRIANT, (Comte de) Maréc. de Camp le 5 Déc. 1781, Lieut. de Roi au Gouv. de la Haute & Basse-Marche le... 17... M. D.

PONTBRIANT, Enseig. surnuméraire des *Gardes François*.

PONTECOULANT, (le Marquis de) Maréchal de Camp le 3 Janv. 1770, Maj. des Gardes du Corps en Avril 1771, Grand'-Croix de l'Ordre de St-Louis. M. D.

PONTECOULANT, (Baron de) Maréc. de Camp le 5 Déc. 1781.

PONTECOULANT, (Louis-Gustave le Doulcet, Comte de) né à Caen le 10 Nov. 1764,

Garde du Roi le 28 Mars 1778, Cap. à la suite de la cavalerie le 16 Mars 1783.

PONTET de la Croismaron, ✠ Commissaire ordonnateur des Guerres, à Bordeaux.

PONTEVÉS, (N..., Comte de) né à Marseille le 25 Juillet 1745, Sous-L. le... 1763, Cap. le... 1765, Mest. de Camp en sec le 3 Janv. 1771, Mest. de Camp com. du rég. Royal-Corse inf., le 11 Nov. 1782, Brigad. des Armées le 5 Déc. 1781, ✠ le... M. D.

PONTHENEY, Trés. principal des Guerres, à Paris, en exercice en 1783.

PONTHERI, Garde du Roi dans V. le 1 Fév. 1780.

PONTICH, (Raphaël-Simon-Joseph-Antoine, Chev. de) né à Rinca en Roussillon le 27 Oct. 1742, Ens. au rég. de Limosin le 16 Oct. 1758, Lieut. le 24 Déc. 1760, Sous-Aide-Maj. le 27 Avril 1773, prem. Lieut. des Chasseurs le 8 Juin 1776, Cap. en sec. le 4 Juill. 1777, idem. des Chasseurs le 12 Nov. 1779, Cap. com. des Fusiliers le 30 Av. 1782, idem des Chasseurs le 1 Mars 1783. D.

PONTLABBÉ, (le Marq. de) Col. en sec. du rég. de Piémont, inf., & ✠. M. D.

PONTMARTIN, ✠ (Cte. de) Col. du Commissaire-Général, cavalerie. M. D.

PONVILLE, Garde du Roi dans B. le 21 Mars 1772.

POPINCOURT, Garde du Roi dans Noailles le 2 Septembre 1774.

PORRIN de Bellefin, Major à Mariembourg.

PORTAL de St-Alby, Brig. d'inf. le 11 Nov. 1782, Maj. du rég. de Bretagne, ✠.

PORTALIS, Aspirant du Génie, à Valenciennes.

PORTE de Lissac, ✠ Lieut. des Marée. de France, à Brives.

PORTE du Theil, Lieut. des Maréchaux de France, à Montmorillon.

PORTENIER, (N... de) né à Villefort, en Languedoc, le 25 Avril 1727, Volont. au rég. de Conti, drag., le 15 Mai 1746, Maréc. de Logis en 1747, Corn. le 20 Fév. 1760, Sous-Aide-Maj. le 1 Mars 1761, Lieut. le 12 Juin 1770, chargé de l'administration de la Caisse, ✠ le 26 Mars 1778, commission de Cap. en 1780.

POTEL de Rangies, Lieut. en p. du 3e. rég. d'État Major.

POTHERAT, Garde du Roi dans V. le 7 Sept. 1760.

POTHERAT, Garde du Roi dans V. le 1 Oct. 1776.

POTHERAT, Garde du Roi dans V. le 28 Juillet 1776.

POTIER du Fresnoy, Commissaire des Guerres, à Metz.

POTIER du Buisson, (Pierre-Charles de) passé Officier dans le rég. de Carignan au service du Canada en 1665.

POTIER de Pomeroy, (René Gédéon de) né au Fort de Frontenac le 6 Sept. 1730, entré au service en qualité de Cadet le 1 Avril 1742, Officier en 1747, breveté en 1749, Cap. d'une compagnie de troupes nationales des Isles de Cayenne en 1764, retiré du service en 1768 pour cause de blessures, ✠ avec 600 livres de retraite le... 1768.

POTIER de Pomeroy, (Jean-Baptiste-Joseph de) né à Saint-Savinien de Port, en Saintonge, le 6 Nov. 1761, entré au service en qualité de Cadet à l'aiguillette dans les troupes nationales Isle de Cayenne le 4 Oct. 1764, fait Officier en Juillet 1776 dans le rég. de Quercy, Lieut. dans Rohan-Soubise, inf., le... 17... a été détaché sur mer pendant toute la guerre.

POTIER de Pomeroy, (Louis-René, Chev. de) né à Bellevue, Paroisse de Corme-Royal, en Saintonge, le 18 Juillet 1767, Aspirant dans la compagnie des Cadets-Gentilhommes entretenus à l'Orient.

POTOT, ✠ Cap. d'artillerie à Lyon.

POTTIER de Reynan, Commissaire des Guerres dans l'Isle de Corse.

POTTIER, Commissaire des Guerres, à Bitche.

POUDENX, Baron de Saint-Cricq, Saint-Echaux, (Henri, Comte de) né à... le... 17... fut connu sous le nom de Vicomte de Poudenx, entra 2e. Enseig. aux Gardes Françoises le 15 Juin 1727, premier Enseig. le 24 Nov. 1730; il se trouva à l'attaque des lignes d'Ettingen & au siége de Philisbourg en 1734, passa à une Enseig. de Grenadiers le 10 Nov.; servit à l'affaire de Clausen en 1745, devint Sous-L. le 30 Déc. 1740, Lieut. le 12 Nov. 1741, fit la campagne en 42, combattit à Ettingen en 43, passa à une Lieutenance des Gren. le 23 Nov. 1744; obtint, le 18 Mars, une Commission pour tenir rang de Col. d'inf., servit aux siéges de Menin, d'Ypres & de Furnes, à l'affaire d'Auguenum & au siége de Fribourg la même année; devenu Cap. le 19 Fév. 1745, il commanda sa compag. à la bataille de Raucoux en 1746, au siége de Mastricht en 1748, créé Brig. le 10 Mai de la même année, Cap. des Grenad. le 11 Mai 1753, il fit la campagne de 1760 en Allemagne; créé Maréchal de Camp le 20 Fév. 1761, fait la campagne de cette année-là & celle de 62; créé Lieut. Gén. le 1 Mars 1780, Gouvern. des ville & citadelle de St-Jean-Pied-de-Port.

POUDENX, (Henri-François-Léonard, Vicomte de) né à... le... 17..., Cap. com. des Carabiniers le... 17..., Col. à la suite de la cav. le... 17..., Col. en sec. du rég. de Cambraisis le... 17...

POUDEX, (le Comte de) Gouverneur de St.-Jean-Pied-de-Port. M. D.

POUGET de St.-André, Lieut. du Génie, à Perpignan.

POUGET de Monsoudun, Trés. principal des Guerres, à Bordeaux.

POULLE, ✠ Brig. des Gendarmes de Flandres.

POULLE de Gostin, Lieut. des Maréchaux de France, à Lille, & Cap. du 3e. rég. d'Etat-Major.

POULLETIER de Suzenet, ✠ Commissaire principal des Guerres, à Dijon.

POULLY, (Baron de) Brig. de cav. le 1 Mars 1780. M. D.

POUPARDIERE, ✠ Lieut. des Maréchaux de France, à Poitiers.

POUPART, (Jean) né à Rancourt, en Barrois, le 18 Mai 1745, Cavalier au rég. Royal le 1 Mai 1765, Brig. le 18 Sept. 1768, Maréc. de Log. le 1 Mai 1772, P. E. le 9 Août 1779.

POUPION Dumeny, Capit. du Génie, à Arras.

POUQUES, Quart. Mre Trés. de Bouillon, infanterie.

POUSSEUR, Trés. principal des Guerres, à Valenciennes.

POUTIER, ✠ (le Baron de) Col. du 5e. rég. des *Chasseurs*. M. D.

POUY, Sous-L. P. E. des Gardes du Roi dans V. le 24 Oct. 1779, Mest. de Camp de cav. le 11 Décembre 1781.

POUY, (Chev. de) Sous-L. dans *Ségur*, drag.

POUZOL, (Jean) né à la Chaise-Dieu en Auvergne le 24 Fév. 1740, Cavalier au rég. de *Poly* devenu *Royal-Normandie* le 1 Fév. 1761, Fourr. le 1 Av. 1763, Maréc. de Log. le 10 Sept. 1764, Fourr. le 1 Juin 1772, P. E. le 28 Oct. 1773, réformé le 16 Juin 1776, remplacé le 29 Mai 1778, Lieut. en sec. le 22 Décembre 1778.

POYZE, (Jean-Pierre) né à Montelimar, en Dauphiné, le 9 Avril 1737, Caporal au rég. de *Flandres*, incorporé dans *Touraine*, dit *Savoie-Carignan*, le 15 Sept. 1755, Serg. le 22 Juill. 1757, Fourr. le 11 Sept. 1764, P. D. le 12 Mai 1772, Sous-L. le 15 Juin 1776.

PRACONTAL, (Armand, Marquis de) né à... le... 16..., fut d'abord Cap. au rég. de *Lyonnois* en 1671, il servit en 1672 à tous les siéges que fit le Prince de Condé, à l'armée d'Allemagne, sous le Maréchal de Turenne, en 1673; il leva une compagnie dans le rég. de la *Reine*, drag., le 2 Janv. 1674, combattit à Fitzeim le 5 Janv. 1675, à Altenheim après la mort du Maréchal de Turenne, contribua à faire lever, aux ennemis, les siéges d'Haguenau & de Saverne; il combattit à Kokesberg sous M. de Luxembourg en 1676, Mest. de Camp d'un rég. de cav. de son nom le 11 Mars 1677; il combattit à Cassel sous Monsieur, servit au siége & à la prise de St-Omer se trouva au siége & à la prise de Gand & d'Ypres en 1678, son rég. ayant été réformé le 8 Août 1679, il fut incorporé le 15 avec sa compagnie dans le rég. de *Batillat*; servit au camp du pays Messin, en 1682, au camp de la Saone, en 1683, à l'armée qui couvrit le siége de Luxembourg en 1684, au camp de la Saone en 1685, au camp sur la même rivière en 1688, & rétablit son rég. le 20 Août de la même année; il servit en 1689, au camp de Florainville en Flandres, d'où il passa au mois de Sept. à l'armée d'Allemagne sous le Maréchal de Lorges; créé Brig. le 10 Mars 1690, il fut employé à l'armée de la Moselle sous le Marquis de Boufflers, à l'armée de Flandres sous M. de Luxembourg en 1691; il y fut aussi employé pendant l'hiver sous M. de Boufflers par ordre du 21 Oct.; il se trouva au siége & à la prise des ville & château de Namur, au combat de Steenkerque en 1692, fut employé en Flandres pendant l'hiver. Créé Maréc. de Camp le 30 Mars 1693; il se démit de son rég., combattit à Néerwonde, où il fut blessé; servit au siége de Charleroy, commanda pendant l'hiver à Mons sous M. de Ximenès le 29 Oct.; il fut employé, en 1694, à la défense des lignes sous le Marquis de la Vallette, & pendant l'hiver à Mons sous le Marquis de Montrevel. Il commanda un camp volant pendant le siége de Namur en 1695; se trouva ensuite au bombardement de Bruxelles sous le Maréchal de Villeroy; à l'armée de la Meuse sous le Maréchal de Boufflers en

1696 & 97, au camp de Coudun près Compiegne le 15 Août 1698, Gouverneur de Menin en 1699, employé à l'armée du Milanès le 26 Déc. 1700; il y combattit à Carpy & à Chiary en 1701, détaché au mois de Sept. avec 1300 chevaux pour l'escorte d'un convoi, il battit le Général Palfi qui vint l'attaquer avec 1200 chevaux, tua 40 hommes, fit 30 prisonniers, ne perdit qu'un Cornette, & conduisit le convoi au camp. Instruit, au mois de Nov., qu'un détachement des ennemis composé de 150 Cuirassiers & 100 Hussards, avoient enlevé quelques chevaux de vivres; il se mit en embuscade avec 100 chevaux & 4 compagnies de Grenadiers, attaqua le détachement ennemi, tua 30 hommes, en prit 25, enleva 50 chevaux, & reprit tout ce qu'ils emmenoient. Créé Lieut. Gén. le 29 Janv. 1702, employé à l'armée d'Italie sous le Duc de Vendôme le 21 Fév., il contribua à la victoire remportée à St-Vittoria, au siége & à la bataille de L..., à la prise de Caneto .. Borgoforte; employé en Flandres sous le Maréchal de Villeroy en 1703, il y commanda un camp volant avec lequel il fut chargé de défendre les lignes de la Mahaigne. Commandant au mois de Sept. un corps de 20 bataillons & de 20 escadrons, il se posta sur la frontière de Luxembourg, y observa les ennemis qui faisoient le siége de Limbourg; il conduisit ensuite à l'armée du Rhin 24 escadrons, joignit le Maréchal de Tallart au mois de Nov. à 4 heures du matin, la bataille de Spire se donna le même jour, & il fut tué aux premières décharges le 15 du mois. M. D.

PRACONTAL, (Antoine-Charles, Comte de) né à... le... 1733, Page de la petite Ecurie du Roi, le... 1747, Sous-L. des *Grenadiers de France*, le... 17.., Guidon des *Gendarmes* de la Garde, après la mort de son frère, le... 1754, Enseigne le... 1762, Brig. le 16 Avril 1767, Maréc. de Camp le 1 Mars 1780.

PRACONTAL, (Arnoul, Comte de) né à..., le 2 Avril 1725, Mousquetaire de la Garde le... 17... entra dans le rég. du *Roi*, inf. le... 1739, Cap. le... 17..., Guidon des *Gendarmes* de la Garde, le 15 Mars 1748, mort à Paris le 22 Mai 1754.

PRADEL, (Marquis de) Lieut. Gén. le 1 Mars 1780. M. D.

PRADEL, ✠ Brig. des *Gendarmes d'Artois*.

PRADEL, (Charles de Chardebeuf, Ch. de) né à Poitiers le 20 Juin 1746, Sous-L. des *Carabiniers*, le 3 Août 63, Lieut. le 21 Mai 71, réformé le 1 Avril 76, Lieut. en sec. le 1 Mai 1779, Lieut. en p. le 7 Mai 1780.

PRADEL de Menager, (François) né à Millian en Languedoc le 24 Fév. 1743, Vol. dans *Vogué*, cav. le 1 Mars 1753, Maréc. de Log. le 25 Sept. 1755, Corn. le 2 Déc. 1758, Lieut. le 1 Avril 1761, Com. de Cap. au rég. *Royal*, cav. le 5 Avril 1780, ✠ le... 1781.

PRADES, Cap. du *Génie*, aux Colonies.

PRADINES, Lieut. du Roi, à Guise.

PRAMONT, (Laurent-Innocent

nocent de) né à... le... 1743, Corn. au rég. *Dauphin Etranger*, le... 1759, *idem des Volontaires du Dauphiné*, le... 1760 a été blessé & fait prisonnier à Ziéremberg en 1760, blessé à la bataille de Fridberg en 1762, réformé à la paix, Cap. de drag. le... Juill. 1766, passé à la suite du 4ᵉ rég. des *chasseurs*, le..., embarqué sur le vaisseau de la Ville de Paris, en 1780. D.

PRAROMANN, ✠ Lieut. en p. des *Gardes Suisses*.

PRAROMANN, Cap. des *Gardes Suisses*.

PRAROMAN, (Georges-Béate-Louis de) né à Fribourg le 17 Avril 1756, Cad. dans *Vigier*, inf. le 1 Janv. 1772, Sous-L. le 13 Avril 1772, Lieut. le 28 Février 1782. D.

PRASLIN, (César-Gabriel de Choiseul, Chévigny & Larivier, Comte de Choiseul, Duc de) né à..., le 14 Août 1712, successivement Mousquetaire le.. 1727, Cap. au rég. de *Montrevel*, cav. le 19 Mai 1728, Sec. Corn. de la compagnie des *Chevaux-Légers de Berry*, avec rang de Lieut. Col. de cav. le 22 Sept. 1731. Il servit avec la Gend. au siége de Kell en 1733; Ens. de la comp. des *Gendar. de Bretagne*, le 18 Janv. 1734; S.-L. de la comp. des *Chevaux-Légers-Dauphins*, avec rang de Mest. de Camp de cav. le 25 Mars suiv. Il se trouva la même année au siége de Philisbourg & à l'affaire de Clausen en 1735; Cap. Lieut. de la compagnie des *Chevaux-Légers de Bretagne*, le 16 Avril 1738; il s'est démis de cette comp. au mois de Mai 1739; fait Mest. de Camp Lieut. du rég. de *Conti*, 1784.

cav. le 6 du même mois; il le commanda à l'armée du Rhin, sous les ordres du Maréchal de Maillebois; partit avec la 2ᵉ division de l'armée le 31 Août, de Sédan, pour se rendre en Westphalie, & passa l'hiver dans le pays de Julliers; Maréc. Gén. de Log. de la cav. en l'absence du Marquis de Montal, à l'armée de Bohème, le 11 Août 1742; il se trouva à l'affaire de Bramaboff, où il eut un cheval blessé sous lui; il contribua à la levée du siége de Braunau par les ennemis; créé Brig. le 20 Fév. 1743; revint en France en Avril; joignit avec la Gendarmerie l'armée du Mein en Juill., & finit la campagne en Basse-Alsace, sous les ordres du Maréc. de Noailles; employé à l'armée d'Italie sous les ordres de M. le Prince de Conti, le 1 Fév. 1744; il s'est trouvé au mois d'Avril, à l'attaque des retranchemens de Villefranche & de Montalban, à la prise de ces deux places; créé Maréc. de Camp le 2 Mai avec des Lettres de service du même jour; se démit de son rég.; marcha au passage des Alpes par la vallée de Stu e; se trouva à la prise du Château Dauphin, au siége & à la prise de Demont, au siége de Cony, à la bataille de la Malona, qui se donna sous cette place; employé à l'armée du Bas-Rhin, le 1 Avril 45, il s'y trouva à l'affaire de Northeim, & commanda l'arrièregarde au passage du Rhin; Lieut. Gén. au Gouvernement de Dauphiné, sur la démission du Comte de Sassenage, le 1 Fév. 1746. Il prêta serment pour cette charge le 4 Avril; employé à l'armée du Roi le 1 Mai, il servit au siége de la citadelle d'Anvers;

couvrit avec l'armée le siége des ville & château de Namur, combattit à Raucoux ; employé à la même armée le 1 Mai 1747, il se trouva à la bataille de Lawfeld, & couvrit le siège de Berg-op-Zoom ; créé Lieut. Gén. le 10 Mai 1748 ; Ambassadeur Extraordinaire & Plénipotentiaire du Roi, auprès de l'Empereur & de la Reine de Hongrie en Déc. 1758, ✠ le 1 Janv. 1760 ; reçu le 2 Février suiv. ; Ministre & Plénipotentiaire du Roi près le Congrès d'Ausbourg en Mars 1761 ; il s'est démis de la Lieutenance Générale du Dauphiné en Juill. ; Ministre - d'État en A..t, il prit séance au Conseil du Roi le même mois ; Secretaire-d'État avec le département des affaires étrangères, le 12 Oct. ; il a prêté serment en cette qualité le 13 du même mois. *Voyez* CHOISEUL & STAINVILLE. M. D.

PRASLIN, (Antoine-César, Comte de Choiseul de) né à Paris le 6 Avril 1756, Sous-L. à la suite du rég. de *Besançon*, art. le 6 Avril 1772, Cap. à la suite de la cav. le 18 Avril 1774, remplacé dans le rég. *Royal-Cravattes*, le 10 Déc. 1776, Mest. de Camp en sec. du rég. de la *Reine*, inf. le 3 Juin 1779.

PRASLIN, Commissaire des Guerres, au Fort-Louis.

PREBOIS, ✠ (le Ch. de) Cap. d'artillerie, à Montelimar.

PRECOMTE, Garde du Roi dans *Noailles*, le 29 Sept. 1766.

PRÉFORT, Com. à Granville.

PREISSAC, (Comte de) Maréchal de Camp le 3 Janv. 70. M. D.

TRESSEAU de Dampierre, ✠ Inspecteur Gén. de la Maréchaussée de Champagne, Alsace, Lorraine, Franche-Comté & les Evêchés, à Avesnes.

PRESLE, ✠ Com. l'Ecole d'Artillerie de la Fere.

PRESLE, Brig. d'inf. le 5 Décembre 81.

PRESSAC de Lassus, (N..., Ch. de) né à Maravat en Gascogne, le... 1758, Sous-L. à la suite du rég. de *Perche*, le 13 Fév. 1774, en pied le 7 Avril 1774, Lieut. en p. le 8 Sept. 1782. D.

PRESTRE, Quart. M. Trés. de *Royal-Lorraine*, cav.

PREVASTEL, Aumônier des Gardes du Roi dans L. le 9 Oct. 1772.

PREVOST, Brig. d'inf. le 20 Avril 68.

PREVOST, Garde du Roi dans L. le 24 Novembre 1770.

PREVOST, Cap. d'artillerie, à l'Arsenal, à Nantes.

PREVOT de Lumian, ✠ Sous-Directeur d'artillerie, à Nismes.

PREVOT de Lumian, né en Comtat, le... 1764, Elève de l'Ecole Militaire, Sous-L. au rég. de *Perche*, le 8 Sept. 1782. D.

PREZ, ✠ Maj. du rég. de *Deux-Ponts*, infanterie.

PRIEGO, (le Comte de) Brig. de cav. le 20 Fév. 1742. M. D.

PRIER, ✠ Lieut. de *Maréchaussée*, à Nantes.

PRIEUR, ✠ Brig. des *Gendarmes d'Artois*.

PRIEUR, Commissaire des Guerres, à....

PRILLE, Cap. du *Génie*, à Cette.

PRIOREAU, ✠ Prévôt Gén. de *Maréchaussée*, à Versailles.

PRIOREAU, Garde du Roi dans V. le 29 Mars 1767.

PRIORFAU, (Jean Dumaine) né à Bergerac en Périgord, le... 17... Sous-L. le 9 Août 1769, Lieut. au rég. du *Maine*, le 28 Février 1778. D.

PRIQUELER, Garde du Roi dans V. le 22 Décembre 1771.

PRISQUE, ✠ (le Ch. de) Maj. de *Deux-Ponts*, drag.

PRISYE, Brig. le 16 Avril 1767, Aide-Maj. des Gardes du Corps le 30 Janv. 1771, Com. d'escadron le 1 Janv. 1776, Commandeur de l'Ordre de St-Louis en 1779, Maréc. de C. le 1 Mars 1780.

PRISYE, (Pierre, Ch. de) né à Nevers, le 27 Mai 1748, Garde du Corps du Roi le 17 Juin 1766, Cap. réformé dans *Bourgogne*, cav. le 19 Juin 1771, en p. le 27 Mai 1772. D.

PRONLEROY, (Marq. de) Maréc. de Camp le 16 Avril 67. M. D.

PROSSER, Maj. au Fort de l'Ecluse.

PROVENÇAL de St-Hilaire, Cap. d'artillerie, aux Forges des Evêchés.

PROUILLY, Sous L. de *Maréchaussée*, à Abbeville.

PRUDHOMME de Borre, Brig. d'inf. le 1 Mars 1780. M. D.

PRUGNE, ✠ (Chev. de) Maj. du rég. de la *Couronne*, inf.

PRUNELAY, (Chev. de) Sous-L. en p. des *Gardes Françoises*. M. D.

PRUNEVAUX, (François Leroi de) né à Paris le 11 Mars 1741, Mousquetaire le 1 Mai 1751, Corn. dans *Noailles*, cav. le 1 Fév. 1757, Cap. dans *Despinchal*, le 13 Avril 1759, dans *Bourgogne*, cav. le 1 Mars 1763, rang de Lieut. Col. le... 1780, ✠ le... D.

PRUNIERE, (Henri-Balthazar-Etienne de St-Jean de) né à Gap, en Dauphiné, le 17 Sept. 1734, Lieut. au rég. de *Médoc*, le 16 Janv. 1744, Cap. le 17 Sept. 1744, Aide-Maj. en 1747, ✠ en 1763, Cap. des gren. le 20 Fév. 1770, Lieut. Col. le 13 Mai 1774. D.

PUCH de Monbreton, Elève du *Génie*.

PUGET, Garde du Roi dans B. le 27 Juin 1774.

PUGET, (Emmanuel-Marie-Valentin du) né à Toulouse, le 15 Fév. 1762, Sous-L. au rég. du *Roi*, inf. le 9 Fév. 77, passé Sous-L. à la suite des *Carabiniers*, le 24 Fév. 82, Sous-L. en 3e. le 4 Août suivant. D.

PUIBUSQUE, Garde du Roi dans B. le 18 Octobre 1774.

PUJET, ✠ (le Ch. de) Lieut. Col. com. le bataillon de garnison de Chartres.

PUIFFERAT, (Marquis de) Maj. de *Lescure*, drag. M. D.

PUILAGARDE, Garde du Roi dans *Noailles* le 26 Mars 1778.

PUIMAIGRE, Brig. de drag. le 1 Mars 80.

PUIMIROL, † (Geraud-Raymond Paulin, Ch. de) né à St. Martin en Gascogne, le 15 Mai 1747, Sous-L. au rég. de *Savoie-Carignan*, le 13 Sept. 1767, Lieut. le 24 Sept. 1771, Cap. en sec. le 18 Juillet 1780. M. D.

PUJOL, ✠ Commissaire des Guerres, à Valenciennes.

PUJOL, (Ch. de) Maréc. de Camp le 1 Mars 80.

PUJOL de la Grave, Brig. de cav. le 1 Mars 80.

PUISSANT Dulédo, Commissaire des Guerres, à Besançon.

PUPIL, ✠ Sous-Directeur d'artillerie, à Perpignan.

PUPIL, ✠ Cap. du *Génie*, à Befort.

PUSIGNEN, ✠ (Comte de) Col. en sec. du rég. *Dauphin*, drag. M. D.

PUTHAUX, ✠ Lieut. Col. com. le bataillon de garnison de *Barrois*.

PUTHAUX, Quart. M. Trés. d'*Eptingen*, infanterie.

PUYMONTBRUN, (le Vicomte de) Lieut. des *Maréchaux de France*, Bailliage de St-Jean d'Angéli, résident à Thors. M. D.

PUYMONTBRUN, (Marq. de) Brig. de cav. le 1 Mars 80.

PUYON de Pouvourville, Com. Réd. de Landau.

PUISEGUR, (Louis-Pierre de Chastenet, Comte de) né à... le 30 Déc. 1726, Enseig. au rég. de *Vexin*, inf. le 14 Déc. 1739, Lieut. le 21 Fév. 1741. Il fit la campagne de Flandres en 1741; leva une compagnie dans le rég. des *Cuirassiers du Roi*, le 1 Janv. 1743, & la commanda aux siéges de Menin, d'Ypres & de Furnes, & au camp de Courtrai en 1744, à la bataille de Fontenoi, aux siéges de Tournai, d'Oudenarde, de Dendermonde & d'Ath en 1745, au siége de Bruxelles & à la bataille de Rocoux en 1746, à celle de Lawfeld en 1747, au siége de Mastricht en 1748; il obtint le rég. de *Vexin*, le 1 Fév. 1749; mais ce rég. ayant été incorporé dans celui de *Vermandois*, le 10 Fév. suiv. il fut attaché au rég. des *Grenadiers de France*, le 20 du même mois, & obtint le rég. d'inf. de *Forez*, le 22 Avril 1756; Col. Lieut. du rég. *Royal-Comtois*, le 4 Mars 1757; il se démit de celui de *Forez* & commanda son nouveau rég. aux camps de Closter-Seven & de Zell, la même année, à la retraite de l'Electorat d'Hanovre, & à la bataille de Crewelt en 1758; rentra en France avec son rég. au mois de Sept. de la même année; il servit en Flandres en 1759 & 1760; créé Brig. le 20 Fév. 1761; il continua de servir en Flandres; Col. du rég. de *Normandie*, le 1 Fév. 1762; il se démit de celui de *Royal-Comtois*, & commanda son nouveau rég. sur les côtes pendant la campagne; déclaré Maréc. de Camp en Mars 1763, avec rang du 25 Juill. 1762; il se démit de son rég.; créé Lieut. Gén. le 5 Déc. 1781. M. D.

PUYSEGUR, (Vicomte de) Maréchal de Camp le 1 Mars 1780.

PUYSEGUR, (Ch. de) Col. en sec. de *Vivarais*, infanterie.

Q

QUELUS, (Jean-Anne de Tubières de Grimoard de Pestels, de Lévis, Marquis, puis Comte de) né à... le... 16... leva une compagnie au rég. *Royal*. cav. le 20 Fév. 1684, & la compagnie ayant été réformée le 26 Sept., il fut entretenu à la suite de ce rég. par ordre du même jour; il obtint sur la démission du sieur de Chévilly, un rég. de dragons de son nom, le 15 Août 1688, Aide de Camp de Monseigneur, le 20 Sept.; il le suivit aux siéges de Philisbourg, de Manheim &

de Franckendal ; il servit avec son rég. en 1689, à l'armée de Flandres, sous le Maréc. d'Humières, & combattit à Valcourt, à l'armée d'Allemagne, sous Monseigneur & le Maréc. de Lorges en 1690 ; il étoit Menin du Dauphin à la même armée sous le Maréc. de Lorges en 1691, au siège & à la prise des ville & château de Namur, au combat de Steenkerque en 1692 ; créé Brig. le 10 Mars 1693 ; employé à l'armée de Flandres sous le Maréc. de Luxembourg ; il combattit à Neerwinde, étoit en 1694 de la Marche de Vignamont au pont d'Espières, à la défense de Namur sous le Maréc. de Boufflers en 1695 ; il s'y distingua ; fut créé Maréchal de Camp le 28 Sept. ; il se démit de son rég. en Avril 1696 ; servit à l'armée du Rhin sous le Maréc. de Choiseul cette année & la suiv., à l'armée de Flandres sous le Maréc. de Boufflers le 30 Juin 1701 ; commanda à Diest pendant l'hiver, par ordre du 25 Oct., à l'armée de Flandres sous M. le Duc de Bourgogne, le 21 Avril 1702 ; il contribua à la victoire remportée sur les Hollandois, qu'on repoussa jusques sous Nimègue ; commanda à Diest pendant l'hiver ; fut créé Lieut. Gén. le 23 Déc. ; il leva une compagnie de cent Volontaires à pied le 14 Fév. 1703 ; fut employé la même année à l'armée de Flandres, sous les Maréchaux de Villeroi & de Boufflers ; il est mort à Bruxelles le... Novembre 1704. M. D.

QUERELLES, Lieut. de Roi, à Cette.

QUERELLES, (Michel-Jérôme-Pierre-David de) né à Clermont Lodève en Languedoc, le 30 Sept. 1758, Cad. Gentilh. au rég. de *Médoc*, le 6 Juin 1776, Sous-L. le... 1781. D.

QUERENET de la Combe, ✠ Sous-Brig. du *Génie*, aux Colonies.

QUERHOENT Boisruault, ✠ (le Comte de) Lieut. Col. du 3ᵉ rég. d'État-Major M. D.

QUESNAY, (Jacques-Hubert, Ch. du) né à Agréé, le 13 Janv. 1760, Cad. Gentilh. au rég. de la *Marine*, le 6 Juin 1777, Sous-L. le 28 Fév. 1778. D.

QUESTA, (Carlo Antonio) né à Calvi, le 25 Fév. 1748, Sous-L. le 7 Sept. 1772, Lieut. en p. au rég. *Royal-Corse*, inf. le 28 Novembre 1777.

QUIEFDEVILLE, ✠ Chef de brig. du rég. de la *Fere*, artillerie.

QUIGNY, Garde du Roi dans L. le 30 Sept. 1770.

QUINCARNON, Garde du Roi dans *Noailles*, le 9 Janv. 1756.

QUINCARNON, Garde du Roi dans *Noailles* le 9 Février 1757. M. D.

QUINCARNON, Garde du Roi dans *Noailles*, le 9 Février 1757.

QUINCY, (le Comte de) Lieut. de Roi, au Gouvernement d'Orléans. M. D.

QUINEMONT, (le Comte de) Mest. de Camp le 10 Mars 1774, Enseig. des Gardes du Roi dans L. le 26 Nov. 1775, Lieut. le 1 Janv. 1776, Com. d'escadron, le 1 Déc. 1778. M. D.

QUINQUET, Garde du Roi dans L. le 26 Mars 1765.

QUINT, ✠ Brig. des *Gendarmes* de Monsieur.

QUINTIN de Beauvert, Cap. du *Génie*, à Arras.

QUINTIN de Beynes, Com. de Villeneuve-les-Avignon.

R

RABAR, Lieut. des *Maréchaux de France*, à Bordeaux.

RABAUDY, Garde du Roi dans L. le 30 Novembre 1772.

RABAUDY, Garde du Roi dans L. le 11 Mars 1769.

RABINEL de Ville-Longue, (François) né à Revel en Languedoc le 1 Nov. 1712, Caval. au rég. de *Lévi*, depuis *Rohan*, puis *Henrichemont*, puis *Descouleubry*, devenu *Royal-Normandie* le 24 Juin 1729, Maréc. de Logis. le 1 Août 38, Lieut. le 1 Août 43, Aide-Major le 29 Fév. 51, rang de Capit. le 23 Mai 55, M. j. le 25 Juin 56, ✠ le 29 Sept. 58, réformé à l'incorporation le 1 Fév. 62, remplacé Major le 12 Nov. 63, rang de Lieut. Col. le 20 Avril 68, Lieut. Col. dudit rég. le 24 Mars 72, Brigadier des Armées le 1 Mars 1780.

RABLIERE, (François de Brue de la) né à... le... 16..., fut d'abord Lieut., puis Cap. au rég. de *Poitou* inf. dès 1645; il servit cette année à la prise de Cassel, de Mardick, de Liak, de Bourbourg, de Menin, de Béthune, de Lillers, de St.-Venant, passa ensuite plusieurs années en garnison; créé Sergent de bataille le 6 Août 1653, il marcha sous le Duc de Guise au Royaume de Naples en 1654, contribua à la prise de Castellamare; fut fait Major du rég. de *Montplaisir* cav. le 18 Déc. 1654, revint en France en 1655, obtint une comp. dans ce régim. le 15 Juin 1657; fait Mest. de Camp sur la démission du sieur de Montplaisir son frère le 16 Nov., servit la même année & la suiv. en Italie jusqu'à la paix; son rég. fut licencié le 18 Avril 1661. Il leva une nouvelle comp. de cav. le 7 Déc. 1665, & rétablit son rég. le même jour; il servit sous le Maréc. Daumout, aux siéges de Bernes, de Furnes, de Courtray, d'Oudenarde en 1667; son rég. ayant été licencié le 24 Mai, il fut conservé Cap. en chef le 26, & rétablit encore son rég. le 9 Août 1671: il servit en 1672 à tous les siéges que le Roi fit en personne; passa l'hiver dans l'Électorat de Cologne sous le Maréchal de Turenne, contribua en 1673, à la prise de plusieurs places sur l'Électorat de Brandebourg, finit la campagne sous le Duc de Luxembourg; nommé pour commander la caval. en Flandres sous le Maréchal de Bellefond le 1 Fév. 1674; créé Brig. le 15, il passa à l'armée de Roussillon sous le Comte de Schomberg, où il commanda la cavalerie le 5 Avril suivant, & se trouva au combat de Morillas. Commandant en chef la caval. de l'armée de Catalogne le 2 Avril 1675, il contribua à la prise de plusieurs petites places, d'Ampurias, de Bellegarde, du château de la Chapelle. Visiteur de la cav. le 24 Oct., il eut le commandement de toute celle qui étoit en Guienne le même jour. Employé à l'armée de Roussillon sous le Maréchal de Navailles en 1676, il y commanda la caval. le 7 Mars, eut part à la prise de Figuières; Maréc. de Camp le 25

Fév. 1677, il servit à l'armée du Roussillon jusqu'à la paix; combattit à Épouilles en 1677, contribua à la prise de Puicerda en 1678; employé sous le Maréchal de Crequy le 26 Avril 1679, il combattit près Minden les troupes de Brandebourg, elles y furent battues; Lieut. de Roi & Commandant à Lille en l'absence du Maréc. d'Humières le 1 Juil. 1681, il se démit de son rég., obtint le Gouvernement de Bouchain le 1 Oct. 1688; Lieuten. Général des Armées du Roi le 10 Mars 1690, il ne servit plus; Grand'Croix de St.-Louis à la création de cet Ordre le 8 Mai 1693, il mourut à Bouchain le... Octobre 1704. M. D.

RABODANGES, (Comte de) Maréchal de Camp le 5 Décembre 1781.

RABREUIL de la Pérolerie, Major de la citadelle de Ré.

RACHAIS, Lieut. en sec. des *Gardes Françoises.*

RADEPONT, (Marquis de) Maréchal de Camp, le 5 Décembre 1781.

RADOT, (Pierre-Nicolas) né à Pont-à-Mousson le 29 Juin 1744, Cav. dans le rég. *Royal* le 30 Déc. 1760, Brig. le 18 Avril 1763, Maréc. de Logis le 1 Sept. 1767, Quart. M. Trés. le 1 Juin 1772, commission de Lieut. le 11 Juin 1776.

RAFAELLO Casabienca, Lieut. Colon. du régim. de l'*Isle-de-Corse.*

RAFFECOURT, (Louis Labbé de) né à Hermeville dans les Trois-Evêchés, le 30 Janvier 1763, Quart. M. Trésorier des *Grenadiers-Royaux de Lorraine* le 1 Oct. 1781, *idem* du régim. d'*Orléans* infant., le 17 Avril 1782.

RAFFETOH, (Antoine-Alexandre de Canonville, Marquis de) né à... le... 16.., eut d'abord une comp. détachée dans le régiment *Dauphin* infant., le 20 Oct. 1683; il passa à une comp. dans le Corps le 28 Sept. 1684, & servit au siége & à la prise de Philisbourg, de Manheim, de Franckendal en 1688, à l'armée d'Allemagne en 1689 & 1690; il obtint le 19 Juillet le rég. de *Brie* inf., le commanda à l'armée d'Allemagne en 1691, 92 & 93; à l'armée d'Italie en 94; en Savoie en 95 & 96; à l'armée de la Meuse en 97; à l'armée d'Allemagne en 1702, il y combattit à Fredelingen; créé Brig. le 23 Déc: employé à l'armée d'Allemagne le 1 Juin 1707, il se trouva au siége & à la prise de Brisack, de Landau, à la bataille de Spire. Passé à l'armée de Savoie sous le Duc de la Feuillade en 1704, il contribua à la défense de la Savoie, à la conquête de la vallée d'Aoust la même année; à la conquête du Comté de Nice, au siége & à la prise de Chivas en 1705; il étoit au siége de Turin, à la bataille qui se donna sous cette place en 1706: employé à l'armée de la frontière du Dauphiné le 20 Avril 1707, il concourut à la défense de Toulon; servit à l'armée du Rhin sous le Maréchal de Berwick en 1708; Maréc. de Camp le 20 Mars 1709, il se démit du régim. de *Brie*, que le Roi donna à son fils; fut employé à l'armée du Rhin jusqu'à la paix; créé Lieuten. Général le 1 Octobre 1718: mort le 9 Mai 1739, âgé de 75 ans. M. D.

RAFFIN, Garde du Roi dans B. le 28 Février 1763.

RAFFIN, Garde du Roi dans B. le 23 Février 1763.

RAFFIN, (Jean-Louis de) né à Uzès en Languedoc le 15 Avril 1731, Lieuten. au rég. de Savoie-Carignan le 17 Juil. 46, Cap. le 10 Juin 47, ✠ le 4 Mars 71, promesse de la 1re Lieuten. Colon. le 28 Janv. 73, Cap. des Grenad. le 1 Mars 73, chef de bataillon le 1 Juillet 74; blessé à l'attaque des retranchemens de Lassiette le 19 Juin 1747, Major le 7 Mai 77, Lieut. Colon. le 24 Juin 1780. D.

RAGON du Bouchot, ✠ Sous-L. des *Gardes* de Monsieur.

RAGUET de Brancion, (le Chev. de) Capit. du *Génie*, au château de Joux.

RAIGECOURT, (Louis-Antoine, Marquis de) né à... le... 16..., Page du Duc de Lorraine le...; commission de Cap. le 6 Déc. 1705, il eut une compag. dans le rég. que son oncle levoit; il étoit à la prise de Drusenheim, de Lauterbourg & de l'Isle-du-Marquisat en 1706, & servoit à l'armée du Rhin lorsque le Roi lui donna le 13 Juillet 1707 le rég. de caval. de son nom, qui vaquoit par la mort de son cousin, fils de celui qui l'avoit levé. Il le commanda à l'armée du Roussillon en 1708; en Languedoc en 1709, à l'armée du Rhin en 1710, à l'armée de Flandres en 1711; à l'attaque de Denain, aux siéges de Douay & du Quesnoy en 1712; le rég. ayant été réformé le 10 Nov. 1713, le Marquis de Raigecourt fut incorporé avec sa comp. dans le rég. de cav. de *Lévis*; servit au camp de la Saone en 1727, 1730 & 32; au siége de Kell en 33; créé Brig. le 20 Fév. 1734: employé à l'armée du Rhin le 1 Avril, il se trouva à l'attaque des lignes d'Ettingen & au siége de Philisbourg la même année; à l'affaire de Clausen en 1735; créé Maréc. de Camp le 1 Mars 1738, il se démit de sa comp. & se retira en Lorraine; il avoit accepté par permission du Roi, le 1 Mai 1731, une charge de Chambellan du Duc de Lorraine, qu'il a exercée jusqu'à sa mort, tant auprès de ce Duc qu'auprès du Roi de Pologne depuis 1737: il est mort à... le 30 Janv. 1754, âgé de 64 ans. M. D.

RAIGNIAC, Garde du Roi dans B. le 1 Avril 1771.

RAIMONDIS, (Paulin-César de) né à Draguenau en Provence le 19 Mai 1757, Sous-L. le 14 Mars 1774, Lieut. en sec. du rég. du *Maine* le 28 Décembre 1780.

RAINCOURT, (le Cheval. de) Major Lieut. de Roi à Valenciennes, Maréc. de Camp le 1 Mars 1780. M. D.

RAINCOURT, (Charles-Ignace, Chev. de) né à Salon en Franche-Comté le 13 Sept. 1755, Sous-L. à la suite du rég. *Dauphin* cav. le 1 Oct. 71, en pied le 6 Juin 79, Cap. à la suite le 20 Fév. 74, en pied le 2 Nov. 74, réformé à la composition le 16 Juin 76, remplacé Cap. en sec. le 1 Sept. 76, Cap. en second des *Carabiniers* le 16 Mars 1783.

RAISMES d'Ezery, Commissaire des Guerres, à Béthune & Saint-Venant.

RAISMES, Commissaire des Guerres, à Montauban.

RAISNEMS, (Pierre-François de) né à Dolle le 24 Déc. 1759, Cad. Gentilh. au régim. de la *Reine* inf. le 4 Avril 1773, Sous-Lieut. le 27 Nov. suivant. D.

RAISSAC, Garde du Roi dans B. le 1 Mars 1767.

RALLIER, (Philippe-François de) né à Rennes le 19 Janv. 1746, Sous-L. le 6 Oct. 1763, Lieut. le 11 Mai 1769, Cap. en sec. du rég. du *Maine* le 3 Juil. 1779. D.

RALLIER, Cap. du *Génie*, à la Dominique.

RAMBAUD, Garde du Roi dans L. le 6 Octobre 1771.

RAMBERT, (Jean-François-Baptiste de) né à Marsal en Lorraine le 16 Août 1728, Offic. dans le rég. d'*Alsace* le 15 Mai 43, Cap. le 25 Fév. 58, Maj. en 69, attaché au rég. de *Lanan*, drag., breveté Col. au 6e régim. des *Chasseurs* le 8 Avril 79 ; il a fait 3 campagnes en Allemagne, 3 en Flandres, 2 sur les côtes de Bretagne, & à l'expédition de Genève. D.

RAMBURES, (Louis-Antoine de la Roche Fontenille, Marquis de) né à... le... 16..., *Mousquetaire* le 15 Juil. 1716, Col. du rég. de *Navarre* le 6 Mars 1719 ; il commanda ce rég. au siège de St.-Sébastien, de Fontarabie & d'Urgel en 1719 ; au camp de la Saone en 1727, au siège de Kell en 1733, à l'attaque des lignes d'Ettingen & au siége de Philisbourg en 1734 ; obtint le grade de Brig. le 1 Août : employé à l'armée du Rhin le 1 Mai 1735, il commanda une brigade à l'affaire de Clausen ; créé Maréc. de Camp le 1 Janv. 1740, il se démit du régim. de *Navarre* : employé à l'armée de Bavière le 11 Mars 42, il marcha sous les ordres du Duc d'Harcourt & sous ceux du Comte de Saxe. Il joignit avec l'armée celle que commandoit le Maréc. de Maillebois sur les frontières de Bohême ; il y servit au secours de Brauneau, au ravitaillement d'Egra & à la défense de plusieurs postes de la Bavière. Rentré en France avec l'armée en Juillet 43, il fut employé en Haute-Alsace sous le Maréc. de Coigny, & y contribua à la défaite des ennemis à Rhinvilliers. Employé à l'armée de Flandres commandée par le Maréc. de Saxe, le 1 Avril 44, il couvrit avec cette armée le siége de Menin, d'Ypres & de Furnes, & finit la campagne au camp de Courtray ; il quitta le service au commencement de 45, & mourut le... Juin 1755, âgé de 59 ans. M. D.

RAMEL, Garde du Roi dans *Noailles* le 25 Juillet 1772.

RAMIGNY, ✠ Capitaine d'*Artillerie*, à Sedan.

RAMPAN, Garde du Roi dans L. le 31 Mars 1760.

RAMSAULT de Tortauval, Lieut. de Roi, d'Aire, ville & château.

RAMSAULT, Lieut. des *Maréchaux de France*, au Quesnoy.

RANCE, (Félix-François-Joseph de) né à Besançon le 14 Janv. 1755, Sous-L. au régim. *Royal-Comtois* le 17 Avril 1774, Lieut. en sec. le 3 Juin 1779. D.

RANCHER, † (Cheval. de) Enseig. des *Gardes Françoises*.

RANCHER, Sous-L. en p. des *Gardes Françoises*.

RANNES, (Charles-Louis d'Argouges, Marquis de) né à... le... 17..., entré aux *Mousquetaires* le... 17... ; il obtint une comp. dans le rég. de la *Reine*, dragons, le 28 Sept. 1729, & la commanda au camp de la Sambre en 1732 ; au siége de Gerra-d'Adda, de Pizzighitone, du château de Milan en 1733, à ceur de Tortonne & de Novarre; aux batailles de Parme & de Guastalle en 1734; aux siéges de Reggio, de Regiolo & de Guastalle en 35, & rentra en France avec l'armée, au mois d'Août 36; Mest. de Camp du rég. de drag. de *Languedoc* le 16 Avril 38: il passa à l'armée de Bavière au mois de Mars 42, & le commanda sur les frontières de Bohême, à plusieurs actions contre les troupes légères des ennemis, au secours de Brauneau & au ravitaillement d'Egra; rentra en France avec l'armée en Juil. 1743, & finit la campagne en Basse-Alsace & sur les frontières de Lorraine; il commanda son rég à la conquête du Comté de Nice au mois d'Avril 44; créé Brig. le 2 Mai, & se trouva aux siéges de Démont & de Cony, & à la bataille de la Madona-del-Ulmo; employé à la même armée le 1 Avril 45, il servit à plusieurs siéges, & se trouva au combat de Rufedo; il étoit aux batailles de Plaisance & du Tidon, & à la défense de la Provence en 46; créé Maréchal de Camp le 1 Janv. 48, il se démit du rég. de *Languedoc* drag., & obtint le 13 le Gouvernement d'Alençon à la mort de son père. M. D.

RANNES, (Baron de) Col. en sec. de *Languedoc*, dragons.

RAOULX, Lieut. des *Maréchaux de France*, à Orange.

RAOUX de la Cairole, (Jean) né à Cabusson en Languedoc, le 17 Juil. 1743, Sous-L. au rég. Marée. de *Turenne* le 17 Déc. 1765, Lieut. le 4 Août 1770, Capitaine en second le 17 Avril 1782. D.

RAPINE de Saxi, Lieut. du *Génie*, aux Colonies.

RAREL de Puy-Contal, ✠ Sous-Directeur d'artillerie, à Antibes.

RASILLY, (Marquis de) Brig. d'infanterie le 20 Avril 1768. M. D.

RASQUIN, Garde du Roi dans V. le 22 Juillet 1772.

RASSAY, ✠ (Chevalier de) Lieut. Col. com. le bataillon de garnison de *Touraine*.

RASTEGNE l'aîné, ✠ Maréchal de Logis des *Gendarmes* Dauphins.

RASTEGNE cadet, ✠ Maréchal de Logis des *Gendarmes* Dauphins.

RASTIGNAC, Brig. de drag. le 1 Mars 1780. M. D.

RASTIGNAC, ✠ (le Comte de) Col. de *Champagne* infant., Brigadier le 1 Mars 1780.

RASTIGNAC, (le Vicomte de) Colon. en s. du rég. *Royal*, infanterie, & ✠.

RATELIFF, (Comte de) Maréchal de Camp le 3 Janv. 1770. M. D.

RATTIER, Trés. principal des Guerres, à Tours.

RAUDIN, Commissaire Ordonnateur des Guerres, à Lille.

RAVENEL, (Louis-Ernest Prondre de) né à Paris, le 25 Mai 1758, Mousquetaire le 13 Avril 1774, Sous-Lieut. dans *Royal*, cav. le 14 Avril 1777, Cap. le 3 Juin 1779. D.

RAUGRAVE, (Comte de) Brig. de cav. le 1 Mars 80. M. D.

RAVIER, Maj. Com. le bataillon d'Andaye.

RAVIER, Quart. M. Trés. de *Flandres*, infanterie.

RAVIER de Champmorel, Cap. du *Génie*, à Bastia.

RAVILLES, (Nicolas-Claude de Thouinde de) né à St-Dominique, le 2 Fév. 1758, Sous-L. à sa suite du rég. Maréc. de *Turenne*, le 7 Sept. 1774, en pied le 18 Août 1775, Lieut. en sec. le 26 Sept. 1781. D.

RAULIN de Lamotte, Lieut. en p. des *Grenad.-Royaux de la Picardie*. M. D.

RAVOYE, (Louis Neyret, Marquis de la) né à..., le 27 Mars 1697, Mousquetaire le... 1712. Il se trouva aux sièges de Douay & du Quesnoy, la même année, à ceux de Landau & de Fribourg en 1713; obtint une compagnie au rég. de *Mest.-de-Camp-Gén.*, drag. le 10 Mars 1714, & le rég. d'inf. de *Ponthieu*, le 17 Déc. 1715; il commanda ce rég. au camp d'Aimeries, le 31 Août au 30 Sept. 1727; créé Brig. le 20 Février 1734; employé à l'armée du Rhin le 1 Avril; il servit avec son rég. au siège de Philisbourg; il y entra en garnison après la prise & y demeura pendant le reste de la campagne; il servit encore à l'armée du Rhin, le 1 Mars 1735, la paix se fit au mois d'Octob.; créé Maréc. de Camp le 1 Mars 1738. Il se démit du rég. de *Ponthieu*; employé à l'armée envoyée en Bavière sous les ordres de M. le Duc d'Harcourt, le 11 Mars 1742; il marcha avec la 2e division; contribua à chasser les ennemis de la Bavière; marcha avec l'armée sur les frontières de Bohême sous le Maréc. de Maillebois; passa l'hiver en Bavière; rentra en France au mois de Juin, 1743 avec la 4e division de cette armée, & finit la campagne en Haute-Alsace, sous le Maréc. de Coigny le 1 Août; il commanda à Huningue pendant l'hiver; employé à l'armée du Rhin sous le Maréc. de Coigny, le 1 Avril 1744; créé Lieut. Gén. des armées le 2 Mai; il servit comme Maréc. de Camp à la prise de Weissembourg; déclaré Lieut. Gén. le 13 Août; il se trouva à l'affaire d'Auguenum le 23; passa le Rhin peu de jours après; marcha en Suabe & commanda à Constants pendant l'hiver; il fut employé à l'armée du Rhin sous M. le Prince de Conti, le 1 Mai 1745. On n'y entreprit rien, il alla commander à Huningue pendant l'hiver; employé à l'armée commandée sous M. le Prince de Conti, le 1 Mars 1746; il servit aux sièges de Mons, de Meusa, à l'armée d'observation pendant le siège de Charleroi & de St-Guilain; joignit l'armée de Flandres au mois de Sept., & couvrit le siège de Namur; combattit à Raucoux & retourna commander à Huningue; il y resta jusqu'au 9 Mai 1747; fut employé à l'armée d'Italie, sous le Maréc. de Belle-Isle, le 10 Mai 1747; il se trouva au passage du Var le 3 Juin, à la prise de Montalban, de Villefranche, au ravitaillement du château de Vintimille, & passa l'hiver en Provence. Il eut des Lettres de service pour l'armée d'Italie, le 1 Juin 1748: on n'y entreprit rien, la paix étoit conclue dès le 30 Avril précédent; il fut employé dans cette partie jusqu'au 1 Mars 1749; Gouverneur de Mezières & de Charleville, le 21 Nov. 1753. M. D.

RAXIS de Flassan, (Louis-Anselme) né à Bedouin au Comtat Venessin, le 19 Fév. 1759, Cad. Gentilh. au rég. de *Monsieur*, drag. le 6 Juin 1776, Sous-L. à la suite le 22 Fév. 1778, Sous-L. en pied le 10 Janv. 1782.

RAY, (Marquis de) Maréchal de Camp le 3 Janv. 70. M. D.

RAY, (N...) né à St-Jean de l'Herigneux en Lyonnois, le... 1726, Soldat au rég. de *Perche*, le 12 Janv. 1747, Gren. le... 1751, Serg. le... 1756, Fourr. le... 1765, P. D. le 15 Juill. 1759, Quart. M. le 21 Juin 1775, Sous-L. des gren. le 11 Juin 1776.

RAYMOND de Lasbordes, Antoine-Jacques Noël) né à Castelnaudari en Languedoc, le 23 Déc. 1762, Cad. Gentilh. au rég. de la *Marine*, le 4 Avril 1778, Sous-L. le 21 Juillet 1779. D.

RAYNAUD, Garde du Roi dans B. le 1 Juillet 1768.

RAYNAULT, (Pierre) né à Grenoble en Dauphiné, le 15 Mars 1741, Soldat au rég. de *Savoie-Carignan*, le 30 Mars 1758, Serg. le 13 Mars 1763, Tour. le 11 Sept. 1764, P. D. le 1 Juin 1775.

RÉALLE, Brig. de cav. le 25 Juillet 62.

RÉALLE, (Jean-Charles-Laurent d'Alguier de) né à Lesne en Comté, le 10 Août 1750, Vol. au rég. du *Roi*, le 1 Mai 1763, Sous-L. à la suite le 5 Oct. 1767, en pied le 18 Janv. 1775, Lieut. en sec. au sec. rég. des *Chevaux-Légers*, le 8 Avril 1779. D.

RÉART, Lieut. des *Maréchaux de France*, à Perpignan.

REBEILLÉ, (Jean) né à Arsizal en Bigore, le 28 Fév. 1729, Soldat dans *Berry*, inf. le 6 Janv. 1748, Serg. en 1754, P. D. le 1 Fév. 1763, Sous-L. des gren. le 11 Juin 1776, ✠ le 16 Mai 1780.

REBEILLE, (N...) né à Arcisac en Bigore, le 10 Mai 1734, Cav. au rég. de... le 10 Mai 1757, Maréc. de Log le 25 Mars 1763, Fourr. le... Sept. 1764, P. E. le 22 Juin 1766, Lieut. en sec. le 7 Avril 1773.

REBEL, Garde du Roi dans V. le 16 Décembre 176 .

REER, (Jean-Henri) né à Mullhausen en Suisse, le 15 Mars 1725, Cad. au rég. de *Vigier*, inf. le 12 Juin 1743, Enseig. le 17 Déc. 1743, Cap. Lieut. le 14 Fév. 1744, ✠* le 23 Mai 1762, rang de Cap. le 17 Oct. 1763, Cap. com. le 12 Nov. 1770, a eu la jambe droite cassée à Neheim en 1761. D.

REBOUL, Brig. d'inf. le 1 Mars 80.

REBOURGUIL, ✠ Lieut. des *Gardes d'Artois*.

REBOURSEAUX, Garde du Roi dans B. le 11 Nov. 1779.

RECICOURT, Cap. du Génie, à Lahogue.

RECLESNE de Lionne, (Sébastien-Joseph-François-Xavier de) né à Lionne en Auvergne, près Gannat, le 28 Nov. 1762, Page du Roi de la petite Ecurie, le 31 Déc. 78, Sous-L. à la suite des *Carabiniers*, le 24 Février 1782. D.

RECOUDER, Garde du Roi dans *Noailles*, le 16 Mars 1774.

RECOURT Dufart, (Jean de) né à... le 14 Janv. 1698, Enseig. dans le rég. de *St-Germain-Beaupré* en 1710, Lieut. au rég. de Col. Gén. drag. le..., Député de la Noblesse du Léannois, le 23 Nov. 1765, mort à Laon le 11 Décembre 1770.

RECOURT Dufart, (Jean-Joseph de) né au Sart, le 20

Juin 1765, Sous-L. au rég. de *Chartres*, drag. le... 17...

REDING, (Charles-François, Baron de) né à Neffels, Canton de Glarus, le 15 Déc. 1738, Enseig. dans *Vigier*, le 20 Oct. 1756, Sous-L. le 1 Mai 1757, Lieut. le 15 Avril 1759, Cap. Lieut. le 10 Juin 1761, Lieut. le 16 Oct. 1763, Cap. le 19 Fév. 1756, Cap. com. le 19 Juill. 1767, ✠ le 16 Déc. 1781. M. D.

REDING de Biberegg, ✠ (Baron de) Cap. des *Gardes Suisses*.

REDING de Biberegg, (le Ch. de) Enseigne des *Gardes Suisses*.

REDING d'Athis, (Baron de) Enseig. des *Gardes Suisses*.

REDON, Garde du Roi dans B. le 6 Avril 1760.

REFFAVEILLE, ✠ Cap. en sec. des *Gardes Françoises*.

REGARDIN Demartinet, Sous-L. de *Maréchaussée*, à Pithiviers.

REGHAT, Commissaire des Guerres, à Paris.

REGNIER, ✠ Prévôt Général de *Maréchaussée*, à Alençon.

REGNIER de Latour, (Simon) né à Autrissac en Périgord en Oct. 1750, Cav. au rég. de *Berry*, en Avril 1764, Brig. en 1765, Maréc. de Log. en 1767, Sous-L. en Mars 1768, Sous-Aide-Maj. en Déc. 1771, Lieut. en p. en Oct. 1776.

REGOURD de Vaxis, (Pierre-François Benoît de) né à Coorn le... 1764, Cad. Gentilh. au rég. Maréc. de *Turenne*, le 2 Sept. 1780, Sous-L. le 15 Septemb. 1781. D.

REIGNAC, (le Comte de) Lieut. de Roi du Gouv. Gén. de Touraine. M. D.

REIGNAUD de la Bonne, ✠ Lieut. des *Maréchaux de France*, à Nismes.

REIGNEFORT, Garde du Roi dans V. le 13 Septembre 1776.

REIGNIER, (Michel-François-Dominique de) né à Alençon le 25 Oct. 1763, Cad. Gentilh. au rég. de *Beaujolois*, le 30 Avril 1781. D.

REINACH, ✠ (le Baron de) Lieut. Col. d'*Eptingen*, infant. M. D.

REINACH, ✠ (le Baron de) Lieut. Col. de *Royal-Allemand*, cavalerie.

REINACH, (Baron de) Brig. d'infanterie le 1 Mars 80.

REINANGE, ✠ Brig. des *Gardes d'Artois*.

REINIER de Jarjaie, Aspir. du *Génie*, à Brest.

REISET, (François-Guillaume) né à Dannemarie en Alsace, le 24 Mars 1738, originaire de Lowenhaupt, Sous-L. dans les *Volontaires Etrangers*, le 1 Juin 1756, Enseig. surnuméraire dans *Vigier*, le 5 Juill. 1761, P. D. le 16 Oct. 1763, Sous-L. le 2 Janv. 1765, Lieut. le 6 Août 1776, ✠ le 1 Mai 1782.

REISSAC, Garde du Roi dans *Noailles*, le 25 Juin 1771.

REITTERWALD, Brig. d'infanterie le 3 Janvier 70.

REMECOURT, Lieut. des *Gardes de la Prévôté de l'Hôtel*.

REMONT, (le Baron de) ✠ Lieut. des *Maréchaux de France*, à Rhetel. M. D.

RENALDY, Garde du Roi dans B. le 20 Juillet 1774.

RENARD Descoudres, Commissaire des Guerres, à Soissons.

RENAUDIES, (le Baron

des) Lieut. des *Maréchaux de France* à Gueret. M. D.

RENAUDIN, Quart. M. Trés. d'*Austrasie*, infanterie.

RENCOGNE, Garde du Roi dans V. le 7 Septembre 1779.

RENEL, Trompette des Gardes du Roi dans V.

RENNEPONT, (le Ch. de) Sous-L. des Gardes du Roi le 26 Mars 1781.

RENNEVILLE, (Alexandre-Joseph Desjacques de) né à Livon, près de Valence en Dauphiné, le 5 Août 1752, Sous-L. au rég. d'*Aquitaine*, le 10 Août 1769, Lieut. le 20 Mars 1778, Lieut. en p. le 1 Avril 1781, Cap. en sec. le 1 Déc. 1781. D.

RENOUARD, ✠ Prévôt Général de *Maréchaussée*, à Amiens.

RENOUARD, Garde du Roi dans L. le 16 Décembre 1778.

RENOUARD, Garde du Roi dans L. le 25 Août 1776.

RENOULD, ✠ Maréc. de Logis des *Gendarmes Ecossois*.

REPOND, Lieut. en sec. des *Gardes Suisses*.

REPOUX, Sous-L. de *Maréchaussée*, à Autun.

REQUISTON, Lieut. des *Maréchaux de France*, à Castillane.

RESIE, (Jean-Baptiste-Thérèse Alexandre d'Aubert de) né à Pesmes en Franche-Comté, le 18 Fév. 1761, élevé à l'Ecole Militaire, Cad. Gentilh. au rég. de *Limosin*, inf. le 6 Juin 1776, Sous-L. le 28 Avril 1778, Lieut. en sec. le 24 Août 1781. D.

RÉSIE, (le Ch. de) Maj. à Besançon.

RESSONNEAU, Cad. Gentilh. au rég. de *Médoc*.

RESTEIGNE, (Nicolas-Admont de Hofsmit de) né à Resteigne au Duché de Luxembourg, le 7 Juill. 1758, Sous-L. à la suite au rég. *Royal-Comtois*, le 7 Nov. 1775, en pied le 5 Juin 1776, Sous-L. des gren. le 27 Sept. 1780, Lieut. en sec. le 16 Juin 1781. D.

REVEL, (Charles-Amédée de Broglie, Comte de) né à... le... 16... Il étoit fort jeune lorsqu'on lui donna le 26 Mai 1654 un rég. d'inf. vacant par la mort du sieur de Maison-Neuve qui fut licencié le 12 Déc. 1659; parvenu à l'âge de servir il fut fait Guidon des *Gendarmes-Ecossois* le 18 Juin 1666 & fit sa premiere campagne en Flandres au siège & à la prise de Tournai, de Douai, de Lille en 1667, Mest. de C. Lieut. du rég. *Royal - des - Cuirassiers* le 12 Janv. 1668; il se démit de la charge de Guidon des *Gendarmes-Ecossois* & servit à la conquête de la Franche-Comté. Il se trouva en 1672 à tous les siéges que fit le Maréc. de Turenne; marcha sous ce Général contre les troupes de l'Electeur de Brandebourg & à la prise de plusieurs de ces places en Fév. 1673; il revint au siége de Mastricht, combattit à Seneff en 1674, Brig. le 12 Mars 1675; il contribua à la prise de Dinant, de Hui, de Limbourg, à la prise de Condé, de Bouchain, d'Aire en 1676; il étoit en 1677 au siége & à la prise de Valenciennes, à la bataille de Cassel, au siége & à la prise de Cambrai & de sa citadelle; créé Maréc. de C. le 20 Janv. 1678, il servit au siége & à la prise de Gand & d'Ypres; se démit au mois d'Août du rég. des *Cuirassiers*, passa à l'armée d'Allemagne sous le

Maréc. de Crequi ; il y finit la campagne. Employé en Catalogne sous le Maréc. de Bellefonds le 4 Mars 1684, il servit au siége de Gironne qu'on emporta d'assaut & qu'on fut obligé d'abandonner sur le champ. Créé Lieut. Gén. le 24 Août 1688 ; il fut employé en Bretagne sous le Maréc. d'Estrées le 9 Mars 1689, dans le pays d'Aunis sous le Comte de Sourdis le 4 Mai 1690, à l'armée du Roussillon le 13 Juin 1691 ; il marcha au secours de Campredon & fit lever le siége aux ennemis : à la même armée le 30 Avril 1692 il se tint sur la défensive. Il servit les cinq campagnes suivantes sur le Rhin sous les Maréchaux de Lorges, de Joyeuse & de Choiseul; on s'y tint sur la défensive. Employé à l'armée d'Italie le 14 Août 1701 ; il commanda la 2ᵉ ligne au combat de Chiari; il fit la plus belle défense dans Crémone le 1 Fév. 1702, s'y trouvant Commandant en Chef après la prise du Maréc. de Villeroi & du Marq. de Crenan, il obligea le Prince Eugène & ses troupes d'abandonner la place avec une perte considérable d'hommes & d'effets d'artillerie. Le Roi donna au Comte de Revel le Gouvernement de Condé le 8 Mars 1702, le nomma ✠ ; il fit en Chef le siége de la ville & du château de Castiglione sous M. le Duc de Vendôme; il attaqua la ville le 27 Mai, elle se rendit le 28, la garnison du château se rendit à discrétion; il combattit à Luzzara, servit aux siéges & à la prise de Guastalle & de Bergoforte & revint en France. Il fut reçu ✠ le 27 Mai 1703 ; il est mort à .. le 15 Oct. 1707. M. D. *Voyez* BROGLIE.

REVIGLIASE de Reine, ✠ (le Comte de) Lieut. des *Maréchaux de France*, à Grenoble. M. D.

REVIGLIASE, ✠ Aide-Maj. des *Gardes Françoises*.

REUMONT, Lieut. de Roi, à Montmédy.

REVOUX de Ronchamp, ✠ Prévôt Gén. de *Maréchaussée*, à Bordeaux.

REY, (Jacques) né à St-Marcellin en Dauphiné, le... 1736, Soldat au rég. de *Beaujolois*, le 11 Fév. 1753, Serg. le 20 Mars 1761, Fourr. des gren. le 1 Sept. 1763, P. D. le 26 Oct. 1772, Sous-L. des gren. le 23 Juillet 1779.

REY, Garde du Roi dans V. le 24 Mars 1762.

REYFF, (Constantin-Nicolas de) né à Fribourg, le 22 Mars 1740, Enseig. dans *Vigier*, le 24 Avril 1757, Sous-L. le 22 Déc. 1758, Cap. le 2 Sept. 1773, ✠ le 16 Déc. 1781, a eu le bras cassé à la bataille de Sondershausen, en Juillet 1758. D.

REYMONT de Lasbordes, (François de) né à Castelnaudary, le 13 Juill. 1758, Cad. Gentilh. au rég. de *Savoie-Carignan*, le 6 Juin 1776, Sous-L. le 28 Février 1778. D.

REYNAULD de Willevert, Brig. d'inf. le 1 Mars 80.

REYNAUD de Bagnon, ✠ Commissaire des Guerres, à Alais & Nismes.

REYNAUD, Quart. M. Trés. de *Touraine*, infanterie.

REYNAUD de Monts, † (Ch. de) Col. en sec. de *Penthièvre*, drag.

REYNES, (Jean - Baptiste-Charles de) né à St-Laurent en Languedoc, le 16 Déc. 1741,

Sous-L. au rég. de *Médoc*, le 10 Sept. 1767, Lieut. le 26 Mars 1770, Cap. en sec. le 18 Janv. 1781.

REYNOL, (Charles-Antoine-Marie-Simon de) né à Alais, le 24 Juin 1754, Sous-L. au rég. Matéc. de *Turenne*, le 4 Août 1770, Lieut. le 28 Fév. 1778. D.

REYNOLD, Sous-Aide-Maj. des *Gardes Suisses*.

RIAUCOURT, Garde du Roi dans B. le 2 Octobre 1779.

RIBALLIER, Cap. du *Génie*, à Befort.

RIBALTE, (Jean-Louis-Charles Bornier de) né à Lunel en Languedoc, le 8 Déc. 1744, Enseig. au rég. de *Beaujolois*, le 21 Janv. 1761, Lieut. le 26 Sept. 1761, Cap. en sec. le 23 Juillet 1779. D.

RIBERE, (François-Marie, Ch. de) né à la Bastide en Gascogne, le 8 Sept. 1745, Vol. au rég. de *Médoc*, le 4 Mai 1760, Enseig. le 29 Sept. 1760, Lieut. le... Janv. 1761, Cap. en sec. le 26 Mai 1774, ✠ en 1783. D.

RIBEROLLES, Garde du Roi dans B. le 1 Mars 1773.

RIBES, Cap. du *Génie*, à Perpignan.

RIBEYREYS, Garde du Roi dans *Noailles*, le 30 Mai 1775.

RIBIER, (Jean-Baptiste de) né à Laire en Auvergne, le 22 Mars 1762, Cad. Gentilh. au rég. de la *Marine*, le 21 Juill. 1779, Sous-Lieut. le 20 Avril 1780. D.

RICARD, Maj. à Guise.

RICARD, Garde du Roi dans V. le 23 Février 1766.

RICARD, (François) né à Toulouse, le 8 Sept. 1724, Soldat au rég. de la *Marine*, le 25 Fév. 1745, Sous-L. le 7 Mars 1763, Lieut. le 22 Août 1772, rang de Cap. le 21 Juill. 1779, ✠ le .. 17...

RICARD, (Chev. de) Brig. d'infant. le 1 Mars 8..

RICHARD, Garde du Roi dans *Noailles*, le 5 Fév. 1764.

RICHARD du Perhem, Cap. du *Génie*, à St-Quentin.

RICHARD d'Ivry, Lieut. des *Maréch. de France*, à Beaure.

RICHARD, ✠ Sous-L. de *Maréchaussée* à Riom.

RICHARDOT, Lieut. en s. dans *Ségur*, drag.

RICHEBOURG, Sous-L. en sec. des *Gardes Françoises*.

RICHEBOURG de Poncerot, ✠ Maréc. de Log. des *Gendarmes de Monsieur*.

RICHECOURT, ✠ Sous-Directeur d'artillerie, à St-Omer.

RICHELIEU, (Jean-Baptiste-Amador de Wignerod Duplessis, Marquis de) né le 8 Nov. 1632, fut d'abord Mest. de Camp de cav. d'un rég. de son nom, qu'il leva le 18 Juill. 1650; il le commanda à la prise de Rhetel, à la bataille de ce nom la même année; il contribua à empêcher les Espagnols d'attaquer Dunkerque, Beaumont & Vervins, & concourut à la défaite de plusieurs détachemens des ennemis en 1651, créé Maréchal de Camp le 16 Avril 1652; il se trouva à l'attaque du pont de Gergeau, au combat d'Etampes, à la bataille du Fauxbourg St-Antoine, la même année à la prise de Vervins, de Rethel, de Mouzon & de Ste-Menehould en 1653, au siège de Stenay, au secours d'Arras en 1654, aux siéges de Landrecies, de Condé, de St-Guilain en 1655, au siége de Valenciennes, au combat qui se donna sous cette place en 1656,

1656, Brigad. de cav. à la création de ces charges, & commanda une Brig. de cav. aux siéges de Mons & de St-Venant la même ann. à la bat. des Dunes, à la prise de Dunkerque, de Bergues, de Dixmude, de Furnes, de Gravelines, d'Oudenarde, de Menin & d'Ypres en 1658; la paix étant faite on licentia son rég. le 10 Juill. 1660, Gouvern. de St-Germain-en-Laye le 10 Mars 1661, il mourut à... le 11 Avril 1662.

RICHELIEU, (Louis-François-Armand du Plessis, Maréchal Duc de) né à... le 13 Mars 1699, fut d'abord connu sous le nom de Duc de Fronsac, entra aux Mousquetaires en 1712, combattit à Denain le 24 Juill., servit aux siéges & à la prise de Marchiennes le 30, de Douay le 8 Sept., du Quesnoy le 4 Oct. de Bouchain le 19; il obtint une compagnie dans le régim. *Royal*, cav., le 18 Janv. 1713, servit au siége de Landau qui fut pris le 20 Août, à la défaite de Vaubonne, Général de l'Empereur, le 20 Sept., à la prise de Fribourg; il y fut blessé, les Forts & les Châteaux capitulérent le 16; il apporta au Roi la prise de ces dernières places, en réforma sa compagnie, & on l'entretint Cap. réformé à la suite du rég. *Royal* le 16 Avril 1715; il obtint un rég. d'inf. de son nom le 15 Mars 1718; il servit à la tête de ce rég. sur les frontières d'Espagne en 1719, aux siéges de Fontarabie, qui se rendit le 16 Juillet, de St-Sébastien, qui capitula le 1 Août, du Château qui capitula le 17, de Castel-Ciudat & d'Urgel, pris au mois d'Oct., on le reçut à l'Académie le 12 Oct. 1720, & au Parlement en qualité de Pair de France, comme Duc de Richelieu le 2 Mars 1721; il obtint, sur la démission du Comte de Rions le Gouvernement de Coignac par provision du 12 Sept. 1722; il a été reçu au Parlement une seconde fois comme Pair de France, en qualité de Duc de Fronsacle 15 Av. 1723; nommé Ambassadeur extraordinaire à Vienne en 1724, il y fit son entrée le 7 Nov. 1725, ✠ le 1 Janv. 1728, il fut reçu le 1 Janv. 1729, revint de son Ambassade en 1730, reçu honoraire de l'Académie des Sciences en 1731; il servit avec son rég. en 1733, au siége de Kell qui capitula le 28 Oct.; créé Brig. le 20 Fév. 1734, il fut employé en cette qualité à l'armée du Rhin; il combattit le 4 Mai à Ettingen, servit au siége de Philisbourg qui capitula le 28 Juillet, de Wormes qui fut pris le 23; il servit à la même armée en 1735, se démit, le 8 Mai du Gouvernement de Coignac; créé Maréc. de Camp le 1 Mars 1738; il se démit de son rég., obtint la Lieutenance Générale du Languedoc, au département du Vivarais & du Velay le 29 du même mois, & eut le même jour une Commission pour commander dans la Province; employé à l'armée de Flandres sous le Maréchal de Noailles le 16 Oct. 1742, on le tint sur la défensive; employé à l'armée du Rhin sous le même Général le 1 Avril 1743, il combattit à Ettingen le 27 Juin; premier Gentilhomme de la Chambre du Roi le 13 Fév. 1744, employé à l'armée de Flandres le 1 Avril, Aide-de-Camp du Roi le 1 Mai, Lieut. Gén. le 2, employé en cette qualité à la même armée le 7 Juin;

il servit au siége de Menin, qui se rendit le 4 Juin; d'Ypres, que le Roi prit le 17; de Furnes, qui arbora le drapeau le 10 Juillet; il passa ensuite avec le Roi en Alsace, continua de servir à l'armée du Rhin sous le Roi, au siége de Fribourg, qui capitula le 6 Nov.; employé à l'armée de Flandres sous le Roi le 1 Mai 1745, il combattit à Fontenoy le 11; il étoit à la prise de Tournay, qui capitula le 23, à la prise de la Citadelle, qui capitula le 20; employé à l'armée de Flandres le 1 Avril 1746, & Aide-de-Camp du Roi, il concourut à la défaite des ennemis à Rauxcoux le 11 Oct.; Ambassadeur en Saxe au mois de Déc. suiv., il arriva à Dresde le 25 pour faire la demande de Madame la Dauphine; employé à l'armée de Flandres, & Aide-de-Camp du Roi le 1 Mai 1747; il combattit à Lawfeld le 2 Juil., passa à l'armée d'Italie pour commander à Gênes le 1 Août; il se porta, le 15 Octob., avec un corps de troupes vers Campomorone pour en faire le siége; des obstacles insurmontables ayant rendu impossible l'exécution de cette entreprise, il chassa les ennemis de quelques postes qu'ils occupoient, parcourut les hauteurs de Voltry, reconnut Campofredo, Rossigliony & Voltagio, & revint à Gênes le 25; il battit, le 7 Nov., auprès d'Atensano un corps de Piémontois, fit 46 prisonniers; sur l'avis qu'il eut que les ennemis se proposoient d'assiéger Sarzane, il renforça de 400 hommes la garnison de cette place, & fit raser les maisons de campagne des environs; par ses conseils on ajouta plusieurs ouvrages aux fortifications de Sestré & de la Spécie; il s'empara par un détachement, le 25 Janv. 1748, du château de la Venza & du poste de Veragio; on y fit 400 prisonniers: le 18 Fév. les ennemis ayant attaqué les postes de Mekle & des Capucins, pour se rendre Maîtres de Valtry, le Duc de Richelieu les força le 19 de renoncer à cette attaque & de reprendre la route de Campofredo; il a commandé à Gênes jusqu'à la paix. Créé *Maréchal de France* le 11 Oct., la République de Gênes l'a déclaré lui & ses descendans, Nobles Génois, leurs noms ont été inscrits dans le Livre d'Or par décret du Sénat du 17 du même mois : on a érigé au Duc de Richelieu une Statue de marbre qu'on a placée dans le grand Salon du Palais; il partit de Gênes le 10 Nov., arriva à Versailles le 25 Déc., & prêta serment le 5 Janv. 1749; il a obtenu le Gouvernement Général de Guienne le 4 Déc. 1755, a prêté serment le 5, & s'est démis de la Lieutenance Générale & du Commandement du Languedoc; nommé Commandant Gén. sur les côtes de la Méditerranée le 31 Déc., commandant, en vertu de ce pouvoir, l'armée que le Roi a envoyé à l'Isle de Minorque en 1756, il partit de Toulon le 8 Avril; il étoit à Ciutadella le 18, les troupes débarquèrent le même jour, & on marcha à Mahon, dont on s'empara le 22, la garnison se retira dans le Fort; le Maréchal occupé du soin de vaincre les difficultés qui s'opposoient au transport de l'artillerie & des munitions de guerre & de bouche, parvint enfin à élever sur le Mont des signaux, une batterie qui commença à tirer le 8 Mai ; il s'empara le 9 du Fauxbourg appellé la Ravelle, y forma des épaulemens, y établit des batteries ; il détacha le 10, 1200 hommes du côté du Fort Malboroug, derrière la Tour de Benisaid ; le 19 l'escadre Angloise ayant paru en mer le Maréchal de Richelieu envoya 15 piquets au Marquis de la Galissonniere, & fit toutes les dispositions nécessaires pour ôter toutes communication avec les assiégés. Il ruina une partie de leurs défenses le 5 Juin, & se détermina la nuit du 27 au 28 à une attaque générale ; à 10 heures du soir les batteries cessèrent de tirer & on commença les 3 attaques au signal d'un coup de canon & de 4 bombes tirées de la Tour des signaux ; on déboucha sur les ouvrages de Strugen & d'Arguil, on se porta avec vivacité sur la redoute de la Reine, & on s'en empara par escalade, on s'y logea après que les assiégés eurent fait jouer quatre fourneaux de mines, on insulta avec le même succès la redoute Caroline & la redoute de l'Ouest, on se rendit Maître des chemins couverts, on coupa les palissades, on encloua 12 pièces de canon, on brisa leurs affuts ; cependant on attiroit l'attention des assiégés d'une autre part, par le mouvement d'un corps de troupes qui feignoit de vouloir traverser sur sur des chaloupes la calle de St. Etienne ; pendant ces différens assauts, le Maréchal de Richelieu au centre de l'attaque de la gauche, donna ses ordres tant que l'action dura avec une présence d'esprit & une intrépidité qui en inspira au Soldat qui y fit des prodiges. Le 28, à 5 heures du matin, on convint d'une suspension d'armes, on retira les morts & les blessés de part & d'autre ; à 2 heures après midi trois Députés vinrent demander 24 heures pour dresser la capitulation ; le Maréchal n'ayant accordé que jusqu'à 8 heures du soir, le Commandant de la place la signa le 29, & remit au Maréchal une porte du Fort St-Philippe & les Forts de Malboroug & de St-Charles ; il se trouva dans ces Forts 211 pièces de canon & 69 mortiers en état de servir sans ceux qui furent rompus ou encloués pendant le siége, le Maréchal repartit de Mahon le 6 Juillet, & arriva à Toulon le 15 ; il continua de commander sur les côtes de la Méditerranée jusqu'au 1 Juillet 57 : il avoit été nommé, le 15 Juin précédent, pour commander l'armée qui devoit s'assembler sur le Mein ; mais la plus grande partie des troupes destinées à servir dans cette armée passèrent à l'armée d'Allemagne, dont il eut le Commandement le 25 Juillet, il l'a joignit le 3 Août suiv. Brunswick, Wolfembutel, Zell, ouvrirent leurs portes en Août, Gueldre capitula le 24 ; il fit attaquer Bettem, les ennemis se retirèrent à l'approche des François & brûlèrent une partie du pont ; le 25 le Maréchal fit jetter deux ponts sur Laller, & réparer celui que les ennemis avoient brulé, & envoya des partis jusqu'à Lunebourg. Ayant été nommé pour commander en Guienne, il quitta l'armée le 10 Fév. 1758, est parti le 25 Mai pour se rendre à Bordeaux, où il a fait son entrée ; devenu Doyen des Maréchaux de France à la mort du Maréchal de Clermont-Tonnerre, le 16 Mars 1781. D. M.

RICHEMONT, Garde du Roi dans B. le 28 Mars 1762.

RICHEMONT, Brig. des Gardes du Roi dans B. le 31 Déc. 1782.

RICHER, (Louis-François de Montheard de) né à St-Aubin au Mans le 13 Janv. 1752, Sous-L. au rég. de *Beaujolois* le 13 Fév. 1769, Lieut. en sec. le 3 Avril 1778, Lieut. en p. le 12 Juin 1782. D.

RICHOUFFLX, (Pierre-Louis-François de) né à Poplicourt près Noyon le... 1761, Cad. Gentilh. dans *Orléans* inf. le 30 Mai 1780, Sous-L. le 10 Août 1780. D.

RICHOUFFLZ, (Victor-Annibal, Ch. de) né à Poplicourt le... 1762, Sous-L. d'*Orléans* inf. le 27 Fév. 1783. D.

RICHOUFFZ, ✠ Sous-Directeur d'Artillerie à Dunkerque.

RIDBERG, (Baron de) Maréc. de Camp le 1 Mars 1780. M. D.

RIED, (Charles, Baron de) né à Nesseltried en Brisgaw le 4 Nov. 1715, Lieut. au service de l'Empire en 1733, de là au service de l'Empereur Charles VI, Cap. en 1741; a fait la guerre de Bavière, s'est trouvé au siége de Berg-op-Zoom & de Mastricht, Cap. d'inf. dans les *Volontaires-Etrangers* en France en 1756, Cap. des grenad. dans le Corps de *Fischer*, rang de Lieut. Col. au mois de Mai 1757, a obtenu une pension de 400 liv. au camp de Compiegne le 1 Avril 1766, Mest. de Camp cav. dans *Conflans* hussards le 24 Mars 1769, ✠ en 1759, Brig. le 1 Mars 1780. M. D.

RIEDMATEN, Lieut. en sec. des *Gardes Suisses*.

RIENCOURT, ✠ Commissaire principal des Guerres à Tours.

RIEU, (N...) né à Barjac en Languedoc le... 1727, Soldat au rég. de *Perche* le 10 Fév. 1748, Serg. le 1 Mars 1752, Quart. M. le 1 Fév. 1763, Sous-L. des grenad. le 19 Août 1766, Lieut. le 2 Mars 1773, Lieut. en sec. le 11 Juin 1776, ✠ le... 1781, a fait la guerre de 59, 61, 62, & 69.

RIEUNIER, ✠ Lieut. Col. Commandant le bataillon de garnison de *Normandie*.

RIEUX, (Louis-François, Comte de) né à Paris en 1750, Mousquetaire de la premiere Comp. en Sept. 1766, Sous-L. à la suite dans le rég. du *Roi* cav. en Juin 1768, a eu la commission de Cap. au rég. de *Berry* cav. en Août 1770, Mest. de Camp à la suite de la cav. en Mars 1774, Mest. de Camp en sec. du rég. du *Roi* cav. en Avril 1776, Mest. de Camp com. du rég. de *Berry* en Avril 1780. M. D.

RIFFET, ✠ Brig. des *Gendarmes* de Monsieur.

RIGAUD, (le Chev. de) Lieut. du *Génie* à Valence.

RIGBOURG, Commissaire des Gardes de la Prévôté de l'Hôtel.

RIGNAC, Commissaire de la Vallée de Barcelone.

RIGNEUX, Commissaire à Valence.

RIMBERGE, ✠ Lieut. de *Maréchaussée* à Chartres.

RIMBERT, Brig. des *Gardes* du Roi dans L. le 1 Janv. 1783.

RIMBERT, Garde du Roi dans L. le 14 Mai 1760.

RIOLLE, Prévôt-Général de *Maréchauffée* à la Rochelle.

RIOLLET, ✠ Lieut. Col. du premier rég. d'*Etat-Major*.

RIOLS de Mazieu, (Jacques-Louis-Alexandre de) né à Lavaur le 25 Août 1758, Sous-L. au rég. du *Maine* le 5 Septembre 1778. D.

RIOULT d'Ouilly de Courtonne, (Jacques-Etienne) né au château de Courtonne-la-Medraque en Normandie le 29 Nov. 1766, Sous-Lieut. en 3°. dans *Baffigny* le 29 Novembre 1781. D.

RIPERT, Brig. d'inf. le 1 Mars 1780.

RIQUET, Marquis, puis Comte de Caraman, (Victor-Maurice de) né à... le 16 Juin 1727, Moufquetaire le... 1740; il fit la campagne de Flandres en 1742 & obtint une Compagnie au rég. de cav. de *Berry* le 14 Mai 1743; il la commanda à l'armée de Bavière jusqu'au mois de Juillet, & fur les bords du Rhin pendant le reste de la campagne, aux fiéges de Menin, d'Ypres, de Furnes, à l'affaire d'Auguenum, au fiége de Fribourg en 1744, à la bataille de Fontenoy, au fiége de Tournai, à l'affaire de Melle, à la prife de Gand en 1745, & obtint le 1 Déc. un rég. de drag. de fon nom; il le commanda au fiége de la citadelle d'Anvers & à la bataille de Raucoux en 1746, ux fiéges de Berg-op-Zoom en 1747 & de Maftricht en 1748, u camp d'Aimeries en 1755, à elui de Cherbourg en 1756, à a bataille d'Haftembeck en uill. 1757, à la prife de Minen & d'Hanover au mois d'Août, u camp de Clofterfeven au mois le Sept., à la marche fur le Zell au mois de Déc., attaqué le 4 du même mois par un Corps d'inf., de cav. & de troupes-légères Hanovriennes formant plus de 3000 hommes, n'ayant que fon rég. & 180 Chaffeurs de *Fifcher*, il enfonça, mit en déroute ce Corps de troupes, tua plus de 100 hommes, en bleffa autant dont le Comte de Schullembourg, Général-Major; prit le Commandant des Chaffeurs & cent cavaliers, & continua fa marche avec beaucoup de tranquillité; cette action lui mérita le grade de Brig. qu'on lui accorda le 22. Il fe trouva à la bataille de Crewelt en 1758, & lors de l'évacuation de Duffeldorf par les ennemis il en pourfuivit la garnifon & lui fit 150 prifonniers; il étoit à la bataille de Minden en 1759, aux affaires de Corback & de Watbourg en 1760; créé Maréc. de Camp le 20 Fév. 1761, il s'eft démis de fon rég. & a été employé à l'armée d'Allemagne le 1 Mai 1761 & 1762; il fe diftingua particuliérement à la levée du fiége de Caffel par les ennemis le 13 Sept.; il attaqua les ennemis au camp de Neuhaus, leur prit un drapeau, 3 pièces de canon & 150 hommes, pilla le camp & enleva la plus grande partie des équipages le 9 Oct.; il battit un autre Corps des ennemis dont il prit le Commandant & 70 hommes. *Voyez* CARAMAN. M. D.

RIS, (Etienne-André-Edme-Simon, Moreau de) né à St.-Amant près Auxerre le 18 Fév. 1734. Moufquetaire le 7 Avril 48, Corn. des *Carabiniers* le 6 Juill. 57, Lieut. le 20 Juill. 61, ✠ le 1 Mai 73, rang de Cap. le 2 Juin 74, Lieut. en p. le 5

Avril 76, Cap. en sec. le 7 Mai 1780. D.

RISLER, (Jean-Philippe) né à Mulhausen le 10 Mars 1757, Cad. dans *Vigier* le 10 Mars 1780, Sous-L. le 27 Av. 1781. D.

RISON, ✠ Chef de Brigade du rég. de *Grenoble* Artillerie.

RISSAN, ✠ Major du rég. de *Strasbourg* Artillerie.

RITTER, Quart. M. Tréf. d'*Aubonne* inf.

RIVERIEULX de Jarlay, ✠ Sous-Directeur d'Artillerie à Auxonne.

RIVIE, ✠ (le Ch. de) Cap. du *Génie* à Brest.

RIVIERE de Riffardeau, Enf. des *Gardes Françoises*.

RIVIERE, (le Baron de) Lieut. des *Maréchaux de France* à Lyon. D. M.

RIVIERE, Garde du Roi dans V. le 26 Avril 1769.

ROBAUX, Lieut. de Roi des Isles Ste.-Marguerite.

ROBECQUE, (Anne-Auguste de Montmorency, Prince de) né à... le... 16..., fut d'abord connu sous le nom de Comte d'Esterre, Mousquetaire en 1695; il fit la campagne de Flandres en 1696, Cap. au rég. d'inf. du Prince de *Robecque*, son frère ainé, en 1697, il servit la même année sur le Rhin & fut fait Major du même rég. le 19 Juillet 1698, Col. du rég. de *Normandie* le 1 Mars 1700, il le commanda à l'armée d'Allemagne en 1701, il le conduisit à l'armée d'Italie en Juillet, combattit le 1 Sept. à Chiary, où il reçut un coup de mousquet au bras, il étoit au combat de Sant-Victoria, au siége, à la bataille & à la prise de Luzzara, de Guastalle, de Borgoforte en 1702, à la défaite du Général Staremberg, près Stradella, au combat de Castel-Nova, de Bormia, au passage des montagnes du Trentin, à la prise de Nago, d'Arco, d'Astieс, de Villeneuve, d'Ast en 1703; créé Brig. le 10 Fév. 1704, il servit au siége & à la prise de Verceil, d'Yvrée, de sa Citadelle & de son Château, au siége & à la prise de Verné qui se rendit au mois d'Avril 1705, il combattit à Cassano en Août suiv., se trouva à la prise de Socino au mois d'Oct., au combat de Calcinato en Avril 1706, au siége & à la bataille de Turin en Sept.; employé à l'armée d'Espagne sous M. le Duc d'Orléans le 4 Avril 1707, il contribua à la prise de plusieurs places du Royaume de Valence, servit au siége & à la prise des ville & château de Latida la même année, au siége & à la prise de Tottose, à la prise de Pons, d'Alos, du Pont de Montagna, du château de Venasque en 1708; il continua de servir à l'armée d'Espagne en 1709, passa, le 20 Juillet, à l'armée du Roussillon sous le Duc de Noailles, & concourut à la défaite du Général Frakemberg; il reçut une légère blessure au col dans la marche que fit l'armée pour se rendre à Aulot; créé Maréchal de Camp le 29 Mars 1710, employé à l'armée du Roussillon sous le Duc de Noailles, il suivit ce Général en Languedoc où les Anglois étoient descendus, contribua à les chasser d'Agde & des autres postes dont ils s'étoient emparés; on les obligea de se rembarquer avec beaucoup de perte; retourné sur les frontières de Catalogne, il servit sous le Duc de Noailles, au siége de Gironne, devant lequel on ouvrit la tranchée le 27 Déc.; détaché, le 22 Janv. 1711, pour arrêter un rég. Napolitain qui vouloit se jetter dans la place, il le défit, en tua une petite partie, fit 250 prisonniers & rentra au camp après avoir dissipé le reste de ce rég.; après la prise de Gironne, il en porta la nouvelle au Roi d'Espagne, qui le créa Chev. de la Toison d'Or le 9 Fév.; employé à la même armée le 2 Mai, il servit au siège de Cardonne, qu'on fut obligé de lever, marcha, en 1712, au secours de Gironne, se démit du rég. de *Normandie* en Fév. 1713, servit au siège & à la prise de Barcelonne en 1714, il y emporta le Fort des Capucins; devint Prince de Robecque, Grand d'Espagne de la première Classe, à la mort de son frère le 15 Oct. 1716; créé Lieut. Gén. le 30 Mars 1720, Grand-Maître de la Maison de la Reine douairière d'Espagne en 1725, employé à l'armée du Rhin le 1 Av. 1734, il servit au siège & à la prise de Philisbourg, & mourut le 27 Octobre 1745, âgé de 67 ans. M. D.

ROBECQUE, (Anne-Louis-Alexandre de Montmorency, Prince de) né à... le 25 Janv. 1724, fut d'abord connu sous le nom de Comte d'Esterre, entra aux Mousquetaires le 19 Fév. 1743, & se trouva au mois de Juillet, à la bataille d'Ettingen. Col. du rég. de *Limosin*, inf., le 6 Avril 1744, il eut la permission d'accepter la Grandesse d'Espagne le 15 Mai 1745, succéda à cette dignité à la mort de son père le 27 Oct. suiv., & prit alors le titre de Prince de Robecque; il commanda son rég. au siège de Bruxelles, à celui de Namur & à la bataille de Raucoux en 1746; il commença la campagne de 1747 en Flandres à la grande armée; il se rendit dans la Flandres Hollandoise le 1 Juin, & en partit le 15 Juillet pour le siège de Berg-op-Zoom qu'il fit tout entier, & se trouva à l'assaut qui emporta la place; créé Brig. le 1 Janv. 1748, il servit au siège de Mastricht la même année, au camp de Sar-Louis en 1754, au camp de Cherbourg en 1756, sur les côtes de Normandie en 1757, & y fut employé comme Brig. le 1 Juillet de cette année; il y servit encore en 1758, & obtint, par provision du 13 Janv. 1759, le Gouvernement de Bouchain; créé Maréc. de Camp le 10 Fév. suiv., il se démit de son rég., & fut employé en Allemagne où il a servi jusqu'à la paix, il s'y est trouvé à la bataille de Minden en 1759; chargé, au mois de Juillet 1760, de la poursuite des ennemis, à leur retraite de Langestein, il leur fit plusieurs prisonniers, & leur enleva quelques charriots; il combattit le même mois à Corbac, commanda un corps de troupes à l'attaque d'Oberwermar, sous les ordres de M. le Prince de Condé, & se rendit, avec une division, à Gottingen, d'où il envoya des détachemens jusqu'à Mortheim & Embecque; il a continué de servir en Allemagne en 1761 & 1762, créé Lieut. Gén. le 25 Juillet 1762, Gouverneur d'Aire le... 17...

ROBERT de Villecourt, Sous-L. de *Maréchaussée* à Château-Chinon.

ROBERT, Brig. des *Gardes du Roi* dans L. le 5 Mai 1781.

ROBERT d'Escraguolles,

(Alexandre-Joseph de) né à Escragnolles en Provence en 1719, Corn. au rég. de *Rohan* en Juin 1737, Lieut. audit rég. en Fév. 1742, Cap. au rég. de *Berry* cav. en Juin 1758, ✠ en 1758, breveté de Maj. en 1782. D.

ROBERT du Chatelet, (Louis-François-Maximilien de) né à... Sous-L. à la Compagnie des Cad. Gentilh. le 1 Décem. 1780, Sous-L. au rég. Maréchal de *Turenne* le 16 Juin 1782. D.

ROBIEN, ✠ (le Ch. de) Cap. du *Génie* à Versailles.

ROBIN, Quart. M. Trés. du *Commissaire-Général* cav.

ROBINEAU de Villemont, ✠ Commissaire des Guerres à Toulon.

ROCH, Quart. M. Trés. du 5ᵉ rég. des *Chasseurs*.

ROCHAMBEAU, (Jean-Baptiste-Donatien de Vimeur, Marquis de) né à... le 1 Juill. 1725, Corn. au rég. de *St.-Simon* cav. le 24 Mai 1742; il le joignit à l'armée de Bavière, passa avec cette armée sur les frontières de Bohême, se trouva à la prise d'Ellenbogen & de Caden, au secours de Braunau, au ravitaillement d'Egra, à la défense de plusieurs postes de la Bavière, rentra en France avec l'armée au mois de Juill. 1743, obtint le 23 du même mois une Comp. du même rég. & la commanda sur les bords du Rhin pendant le reste de la campagne; à la reprise de Weissenbourg & des lignes de la Loutre, à l'affaire d'Augenum, au siége de Fribourg en 1744, en Suabe pendant l'hiver, à l'armée du bas-Rhin sous les ordres de M. le Prince de Conti en 1745, aux siéges de Mons & de Charleroi, de Namur & à la bataille de Raucoux en 1746; Col. du rég. d'inf. de la *Marche* le 3 Mars 1747, il le commanda à la bataille de Lawfeld où il fut blessé la même année, au siége de Mastricht en 1748, au camp d'Alsace en 1753; on lui accorda le Gouvernement de Vendôme en survivance de son père le 1 Juin 1755; il passa en Avril 1756 à l'isle de Minorque avec son rég. & le commanda avec distinction à la conquête de l'isle, au siége & à l'assaut du fort St.-Philippe & mérita le grade de Brig. qu'on lui accorda le 23 Juill. suivant; employé à l'armée d'Allemagne le 1 Mars 1757, il se trouva à la bataille d'Hastembeck, à la prise de Minden & d'Hanovre, à la marche sur le Zell la même année, à la bataille de Crewelt en 1758; Col. du rég. d'*Auvergne* inf. le 7 Mars 1759, il se démit du rég. de la *Marche* & commanda le nouveau à la bataille de Minden le 1 Août, aux affaires de Corback & de Warbourg, à celle de Radern où il servit supérieurement à la tête de la brig. d'*Auvergne* à laquelle il fit monter une montagne du plus difficile accès pour attaquer les ennemis; à la bataille de Clostercamp où il fut blessé le 16 Oct. 1760; créé Maréc. de Camp le 20 Fév. 1761, il se démit du rég. d'*Auvergne*; créé Inspecteur-Général de l'inf. le 7 Mars, il a servi en ces deux qualités à l'armée du haut-Rhin sous le Maréc. de Broglie, & s'est trouvé à l'affaire de Gramberg le 21 Mars & a commandé pendant le reste de la campagne & pendant celle de 1762 quelques Corps de troupes avec lesquels il s'est distingué dans plusieurs occasions : créé

Lieut. Gén. le 1 Mars 1780. M. D.

ROCHAMBEAU, (Vicomte de) Col. de *Saintonge*, inf.

ROCHAMBEAU, (le Vicomte de) Col. en fec. de *Bourbonnois*, inf.

ROCHAS, Garde du Roi dans *Noailles* le 24 Mars 1773.

ROCHE, Lieut. des *Maréchaux de France* à St.-Amand.

ROCHE de Felzenstein, (François-Michel) né à Strasbourg le 28 Sept. 1735, Vol. dans *Fischer* le 27 Août 1752; blessé à l'affaire de Duderstatt en 1760, & en 1761 à l'affaire de Niederscheind; passé dans les Vol. *Dauphin* le 19 Juin 1761, Sous-L. dans *Conflans* le 10 Avril 1763; Lieut. en fec. le 24 Mars 1769, Lieut. en p. le 14 Mars 1779. D.

ROCHEBRUNE, Commissaire des Guerres à Angoulême.

ROCHEBRUNE, (Pierre de Brugier de) né à St.-Flour en Auvergne le 18 Mai 1754, Vol. aux *Carabiniers* le 18 Déc. 73, Sous-L. à la fuite le 20 Fév. 74, en p. le 9 Août 1781. D.

ROCHEBRUNE, Cap. d'*Artillerie* à l'Ecole de la Fere.

ROCHECHOUART, Marquis de Fodoas, premier Baron Chrétien de Guienne, Comte de Clermont & d'Aureville, Vicomte de Soulan & Baron des Etats de Languedoc, (François-Charles, Comte de) né à... le 26 Août 1703, entré aux *Mousquetaires* en 1719, Lieut. réformé de cav. le 13 Fév. 1721; il obtint une Comp. au rég. du *Roi* cav. le 22 Mai 1722; Col. d'un rég. d'inf. de son nom le 10 Mars 1734, il le joignit à l'armée d'Italie & le commanda à l'affaire de Colorno, à la bataille de Parme, détaché le lendemain à la pourfuite des ennemis fous les ordres du Comte de Broglie; il contribua à la défaite d'une partie de leur arriere-garde; il fe diftingua à la bataille de Guastalle & y fut blessé; son rég. perdit tant de monde dans cette bataille qu'on fut obligé de le laisser dans Guastalle pour fe rétablir; il rejoignit l'armée au bout de quelques mois. Les ennemis paroissoient ensuite vouloir s'emparer de cette ville; il y retourna fous les ordres du Comte de Broglie, & contribua à faire repasser les ennemis au-delà du Pô. Il fe trouva à la prise de Gonzague, de Reggiolo & de Reveré, à la pourfuite des ennemis jufques dans le Tirol en 1735, & rentra en France en Sept. 1736. Il passa au mois d'Août 1741 à l'armée de Baviere, puis de Bohème, fe trouva à la prise de Prague au mois de Nov. suivant; il fervit au siége d'Egra fous les ordres du Comte de Saxe en Avril 1742, combattit à Sahay au mois de Mai, contribua à la défense de Prague, fe distingua dans plusieurs forties & rentra en France au mois de Fév. 1743 avec toute l'armée qui avoit défendu Prague: créé Brig. le 20 Fév. 1747, il obtint le 6 Mars le rég. d'*Anjou* inf. & fe démit du sien; il commanda la Brigade d'*Anjou* fur la frontiere de Dauphiné, foutint les efforts d'un Corps de troupes Piémontoises qui cherchoient à couper à cette Brigade la communication avec la grande armée, marcha toujours avec ordre fans pouvoir être entamé, joignit l'armée & fe trouva à l'attaque du village, du château, du pont & de la Chenal en Oct.; employé à l'armée d'Italie sous M. le Prince de Conti le 1 Fév. 1744, il passa le Var à la tête des gren., chassa les postes avancés des ennemis, se trouva à l'attaque des retranchemens de Montalban, à la prise de Villefranche, du fort de Montalban, de la citadelle de Villefranche, au passage des Alpes par la vallée de Sture, au siége & à la prise du château Dauphin, de Démont, au siége de Coni & à la bataille qui se donna sous cette place; employé à la même armée sous le Maréc. de Maillebois le 1 Avril 1745, il favorisa sous les ordres du Marq. de Senneterre le passage de l'armée par la vallée de Spino & servit aux siéges d'Alexandrie & de Casal. Maréc. de Camp le 1 Mai, déclaré en Nov., il se démit du rég. d'Anjou; employé à l'armée commandée par M. le Prince de Conti le 1 Mai 1746, il servit au siége de Mons, à celui de St.-Guilain qui se fit ensuite; étant de tranchée, il déboucha à découvert à 150 pas d'une redoute qu'il attaqua & emporta l'épée à la main, ce qui obligea la ville à capituler le lendemain. Il rejoignit ensuite l'armée pour le siége de Charleroi, après lequel il joignit l'armée commandée par le Maréc. de Saxe au mois de Sept.; couvrit le siége de Namur & combattit à Raucoux où il commandoit les brigades de Touraine & de Limosin. Il se rendit à Oudenarde le 5 Avril 1747, & fut employé à l'armée du Roi en Flandres le 1 Mai. Il combattit à Lawfeld, où commandant les Troupes-Légères d'inf. & les Gren. Royaux il attaqua & emporta le village de Vitray qui couvroit la gauche des ennemis; il servit en 1748 au siége de Mastricht : créé Lieut. Gén. le 10 Mai de cette année; nommé Ministre du Roi auprès de l'Infant Duc de Parme en Mai 1754; Gouv. & Lieut. Gén. d'Orléans, pays Orléanois, Chartrain, Dunois, Sologne, Verdomois, Blaisois & dépendances, des ville & château d'Amboise le 2 Nov. 1757; a prêté serment pour cette Charge le 27 du même mois; ✠ le 1 Janv. 1759, reçu le 2 Fév. suivant. M. D.

ROCHECHOUART, (Cte. de) Brig. d'inf. le 1 Mars 1780, Colon. du rég. de *Navarre* inf., & ✠.

ROCHE-CHOUART, (le Comte Louis de) Gouverneur en survivance d'Orléans.

ROCHEDRAGON, ✠ (Jean-François, Marquis de (né à Montluçon en Bourbonnois le 16 Mars 1744, Page du Roi le 1 Juill. 1756, Garde du Corps le .. Janv. 1760, Aide de Camp de N... le... 1761, Cap. de cav. dans *Royal-Piémont* le 1 Mars 1763, Cap. de *Carabiniers* le 28 Avril 1765, Maj. d'*Artois* cav. le 18 Avril 1776, Col. en sec. de *Médoc* le 1 Mars 1778, Mest. de C. com. du rég. *Maréc. de Turenne* le 24 Avril 1781. M. D.

ROCHEFORT, Garde du Roi dans L. le 27 Juin 1770.

ROCHEFORT, (le Marquis de) Lieut. des *Maréchaux de France*, à Issoudun.

ROCHEFORT, (Comte de) Maréchal de Camp le 1 Mars 1780.

ROCHEFORT, Brig. d'inf. le 5 Decembre 1781. M. D.

ROCHEGONDE, (Christophe Dragonil la Rochette de) né à St.-Flour le 15 Avril 1754,

Sous-L. dans *Berry* inf. le 9 Juil. 1771, Lieut. en fec. le 8 Avril 1779, Lieuten. en p. le 1 Juin 1780. D.

ROCHEGUDE, (Pierre-Charles-Arnould, Marquis de) né à... le... 17..., *Mousquetaire* en 1727, 2ᵉ Enf. des *Gardes Françoises* le 9 Fév. 1728, pr. Enf. le 20 Fév. 1732, Sous-L. le 22 Janv. 34; il se trouva à l'attaque des lignes d'Ettingen, & servit au siége de Philisbourg la même année; il étoit à l'affaire de Clausen en 35, passa à une Lieut. le 6 Mai 38; servit en Flandres en 42, se trouva à la bataille d'Ettingen en 43, fait Lieut. des Grenad. le 6 Septemb. suivant; Cap. le 23 Fév. 44, il commanda sa comp. au siége de Menin, d'Ypres & de Furnes; à l'affaire d'Auguenum où il reçut une blessure; au siége de Fribourg la même année, à la bataille de Fontenoy, au siége des villes & citadelles de Tournay, d'Oudenarde, de Dendermonde & d'Ath en 45; à la bataille de Raucoux en 46, à celle de Lawfeld en 48, au siége de Maftricht en 48; créé Brig. le 10 Mai de la même année; créé Maréc. de Camp le 20 Fév. 61, il a fait cette campagne & la suivante en Allemagne, com. du 6ᵉ bataillon du rég. des *Gardes* le 15 Fév. 61, com. du 5ᵉ le 22 du même mois, com. du 4ᵉ le 18 Octob. suivant; créé Lieut. Général le 1 Mars 1780. M. D.

ROCHELAMBERT, (Marq. de) Maréc. de Camp le 1 Mars 1780. M. D.

ROCHELAMBERT la Valette, (Comte de) Lieut. en fec. des *Gardes Françoises*.

ROCHEMAURE, (Jean-Baptiste-François de Lafalle de) né à Roche-Maure en Auvergne le 11 Janv. 1742, Vol. au régim. *Royal-Comtois* en Mai 1757, Lieut. le 8 Oct. 1757, Capit. avec troupe le 15 Juillet 1773, ✠ le 9 Août 1781. D.

ROCHEMURE, (Claude Cara de) né à Lyon le... 1760, Vol. dans *Orléans* infant. le 10 Mai 1775, Sous-L. à la suite le 23 Juin 1777, en pied le 30 Déc. 1777, Lieut. en fec. le 18 Décembre 1779. D.

ROCHERET, ✠ (le Chev. de) Lieut. Col. de *Deux-Ponts*, dragons.

ROCHON, (Jean-Baptiste-Pierre-Maurice de) né à Brest en Bretagne le 29 Mars 1745, Enf. au rég. de *Limosin* le 16 Août 1761, Lieut. le 8 Nov. 1761, idem des Grenad. le 10 Fév. 70, 1ᵉʳ Lieut. le 8 Juin 76, Cap. en fec. le 27 Août 1718, idem de la compag. des Chasseurs le 30 Avril 1782, Capit. com. le 1 Mars 1783. D.

ROCMONT, (César Chanoine de) né à Châlons en Champagne le 12 Mars 1750, Volont. de drag. au rég. de *Monsieur* le 17 Oct. 1768, Sous-L. le 30 Août 1769, Lieuten. le 1 Juin 1772, Lieut. en fec. le 11 Janv. 1777, Lieut. en p. le 28 Mai 1782. D.

ROCOFORT, (Jean-François-Saint-Sauveur de) né à Lyon en Déc. 1759, Cad. Gentilh. au rég. de *Berry*, caval., en Avril 1780. D.

ROCOLLE, Garde du Roi dans L. le 13 Décembre 1766.

ROCQUE, ✠ Major de *Condé*, infanterie.

ROCQUEMONT, Sous-L. des *Gardes d'Artois*.

ROCQUEMONT, (Louis de) né à Paris le 25 Juin 1766,

Sous.L. dans *Royal*, cav., le 27 Juin 1761. D.

RODOUAN de Chamois, ✠ Brig. des *Gardes d'Artois*.

ROGER, Brigadier des *Gendarmes d'Artois*.

ROGER de la Couſtande, ✠ Sous-Directeur d'artil., à Dieppe.

ROGER, (Jacques) né à Condé en Normandie le 5 Mars 1730, Soldat dans *Berry* inf. le 15 Juin 1746, Grenad. le 21 Nov. 1748, Sergent le 19 Juil. 1754, Fourr. le 15 Sept. 1764, P. Drap. le 3 Août 1770, Sous-L. des Grenadiers le 12 Fév. 1780.

ROGER de Freville, Cap. du *Génie*, à Calais.

ROGER de Billard, (Charles) né à la citadelle de Cambrai le 11 Août 1730, Cad. au rég. de *Beaujolois* le 14 Mai 1745, Lieut. le 25 Mars 1746, Cap. le 1 Sept. 1755, Cap. Aide-Major le 17 Août 1761, Cap. des Gren. le 1 Juillet 1774, Major le 8 Avril 1779, ✠ le 12 Février 1763. D.

ROGIER de Mouclin, Lieutenant de Roi, en Champagne.

ROGUE Jacquelin, (le Marquis de) Lieut. de Roi du Gouvernement de Poitou. M. D.

ROHAN Montbazon, (Jean-Hercule Mériadec, Prince de) né à... le 25 Mars 1726, fut d'abord connu sous le nom de Prince de Montbazon; entra aux *Mousquetaires* le 1 Janv. 1744, obtint le 22 Avril suivant une comp. dans le régim. *Royal-Pologne* cav.; il la commanda à l'armée du Rhin la même année, & se trouva à l'affaire de Reschewaux & au siége de Fribourg; Colonel d'un rég. d'inf. de son nom le 16 Mai 45, il le joignit à l'armée de Flandres, & le commanda aux siéges de la citadelle de Tournay, de Dendermonde & d'Ath; au siége de Bruxelles, de Namur & de ses châteaux; à la bataille de Raucoux en 46, à l'armée de Flandres en 47, au siége de Maſtricht en 48; il prit le titre de Prince de Rohan le 27 Janv. 49; servit au camp d'Aimeries en 54, au camp de Granville en 56, à l'armée d'Allemagne command. par le Prince de Soubise, en Août 57. Il combattit avec la plus grande distinction à Rosbak; devint Duc de Montbazon & Pair de France le 21 Déc., à la mort de son père; créé Brig. le 22 en 58 : à la tête de la brigade, il enleva 4 piéces de canon aux ennemis au combat de Sunderhausen, où il se couvrit de gloire, & servit avec la même distinction au combat de Lutzelberg en Oct.; il se distingua aussi au combat de Bergen le 13 Avril 59, & fut créé Maréc. de Camp. le 21; il se démit alors de son rég., & se trouva en cette qualité à la bataille de Minden; il a continué de servir en Allemagne jusqu'à la paix : créé Lieut. Génér. le 25 Juillet, 1762. M. D.

ROHAN Chabot, (Louis Marie Bretagne Dominique, Duc de) né à... le 17 Janv. 1710, fut d'abord connu sous le nom de Comte de Porhoet; Lieuten. réformé à la suite du rég. de la *Reine* cav., le 10 Fév. 1723, Cap. réformé à la suite de ce rég. le 1 Mai suivant; Duc de Rohan Chabot sur la démission de son père; il se trouva au siége de Keil en 33, obtint le régim. de *Vermandois* le 10 Mars 34, & le commanda à l'attaque des lignes d'Ettingen & au siége de Philisbourg en 34, à l'affaire de Clausen en 35; Col. d'un rég.

d'inf. de son nom le 10 Avril 58, il se démit de celui de *Vermandois*, devint Duc de Rohan Chabot & Pair de France à la mort de son père le 10 Août suivant, & commanda son rég. à la défense de Lintz au mois de Janv. 42; Gouverneur de Lectoure le 30 Janv. 43; créé Brig. le 20 Fév.: employé à l'armée du Rhin le 1 Avril, il commanda une brigade à la bataille d'Ettingen la même année; aux sièges de Menin, d'Ypres & de Furnes, & au camp de Courtray en 44. Il se démit de son rég., & quitta le service en Janvier 45; reçu au Parlement en qualité de Pair de France le 18 Fév. 1751. M. D.

ROHAN Rochefort (Charles-Armand-Jules, Prince de) né à... le 30 Août 1729, *Mousquetaire* le 4 Nov. 1743; il se trouva avec ce corps au siége de Menin, d'Ypres, à l'affaire d'Auguenum, au siége de Fribourg en 44, à la bataille de Fontenoi le 11 Mai 45; Cap. au régim. *Royal-Pologne* cav. le 26 du même mois, il alla prendre le commandement de sa compagnie à l'armée du Bas-Rhin, où il finit la campagne sous les ordres de Mgr. le Prince de Conti; Colon. d'un rég. d'inf. de son nom le 1 Déc de la même année, il le commanda au siége des ville & château de Namur, à la bataille de Raucoux en 46, aux siéges de l'Écluse, d'Usar, de Gand, du fort d'Isendick, de Philipine, du fort St.-Antoine; à la défense d'Anvers, à la bataille de Lawfeld, au siége de Berg-op-Zoom en 47; à celui de Mastricht en 48, au camp de Gray en 54, à la conquête de Minorque, au siége & à l'assaut du fort St.-Philippe de Mahon en 56; créé Brig. le 23 Juil. de cette année; employé à l'armée d'Allemagne le 15 Juin 57, il la joignait avec son régiment au mois d'Août, & se trouva au camp de Closterseven, puis à la marche de Zell la même année; à la bataille de Crevelt en 58. Détaché le 5 Oct. avec un corps de troupes, pour joindre l'armée que commandoit le Prince de Soubise, il se distingua particulièrement à la bataille de Lutzelberg le 10, & arriva le 15 à Versailles pour informer le Roi de la victoire qui avoit été remportée; il étoit à la bataille de Minden le 1 Août 59; employé à l'armée d'Allemagne le 1 Mai 60, il se trouva à l'affaire de Corback le 10 Juillet, au combat de Warbourg, où il fut blessé légèrement le 31 Août; à la bataille de Clostercamps sur le bas du Rhin au mois d'Oct.; créé Maréc. de Camp le 20 Fév. 61, il s'est démis de son rég.: employé à l'armée d'Allemagne le 1 Mai 61 & 62, il s'est trouvé au combat de Filinghausen les 15 & 16 Juillet, & à plusieurs actions de la campagne de 62; créé Lieut. Général le 14 Mars 1780. M. D.

ROIDEVILLE, ✠ Lieut. en p. des *Gardes Françoises*.

ROIG, (Antoine de) né à Thuir en Roussillon le 1 Mars 1747, Ens. au rég. de *Médoc* le 1 Fév. 1763, Sous-L. le 18 Juin 1765; Lieut. en 1768, Cap. en second le 4 Juin 1776, ✠ en 1785. D.

ROL, (le Cheval. de) Aide-Major des *Gardes Suisses*.

ROLAND, (Nicolas) né à Grandville en Normandie le 2 Fév. 1728, Cavalier dans *Dampierre* le 4 Janvier 1752, Fourr. dans *Despinchal* le... Avril 1753,

P. Enf. dans *Bourgogne* cav. le 15 Mars 1773, Lieut. en fec. le 9 Mai 1782.

ROLAND de Belle-Brune, Commiffaire des Guerres, à Paris.

ROLL, ✠ (Baron de) Cap. des *Gardes Suiffes*.

ROLL, ✠ (Baron de) Major de *Vigier* infanterie. M. D.

ROLL, (François, Baron de) né à Soleure le 8 Octob. 1749, Cad. dans *Vigier* le 1 Novemb. 1765, Sous-L. le 10 Janv. 1766, Capitaine le 17 Février 1771. M. D.

ROLLAND de Montal, Maj. à Grenoble.

ROLLAND, (Nicolas, Ch. de) né à Corn e en Boulonnois le 28 Mars 1771, Sous L. au rég. de *Méd.* le 18 Nov. 1767, Lieut. le 7 Janvier 1771, Cap. en fec. le 18 Janvier 1781. D.

ROLLAT, Garde du Roi dans B le 29 Juin 1765.

ROLLET, Quart. M. Tréf. d'*Enghien*, infanterie.

ROLLIER, Quart. M. Trèf. du régim. de *Grenoble*, artillerie.

ROMAN de Beauregard, Afpirant du *Génie*, à Toulon.

ROMANCE, ✠ Lieut. en p des *Gardes Françoifes*.

ROMANET, (Joseph de) né au château de Beaune en Limofin le 1 Mars 1762, Cadet Gentilh. au rég. Maréc. de *Turenne*, le 4 Avril 1778, Sous-L. le 21 Fév. 1779, Lieut. en fec. le 16 Juin 1783. D.

ROMANET, (Jean-Chriftophe Sidoine, Ch. de) né à Geny en Franche-Comté le 16 Mai 1754, Sous-L. dans *Guienne* inf. en 1767, Cap. à la fuite dans *Lanan* le 14 Janv. 1772, paffé à une comp. le 11 Juin fuivant, réformé le 11 Juin 1776, Cap. en fecond en 1778. D.

ROMANET de Rofay, (Joseph-Chriftophe-Emmanuel, Comte de) né à Metz en 1747, élevé à l'Ecole Militaire, Sous-L. à la fuite dans *Lanan*, dit *Durfort*, drag., le 10 Fév. 1764, Sous-L. en pied le 11 Déc. 1765, Sous-Aide-Maj. le 18 Juin 1768, commiffion de Capit. le 4 Mai 1771, Aide-Maj. 12 Oct. 1771, réformé à la fuite le 11 Juin 76, remplacé en fec. le 2 Juin 77, Cap. commandant le 8 Avril 1779. M. D.

ROMANS, Maréc. de Camp le 1 Mars 1780.

ROMANS Durivet, Lieut. de *Maréchauffée*, à Orléans.

ROME, Brig. d'infanterie le 1 Mars 1780.

ROME d'Hutaut, Afpirant du *Génie*, au Fort-Louis.

ROME, Maréc. de Camp le 1 Mars 1780.

ROMÉ, ✠ (le Marquis de) Lieut. des *Maréch. de France*, à Paris. M. D.

ROMEY, Aide-Major de la Tour-de-Bouc, à Toulon.

ROMMEFORT, Major d'*Agenois*, infanterie, & ✠.

RONAT, Garde du Roi dans L. le 8 Juillet 1774.

RONSENAT, (François-Armand, Chev. de) né à Angoulême le 31 Mai 1738, Enf. au rég. de *Baffigny* le 16 Fév. 1755, Lieut. le 20 Fév. 1756, Cap. le 20 Juin 1758, réformé le 16 Mars 1763, rappellé le 4 Novemb. 1764, ✠ le 15 Juillet 1781. D.

RONTY de Richecourt, ✠ Capitaine d'*Artillerie*, à Guife.

ROQUE, Commiffaire des Guerres, à Digne.

ROQUEFEUIL de St.-Etienne,

(Jacques-Henri Belfodes de) né à Florenfac en Languedoc le 15 Août 1765, Cadet Gentilh. au rég. de *Savoie-Carignan* le 1 Octobre 1780. M. D.

ROQUEFEUIL de Saint-Etienne, (Jean-François de) né à Florenfac en Languedoc le 25 Juin 1751, Sous-L. au rég. de *Savoie-Carignan* le 4 Janvier 1768, Lieut. le 26 Janvier 73, Cap. en fec. le 18 Juillet 1780. M. D.

ROQUEFEUILLE, Garde du Roi dans L. le 25 Mars 1759.

ROQUEFEUILLE, (N... de) né à... le... 17..., Sous-L. en 3e au régim. de *Perche* le 14 Mai 1782.

ROQUEFEUILLE, (Marq. de) Col. en fec. de *Royal Piémont*, cavalerie. M. D.

ROQUEFORT, Quart. Me Tréforier de *Barrois*, infant.

ROQUELAURE, (Marquis de) Col. en fec. d'*Artois*, infanterie. M. D.

ROQUEMAUREL, Garde du Roi dans B. le 15 Avril 1774.

ROQUESOL, ✠ Cap. d'artillerie, à Narbonne.

ROQUETTE de Buiffon, (Antoine-Bernard-Joseph) né à Baragnes en Languedoc en Août 1763, Cad. Gentilh. en Mars 79, Sous-L. en 3e au rég. de *Berry* cav. en Juillet 1781, en pied le 18 Février 1783. D.

ROQUEVILLE, (Pierre-Euftache l'Évêque, Chevalier de) né au Quefnoy le 30 Sept. 1742, Lieut. le 1 Mars 1756, Cap. le 23 Fév. 1769, Major le 17 Juillet 1777, ✠ le... 17...

ROQUIER, Garde du Roi dans L. le 6 Mai 1756.

ROQUIGNY, Lieutenant des *Maréchaux de France*, à Boulogne.

ROQUIGNY de Table, Brig. de cavalerie le 1 Mars 1780.

RORL d'Emenholtz, (Georges-Antoine, Baron de) né à Soleure en Suiffe le 29 Sept. 1753, Enf. dans *Vigier* le 30 Décemb. 1750, en pied le 27 Sept. 1751, Sous-L. le 27 Mars 1753, Cap. le 5 Mars 1754, ✠ le 25 Août 1776, rang de Maj. le 27 Avril 1778, Major le 30 Juin 1780, bleffé à la bataille de Sundershaufen en Juillet 1758. M. D.

ROS, (le Baron de) Sous-L. des Gardes du Corps dans *Noailles*, le 25 Mars 1777, Meft. de Camp le 31 Déc. 1778, M. D.

ROSAMEL, (Claude-Louis-Marie Ducamp de) né au château de Rofamel en Boulonnois, le 7 Nov. 1727, Corn. au rég. d'*Aumont*, aujourd'hui *Royal-Navarre*, cav. le 1 Janv. 1743, Cap. le... Avril 1746, réformé le... 1749, remplacé le... 1754, propofé Maj. en 1755, Maj. le 1 Oct. 1756, ✠ le 10 Juil. 1760, Maj. titulaire en 1763, rang de Lieut. Col. le... Juill. 1765, rang de Meft. de Camp le... 1770, Lieut. Col. le... Mars 1773, Brig. des Armées le 1 Mars 1780. M. D.

ROSANEL, Brig. de cav. le 1 Mars 80.

ROSE de Tirencourt, ✠ Cap. com. au rég. des *Grenad.-Royaux de la Picardie*.

ROSÉE, (Laurent-François-Jacques-Jofeph de Jaquier, Baron de) né au château d'Authée, Comté de Namur, le... 17..., Corn. dans *Rougrave*, le 18 Mars 1761, Sous-L. dans *Lamarck*, le 14 Août 1763, Lieut. le... 1768, Cap. à la fuite au rég. *Royal-Comtois*, le 3 Juin 1779. M. D.

ROSIERES, ✠ (Comte de) Maj. du rég. de *Monsieur*, infanterie. M. D.

ROSNYVINEN, Maréc. de Camp le 1 Mars 80.

ROSSEL, (Christophe-Colomban de) né à Sens, le 16 Juin 1726, Page le 1 Janv. 1741, Corn. des *Carabiniers*, le 1 Janv. 1745, Lieut. le 23 Déc. 1746, ✠ le 27 Juill. 1761, rang de Cap. le 14 Juin 1762, en pied le 3 Juill. 1763, rang de Maj. le 29 Sept. 1774, Cap. en sec. le 1 Avril 1776, Cap. en p. le 27 Oct. 1776, rang de Lieut. Col. le 13 Juin 1779, blessé à Minden. M. D.

ROSSI, (Camillo) né à Ajaccio en Corse, le 30 Novem. 1728, Sous-L. le 7 Sept. 1743, Lieut. le... Juill. 1746, Cap. le... Juill. 1758, Maj. le 24 Mars 1772, Lieut. Col. au rég. *Royal-Corse*, le 24 Juin 1780, ✠ le... M. D.

ROSSI, (Marc-Antonio de) né à Vannes en Bretagne, le 3 Mai 1753, Sous-L. le 30 Mars 1769, Lieut. le 22 Fév. 1770, Cap. au rég. *Royal-Corse*, inf. le 28 Nov. 1777. M. D.

ROSSILLON, (Baron de) Maréchal de Camp le 1 Mars 80. M. D.

ROSSY, (Antonio) né à Ajaccio, le 26 Oct. 1726, Sous-L. le 29 Mai 1745, Lieut. le 16 Sept. 1747, Cap. le 19 Sept. 1759, Maj. le 31 Déc. 1769, Lieut. Col. le 14 Janv. 1772, Mest. de Camp en sec. du rég. *Royal-Corse*, inf. le 11 Nov. 1782, ✠ le... D.

ROSSY, (Giacinto de) né à Ajaccio, le 8 Fév. 1746, Sous-L. le 16 Fév. 1761, Lieut. le 30 Avril 1768, Cap. au rég. *Royal-Corse*, le 31 Mars 1774.

ROSSY, (Don Grazio de) né à Ajaccio, le 9 Déc. 1726, Sous-L. le 2 Mars 1748, Lieut. le 1 Mars 1757, Cap. le 11 Mai 1769, Maj. au rég. *Royal-Corse*, inf. le 19 Sept. 1780, ✠ le... D.

ROSTAING, (Louis-Charles, Marquis de) né a .. le 20 Sept. 1705, Aide au Parc de l'artillerie, le 30 Oct. 1712; il se trouva au siége de Fribourg en 1713, quoiqu'il n'eut que 8 ans, à celui de Landau, où il monta la tranchée avec son père toutes les fois qu'il étoit de service; il se rendit ensuite à l'Ecole de Strasbourg, & fut fait Offic. Pointeur le 30 Juill. 1720; il servit en cette qualité à l'Ecole de Metz, & y mérita le grade de Commissaire Extraordinaire le 1 Oct. 1721; employé successivement aux résidences de Mezières, de Longwy & de Metz, il obtint le grade de Commissaire Ordinaire, le 23 Fév. 1732, & servit à Charlemont & à Marsal jusqu'au 1 Août 1733, qu'il se rendit à l'armée du Rhin; il y fit le siége de Kell, où il entra après la prise; nommé le 31 Déc. 1733, Com. en 3ᵉ de l'Ecole de Metz, il quitta Kell & se rendit à sa nouvelle destination; Commissaire Provincial de l'Artillerie le 22 Fév. 1734, il joignit au mois de Mars suiv. le corps de troupes commandé par le Comte de Belle-Isle, sous les ordres duquel il se trouva à la prise de Treves. Il fut ensuite chargé de la majorité & des détails de l'Artillerie, au siége de Traerbac, & remplit par interim les mêmes fonctions au siége de Philisbourg & aux lignes de Stolhoffen; il commanda l'Artillerie du corps des troupes qui étoient aux ordres du Comte de Belle-Isle

Isle en 1735; il marcha avec les gren. & les piquets vers Mayence; il y passa le Rhin sur des radeaux qu'il avoit fait construire, pour chasser les ennemis des postes qu'ils occupoient au-dessous de cette place; il y réussit & se trouva à l'affaire de Clausen, & à la canonnade de Trèves en Oct.; il continua de commander en 3e à l'Ecole de Metz, après la paix; obtint la ✠ en 1747; se rendit par ordre de la Cour à Munick en 1741; il fit mettre en ordre toutes les parties de l'Artillerie, dans les places de l'Electorat de Bavière, & pourvut à tous les approvisionnemens nécessaires à la guerre; il servit ensuite au siége de Passau, se trouva à l'affaire de Scherding, & se rendit à Lintz pour y ordonner tous les préparatifs nécessaires au siége considérable qu'on n'entreprit pas. Il joignit le corps de troupes que commandoit M. de Ségur; se trouva à la mousquetade de la retraite de ces corps de troupes sur Lintz; arrêté dans cette place par des ordres réitérés du Général, il contribua à sa défense & arrêta avec les batteries qu'il avoit fait construire, les ennemis dans les fauxbourgs pendant plusieurs jours; il subit le sort de la capitulation, mit en revenant Ingolstad en état de défense, se rendit à Francfort, où il fut échangé en 1742; servant en 1744 à l'armée de la Mozelle, il se trouva à l'affaire d'Auguenum, à l'attaque des lignes & du village de Suffelsheim, à la prise du Vieux Brisack, au siége de Fribourg, où 3 batteries tirèrent sous son nom avec le plus grand succès; créé Lieut. d'art. le 27 Nov., on lui donna le commandement en sec. de l'Ecole de Metz; il servit en 1746 au siége de la citadelle d'Anvers, à ceux de Charleroi & de Namur, au siége des châteaux de cette dernière place; il fut chargé en chef de l'attaque de la rive gauche de la Meuse. Il y reçut la contusion d'une balle de la boucle de son soulier; il entra ensuite dans la place, y dressa l'inventaire & y résida jusqu'à la paix. Créé Brig. le 20 Mars 1747, & Com. de l'Art. du département des places conquises, il fit préparer tout ce qui étoit nécessaire pour les siéges de Berg-op-Zoom & de Mastricht, & suffit à tout par le moyen de quatre grands fourneaux à fondre, qui furent d'une nécessité indispensable; après la paix il se rendit à Bruxelles, où, conjointement avec M. de Séchelles, les Ministres de l'Empereur & ceux des Etats-Généraux, il travailla à la liquidation de l'Artillerie des différentes Puissances; on le nomma en 1749, Com. en chef de l'Ecole de Grenoble & du Département du Dauphiné, & en 1750 du Département & de l'Ecole de Metz. Créé Maréc. de Camp le 1 Mai 1758, Inspecteur Gén. du *Corps Royal d'Artillerie*, le 1 Janv. 1759; employé sur les côtes de l'Océan, le 1 Juill. suiv., il contribua particulièrement, tant par la disposition de l'Artillerie sur les côtes, que par les batteries flottantes portées en avant, à faire échouer le projet des Anglois sur le Havre, qu'ils furent obligés d'abandonner. Créé Lieut. Gén. le 25 Juil. 1762. M. D.

ROSTAING, (Comte de) Maréchal de Camp le 1 Mars 1780.

ROSTAING, (le Marquis de) Maj. d'*Armagnac*, infant. & ✠.

ROSTAING de Batail, Cap. d'*Artillerie*, à Bordeaux.

ROSTAING, (le Marquis de) Col. de *Royal-Auvergne*, inf. Brig. & ✠ le 5 Déc. 1781. M. D.

ROTH, Cap. d'*Artillerie*, à Neuf-Brisack.

ROUAULT, (Comte de) Maréchal de Camp le 3 Janv. 70. M. D.

ROUAULT, (Amand, Ch. de) né aux Herbiers en Poitou, le 10 Déc. 1731, Enseig. des *Gardes-Côtes* le... 1747, Lieut. le... 1748, réformé le... 1748, Vol. dans *Bourbonnois*, inf. le... 1751, devenu Soldat par infortune le... 1752, Sous-L. des gren. le... 1757, Corn. dans *Royal-Piémont*, cav. le... 1758, Lieut. le 1 Déc. 1761, Aide-Maj. le 11 Avril 1763, Cap. le 21 Mai 1766, chargé du détail pendant 8 ans, réformé le 16 Juin 1766, ✠ le 11 Juin 1777, Cap. en sec. le 4 Juill. 1777, Lieut. Col. du sec. régim. des *Chevaux-Légers*. D.

ROUAULT d'Ailly, (Charles-Gabriel-Armand-Constant Fortuné de) né à Paris, le 6 Mai 1756, Vol. dans *Durfort*, en Avril 1773, Sous-L. à la suite le 13 Juin 1774, en pied le 22 Août 1775, réformé le 11 Juin 1776, remplacé le 12 Octobre 1778. D.

ROUBINS, (Jean-Thomas) né à Viltersheim en Alsace en 1733, Soldat au rég. de *Courtin-Suisse*, le 1 Fév. 1750, entré dans les *Volontaires d'Alsace*, le 11 Mai 1759, incorporé dans les *Volontaires d'Austrasie*, le 6 Mars 1760, Fourr. le 11 Juin suiv., incorporé dans les *Volontaires du Hainaut*, le 23 Avril 63, Maréc. de Log. le 1 Sept. 67, Fourr. le 5 Déc. 76, incorporé dans *Orléans*, drag., Maréc. Gén. de Log. en chef le 1 Juin 77, passé au 3e rég. des *Chasseurs*, le 27 Juin 79, Adj. le 1 Juill. suiv., P. G. le 1 Août suiv., a fait les campagnes de 57, 58, 59, 60, 61 & 62.

ROUCY, ✠ (le Comte de) Col. de la *Reine*, cav. M. D.

ROUFFIGNY, (Jacques-Gedeon-Charles-François Tiger, Chev. de) né à Argentan en Normandie, le 1 Sept. 1762, Cad. Gentilh. le 3 Juill. 1779, Sous-L. le 23 Avril 1782. D.

ROUGÉ, (le Marquis de) Col. en sec. d'*Auxerrois*, & ✠. M. D.

ROUGEMONT, (N...) né à Fourranjeau en Poitou, le... 1758, Elève de l'Ecole Militaire, Cad. Gentilh. au rég. de *Perche*, le 6 Juin 1776, Sous-L. le 2 Mai 1777, Lieut. en sec. le 3 Nov. 1782. D.

ROUGEMONT, Lieut. du Roi, à Vincennes.

ROUGES de l'Isle, Elève du Génie.

ROUGIER, Garde du Roi dans V. le 6 Février 1780.

ROUILLÉ, Brig. de drag. le 1 Mars 80.

ROUILLIER, ✠ Sous-L. de *Maréchaussée*, à Compiegne.

ROUMY, Garde du Roi dans B. le 14 Sept. 1771.

ROUMY, Garde du Roi dans B. le 22 Juin 1768.

ROURÉ, (le Marquis de) Gouverneur à Rouen.

ROUSSEAU, Garde du Roi dans *Noailles*, le 5 Mai 1772.

ROUSSEL, Tréf. des Gardes de Monsieur.

ROUSSEL de Mainville, Enseig. avec les honneurs & le service des Gardes Suisses de Monsieur.

ROUSSEL, Tréf. des Gardes Suisses de Monsieur.

ROUSSEL Despourdan, Lieut. de Roi du château de Foix.

ROUSSET, Exempt de Maréchaussée, com. la demi brig. d'Argenteuil.

ROUSSET, Garde du Roi dans Noailles, le 28 Mai 1756.

ROUSSET, Sous-L. de Maréchaussée, à Arles.

ROUSSET, Lieut. de Maréchaussée, à Dignes.

ROUSSIERE, ✠ Commissaire Ordonnateur des Guerres, au Camp de St-Roch.

ROUSSIERE, ✠ Commissaire des Guerres, à Avignon.

ROUSSY, (le Chev. de) Lieut. de Roi de la Rochelle & Tours.

ROUSSY, ✠ Lieut. en p. des Gardes Françoises.

ROUSSY, ✠ Lieut. des Maréch. de France, à Montpellier.

ROUVENAC, Enseig. des Gardes Françoises.

ROUVEROL, (Jean) né à Frejus en Provence, le 15 Sept. 1737, Soldat au rég. Royal-Comtois, le 1 Mai 1748, Gren. le 1 Déc. 1755, Serg. le 22 Avril 1763, Fourr. le 1 Sept. 1764, Vétéran le 1 Mai 1773, Sous-L. le 15 Juill. 1773, Lieut. en sec. le 5 Juin 1776, Lieut. en p. le 3 Juin 1779.

ROUVEYRE, Aide-Maj. du rég. de Toul, artillerie.

ROUVIERE, ✠ Maréc. de Logis des Gendarmes Bourguignons.

ROUVIERE, Garde du Roi dans V. le 23 Juin 1765.

ROUVILLE, (Antoine-René Blanquet d'Amanze de) né à Marvejols en Géraudan, le 4 Août 1759, Cad. Gentilh. le... Juin 1776, Sous-Lieut. dans l'Isle-de-France, le 8 Avril 1779. D.

ROUVRE, Sous-L. en p. des Gardes Françoises.

ROUVROY, (Chev. de) Exempt des Gardes Suisses d'Artois.

ROUVROY, (le Marquis de) Lieut. des Maréchaux de France, à Châteaudun. D. M.

ROUVROY, Lieut. en sec. du 3e rég. d'Etat-Major.

ROUXEL de Blanchelande, Brigad. d'inf. le 9 Mars 1780, Lieut. Col. de Viennois, ✠.

ROUYER, Garde du Roi dans V. le 17 Septembre 1757.

ROUYN, (Nicolas-Antoine-René de) né à St-Michel en Lorraine, le 21 Fév. 1757, Vol. dans Royal, cav. le 24 Juin 1776, Cad. Gentilh. le 1 Nov. 1778, Sous-L. le 31 Décemb. 1779. D.

ROUZEAUD, Brig. des Gardes du Roi dans B. le 22 Décembre 1782.

ROYER, ✠ Cap. d'Artillerie, aux Forges de Franche-Comté.

ROYER, (François, Ch. de) né à St-Julien, le... 1759, Sous-L. dans l'Isle-de-France, le 22 Juin 1781. D.

ROYER, (François de) né à Commercy en Lorraine, le 12 Mai 1730, Cad. dans Grammont, cav. le 1 Mai 1744, Sous-L. dans Montmorin, le 8 Août 1745, Lieut. le 27 Sept. 1745, Cap. le 1 Août 1747, réformé le 4 Oct. 1749, Cap. dans l'*Isle-de-France*, le 1 Sept. 1755, ✠ le... 1763. D.

ROYERE, Garde du Roi dans *Noailles*, le 12 Août 1775.

ROYERE, Quart. M. Trés. du *Mest. de Camp Gén.*, cav.

ROZENDAL, (N... de) né à Dieu-le-Fils en Dauphiné, le 20 Mai 1724, Porte-Etendart au rég. des *Cuirassiers du Roi*, le 1 Mars 1763, Commission de Lieut. le 17 Juin 1770, Lieut. en pied le 11 Juin 1772, Lieut. en sec. le 11 Juin 1776, Lieut. en p. le 3 Juillet 1779, ✠ le... 17...

ROZIERES, Maréc. de Camp le 1 Mars 80.

ROZIERES, fils, Lieut. du *Génie*, à Valence.

RUAULT, (Jean-Baptiste-André-Isidore, Comte de) né à Paris le... Fév. 1744, Cad. Vol. au rég. d'*Orléans*, inf. au mois de Sept. 1759, Enseig. le 19 Mars 1760, Lieut. en Mai 1760, Sous-Aide-Maj. en Oct. 1766, Aide-Maj. en Mai 1775, Cap. en sec. en Mai 1776, Maj. aux *Volontaires de Nassau* en Fév. 1779, Maj. au corps de *Nassau-Siégen*, en Avril 1779. M. D.

RUEL de Belle-Isle, Cap. du *Génie*, à Cherbourg.

RUFFAY, (Etienne-Pierre de) né à Rochefort, le 25 Déc. 1752, Vol. dans *Royal*, drag. le... 1770, Sous-L. le 14 Mars 1774, Sous-L. au sec. rég. des *Chevaux-Légers*, le 15 Juin 1779. D.

RUFFO, (Comte de) Col. en sec. du rég. de l'*Isle-de-Corse*. M. D.

RULHIERRE, ✠ Lieut. de *Maréchaussée*, com. la brig. de St-Denis.

RULLEAU, Garde du Roi dans *Noailles*, le 2 Juin 1756.

RULLY, (le Comte de) Col. en sec. de *Foix*, le..., puis d'*Austrasie*. M. D.

RUNSER, (Jean-Christophe) né à Jettingen en Alsace, le 10 Déc. 1745, Bourgeois de Bourg, près de Basle, Offic. d'*Anhalt*, Sous-L. dans *Vigier*, le 26 Avril 1760, Sous-Aide-Maj. le 20 Avril 1766, Aide-Maj. le 31 Mai 1773, rang de Cap. le 22 Sept. 1776, Cap. des gren. le 4 Juin 1781.

RUPPIERE, (Comte de) Brig. d'inf. le 5 Déc. 1781. M. D.

RUSCONY, Lieut. en sec. des *Gardes Suisses*.

RUSTE, Lieut. de *Maréchaussée*, à Beauvais.

RUTSCHY, (Louis-François) né à Châtillon-sur-St-Michel, le 9 Nov. 1755, Fusilier dans *Conflans* le 1 Sept. 1764, Cad. Gentilh. le 26 Juill. 1776, Sous-L. le 6 Février 1780. D.

RUZE d'Effiat, Brig. des *Gardes d'Artois*. M. D.

RYAN, Brig. d'inf. le 5 Décembre 81.

S

SABARDIN, (Baron de Vatronville) ✠ Lieut. des *Maréchaux de France* à Verdun. M. D.

SABLÉ, (Jean-Baptiste de Colbert de Croissy, Marquis de) né à... le 27 Mai 1728, Mousquetaire en 1742 ; il se trouva à la bataille d'Ettingen en 1743, aux siéges de Menin, d'Ypres & de Furnes, à l'affaire d'Auguenum, au siége de Fribourg en 1744; Cap. réf. au rég. de *Berry* cav. le 29 Janv. 1745; il combattit à Fontenoi, servit au siége de Tournai, obtint une Comp. le 7 Juin & la commanda au siége de la citadelle de Tournai, à l'affaire de Melle, à la prise des ville & château de Gand, de Bruges, d'Ostende & de Nieuport la même année, au siége de Bruxelles & à la bataille de Raucoux en 1746, à la bataille de Lawfeld en 1747; Col. du rég. d'inf. de *Hainaut* le 1 Janv. 1748, il le commanda au siége & à l'assaut du fort St.-Philippe en 1756 & sur les côtes depuis 1757 jusqu'à la paix : créé Brig. le 20 Fév. 1761; déclaré au mois de Déc. 1762 Maréc. de Camp, il s'est démis du rég. de *Hainaut*, a obtenu au mois de Mars 1763 la Charge de Cap. des *Gardes de la Porte* en survivance du Marq. de Croissy son père, a prêté serment pour cette charge le 15 du même mois : créé Lieut. Gén. le 5 Décem. 1781. M. D.

SABRAN, (le Marquis de) Lieut. des *Maréchaux de France* à Riez. M. D.

SABRAN, (Vicomte de) Brig. de cav. le 10 Fév. 1759.

SABRAN, (Comte de) Brig. de cav. le 3 Janv. 1770.

SABRAN, (Comte de) Brig. de cav. le 1 Mars 1780.

SABREVEIS, ✠ Sous-Directeur d'Artillerie à Douai.

SABREVOIS, (Henri, Marq. de) né à .. le... 16... Vol. au rég. de *Vendôme* le... 16... & fit en cette qualité deux campagnes; Aide de l'*Artillerie du Parc* le 18 Fév. 1706, se trouva à la prise des retranchemens de Drusenheim, à la prise de cette ville, de Lauterbourg, d'Haguenau &

de l'Isle du Marquisat la même année ; Officier-Pointeur le 1 Août, il continua de servir à l'armée du Rhin jusqu'à la paix faite en 1714, se trouva à toutes les expéditions du Maréc. de Villars en 1707, obtint le grade de Commissaire extraordinaire de l'Artillerie le 15 Nov. de cette année, celui de Commissaire ordinaire le 16 Mars 1711, & reçut une blessure dangereuse au siége de Landau en 1713; il marcha sous le Marq. d'Asfeld à la conquête de l'Isle de Minorque en 1715; créé ✠ en 1721; Commissaire-Provincial de l'Artillerie le 16 Août de la même année, il eut le Commandement en 3e de l'Ecole de Strasbourg & passa en 1728 au Commandement aussi en 3e de l'Ecole de la Fere; il servit en 1733, 34 & 35 en Italie, aux siéges de Garrad'Adda, de Pisighitone & du château de Milan en 1733, de Novarre, de Tortonne en Janv. & Fév. 1734; Lieut. d'Artillerie le 21 Fév., il étoit en cette qualité à l'attaque de Colorno, aux batailles de Parme & de Guastalle, au siége de la Mirandole la même année, à la prise du château de Gonzague, de Reggiolo, de Revero en 1735, & étant rentré en France avec l'armée on lui donna le 1 Janv. 1736 le Département de Douai ; il fit la campagne de 1742 en Flandres où on se tint sur la défensive ; nommé en 1743 Commandant de l'Ecole de l'Artillerie de Grenoble, il commanda en sec. l'Artillerie sur la frontière de Piémont par commission du 1 Août & la dirigea à l'attaque des retranchemens de la Chenal & du village du Pont; il servit en 1744 à l'attaque des retranchemens de

Montauban, à la prise de Nice, de Villefranche, au passage des Alpes, à l'attaque & à la prise du Château-Dauphin, aux sièges de Démont & de Coni, à la bataille qui se donna sous cette place: créé Brig. le 2 Mai, il demeura à Grenoble en 1745 & fut nommé le 1 Janv. 1746 Commandant de l'Ecole d'artillerie de Besançon; créé Maréc. de Camp le 1 Janv. 1748, on le désigna le 1 Mai suivant Commandant en sec. de l'artillerie de l'armée d'Italie; on n'y entreprit rien, la paix étoit conclue dès le 30 Avril précédent; Lieut. Gén. de l'Artillerie le 1 Avril 1750, il eut le même jour le département général de l'Alsace & de la Franche-Comté; lors de la réunion de l'Artillerie & du Génie sous le titre de Corps-Royal de l'Artillerie & du Génie il eut la direction de l'Alsace, de la Franche-Comté & du Duché de Bourgogne le 1 Janv. 1746; créé Lieut. Gén. des armées le 1 Mai 1758, & a quitté le service le 1 Janv. 1759. M. D.

SABREVOIS de Bissey, Brig. d'inf. le 25 Juill. 1762.

SACRISTE, Garde du Roi dans L. le 3 Mai 1766.

SAILLANT, (François-Louis, Comte de) né à Herbigny en Champagne le... 17... Vol. au rég. de *Bouillon* le 15 Février 1757, Com. des *Volontaires-du-Hainaut* le 8 Mars 59, Lieut. d'inf. le 1 Janv. 1760, Sous-Aide-Maj. le 11 Déc. 1768, Cap. le 13 Juill. 1771, ✠ le 1 Juin 1772; gratifié de 400 liv. en considération de ses services le 1 Juin 1772, a obtenu une pension de 400 liv. sur les Affaires Etrangères le 1 Juin 1772, a fait la campagne de 57 au Havre-de-Grace où il fut blessé à la cuisse, celle de 59, 60, 61 & 62 en Allemagne, celle de 69 & 70 en Corse, détaché en Pologne en 1, 72 & 73, prisonnier de guerre du château de Cracovie le 28 Avril 1772. M. D.

SAILLET, (Henri-Charles de) né à Héville-la-Grande en Lorraine le 10 Juill. 1742, Vol. au rég. de *Médoc* le 14 Décem. 1757, Lieut. le 15 Août 1758, Cap. le 9 Nov. 1772. D.

SAINCLAR, Garde du Roi dans *Noailles* le 25 Juin 1769.

SAINETIGNON, (le Vic. de) Lieut. des *Maréchaux de France* à Fenestranges. M. D.

SAINT-AFFRIQUE, (Pierre de Suc de) né à... le 9 Avril 1699, Sous-L. au rég. de *Charost* en 1713, réf. en 1714, Vol. au rég. d'*Isenghien* en 1717, Lieut. en sec. le 20 Déc. 1718, Lieut. de la *Colonelle* en 1724, Aide-Maj. le 16 Juin 1728, rang de Cap. le 26 Sept. 1730, Maj. le 11 Avril 1746, Lieut. Col. le 23 Mars 1747; créé Brig. le 27 Oct. suivant; il servit avec son rég. au siége de Philisbourg en 1734, à l'affaire de Clausen en 1735, en Westphalie & sur les frontières de Bohême en 1741 & 42, à la bataille d'Ettingen l'année suivante, aux sièges d'Ypres, de Menin, de Furnes & au camp de Courtrai en 1744, à la bataille de Fontenoi, aux sièges de Tournai, de la citadelle d'Oudenarde, de Dendermonde & d'Ath en 1745, au siége de Namur & à la bataille de Raucoux en 1746, à la bataille de Lawfeld & au siége de Berg-op-Zoom l'année suivante, au siége de Mastricht en 1748; Lieut. de Roi à Perpiguan le 6 Juin 1753; il quitta la Lieutenance-Colonelle de son rég. & obtint le 24 Sept. suivant un ordre pour commander en Roussillon en l'absence du Commandant en Chef. D.

SAINT-AFFRIQUE, Major à Narbonne.

SAINT-AIGNAN, (Paul-Hippolyte de Beauvilliers, Duc de) né à... le 15 Nov. 1687, Chev. de Malte de minorité sous le nom de Chev. de Beauvilliers en 1696; il entra aux *Mousquetaires* en 1702, se trouva à la défaite des Hollandois sous Nimegue; il fit ses caravanes à Malte en 1703, 1704 & 1705; Aide de Camp du Maréc. de Marsin en 1706, il le suivit sur la Moselle; eut une Comp. de cav. au rég. de *Vaudrey* le 7 Juill., finit la campagne dans ce rég. la même année; il obtint le 19 Déc. le rég. de cav. de son nom, le commanda à l'armée de Flandres en 1707, à la bataille d'Oudenarde en 1708; il y fut fait prisonnier; à la bataille de Malplaquet en 1709 & y reçut une blessure considérable; Duc & Pair de France sur la démission de son frère, on le reçut au Parlement le 22 Janv. 1711; il fut nommé premier Gentilh. de la Chambre de M. le Duc de Berry le 3 Mars, servit à l'armée de Flandres la même année & se trouva en 1712 au siège de Douai, du Quesnoy, de Bouchain, au siège de Landau, à la défaite du Général Vaubonne, au siège & à la prise de Fribourg en 1713; on lui donna le Gouvernement de Loches & de Beaulieu en survivance de son frère le 28 Mai 1714; nommé ensuite pour aller complimenter la nouvelle Reine d'Espagne à son passage en France, il partit de Paris au mois de Nov. pour attendre cette Princesse à Pau & l'accompagna ensuite à Madrid où il demeura; on le nomma le 1 Avril 1715 Ambassadeur Extraordinaire auprès du Roi d'Espagne, il y tint au nom du Roi l'Infant Don Philippe le 25 Août 1716; créé Brig. le 1 Juill. 1717, il se démit de son rég. au mois de Sept. suiv. & fut nommé Plénipotentiaire pour les différends de l'Empereur avec le Roi d'Espagne le 20 Juill. 1718; il reçut ordre le 12 Déc. de sortir de Madrid en 24 heures & en 12 jours des Etats d'Espagne, on l'enleva le lendemain 13 & on le conduisit hors de la ville; arrivé à Paris le 6 Janv. 1719 il entra au Conseil de Régence le 22 & obtint sur la démission du Duc de Mortemar le Gouvernement du Havre le 22 Sept.; on lui donna la charge de Bailli de Caux à la mort du Marquis de Rassent le 10 Oct. 1723, une place de ✠ le 3 Juin 1724; on le reçut à l'Académie Françoise le 16 Janv. 1727; nommé Ambassadeur à Rome au mois d'Oct. 1730, il prit congé le 15 Nov. 1731, partit de Marseille le 24 & arriva à Rome le 13 Mars 1732, il fut élu pour remplir une place d'Honoraire de l'Académie des Inscriptions & Belles-Lettres le 23 Déc. suiv.; créé Maréc. de C. le 20 Fév. 1734; Lieut. Gén. le 1 Mars 1738; Gouv. & Lieut. Gén. du Duché de Bourgogne & de Bresse, jusqu'à ce que M. le Prince de Condé eût atteint l'âge de 18 ans, le 28 Janv. 1740; il s'en est démis le 19 Mai 1754 en faveur de M. le Prince de Condé. M. D.

SAINT-AIGNAN, (François-

Armand de) né à St.-Martin de Coulens en Normandie le 20 Mars 1763, Cad. Gentilh. dans *Berry* inf. le 6 Juillet 1779, Sous-Lieut. le 1 Juin 1780. M. D.

SAINT-AIGNAN, (François, Ch. de) né au château de Boulay en Normandie le 1 Oct. 1743, Chevau-Léger le 3 Janv. 59, Corn. des *Carabiniers* le 16 Fév. 61, Lieut. le 16 Avril 67, Lieut. en sec. le 1 Avril 76, rang de Cap. le 28 Fév. 78, Lieut. en p. le 1 Mai 1779.

SAINT-AIGNAN, (Jacques-Gilles de) né à la Ferriere en Normandie le... 1747, Sous-L. dans *Orléans* inf. le 12 Sept. 67, Sous-Aide-Maj. le 31 Mai 75, Lieut. en p. le 13 Mars 79, Cap. en sec. le 28 Déc. suiv., embarqué sur le vaisseau le Zodiaque le 10 Janv. 1780, rentré le 8 Janv. 1781.

SAINT-AMAND, ✠ P. E. des *Gendarmes* de Flandres.

SAINT-AMAND, (Claude-Pierre, Baron de) né à Verdun le 17 Sept. 1745, Corn. au rég. de la *Colonelle-Générale* drag. en 1760, commiss. de Cap. en 1777, passé au 3e rég. des *Chasseurs* le... 1778, Aide de Camp du Baron de Viomenil à l'armée de Rochambeau en Amérique le... 1780. D. M.

SAINT-ANDEOL, Garde du Roi dans V. le 3 Avril 1774.

SAINT-ANDRÉ, Cap. d'*Artillerie* à Saint-Lo.

SAINT ANDRÉ, (Etienne-Esprit, Ch. de) né à... le 23 Avril 1703, Mousquetaire le 15 Nov. 1724, Lieut. au rég. du *Maine* cav. le 15 Août 1733, servit la même année au siége de Kell, au siége de Philisbourg en 1734 & obtint une Comp. dans le même rég. le 2 Sept.; il la commanda au camp de la Chiers & à l'affaire de Clausen en 1735, à l'armée de Bavière en 1742 & 43; on lui donna le 10 Juin de cette derniere année une Comp. dans la brigade de Montmorency du rég. Royal des *Carabiniers*, il la joignit à l'armée du Rhin où il finit la campagne; il servit avec les Carabiniers aux siéges de Menin, d'Ypres & de Furnes, puis au camp de Courtrai en 1744; il combattit à Fontenoi & se trouva aux siéges de Tournai, d'Oudenarde, de Dendermonde & d'Ath en 1745, au siége de Bruxelles & à la bataille de Raucoux en 1746; Maj. de sa brig. le 3 Mai 1747, il combattit à Lawfeld le 2 Juill. & servit au siége de Mastricht en 1748, au camp d'Aimeries en 1754; Lieut. Col. de la brig. de *Bovet* le 11 Nov. de cette année, il obtint le 30 Nov. 1756 une commis. pour tenir rang de Mest. de Camp de cav. & se trouva avec cette brig. à la bataille d'Hastembeck, à la prise de Minden & d'Hanovre & de plusieurs autres places de cet Electorat, au camp de Closterseven, à la marche sur le Zell en 1757, à la retraite de l'Electorat d'Hanovre & à la bataille de Crewelt en 1758; Mest. de C. d'une brig. du rég. des *Carabiniers* le 7 Juill. de la même année, il la commanda pendant le reste de la campagne, parvint au grade de Brig. le 10 Fév. 1759 & commanda sa brig. à la bataille de Minden le 1 Août, aux affaires de Corback & de Warbourg en 1760, à Filinghausen en 1761 & à plusieurs actions de 1762; créé Brig. le 25 Juill., déclaré en Déc. de la même année, il s'est démis alors de la brig. qu'il commandoit; créé Lieut. Gén. le 1 Mars 1780. D.

SAINT-ANDRÉ, Lieut. Col. de *Normandie* inf., Brig. le 1 Mars 1780. ✠.

SAINT-ANDRÉ, Commissaire à Alais.

SAINT-ANDRÉ, Garde du Roi dans B. le 3 Oct. 1768.

SAINT-ANGEL, Garde du Roi dans B. le 27 Janv. 1779.

SAINT-ANGEL, Garde du Roi dans B. le 27 Janv. 1779.

SAINT-ANGEL, (Ch. de) Brig. de cav. le 1 Mars 1780.

SAINT-AUBIN, (Emmanuel-Freston de) né à... le.. 1701, sec. Enf. au rég. des *Gardes Françoises* le 28 Oct. 1725, prem. Enf. le 1 Sept. 1726, Sous L. le 26 Mai 1727, Lieut. le 10 Fév. 1732, Lieut. des gren. le 19 Juin 1745; créé Brig. le 1 Janv. 1748, il servit au siége de Philisbourg en 1734, à la bataille d'Ettingen en 1743, aux siéges de Menin, d'Ypres, de Furnes, à l'attaque d'Auguenum & au siége de Fribourg en 1744, à la bataille de Fontenoi, aux siéges de Tournai, d'Oudenarde, de Dendermonde & d'Ath en 1745, au siége de Namur & à la bataille de Raucoux en 1746, à la bataille de Lawfeld en 1747, au siége de Mastricht en 1748; mort Cap. des gren. le 24 Août 1753.

SAINT-AVIS, Garde du Roi dans L. le 30 Mars 1767.

SAINT-AULAIRE, (le Comte de) Exempt des Gardes du Roi dans V. le 8 Août 1767, Sous-Aide-Major le 9 Avril 1769, Aide-Major & Mest. de Camp le 5 Mai 1771, brevet d'Enf. le 30 Sept. 1771, brev. de Lieut. le 1 Janv. 1776. M. D.

SAINT-AULAIRE, (Jean-Benoit, Comte de) né à Périgueux le 12 Mars 1758, Page du Roi de la petite Ecurie le 1 Juill. 1772, Sous-L. à la suite des *Carabiniers* le 1 Juin 1775. M. D.

SAINT-BEART, ✠ Cap. d'artillerie à *Navareins*.

SAINT-BENOIT, père, (le Baron de) Lieut. des *Maréchaux de France* à Carcassonne. M. D.

SAINT-BENOIT, fils, (le Baron de) Lieut. des *Maréchaux de France* à Carcassonne. M. D.

SAINT-BLAISE, ✠ Chef de brig. du rég. de *Toul* artillerie.

SAINT-BLANCARD, ✠ (Marq. de) Aide-Maj. des *Gardes Françoises*. M. D.

SAINT-CASTOR, Garde du Roi dans L. le 21 Sept. 1772.

SAINT-CERAN, (Jacques-Roux de) né... le... 17... Cad. Gentilh. au rég. de *Bourgogne* cav. le 20 Mai 1781. D.

SAINT-CERNIN, ✠ Cap. d'artillerie à Charleville.

SAINT-CHAMANS, (Antoine Galiot, Comte de) né à... le 16... fut d'abord connu sous le nom de Chev. de St-Chamans, entra dans les Gardes-du-Corps en 1690, & combattit la même année à Fleurus; il se trouva au siége de Mons, & au combat de Lens en 1691, au siége de Namur & à la bataille de Steinkerque en 1692, Cap. au régim. *Royal-Etranger* le 21 Mai 1693; il commanda sa compagnie à l'armée d'Allemagne en 1693, 94 & 95, au siége de Valence en Italie en 1696, à l'armée de la Meuse en 1697, au camp de Compiegne en 1698, à l'armée de la Flandres en 1701, au combat de Nimegue en 1702, à celui de Ckeren en 1703, à l'armée de Flandres en 1704 ; Mest. de Camp d'un rég. de cav. de son nom le 12 Janv. 1705, il le commanda à l'armée de la Moselle la même année, Mest. de Camp, Lieut. du rég. *Royal-Etranger* le 6 Juin 1706, il se démit de celui qui portoit son nom & joignit le nouveau à l'armée de Flandres, où il finit la campagne & y fit celle de 1707, il étoit à la bataille d'Oudenarde en 1708, créé Brig. le 29 Janv. 1709, il commanda une brigade à la bataille de Malplaquet au mois de Sept. suiv. : troisième Enseig. de la compagnie des Gardes du Roi le 21 Avril 1710, il se démit du rég. *Royal-Etranger* le 6 Juin, obtint le Gouvernement de Puilaurens & servit en Flandres en 1710 & 1712 ; s'étant marié cette année, il prit le titre de Comte de St-Chamans, & se trouva à l'attaque de Denain, aux siéges de Douay & du Quesnoy, & l'année suivante à ceux de Landau & de Fribourg ; créé Maréchal de Camp le 1 Fév. 1719, devint deuxième Enseig. de sa compagnie, le 7 Déc. suiv. premier Enseig. le 16 du même mois, troisième Lieut., le 1 Avril 1727, Bailli de Sésannes : mort le 18 Juin 1731, âgé de 66 ans. M. D.

SAINT-CHAMANS, (Alexandre-Louis, Marq. de) né à... le... 17..., Mousquetaire le 17 Janv. 1736, troisième Guidon de la compagnie des *Gendarmes* de la Garde du Roi avec rang de Mest. de Camp de caval. le 20 Janv. 1740, deuxième Guidon le 18 Sept., premier Guidon le 23 Oct. suiv., troisième Enseig. le 11 Mai 1741 ; il fit cette année la campagne de Flandres, combattit à Ettingen le 27 Juin 1743 ; devint second Enseig. le 11 Juill. suiv., suivit le Roi en Flandres en 1744, & se trouva aux siéges de Menin, d'Ypres & de Fribourg ; il étoit en 1745 à la bataille de Fontenoy, au siége de Tournay ; créé Brig. le 1 Mai, déclaré en Nov., employé à l'armée de Flandres le 1 Mai 1746, il couvrit les siéges de Mons, Charleroy, Namur, & combattit à Raucoux : il s'est trouvé à la bataille de Lawfeld en 1747, est devenu premier Enseig. de sa compagnie le 5 Mars 1748, Maréchal de Camp le 10 Mai, s'est démis de son Enseig. en Oct. 1749 ; employé à l'armée d'Allemagne le 1 Mars 1757, il se trouva à la bataille d'Hastembeck à la conquête de l'Electorat d'Hanovre ; employé pendant l'hiver par lettres du 29 Nov., il fut de la course de Zell, & commanda pendant l'hiver à Vehrden ; attaqué dans ce poste en Fév. 1758, il l'évacua & fut obligé de se replier sur Brême : il rentra en France au mois d'Avril, & ne servit point le reste de la campagne ; employé pendant l'hiver sur le Haut-Rhin le 1 Nov., il s'est particulièrement distingué à l'affaire de Bergen le 13 Avril 1759, au combat de Minden le 1 Août, créé Lieut. Gén. le 17 Déc., employé en cette qualité à l'armée d'Allemagne le 1 Mai 1760, & à l'armée du Bas-Rhin le 1 Mai 1761. M. D.

SAINT-CHAMANS, (Cte. de) Maréc. de Camp le 3 Janv. 1770.

SAINT-CHAMANS, ✠ (Vicomte de) Col. de la *Fere*, inf. M. D.

SAINT-CHAMANS, (Marq. de) Col. en sec de la *Fere*, inf.

SAINT-CHRISTOPHE, (René-Charles Hurteau de) né à St-Christophe, Paroisse de Vassan, en Berry, le 5 Avril 1765, Cad. Gentilh. au rég. de *Foix* le 28 Oct. 1780, Sous-L. le 6 Juillet 1781. D.

SAINT-CLOU, (François-Thomas le Duc de) né à Caen le 19 Nov. 1742, Page le 1 Juin 1755, Corn. dans *Berry* le 10 Mars 1758, Lieut. le 13 Sept. 1761, Cap. com. des *Carab.* le 5 Janv. 1770, Cap. en sec. le 1 Avril 1776, Cap. en p. le 27 Oct. 1776, rang de Maj. le 28 Fév. 1778, ✠ le 28 Juin 1778, rang de Lieut. Col. le 13 Juillet 1780, Lieut. Col. com. d'escadron le 10 Nov. 1781. D.

SAINT-CRICQ de Classun, (Pierre de) né à Buannes, en Gascogne, le... 17... Lieut. au rég. Provincial d'*Auch* en 1771, Sous-L. à la suite du régim. de *Médoc* le 1 Oct. 1777. D.

SAINT-DENAC, Lieut. de Roi à Neuf-Brisack.

SAINT-DENIS, (Claude-Denis-François de) né à Châteaudun en Beauce le... 1736, Lieut. en sec. le 8 Nov. 1754, Enseig. dans *Orléans* le 25 Fév. 1755, Cap. le 5 Juin 1759, réformé le 1 Mars 1763, remplacé le 19 Juillet 1763, ✠ le 15 Déc. 1779, a fait les campagnes de 57 & 62. D.

SAINT-DENIS de Verveine, Lieut. des *Maréchaux de France*, à Alençon.

SAINT-ETIENNE, Sous-L. de *Maréchaussée*, à Palluau.

SAINT-EXUPERY, (M. le Comte de) Exempt des Gardes du Roi dans V. le 1 Fév. 1758, Brevet de Mest. de Camp le 18 Sept. 1766, Lieut. le 1 Janv. 1776, Brig. le 1 Mars 1780, Lieut. commandant d'escadron le 1 Janv. 1783. M. D.

SAINT-FELIX, Lieut. de Roi en Languedoc.

SAINT-FLORENT, (François-Michel Domergue de) né à St-Jean de Valesisele le 5 Mai 1749, Sous-L. au rég. de *Savoie-Carignan* le 14 Octob. 1769, Lieut. en sec. le 18 Janv. 1775 Lieut. en p. le... 1779. D.

SAINT-FLORENT, (Gui-Joseph de) né au Pape en Vivarais le 21 Juin 1737, Lieut. le 15 Déc. 1755, Cap. au rég. Maréc. de *Turenne* le 4 Août 1770, ✠ le 16 Déc. 1781, fait la campagne de 57 & 58. D.

SAINT-FONDS, (Etienne-François-Lambert-Marie Bottu de la Barmondiere de) né à Lyon le 19 Juin 1754, Sous L. au rég. de *Limosin* le 28 Juill. 1773, Lieut. en sec. le 18 Juin 1780. D.

SAINT-FRONT, Garde du Roi dans L. le 22 Juin 1768.

SAINT-GENIEZ, (le Marq. de) Lieut. des *Maréchaux de France*, à Béziers. M. D.

SAINT-GEORGES, ✠ (le Comte de) Lieut. Colon. du 3e régiment des *Chevaux-Légers*. M. D.

SAINT-GEORGES, ✠ Lieut. des *Maréchaux de France*, à Senlis.

SAINT-GEORGES, (François-Benoît-Éléonor de Billeheust de) né à St.-Bolaire en Bretagne le 28 Novemb. 1744, Sous-L. au rég. de *Limosin* inf. le 19 Juin 1765, Lieuten. le 6 Janvier 1771, Lieut. le 8 Juin 1776, 1er Lieuten. le 21 Avril 1777, Cap. en sec. le 18 Juin 1780. D.

SAINT-GEORGES, Garde du Roi dans *Noailles* le 28 Déc.

1759, Brig. le 1 Janvier 1776, Sous-L. P. Étendart le 17 Mars 1782.

SAINT-GEORGES, (Jean de Lafagne, Chev. de) né à Mafeau près de Guéret, en baffe Marche, le 15 Mars 1746, Lieut. au rég. provincial de *Moulins* le 7 Sept. 1771, Sous-L. des Grenad. au régiment de *Médoc* le 17 Mai 1773. D.

SAINT-GERAUD, (N....) né à St.-Geraud-le-Ifuy, en Boulonnois, le 27 Août 1764, Cad. Gentilh. au rég. d'*Aquitaine* le 4 Mai 1780, Sous-L. le 16 Mai 1781. D.

SAINT-GERMAIN, ✠ Cap. d'artill., à Béthune & Hefdin.

SAINT-GERMAIN, Major à Cherbourg.

SAINT-GERME, Garde du Roi dans B. le 26 Mars 1774.

SAINT-GERMIER, Sous-L. des Gardes du Roi dans *Noailles* le 28 Mars 1779, Meftre de Camp le 26 Mars 1781.

SAINT-GERVAIS, (Jean-Pierre Avon de Seymandy, Vicomte de Neboufon, Baron de Caftenet & de) né à Marfeille le 15 Août 1748, Offic. de cav. le.. 1765, Com. de drag. le... 1768, Cap. dans la *Colon.-Générale*, le 12 Nov. 1770, naturalifé Suiffe par l'Evêque de Bafle le 12 Mars 1770, Exempt des *Cent-Suiffes* des Gardes du Roi; le... 1776, Enf. le 1 Juillet 1777; rang de Lieut. Colon. le même jour, Lieutenant le 15 Juin 1780, rang de Meft. de Camp le même jour, ✠ le 12 Février 1783. M. D.

SAINT-GERY, ✠ (le Chev. de) Major de *Barrois*, infant.

SAINT-GILLES, (le Comte de) Lieut. des *Ma-échaux de France*, à Dinan. M. D.

SAINT-GILLES, (Charles-Bonaventure-Antoine de) né à Lameufe en Baffe-Normandie le 10 Janv. 1759, Sous-L. au rég. de *Beaujolois* le 17 Déc. 1777, Lieuten. en fecond le 29 Juillet 1782. D.

SAINT-GILLES, (Charles-Marie, Chev. de) né à St.-Lo en Baffe-Normandie le 11 Juillet 1761, Sous-L. au rég. de *Beaujolois* le 15 Décembre 1778. D.

SAINT-HAON, ✠ Lieuten. Col. com. le bataillon de garnifon de *Royal-Rouffillon*.

SAINT-HEREM, (Jean-Baptifte Calixte de Montmorin, Marquis de) né à... le 5 Août 1727, Enf. au rég. de *Montmorin* inf., dont fon père étoit Col., le 1 Avril 1739, Lieut. de la Colonelle le 1 Mars 1741; il fervit en Weftphalie fur les frontières de Bohême, à la prife d'Ellenbogen & de Caden, au fecours de Braunau, au ravitaillement d'Egra en 41 & 42, & obtint une comp. le 6 Mars 43; il la commanda à l'armée de Bavière où il fe trouva, à la défenfe de plufieurs poftes fur les bords du Rhin, où il contribua à la défaite de 3000 hommes des ennemis près Rhinvilliers; la même année, à la prife de Weiffenbourg & des lignes de la Loutre; à l'affaire d'Auguenum, au fiége de Fribourg en 44, fur le Bas-Rhin pendant l'hiver & pendant la campagne de 45; Colon. du même rég. lors de la promotion de fon père au grade de Maréc. de Camp le 1 Déc. 45, il le commanda aux fiéges de Mons & de Charleroy, & à la bataille de Raucoux en 46; à la bataille de Lawfeld & au fiége de Berg-op-Zoom en 47, au fiége de Maftricht en 48, au camp de Plefheim en Alsace en 54, & obtint au mois d'Avril 55 le Gouvernement de Fontainebleau en survivance de son père, & passa en Corse, où il arriva le 1 Nov. 56, & y servit en 57 & 58; créé Brig. le 10 Fév. 59, rentra en France avec son rég.; employé sur les côtes de Provence le 1 Mai, il y resta jusqu'au mois de Mai 61, qu'il passa sur les côtes d'Aunis; employé avec son régim. à l'armée d'Espagne le 1 Mars 62, & y a servi au siége d'Almeyda; déclaré au mois de Déc. Maréc. de Camp, & s'est démis de son rég. *Voyez* MONTMORIN. M. D.

SAINT-HERMINES, (le Marq. de) Col. de *Normandie*, infanterie, & ✠. M. D.

SAINT-HILAIRE de Pechassant, ✠ Capit. d'artillerie, à Perpignan.

SAINT-HILAIRE, Fourrier Major des *Gendarmes de la Garde*.

SAINT-HILAIRE, (N...) né à Abbeville en Picardie le... 1752, Sous-L. à la suite du rég. de *Perche* le 28 Juillet 1773, en pied le 23 Janv. 1774, Sous-L. en p. le 11 Juin 1776, Lieut. en p. le 20 Mars 1778. D.

SAINT-HILAIRE, (Etienne-David de) né à Limoges le 4 Avril 1745, Garde du Roi le 21 Mai 63, Vol. aux *Carabiniers* le 24 Août 64, Sous-L. le 21 Avril 66, Lieut. le 20 Fév. 74, Sous-Aide-Maj. de la brigade de *Montesquieu* le 29 Sept. 74, réformé le 1 Avril 76, Lieut. en sec. le 1 Mai 79, Lieut. en p. le 16 Mars 1783. D.

SAINT-HILAIRE, Garde du Roi dans L. le 22 Octob. 1773.

SAINT-HILLIER, Maréchal de Logis des Gardes du Roi dans B. le 29 Juin 1781.

SAINT-HILLIERS, ✠ Cap. du *Génie*, à Strasbourg.

SAINT-HILLIERS, Garde du Roi dans L. le 6 Octobre 1781.

SAINT-JAUME, Garde du Roi dans V. le 1 Janvier 1774.

SAINT-JULIEN, Garde du Roi dans V. le 16 Janvier 1763.

SAINT-JULIEN, Capit. du *Génie*, aux Colonies.

SAINT-JULIEN, (Vicomte de) Lieut. Col. des *Grenadiers-Royaux* de Touraine. M. D.

SAINT-JULIEN, (Alexandre de) né à Aigueperse en Auvergne le 25 Déc. 1759, Sous-L. au régiment du *Maine* le 8 Avril 1779. D.

SAINT-JUST, Garde du Roi dans L. le 2 Octobre 1778.

SAINT-JUST, Garde du Roi dans L. le 31 Décembre 1780.

SAINT-JUST, Garde du Roi dans *Noailles* le 10 Avril 1774.

SAINT-LAON, Garde d1 Roi dans *Noailles* le 29 Décembre 1770.

SAINT-LAURENT, Garde du Roi dans *Noail.* le 6 Av. 1775.

SAINT-LAURENT, Garde du Roi dans *Noailles* le 13 Septembre 1778.

SAINT-LAURENT Deribere, (François-Joseph) né à la Bastide en Gascogne le... 1754, Sous-L. au régim. de *Médoc* en 1772, Lieut. en sec. le 28 Avril 1778. D.

SAINT-LAURENT, Brigad. d'infant. le 1 Mars 1780.

SAINT-LÉGER, Lieut. des *Maréchaux de France*, à Laon.

SAINT-LÉGER, Lieuten. de *Maréchaussée*, à Moulins.

SAINT-LÉGER, (le Comte de) Lieut. des *Maréchaux de France*, à Brignolles. M. D.

SAINT-LOUP, Garde du Roi dans V. le 2 Juillet 1781.

SAINT-LOUP, Brigad. des Gardes du Roi dans V. le 1 Janvier 1785.

SAINT-LUC, (N... de) né à... le... 17.., Cad. Gentilh. au régim. de *Perche* le 15 Mai 1781. D.

SAINT-MACLOU, (le Ch. de) Major à Caen, ville & château.

SANIT-MALO, ✠ Sous-Brig. du *Génie*, à Port-Vendre.

SAINT-MARCEL, ✠ Directeur d'artillerie, à Metz.

SAINT-MARCEL, Brigad. d'infant. le 5 Décembre 1781.

SAINT-MARS, Brigad. de cavalerie le 20 Avril 1768.

SAINT-MARS, (Pierre-Clair de Guérault, Cheval. de) né à Mortagne en Perche le 18 Juil. 1757, *Mousquetaire* le 3 Juil. 73, réformé le 1 Janvier 76, Sous-L. à la suite du rég. du *Roi* drag. le 1 Sept. 78, Sous-L. des *Carabiniers* le 7 Mai 1780. D.

SAINT-MARS, (Charles-René-Gaston Gueroust de) né à Mortagne en Perche le 20 Déc. 1740, Page le 14 Mars 55, Corn. des *Carabiniers* le 1 Avril 58, Lieut. le 23 Mai 66, rang de Cap. le 29 Sept. 75, Lieut. en f. le 1 Avril 76, Lieut. en p. le 27 Oct. 76, Cap. en sec. le 10 Nov. 1782. D.

SAINT-MARSAULT, (le Vicomte de) Sous L. des Gardes du Roi dans *Noailles* le 25 Avril 1778. M. D.

SAINT-MARTIAL, Garde du Roi dans *Noailles*, le 30 Mars 1779.

SAINT-MARTIN, Garde du Roi dans *Noailles*, le 14 Fév. 1765.

SAINT-MARTIN, ✠ Sous-Brig. des *Gardes* de Monsieur.

SAINT-MARTIN, ✠ Lieut. en second des *Gardes Françoises*.

SAINT-MARTIN, ✠ Brig. des *Gendarmes de Flandres*.

SAINT-MARTIN, ✠ Sous-L. Honoraire des *Gardes d'Artois*.

SAINT-MARTIN, (Charles de) né à Bitthe en Lorraine, le 6 Juill. 1752, Sous-L. de la légion de *Lorraine*, le 26 Juin 1770, réformé le 5 Déc. 1776, attaché au rég. du *Maine*, le... 17..., passé Sous L. à la suite du 3e rég. des *Chasseurs*, le 8 Avril 1779. D.

SAINT-MARTIN, Garde du Roi dans *Noailles*, le 8 Mars 1764.

SAINT-MARTIN, Garde du Roi dans *Noailles*, le 26 Juin 1768.

SAINT-MARTIN de Bagnac, (Michel, Chev. de) né au château de Bagnac en Basse-Marche, le 10 Oct. 1757, Page du Roi en 1772, Sous-L. au rég. de *Bourgogne*, cav. le 14 Déc. 1775. D.

SAINT-MARTIN de Tourempré, Maréc. de Camp le 5 Décembre 81.

SAINT-MARTIN, (Michel-Ambroise-Charles Massé de) né à Sens, le 4 Avril 1754, Gendarme de la Garde, le... 17..., Sous-L. à la suite du rég. *Mess. de Camp Gén.*, drag. le 6 Déc. 1776, idem dans *Maréchal de Turenne*, le 23 Juin 1777, en pied le 7 Août 1778, Lieut. en sec. le 17 Avril 1782. D.

SAINT-MAURICE, (François de Faure de) né à Saint-Amans, le 16 Avril 1762, Page de la petite Ecurie, le 15 Avril 1778, 3e Sous-L. dans le 4e rég. des *Chasseurs*, le 5 Mars 1782. D.

SAINT-MAURIN, Brigadier d'infanterie le 1 Mars 80.

SAINT-MAURIS de Germonville, (le Comte de) Lieut. de Roi, à Briançon. M. D.

SAINT-MAURIS, (le Comte de) Lieut. de Roi, à Pontarlier. M. D.

SAINT-MAURIS, (Ch. de) Maréc. de Camp le 16 Avril 1767.

SAINT-MAURIS de Germonville, (Comte de) Brig. d'inf. le 1 Mars 80. M. D.

SAINT-MAURIS, (Comte de) Brig. de drag. le 1 Mars 80. M. D.

SAINT-MESARD, Garde du Roi dans *Noailles*, le 18 Juin 1774.

SAINT-MESMIN, ✠ Prévôt Gén. de *Maréchaussée*, à Moulins.

SAINT-MESMIN, Garde du Roi dans V. le 7 Avril 1759.

SAINT-MEZARD, Garde du Roi dans *Noailles*, le 29 Mai 1768.

SAINT-MICHEL, Cap. d'*Artillerie*, à Caen.

SAINT-MICHEL, Maréc. de Camp le 1 Mars 80.

SAINT-OUEN, (le Baron de) Lieut. des *Maréchaux de France*, à Neufchâtel. M. D.

SAINT-OUEN, (Charles René de) né à Courcelles en Normandie, le 26 Juin 1753, Vol. dans *Penthievre*, cav. le... 1769, Sous-L. le 14 Janv. 1771, Lieut. le 1 Juin 1772, Sous-L. par la réforme le 12 Janv. 1776, Lieut. en sec. au 4e rég. des *Chasseurs*, le 26 Juillet 1779.

SAINT-PAER, Lieut. en sec. des *Gardes Françoises*.

SAINT-PAUL, Brig. des Gardes du Roi dans N. le 15 Déc. 1782.

SAINT-PAUL, Cap. du *Génie*, à Lille.

SAINT-PAUL, (le Chev. de) Cap. du *Génie*, à Bouchain.

SAINT-PAUL, (le Chev. de) Maj. à Dax & Saint-Séver.

SAINT-PERE, (N...) né à Aix, le... 1757, Sous-L. à la suite du rég. de *Perche*, le 24 Mars 1774, en pied le 8 Août 1774, Lieut. en sec. le 15 Août 1779. D.

SAINT-PERN, (Paul-Henri, Comte de) né à Rennes, le... Oct. 1754, Sous-L. en Juin 1772, Cap. à la suite dans *Berry*, cav. en Juin 1779. M. D.

SAINT-PERN, (Jean-Louis-Marie-Bernard, Chev. de) né à Rennes en Bretagne en 1757, Page de la grande Ecurie en Juil. 1774, Sous-L. au rég. de *Berry*, cavalerie en Mai 1779. D.

SAINT-PERN, (N..., Ch. de) né à... le... 17..., Lieut. en sec. au rég. du *Roi*, le 19 Avril 1735. Il se joignit à l'armée d'Italie & servit au siége de Reggio, de Reggiolo & de Révéré la même année; rentra en France avec le rég. au mois de Mai 1736, Lieut. le 26 Mai 1738. Il se trouva en cette qualité à la prise de Prague en 1741, au combat de Sahay, au ravitaillement de Frawémberg, à la défense de Prague en 1742; obtint une compagnie le 4 Août pendant le siége; se distingua à la sortie du 22 du même mois, & commanda sa compagnie à la fameuse retraite de cette place, au mois de Déc., à la bataille d'Ettingen en 1743, aux siéges de Ménin, d'Ypres, de Furnes, à l'affaire d'Auguenum & au siége de Fribourg en 1744, à la bataille de Fontenoi, aux sièges des ville & citadelle de Tournai, d'Oudenarde, de Dendermonde & d'Ath en 1745; Col. Lieut. du rég. de *Penthievre*, inf. le 1 Déc., commanda ce rég. aux sièges de Mons, de Charleroi, de Namur, & à la bataille de Rocoux en 1746, à la défense de la Provence, au mois de Nov. de cette année: au mois de Fév. 1747, à la reprise des Isles Ste.Marguerite & de St.Honorat, en Mai, à l'attaque des retranchemens de Villefranche & de Montalban; à la prise des villes de Nice, de Villefranche & de Vintimille en Juin; au secours de Vintimille & aux deux combats qui se donnèrent sous cette place au mois d'Oct.; il continua de servir en Italie jusqu'à la paix, & commanda son rég. au camp d'Aimeries en 1754, sur les côtes de Bretagne en 1756, 57 & 58. Le 11 Sept. de cette dernière année, il se distingua à l'affaire de St-Cast, où les Anglois qui étoient descendus en Bretagne, furent battus & obligés de se rembarquer avec beaucoup de précipitation. Créé à cette occasion Brig. d'inf. le 15 Oct., il a continué de servir en Bretagne jusqu'à la paix, & a été déclaré au mois de Nov. 1761, Maréc. de Camp, le brevet expédié le 20 Fév. précédent, en se démettant du rég. Créé Lieut. Général le 1 Mars 1780.

SAINT-PERN, (Bertrand-Marie-Hiacinthe de) né à Kemperlai en Bretagne, le 6 Nov. 1763, Vol. au 6ᵉ rég. des *Chasseurs*, le 1 Juin 1779, Sous-L. à la suite le 1 Sept. 1779, Sous-Lieut. en ;ᵉ le 12 Août 1781. D.

SAINT-PERRIER, ✠ Chef de brig. du rég. de la *Fere*, att.

SAINT-PHAL, (Joseph-Louis de) né à Nevers, le 28 Juin 1745, Sous-L. au rég. de *Limosin*, le 19 Juin 1765, Lieut. le 6 Janv. 1771, Lieut. en sec. le 8 Juin 1776, premier Lieut. le 21 Avril 1777, Cap. en sec. le 18 Juin 1780 D.

SAINT-PIERRE, ✠ Commissaire principal des Guerres, à la Rochelle.

SAINT-PIERRE, (N.... Ch. de) né au château du Bois de la Salle en Bretagne, le 17 Oct. 1743, Corn. au rég. de *Conti*, drag. le 14 Janv. 1759, Lieut. le 7 Oct. 1766, Cap. dans la compagnie de son frère, le 10 Septembre 1769. D.

SAINT-PIERREVILLE, ✠ Cap. d'artillerie, à Toul.

SAINT-PRIEST, (Comte de) Maréchal de Camp le 1 Mars 80. M. D.

SAINT-PROJET, Garde du Roi dans V. le 10 Juin 1764.

SAINT-QUENTIN, Brig. des *Chevaux-Légers de la Garde*.

SAINT-RIVEUL, (Jean-Victor du Rocher de) né à Lamballe en Bretagne, le 15 Nov. 1734, Enseig. au rég. de *Berry*, le 24 Mars 1753, Lieut. en p. le 11 Juin 1757, Cap. des grenad. le 11 Juin 1774, ✠ D.

SAINT-ROMAIN, Sous-L. de *Maréchaussée*, à Moissac.

SAINT-ROMAIN, (Nicolas-Jacques Riged de) né à Lyon, le 12 Fév. 1757, Sous-L. dans *Royal*, cavalerie, le 9 Nov. 1772. D.

SAINT-ROMAN, ✠ (le Chev. de) Lieut. Col. de *Bretagne*, infanterie.

SAINT-ROMAN, (le Ch. de) Brig. d'inf. le 1 Nov. 81, ✠

✠ Lieut. Col. du rég. de Bretagne.

SAINT-SARDOCE, Brig. de cavalerie le 1 Mars 80.

SAINT-SAUVEUR, (Hiacinthe-Philemont de Grégoire, Chev. de) né à..., le... 17... Enseig. au rég. de Forez. inf. le.. Janv. 1726, Lieut. le 5 Janv. 1730. Il servit aux siéges de Garra-d'Adda, de Pizzighitone & du château de Milan en 1733, de Tortonne, de Novarre, de Sarravalle, à l'attaque de Colorno, à la bataille de Parme en 1734; obtint une compagnie le 28 Juill. & la commanda à la bataille de Guastalle, au siége de la Mirandole la même année, aux siéges de Reggio, de Révéré, de Gonsague en 1735, à l'armée de Flandres en 1742, à la bataille d'Ettingen en 1743; Aide Maj Gén. de l'inf. de l'armée du Roi en Flandres, par ordre du 1 Avril 1744, il servit aux siéges de Menin, d'Ypres, de Furnes; passa de Flandres en Alsace, au mois de Juill.; se trouva à l'affaire d'Augucnum au mois d'Août; servit au siége de Fribourg, & obtint le 29 Nov. une commission pour tenir rang de Col. d'inf.; il se démit de sa compagnie dans le rég. de Forez au mois d'Avril 1745, & obtint le 5 du même mois une commission de Mest. de Camp réformé à la suite du rég. de Col.-Gén. des drag. Aide-Maréchal Gén. de Log. de l'armée de Flandres le 1 Mai; il se trouva à la bataille de Fontenoi, aux siéges des villes & citadelles de Tournay, d'Oudenarde, de Dendermonde & d'Ath; il continua de servir en la même qualité aux siéges de Bruxelles & de Namur, à la bataille de Roccux en 1746, aux siéges de l'Ecluse, du Sas de Gand, de Philippine & d'Hulst en 1747. Ayant porté au Roi la nouvelle de la prise de cette derniére place, il fut créé Brig. le 14 Mai; retourna à l'armée; combattit à Lawfeld au mois de Juillet, & servit au siége de Berg-op-Zoom, qui fut enlevé au mois de Sept. Il étoit au siége de Maëstricht en 1748; 3e Ens. de la compagnie des *Gardes du Roi*, le 2 Juill. 1755, créé Maréc. de Camp le 10 Février 1759. Il a fait la campagne d'Allemagne en 1761, est devenu deuxième Enseig. le 10 Juillet 1762; premier Enseig. le 19 du même mois, & troisième Lieut. le 30 Déc. de la même année. Créé Lieut. Gén. le 16 Avril 1767. M. D.

SAINT-SAUVEUR, (le Ch. de) Lieut. de Roi, à la Bastille.

SAINT-SAUVEUR, (Laurent Deviaud de) né à Chazel en Angoumois, le 22 Mai 1756, Sous-L. au rég. de *Bassigny*, le 5 Mai 1772, Lieut. en sec. le 15 Août 1779, Lieut. en sec. des *Chasseurs*, le 25 Août 1780. D.

SAINT-SERNIN, (Pierre-Louis Saint-Etienne de) né à Joyeux en Vivarais, le 9 Nov. 1730, Sous-L. au rég. de *Gatinois*, le... 1742, Enseigne en 1743; Lieut. en 1744, Cap. le 10 Juin 1747, Cap. des gren. en 1759, bréveté de Maj. le 16 Avril 1767, bréveté de Lieut. Col. le 20 Avril 1768, ✠ en 1768, promesse d'une Lieutenance Colonelle en 1769, Maj. du rég. d'*Aquitaine*, le 21 Avril 1777; a fait les deux dernières guerres, blessé à la jambe d'un boulet en...; a reçu trois fortes confusions dans l'Inde; fait Brig. des Armées du Roi, le 1 Mars 1780; Lieut. Col. employé dans le rég. d'*Aquitaine*, le 24 Juin 1780. D.

SAINT-SILVESTRE, (N...) né à Satilleu en Vivarais, le... 1755, Sous-L. au rég. de *Perche*, le 25 Déc. 1769, Lieut. le 11 Juin 1776, Cap. en sec. le 3 Novembre 1782. D.

SAINT-SIMON, (le Baron de) Col. en sec. de *Royal-Auvergne*, infanterie. M. D.

SAINT - SIMON, (Louis-Claude Desniers d'Archiac, Marquis de) né à..., le... 17..., Lieut. réformé au rég. du *Maine*, cav. le 26 Janv. 1721, Corn. de la *Mest.-de-Camp*, le 18 Mars 1728, Lieut. le 10 Oct. 1731, Cap. le 1 Oct. 1733. Il commanda sa compagnie au camp du pays Messin la même année & les deux suiv.; Mest. de Camp du même rég. sur la démission de son père, le 16 Août 1737, il le commanda à l'armée de Bavière au mois de Mars 1742, sur les frontières de la Bohème sous les ordres du Maréc. de Maillebois, puis sous ceux du Maréc. de Broglie jusqu'au mois de Juill. 1743, qu'il rentra en France, où il finit la campagne sur les bords du Rhin sous les ordres du Maréchal de Coigny. Il continua de servir à l'armée du Rhin en 1744, & se trouva à l'attaque de Weissembourg, au passage du Rhin, d'où il se rendit dans la Suabe Autrichienne, sous les ordres de M. le Comte de Clermont, pendant le siège de Fribourg. Il servit en 1745, sous les ordres de M. le Prince de Conti sur le Bas-Rhin. Créé Brig. le 1 Mai, déclaré au mois de Nov., employé en cette qualité à l'armée commandée par M. le Prince de Conti en 1746; il resta en Alsace pendant la campagne & passa celle de 1747, au camp de Valence en Dauphiné. Il se trouva en 1748 au siége de Mastricht; obtint le 10 Mai le grade de Maréc. de Camp, & fut déclaré en Janv. 1749. Il se démit alors de son rég., fut employé à l'armée d'Allemagne en 1757; s'est trouvé à la bataille d'Hastembeck, à la conquête de l'Electorat d'Hanovre, & est revenu au mois de Déc.; le Roi lui a accordé la Lieutenance de Roi de Besançon, le 13 Avril 1759, avec ordre du même jour pour commander dans la ville, & le grade de Lieut. Général des Armées, le 25 Juillet 1762. M. D.

SAINT-SIMON, (Jean Desniers d'Archiac, Chev. de) né à... le 15 Nov. 1714, Enseig. de la *Colonelle*, du régim. de *Montconseil*, le 4 Août 1726, Lieut. de la même compagnie, le 24 Sept. suiv. Il servit au camp de la Saône en 1727; obtint le 15 Sept. 1730, une commission pour tenir rang de Cap.; passa à une Aide-Majorité le 25 Mars 1732; servit au siége de Garra-d'Adda, de Pizzighitone & du Château de Milan en 1733, à ceux de Tortonne, de Novarre & de Saravalle en 1734; eut une compagnie le 4 Mai suiv., & la commanda à l'attaque de Colomo, à la bataille de Parme, au passage de la Secchia, à la bataille de Guastalle, au siége de la Mirandole la même année, aux siéges de Reggio, de Révéré & de Gonzague en 1735, & rentra en France avec son rég. au mois de Sept. 1736; Maj. de son rég. le 19 Mai 1740, il fit la campagne de 1742 en Flandres, où il servit encore en 1743; mais ayant été nommé Aid.-Maj. Gén. de l'inf. de l'armée du Rhin le 1 Sept., il finit la campagne & y passa l'hiver. Il se trouva en la même qualité à l'attaque de Weissembourg & des lignes de la Louttre, à l'affaire d'Anguenum, au siège de Fribourg; & obtint le 1 Nov. une commission pour tenir rang de Colon. d'inf. Il fut employé à l'armée du Rhin sous les ordres de M. le Prince de Conti, le 1 Avril 1745, & continua de servir en la même qualité à l'armée du 15 Avril 1746; il y servit aux sièges de Mons, de Charleroi & de Namur; ayant ensuite suivi l'armée du Roi, il combattit à Rocoux, puis passa en Provence avec son rég.; il contribua à en chasser les ennemis & à leur faire repasser le Var; Aide-Maj. Gén. de l'armée d'Italie, le 1 Juin 1747, il servit à l'attaque des retranchemens de Villefranche & de Montalban, à la prise de Nice, de Villefranche & de Vintimille, au secours de cette place, & aux deux combats qui s'y donnèrent; il continua de servir avec la même qualité à l'armée d'Italie jusqu'à la paix. Créé Brig. le 10 Mai 1748, s'étant démis de la Majorité de son rég. au mois de Juin 1752, on l'entretint Col. réformé à la suite le 11 du même mois; il a été employé Brig. à l'armée d'Allemagne le 15 Juin 1757 & 1 Mai 1758; créé Maréc. de Camp le 25 Juill. 1761; Lieut. Gén. le 1 Mars 1780. M. D.

SAINT-SIMON, Lieut. de Roi de Sédan, Ville & Château.

SAINT-SIMON, (Marquis de) Maréchal de Camp le 1 Mars 80.

SAINT-SOUPLET. Sous-L. en sec. des *Gardes Françoises*.

SAINT SULPICE, (Claude-Joseph de Gaillard de) né à St-Aucour en Franche-Comté, le 30 Sept. 1759, Sous-L au rég. du *Maine*, le 27 Mars 1780. D.

SAINT-THIBAULT, ✠ Sous-Brig. des *Gardes d'Artois*.

SAINT-THIBAUT, ✠ Lieut. Col. com. le bataillon de garnison de *Lorraine*.

SAINT-TRYS, (Jean-Baptiste de) né à Lyon le 21 Sept. 1763, Cad. Gentilh. au rég. de la *Marine* le 14 Août 1779, Sous-L. le 28 Octobre 780. D.

SAINT-VALLIER, Sous L. en p. des *Gardes Françoises*.

SAINT-VAST, Maréc. de Camp le 27 Novembre 65.

SAINT-VICTOR, ✠ Lieut. Col. com. le bataillon de garnison d'*Auxerrois*.

SAINT-VICTOR, (Richard-Jérôme-Bon de Fontaine, Baron de) né à Alençon en Normandie, le 23 Mai 1755, Vol. dans *Royal*, cav. le 4 Mai 1769, Sous-Lieut. le 11 Avril 1770. M. D.

SAINT-VINCENT de Iestanne, Cap. d'artillerie, à Charleville.

SAINT-VINCENT, Capit. d'artillerie, à Collioure.

SAINT-VINCENT, (le Ch. de) Lieut. des *Maréchaux de France*, à Ste-Menehould.

SAINT-VINCENT, (Charles-Vinant) né à Sareville, Isle de France, le 21 Fév. 1727, Soldat au rég. de *Poissgny*, le 14 Oct. 1745. Serg. le 24 Juin 1753, P. D. le 1 Fév. 1763, Sous-L. des gren. le 11 Août 1767, Lieut. en sec. le 2 Juin

1778, ✠ en 1778, Lieut. en p. le 15 Août 1779.

SAINT - WULFRANC , ✠ Chef de brig. du rég. de *Strasbourg*, artillerie.

SAINTE - ALDEGONDE , (Comte de) Sous-L. des *Gendarmes de Flandres*. M. D.

SAINTE-ALDEGONDE, Enseig. surnuméraire des *Gardes Françoises*.

SAINTE - ALDEGONDE , (Ch. de) Brig. d'inf. le 3 Janvier 70.

SAINTE - ALDEGONDE , (Comte de) Maréc. de Camp le 1 Mars 80.

SAINTE - CATHERINE , Garde du Roi dans L. le 22 Déc. 1771.

SAINTE-COLOMBE , Garde du Roi dans L. le 1 Oct. 1770.

SAINTE-CROIX , (Comte de) Sous-L. des *Gardes d'Artois*. M. D.

SAINTE-CROIX , Sous-L. de *Maréchaussée* , à Draguignan.

SAINTE-CROIX , Garde du Roi dans B. le 23 Déc. 1780.

SAINTE - HERMINE , ✠ (Vicomte de) Col. en sec. du rég. de *Bourbon*, drag. M. D.

SAINTE-MARIE , Garde du Roi dans *Noailles*, le 27 Mars 1757.

SAINTE-MARIE , ✠ Cap. en sec. des *Gardes Françoises*.

SAINTE MARIE , Garde du Roi dans V. le 14 Sept. 1779.

SAINTE-MARIE , (André-Gabriel l'aîné de) né à Orléans le... 1765 , Cad. Gentilh. d'*Orléans*, inf. le 26 Déc. 1780, Sous L. le 20 Déc. suiv. D.

SAINTE-MARIE , Maréchal de Logis des Gardes du Roi dans B. le 31 Décembre 1782.

SAINTE-MAURE, (le Comte de) Lieut. de Roi au Duché de Bourgogne. M. D.

SAINTOURS, Garde du Roi dans V. le 30 Juin 1768.

SAINTSON, (Etienne-Pierre de) né à Orléans, le 15 Mars 1754, Sous-L. dans *Berry*, inf. le 21 Fév. 1773, Lieut. en sec. le 7 Sept. 1779, Lieut. en p. le 23 Avril 1782. D.

SAISSEVAL, (le Marquis de) Col. en sec. de *Normandie*, infanterie. M. D.

SAISSEVAL, (Comte de) sec. Lieut. des *Gendarmes Anglois*. M. D.

SAISY, (Charles-Marie-François de Kerampieul, Comte de) né à Rannegeau en Basse-Bretagne en 1753, Page du Roi en 1759, Sous-L. à la suite dans *Berry*, cav. en Avril 1772, en pied en Mars 1773 , Cap. à la suite en Juin 1779. M. D.

SALAGNAC, Maréc. de Log. des Gardes du Corps, compagnie de *Noailles*, le 11 Mars 1780.

SALAIGNAC, Cap. du *Génie* , à Brest.

SALAIGNAC, Garde du Roi dans *Noailles*, le 22 Sept. 1767.

SALAMON, (N...) né à Grignan en Provence, le 20 Juin 1757, Cav. au rég. de *Conti*, drag. le 15 Déc. 1750, Brig. le 1 Fév. 1760, Maréc. de Logis en 1763, Fourr. en 1764, P. G. le 3 Mars 1768.

SALANDRE, (Pierre-Nicolas) né à..., Aumônier du rég. de *Bassigny*, le 20 Oct. 1781.

SALAT , Garde du Roi dans *Noailles*, le 28 Sept. 1778.

SALAVERT, Garde du Roi dans B. le 15 Mars 1773.

SALCES, Lieut. de Roi, à Bergues.

SALDUCCI, (Vincenso) né à Ategno en Corse, le 20 Avril

1739, P. D. le 25 Avril 1775, Sous L. le 7 Juin 1776, Lieut. en sec. au rég. *Royal-Corse*, inf. le 12 Mai 1780.

SALELES, (André Sales de) né à Sauve en Languedoc, le 2 Fév. 1753, Vol. dans la légion de *Soubise* en Sept. 1769, Sous-Aide-Maj. au rég. *Royal-Comtois*, le 15 Juillet 1773, Lieut. le 1 Oct. 1773, Cap. en sec. le 2 Juillet 1777, Cap. Com. le 17 Sept. 1779. D.

SALES, (Pierre-Jean de) né à Brive en Limosin, le 29 Août 1749, Mousquetaire le 8 Mai 1766, Com. de Cap. le 29 Mai 1774, Cap. à la suite dans *Royal*, cav. le 6 Avril 1778, réformé le 19 Novembre 1781. D.

SALGUES, Brig. d'inf. le 1 Mars 80.

SALHA, Lieut. de Roi, en Guienne.

SALHA, (Charles - Antoine de) né à Bayonnette en Biscaie, le 22 Déc. 1746, Lieut. des *Milices du pays* en 58, Vol. dans *Austrasie* en 60, Corn. le 18 Déc. même année, Lieut. le 1 Oct. 1761, Sous-L. de la légion de *Hainaut* en 63, Cap. de la légion de *Lorraine*, le 12 Nov. 1770, Cap. en chef des Chasseurs du rég. de *Condé*, drag. le 5 Déc. 76, passé avec son escadron au Cap François, le 24 Oct. 77, rentré avec son escadron au 3e rég. des *Chasseurs*, le 29 Août 1780, ✠ le 12 Mar 80, a fait les campagnes de 1760, 1761, 1778, 1779 & 1780. D.

LALICETI, (Angelo-Luigi) né à Oletta en Corse, le 11 Août 1747, Sous-L. le 21 Mai 1766, Lieut. le 22 Fév. 1770, Cap. au rég. *Royal-Corse*, inf. le 25 Août 1775. D.

SALIGNY, Garde du Roi dans V. le 16 Août 1732.

SALIS Mayenfeld, (Charles-Ulisse de) né à... le... 17..., leva le 1 Juin 1734 une compagnie au rég. des *Grisons de Travers*, & la commanda à la prise du Château-du-Pont sur les frontières de Dauphiné en 43; à l'attaque des hauteurs de la Gardette, à l'attaque des retranchemens de Pierrelongue & de la redoute qui les défendoit en 44; il y commandoit le rég., emporta une redoute, culbuta ceux qui la commandoient, & fit 153 prisonniers, indépendamment des Officiers, dont il y en avoit de tout grade; il conserva pendant le reste de la campagne la communication de Démont à Gilleftre, & obtint le 6 Déc. le rég. qui étoit vacant par la mort de M. de Salis-Soglio, tué à Pierrelongue; il le commanda à la prise du Col de Cestrières, brûla le pont d'Exiles, & se trouva à l'attaque du camp des ennemis, auxquels on fit 400 prisonniers en 45 & 46 : il fut employé à la défense de plusieurs postes dans le Comté de Nice; il passa ensuite à Final, puis à Savone, à St. Pierre-d'Arena, & sous Tortonne aux ordres du Marquis de Mirepoix; il se replia avec l'armée qui rentra en France par la rivière de Gênes, où M. de Salis fut avec son rég. toujours aux prises avec les ennemis; il se distingua particulièrement à la défense de la Turbie, à la défense du Var, à l'attaque de Castellane & à la défense de la Provence; il servit dans le Comté de Nice jusqu'à la paix, & obtint le grade de Brigadier le 10 Mai 48; il servit en cette qualité au camp d'Aimeries en 54, à l'armée d'Allemagre le 1 Mars 57, & s'y trouva à la bataille d'Hastembeck, à la prise de Minden & d'Hanovre, à la bataille de Rosback la même année, à celle de Crevelt en 58, à la bataille de Closterecamp en 60; créé Maréc. de Camp le 20 Fév. 1761, il n'a pas été employé depuis. M. D.

SALIS, (Baron de) Maréchal de Camp le 1 Mars 1780. M. D.

SALIS de Zizers, Capit. des Gardes Suisses.

SALIS Samade, (Baron de) Maréc. de Camp le 1 Mars 1780. M. D.

SALIS Samade, (le Baron Rodolphe de) Sous-L. en p. des Gardes Françoises.

SALIS Sevis, Enseigne des Gardes Suisses.

SALIS Soglio, Major du rég. de Salis, infanterie.

SALIS Zizers, Sous-Aide-Major des G. des Suisses.

SALIVE, Lieut. Color. com. le bataillon de garnison de Boulonnois.

SALLE, (le Marquis de la) Gouverneur de la haute & basse Marche. M. D.

SALLEFRANQUE, Lieuten. des Maréchaux de France, à Castel-Jaloux.

SALLES, Sous-Brig. des Gardes du Corps dans Noailles le 30 Déc. 1776, Fourrier le 30 Juin 1777.

SALLONIER, Cap. du Génie, à Salins.

SALLONIER de la Motte, Lieut. des Maréch. de France, à St-Pierre-le-Moutier.

SALM-SALM, (le Prince Emmanuel de) Maréc. de Camp. le 5 Décembre 1781. M. D.

SALOMON de Cressé, Cap. du Génie, à Oléron.

SALOMON, (Pierre) né à St-Cyr en Angoumois le 17 Fév. 1756, Sous-L. au rég. d'Aquitaine le 31 Mars 74, Lieut. le 13 Mai 80, Lieut. en p. le 18 Sept. 81, Cap. en second le 13 Juillet 1782. D.

SALSON, Brig. des Gardes du Roi dans B. le 29 Juin 1780.

SALVAGE, Cap. du Génie, à Saint-Hipolyte.

SALUCES, (Comte de) Maréchal de Camp le 3 Janv. 1770. M. D.

SALVERT, ✠ Commissaire des Guerres, à Sarre Louis.

SALVERT, (Henri-Etienne-Eve de) né à Autillac en Auvergne le 11 Oct. 1756, Sous-L. dans l'Isle-de-France le 3 Juillet 1775. D.

SAMSON, (Alexandre-Paul-Louis-François, Marquis de) né au Mans le 11 Oct. 1750, Sous-Lieut. dans Penthièvre inf. le 31 Mai 68, Lieut. le 15 Mai 72, passé Sous-L. à la suite des Carabiniers le 4 Août 1782. M. D.

SAMPIGNY, ✠ (le Comte) Lieut. des Maréch. de France, à Riom. M. D.

SANBEUF, Garde du Roi dans L. le 21 Avril 1771.

SANDRAL, (Pierre-Etienne de) né à Paris le 14 Avril 1752, Lieut. au rég. des Recrues des Colonies le 22 Fév. 70, réformé le 15 Mars 73, Lieut. au régim. Royal-Comtois le 28 Juillet 75, Cap. en s. le 28 Fév. 1773. D.

SANLOT de Fontenailles, ✠ Major de l'Ecole de Génie de Mézières.

SANSAC, Garde du Roi dans V. le 20 Mars 1764.

SANSSAIS, Chevalier de la Chevardière, (Antoine-César de) né à Lagrandville, en Champagne, le... 1753, Sous-L. en rég. de la *Reine* inf. le 2 Août 71, Lieut. en sec. le 28 Août 77, Lieut. en p. le 31 Mars 79. D.

SANSE, Trompette des Gardes du Roi dans L.

SANSFAY, Chevalier de la Chevardière, (Anselme César de) né à Lagrandville en Champagne le... 1753, Sous-L. au rég. de la *Reine* inf. le 2 Août 71, Lieut. en sec. le 28 Août 77, en p. le 31 Mars 1779. D.

SANSONETTI, (Stefano) né à Bastia en Corse le 13 Mai 1736, Lieut. le 10 Mars 1758, Cap. au rég. *Royal-Corse* infant. le 4 Juillet 1764.

SANSONETTI, (Antonio-Matheo-Luegi) né à Ajaccio le 20 Nov. 1756, Sous L. le 31 Mars 1774, Lieut. en sec. au rég. *Royal-Corse* inf. le 29 Novembre 1778. D.

SANTEREAU de Chassé, (Gabriel, Cte. de) né à Vienne en Dauphiné en 1740, Page du Roi en 1756, Corn. au régim. *Dauphin* caval. en Mai 1759; breveté de Cap. en Juin 1770, Cap. com. au régim. de *Berry* en Mai 1772, ✠ en 1782. D. M.

SANTUARY, (Joseph-Louis-Paulin de) né à l'Isle-de-Bourbon le 5 Nov. 1753, Sous-L. dans la légion de *Dauphiné* le 10 Oct. 1771, idem dans *Schomberg*, idem dans le 6e rég. des *Chasseurs* le 24 Mai 1779. D.

SAONE, (Armand Félicien de Bastin, Marquis de la) né à... le... 17..., Bas. au régim. des *Gardes Françaises* le 14 Avril 1721, Sous-L. le 30 Mars 1726, Lieut. le 26 Mai 1727; il servit à l'attaque des lignes d'Ettingen, au siège de Philisbourg en 34, & obtint une comp. au même rég. le 18 Déc. de la même année; il la commanda à l'armée du Rhin en 35, à la bataille d'Ettingen en 43; créé Brig. le 2 Mai 44, Cap. d'une comp. de Grenad. le 19 Mars 45; employé comme Brig. à l'armée de Flandres le 1 Avril, il combattit à Fontenoy, servit au siège & à la prise des ville & citadelle de Tournay; devint commandant du sixième bataillon des *Gardes Françaises* le 19 Juin, quitta la comp. des Grenad., & prit une comp. des fusiliers le même jour, & finit la campagne en Flandres commandant le 5e bataillon, le 15 Avril 46; employé à l'armée de Flandres le 1 Mai suivant, il combattit à Raucoux; créé Maréchal de Camp le 1 Janvier 48, il fit la campagne de Flandres; devenu commandant du 4e bataillon du rég. des *Gardes* le 2 Sept. 57, a été employé à l'armée d'Allemagne pour commander à Hanau le 1 Juin 58; a obtenu le grade de Lieut. Général le 28 Déc., a commandé à Francfort pendant la campagne de 59, a passé au command. du 3e bataillon de son rég. le 14 Oct., & a repris le commandem. de Hanau pendant l'hiver de 59 à 60; il est parvenu au command. du second bataillon le 18 Janv. 61, à la Lieut. Colon. du rég. des *Gardes* le 15 Fév., & a été employé à l'armée du Bas-Rhin le 1 Mai. M. D.

SAPINAUD, (Marie-Auguste de) né à la Gaubretière en Poitou le 14 Janvier 1760, Cad. et Gentilh. au rég. de la *Reine* inf. le 27 Nov. 1778, Sous-L. le 3 Juin 1779. D.

SAPINAUT, (Charles-Henri-Félicité de) né à Gaubretière, Paroisse de Châtillon, en Poitou, le 30 Déc. 1760, Cad. Gentilh.

au rég. de *Foix* le 1 Juil. 1778, Sous-L. le 15 1750. D.

SAPPELE, ✠ Chef de Brig. du régim. de *Toul*, artillerie.

SARAILLOT, Sous-L. des *Gardes de la Prévôté*.

SARALIER, Lieut. de *Maréchaussée*, au Puy.

SARENNES, (Pierre Guérin de) né à... le... 16..., Enf. au rég. *Royal*, infant., le 27 Déc. 1663; fit la campagne de Gigery en Afrique en 1664, obtint une Lieut. le 9 Nov. 1665, servit aux siéges de Douay & de Lille en 1667, en Flandres en 1668, & obtint en considération des services de son père, qui avoit été annobli le 3 Janv. 1668, & en considération de ceux qu'il avoit rendus lui-même, une comp. dans le rég. de *Vermandois*, qui étoit vacante par sa mort le 8 Fév. 1671; il la commanda à tous les siéges, & au passage du Rhin en 1672; au siége de Maftricht en 1673, aux batailles de Seneff, d'Enshem & de Mulhauzen en 1674; aux siéges de Dinan, de Huy, de Limbourg; à la bataille de Consarbrick & à la défense de Treves en 1675; aux siéges de Condé, de Bouchain & d'Aire, puis au combat de Kokesberg en 1676, au siége de Fribourg en 1677, à ceux de Gand & d'Ypres & à la bataille de St.-Denis près Mons en 1678; passé à la majorité du rég. en 1682, il servit en cette qualité au siége de Luxembourg en 1684, en Allemagne en 1689, à la bataille de Fleurus en 1690, & devint com. du sec. bataillon le 1 Déc. de la même année; il le commanda au siége de Mons, puis à l'armée de la Moselle en 1691, au siége de Namur & au combat de Steinkerque en 1692, à la bataille de Nerwinde & au siége de Charleroy en 1693; Lieut. Col. le 9 Janv. 1694, il se trouva à la marche de Rignamont au pont des Pierres la même année, au siége de Bruxelles en 1695, en Flandres en 1696, au siége d'Ath en 1697, au camp de Compiegne en 1698, à Namur pendant la campagne de 1701, à la bataille de Fredelingen en 1702, en Espagne en 1703 & la suivante; nommé le 17 Fév. 1705, pour commander à St.-Sébaftien en quittant le rég. de *Vermandois*; créé Brig. le 6 Nov. 1706, il passa Commandant à St.-Quentin le 25 Fév. 1710, y demeura jusqu'au mois de Juin 1713; on lui donna le 7 Oct. 1715 la Lieut. de Roi de Condé, qu'il conserva jusqu'à sa mort, arrivée le 30 Août 1722.

SARIAC, (le Chev. de) Maj. au Fort de Scarpe.

SARIAC, (Antoine-Clément de) né à Pontetrentu en Gascogne le 28 Fév. 1745, Elève de l'Ecole Militaire le 20 Juillet 1756, Enf. dans *Montmorin* le 8 Avril 1761, Lieut. Cap. en sec le 11 Juin 1776, Cap. com. au rég. de *l'Isle-de-France* le 22 Juin 1781. D.

SERIAC (François-Louis de) né à Douse en Guienne le 22 Mai 1742, Lieut. au bataillon de Milice de *Beauce* le 25 Fév. 56, Lieut. au rég. d'*Aquitaine* le 12 Avril 59, breveté Cap. le 10 Sept. 69, Cap. le 10 Mars 78, Cap. com. le 16 Mai 81, ✠ blessé à l'affaire de Philing-Hausen le 16 Juin 61, d'un coup de canon qui lui a emporté le pouce de la main droite, & du même coup, a emporté une partie de la chair de la cuisse; blessé d'un coup de feu au bras droit à l'affaire de Villieustat le 24 Juin 1762. D.

SARIATEGUY de Vignolles, (Charles-Louis-Eugene de) né à Richemont le 10 Octob. 1756, Sous-L. à la suite de la légion de *Lorraine* le 25 Mars 72, Sous-L. dans *Orléans* drag. le 7 Sept 76, Cap. attaché au rég. de *Foix* inf. le 28 Fév. 78, passé au 3ᵉ rég. des *Chasseurs* le 8 Avril 1779. D.

SARLABOUS, (Comte de) Brig. de drag. le 5 Déc. 1781. M. D.

SARLABOUS, (François-Antoine de Mun, Chev. de) né à Taillebourg le 25 Déc. 1760; Page des écuries de la Reine le 1 Avril 74, Sous-L. à la suite dans *Noailles* le 1 Avril 78, idem au 6ᵉ rég. des *Chasseurs* le 15 Juil. 81, en pied le 31 Mai 1782. D.

SARLABOUS, (Alexandre de Mun, Comte de) né au château de Bize, en Gascogne, le 3 Déc. 1741, Lieut. réformé à la suite de *Noailles* cav. le 4 Mars 57, Cornette des *Carabiniers* le 28 Avril 61, rang de Cap. le 23 Mai 66, Aide-Maj. d'une brigade des *Carabiniers* le 20 Avril 68, rang de Mest. de C. le 4 Août 70, ✠ le 25 Mai 74, Mest. de C. en sec. dans *Noailles* drag. le 11 Juin 76, Col. du 6ᵉ régim. des *Chasseurs* le 13 Avril 80, Brig. le 5 Décembre 1781. M. D.

SARNAY, (Jean-François-Pierre Leyblot, Chev. de) né à Vauvincourt le 8 Avril 1758, Vol. dans *Berchiny* le... 17..., Cadet Gentilh. dans l'*Ile-de-France* le 8 Avril 1779, Sous-L. le 17 Mai 1780. D.

SARRASIN, Garde du Roi dans B. le 14 Juin 1765.

SARRASIN, ✠ (Marq. de) Major du rég. de *Ségur*, drag. M. D.

SARRASIN Laval, (le Cte. de) Lieut. des *Maréchaux de France*, à Aigueperse. M. D.

SARRET de Fabregues, (le Comte de) Lieut. de Roi du Gouvernement d'Auvergne. M. D.

SARRET, Aspirant du *Génie*, à Mézières.

SARRON, (le Marquis de) Lieut. des *Maréch. de France*, à Montbrison. M. D.

SARS, ✠ Lieut. des *Maréch. de France*, à Valenciennes.

SARS, ✠ Lieut. des *Maréch. de France*, à Laon.

SARSFIELD, (Jacques-Hyacinthe, Chevalier, ensuite Vicomte de) né à... le... 17..., fut d'abord Gentilh. à Drapeau au rég. des *Gardes Françoises* le 10 Avril 1740; il leva par commission du 1 Janv. 43, une comp. dans le rég. *Dandlau*, & la commanda en Alsace en 44, à l'armée du Bas-Rhin au mois de Juin, au camp de Chièvres, puis au siège d'Ath en 45, au siège de Bruxelles & à la bataille de Raucoux en 46; à la bataille de Lawfeld & au siège de Berg-op-Zoom en 47, au siège de Mastricht en 48, au camp de Sar-Louis en 54. Il se démit de sa comp. au mois d'Oct. 54, & fut entretenu Cap. réformé à la suite du rég. de cav. de *Fitz james* le 23 du même mois; il obtint le 22 Oct. 57 une commiss. pour tenir rang de Mest. de Camp de cav., & se trouva à la bataille de Rosback le 25 Nov.; Aide-Maréchal Général de Logis de l'armée d'Allemagne le 1 Mai 60, il se trouva à l'affaire de Corback, au combat de Warbourg & à la bataille de Clostercamp la même année; créé Brig. le 20 Fév. 61; Maréc. Gén. de Logis de la cav. de l'armée d'Allemagne commandée par le Prince de

Soubise le 15 Avril suivant, il se trouva aux affaires de Soest, d'Uma & de Fillinghausen la même année; il continua de servir à l'armée d'Allemagne en qualité de Maréchal Général de Logis de la cav. le 5 Avril 62, & s'est trouvé aux affaires de Grebenstein & de Joansburg; il a été déclaré au mois de Mai 63 Maréc. de Camp, avec rang du 25 Juillet 62; créé Lieut. Géné. le 5 Décembre 1781. M. D.

SART de Prémont, (Jean-Charles-Alexandre-Louis-Auguste, Chev. de) né à Ardres en Picardie en 1755, Sous-L. à la suite dans *Durfort* le 2 Mars 73, en pied le 19 Mai 1774. D.

SARTIGES, (le Vicomte de) Lieut. de *Génie*, à Brest. M. D.

SATILLEU, (Antoine-Marie-Alexis du Faure, Marquis de) né à Satilleu en Vivarais le 3 Av. 1749, Sous L. au rég. *Dauphin* inf. le 18 Oct. 1765, Capit. au rég. *Royal-Navarre* cav. le 25 Avril 1772. M. D.

SATILLEUX, (le Comte de) Capit. du *Génie*, à Strasbourg. M. D.

SAVARY, Major du château de Sedan.

SAVARY, (Jean-Charles, Marquis de) né au château de la Chanillière, au Perche, le 27 Juillet 1743, Vol. dans *Condé* cav. le 1 Fév. 55, Corn. le 27 Juil. 59, Sous-L. le 24 Avril 63, Cap. com. le 11 Mai 69, passé Cap. com. aux *Carabiniers* le 3 Janv. 70, réformé le 1 Avril 76, Cap. en sec. le 1 Mai 1779, Cap. en p. le 13 Juillet 1780. M. D.

SAVARY, Garde du Roi dans *Noailles* le 25 Mars 1760.

SAVATTE Garde du Roi dans L. le 30 Septembre 1775.

SAURIAC, Garde du Roi dans B. le 15 Février 1759.

SAVEYRAC, Sous-L. en p. des *Gardes Françoises*.

SAVIGNAC des Raclus, ✠ Lieut. des *Maréch. de France*, à Niort.

SAVINES, (Marq. de) Maréchal de Camp le 5 Déc. 1781. M. D.

SAVINES, Gouverneur à Embrun.

SAULNIER, (Antoine Duplessac de) né à Saunier en Périgord le 21 Mai 1764, élevé à l'Ecole Militaire le..., Cadet Gentilh. dans *Bassigny* le 6 Mai 1780, Sous-Lieut. le 18 Juin 1781. D.

SAULX, ✠ (le Cheval. de) Brig. des *Gardes d'Artois*.

SAULX Tavannes, (Charles-Michel Gaspard, Comte de) né à... le 31 Nov. 1713, Ens. au rég. de *Quercy* inf. le 24 Mars 1730, Colon. de ce rég. le 23 Janv. 31; il marcha avec lui en Italie en Octob. 33, & le commanda au siége de Pizzighitone & du château de Milan en Nov. & Déc., aux siéges de Sarravelle, de Novarre & du fort d'Arene, de Tortonne & de son château au mois de Fév. 34; au combat de Colorno, à la bataille de Parme au mois de Juin, à la bataille de Guastalle au mois de Sept. de la même année, aux siéges de Gonzague, de Reggiolo & de Révéré en 35, & rentra en France en Sept. 36; créé Brig. le 1 Janvier 40, employé sur la frontière de Dauphiné le 1 Sept. 43, il marcha à l'attaque des retranchemens de la Cheval & des ville & château de Pont; employé à l'armée d'Italie le 1 Fév. 44, il se trouva à la prise des retranchemens de Villefranche & de Montalban, à la prise de ces deux places; créé Maréc. de Camp le 2 Mai, il concourut comme Brigad. à la prise du château Dauphin, après qu'on eut forcé le passage des Alpes par la vallée de Sture; déclaré Maréchal de Camp le 1 Août, il se démit de son régim., & servit aux sièges de Démont, de Cony; se trouva au combat qui se donna sous cette place: employé à l'armée d'Italie sous le Maréc. de Maillebois le 1 Avril 45, il couvrit sous les ordres du Marquis de Senneterre le passage de l'armée dans les Alpes; servit aux sièges de Tortonne & de son château, à la prise de Plaisance, de Piovera, de Pavie, combattit à Rivarone, se trouva aux sièges d'Alexandrie, de Valence, d'Asty & de Cazal où il passa une partie de l'hiver; empl. à la même armée en 46, il se trouva à la prise d'Acquy, à la bataille de Plaisance, au combat de Tidon & finit la campagne sur la frontière de la Provence; il se rendit à Gand le 15 Avril 47; fut employé à l'armée de Flandres le 1 Mai, combattit à Lawfeld le 2 Juillet, & obtint une place de Menin de Mgr. le Dauphin le 29 Sept.; il servit au mois d'Avril 48 au siège de Mastricht, revint au mois de Mai en France; créé Lieuten. Général le 10 du même mois, on lui donna le... Juillet 52, le Gouvernement du château du Taureau en Bretagne, & au mois de Nov. 55, la charge de Chevalier d'honneur de la Reine, en remettant la place de Menin de Mgr. le Dauphin. M. D.

SAULX, Sous-L. de Maréchaussée, à Joinville.

SAUMERY, (Marquis de)

Maréchal de Camp le 3 Janvier 1770. M. D.

SAUNHAC, (N... de) né à..., Cal. Gentilh. dans le rég. Royal, cavalerie, le 12 Janvier 1780. D.

SAVONNIERES, (Thimoléon-Magdelon-François, Marq. de) né à Metz en Lorraine le 28 Nov. 1745, Enf. au régim. de *Normandie*, inf., le 29 Nov. 55, Lieut. le 1 Fév. 56, Cap. le 2 Nov. 60, Maj. du régim. de *Navarre* inf. le 31 Mai 76, ✠ le 1 Janv. 78, Mest. de Camp en sec. de *Monsieur*, drag., le 13 Avril 1780. D. M.

SAVOURNIN, Cap. d'artillerie, en Amérique.

SAURET de la Borie, Lieut. de Roi, à Mont-Louis.

SAUTEIRON de St. Clément, (Joseph-Antoine de) né à... le..., Lieut. au rég. de *Brie* le..., réformé le..., Gouverneur pour le Roi de la ville de Perthuis, le...

SAUVAGE, Garde du Roi dans B. le 14 Janvier 1761.

SAUVAGNAC, Quartier Mr Trésorier d'*Angoumois*, infanterie.

SAUVAGNE de Bar, Lieut. de *Maréchaussée*, à Lons-le-Saunier.

SAUVAN, Exempt des Gardes du Roi dans V. le 18 Sept. 1764, Mestre de Camp le 30 Sept. 1774, Sous-L. le 1 Janvier 1776, Lieut. le 6 Mai 1781, Brigadier le 5 Décembre 1781.

SAUVAN, (Baron de) Brig. de caval. le 5 Décembre 1781. M. D.

SAUVAUD de Lourmale, Lieutenant de *Maréchaussée*, à Agen.

SAUVIAT, (Léonard du Letis de) né à Sauviat en Marche le 4 Fév. 1762, Sous-L. au rég.

du *Maine* le 28 Déc. 1780. D.

SAUVIGNEY, Maréc. de C. le 5 Décembre 1781.

SAVY, (Jean François-Marie de) né à Toulouse le 21 Mai 1762, Cad. Gentilh. au rég. de *Beaujolois* le 1 Avril 1779, Sous-L. le 15 Juil. 1782. D.

SAXE, † (Joseph-Xavier-Charles-Raphaël-Benoit-Philippe, Chevalier de) né à Dreisdre en Saxe le 23 Août 1767, Elève de l'Ecole Militaire le 20 Avril 1781, Sous-L. à la suite des *Carabiniers* le 28 Mai 1782, Sous-Lieut. en 3e le 4 Août 1782.

SCEAULX, (Charles-Jacques-Julien de) né à Roisur-Coëtion, Evêché de Dol, le 20 Fév. 1759, Cad. Gentilh. dans *Condé* drag. le 21 Nov. 1777, Sous-L. le 22 Janv. 79, passé au 3e rég. des *Chasseurs* le 1 Mai 79; a fait trois campagnes en Amérique. D.

SCEPEAUX, (Claude-Gaston, Marquis de) né à le 6 Déc. 1711, Page du Roi le 3 Mars 1728, Corn. au rég. de *Villeroi* cav. le 18 Mars 1729; il quitta les Pages en 31, pour aller joindre le rég. avec lequel il servit à la conquête de la Lorraine & à la prise de Nancy en 33; à l'attaque des lignes d'Ettingen & au siége de Philisbourg en 34; Cap. le 21 Janv. 35, il commanda sa compagnie à l'affaire de Clausen en Oct., en Westphalie sur les frontières de Bohême & de Bavière en 41 & 42; Maj. du rég. le 16 Av. 43, il continua de servir à l'armée de Bavière, se trouva à la défense de Deckendorff, rentra en France avec l'armée au mois de Juillet, & finit la campagne en Basse-Alsace sous les ordres du Maréchal de Noailles; Aide Maréc. Général de Logis de la caval. de l'armée d'Italie le 1 Fév. 44, il se trouva à l'attaque du Comté de Nice, du château Dauphin, aux siéges de Cony, de Démont & à la bataille de la Madona-del-Ulmo, & obtint le 18 Oct. une commission pour tenir rang de Mest. de Camp de cavalerie; il continua de servir en la même qualité à l'armée du Bas-Rhin qui se tint sur la défensive en 45. Toujours Aide-Maréc. Général de Logis de la caval. de l'armée commandée par M. le Prince de Conti le 1 Mai 46, il servit aux siéges de Mons & de Charleroi, & après la jonction des deux armées, il combattit à Raucoux; il servit encore Aide-Maréchal Général de Logis de l'armée du Roi le 1 Mai 47; se trouva à la bataille de Lawfeld au mois de Juillet, & fut fait successivement 3e Enf. de la comp. de *Villeroi* des Gardes du Roi le 22 Sept. 47; Brig. le 10 Mai 48, deuxième Enf. le 31 Mars 53, premier Enf. le 16 Juin 55, troisième Lieut. le 22 du même mois, deuxième Lieut. le 8 Fév. 58; créé Maréchal de Camp le 20 Fév. 61, il a servi en Allemagne cette année & la suivante; devenu premier Lieut. le 10 Juillet 1762. M. D.

SCEPEAUX, (Chevalier de) Maréchal de Camp le 3 Janvier 1770.

SCEPEAUX, (le Cheval. de) Commandant en Lyonnois.

SCEY de Monbelliard, (Alexandre-Antoine, Comte de) né à ... le ... 17..., Corn. au rég. de *Rindan* cav. le 18 Mars 1729, il servit à l'armée d'Italie où il se trouva aux siéges de Garra-d'Adda, de Pizzigitone & du château de Milan en 1733, à ceux de Tortonne, de Novarre, de Sarravalle en Janv. & Fév. 35,

Cap. le 25 Mars suiv.; il rentra en France avec le rég. en Avril & commanda sa Comp. à l'armée du Rhin où il finit la campagne, & se trouva à l'affaire de Clausen au mois d'Oct.; il commanda sa Comp. à la prise de Prague en 1741, au combat de Sahay, au ravitaillement de Frawemberg, à la défense & à la retraite de Prague en 1742, sur le Rhin en 43, à la défaite du Général Nadasty près de Saverne, à l'attaque des retranchemens de Suffelsheim, au siége de Fribourg en 1744, en Suabe pendant l'hiver, à l'armée du bas-Rhin en 1745, en Dauphiné pendant la campagne de 1746, au camp de Gap & de Valence en 1747; Mest. de C. du rég. de drag. de *Languedoc* le 1 Janv. 1748, il le commanda sur les frontières d'Italie jusqu'à la paix; Mest. de C. Lieut. du rég. du *Roi* drag. le 9 Août suivant, il se démit de celui de *Languedoc* & commanda le nouveau rég. à la prise de plusieurs places du Duché de Gueldres & de Juliers, à la bataille de Crewelt le 23 Juin 1758; obtint le 2 Juill. suiv. le grade de Brig. & finit la campagne en cette qualité. Détaché au mois de Nov. de la grande armée il joignit celle que commandoit le Prince de Soubise, & s'empara à la tête de son rég. de Schwartshausen & du château de Calze dont il fit la garnison prisonnière de guerre; employé à l'armée d'Allemagne par Lettres du 1 Mai 1759 & 60, il se trouva à la bataille de Minden en 1759, aux affaires de Corbach & de Warbourg, & se distingua particulièrement à celle de Ralern, où commandant deux rég. de drag. il s'empara des hauteurs que la cav. ennemie occupoit après l'avoir battue & culbutée; créé Maréc. de Camp le 20 Fév. 1761, il s'est démis du rég. du *Roi*, a été employé à l'armée d'Allemagne le 1 Mai 1761, il se trouva aux mois de Fév. & de Mars aux actions de Grunberg & de Lich, enveloppa près de Grunberg 2 Officiers & 150 Chasseurs de l'arriere-garde des ennemis & les força tous de mettre les armes à bas sans perdre personne; il combattit au mois de Juill. à Filinghausen, & commanda pendant le reste de la guerre des détachemens avec lesquels il battit les ennemis dans plusieurs occasions; créé Lieut. Gén. le 1 Mars 1780. M. D.

SCHEFFER, (Pierre, Baron de) né à... le... 17... avoit servi plusieurs années en Suède où il commandoit une Comp. des Gardes lorsqu'il vint en France en 1745; il y fut fait d'abord Cap. réformé à la suite du rég. *Royal-Suédois* le 16 Avril de cette année, & fit la campagne sur le Rhin sous les ordres de M. le Prince de Conti; il servit aux siéges de Mons, de Charleroi, des ville & château de Namur & à la bataille de Raucoux en 1746 & obtint une Comp. le 12 Nov.; il la commanda à la bataille de Lawfeld en 1747; on lui donna le 12 Janv. 1748 une commis. pour tenir rang de Col. d'inf., il servit en cette qualité au siége de Mastricht la même année, & fut entretenu Col. réformé à la suite du même rég. en quittant sa Comp. le 11 Juin 1752, il se trouva en cette qualité à la bataille d'Hastembeck, à la prise de Minden & d'Hanovre en 1757, & ayant été nommé pour commander les

P...... qu'on envoyoit dans ....bourg il contribua à la belle défense qu'y fit le Marquis de L...., & mérita le grade de M.... qu'on lui accorda le 15 J...... 1758; cette ville s'étant rendue à condition que la garnison ne serviroit point pendant la guerre, le Baron de Scheffer ne p.. servir pendant les campagnes de 1758 & 59, mais les ennemis par distinction particuliere pour lui l'ayant remis en activité, il fut employé à l'armée d'Allemagne le 1 Mai 1760, & créé Maréc. de Camp le 20 Fév. 1761. M. D.

SCHEGLINSKY, Seigneur de Pomarede (François-Charles Schlegel de) né à Varsovie en Pologne le 8 Mai 1740, Vol. dans *Hainaut* en Sept. 1759, Corn. le 1 Janv. 1760, Sous-L. à la paix en 1762, Cap. dans la légion *Corse* le 1 Sept. 1769, Cap. Aide-Maj. de drag. le 1 Sept. 1769, employé par S. M. en Pologne, ✠ après une action très-vigoureuse contre les Russes le 21 Oct. 1773, a obtenu.... de pension le 2 Fév. 1774, réfor. Cap. Aide-Maj. dans la légion de *Dauphiné* le 22 Nov. 1776, Cap. C. des Chasseurs de *Schomberg* le même jour, passé au .. rég. des *Chasseurs* le 24 Mai 1779, a fait 4 campagnes en Allemagne, 2 en Corse, 3 en Pologne, fait prisonnier de guerre au château de Cracovie & conduit en Russie, où il subit pendant 15 mois les plus mauvais traitemens. D.

SCHEILLE, ancien Garçon-Major d'artillerie à Metz.

SCHETZEL, (Daniel de) né à Strasbourg le 23 Juin 1723, Vol. dans *Saxe* en 1746, blessé à la bataille de Sohfelden en 1747, Lieut. en p. dans *Royal-Nassau* le 18 Nov. 1756, blessé à l'attaque de Schabenbourg en 1760, Cap. C. le 25 Nov. 1766, incorporé dans *Constans* le 26 Juill. 1776, ✠ le 20 Oct. 1777. D.

SCHEWENGSFELD, (Baron de) Maréc. de Camp le 3 Janv. 1770. M. D.

SCHMID de Grunegg, ✠ Lieut. Col. du régim. de *Salis*, infanterie.

SCHMITH, Caporal des cent *Gardes Suisses*.

SCHNEIDER, Brig. d'inf. le 25 Juill. 17.2.

SCHNEINDER, Sous-L. de *Maréchaussée* à Louviers.

SCHŒNAU, (Baron de) Brig. d'inf. le 5 Déc. 81. M. D.

SCHOMBERG, (Gottlob Louis, Comte de) né à... le... 17... Il entra au service en France en 1747 en qualité de Cap. en sec. au rég. de *Aisne. la Dauphine* dont il eut la commission le 1 Juill. & servit au siége de Mastricht en 1748, il passa à une comp. au rég. des *Volontaires de Friesen* le 18 Juin 1751, & obtint le 28 Novem. 1752 une commission pour tenir rang de Mest. de Camp cav. ; Mest. de Camp du même rég. à la mort du Comte de Friesen le 11 Avril 1755 ; il servit en qualité de Col. en Allemagne en 1757 & 58, se trouva aux batailles d'Hastembeck & de Crevelt, & commanda son rég. aux batailles de Bergen & de Minden en 1759, aux affaires de Corback & de Warbourg en 1760; créé Brig. le 20 Fév. 1761, il se trouva au combat de Hürghausen les 15 & 16 Juill. & à plusieurs actions dans l'Electorat d'Hanovre la même année ; son rég. ayant été mis au nombre des rég. de drag. le 1 Fév. 1762 il le commanda en Allemagne pendant cette campagne, se trouva aux combats de Grebenstein & de Joansberg; déclaré en Mai 1763 Maréc. de Camp avec rang du 25 Juill. 1762, il a conservé son rég.; créé Lieut. Gén. le 5 Déc. 1781. M. D.

SCHONBERG, (Baron de) Maréc. de Camp. le 3 Janv. 70. M. D.

SCHONEN, ✠ (le Ch. de) Major du 4ᵉ régim. d'Etat-Major.

SCHOULTZE, ✠* Maj. du rég. de *Nassau* inf.

SCHOUSTER, ancien Garçon-Maj. d'artillerie à Weissembourg.

SCHRAPFF, Trompette des Gardes du Roi dans *Noailles*.

SCHVEND, ✠ Cap. d'artillerie à Schelestat.

SCHWARTZ, (Baron de) Maréc. de C. le 1 Mars 1780. M. D.

SCHWICH, Quart. M. Trés. d'*Ernest* inf.

SCHULER, Quart. M. Trés. de la *Marck* inf.

SCHUPHAUWER, (Charles) né à Paris le 21 Avril 1745, originaire de Fribourg, Cadet dans *Vigier* le 21 Juin 1761, Enf. le 2 Nov. 1761, Sous-L. le 26 Oct. 1763, Lieut. le 17 Avril 1774, blessé à l'affaire de Neuhausen en Juillet 1761. D.

SEGONSAC, ✠ (Ch. de) Maj. de *Royal-Piémont* cav.

SEGONSAC, (le Marq. de) Exempt des Gardes du Roi dans L. le 10 Déc. 1764 Mest. de C. le 11 Déc. 1771, Sous-L. le 1 Janv. 1776, Lieut. le 2 Avril 1780, Command. des C. le 20 Déc. 1782. M. D.

SEGUIER, Brig. d'inf. le 1 Mars 1780. M. D.

SEGUIER, (Antoine-Nicolas-Jean) né à Paris le 25 Mars 1750, Vol. au rég. de *Limosin* le 16 Nov. 1769, Sous-L. le 6 Janv. 1771, Lieut. en sec. le 21 Avril 1777, Cap. à la suite dudit rég. le 3 Juin 1779.

SEGUR, (Henri-François, Comte de) né à... le 1 Juin 1689, fut d'abord Mousquetaire le 1 Janv. 1705; il fit la campagne en Flandre, & obtint une compagnie d'infanterie dans le rég. que son père levoit, par Commission du 15 Déc.; il joignit ce rég. au commencement de 1706 dans le Royaume d'Aragon, où il soutint avec quatre compagnies de ce rég. le siége d'Insta qu'il ne rendit qu'avec une capitulation honorable; Col. de ce rég. sur la démission de son père le 6 Oct. 1706, il le commanda jusqu'au mois de Sept. 1709, qu'il s'en démit pour la Charge de Guidon de la compagnie des *Gendarmes* Anglois dont il fut pourvu le 26 Déc.; il obtint une Commission du même jour pour tenir rang de Mest. de Camp de cav., & servit avec la Gendarmerie jusqu'à la paix; il se trouva à l'attaque des retranchemens de Denain, aux siéges de Douay & du Quesnoy en 1712, Gouverneur & Lieut. Gén. des pays, ville & château de Foix, Lieut. Gén. au Gouvernement de Champagne, pour le département de Brie en survivance de son père, par provisions données à Paris le 10 Sept. 1718, il prêta serment pour ces deux charges le 23 Oct., se démit, au mois de Déc., de la Charge de Guidon de la compagnie des *Gendarmes* Anglois;

créé Brig. le 1 Fév. 1719, Mest. de Camp, Lieut. du rég. de cav. d'*Orléans* le 6 Mars, il fit la campagne sur la frontière d'Espagne, où on fit les siéges de Fontarabie, des ville & château de St-Sébastien, de Roses; fut nommé Maître de la Garde-Robe de M. le Duc d'Orléans le 12 Juillet suiv., & servit au camp de la Moselle en 1727, au camp de la Haute-Meuse en 1730, employé à l'armée d'Italie le 6 Oct. 1733, nommé pour faire les fonctions de Maréc. Gén. de Logis de la cav. de cette armée le 27 Nov., il exerça cette Charge à tous les siéges qu'on entreprit en Déc. & aux mois de Janv. & Fév. 1734; créé Maréc. de Camp le 20 de ce mois, employé en cette qualité par Lettres du 1 Avril, il continua les fonctions de Maréc. Gén. de Logis de la cavalerie, par ordre du même jour; se trouva aux batailles de Parme, de Guastalle, servit en 1735, en qualité de Maréchal de Camp à la prise des châteaux de Gonzague, de Reggiolo, de Révéré; il s'empara, le 15 Juin, de Goito que les ennemis avoient abandonné, rentra en France avec les troupes en 1736; on lui donna une place d'inspecteur Général de la cav. & des dragons le 16 Sept. de cette année; on l'employa Maréchal de Camp au pays Messin sous les ordres du Comte de Belle Isle le 23 Oct. 1737; créé Lieut. Gén. des armées le 1 Mars 1738, employé au pays Messin en cette qualité le même jour, il continua d'y commander sous le Comte de Belle-Isle. Il eut un ordre le 25 Janv. 1741, pour y commander en chef après le départ du Maréchal de Belle-Isle, pour son Ambassade de France.

fort; employé à l'armée de Bohême le 20 Juillet 1741, il commanda la sixième division des troupes qui passèrent le Rhin à Lauterbourg le 21 Août & la conduisit jusqu'en Autriche; lorsque l'armée marcha en Bohême pour faire le siége de Prague, le Comte de Ségur fut choisi pour commander dans la Haute-Autriche; chargé, avec environ 10,000 hommes, tant François, que Bavarois, de défendre la rivière d'Ens, depuis son confluent dans le Danube, jusqu'aux montagnes de St-Drie, c'est-à-dire, plus de 15 lieues du pays, il fit humainement, secondé du Mylord Clare, tout ce qu'un Général habile peut faire pour une vigoureuse défense; mais attaqué par près de 3000 hommes, la communication avec l'armée, coupée par l'abandonnement de Budeweis & de Freystatt, obligé de se renfermer dans Lintz, ville sans défense, il y tint jusqu'au 23 Janv. 1742, qu'il capitula aux conditions de ne point servir d'un an. Il rentra en France au mois d'Avril suiv.; employé à l'armée du Rhin sous le Maréc. de Noailles le 1 Mai 1743, il fut détaché du camp de Wimpfen le 4 Juin avec 12 bataillons & 10 escadrons pour marcher en Bavière & favoriser la retraite de l'armée qu'il joignit à Donawert le 14, & avec laquelle il rentra au mois de Juillet suiv.; il finit la campagne en Basse-Alsace sous les ordres de M. le Maréchal de Noailles; employé à l'armée commandée par le Roi en Flandres le 1 Avril 1744, il servit au siége & à la prise de Menin, d'Ypres & de Furnes, commanda la quatrième colonne des troupes que le Roi envoya de Flandres en Alsace au mois de Juillet : se trouva, le 23 Août, à l'affaire d'Auguenum qui obligea le Prince Charles à repasser le Rhin ; commandant 20 bataillons & 20 escadrons de troupes Françoises, il joignit l'armée Impériale, commandée par le Maréchal de Seckendorff, & passa le Rhin le 1 Sept. pour marcher en Bavière où il prit les quartiers d'hiver aux environs de Donawert, de Rain & de Pfaffenhoven : menacé par un corps de 15,000 Autrichiens, dont 8000 hommes de cav., le Comte de Ségur n'avoit que 6000 hommes, dont 1200 cavaliers ou huffards, leva, le 14 Av. 1745, tous ses quartiers, se campa sur les hauteurs de Pfeffenhoven, où il fut attaqué par les ennemis : il leur tua près de 1300 hommes, en perdit autant après 3 combats qui durèrent tout le jour ; il fit sa retraite sur Rain, où il arriva le lendemain, après avoir fait 6 lieues entre deux colonnes ennemies sans être entamé, par l'assurance & la valeur avec laquelle il se conduisit en se retirant de hauteur en hauteur, de bois en bois : il se rendit enfin à Donawert d'où il conduisit les troupes qu'il avoit sous ses ordres à l'armée commandée par M. le Prince de Conti, qu'il joignit le 15 Mai : il finit la campagne sous ce Prince, & revint commander à Metz sous les ordres du Maréc. de Belle-Isle pendant l'hiver ; employé à l'armée commandée par M. le Prince de Conti le 1 Mai 1746, il commanda un corps de troupes de 15 bataillons & de 32 escadrons sur la Meuse, & entre la Sambre & la Meuse pendant le siége de Mons ; conduisit ce corps au siège de Charleroy, où il monta le premier la tranchée : après la prise de cette place, il retourna commander un nouveau corps entre Sambre & Meuse, servit ensuite au siége & à la prise de Namur ; après la prise de la Ville, il fut détaché avec 19 bataillons & 19 escadrons pour joindre la grande armée ; il combattit à Raucoux, & se rendit à son commandement de Metz où il passa une partie de l'hiver ; employé à l'armée commandée par le Roi le 1 Avril 1747, il marcha avec le corps des troupes qui s'étoit assemblé à Sédan sous les ordres de M. le Comte de Clermont, & qui se rendit au camp de Louaken le 14 Juin ; il combattit à Lawfeld le 2 Juillet & retourna commander à Metz pendant l'hiver ; nommé ✠ le 1 Janv. 1748, il fut reçu le 2 Fév. ; destiné à servir à l'armée de Flandres par Lettres du 15 Avril, il ne la joignit point, la paix s'étant conclue le 30 du même mois, & il resta à Metz où il commanda jusqu'à sa mort, arrivée le 18 Juin 1751.

SÉGUR, fils du précédent, (Henri-Philippe, Maréchal Marquis de) né à... le 20 Janv. 1724, fut d'abord connu sous le nom de Marquis de Ségur, il entra Corn. au rég. de *Rosen*, caval., le 27 Mars 1739, & y obtint une compagnie le 11 Août 1740 ; il passa en Bohême avec ce rég. au mois d'Août 1741, se trouva à la prise de Prague la même année, au combat de Sahay, à la défense de Prague, à la fameuse retraite de cette Ville en 1742, rentra en France au mois de Fév. 1743, & combattit à Ettingen au mois de Juin suiv. ; Colonel d'un rég. d'inf. de son nom le 22 Août suiv., il l'alla joindre sur la frontière de Dauphiné, & le commanda à l'attaque de la Tour du Pont & de la Chenal sur les frontières de Piémont, à l'attaque des retranchemens de Ville-Franche & de Montalban, à la prise des deux Villes, à la prise de château Dauphin, au siége de Démont, à celui de Cony, à la bataille qui se donna sous cette place en 1744, au passage des Alpes par la vallée de Spino, aux sièges d'Acquy, de Sartevalle, de Tortonne, & de son Château, de Plaisance, de Parme, de Pavie, au combat de Ruffedo, à la prise d'Alexandrie, de Valence, d'Asty & de Cazal en 1745; Col. d'un rég. d'inf. de son nom par Commission du premier Déc. de cette année, il se démit de celui qu'il avoit & commanda son nouveau rég. sur la Meuse, puis entre Sembre & Meuse sous les ordres du Comte de Ségur, son père, pendant le siége de Mons, aux sièges de Charleroy, de la ville de Namur, à la baille de Raucoux la même année, à la bataille de Lawfeld en 1747; il y eut un bras emporté; fut créé Brig. le 27 Juill., avec des Lettres de service du même jour: le Roi lui accorda le Gouvernement général du pays de Foix par provision du 20, & la Lieutenance Gén. de la Champagne au département de Brie, en survivance de son père, par autres provisions du 23 Mars 1748, & le créa Maréchal de Camp le 25 Août 1749; il se démit alors de son rég., il prit le nom de Comte de Ségur à la mort de son père le 18 Juin 1751, & prêta serment pour le Gouvernement du pays de Foix le premier Avril 1753; Inspecteur Gén. surnuméraire de l'inf. par commission du 19 Nov. 1755, il se rendit en Corse, & commanda à Ajaccia jusqu'au premier Mars 1757, qu'il fut employé à l'armée d'Allemagne; il s'y trouva à la bataille d'Hastembeck, à la conquête de l'Electorat d'Hanovre, à la bataille de Crewelt en 1758, & obtint la place d'Inspect. Gén. de l'inf. qui vaquoit par la démission du Comte de Maillebois le 25 Mai de cette année; employé à l'armée d'Allemagne le 1 Mai 1759, il combattit à Minden, obtint le grade de Lieut. Gén. des armées le 18 Mai 1760, avec des Lettres de service du même jour pour l'armée d'Allemagne; chargé d'une des principales attaques à l'affaire de Warbourg le 31 Juillet, il s'y comporta avec la plus grande valeur; détaché avec un corps de troupes sous les ordres du Marquis de Castries pour le secours de Vetel dont les ennemis faisoient le siège, il fut blessé légèrement au combat de Clostercamps, & y demeura prisonnier; échangé au mois de Mars 1761, il a été employé à l'armée du Bas-Rhin le 1 Mai; créé ⚔ le 7 Juin 1767, Ministre & Secrétaire d'Etat ayant le département de la guerre le... 17....; créé *Maréchal de France* le 13 Juin 1783, a prêté serment le 14 du même mois.

SÉGUR, fils du précédent, (N... Cte. de) né à... le... 17... Col. en sec. du rég. de *Soissonois*, inf., le... 17..., Mest. de Camp du rég. de dragons de son nom le 5 Déc. 1782.

SÉGUR Cabanac, (Joseph, Vicomte de) né à... le... 17..., Lieut. réformé du rég. d'*Orléans* cav. le 5 Août 1723, il servit au camp de la Moselle en 1727, obtint une compagnie au même rég. le 22 Nov. 1728, la commar** au camp de la Meuſe en 1710, aux ſiéges de Garra d'Adda, de Pizzighitone, du château de Milan en 1733, de Tortonne, de Novarre, à l'attaque de Colorno, aux batailles de Parme & de Guaſtalle en 1734, fait Maj. de ſon rég. le 6 Oct.; il ſervit en cette qualité aux ſiéges de Revéré, de Reggio & de Gonzague en 1735, à la priſe de Prague en 1741, au combat de Sahay en 1742; mais ayant été nommé troiſième Guidon de la compagnie des *Gendarmes* de la Garde le 11 Mai 1742, avec rang de Meſt. de Camp de cav. par Commiſſion du même jour, il quitta la Majorité du rég. d'*Orléans* & continua de ſervir à l'armée de Bohême en qualité d'Aide-Maréchal Gén. de Logis de la cavalerie par ordre du premier Mai; il ſe trouva en cette qualité à la défenſe de Prague, à la retraite de cette place au mois de Déc.; il étoit avec la compagnie des *Gendarmes*, à la bataille d'Ettingen le 27 Juin 1743, devint deuxième Guidon de ſa compagnie le 12 Juillet, & premier Guidon le 17 Nov. ſuiv.; il ſe trouva à la bataille de Fontenoy, aux ſiéges des villes & citadelles de Tournay, d'Oudenarde, de Dendermonde & d'Ath en 1745, à la bataille de Raucoux en 1746, à celle de Lawfeld en 1747; créé Brig. le 1 Janv. 1748, il ſervit au ſiége de Maſtricht, devint troiſième Enſ. de ſa compagnie le 15 Mars, 2e. Enſeig. le 10 Oct. 1749, & premier Enſeig. le 14 Nov. 1753; créé Maréchal de Camp le 20 Fév. 1759, employé à l'armée d'Allemagne le 1 Mai, il s'eſt trouvé à la bataille de Minden, le 1 Août, eſt devenu ſec. Sous-Lieut. de la compagnie des *Gendarmes* le 12 Avril 1761, a été employé Maréchal de Camp en Guienne le 1 Mai 1761 & 1762; créé Lieut. Gén. des armées le 16 Avril 1767.

SÉGUR Grandpuch, (Cte. de) Enſeig. des *Gendarmes* de la Garde.

SEGUR, (le Vicomte de) Brig. de cav. le 5 Décemb. 81.

SÉGUR, (Vicomte de) Col. en ſec. du rég. de *Noailles*, drag.

SÉGUR, (Pierre-Henri-François-Athanaſe de) né à Bordeaux le... 1762, Cad. Gentilh. d'*Orléans*, inf. le 6 Juin 1776, Sous-L. le 20 Juin 1777, Lieut. en ſec. le 18 Déc. 1779, en p. le 10 Mai 1782.

SÉGUR, (Jean, Ch. de) né à Montaſo en Guienne, le... 1765, Cad. Gentilh. d'*Orléans*, inf. le 18 Nov. 1780, Sous-L. le 10 Mai 1782.

SÉGUR, Garde de la Manche, le 26 Mars 1779.

SEIGNELAY, (Marquis de) Maréc. de C. le 1 Mars 80. M. D.

SEIGNEUR, (le Chev. de) Commiſſaire des Guerres; à la Rochelle.

SEILHAC, (le Marquis de) Lieut. des *Maréchaux de France*, à Tulle.

SEILHAC, Lieut. de Roi, à Phalsbourg.

SEMILLY, ✠ Lieut. Col. du rég. Provincial d'Artillerie de *Beſançon*.

SENANT, Commiſſaire des Guerres, à Vannes.

SENARMONT, ✠ Chef de brig. du rég. de *Beſançon*, art.

SENAULT, Garde du Roi dans B. le 5 Février 1775.

SENCHON de Bourniſſac, ✠ Adjudant du Prévôt Gén. de *Maréchauſſée*, à Aix.

SENERMONT, Cap. du Génie, à Abbeville.

SENEVOY, (Marquis de) Mest. de Camp C. C. Inspecteur du Colonel-Gén., inf., Brig. des Armées le 1 Mars 1780. M. D.

SENNETON de Chermont, Brig. d'inf. le 1 Mars 80.

SENNETON de Chermont, ✠ Brig. du Génie, à Valenciennes.

SENNEVILLE, Garde du Roi dans V. le 12 Avril 1778.

SENOVERT, Lieut. du Génie, à Grenoble.

SENS de Morton, Brig. d'inf. le 5 Décembre 81.

SEPTIER d'Etigny, (François) né à Nevers en 1758, Gendarme de la Garde en 1773, Garde d'Artois le 1 Août 1776, Sous-L. à la suite dans Berry, inf. le 24 Sept. 1780, Sous-L. en 3e le 30 Juill. 1781. D.

SERAN d'Andrieu, (Jean-Baptiste-François, Vicomte de) né à Seynes en Provence, le 11 Nov. 1756, Elève du Génie, le 11 Janv. 1775, Cap. réformé au rég. Royal-Navarre, cav. le 11 Juillet 1782. M. D.

SERAUCOURT, ✠ Lieut. des Maréchaux de France, à Fismes.

SERIN, Garde du Roi dans L. le 14 Octobre 1779.

SERISAY de Grillemond, (Pierre-Clément de) né à Dinant en Bretagne, le 30 Août 1736, Corn. le 1 Fév. 1757, Lieut. le 28 Juill. 1759, bréveté Cap. le 22 Fév. 1770, Cap. en sec. le 22 Juin 1779, Cap. com. au rég. de Monsieur, drag. le 5 Avril 1780. D.

SERMAISE, Garde du Roi dans Noailles, le 14 Mars 1775.

SEROCOURT, (Philippe Leroi, Baron de) né à Serocourt en Lorraine, le 26 Mai 1741, Cad. Gentilh. en Pologne, le 14 Mars 1755, Lieut. dans Vaubecourt, inf. le 16 Mars 1757, Cap. dans Royal, cav. le 10 Fév. 1759, Cap. des Carabiniers, le 28 Avril 1755, rang de Maj. le 20 Mars 1772, rang de Lieut. Col. le 29 Sept. 1774, ✠ le 1 Juin 1775, Cap. en p. le 1 Avril 1776, Lieut. Col. Com. d'escadron le 27 Oct. 1776. M. D.

SERQUIGNY, ✠ Aide-Maj. des Gardes Françoises.

SERRAULT, Garde du Roi dans L. le 3 Octobre 1774.

SERRE, Garde du Roi dans B. le 8 Juillet 1772.

SERRENT, (Marquis de) Maréchal de Camp le 1 Mars 80. M. D.

SERRENT, (N..., Vicomte de) né à..., Sous-L. dans Royal, cav. le 14 Mars 1782. M. D.

SERRENT, (N... de) né à..., Garde du Roi le..., Cap. réformé au rég. Royal, cav. le 24 Juin 1780.

SERRES de Mesples, ✠ Lieut. des Maréchaux de France, à Montpellier.

SERRIERES, (Charles-Remi de) né à Nancy, le 20 Janvier 1753, Dragon dans la légion de Lorraine, le 25 Mars 1771, Sous-L. à la suite le 17 Mai 73, en pied le 5 Déc. 76, passé au rég. de Chartres le même jour, passé au 3e rég. des Chasseurs à cheval, le 5 Juin 1779.

SERS, Garde du Roi dans B. le 7 Avril 1770.

SERVAN, (le Ch. de) Maj. des Grenadiers-Royaux de l'Isle de France.

SERVASCA, ✠ (Comte de) Enseig. avec les honneurs & le

service des *Gardes Suisses* de Monsieur. M. D.

SESMAISONS, ✠ (Comte de) Col. en sec. du rég. du *Roi*, cavalerie. M. D.

SESMAISONS, (le Vicomte de) Exempt des Gardes du Roi dans *Noailles*, le 30 Juin 1771, Sous-L. le 1 Janv. 1776, Mest. de Camp le 30 Juin 1777, Lieut. le 22 Décembre 1782. M. D.

SETTIÉS, (François-Victor-Joseph) né à... le... 17..., Enseig. au rég. des *Gardes Suisses*, le 1 Déc. 1722, Sous-L. le 13 Oct. 1726, Aide-Maj. le 15 Juin 1729. Il servit sur le Rhin en 1734 & 1735; ✠ le 30 Mars de cette dernière année; Commission pour tenir rang de Col. le 10 Mai 1740; Cap. com. la compagnie de *Machet* le 23 Sept. 1741; il la commanda en Flandres en 1742; en obtint la moitié le 22 Nov. 1744, & la commanda en 1746, à l'armée de Flandres, où il se trouva à la bataille de Rocoux. Créé Brig. le 20 Mars 1747. Il fit le siège de Mastricht en 1748; fut fait Maj. du rég. des *Gardes Suisses* le 19 Mars 1752. Il se démit de sa demi-compagnie, & en obtint une demie dans le rég. de *Mounin* le même jour. Créé Maréc. de Camp le 10 Février 1759; il n'a pas servi en cette qualité & s'est démis de la Majorité du rég. des *Gardes*, en quittant le service en 1761.

SEVERAC, Lieut. en sec. dans *Ségur*, drag.

SEVERAC, Quart. M. Trés. de *Condé*, drag.

SEUIL, (Comte de) Major du rég. de la *Reine*, cav. M. D.

SEUILLET, Cap. du *Génie*, Isle d'Aix.

SEYSSEL, (Comte de) Brig. de cav. le 1 Mars 80. M. D.

SEYSSEL Beauretour, (Anne-Joseph-Frédéric, Ch. de) né à Belay en Bugey, le 6 Mars 1750, Sous-L. le 26 Mars 1769, Lieut. le 6 Sept. 1774, Lieut. en p. le 28 Avril 1778, gratifié de 200 liv. en 1779, Cap. en sec. du rég. de *Bassigny*, le 24 Août 1781. D.

SEYSSEL de Cressieux, (François-Guillaume de) né à Belay le 7 Mai 1751, Vol. au rég. d'*Aunis*, le... Avril 1770, Sous-L. au rég. de *Bassigny*, le 4 Mai 1771, Lieut. en sec. le 28 Avril 1778, Lieut. en sec. des *Chasseurs*, le 15 Août 1779, Lieut. en p. le 25 Août 1780, Lieut. en p. des *Chasseurs*, le 24 Août 1781.

SEZIEYZ de Longeville, Sous-L. des *Grenad.-Royaux de la Picardie*.

SICARD, Cap. du *Génie*, à Toulon.

SICARD, (Anselme de) né à Agde en Languedoc, le 21 Avril 1749, Sous-L. au rég. de *Savoie-Carignan*, le 9 Mars 1767, Sous-Aide-Maj. le 8 Mai 1769, Lieut. des gren. le 2 Juin 1777, Cap. en sec. le 1 Septembre 1777. D.

SIERRIER, Major à Sarre-Louis.

SILVES, ✠ (Marq. de) Sous-L. des *Gardes d'Artois*. M. D.

SIGNEMONT, ✠ Lieut. Col. des *Grenad.-Royaux de Lorraine*.

SIGNY, (Charles-Louis-François de) né à Tours, le... 1751, Page du Prince Condé en 1765, Sous-L. dans la légion de *Condé*, le 9 Sept. 1768, Lieut. en p. incorporé dans *Lorraine*, drag. le 9 Déc. 1776, passé au 4e rég. des *Chasseurs*, le 16 Mai 1779. D.

SIGOYER, (Dominique-Jacques-Christophe Bernardy de) né à Apt en Provence, le 25 Juill. 1748, Sous-L. au rég. de *Foix*, le 19 Juin 1765, Lieut. le 11 Mai 1769, Cap. le 30 Janvier 1780. D.

SIGY, Enseig. surnuméraire des *Gardes Françoises*.

SILLY, Major, à Nancy.

SILVESTRE, Garde du Roi dans V. le 27 Avril 1766.

SIMEON de St-Lary, Lieut. du *Génie*, à Gex.

SIMIANE, ✠ (le Baron de) Lieut. Col. com. le bataillon de garnison du *Maine*. M. D.

SIMIANE, (Charles-François, Comte de) né à Thiers en Auvergne, le 14 Juill. 1756, Gendarme de la Garde du Roi, le... Mai 1773, Sous-L. à la suite du rég. du *Roi*, le... Mai 1777, Mest. de Camp en sec. du rég. de *Limosin*, inf. le 13 Avril 1780. M. D.

SIMIANE, (le Comte de) Lieut. de Roi de la Saintonge & Angoumois. M. D.

SIMON de Meydier, Elève du *Génie*.

SIMORRE, (François-Maurice-Martin, Chev. de) né à Mirepoix, le 22 Nov. 1750, Sous-L. dans *Berry*, inf. le 26 Avril 1767, Lieut. le 11 Fév. 1773, Lieut. en p. le 8 Avril 1779, Cap. en sec. le 27 Juil. 1781. D.

SIMORRE, (Jean-Baptiste-Syr-Théodore de) né à Mirepoix en Languedoc, le 6 Janv. 1750, Sous-L. dans *Berry*, le 27 Mars 1767, Lieut. le 9 Juin 1772, Lieut. en p. le 2 Avril 1779, Capit. en f. le 27 Juil. 1781. D.

SINCENY, ✠ (le Chev. de) Lieut. Col. du rég. de *Besançon*, artillerie.

SINETY, (Anne-Marie, Marquis de) né à Paris, le... Vol. a la suite de l'*Artillerie*, le... 1772, Sous-L. à la suite du rég. Royal-*Navarre*, cav. le... Sept. 1773, Cap. à la suite le 28 Février 1778. M. D.

SINGLY, (Antoine de Simonet de) né à Singly, près Mézières en Champagne, le 16 Nov. 1757, Lieut. au rég. de Marée, de *Turenne*, le 15 Déc. 1765, Cap. le 4 Août 1770, ✠ le 17 Déc. 1781, a fait les campagnes de 57 & 58. D.

SIONVILLE, Marée. de Camp le 1 Mars 80.

SIONGEAT, (le Comte de) Lieut. de Roi, à Hesdin. M. D.

SIRIEYS, Garde du Roi dans *Noailles*, le 10 Oct. 1768.

SIS, (Jean de la Lane de) né à Dax, le 30 Mars 1760, Cad. Gentilh. au rég. de la *Reine*, inf. le 11 Mars 1779, Sous-L. le 2 Juin 1780. D.

SISTRIERES, (Chev. de) Maj. à Calvi.

SITEUIL, Garde du Roi dans B. le 22 Juin 1768.

SIVERAC, (Etienne Coffet de) né à Riom le 26 Décemb. 1733, Cav. au rég. de *Poly*, le 1 Mars 1754, Corn. le 20 Mai 1758, Lieut. le 17 Juin 1760, réformé & passé Sous-L. en Mars 1763, Lieut. le 1 Août 1764, Lieut. en sec. le 16 Juin 1776, Lieut. en p. au rég. Royal-*Normandie* le 25 Mai 1777, ✠ le 15 Août 1781.

SOALHAT, (le Chev. de) Lieut. du *Génie*, à Ajaccio.

SOINE, Aide-Maj. du rég. de la *Fere*, artillerie.

SOISY, (Marquis de) Lieut. Général le 1 Mars 80. M. D.

SOL de Beauclair, Lieut. du Génie, à Calais.

SOLAGES, (Chev. de) Maréchal de Camp le 1 Mars 80. M. D.

SOLANET, (Marie-Joseph-Armand de) né à Rodes en Rouergue en Mai 1762, Cad. Gentilh. au rég. de Berry, cav. en Fév. 1780. D.

SOLEAU, Lieut. de Maréchauſſée, à St-Flour.

SOLEMY, (Jean-Baptiste de) né à Verdun, le 30 Oct. 1746, Lieut. dans Conti, le 1 Sept. 1755, Cap. le 7 Décemb. 1761, Cap. com. des Chaſſeurs, le... 1777, ✠ le 1 Sept. 1781, Maj. du rég. de l'Iſle-de-France, le 27 Avril 1783.

SOLEYRAC, ✠ Aide-Maj. des Gardes de la Porte d'Artois.

SOLLERAC, Lieut. de Maréchauſſée, à Montaigu.

SOLLIER, (Anne du Miel François de) né à Agde en Languedoc, le... 1763, Cad. Gentilh. dans Baſſigny, le 16 Sept. 1780. D.

SOLLIER, Garde du Roi dans B. le 9 Avril 1773.

SOLMS, (N..., Comte de) né à... le... 17..., Offic. Gén. des troupes Saxonnes, a d'abord eu un brevet le 1 Avril 1759, pour tenir rang de Maréchal de Camp dans les troupes de France, & le 1 Juill. suiv. un pouvoir pour servir en qualité de Lieut. Gén. des Armées, & commander le corps des troupes Saxonnes, sous les ordres du Prince Xavier de Saxe.

SOMBREUIL, Maréchal de Camp le 1 Janvier 70.

SOMBREUIL, Command. à Landshtone.

SOMIS, Cap. du Génie à Marseille.

SOMMERY, (Marquis de) Maréchal de Camp le 5 Déc. 81. M. D.

SOMMERY, Maj. Com. à Obenheim.

SOMMEVOIR, (Nicolas Bancelain, dit) né à Sommevoir en Champagne, le 19 Janv. 1739, Milicien au bataillon de Chaumont, le 1 Mars 55, Carabinier le 10 Oct. 59, Maréc. de Log le 1 Déc. 64, Fourr. le 1 Sept. 71, 2ᵉ Adj. le 1 Mai 76, P. E. le 26 Août 1779.

SOMMIEVRE, (Gaspard, Marq. de) né à... le... 17.., fut d'abord Lieut. en sec. au rég. Royal-Rouſſillon inf. le 1 Oct. 1735, il le joignit à l'armée d'Italie d'où il revint avec le rég. au mois d'Oct. 1736, Lieut. de la Colonelle le 15 Déc. précédent, il passa avec le rég. en Corse au mois d'Avril 1739, y servit jusqu'au mois d'Avril 1741, il fit la campagne de Flandres en 1742, leva une Comp. dans le rég. de cav. de la Reine le 1 Janv. 1743 & la commanda à l'armée de la Moselle en 1744, il s'y trouva à la défaite du Général Nadaſty près de Saverne, à l'attaque des retranchemens de Suffelsheim, au siége de Fribourg & paſſa l'hyver en Suabe, il servit l'année suivante à l'armée du Rhin; Guidon de la Comp. des Gendarmes de Bretagne le 1 Déc. avec rang de Lieut. Col. de cav. par commission du même jour, il étoit avec la Gendarmerie aux siéges de Mons, de Charleroi, de Namur, à la bataille de Raucoux en 1746, paſſa à une Enſ. de la Comp. des Gendarmes de Berry le 20 Janv. 1747, combattit à Lawfeld le 2 Juill. & servit au siége de Maſ-

Licht en 1748; Sous-L. de la Compag. des Gendarmes de la *Reine* le 1 Fév. 1749 avec rang de Mest. de C. de cav., il se trouva au camp de Closterseven & de Zell, dans l'Electorat d'Hanovre en 1757, au combat de Sanderhausen, à la prise de Cassel & de la Hesse en 1758; Cap. Lieut. des Gendarmes de *Berry* le 22 Juill., il commanda sa Comp. à la bataille de Lutzelberg le 10 Oct., à la bataille de Minden le 1 Août 1759, aux affaires de Corback & de Warbourg, à la bataille de Clostercamp en 1760; créé Brig. le 20 Fév. 1761, Cap. Lieut. de la Comp. des Chev.-Légers de la *Reine* le même jour, il commanda sa Comp. à l'armée d'Allemagne en 1761 & 62; déclaré au mois de Mai 1763 Maréc. de Camp avec date du 25 Juillet 1762, il s'est démis de sa Compagnie. M. D.

SOMMIEVRE, (N... Comte de) né à Paris le 12 Sept. 1749, Cap. à la suite au rég. des *Cuirassiers du Roi* le 26 Janv. 1772, Cap. en p. le 2 Mars 1773, réf. le 21 Juin 1776, Cap. en sec. le... 1777, Cap. C. le... 1781. M. D.

SONNEBERG, Maréc. de Camp le 5 Déc. 1781.

SONNEBOIS, (Auguste-Joseph-Emmanuel de l'Evigne de) né à Tournai en Flandres en Déc. 1750, Lieut. au rég. de *Murray* en Avril 1765, Cap. aux *Gardes Wallonnes* en Mai 1769, Sous-L. au rég. *Royal-Piémont* en Avril 1774, Cap. aux Vol. de *Nassau* en Déc. 1778, Cap. en sec. au Corps de *Nassau-Siegen* en Août 1779. D.

SONNEVILLE, (Etienne Prevereau, Ch. de) né à Ville-sagnan, près Russec en Poitou le 1 Juin 1752, Ens. au rég. Provincial de *Poitiers* le 1 Mai 1773, Lieut. au rég. *Royal-Comtois* le 28 Juill. 1773, Cap. en sec. le 5 Juin 1779. D.

SONNEVILLE, (Henri Prevereau de) né à Villesagnan le 5 Fév. 1756, Ens. au rég. Provincial de *Poitiers* le 27 Août 1774, Sous-L. au rég. d'*Aquitaine* le 20 Mai 1774, Lieut. en sec. le 18 Sept. 1781, Lieut. en p. le 6 Avril 1782. D.

SONOLET, Cap. du Génie à Bastia.

SORANS, (Marquis de) Maréc. de Camp le 1 Mars 80. M. D.

SORBIER de la Condamine, Cap. du Génie à Coutances.

SORGUES, Garde du Roi dans B. le 5 Janvier 1772.

SORLUS de Bart, ✠ Cap. du Génie à Toulon.

SORLUS, ✠ Lieut. Col. du rég. Prov. d'*Artillerie* de Metz.

SOUBISE, (Charles Duc Rohan-Rohan Maréchal Prince de) né à... le 16 Juill. 1715; il entra aux *Mousquetaires* le... 1731; 5e Guidon de la Comp. des Gendarmes de la *Garde* le 12 Mai 1732 avec rang de Mest. de C. de cav. le même jour, devenu second Guidon le 16 Juill. 1734, Cap. Lieut. de cette Comp. le 6 Juill. 1734 sur la démission du Prince de Rohan son grand-père auquel on a conservé le commandement pendant 6 ans; Gouvern. & Lieut. Gén. de Champagne & de Brie sur la démission du Prince de Rohan le 6 Juill.; créé Brig. de cav. le 1 Janv. 1740, Maréc. de C. le 14 Janv. 1743; il a été employé en cette qualité à l'armée du Rhin sous le Maréc. de Noailles, &

combattit à la bataille d'Ettingen le 27 Juill. ; employé à l'armée de Flandres sous le Roi le 1 Avril 1744, Aide-de-Camp du Roi le 1 Mai suiv., il servit au siége de Menin qui capitula le 4 Juin, d'Ypres qui capitula le 27, de Furnes qui se rendit le 10 Juill. ; il passa de Flandres en Alsace avec le Roi, fut employé à l'armée du Rhin le 19 Juill. ; il servit au siége de Fribourg, y monta la tranchée le 26 Oct., il y fut blessé d'un coup de pierre qui lui cassa le bras & lui fit une contusion très considérable ; Fribourg capitula le 6 Novem. ; Aide-de-Camp du Roi à l'armée de Flandres le 1 Avril 1745, il combattit à Fontenoi le 11 Mai, concourut à la prise de Tournai qui capitula le 23, de la citadelle qui capitula le 20 Juin ; employé à la même armée le 1 Mai 1746 & Aide-de-Camp du Roi, il combattit à Raucoux le 11 Oct. ; employé à la même armée le 1 Mai 1747 & Aide-de-Camp du Roi, il combattit à Lawfeld le 2 Juill. ; créé Lieut. Gén. le 1 Janv. 1748, destiné à servir à l'armée de Flandres il ne la joignit point, les préliminaires de la paix ayant été signés le 30 Avril ; il est devenu Duc de Rohan-Rohan à la mort du Prince de Rohan le 26 Janv. 1749, Gouverneur-Général de la Flandres & du Hainaut, Gouverneur-Chef & Grand-Bailli de la ville de Lille à la mort du Duc de Boufflers le 26 Sept. 1751 ; il s'est démis du Gouvernement de Champagne, il a commandé le camp d'Aimeries sur la Sambre le 13 Juin 1753, il a commandé le camp assemblé au même lieu pendant le mois de Sept. de l'année 1754, il y a commandé un camp assemblé depuis le 26 Août jusqu'au 25 Sept. 1755 par pouvoir du 31 Juill. ; a été employé pour commander en Flandres & sur les côtes sous le Maréc. de Belle-Isle par Lettres du 31 Déc. ; nommé pour commander les troupes qui passoient sur le Bas-Rhin le 1 Janv. 1757, il a commandé un Corps séparé sous le Maréchal d'Estrées par autre ordre du 1 Mars, & par pouvoir du 15 Juin suiv. il a commandé l'armée auxiliaire des François jointe avec les troupes de l'Empire ; il combattit à Rosbach le 5 Nov., il y fit une très-belle disposition, déroba une partie de la marche des troupes Françoises à l'ennemi, l'ayant masquée par deux brigades ; il ordonna aux hussards Autrichiens de se porter sur un rideau pour reconnoître les Prussiens ; ce qu'ils ne firent point ; le Prince de Soubise y alla lui-même, & trouvant la cav. Prussienne qui débordoit l'armée Françoise, il chargea les ennemis à la tête de la cav. Allemande ; le choc fut rude ; la cav. Prussienne quoique plus maltraitée se rallia cependant ; l'inf. Françoise attaquée par la Prussienne & prise en flanc par la cav. fut obligée de se retirer. Il a commandé l'armée auxiliaire envoyée en Hesse par pouvoir du 1 Mai 1758 ; il rassembla toute son armée à Friedberg les 12 & 13 Juill., s'empara par un détachement le 16 de la forteresse de Marbourg que les ennemis abandonnèrent au moment qu'on se disposoit à l'escalader, on y trouva une grande quantité de fourrage, d'autres munitions & beaucoup d'artillerie. Les ennemis avoient un camp de 6000 hommes à Bargel, ils occupoient le poste de Kirchain sur la Louh, il les en délogea le 20; un détachement qu'il commanda prit le même jour le fort de Zieghenheim, on trouva dans ce fort 14 pièces de canon & 6000 sacs de farine; il fit marcher le Duc de Broglie en avant avec l'avant-garde de l'armée, lui envoya le 22 un renfort d'une brig. d'inf. & d'une de cav. pour le mettre en état d'attaquer les ennemis s'il en trouvoit l'occasion favorable; le Duc de Broglie les attaqua en effet à Sunderthausen, les battit le 23; le Prince de Soubise détacha au mois de Sept. plusieurs Corps de troupes qui se répandirent dans l'Electorat d'Hanovre pour en exiger des contributions; la ville d'Hanover fut contrainte de payer 4 millions; le 10 Oct. le Prince de Soubise s'apperçut que l'armée ennemie abandonnoit son camp pour occuper une position plus reculée sur des hauteurs & dans des bois qui couvroient également son front & son flanc gauche, il fit déboucher toutes les troupes, son avant-garde canonna l'armée ennemie & la força de se mettre en bataille; au premier moment de l'attaque le Prince de Soubise marcha de front à l'ennemi à la tête de son armée, & par la célérité de ses mouvemens la mit à portée de faire un feu d'artillerie très-vif & très-suivi sur les ennemis qui furent obligés de se jetter en désordre dans les bois qui bordent la Vera; il fit marcher plusieurs détachemens qui poursuivirent les fuyards jusqu'à trois heures du matin; l'action se passa à Lutzelberg, la perte des ennemis fut considérable en tués ou blessés, on leur fit 800 prisonniers; le Roi l'a créé *Maréchal de France* le 19 Oct. 1758: le Marée. Prince de Soubise détacha le 9 Nov. deux brigades d'inf. & deux de cav. pour s'emparer du château d'Espangenberg; ce château situé sur une montagne, à demi-taillé dans le roc, environné d'un double fossé avec 300 hommes de garnison auroit pu se défendre contre un Corps d'armée; le pont-levis étoit baissé, on s'en saisit, on força le Corps-de-garde de mettre bas les armes & on se rendit maître du château; on y fit 42 prisonniers, au nombre desquels étoit le Commandant du château & un Cap.; on trouva dans cette place 18 canons, 300 fusils, 2000 boulets, 600 grenades, 44 barils de poudre & 18 moulins à bras; il chassa le 16 les Hanovriens de la petite ville de Witzhausen dont ils s'étoient emparés le 15; il fit ensuite attaquer & prendre le château de Rhinsfeld, St. Goar, Schwartzhausen & le château de Calze; on prit dans Rhinsfeld 62 pièces de canon, 35 mortiers, on y fit 530 prisonniers; instruit en 1759 que les ennemis avoient formé le projet d'attaquer les quartiers François, il prit le parti pour les mettre en sûreté & pour protéger tout-à-la-fois le Collége Electoral d'occuper la ville de Francfort; le Prince de Soubise y fit entrer les troupes le 2 Janv.; revenu de l'armée il a prêté serment comme Marée. de France le 11 Fév. 1759, & a été fait Ministre d'Etat le 18 du même mois. M. D.

SOUCY, (François-Louis de Fitte, Marq. de) né à Grollay près Paris le 10 Août 1751, Page du Roi en sa petite Ecurie en 1767, Cap. de cav. le 17 Mai 1773, Cap. réf. du rég. Royal-Picardie le 11 Nov. 1776, Cap. en sec. le 29 Nov. 1776, rang de Mest. de C. en sec. le 13 Avril 1780, Mest. de C. en sec. du rég. de Berry inf. le 11 Nov. 1782. M. D.

SOUGRE, P. G. dans Ségur drag.

SOUHESMES, Garde du Roi dans V. le 29 Mars 1766.

SOUILH, Sous-Brig. Fourrier des Gardes du Roi dans V. le 19 Fév. 1775, Fourrier le 1 Janv. 1776.

SOUIN, Brig. d'inf. le 1 Mars 1780.

SOULAGES, (Jean-Louis-Gaspard Daguilhac de) né à Soulages en Gévaudan le 2 Août 1745, Page de la grande Ecurie en 1761, Sous-L. au rég. de Navarre inf. en 1764, Aide-de-Camp de M. le Comte de Vaux à la derniere campagne de Corse, Cap. dans la Légion Corse le 1 Sept. 1769, incorporé dans Belzunce le 24 Nov. 1776, passé à St.-Domingue avec son escadron en 1777, entré dans le 6e rég. des Chasseurs le 1 Mai 1779, Aide-Maréc. Gén. de Logis à l'armée de Bretagne en 1778. D.

SOULAIRET, Quart. M. Trés. avec rang de Lieut. en p. dans Piémont, inf.

SOULERACQ, Lieut. en sec. du 3e rég. d'Etat-Major.

SOULIER, Garde du Roi dans V. le 24 Déc. 1760.

SOULIGNY, Garde du Roi dans Noailles le 19 Août 1762.

SOULLENS, Garde du Roi dans L. le 15 Déc. 1772.

SOURCHES, (Louis-Bouchet, Marq. de) né à ... le 23 Nov. 1711, Prévôt de l'Hôtel & Grand Prévôt de France sur la démission de son père ; il entra aux Mousquetaires en 1727, 4e Corn. de la Comp. des Chev.-Légers de la Garde avec rang de Mest. de C. de cav. le 18 Mars 1728, il devint 3e Corn. le 15 Mai 1733, servit au siége de Philisbourg en 1734, à l'armée du Rhin en 1735 ; créé Brig. le 1 Janv. 1740, 2e Corn. de la Comp. le 6 Mai 1742, employé à l'armée du Rhin le 1 Avril 1743, il combattit à Ettingen, finit la campagne en Haute-Alsace sous le Maréc. de Coigny ; il suivit le Roi à l'armée de Flandres en 1744, y fut employé le 1 Mai ; créé Maréc. de C. le 2, déclaré au mois de Déc. ; il servit aux siéges de Menin, d'Ypres, de Furnes, passa de Flandres en Alsace & se trouva au siége de Fribourg, il se démit de la charge de Corn. de Chev.-Légers en Mars 1745, servit à l'armée de Flandres le 1 Avril & se trouva à la bataille de Fontenoi, aux siéges d'Oudenarde, de Dendermonde ; employé à l'armée de Flandres le 1 Mai 1746, il couvrit avec l'armée le siége de Mons, Charleroi, Namur & se trouva à la bataille de Raucoux ; il servit à l'armée de Flandres le 1 Mai 1747 & combattit à Lawfeld ; employé à l'armée des Pays-Bas le 15 Avril 1748, il y servit depuis le 1 Mai jusqu'au 15 Juin, & obtint le grade de Lieut. Gén. le 10 Mai ; employé à l'armée d'Allemagne le 1 Mars 1757, il combattit à Hastembeck, concourut à la conquête de l'Electorat d'Hanovre, rentra en France au mois de Nov. ; employé à la même armée le 14 Mars 1758 & 1 Mai 59, il se trouva à la bataille de Crevelt en 1758, de Minden en 1759, & n'a point servi depuis. M. D.

SOURDEILLES, (Comte de) Brig. de drag. le 5 Déc. 1781. M. D.

SOURDIS, (Marq. de) Brig. de cav. le 6 Oct. 1746, Lieut. de Roi au Gouvernement de l'Orléanois. M. D.

SOURSAC, (Pierre-Jean-Guillaume Calvy, Ch. de) né à Croisic en Bretagne le 2 Janv. 1757, Sous-L. à la suite dans la légion de Soubise le.. Mai 1773, idem au rég. de Bassigny le 24 Juin 1776, Sous-L. des Chasseurs le 2 Juin 1777, Lieut. en sec. le 24 Août 1781. D.

SOUVILLE, Garde du Roi dans B. le 11 Juin 1774.

SOUYN des Tournelles, Maréc. de C. le 1 Mars 1780.

SOYECOURT, (Louis-Armand de Seiglière, Marquis de) né à... le 29 Janv. 1722, Lieut. en sec. du rég. du Roi inf. le 26 Mai 1738; il se trouva à la prise de Prague au mois de Nov. 41; Lieut. le 13 Avril 42, combattit à Sahay au mois de Mai; Mest. de Camp Lieut. du rég. Dauphin-Etranger, cav., le 9 Août de la même année, il ne pût le joindre, enfermé dans Prague assiégé par les ennemis; il servit à la défense de cette ville, & lorsque l'armée l'eut quittée, il joignit le rég. Dauphin-Etranger à l'armée de Bavière, où il servit jusqu'au mois de Juil. 43; il le commanda à l'armée de la Moselle en 44, il y contribua à la défaite du Général Nadasty, près Savernes; joignit l'armée du Roi au mois d'Août, combattit à Auguenum, & passa en Bavière au mois de Déc. pour servir à l'armée de Suabe pendant l'hiver; il commanda son rég. à l'armée du Bas-Rhin pendant la campagne de 45; il servit aux siéges de Mons & de Charleroi, & combattit à Raucoux en 46; il étoit à la bataille de Lawfeld & au siége de Berg-op-Zoom en 47; créé Brig. le 1 Janv. 48, il fut employé au siége de Mastricht la même année, au camp de la Sambre en 55, à l'armée d'Allemagne le 1 Mars 57, jusqu'au mois d'Avril 58, qu'il revint en France avec son rég.; créé Maréchal de Camp le 10 Fév. 59, il s'est démis du régim. Dauphin-Etranger, & n'a pas été employé depuis. M. D.

SPADA, (Charles-Gabriel-François-Antoine, Marquis de) né à Spada en Lorraine le 24 Sept 1752, Vol. au rég. Royal, cav., le... Sept. 1766, Sous-L. le 16 Avril 1767, Capit. le 25 Avril 1772. M. D.

SPANS, (le Baron de) Commandant à Dax & Saint-Sever. M. D.

SPARRE, (Joseph-Magnus de Toffeta, Comte de) né à... le... 1740, Enf. au régim. de Lanan le 10 Août 1716, Lieut. en 1720; il servit au camp de la Sambre en 1727; fait Cap. réformé le 4 Avril 1730, campa en Alsace en 32, servit à la prise de Nancy & de Lorraine en 33, & leva le 5 Nov. une comp. dans le même rég.; il la commanda à la prise de Trèves, au siége de Traerback, à celui de Philisbourg en 34, à l'affaire de Clausen en 35; il marcha avec ce rég. en Bavière au mois de Mars 42, passa tout de suite à l'armée de Bohême qu'il joignit au mois d'Avril; se trouva au combat de Sahay, au ravitaillement de Fravenberg, à la défense de Prague à la retraite de cette place;

ce rég. ayant été mis sous le titre de *Royal-Suédois* le 30 Octob. 42, le Comte de Sparre en fut fait Lieut. Col. le même jour; il le conduisit après la sortie de Prague, à l'armée de Bavière, qu'il joignit le 18 Janv. 43, & où il se distingua dans plusieurs actions; rentré en France avec cette armée au mois de Juillet suivant, il finit la campagne en Haute-Alsace sous les ordres du Maréc. de Coigny; il se trouva à la reprise de Weissembourg & des lignes de la Loutre au mois de Juillet 44, à l'affaire d'Auguenum au mois d'Août; marcha en Bavière au mois de Sept., passa l'hiver près de Donavert, se distingua au combat de Paffenhoffen & à la retraite de Bavière au mois d'Avril 45; créé Brig. le 1 Mai, il joignit l'armée du Bas-Rhin le 21, & y finit la campagne; employé à l'armée commandée par M. le Prince de Conti le 1 Mai 46, il servit d'abord sur la Sarre pendant le siége de Mons, sur la Meuse pendant celui de Charleroi, joignit l'armée commandée par le Maréchal de Saxe le 1 Sept.; servit au siége de la ville de Namur, & combattit à Raucoux: il demeura pendant la campagne de 47 à Namur & Huy; servit au siége de Mastricht en 48; créé Maréchal de Camp le 10 Mai, déclaré au mois de Juil. 49; Commandeur de St.-Louis le 6 Mars 52, & se démit de son rég. en faveur de son fils en Avril 56; employé à l'armée d'Allemagne le 1 Mars 57, il se trouva à la bataille d'Hastembeck & à la prise de plusieurs postes de l'Electorat d'Hanovre, rentra en France au mois de Novembre, & n'a pas servi depuis. M. D.

SPARRE, (Comte de) Maréchal de Camp le 3 Janv. 1770.

SPENS, (Chevalier de) Brig. d'infanterie le 5 Décemb. 1781.

SPENS, ✠ (le Cheval. de) Lieut. Col. du régim. de la *Couronne*, infanterie.

SPITZ, Lieut. de *Maréchaussée*, à Colmar.

STACK, (Jean-Antoine-François de) né à Saarguemine en Lorraine le 22 Janv. 41, entré au service le 22 Janv. 57, Lieut. au rég. de *Bergek* en 59, blessé de deux coups de feu, l'un à travers la cuisse, l'autre au pied le 25 Août 59, incorporé au rég. d'*Alsace* en 60, passé aux *Vol. de Dauphiné* la même année, a reçu un coup de feu à travers le corps, & des coups de bayonette dans l'habit en s'emparant d'une pièce de canon, fait Cap. le 25 Juin 62, fait Commandant des hussards de la légion de *Conflans* à la recommandation du Prince de Condé, pour avoir chassé des bois 200 hommes de la légion Britannique qui y étoient embusqués, & en avoir fait 12 prisonniers en 63, remplacé Cap. de la légion en 69, attaché au rég. d'*Anhalt* en 17..., passé au 3e rég. des *Chasseurs* le 1 Juin 79; a fait les campagnes de 80 & 81, en qualité d'Aide-de-Camp de M. de Vioménil en Amérique.

STAINVILLE, (Etienne-François, Duc de Choiseul, Marquis de) né à... le 28 Juin 1719, fut d'abord connu sous ce nom, puis sous celui de Marquis de Stainville, fait Lieut. réformé à la suite du rég. *Royal-Allemand*, cav., le 4 Juil. 1730, Lieut. en sec. au régim. du *Roi* inf. le 24 Fév. 1739; marcha en Bohême avec ce régim. en Août 41, se trouva à la prise de Prague en

Nov., y passa l'hiver, combattit à Sahay en Mai 42, contribua à la levée du siége de Fravemberg par les ennemis, concourut à la défense de Prague, se trouva à plusieurs sorties, & rendit des services importans pendant ce siége; il accompagna le Maréchal de Belle-Isle lors de sa fameuse retraite de Prague en Déc., & rentra en France avec l'armée en Fév. 43; Col. d'un rég. d'inf. de son nom le 11 Mai suivant, il le commanda à l'armée d'Italie sous les ordres de M. le Prince de Conti en 44, & se trouva au passage du Var, à la prise des châteaux d'Aspremont & d'Atelle, de Nice & de Castelnova, de la Scarenne, de Peglia, de Castillon & de la Turbie; au siége & à la prise du fort de Montalban & de la citadelle de Villefranche au mois d'Avril; à l'attaque des retranchemens & à la prise du château Dauphin au mois de Juillet; au siége de Démont & de Cony, à la bataille qui se donna sous cette place au mois de Sept. Il rompit avec son rég., aidé de la brigade de *Lionnois*, une colonne des ennemis, la poussa jusqu'à une de leurs batteries dont il s'empara, & qu'il tourna sur le champ contr'eux, ce qui acheva de dissiper cette colonne. Fait Col. du rég. de *Navarre* le 15 Janv. 1745, il se démit de celui qui portoit son nom, & commanda ce nouveau à l'armée du Bas-Rhin sous les ordres de M. le Prince de Conti, & se distingua le 19 Juillet au passage du Rhin qui se fit en présence des ennemis; il servit en 46 au siége de Mons & de Charleroi, arriva à Versailles le 4 Août, pour apprendre au Roi la prise de cette dernière place, qui

s'étoit rendue le 2; créé Brig. le même jour: employé en cette qualité le 6, il joignit l'armée, & combattit à Raucoux; employé à l'armée de Flandres le 1 Mai 47, il se trouva à la bataille de Lasfeld, & couvrit avec l'armée le siége de Berg op-Zoom; Gouverneur des ville & château de Mirecourt & du pays des Voges le 14 Mars 48, avec permission du Roi d'accepter cette charge, par brevet du 19; employé à l'armée de Flandres le 15 Av., servit au siége de Mastrich; fut créé Maréchal de Camp le 10 Mai, prêta serment pour le Gouvernement de Mirecourt le 18 Juillet, fit enregistrer ses provisions à la Chambre des Comptes de Lorraine le 27 Mai; fut déclaré Maréc. de Camp en Déc.; il se démit du rég. de *Navarre*, & obtint la charge de Grand-Bailli du pays des Voges le 26 Août 51; employé en qualité de Maréc. de Camp, au camp d'Aimeries le 13 Juin 53; Ambassadeur extraordinaire à Rome le... Nov. suivant; désigné pour être ✠ E le 1 Janv. 56, il eut la permission d'en porter les honneurs le 2 Fév.; fit son entrée à Rome le 28 Mars suivant, & revint le 11 Fév. 57; nommé Ambassadeur extraordinaire à Vienne au mois de Mars suivant, reçu ✠ E le 29 Mai, il prit congé du Roi le 29 Juil., & arriva le 20 Août à Vienne, où il eut ses premières audiences le 24: le Roi a érigé en sa faveur la terre de Stainville en Duché, sous le nom de Choiseul, le... Nov. 58, les lettres registrées au Parlement le 29 du même mois; il prit alors le nom de Duc de Choiseul; créé Ministre & Secrétaire d'État au département des affaires étrangères le 5 Déc. suiv., il a pris séance au Conseil d'Etat le 19; a été créé Pair de France le même jour, les lettres regiſtrées au Parlement le 22 Janv. 59, où on l'a reçu le 25 du même mois; créé Lieut. Général le 17 Déc. 59; Gouverneur Général de la Touraine après la mort du Comte de Charolois, le 27 Juil. 60, a prêté ſerment le 30; Surintendant général des courriers, poſtes & relais de France le 28 Oct. ſuivant; Miniſtre de la Guerre le 27 Janv. 61; de la Marine le 13 Octob. ſuivant, il a remis alors celui des affaires étrangères, à la réſerve de la correſpondance avec les Cours d'Eſpagne & de Portugal que le Roi lui a conſervée; s'eſt démis en même temps de la charge de Secrétaire d'Etat qu'il avoit, & a été pourvu de celle qui vaquoit depuis la mort du Maréchal de Belle-Iſle le 13 Oct. On doit à ſon zele pour la Famille Royale, le pacte de famille ſigné entre les différentes branches de la Maiſon Royale de Bourbon le 15 Août 61, ratifié le 8 Septembre ſuivant. Le Roi d'Eſpagne, pour lui donner un témoignage public de ſa ſatisfaction à cet égard, l'a nommé Chevalier de la Toiſon d'Or, qu'il a reçu par les mains de Mgr. le Dauphin le 3 Janv. 62; nommé Col. Général des Suiſſes & Griſons ſur la démiſſion de M. le Comte d'Eu le 24 Février ſuivant, il a prêté ſerment, & a été reçu à la tête du régim. le 4 Mars. *Cet article eſt à ſubſtituer, page 79, ſeconde colonne, ligne troiſième.*

STANS, (Conrad) né à Abenheim en Palatinat le 19 Mars 1734, Soldat dans les *Volont. Etrangers* le 1 Juin 1756, huſſard dans *Fiſcher* le 26 Oct. 56, Brigadier le... 58, bleſſé à l'affaire de Schladen le 24 Fév. 58, Maréc. de Logis le 10 Avril 63, Sous-L. le 10 Fév. 65, Lieut. en ſecond le 26 Juillet 1776.

STEDING, ✠* (le Baron de) Col. en ſec. d'*Alſace*, inf. M. D.

STEIMBACH, (Jean-Ulric) né à Mullhauſen le 1 Mai 1748, Cal. dans *Vigier* le 11 Octobre 1765, Sous-L. le 7 Nov. 1766, Sous-Aide-Major le 31 Mai 1773, Lieutenant le 26 Avril 1778. D.

STEINAVER, Maréchal de Camp le 1 Mars 1780.

STEINER, Brigadier d'infanterie le 1 Mars 1780.

STHEME, Garde du Roi dans V. le 31 Décembre 1765.

STOUTZ, Quart. Mᵉ Tréſ. de *Naſſau-Saarbruck*.

STRALENHEIM, (le Comte de) Lieut. Gén. le 1 Mars 1780. M. D.

STUART de Cheminade, (Martin de) né à... le 30 Juin 1687, Lieut. au régim. de *Normandie* le 1 Août 1702, obtint une comp. au rég. de *Noé* le 3 Novemb. 1706, incorporé dans *Anjou* le 15 Août 1715, fait Major le 22 Juin 1749, com. de bataillon le 7 Mai 1744, Lieut. Col. le 28 Janvier 1746; créé Brig. le 10 Mai 1748, il fit quelques campagnes avec le rég. de *Noé*, fit toute la guerre d'Italie de 1733 à 1736; ſe trouva aux deux batailles de Parme & de Guaſtalle, à la priſe de Prague, au combat de Sahay, à la défenſe & à la ſortie de Prague en 1741 & 1742; ſervit à l'armée d'Italie de 1747 à 1748, & ſe retira du ſervice en Novembre 1756.

STUDER, (Joseph) né à Eggerkirgen, canton de Solcure, le 4 Juil. 1728, Soldat dans *Vigier* le 4 Avril 1744, Sergent le 1 Sept. 1757, P. Drap. le 10 Juin 1767, rang. de Lieut. le 2 Mai 1779, blessé au siége de Tournay en 1745.

STURM, Trompette des Gardes du Roi dans V.

STYRUM, (Comte de) Brig. d'infanterie le 1 Mars 1780. M. D.

SUASLE de Kvegan, Aspirant du *Génie*, à Saint-Malo.

SUBY, Commissaire des Guerres, à Dole.

SUC, Garde du Corps du Roi dans *Noailles* le 21 Avril 1755.

SUCY, ✠ (le Chevalier de) Commissaire des Guerres, à Valence.

SUGNY, (Jacques-Raimond-Victoire Boyer, Chev. de) né à Narvieux en Forest le 13 Nov. 1759, Sous-L. au rég. *Royal-Comtois* le 1 Sept. 1776. D.

SUGNY, (Jean-Claude-Marguerite-Brigite Boyer de) né à Nervieux en Forez le 21 Mai 1755, Sous-L. au rég. *Royal-Comtois* le 4 Juillet 1775, Lieutenant en s. le 3 Juin 1779. D.

SULLY, (le Duc de) Col. en second de *Royal-Etranger*, cavalerie.

SURBECK, (Chev. de) Lieut. en sec. des *Gardes Suisses*.

SURBECK de Chaumont, Aide Major des *Gardes Suisses*.

SURBECK, Maréchal de C. le 16 Avril 1767.

SURGERE, (Comte de) Brig. de dragons le 5 Décemb. 1781. M. D.

SURINEAU, (Charles-Alexis-René, Cheval. de) † né au château de la Gaudinière en las-Poitou le 14 Juil. 1748, Sous-L. au rég *Royal-Comtois* le 1 Déc. 1765, Lieut. le 24 Mars 1769, Capitaine le 15 Juillet 1773. D.

SURLAVILLE, Lieutenant Général le 5 Décembre 1781.

SURVILLE, Prévôt Général de *Maréchaussée*, à Caen.

SURVILLE, (Jean Lesieur de) né aux Minières, près d'Anville, en Normandie, le 2 Août 1735, Vol. aux *Carabiniers* le 1 Mai 1752, Corn. le 1 Oct. 1756, Lieut. le 28 Avril 1759, Sous-Aide-Major de la brigade de *Montaigu* le 20 Avril 1768, rang de Cap. le 21 Mai 1771, réformé de la Sous-Aide-Major, & fait Lieuten. en pr. le 1 Avril 1776, ✠ le 28 Fév. 1778, Cap. en sec. le 1 Mai 1779, Cap. en p. le 16 Mars 1783.

SIMON de Doncourt, Lieut. de *Maréchaussée*, à Nantes.

T

TABOUREAU d'Argenville, ✠ Maj. de Besançon artillerie.

TAFFIN du Hocquet, (Nicolas) né à St.-Omer le 27 Sept. 1692, Sous-L. au rég. de *Brosses* le 29 Oct. 1712, Lieut. le 13 Oct. 1713, retiré du service; mort à St.-Omer le 12 Octobre 1750.

TAFFIN du Hocquet, fils, (Guilain-François) né à St.-Omer, Paroisse Ste.-Aldegonde le 18 Avril 1716, Ens. au rég. de *Navarre* le 22 Juin 1743, Lieut. le 1 Août suiv., Cap. le 15 Nov. 1746, ✠ le 7 Juillet 1760.

TAFFIN de Lianne, frère du précédent, (Gérard-François) né à St.-Omer le... 17... Sous-L. au au rég. de Navarre inf. le... 1744, Lieut. le... 1745, Cap. le... 1755, ✠ le... 1762, Lieut. de Roi à Toul le... 1765.

TAFFIN de Lianne, fils, (Guilain-François-Hector) né à Toul, Paroisse St.-Jean du Cloître le 5 Sept. 1762, Page de Madame après ses preuves de Noblesse le 15 Mai 1775.

TAFFIN, (Benjamin-Benoît-Joseph) né à Warten en Artois le 21 Mars 1762, Cad. Gentilh. au rég. de Saintonge inf. le. 17..

TAFFIN du Breil, ✠ Commissaire des Guerres à Rennes.

TAILLE, Maj. à Belle-Isle.

TAILLEFER, Garde du Roi dans L. le 26 Déc. 1765.

TAILLY, Garde du Roi dans L. le 29 Déc. 1778.

TAISNES, (Joseph de) né à Avesnes le... 1742, Enf. dans Orléans inf. le 30 Déc. 1757, Lieut. le 1 Juin 1758, Cap. en sec. le 7 Août 1778, ✠ le 27 Sep. 81, a fait les campagnes de 53 & 62, Cap. en p. le 10 Mai 1782. D.

TALARU de Chaimazel, (César-Marie, Marq. de) né à... le 8 Juin 1725, Mousquetaire le 10 Avril 1743, Lieut. en sec. au rég. du Roi inf. le 16 Mars 1744; il servit aux sièges de Menin, d'Ypres & de Furnes, se trouva à l'affaire de Raischewaux & au siége de Fribourg où il fut à l'attaque du chemin couvert; Col. d'un rég. d'inf. de son nom le 2 Janv. 1745, détaché avec des gren. & des piquets sous les ordres du sieur de St.-Segraux il favorisa la retraite de M. Darnaut lorsqu'il évacua Hocht; il se trouva ensuite au passage du Rhin en présence des ennemis le 29 Juill., occupa Worms pendant le reste de la campagne sous

les ordres du Comte de Ségur & passa l'hiver sur les bords du Rhin; il étoit aux ordres du Comte de Ségur sur la Sambre, puis entre Sambre & Meuse pendant le siège de Mons & de St. Guilain, servit à celui de Charleroi; détaché après ce siège sous les ordres de M. d'Aulezy il emporta à la tête des gren. le village de Viseick sur la Sambre & y fit plusieurs prisonniers; après la prise de ce village il marcha sur l'arriere-garde des ennemis & commanda la brig. de Meranne à la bataille de Rancoux en 1746; il avoit obtenu le 15 Mars de cette année la charge de premier Maître-d'Hôtel de la Reine en survivance de son père & passa en Déc. à l'armée d'Italie; il y arriva le 6 Janv. 1747, se trouva à la défense de plusieurs postes, au passage de Largens, attaqua & emporta le village de Castellar & contribua à chasser les ennemis de la Provence & à leur faire repasser le Var après avoir levé le siège d'Antibes; il continua de servir en Italie & commanda une brig. à la tête des retranchemens de Villefranche, de Montalban & de Nice, à la prise de toutes ces places & de Vintimille, au secours de Vintimille & aux deux combats qui se donnèrent sous cette place en 1747, il servit encore en Italie en 1748; créé Brig. le 10 Mai, obtint la permission d'exercer la charge de premier Maître-d'Hôtel de la Reine conjointement avec son père; il servit au camp de Gray en 1754, fut chargé de l'inspection des troupes qui étoient en Dauphiné en 1755 & servit au camp de Valence; employé sur les côtes de Provence le 11 Déc. de la même année, il passa avec son rég. en Avril 1756 dans l'Isle de Minorque où il se trouva au siège, à l'assaut & à la prise du fort St.-Philippe, il y monta la tranchée tous les quatre jours, se distingua dans plusieurs détachemens & commandemens qu'on lui confia; le Roi lui accorda en considération de la manière distinguée dont il avoit servi à cette occasion le Gouv. de Sarrebourg & de Phaltzbourg le 23 Juill. en conservant la survivance de son père qui s'en démettoit en sa faveur; il resta dans l'Isle de Minorque en qualité de Commandant en sec & y fut chargé de l'inspection des troupes qui y demeurèrent jusqu'au mois de Mars 1757 qu'il rentra en France & se rendit à la Cour pour y rendre compte de son inspection; employé à l'armée d'Allemagne le 15 Juin suiv., il rejoignit son rég. à Landau, commanda la 2e division des troupes qui passèrent en Hesse & alla commander à Eschewege sur la Verra pour y assurer la communication de l'armée qui étoit en Saxe avec celle qui occupoit l'Electorat d'Hanovre, rappellé à Cassel il y fut chargé de l'inspection des troupes qui étoient dans le pays de Hesse; après la bataille de Rosbach il alla commander sur la Verra pour y protéger la retraite des traineurs, il marcha ensuite dans le pays d'Hanovre & arriva à Zell le 10 Déc., le 19 du même mois il passa l'Aller avec un fort détachement pour aller reconnoître la position des ennemis, le rapport qu'il en fit au Maréc. de Richelieu décida ce Général à passer l'Aller pour les attaquer, le Marq. de Talaru commanda la colonne qui passa le pont; les ennemis s'étant retirés il marcha dans des quartiers de cantonnement sur le haut-Aller où il commanda pendant le mois de Janv. & partie de Fév.; Col. du rég. d'inf. de son nom le 15 Janv. 1758, il se démit de celui qu'il avoit, rentra en France & se rendit en Bretagne; employé dans cette Province par Lettres du 1 Mai, il se trouva au premier débarquement des Anglois à Cancalle, eut plusieurs Commandemens dans cette Province, y fut chargé de l'inspection des troupes & obtint la charge d'Inspecteur-Général de l'inf. le 9 Sept.; il continua de servir en Bretagne jusqu'au mois d'Oct. 1760 & fut employé en Flandres le 1 Nov.; créé Maréc. de C. le 20 Fév. 1761, il conserva son rég. par distinction particulière, fut employé à l'armée du Bas Rhin sous le Prince de Soubise le 9 Avril suiv., il y marcha avec son rég., campa sous Wesel, commanda pendant toute la campagne des détachemens considérables, servit toujours aux avant-gardes & aux arriere-gardes, se trouva à l'attaque de Luynen & aux affaires des 15 & 16 Juill.; après la retraite de Soüest & le passage de la Rouer dont il fit l'arriere-garde il prit le commandement de l'avant-garde pour s'emparer du camp de Dortmunde, d'où il quitta cette armée le 9 Août pour aller avec un Corps de troupes sous les ordres du Chev. de Levis joindre l'armée du haut-Rhin commandée par le Maréc. de Broglie; arrivé au camp de Grobenstein il fut détaché dans la forêt de Sababord, où avec son rég. il fit tous les jours quelques prises aux ennemis; attaqué par 1600 hommes il fit une retraite honorable & donna

TAL

le tems au Comte de Stainville de se retirer au camp retranché de Cassel ; il protégea ensuite la communication de Munden à Cassel, commanda pendant quelque tems le long du Wesel, joignit le Maréc. de Broglie à Eimbecq, fit avec M. de Chabo l'arriere-garde de l'armée lors de sa retraite où il y eut toujours des coups de fusil de tirés ; il s'étoit démis de son rég. le 15 Nov. & rentra en France en Janv. 1762 ; il a été employé au camp de Dunkerque le 1 Mai suiv. ; depuis sa nomination à une charge d'Inspecteur il a été continuellement employé en Bretagne, en Flandres à l'armée, en Aunis, en Saintonge, en Poitou, en Guienne, aux opérations de la réforme après la paix, & a eu plusieurs commissions importantes dont il s'est acquitté avec la plus grande sagacité & l'exactitude la plus reguliere ; il est entré en possession de la charge de premier Maître-d'Hôtel de la Reine à la mort de son pere le 31 Mars 1763, & a obtenu peu après la survivance pour son f.ere ; créé Lieut. Gén. le 1 Mars 1780. M. D.

TALLEYRAND, (Comte de) Maréc. de C. le 3 Janv. 70. M. D.

TALLEYRAND, (Baron de) Maréc. de C. le 5 Déc. 81.

TALLEYRAND, (Vicomte de) Brig. de cav. le 1 Janv. 48.

TALLEYRAND, (Ch. de) Maréc. de C. le 1 Mars 80.

TANCHERE, Maj. de la ville de Sédan.

TANNONARN, (Charles-Jean-François de) né à Puypérial en Bretagne en 1761, Cad. Gentilh. au rég. de *Berry* cav. en Oct. 1780. D.

TAR 387

TAPIN, (Michel-Claude) né à Clamecy en Nivernois le 28 Fév. 1733, Soldat au rég. de *Touraine* inf. le 24 Avril 1750, Cuirassier le 8 Juin 1758, Maréc. de Logis le 1 Mai 1763, Fourr. le 21 Juin 1768, Lieut. le 28 Avril 1774, Sous-L. en p. le 21 Juin 1776, Lieut. en sec. au 2e rég. des *Chev.-Légers* le 8 Juin 1787.

TARBE, Cad. Gentilh. au rég. de *Médoc*.

TARDIVI de Thorene, ✠ Cap. d'artillerie à Aire & Saint-Venant.

TARDY de la Brossy, Cap. d'artillerie à l'armée de Rochambeau.

TARDY, Cap. du Génie à Grenoble.

TARLE, Commissaire-Ordonnateur des Guerres, faisant les fonctions de l'armée de Rochambeau en Amérique.

TARNAC, (Claude-Joseph de la Grange, Baron de) né à Tarnac en Limosin le 4 Août 1748, Sous-L. au rég. Maréc. *de Turenne* le 6 Avril 1763, Lieut. le 5 Oct. 1768, Cap. en sec. le 21 Fév. 1779. M. D.

TARNAC, (Joseph-Prosper de la Grange, Chev. de) né à Tarnac le 25 Juin 1759, Cad. Gentilh. au rég. Maréc. *de Turenne* le 8 Déc. 1776, Sous-L. le 28 Fév. 1778, Lieut. en sec. le 16 Juin 1783.

TARSAC, (Blaise, Ch. de) né à Mezin en Guienne le 13 Fév. 1743, Enf. au rég. de l'*Isle-de-France* le 13 Oct. 1761, Lieut. le 26 Nov. 1761, réf. & Lieut. en sec. le 19 Avril 1763, Lieut. le 13 Juin 1765, Sous-Aide-Major le 24 Avril 1774, supprimé le 11 Juin 1776, Cap. en sec. le 27 Août 78. D.

B b 2

TARSAC, (Joseph-Doriau de) né à Mezin en Guienne le 29 Oct. 1739, Enf. au rég. de l'Isle-de-France le 11 Septem. 1760, Lieut. le 13 Oct. 1761, Cap. c. de la *Colonelle* le 24 Avril 1774, Cap. en sec. le 11 Juin 1776, Cap. c. le 17 Mai 1780. D.

TARTAIRON, Garde du Roi dans *Noailles* le 2 Avril 1756, Sous-Brig. le 30 Mars 1774, Maréc. de Logis le 29 Juin 1778, Sous-L. le 22 Déc. 1781.

TARTE, Lieut. de *Maréchaussée* à Châlons.

TARTONNE, (Joseph-Hippolyte-Gassendi de) né à Digne en Provence en 1757, Cadet Gentilh. le 6 Juin 1776, Sous-L. au rég. de *Médoc* le 20 Sept. 1779. D.

TASCHER de la Pagerie, (le Baron de) Lieut. des *Maréc. de France* à Brest. M. D.

TAVANNE, (Comte de) Maréc. de C. le 1 Mars 1780. M. D.

TAVANNE, (Charles-Dominique-Sulpice, Vicomte de) né à Paris le... 1751, Sous-L. le 22 Juin 1767, commis. de Cap. le... 1770, Mest. de C. com. du rég. de la *Reine* inf. le... 1774. M. D.

TAVERNE de Mondivers, ✠ Cap. c. du 3e rég. d'*Etat-Major*.

TAVERNE de Boisforest, ✠ Sous-Brig. du *Génie* à St.-Domingue.

TAVERNERY, Exempt & Sous-Aide-Maj. des Gardes du Roi dans L. le 15 Sept. 1771, Mest. de C. le 26 Sept. 1773, Sous-L. en p. le 1 Janv. 1776.

TAVERNOL de Barré, (Pierre-Etienne-Henri de) né à Villeneuve-de-Berg le 4 Janv. 1758, Cad. Gentilh. au rég. *Royal-Comtois* le 4 Avril 1778, Sous-L. le 22 Juin 1779. D.

TAVERNOST, Cap. du Génie au Fort-Louis.

TAULIGNAN, (N... Chev. de) né à Vezon le... 1764, Vol. au rég. de *Perche* le 15 Août 1779, Cad. Gentilh. le 15 Août 1779, Sous-L. le 30 Sept. 81. D.

TAULIGNAN, (N...) né à Carpentras le... 1754, Lieut. au rég. d'*Aix* le 1 Mai 1773, Sous-L. à la suite du rég. *Dauphin* le 13 Juin 1774, en p. le 13 Juin 1775, Lieut. en p. le 18 Nov. 1782. D.

TAURIAC, (le Marq. de) Lieut. de Roi en Guienne. M. D.

TAURINES, (Jean-Baptiste de) né à Castelnaudary en Languedoc le 18 Mars 1734, Enf. au rég. de *Berry* inf. en 1748, Lieut. le 18 Avril 1748, réf. en 1749, Lieut. le... 1756, Cap. le 15 Août 1758, réf. en 1763, Sous-Aide-Maj. le... 1763, Cap. le... 1768, ✠ le... 1771, Cap. des gren. le 1 Juin 1780, retiré avec.... de pension. D.

TAUZIA, (Guillaume) né à Gazas en Gascogne le 28 Sept. 1730, Soldat au rég. de la *Marine* le 3 Mars 1752, Sous-L. le 25 Janv. 1762, Lieut. le 15 Avril 1769, Cap. le 3 Juin 79.

TAXIS de Clermont, (Cyrus-François) né à St.-Pierre-Noble le 5 Sept. 1758, Cad. Gentilh. le 6 Juin 1776, Sous-L. au rég. de *Savoie-Carignan* le 15 Août 1777. M. D.

TECHTERMAN, Brig. d'inf. le 16 Avril 1767.

TECHTERMANN de Bionnens, (François-Hyacinthe-Gaspard) né à Fribourg le 14 Mai 1764, Sous-L. dans *Vigier* le 28 Fév. 1782. D.

TEIL, (Jacques-François-Alexandre, Comte de) né à Daince en Saintonge le 22 Sept. 1759, Sous-L. à la suite au rég. de *Monsieur* drag. en Juin 1778, Sous-L. en p. le 6 Juill. 1779. M. D.

TEILLARD, (N... de) né à Murat en Auvergne le 27 Nov. 1733, Corn. au rég des *Cuirassiers du Roi* le 13 Mai 1761, Sous-L. le 1 Juin 1763, Lieut. le 1 Juin 1771, Lieut. en sec. le 21 Juin 1776. D.

TEISSERENE, ✠ Lieuten. Col. comm. le bataillon de garnison de Vexin.

TELLIER, Quart. M. Trés. du 4e rég. des *Chev.-Légers*.

TENET de Laubarede, Cap. du *Génie* à Collioure.

TERGAT, Lieut. des *Gardes de la Prévôté de l'Hôtel*.

TERLAYE, Maj. dans *Languedoc*, dragons.

TERME, Sous-L. de *Maréchaussée*, à Périgueux.

TERMES, (Jean-Baptiste-Bernard de) né au Château de Veirriere en Périgord le 28 Sept. 1764, Elève de l'Ecole Militaire de la Flèche le... 1773, passé à celle de Paris le 5 Nov. 1779, Breveté Sous-L. le 28 Sept. 1780, passé Sous-L. des *Carabiniers* le 3 Août 1781. D.

TERMES, ✠ Brig. des *Gendarmes* d'Artois.

TERNOIS, Quart. Me. Trés. du rég. de *Noailles*, drag.

TERRASSON, Quart. Me. Trés. des *Grenadiers-Royaux de Lyonnois*.

TERRASSON, Aspirant du *Génie*, à Cherbourg.

TERSAC, (Jean-François de Castres de Teyssieres de) né à Tersac, en Quercy, le 1 Août 1747, Vol. aux *Carabiniers* le 1 Mars 1766, Maréchal de Log. le 1 Oct. 1769, Sous-L. le 20 Mars 1772, réformé le 1 Avril 1776, remplacé le 1 Mai 1779. D.

TERSAC, (Pierre-Paul, Comte de) né à Commaine, en Languedoc, le 21 Juillet 1736, Lieut. au rég. de *Beaujolois* le 15 Déc. 1755, Cap. le 20 Sept. 1761, ✠ le 2 Août 1781, Maj. au rég. d'*Artois*, inf. M. D.

TESSÉ, (Comte de) Maréc. de Camp le 3 Janv. 70, Lieut. Général du Maine & du Perche. M. D.

TESSIER de la Pommerie, Cap. du *Génie*, à Nantes.

TESSIERES, Garde du Roi dans L. le 1 Octobre 1759.

TESSIERES, Garde du Roi dans L. le 12 Février 1770.

TESSIERES, Garde du Roi dans L. le 14 Février 1773.

TESSONET, (Jacques-Marie Ternalle de) né à Lyon, le 23 Sept. 1755, Sous L. le 23 Avril 1773, Lieut en sec. ✠ le 3 Juillet 1779. D.

TESTART, Chirurgien du Roi, Chirurgien-Major des Gardes du Roi dans L. le 1 Oct. 1764.

TETEREL, (l'Abbé) Aumônier des Gardes du Corps dans *Noailles*.

TEYNIER Dupradelet, Commissaire des Guerres, à Nantes.

TEYRAS de Grandval, Commissaire des Guerres, à Clermont-Ferrand.

TEYSSERE de Rochefleys, Secrétaire du Gouvernement de Dauphiné, à Grenoble.

TEYSSEYRRE, Commissaire des Guerres, à Grenoble.

THELIS, Lieut. en p. des *Gardes Françoises*.

THELOSSON de Berolles,

Sous-Lieut. en p. des *Gardes Suisses*.

THEMINES, ✠ (Marquis de) Col. de *Beauce*, infanterie. M. D.

THERISSE, (Jean) né à St-Maximin, près Uzès en Languedoc, le 30 Mars 1732, Soldat au rég. *Royal-Comtois*, le 18 Avril 1752, Grenad. le 15 Oct. 1755, Serg. le 11 Juin 1762, Fourr. le 1 Sept. 1764, Lieut. des gren. le 15 Juillet 1773, Commission de Cap. le 28 Fév. 1778, Cap. en sec. le 16 Juin 1781, Cap. com. le 10 Décembre 1781.

THEROUD, Maj. Com. à Sommières.

THERRONEAU, Garde du Roi dans L. le 28 Mars 1774.

THERY, (Thomas-Ignace) né à Marseille, le 29 Janvier 1731, Soldat au rég. de la *Reine*, inf. le 7 Août 1748, Serg. des gren. le 6 Mai 1762, Fourr. le... 1764, P. D. le 11 Mai 1769, Sous-L. des gren. le 22 Juill. 1770, Lieut. en sec. le 4 Juill. 1777, Lieut. en p. le 15 Janvier 1779.

THERY, ✠ Brig. des *Gendarmes* de Monsieur.

THEVENIN de Margency, Commissaire des Guerres, à Douay.

THEVENOT, (François) né à Arlay en Franche-Comté, le 30 Mars 1729, Cav. au régim. de *Barbançon*, depuis *Royal-Navarre*, le 14 Avril 1746, Fourr. le 13 Mai 1758, P. E. le 4 Août 1770, Lieut. en sec. le 8 Avril 1782, blessé à la bataille de Minden, le 30 Août 1759.

THEZAN Puje... (le Marq. de) Lieut. de Roi, en Guienne. M. D.

THEZAN, ✠ (Chev. de) sec. Lieut. des *Gendarmes Bourguignons*.

THINCELIN, Quart. M. Trés. de *Beauce*, infanterie.

THIANGES, (Amable-Gaspard, Vicomte de) né à... le... 17... ; Gentilh. à Drapeau au rég. des *Gardes Françoises*, le 18 Janv. 1740. 2e Enseig. le 16 Sept. 1741. Il fit la campagne de 1742 en Flandres, se trouva à la bataille d'Ettingen, en 1743, & devint premier Enseig. le 10 Juill.; il passa à une Enseig. des gren. le 13 Fév. 1744; fait Sous-L. le 18 Mars suiv.; & servit aux siéges de Menin, d'Ypres & de Furnes, à l'affaire d'Auguenum, & au siége de Fribourg la même année; Col. d'un rég. de Milice de Lorraine de son nom le 3 Avril 1743, il le commanda sur différentes frontières pendant le reste de la guerre; Mest. de Camp d'un rég. de drag. de son nom le 1 Fév. 1749, il se démit du rég. de Milice, qui fut supprimé & réduit en bataillon, & commanda le nouveau au camp de Plobsheim en Alsace en 1754, au camp de St-Malo en 1756, sur les côtes en 1757 & 58; créé Brig. le 1 Mai de cette année; employé à l'armée d'Allemagne le 1 Mai 1759, servit au siége des ville & citadelle de Munster, & commanda une des 5 attaques qu'on tenta pour enlever la ville, ce qui ne réussit pas; en 1760 il se trouva aux affaires de Corback & de Warbourg, se distingua à celle de Statberg le 22 Août. Créé Maréc. de Camp le 20 Fév. 1761, il se démit de son rég. & fut employé à l'armée d'Allemagne le 1 Mai 1761 &

Créé Lieut. Gén. le 1 Mars). M. D.

THIARD de Bissy, (Henri-les, Comte de) né à... le..., fut d'abord connu sous [no]m de Chev. de Bissy, entra [cade]t. en sec. au rég. du *Roi*, [en] Oct. 1737; obtint le Gui[don] de la compagnie des *Gen[darm]es Anglois*, le 14 Mars [1741], avec rang de Lieut. Col. [de c]av.; passa avec la Gendar[meri]e à l'armée de Westphalie [au m]ois de Sept.; marcha au [mois] d'Août 1742, sur les fron[tières] de Bohême; se trouva à [plusi]eurs escarmouches & au [siè]ges de Braunau, & rentra [en F]rance avec la Gendarmerie [au m]ois de Fév. 1743, il fut [fait] Enseig. de la compagnie des *[Gend]armes de Flandres*, le 11 [Juin] suiv., & fit cette campa[gne] en Basse-Alsace, sous les [ordre]s du Maréc. de Noailles; [Guid]e de la comp. des *Gendar. de [Champ]agne*, avec rang de Mest. de [Cam]p de cav. le 22 Avril 1744, [serv]it sur le Rhin & se trouva [à la p]rise de Weissembourg, à [l'affai]re d'Auguenum, au siége [de Fr]ibourg, il étoit à la ba[taille] de Fontenoi, aux siéges [de la v]ille & citadelle de Tournai [en 1]745, aux siéges de Mons [& de] Charleroi, à la bataille [de Ro]coux en 1746; Cap. Lieut. [de la] compagnie des *Chevaux-[Lége]rs de Bretagne*, le 20 Janv. [174]7, il la commanda en Flan[dre] cette année & la suiv.; dé[mis] en Janv. 1749, Brig. de [cav.], le brevet expédié le 10 [Mars] 1748, il passa le 17 du mê[me] mois à la charge de Cap. [Lieu]t. des *Chevaux-Légers Dau[phin]*, en se démettant de ceux [de B]retagne; il prit le nom de [Com]te de Thiard en Nov. 1752

en se mariant. Il a servi en Allemagne depuis 1757 jusqu'à la paix, & s'est trouvé aux batailles d'Hastembeck en 1757, de Lutzelberg en 1758, de Minden en 1759. Créé Maréc. de Camp le 19 Avril 1760, il s'est démis de sa compagnie, s'est trouvé à l'affaire de Corback; étant passé ensuite sur le Bas-Rhin pour le secours de Wésel, il a combattu avec la plus grande valeur à Clostercamps; a continué de servir en Allemagne, sous le Maréc. de Soubise en 1761, sous les Maréchaux d'Estrées & de Soubise en 1762. Créé Lieut. Gén. le 25 Juill. de cette dernière année. M. D.

THIBALLIER, Cap. d'art., à Brest.

THIBAUD, Quart. M. Trés. de la *Rochefoucault*, drag.

THIBAULT de St-Euruge, (François) né à.. le..., avoit servi long-temps dans le rég. de *Picardie*, lorsqu'il fut fait Maréchal de Camp le 2 Juil. 1633, pour servir sous le Duc de Rohan en Alsace. Il resta sur cette frontière en 1633 & 34; contribua en 1635, à chasser le Duc de Lorraine au-delà du Rhin; il concourut à la prise d'Ottmersheim, à celle de Russac par escalade, & repoussa une seconde fois le Duc de Lorraine au delà du Rhin; il passa ensuite sous les ordres de M. le Prince de Condé, & commanda en Lorraine après le départ du Prince; on lui donna en 1642, le Gouvernement de Stenay, & le 14 Août 1644, celui de St-Quentin, avec le rég. d'inf. & la compagnie des *Chevaux-Légers* qu'il y tenoit en garnison; il se démit du Gouvernement, du rég. & de la compagnie des *Chevaux-Légers* au

Bb 4

mois d'Avril 1642, & se retira dans ses terres, où il est mort le... 16... M. D.

THIBAULT de Longecourt, Commissaire des Guerres, à Cherbourg. D. M.

THIBAULT Dubois, Commissaire des Guerres des *Gardes Françoises*.

THIBAULT, Garde de la Manche le 25 Mars 1779.

THIBOUTOT, (Marquis de) Maréchal de Camp le 1 Mars 1780. M. D.

THIEBAUT, Quart. M. Trés. du rég. de *Schomberg*, drag.

THIEFFRY de Layens, (Henri-Louis) né à Paillecourt en Cambraisis, le 3 Juin 1766, Sous-L. au rég. Marée. de Turenne, le 16 Juin 1785. D.

THIENNES de Los, (Louis-Cajetan-Philippe-Guillain, Cte. de) né à St-Omer, le 15 Fév. 1751, Vol. le 13 Nov. 1766, Sous-L. le 5 Janv. 1768, Cap. réformé au rég. *Royal-Normandie*, le 4 Mai 1771, Cap. en pied le 5 Mai 1772, réformé le 16 Juin 1776, remplacé Cap. en sec. le... 1777, Cap. réformé à la séparation des *Chevaux-Légers*, puis Cap. en sec. le 5 Août 1782. M. D.

THIENNES, (Eugène-Guillain, Vicomte de) né à Lille en Flandres, le 5 Oct. 1752, Vol. le 5 Déc. 1766, Sous-L. à la suite le 11 Mai 1769, en pied le 1 Juin 1772, Cap. réformé le 21 Mars 1777, Cap. en sec. le 24 Fév. 1780. M. D.

THIERNUT, (Charles Cauchon, Baron de) né à... le... 16..., Cap. de cent *Mousquetaires à cheval* ou *Carabins*, en 1638. Il servit au siége de St-Omer la même année, d'Hesdin en 1639, d'Arras en 1640 ; incorporé avec sa compagnie dans le rég. de cav. de *Gesvres* en 1641, il servit aux siéges d'Aire, de la Bassée & de Bapaume la même année, à l'armée de Picardie sous le Comte de Harcourt, qui se tint sur la défensive en 1642, aux siéges de Thionville & de Circq en 1643 ; Maj. du rég. de cav. de *Bourry*, à la création le 13 Août de la même année, il le commanda au blocus de la Motte, sous M. de Magalotty en 1644, à la bataille de Nortlingen, à la prise d'Hailbron & de Trèves en 1645, au siége de Dunkerque en 1646, à la prise de la Knoque & de Dixmude en 1647, aux siéges d'Ypres, à la bataille de Lens en 1648, au blocus de Paris, au siége de Cambrai, à la prise de Condé en 1649 ; premier Cap. du rég., il le commanda à l'armée de Flandres en 1650 & 51, & obtint le grade de Marée. de Camp le 27 Août de cette dernière année ; il leva le 12 Avril 1652, un rég. de cav. de son nom, qu'on licencia la même année après la pacification des troubles ; il continua de commander le rég. de *Gesvres* à l'armée du Marée. de Turenne en 1653, au secours d'Awas & à la prise de Quesnoi en 1654, à la prise de Landrecies, de Condé, de St-Guilain en 1655, au siége de Valenciennes en 1656, de Montaudy en 1657 ; nommé Cap. com. de Rhin, le 1 Fév. 1659. M. D.

THIERRY, Secrétaire du Gouvernement de Lorraine.

THIEULIN, Marée. de Camp le 5 Décembre 81.

*THILORIER, (Pierre-Antoine de) né à Bordeaux, le 20 Oct. 1750, Mousquetaire noir le... Juill. 1766, Cap. au régim. Royal, cav. le 7 Avril 1773. D.

THINUS, Quart M. Tréf. du rég. de Nassau, infanterie.

THIRIAC de Saint - Aignan, Exempt des Gard. Suiss. d'Artois.

THIROUX de Gervilliers, Brig. de drag. le 1 Mars 80.

THIVILLÉ, (Jean-Gaston-Baptiste de) né à Prelefort en Orléannois, le 24 Juin 1754, Sous-L. dans l'Isle-de-France, le 13 Août 1771, Lieut. en sec. le 27 Août 1773, p. le 21 Juin 1781. D.

THOLOZÉ, Cap. du Génie, à Bouchain.

THOMASSIN, (Etienne-Jean) né à... le 29 Nov. 1702, Vol. en 1710, Aide du Parc d'Artillerie, le 1 Mars 1711. Il fit ces deux campagnes & celle de 1712 en Flandres; Lieut. de la compagnie d'Ouvriers de son père, le 21 Nov. de cette année, il servit avec son père au siége de Fribourg en 1713; il fut nommé Cap. à la création des Ouvriers destinés à servir sur la Moselle, le 10 Déc.; il obtint une compagnie d'Ouvriers, le 26 Fév. 1731, & la commanda au siége de Kell en 1733, aux siéges de Traerback & de Philisbourg en 1734; Commissaire Provincial d'artillerie, le 16 Avril de cette année, & servit l'année suiv. sur le Rhin & la Moselle, en Westphalie, sur les frontières de Bohême, en Bavière, sur les bords du Rhin en 1741, 42 & 43, aux siéges de Menin, d'Ypres & de Furnes, au camp de Courtrai en 1744, à la bataille de Fontenoi, aux siéges de Tournai & de sa citadelle, d'Oudenarde, de Dendermonde & d'Ath en 1745, aux siéges de Bruxelles, d'Anvers,

de Namur, & à la bataille de Rocoux en 1746; Lieut. d'art. le 23 Sept. de cette année, il servit au siége de la Flandres Hollandoise, se trouva à la bataille de Lawfeld & au siége de Bergop-Zoom en 1747, au siége de Maftricht en 1748; créé Brig. le 10 Mai de cette année, employé Brig. à l'armée d'Allemagne le 1 Mars 1757, & y a été chargé de rédiger la construction des ponts pendant toutes les campagnes. Créé Maréc. de Camp le 25 Juill. 1762. D.

THOMASSIN, (Guillaume, Comte de) né à..., le..., Vol. d'art., s'est trouvé en cette qualité aux batailles de Walcourt, de Fleurus, & au siége de Mons; Sous-L. le..., s'est trouvé à la bataille de Steenkerke, & au siége de Namur; Lieut. le..., s'est trouvé au bombardement de Bruxelles, au passage du Neker en Allemagne, au siége d'Ath & à la défense d'Ostende, où il fut blessé 2 fois en une heure, savoir à la main gauche & au bras droit, & a fait toutes les campagnes de guerre intermédiaires dans les équipages d'art. assemblés en Flandres : il est mort à..., le... 1724. M. D.

THOMASSIN, son fils, (Claude-Joseph) né à..., le..., Aide du Parc Volontaire, pour servir dans l'Equipage d'artil., assemblé à Douay en 1706, employé à la défense de la ville d'Ath en 1707, Sous-L. en 1770, employé à l'équipage assemblé à Cambrai; Lieut. le... 1712, Cap. en 1734, Lieut. Col. en 1741, employé en 1744 dans l'Equipage d'artillerie d'Allemagne assemblé à Strasbourg; s'est trouvé à l'affaire de Weissembourg & au siége de Fribourg, où un boulet de canon détacha 2 boutons de son parement dans sa batterie, ✠ le... 1745, employé dans l'Equipage d'artillerie de Flandres, assemblé à D... en 1746, au siége de la citadelle d'Anvers, où il eut la corne de son chapeau emportée par un boulet de canon dans sa batterie. Ce fait est parvenu à la connoissance de M. d'Argenson, Ministre de la guerre, & de S. M. Louis XV, qui a voulu avoir le chapeau ; il s'est trouvé au siége des ville & château de Namur, & à la bataille de Rocoux, après lequel il fut envoyé en toute diligence à Brest, contre la descente des Anglois ; fait Col. en 1748, décédé Com. d'artillerie à St-Omer, le... 1749.

THOMASSIN, fils, (François-Joseph) né à..., le... 17..., Vol. au corps Royal d'Art., le... 1746, Sous-L. le... 1747, Lieut. en sec. le... 1755, Lieut. en p. le... 1759, Cap. en sec. le... 1762, Cap. en p. le... 1765, ✠ le... 1771, il a fait 8 campagnes, tant en Flandres qu'en Allemagne ; a été blessé au siége de Mastricht.

THOMASSIN, frère, (Charles-Ignace) né à..., le... 17..., Lieut. au bataillon de Milice d'Artois, le... 1757, Lieut. au Grenad.-Royaux d'Argentré, le... 1762 ; a fait la campagne d'Allemagne ; s'est trouvé à l'affaire de Bonafort, à la bataille de Joansberg ; Lieut. des Grenadiers-Royaux d'Arras, le... 1771, Cap. le... 1773.

THOMASSIN, (Charles Omer) né à..., le... 17..., Garde du Corps de Monsieur le 6 Septembre 1778.

THOMASSIN, ✠ Cap. d'art. à Gravelines.

THOMASSY, (Henri Valbelle de) né à Valrogue dans les Cévènes le 19 Déc. 1737, Vol. au rég. de Médoc en 1751, Lieut. le 26 Nov. 1755, Lieut. des Gren. le 17 Mars 1761, Cap. le 30 Déc. 1759, ✠ en 1780. D.

THOMASSY, (le Chev. de) Cad. Gentilh. au rég. de Médoc.

THOMÉ, ✠ Cap. en sec. des Gardes Françoises.

THORANC, (Comte de) Maréc. de Camp le 3 Janv. 1770. M. D.

THORON de Saint-Herms, Fourr. des Gardes Suisses d'Artois.

THORONDE Lamée, Exempt des Gardes Suisses d'Artois.

THOURY de la Cordiere, (de) Lieut. des Maréchaux de France, à Mortain.

THOZAS, (Jacques-Philippe de) né à Marsillargues, en Languedoc, le 15 Avril 1760, Cad. Gentilh. le 8 Avril 1779, Sous-Lieut. au rég. de Limosin, inf., le 18 Juin 1780. D.

THUBEAUVILLE, (Marie-Gaspard-François Gedeon le Vasseur de) né à Parenti, en Boulonnois le 3 Mai 1757, Sous-L. au rég. Royal-Comtois le 4 Juillet 1775, Lieut. en sec. le 3 Juin 1779. D.

THUBERT, Garde du Roi dans Noailles le 15 Mai 1780.

THUILLIER, Quart. Me. Trés. de la Reine, infanterie.

THUILLIER de Beaufort, Lieut. du Génie, à Philippeville.

THUILLIERES, (Charles-François de Rendenraedt de Mandre, Chev. de) né à Nancy le... Mai 1747, Cadet du Roi Stanislas en Mars 1763, Vol. dans la Légion de Condé en Mai 1769, Sous-L. au mois d'Avril 1772, passé en Pologne en Janv. 1776, Sous-Aide-Maj. aux Volont. de *Nassau* en Déc. 1778, Lieut. en sec. au corps de *Nassau-Siégen* en Août 1779, Lieut en p. en Août 1782. D.

THUISY, † (Ch. de) Lieut. en sec. des *Gardes Françoises*.

THUMERY, ✠ (Vicomte de) Maj. du 6ᵉ. rég. des *Chevaux-Légers*. M. D.

THUMERY, (Marquis de) Brig. de cav. le 5 Déc. 1781. M. D.

THUMERY, (Jean-Baptiste-Marie de) né à Charues en Lorraine le 20 Janv. 1755, Cad. du Roi de Pologne le 10 Av. 1765, réformé le 31 Mai 1766, Drag. dans la Légion de *Hainaut* le 13 Fév. 67, a fait, la même année, une campagne en Corse, Sous-L. de la Légion de *Lorraine* le 10 Avril 1771, réformé le 5 Déc. 1776, Sous-L. au rég. de *Perche* le 25 Mars 1777, P. G. du 3ᵉ. rég. des *Chasseurs* le 8 Av. 1779, Sous-L. le 17 Juin 1779, Lieut. en sec. le 28 Sept. 1782.

THURIGNY, Cap. d'artillerie, à St-Malo.

THURNET Valsacin, (George-Célestin-Fidel-Antoine, Cte. de) né à l'Abbaye de St Gall le 14 Oct. 1743, Sous-Aide.Maj. dans *Vigier* le 14 Janv. 1764, Cap. com. le 19 Fév. 1766. M. D.

TIBERMONT, (Alexis-Guillaume, Chev. de) né à Rouen en Août 1760, Vol. au rég. Provincial de *Nantes* en Mai 1773, Lieut. au bataillon de garnison de *Chartres* en Juin 1779, Sous-Lieut. au corps de *Nassau-Siégen* en Av. 1781. D.

TIFFET de Lamothe, Commissaire des Guerres, à Metz.

TILLIER, Lieut. en sec. des *Gardes Suisses*.

TILLIERES, (Comte de) Maréchal de Camp. le 1 Mars 1780. M. D.

TILLY, Garde du Roi dans V. le 2 Octobre 1756.

TILLY, Garde du Roi dans V. le 26 Septembre 1779.

TILLY de Blaru, (Marq. de) Brig. de caval. le 2 Mars 1780. M. D.

TILLY de Blaru, (le Marquis de) Lieut. Col. du rég. de *Languedoc* drag. le 10 Fév. 1764, Enf. des Gardes du Roi dans V. le 25 Août 1773, Lieut. le 1 Janv. 1776, Brig. le 1 Mars 1780, Lieut. com. d'escadron le 18 Mars 1780. M. D.

TIMBRUNE Valence Combes, (César-Jean-Baptiste, Marquis de) né à... le 26 Mars 1729, Lieut. au rég. du *Roi* le 19 Avril 1735; il le joignit à l'armée d'Italie, & servit aux siéges de Reggio, de Révéré, de Gonzague la même année; au camp de Compiegne en 1739, au siége & à la prise de Prague en 41, au combat de Sahay, au ravitaillement de Frawemberg, à la défense & à la retraite de Prague en 42; Cap. le 8 Mai 43, il commanda sa comp. à la bataille d'Ettingen, où il reçut un coup de feu dans la jambe; aux siéges de Menin, d'Ypres & de Furnes, à l'affaire d'Auguenum, au siége de Fribourg en 44; à la bataille de Fontenoy, aux siéges des ville & citadelle de Tournay, d'Oudenarde, de Dendermonde & d'Ath en 45; au siége de Bruxelles, à la bataille de Raucoux en 46, à la bataille de Lawfeld en 47, au siége de Mastricht en 48; Col. du rég. de *Vermandois* inf. le 1 Fév. 49, il le commanda au combat sous Sat-Louis en 55, à la conquête de Minorque, au siége & à l'assaut du fort Saint-Philippe de Mahon en 56, & dans l'Isle de Minorque jusqu'à la paix de 62 ; créé Brig. le 20 Fév. 61, déclaré en Mai 63 ; créé Maréc. de Camp, avec rang du 25 Juillet 62, s'est démis du rég. de *Vermandois* ; créé Lieuten. Général le 1 Mars 1780 ; Inspecteur Général des Ecoles Militaires.

TINGRY, (Charles-François-Christian de Montmorency-Luxembourg, Prince de) né à... le 30 Novemb. 1713, fut d'abord connu sous le nom de Comte de Luxembourg ; il servit un an dans les *Mousquetaires*, obtint le 2 Avril 1728 une comp. de cav., & la commanda au camp de la Meuse en 1730 ; Col. du rég. d'inf. de *Soissonnois* le 2 Février 1731, il le commanda au siége de Kell en 33, au siége de Philisbourg en 1734 ; le Prince de Tingry, son père, ayant été déclaré Maréc. de France au mois de Janv. 35, sous le nom de Montmorency, il prit le nom de Prince de Tingry, & servit la même année sur le Rhin & à l'affaire de Clausen ; Col. du rég. de *Touraine* inf. le 16 Avril 38, il se démit de celui de *Soissonnois* ; créé Brig. le 2 Janv. 40, employé à l'armée d'Allemagne le 20 Juillet 41, il partit du fort Louis avec la troisième division de l'armée le 19 Août, conduisit sa brigade jusqu'en Autriche, & chargé de la défense de cette partie, il se trouva dans Lintz sous les ordres du Comte de Ségur ; il rentra en France au mois de Janv. 42, ne pouvant servir d'un an, en exécution de la capitulation de Lintz ; employé à l'armée du Rhin sous le Maréc. de Noailles le 1 Avril 43, il combattit à Ettingen, & finit la campagne en Basse-Alsace ; employé à l'armée de Flandres commandée par le Maréchal de Saxe le 1 Avril 44, il couvrit le siége de Menin ; créé Maréc. de Camp le 2 Mai, déclaré le 5 Juin seulement, il eut le même jour des Lettres de Service pour l'armée du Roi ; servit au siége d'Ypres, à celui de Furnes, passa de Flandres en Alsace, se trouva à l'affaire d'Auguenum & au siége de Fribourg ; employé à l'armée du Roi le 1 Avril 45, Aide de Camp du Roi, il la suivit jusqu'à son départ, pour retourner à Versailles ; combattit à Raucoux, & obtint à la mort de son père la Lieut. Générale du Gouvernement de Flandres, & le Gouvernement de la ville de Valenciennes le 29 Nov. ; employé à l'armée de Flandres, & Aide de Camp du Roi le 1 Mai 47, il se trouva à la bataille de Lawfeld ; fut créé Lieut. Général des Armées du Roi le 10 Mai 48 ; Capitaine des Gardes du Corps du Roi le 27 Mai 64, ✠ le 2 Février 1767. M. D.

TINSEAU, Cap. du *Génie*, à Auxonne.

TOITOT, (Joseph-Bonnaventure, Chev. de) né à Dolle en Comté le 12 Octobre 1763, Sous-L. en 3e au régim. de la *Reine* inf. le 30 Août 1781. D.

TOMBEBŒUF, Lieut. en sec. des *Gardes Françoises*.

TOMBLAINE, Commissaire des Guerres, à Aix.

TONNERRE, (Charles-Henri-Jules, Comte de Clermont, puis Duc de) né à... le 7 Avril 1720, Corn. de la *Mestre-de-Camp-du-Commiss.-Général*, cav., le 10 Mars 1732 ; il servit en 1733 au camp du pays Mesfin, obtint une compagnie le 16 Fév. 34, se trouva la même année au siège de Philisbourg, à l'affaire de Clausen en 35; Mest. de Camp du rég. de cav. de son nom le 21 Fév. 40, il le commanda à la prise de Prague en 41, au bivac de Pisseck, à l'affaire de Sahay, au ravitaillement de Frawemberg, à la défense de Prague, à la sortie de cette ville en 42, & rentra en France avec l'armée en 43; il se trouva cette même année à la bataille d'Ettingen, & finit la campagne en Haute-Alsace sous le Maréc. de Coigny; il servit en 44 à l'armée de Flandres commandée par le Maréc. de Saxe, qui couvrit les siéges de Menin, d'Ypres & de Furnes, & occupa le camp de Courtray pendant le reste de la campagne, malgré la grande supériorité des ennemis. Il commanda son rég. à la bataille de Fontenoy, aux siéges des ville & citadelle de Tournay, de Dendermonde, d'Oudenarde & d'Ath; au siège de la citadelle d'Anvers, à la bataille de Raucoux en 46; créé Brig. le 10 Mars 47, il commanda la brigade du rég. de cav. du Roi à la bataille de Lawfeld le 2 Juillet; se rendit au siège de Berg-op-Zoom le 29 Août, & y servit jusqu'à sa prise. Il se trouva au siège de Mastricht en 48, au camp d'Aimeries en 54; employé à l'armée d'Allemagne le 1 Mars 54, il s'est trouvé à la bataille d'Hastembeck & à la prise de plusieurs places de l'Electorat d'Hanovre; créé Maréc. de C. le 1 Mai 1758; employé en Normandie le 1 Août suivant, il a servi sous les ordres du Duc d'Harcourt; créé Lieut. Général le 25 Juillet 1762. M. D.

TORCY, (Charles-Antoine-Félix de Colbert de Croissy Bierné, Marquis de) né à... le 11 Juillet 1729, *Mousquetaire* le 14 Avril 1744; il fit la campagne en Flandres, & se trouva au siège de Menin, d'Ypres & de Furnes, à l'affaire d'Auguenum & au siège de Fribourg, & obtint le 14 Déc. la charge de Guidon des *Gendarmes de la Reine*, avec rang de Lieut. Col. de cav. Il étoit avec la Gendarmerie à la bataille de Fontenoy, aux siéges des ville & citadelle de Tournay, d'Ouderarde, de Dendermonde & d'Ath en 45; aux siéges de Mons, de Charleroi, de Namur, & à la bataille de Raucoux en 46; Ens. de la compagnie des *Gendarmes Bourguignons* le 20 Janv. 47, il combattit à Lawfeld le 2 Juillet; Sous-L. de la comp. des *Gendarmes de Berry* le 1 Janv. 48, avec rang de Mestre de Camp de cav., il servit au siège de Mastricht la même année, se trouva à la prise d'Hanovre & de plusieurs places de cet Electorat; au camp de Closterseven, à la marche sur le Zell en 57, au combat de Sondershausen, à la prise de Cassel & de la Hesse, à la bataille de Lutzelberg en 58, à la bataille de Minden le 1 Août 59; parvint à la charge de Cap. Lieut. des *Chevaux-Légers de Bourgogne* le 21 du même mois, & la commanda à l'armée d'Allemagne en 60; créé Brig. le 20 Fév. 61, il servit en cette qualité à l'armée d'Allemagne, passa à la charge de Capit. Lieut. des *Chevaux-Légers Dauphins* le 11 Janvier 62, en se démettant de ceux de *Bourgogne*, servit en Allemagne; déclaré au mois de Juin 63 Maréc. de Camp, avec rang du 25 Juillet 1762, il s'est démis de sa compagnie. M. D.

TORCY, Major à Schelestat.

TORCY, (Eman.-Louis de) né au Bois-Hulin, en Normandie, le 5 Déc. 1753, Sous-L. au rég. de la *Reine* inf. le 22 Août 1771, Lieut. en sec. le 20 Avril 1778, en p. le 5 Juin 1779. D.

TORCY, (Amable-Etienne de Sulmes de) né à Torcy en Nivernois le 5 Mars 1761, Cadet Gentilh. au rég. de *Limosin* le 28 Avril 1778, Sous-L. le 22 Juin 1779. D.

TORREM, Garde du Roi dans *Noailles* le 2 Mars 1773.

TOTT, (Baron de) Maréc. de Camp le 5 Décembre 1781. M. D.

TOUCHIMBERT, (Pierre-Charles de) né à Prailles en Poitou le 10 Fév. 1743, Enf. au rég. Maréchal de *Turenne* le 10 Fév. 1759, Lieuten. le 22 Sept. 1765, Cap. le 21 Sept. 1774. D.

TOULANGEON, ✠ (Cte. de) Col. en sec. de *Rouergue*, infanterie. M. D.

TOULLE, (Louis-Adrien Florimond de) né à Amiens en Picardie le 26 Août 1756, Vol. au rég. *Royal-Pologne* cav. le 18 Octob. 1774, Sous-L. à la suite le 10 Août 1777, en pied le 8 Avril 1779. D.

TOULONGEON, (Marquis de) Maréc. de Camp le 5 Déc. 1781. M. D.

TOULONGEON, (Vicomte de) Lieut. Col. du pr. rég. des *Chasseurs*.

TOULOUSE Lautrec, (Cte. de) Maréc. de Camp le 1 Mars 1780. M. D.

TOUR-D'AUVERGNE, (Nicolas-François-Jules, Chevalier, puis Comte de la) né à... le 20 Août 1720, d'abord Corn. au rég. de *Chepy*, cav., le 3 Sept.

1738; il y obtint une compag. le 26 Juillet 1741, & la commanda à l'armée de Bavière; il s'y trouva à la prise d'Ellenbogen & de Caden sur les frontières de Bohême, au secours de Braunau, au ravitaillement d'Egra & à la défense de Deckendorff & de Landau, & finit la campagne en 1743 sur les bords du Rhin; il se trouva à la défaite du Général Nadasty près de Saverne, à l'affaire d'Auguenum & en Bavière en 1744, & repassa en France au mois de Déc.; il passa l'hiver en Suabe, commença la campagne de 1745 sur le bas-Rhin, joignit l'armée de Flandres au mois de Juin, campa sous Maubeuge quelques mois, & finit la campagne sur la Sarre; il servit aux siéges de Mons & de Charleroi en 1746: son frère, Col. du rég. d'inf. de son nom, étant mort, il obtint ce rég. le 12 Août, & le commanda au siége de Namur & à la bataille de Raucoux la même année; il passa ensuite à l'armée d'Italie, où il contribua à chasser les ennemis de la Provence, & à leur faire repasser le Var; il étoit à l'attaque des retranchemens de Montalban & de Villefranche à la prise de ces deux villes, de Nice & de Vintimille au mois de Juin 1747; il partit peu de jours après pour se rendre au camp de Tournoux, où il arriva le 7 Juil.; il étoit au mois d'Août au camp de Var, d'où il partit le 10 Sept. pour joindre la grande armée dans le Comté de Nice; il marcha au mois d'Oct. au secours de Vintimille, & se trouva aux deux combats qui se donnèrent sous cette place; il continua de servir à l'armée d'Italie jusqu'à la paix; son régim. ayant été incorporé dans celui de Nice le 10 Février 1749, il fut attaché au rég. des Grenadiers de France en qualité de Col. le 20 du même mois, & obtint le rég. de Boulonnois le 11 Nov. 1751; il le commanda sur les côtes de Bretagne pendant plusieurs années, contribua à la défense de St.-Malo; s'étant particulièrement distingué au combat de St.-Cast où il fut dangereusement blessé, on le créa Brig. le 5 Octob. 1758; il avoit été destiné pour passer à St.-Domingue avec son rég., & y commander en s. sous MM. de Belsunce & de Sainte-Croix, mais ayant été déclaré en Nov. 1761 Maréc. de Camp, le brevet expédié le 20 Fév. précédent; il se démit de son rég., & ne passa point à St.-Domingue, il n'a pas été employé depuis; créé Lieut. Général le 1 Mars 1780. *Article à Substituer, page 204, deuxième colonne.* M. D.

TOUR-DU-PIN de Paulin, (Jean-Frédéric, Comte de la) né à... le 22 Mars 1727, Corn. au rég. de Bourbon, caval., le 20 Oct. 1741; il le joignit à l'armée de Westphalie où il passa l'hiver; il marcha avec cette armée sur les frontières de Bohême au secours de Braunau, au ravitaillement d'Egra, à l'expédition de Schmidmill; fut fait Lieut. le le 16 Avril 1743, se trouva à la défense de plusieurs villes de la Bavière, & finit la campagne sur les bords du Rhin; il étoit à la reprise de Weissembourg & des lignes de la Loutre, à l'affaire d'Augenum & au siége de Fribourg en 1744; obtint une compagnie le 2 Déc. de cette année, il la commanda sur le Bas-Rhin pendant l'hiver, passa avec le rég. à l'armée de Flandres en Juin 45; il y campa sous Maubeuge, puis à Chièvres, & servit ensuite au siége d'Ath; il commanda sa compagnie au siége de Bruxelles & à la bataille de Raucoux en 1746; à la bataille de Lawfeld & au siége de Berg-op-Zoom en 1747, au siége de Mastricht en 1748; sa comp. ayant été réformée la même année, il fut entretenu Cap. réformé à la suite du rég. de Bourbon le 2 Déc.; il obtint le 1 Février 1749, une commis. pour tenir rang de Col. d'infant., & une place de Col. dans le rég. des *Grenadiers de France* le 20 du même mois; il servit avec ce régim. au camp de Dieppe en 1756, à la bataille d'Hastembeck, à la prise de Minden & d'Hanovre, au camp de Closterseven en 1757; Col. du rég. de *Guienne* inf. le 6 Oct. de cette année, il le commanda sur les côtes jusqu'à la paix; créé Brig. le 20 Fév. 1761, pourvu du rég. de *Piémont* le 1 Décemb. 1762, déclaré au mois de Mai 1763; Maréchal de Camp avec rang du 25 Juillet 1762, il s'est démis du rég. de *Piémont*; créé Lieut. Général le 5 Déc. 1781. *Article à substituer, page 204, deuxième colonne.* M. D.

TOURDONNET, Sous-Aide-Major des *Gardes Françoises*.

TOURNADES, Capitaine du *Génie*, à Antibes.

TOURNAY, ✠ Lieut. Col. du régiment de la *Fere*, artillerie.

TOURNEBUT, Garde du Roi dans L. le 19 Juin 1776.

TOURNEFORT, Lieut. de Roi, à Bouchain.

TOURNEMIRE, ✠ (Comte de) Major de *Royal-Cravattes*, cavalerie. M. D.

TOURNEVILLE, (Jean-

Baptiste-Adrien le Neuf de) né au Havre-de-Grace le... 1759, Cad. Gentilh. au rég. de Beaujolois, le 6 Juin 1776, Sous-L. le 5 Novembre 1778. D.

TOURNEUR, (Louis) né à Saintes le 2 Fév. 1725, Soldat au rég. Maréc. de *Turenne* le 1 Janvier 1743, Sergent le 17 Déc. 1763, P. Drap. le 12 Juil. 1770, Sous-L. des Grenad. le 21 Fév. 1779; il a fait les campagnes de 1743, 44, 45, 46, où il fut blessé, 47, 57, où il fut blessé, & 1758.

TOURNEUX de la Perraudière, Lieut. des *Maréchaux de France*, à Angers.

TOURNI, (Marquis de) Maréchal de Camp le 1 Mars 1780. M. D.

TOURTIER de Gelau, ✠ Lieut. des *Maréch. de France*, à Orléans.

TOURTIER, Maréchal de Camp le 5 Décembre 1781.

TOURTOULLON, (François de) né à Saralles en Languedoc le 2 Sept. 1740, Lieut. au rég. d'*Hainaut*, le 20 Mars 1750, réformé le 29 Déc. 1762, passé au régim. des *Recrues de Lyon* en 17..., Lieut. dans la légion de *Condé* en 1766, rang de Cap. le 5 Mars 1774, réformé le 9 Déc. 1776, attaché au 4e régim. des *Chasseurs*, le 8 Avril 1779. D.

TOURVILLE, Major de *Royal-Auvergne*, inf., & ✠.

TOURVILLE, (le Marquis de) Gouverneur à Dieppe. M. D.

TOURVILLE, (Siméon Cavalier de) né à.... le.... 17...., deuxième Enf. des *Gardes Françoises* le 1 Avril 1727, premier Enf. le 24 Nov. 1730, Sous-L. le 8 Janv. 1734; il servit à l'attaque des lignes d'Ettingen, &

au siége de Philisbourg la même année; Lieut. le 30 Mars 1735, fit la campagne sur le Rhin & celle de 42 en Flandres; se trouva à la bataille d'Ettingen en Juin 1742, passa à une Lieuten. des Gren. le 10 Juil., & obtint le 9 Déc. suiv. une commis. pour tenir rang de Cap.; parvint à une compag. le 17 Mai 1744, & la commanda à la bataille de Fontenoy, aux siéges des ville & citadelle de Tournay, de Dendermonde, d'Oudenarde & d'Ath en 1745; à la bataille de Raucoux en 1746, à celle de Lawfeld en 1747, au siége de Maftricht en 1748; créé Brig. le 10 Mai de cette année, il a fait la campagne d'Allemagne en 1760; com. du 6e bataillon du rég. des *Gardes*, le 18 Janv. 1761, com. du 5e le 15 Fév.; créé Maréc. de Camp le 20 du même mois, com. du 4e bataillon le 22, du 6ec bataillon le 18 Octob., il a fait la campagne de 1762 en Allemagne; créé Lieut. Général le 1 Mars 1780.

TOUSARD, ✠ Major du régim. provincial d'artillerie de Toul.

TOUSARD, (le Chev. de) Lieut. du *Génie*, à St.-Quentin.

TOUSET, ✠ Aide-Major des *Gardes Suisses d'Artois*.

TOUSTAIN, Marquis de Limesy, (Charles-François de) né à... le... 17..., inscrit *Mousquetaire* en Sept. 1738, Lieut. au rég. de *Champagne* le... 1744, où son père, son oncle & son ayeul avoient été Capit. des Grenadiers; il s'est trouvé entr'autres actions à l'affaire de Weissembourg & au siége de Fribourg en 1744. M. D.

TOUSTAIN Limesy, son fils ainé, (Jean-Baptiste-François-Hipolyte

Hipolyte Casimir de) né à... le 21 Juil. 1760, Page de la petite écurie en Mars 1775, Sous-L. au rég. du *Commissaire-Général*, cav.; le... 1778.

TOUSTAIN Limesy, son fils cadet, (Armand-Charles-Honoré de) né à... le 10 Août 1768, Aspirant de la *Marine* au département de Brest, le... 1782, Garde Marine le... 1785.

TOUSTAIN Richebourg, son cousin (Gaspard-François, Cte. de, né à.. le... 1716, Garde du Corps du Roi le.. 1734, *Mousquetaire* de la seconde comp. le... 1734; il fit les campagnes d'Allemagne & de Flandres, se trouva au siége de Philisbourg en 1734, fut blessé à la bataille d'Ettingen en 1743; servit aux siéges de Menin, d'Ypres, de la Kenoque en 1744; a obtenu une commiss. de Lieuten. des *Maréchaux de France* au pays de Caux en 49; il a fait la guerre de 1756 en qualité de Major Général des *Gardes Côtes* du Havre; il s'est trouvé au bombardem. de cette ville en 1759, & à plusieurs autres campagnes jusqu'en 1762, ✠ le... 1774; il a obtenu en 1781, une pension de retraite de 500 livres.

TOUSTAIN Richebourg, son fils, (Charles Gaspard, Vicomte de) né à... le 7 Juillet 1746, Vol. au camp du Havre le... 1759, Page de la grande écurie le... 1760, Sous-L. à la suite au rég. *Royal-Lorraine*, cav., le.. 1763, en pied le... 1766, Sous-Aide-Major le... 1768, Cap. com. la comp. de Mest. de C. dudit rég. le... 1769, Cap. com. la comp. Lieut. Col. de la 1er brig. des *Carabiniers* le... 1770, Maj. attaché au corps de la cav. avec 800 liv. de pension le.. 1774, Vol. aux divi-
1784.

sions & armées de Normandie & de Bretagne le... 1777 jusqu'en 1785, augmenté le... 1779 de 400 liv. de pension qui aura lieu jusqu'à son remplacement à un grade supérieur, nommé de plusieurs Commissions importantes, à quatre tenues des Etats de Bretagne; il a été admis en 1774 après ses preuves d'ancienne Nob.

TOUSTAIN Richebourg son fils, (Camille Turstin Mériadec de) né à... le 15 Juillet 1775, nommé Elève de l'Ecole Royale Militaire le... Fév. 1785, reçu en cette qualité à l'Abbaye Royale de Rebais en Brie le... Septembre suivant

TOUSTAIN d'Ecrennes, son cousin (Claude-Alexandre, Marq. de) né à.. le.. 1717, inscrit *Mousquetaire* le.. 1729, entré aux Cadets de Metz le... 1732, Lieut. au bataill. de *Seguier Liancourt* le... 1733, Lieut. en sec. au rég. de *Lorraine*, inf., le.. 1734, il s'est trouvé la même année au siége de Philisbourg, Lieut. en p. le... 1737, Cap. le... 1742, il se trouva au siége & à la retraite de Prague, Maréc. de Log. des *Grenadiers à Cheval*, & par cet emploi, Offic. supérieur de la Maison du Roi le 7 Fév. 1744, il combattit à Fontenoy le 11 Mai 1745, fait ✠ par Sa Majesté sur le champ de bataille; Sous-L. le 3 Juillet 1746, il se trouva à la bataille de Raucoux le 18 Oct. suiv., à celle de Lawfeld le 2 Juillet 1747; Mest. de de Camp de cav. le 12 Avril 1754, Lieut. des *Grenadiers à Cheval* le... Mai suiv., gratifié de 800 liv. de pension sur l'Ordre de St-Louis le 29 Juillet 1755, il obtint une augmentation de 700 liv. après avoir commandé son corps dans les campagnes de

C c

1761 & 1762; créé Brig. le 25 Juillet 1762, Maréc. de Camp le 3 Janv. 1770, supprimé avec son corps en 1776.

TOUSTAIN, son frère, (Jean de) né à... le... 1724, Mousquetaire de la 2e. compagnie le... 1741, Corn. au rég. du Roi, drag., le... 1744, réformé en 1748, Aide-de-Camp du Marquis de Villemur en 1757, Cap. au rég. de Toustain le... 1758, de Royal-Lorraine, cav. le... ✠ le... 1761, réformé en 1763, Aide-Maj. le... 1764, remplacé Cap. en pied le... 1766, retiré avec 1000 liv. de pension le... 1770.

TOUSTAIN, son frère, (Louis de) né à... le... 17..., Page du Roi en sa petite Ecurie le... 1748, Offic. au rég. de Royal-Piémont, cav., le... 17...

TOUSTAIN Viray, son cousin (Remy-Charles, Marq. de) né à... le... 1723, Corn. au rég. de Rosen, cav., le... 1741, Cap. dans Royal-Pologne le... 1744, il fit les campagnes de cette guerre-là; Mest. de Camp d'un rég. de son nom, & ✠ le.. 1758, il fit les campagnes de cette guerre avec son rég. qui fut ensuite incorporé dans Royal-Lorraine le... 1761; Commandant en chef la cav. du camp de Dunkerque le... 1762; créé Brig. la même année, Mest. de Camp du rég. Royal-Lorraine le 25 Juillet 1762; créé Maréc. de Camp le 3 Janv. 1770, chargé de diverses inspections & employé en 1778 & 1779.

TOUSTAIN Viray, son frère, (Joseph-Maurice, Comte de) né à... le... 17... entré au service en 1743, dans le rég. de la Reine, cav., Corn. le... 17... Cap. du même rég. le... 17..

il sauva le convoi de Berg-op-Zoom le 15 1748, ce qui lui valut une pension; ✠ le... 1760, Lieut. Col. d'une Brig. de Carabiniers le.. 1767, bréveté Mest. de Camp le.. 1771, Mest. de Camp en sec. du rég. de la Reine cav. le... 1776, Col. du 1er. rég. des Chevaux-Légers & Brig. des armées le 1 Mars 1780.

TOUSTAIN, son neveu, (François-Etienne de) né à.... le... 17..., Sous-L. au premier rég. de Chev.-Légers le... 1780.

TOUSTAIN, son frère, (Louis-Gabriel-André de) né à... le... 17..., reçu ✠ le... 17..., Page du Grand-Maître le... 1779.

TOUSTAIN de Fulset, (Louis de) né à Anglesqueville en Normandie en 1759, Sous-L. au rég. de Médoc le 22 Déc. 1775.

TOUZEL, (Marq. de) Brig. de cav. le 5 Déc. 1781. M. D.

TRACY, (Antoine-Louis-Claude d'Elstur, Comte de) né à Paris le 20 Juill. 1754, Mousquetaire de la 2e Comp. le 10 Janv. 1770, Lieut. en sec. à la suite du rég. d'Artillerie de Besançon avec Lettres de Cap. le 3 Fév. 1771, Cap. réf. dans Bourgogne cav. le 4 Août 1772, passé dans Dauphin cav. le 17 Mai 1773, remplacé le 6 Mars 1774, Chef d'escadron dans le 5e rég. des Chev.-Légers le 1 Juin 1779, Mest. de C. en sec. du rég. Royal cav. le 13 Avril 1780. M. D.

TRAINEL, (Claude-Constant-Esprit de Harville-Jouvenel-des-Ursins, Marq. de) né à... le 12 Mars 1723, Mousquetaire le 22 Déc. 1738, Cap. au rég. Dauphin cav. le 11 Juin 1740, il commanda cette Comp. à l'armée qui passa l'hiver de 41 & 42 en Westphalie sous les ordres du Maréc. de Maillebois; Col. d'un rég. d'inf. de son nom le 9 Août 1741, il le couvrit la même année à l'armée de Flandres qui se tint sur la défensive, en garnison pendant la campagne de 1743, à l'armée de Flandres sous le Maréc. de Saxe qui couvrit les siéges de Menin, d'Ypres & de Furnes, & soutint le camp de Courtrai pendant le reste de la campagne en 1744, à la bataille de Fontenoi, aux siéges des ville & citadelle de Tournai, de Dendermonde, d'Oudenarde & d'Ath en 1745, à la bataille de Raucoux, puis à l'armée de Provence au mois de Déc. 1746; il fut employé avec son rég. à la garde des ponts sur le Var depuis le mois de Juil. 1747 jusqu'au mois d'Août, & resta à Monaco pendant le reste de la campagne; créé Brig. le 1 Janv. 1748, il fut employé à l'armée d'Italie qui ne fit aucune opération à cause de la paix; il passa avec son rég. à l'Isle de Minorque au mois d'Avril 1756, & la distinction avec laquelle il servit au siége & à l'assaut du fort St.-Philippe de Mahon, lui mérita le grade de Maréc. de C. le 25 Juill. de cette année, il se démit alors de son rég; employé à l'armée d'Allemagne le 15 Juin 1757, il concourut à la prise de plusieurs villes de l'Electorat d'Hanovre, continua d'être employé à la même armée le 29 Nov. 1757 & 1 Janv. 1758, il se trouva cette année à la bataille de Crewelt & l'année suivante à celle de Minden; quelques jours après cette action il se distingua à l'arriere-garde de l'armée dont il conduisit la gauche & soutint les efforts des ennemis qui furent battus par le Comte de St.-Germain; il a fait la campagne de 1760 en Allemagne, a été créé Lieut. Gén. le 25 Juill. 1761. M. D.

TRALLEBEAU, Garde du Roi dans B. le 14 Novembre 1778.

TRAMAIN, (Jean-Pierre-Olivier Poulain, Comte de) né à Lamballe en Bretagne le... 17.. Sous-L. au rég. du *Roi* le.. Avril 1755, Lieut. en 1758, Cap. en Fév. 1762, brevet de Col. en Mai 1779, Mestre. de C. en sec. au rég. de la *Marine* le 15 Avril 1780, ✠ le... 17... M. D.

TRASEGNIES, (Comte de) Maréc. de C. le 16 Avril 1767. M. D.

TRAUBEL, ✠ Adjud. des *Gardes Suisses*.

TRAVERS d'Ortenstein, ✠ (le Baron de) Lieut. Col. de *Diesbach* inf.

TRAVERS, (Baron de) Ens. des *Gardes Suisses*. M. D.

TRAXLER, Sous-L. en p. des *Gardes Suisses*.

TREBRA, (Louis-Henri, Baron de) né à Braunstrado en Saxe le 12 Juin 1736, Page le 12 Avril 1750, Ens. a 1 rég. de la *Princesse Electorale de Saxe* le 1 Fév. 1756, Sous-L. le 15 Mai 1759, Lieut. en p. le 20 Oct. 1759, Aide-Maj. de *Gotha* le 27 Déc. 1761, Corn. des *Carabiniers* le 14 Juin 1762, Lieut. le 3 Juill. 1763, Lieut. de la *Générale* avec rang de Cap. le 28 Avril 1765, Cap. com. le 10 Avril 1768, Cap. en sec. le 1 Avril 1776, en p. le 1 Mai 1779, blessé à Luxemberg & au siége de Wolffenbutel. M. D.

TREDOS, Maj. à Neuf-Brisach.

TREFFA, Brig. de drag. le 5 Déc. 1781.

TREFFORET, Cap. d'*Artillerie* à Bayonne.

TREMAULT, Lieut. des *Maréchaux de France* à Blois.

TREMEAC, (Jean-Baptiste-Marie le Porceau de Roliveau de) né à Coublac en Bretagne le 23 Avril 1750, Sous-L. au rég. de *Bassigny* le 5 Mai 1772, Lieut. en sec. le 3 Juin 1779, Lieut. en p. le 18 Juin 1781. D.

TREMEREUC, Toussaint-César, Ch. de) né à Meurtel en Bretagne le 14 Août 1754, Sous-L. de drag. au rég. de *Monsieur* le 1 Juin 1772, Lieut. en sec. le 28 Mai 1782. D.

TREPEZECK, (Gabriel-Louis-Matthieu de) né à Rohan en Bretagne le 23 Janv. 1755, Elève de l'Ecole Militaire le 8 Oct. 1770, Sous-L. au rég. de *Bassigny* le 15 Fév. 1774, Lieut. en sec. le 1 Janv. 1780. D.

TREPSAC, Sous-L. de *Maréchaussée* à Villefranche de Rouergue.

TREQUELLON, Sous-L. en p. des *Gardes Françoises*.

TRESFONT, Garde du Roi dans V. le 27 Mars 1771.

TRESSAN, (Louis-Elisabeth de Lavergne, Comte de) né à... le 4 Nov. 1705, Lieut. en sec. au rég. de cav. de *Ruffec* le 9 Fév. 1719, Lieut. le 26 Janv. 1721, Lieut. réf. au rég. de cav. d'*Orléans* le 12 Fév. suivant, Mest. de C. réf. à la suite du même rég. le 13 Oct. 1722 ; il leva une Comp. de cav. au rég. de *Bougord* le 2 Fév. 1727 & la commanda au siége de Kell en 1733, au siége de Philisbourg en 1734 ; 5e Ens. des Gardes du Roi dans *Noailles* le 11 Mai 1735, 2e Ens. le 7 Déc. 1738, Brig. le 1 Janv. 1740, premier Ens. le 13 Juin 1743, 3e Lieut. le 5 Déc. suiv., employé à l'armée de Flandres le 1 Avril 1744 ; créé Maréc. de C. le 2 Mai, il servit comme Brig. aux siéges de Menin & d'Ypres, campa sur le canal de Loo pendant le siége de Furnes, passa de Flandres en Alsace, servit au siége de Fribourg & fut déclaré Maréc. de C. au mois de Déc. ; il suivit le Roi en Flandres en 1745 & se trouva à la bataille de Fontenoi, aux siéges des ville & citadelle de Tournai, d'Oudenarde & de Dendermonde ; employé à l'armée du Roi le 1 Avril 1746, il couvrit avec l'armée les siéges de Menin, de Charleroi, St.-Guislain, Namur, combattit à Raucoux & commanda pendant l'hiver à Boulogne & continua d'y commander pendant la campagne de 1747, quitta les Gardes du Corps au mois d'Août suiv., fut créé Lieut. Gén. le 10 Mai 1748, & conserva le Commandement de Boulogne jusqu'au 1 Nov. 1749 ; on lui donna le même jour le Commandement de Toul & de l'Evêché ; il y a résidé jusqu'au 15 Août 1760 qu'on lui a donné le Commandement de Bitihe & de la Lorraine Allemande ; il est Membre des Académies des Sciences de Paris, de Montpellier, de Berlin, & des Sociétés Royales de Nancy & de Londres, & est Associé étranger de la Société d'Edimbourg. M. D.

TRESSARD des Landes, ✠ Maréc. de Logis des *Gendarmes de Flandres*.

TREVEY, Garde du Roi dans L. le 27 Mars 1767.

TREVEY, Garde du Roi dans L. le 24 Juin 1773.

TREVIGNY, Garde du Roi dans L. le 25 Sept. 1765.

TREVIGNY, Garde du Roi dans L. le 6 Sept. 1776.

TRIDON de Rey, ✠ Lieut. Col. comm. le bataillon de garnison de Bretagne.

TRIGAUD, Garde du Roi dans V. le 21 Mars 1767.

TRIGNANT, Garde du Roi dans *Noailles* le 27 Avril 1775.

TRINCAUD de la Tour, (Jean-Baptiste) né à Lausun en Guienne le 28 Fév. 1731, Vol. dans *Apchon* le 10 Mai 1759, Maréchal de Logis le 10 Mai 1763, rang de Sous-L. le 18 Oct. 1765, P. G. le 21 Sept. 1771, Lieut. le 1 Juin 1772, Quart. M. Trés. dans *Durfort* drag. le 11 Juin 1776.

TRINQUELANGUES, (Gabriel de) né à Usez en Languedoc le 5 Juin 1760, Cad. Gentilh. au rég. de *Savoie-Carignan* le 3 Juin 1773, Sous-L. le 15 Juin 1781. D.

TRINQUERE, (le Baron de) Lieut. de Roi en Champagne. M. D.

TRION, Garde du Roi dans L. le 31 Déc. 1764.

TRIVIO, (Albert-Xavier de) né à Grenoble le... 1754, rang de Sous-L. d'*Orléans* inf. le 6 Janv. 1771, Sous-L. de la *Colonelle* le 1 Juill. 1772, Lieut. en sec. le 7 Août 1778, en p. le 18 Déc. 1779, Cap. en sec. le 10 Mai 1782, embarqué sur le vaisseau l'Actionnaire le 25 Déc. 1779, rentré le 14 Déc. 81. D.

TROGOFF, (le Comte de) Lieut. des *Maréch. de France* à Lannion. M. D.

TROISVILLES, (Honoré-Auguste de) né à Marseille le 16 Mai 1753, Sous-L. au rég. de *Savoie-Carignan* le 4 Mai 1771, Lieut. en sec. le 15 Juin 1776, Lieut. en p. le 25 Avril 1782. D.

TRONVILLE, Commiss. des Guerres à St.-Brieux.

TROSTONDAM, ✠ Lieut. Col. de *Royal-la-Marine* inf.

TROTREL, (Philippe-Louis-François de) né à Falaise le 11 Oct. 1752, Vol. au rég. de *Rouergue* le 15 Mars 1769, fait campagne en Corse, Sous-L. dans la légion *Corse* le 20 Sept. 1769, Lieut. le 10 Oct. 1773, passé dans *Languedoc* drag., puis au 6e rég. des *Chasseurs* le 23 Juin 1779, Lieut. en p. le 24 Avril 1782. D.

TROUSSEAUVILLE, (Charles-Claude-François Chambon de) né à Mandres, près Verneuil au Perche en Normandie le... 1765, Cad. Gentilh. au rég. de *Limosin* le 6 Mai 1780, Sous-L. le 24 Août 1781. D.

TROUSSEBOIS, (N..... Comte de) né à... Lieut. au rég. de *Provence* le... 1755, Cap. le.. 1758, blessé d'un coup de fusil à la jambe en 1759, breveté de Col. en 1773, Mest. de C. com. le rég. de *Savoie-Carignan* le 6 Avril 1775, Brig. des armées du Roi le 5 Déc. 1781, ✠. M. D.

TRUCHY, Greffier des *Gardes Françoises*.

TRULARD, Cap. du *Génie* à Bergues.

TRUPHEME, Commissaire des Guerres à Aix.

TUDERT, (Ch. de) Brig. de cav. le 26 Déc. 1768. M. D.

TULLES, ✠ Chef de brig. du rég. de *Besançon* artillerie.

TULLES, (Amand-Matthieu de) né à Trepoux en Quercy en Juill. 1738, Vol. au rég. de *Berry* cav. en Juin 1754, Maréc. de Logis en Fév. 1758,

Corn. en Mai 1762, Sous-Aide-Maj. en Janv. 1768, Aide-Maj. en Mai 1774, commiſſion de Cap. en Fév. 1777, en p. en 17..

TURGNOT de la Noye, ✠ Lieut. Col. Comm. le bataillon de garniſon d'Erghien.

TURGOT, Enſ. des *Gardes Françoiſes*.

TURGOT, (Ch. de) Brig. d'inf. le 11 Oct. 1764.

TURLOT, Garde du Roi dans *Noailles* le 8 Déc. 1766.

TURMAN, Lieut. de *Maréchauſſée* à Strasbourg.

TURMEL, Lieut. Col. d'*Auxerrois* & ✠.

TURPIN, (Marq. de) Col. en ſec. du rég. de *Schomberg* drag. M. D.

TURPIN, (Vic. de) Sous-L. des Gardes de *Monſieur*. M. D.

TURPIN, Criſſé & Sanſay, (Lancelot, Comte de) né à... le... Mouſquetaire en 1732, Corn. au rég. d'*Anjou* cav. le 21 Mai 1734; il ſervit à l'attaque des lignes d'Ettingen, au ſiége de Philisbourg en 1734, obtint une Comp. dans *Royal-Pologne* cav. le 11 Nov. de la même année, il la commanda à l'affaire de Clauſen en 1735, à l'armée de Flandres en 1742, en Bavière en Juin & ſur les bords du Rhin en Juill. 1743, à la repriſe de Weiſſenbourg & des lignes de la Loutre, à l'affaire d'Auguenum & au ſiége de Fribourg en 1744; Meſt. de C. réf. à la ſuite du rég. de *Berchiny* huſſards le 15 Oct., il ſervit avec ce rég. en Suabe pendant l'hiver & à l'armée du Bas-Rhin pendant les premiers mois de la campagne de 1745, joignit l'armée de Flandres au mois de Juin & finit la campagne ſur la Sarre; il étoit au ſiége de la citadelle d'Anvers & à la bataille de Raucoux en 1746; Meſt. de C. d'un rég. d'huſſards de ſon nom le 27 Janv. 1747, il le commanda à la bataille de Lawfeld, ſe diſtingua à la pourſuite des ennemis, ſervit au ſiége de Maſtricht, fut créé Brig. le 10 Mai 1748; il ſervit en cette qualité au camp de Richemont en 1755; employé à l'armée d'Allemagne le 1 Mars 1757, Inſpecteur-Général de la cav. & des drag. le 15 Mars 1758; créé Maréc. de C. le 20 Fév. 1761; en quittant ſon rég. il a ſervi en Allemagne juſqu'en 1762. S'eſt trouvé à la bataille d'Haſtembeck, à l'attaque d'Halberſtatt, aux batailles de Minden, de Crewelt, de Warbourg, de Filinghauſen, & s'eſt diſtingué dans pluſieurs actions à la tête des troupes-légères. M, D.

V

VABRE, Maréc. de Logis des Gardes du Roi le 31 Mars 1781.

VAGUETIN d'Orimont, Sous-L. de *Maréchauſſée*, à Ste-Menehould.

VAILLAC, (Jean-Paul-Ricard de Gourdon Genouillac, Comte de) né à..., le 12 Mai 1621. Il ſervoit dans le rég. de ſon père, lorſqu'il en fut fait Meſt. de Camp à ſa mort, le 10 Oct. 1645. Il étoit au ſiége de Lerida en 1646, au ſiége de cette place à la priſe d'Ager, à la levée du ſiége de Conſtantin par les ennemis en 1647, au ſiége & à la priſe de Tortoſe en 1648, au ſecours de Barcelone en 1649. Créé Maréc. de Camp le 28 Mai

1650, on lui donna une compagnie des *Chevaux-Légers* le 5 Juin ; employé à l'armée de Catalogne, il servit sous le Duc de Mercœur, qui se tint sur la défensive, on s'y tint aussi en 1651 & 1652 ; il étoit en Guienne en 1653. Créé Lieut. Gén. le 16 Juin 1655 ; employé à l'armée d'Italie sous le Prince Thomas, il secourut Régio, servit au siége de Pavie, qu'on leva après 50 jours d'attaque ; il obtint la place de premier Ecuyer de Monsieur, le 7 Juill. 1656. On licencia son rég. le 18 Avril 1661. Créé ✠ le 31 Déc. suiv. : il étoit Chev. d'honneur de Madame la Duchesse d'Orléans, lorsqu'il mourut le 18 Janv. 1681. M. D.

VAILLANT de Savoisy, ✠ Lieut. des *Maréchaux de France*, à Châtillon-sur-Seine.

VAINERAIS, ✠ P. E. des *Gardes* de Monsieur.

VALADONS, (Jean-Louis-François, Vicomte de) né à St-Julien en Bourgogne, le 30 Sept. 1754, Sous-L. au rég. Maréc. de *Turenne*, le 20 Déc. 1769, Lieut. le 28 Fév. 1778. M. D.

VALADONS, (Antoine-François-Xavier, Ch. de) né à St-Julien en Bourgogne, le 20 Juin 1755, Sous-L. au rég. Maréc. de *Turenne*, le 9 Juin 1772, Lieut. le 7 Août 1778. D.

VALADY, Enseig. surnuméraire des *Gardes Françoises*. M. D.

VALBLONC, (Philippe-Joseph de Turlot de) né à Aire en Artois, le 9 Juill. 1759, Cad. Gentilh. au rég. de la *Marine*, le 4 Avril 1778, Sous-L. le 1 Novembre 1778. D.

VALBONNE, Lieut. de Roi, Adjoint, à Nancy.

VALPONNETTE, Garde du Roi dans B. le 1 Juin 1771.

VALBOTE, Major au Fort-Moitier.

VALBRUNE, Garde du Roi dans L. le 2 Octobre 1757.

VALCOURT, Commissaire des Guerres, à Plat-Pays.

VALEN, Garde du Roi dans V. le 27 Mai 1776.

VALENÇAY, (Marquis de) Brig. de cav. le 1 Mars 80. M. D.

VALENCE, (Claude-Sylvestre, Chev. de Timbrune de) né à..., le... 17..., Lieut. au rég. du *Roi*, le 19 Avril 1735 ; il le joignit à l'armée d'Italie, servit aux siéges de Reggio, de Révéré & Guastalle la même année ; rentra en France en 1736 ; se trouva au camp de Compiegne en 1739, à la prise de Prague en 1741, au combat de Sahay, au ravitaillement de Frawemberg, à la défense & à la retraite de Prague en 1742 ; Cap. le 8 Mai 1743, il commanda sa compagnie à la bataille d'Ettingen, & sur les bords du Rhin la même année, aux siéges de Menin, d'Ypres, de Furnes, à l'affaire d'Auguenum & au siége de Fribourg en 1744, à la bataille de Fontenoi, aux siéges des villes & citadelles de Tournai, d'Oudenarde ; de Dendermonde & d'Ath en 1744, aux siéges, de Bruxelles, d'Anvers, de Namur, & à la bataille de Rocoux en 1746 ; passé Aide-Major du rég. de *Béarn*, en conservant son rang de Cap. le 1 Nov. de cette année, il marcha avec ce rég. en Provence ; contribua à en chasser les ennemis & à les repousser au-delà du Var. Il servit au mois de Juin 1747, à l'attaque des retranchemens de Montalban & de Villefranche, à la prise de ces deux places, de Nice & de Vintimille ; passa au camp de Tourneux, le 21 du même mois, y arriva le 9 Juill., en sortit le 19 pour l'attaque des retranchemens du Col de l'Assiete, où il fut blessé ; retourna le même jour au camp de Tourneux, & y finit la campagne ; Col. de ce rég. le 1 Janv. 1748, il le commanda à l'armée d'Italie, jusqu'à la paix, & sur les côtes pendant la guerre de 1757 à 1762. Créé Brig. le 10 Fév. 1759 ; Maréc. de Camp le 25 Juill. 1762 ; s'est démis du rég. de *Béarn* en Déc. Créé Lieut. Gén. le 1 Mars 1780. M. D. *Voyez* TIMBRUNE.

VALENCE, (Bernard-Louis-François-Marie-Honoré Timbrune, Marquis de) né à Toulouse, le 28 Juill. 1766, Elève de l'Ecole Militaire, le 15 Déc. 1781, Sous-L. à la suite des troupes, le 9 Août 1781, Sous-L. en 3e des *Carabiniers*, le 4 Août 1782.

VALENCE ; (Jean-Baptiste-Cyrus-Marie-Adélaïde de Timbrune, Vte. de) né à Agen, le 22 Sept. 1757, Lieut. à la suite de l'artillerie, le 22 Sept. 1773, Cap. dans *Royal*, cav. le 28 Février 1778. M. D.

VALENCE, (Gabriel) né à Bordeaux le 15 Avril 1739, Soldat au rég. d'*Aquitaine*, le 15 Juin 1755, Serg. en 1760, Porte Drapeau le 25 Avril 1767, Sous-L des gren. le 9 Mars 1768, Lieut. le 10 Juin 1776, Lieut. en p. le 6 Août 1780.

VALENTIN de Bavière, Sous-L. de *Maréchaussée*, dans l'Isle de Corse.

VALENTIN, Sous-L. de *Maréchaussée*, à Tournon.

VALENTIN Durimenil, Jean-Charles Thibaul de) né à Epinal en *Lorraine*, le 1 Juill. 1714, Elève du *Corps Royal d'Art.* le 21 Nov. 1770, Sous-L. au rég. *Royal-Navarre*, cav. le 29 Avril 1773, Lieut. le 16 Fév. 1774, Lieut. en sec. le 4 Juin 1779. D.

VALENTIN Durimenil, (Pierre, Ch. de) né à Epinal le 5 Sept. 1760, Cad. Gentilh. dans l'*Isle-de-France*, le 6 Juin 1776, Sous-Lieut. le 8 Avril 1779. D.

VALENTINOIS, (Comte de) Brig. de cav. le 10 Fév. 59, Gouverneur, à Cherbourg. M. D.

VALERIAN de Boisset, (Joseph) né à Montelimar en Dauphiné, le 23 Oct. 1750, Vol. au *Corps Royal d'art* en 1766, Offic. à la suite dans la *Légion-Corse* en 1770, en pied le 15 Juin 1772, *idem* dans le rég. de *Noailles*, rentré avec la compagnie, dans le 6e rég. des *Chasseurs*, le 23 Juin 1779, Lieut. en sec. le 1 Mai 1781. D.

VALERY, (Chev. de) Maj. du rég. *Dauphin*, cavalerie.

VALETTE de Peredon, ✠ Lieut. Col. com. le bataillon de garnison de *Guienne*.

VALETTE ; Maréc. de Log. des Gardes du Roi, le 18 Mars 1780.

VALFONS, Lieut. Col. de *Flandres*, infanterie & ✠.

VALFONDS de Sebourg, (N.. de Mathican, Vicomte de) né à… le… 17…, fut d'abord connu sous le nom de Ch. de Valfonds, puis de Vicomte de Sebourg, Lieut. réformé à la suite du rég. de *Vaudrey*, cav. le 2 Juillet 1741, Enseig. de la *Colonelle*, du rég. de *Piémont*, le 12 Janv. 1728, Lieut. le 10 Août 1749 ;

servit au siége de Kell en 1733 : leva une compagnie dans ce rég. le 10 Nov., & la commanda à l'attaque des lignes d'Ettingen, & au siége de Philisbourg en 1734, à l'affaire de Clausen en 1735, à la prise de Prague en 1741, au combat de Sahay, au ravitaillement de Frawemberg, à la défense de Prague, à la retraite de cette place en 1742, à la bataille d'Ettingen en 1743; Aide-Maj. Gén. de l'inf. du Roi en Flandres, le 1 Avril 1744; il obtint le 8 Juin après le siége de Menin, une Commission pour tenir rang de Col. d'inf., & servit ensuite au siége d'Ypres & de Furnes; il passa avec une partie de l'armée de Flandres en Alsace au mois de Juill.; combattit à Auguenum au mois d'Août, & servit au siége de Fribourg; Aid.-Maj. Gén. de l'inf. de l'armée de Flandres, le 1 Avril 1745, commandant un rég. des *Grenadiers-Royaux* par ordre du 10 du même mois, il combattit à Fontenoi & servit aux siéges de la ville & citadelle de Tournai, de Dendermonde & d'Ath la même année, au siége de Bruxelles en 1746; Aide-Maj. Gén. de l'inf. de l'armée du Roi, le 1 Mai, il se démit du commandement du rég. des *Grenadiers-Royaux*; servit aux siéges des ville & château de Namur, & combattit à Rocoux; ayant apporté au Roi le détail de la bataille, on lui accorda le gouvernement du Fort-l'Ecluse, le 19 Oct.; il continua de servir en qualité d'Aide-Major Gén. de l'infant. le 15 Avril 1747 & 48, & se trouva à la bataille de Lawfeld, & au siége de Berg-op-Zoom en 1747, à celui de Maëtricht en 1748. Créé Brig. le 10 Mai de la même année; Col. réformé à la suite du rég. de *Piémont*, en quittant sa compag. le 6 Nov. 1750; employé Brig. & Aid.-Maj. Gén. de l'inf. de l'armée d'Allemagne, le 1 Mars 1757, il se trouva à la bataille d'Hastembeck, à la prise de plusieurs places de l'Electorat d'Hanovre, & à la marche sur les ennemis vers Zell; employé dans le pays d'Aunis, le 1 Juin 1758; créé Maréc. de Camp le 10 Fév. 1759, il prit alors le nom de Vicomte de Sebourg, & servit sur les côtes d'Aunis, de la Saintonge & du Poitou, en qualité de Maj. Gén. de l'inf., jusqu'à la paix. Créé Lieut. Général le 1 Mars 1780. M. D.

VALFORT, ✠ Lieut. Col. des *Grenadiers-Royaux de l'Orléannois*.

VALICOURT, Lieut. des *Maréchaux de France*, à Cambrai.

VALIGNY, Maj. au château de Marville.

VALIN, Garde du Roi dans L. le 29 Décembre 1774.

VALLEROT, (Louis-Gabriel-Marie de) né à Aisy en Champagne, le 28 Avril 1755, Lieut. au rég. Provincial de *Vesoul*, le... Sept. 1771, Sous-L. au rég. *Royal-Navarre*, cav. le 1 Juill. 1772, Lieut. le 15 Juillet 1773. D.

VALLES, (Jean-Antoine Constant de) né à Châteaudun en Beauce, le 3 Fév. 1752, entré à l'Ecole Militaire le 28 Avril 1762, sorti en 1768, Sous-L. au rég. de *Foix*, le 18 Mars 1768, Lieut. le 9 Mai 1774. D.

VALLET, Elève du *Génie*,

VALLETTE, ✠ Quatt. M. Trés. de *Beauvoisis*.

VALLIER, (Jean-Jacques, Baron de) né à... le... 1728, Lieut. dans les *Bandes* de la Cour le... 1742, Lieut. au rég. de la *Reine*, inf. le... 1746, Cap. Aide-Maj. le... 1766, ✠ le... 1770, com. pour le Roi, le château neuf de Bayonne, le 8 Avril 1779. M. D.

VALLIER de la Peyrouse, ✠ Maj. du *Génie*, à Grenoble.

VALLIER, (Louis-François, Baron de) né à Dieppe le 7 Nov. 1762, Sous-L. le 20 Avril 1778, Lieut. en sec. au rég. de la *Reine*, inf. le... 1783. D.

VALLOUR, (Charles-Augustin) né à St-Omer le... 17..., Gendarme d'*Orléans*, le... 1754, Sous-L. des *Volontaires du Hainaut*, le 1 Janv. 1760, Lieut. le 13 Oct. 1762, blessé à Amenebourg, le 21 Sept. 1762, Cap. le 13 Juill. 1771, détaché en Pologne, où il fut blessé d'un coup de fusil à la tête, d'une contusion au visage, & fait prisonnier de guerre par capitulation, le 26 Avril 1772, ✠ le 1 Juin 1772, gratifié de 400 liv. sur les affaires étrangères, a eu une gratification annuelle sur la caisse militaire de 400 liv. le 16 Déc. 1772, attaché en qualité de Cap. au 3ᵉ rég. des *Chasseurs* le... 1779. D.

VALMALETE, ✠ Maj. du 3ᵉ. rég. des *Chevaux-Légers*.

VALON, (le Comte de) ✠ Lieut. des *Maréchaux de France*, à Aygleton. M. D.

VALORY de Lécé, (Marquis de) Col. en sec. de *Bourbon*, infanterie. M. D.

VALORY, Garde du Roi dans B le 23 Janvier 1773.

VALORY, (Eugène-Gabriel, Comte de) né à Pihorais au Maine, le 12 Janv. 1751, Sous-L. de drag. au rég. de *Monsieur*, le 24 Janv. 1770, Cap. le 29 Mai 1775, réformé le 6 Juin 1776, Cap. en sec. le 5 Avril 1780. M. D.

VANDALE, ✠ Maj. du rég. de *Berchiny*, hussards.

VANDERBOURG, ✠ (Vicomte de) Lieut. Col. com. le bataillon de garnison de *Beauvaisis*. M. D.

VANDOULEUR, Commissaire des Guerres, à Metz.

VANDUFFEL, Commissaire des Guerres, à Bayonne.

VANTAVON, (le Comte de) Lieut. de Roi en Dauphiné. M. D.

VARANGHIEN, ✠ Cap. d'artillerie, à Condé.

VARAX, Brig. de cav. le 20 Mars 47.

VAREILLES, ✠ (le Baron de) Commissaire des Guerres, à Poitiers. M. D.

VAREILLES, (Jean Marie de la Broue de) né à... le... 17..., Cad. dans la brig. des Gardes du Corps de son père en 1725; Il fut fait Exempt de la compagnie des Gardes du Roi, le 1 Fév. 1730, avec rang de Cap. de cav.; il servit sur le Rhin en 1734 & 35; se trouva au siège de Philisbourg, & obtint le 1 Juill. 1740, une commission pour tenir rang de Mest. de Camp de cav.; il servit en Flandres en 1742; combattit à Ettingen en 1743. & suivit le Roi en Flandres depuis 1744 jusqu'en 45; créé Brig. le 1 Janv. 1748, il fit cette campagne en cette qualité, & est devenu 3ᵉ Enseig. de sa compagnie, le 25 Août 1750, 2ᵉ Enseig. le 2 Juill. 1763; Maréc. de Camp le 10 Février 1759, premier Enseig. le 9 Avril 1760, 3ᵉ Lieut. le 10 Juillet

VAR VAS 411

1762, 2ᵉ Lieut. le 10 du même mois, premier Lieut. le 30 Déc. de la même année, & a fait la campagne d'Allemagne. M. D.

VARENNE, Garde du Roi dans *Noailles*, le 20 Mars 1757.

VARENNE, Exempt des cent *Gardes Suisses*.

VARENNE de Regnac, ✠ Lieut. Col. com. le bataillon de garnison de *Bresse*.

VARENNES, ✠ (Ch. de) Maj. du rég. Provincial d'artillerie de *Metz*.

VARENNES, (le Chev. de) ✠ Lieut. des *Maréchaux de France*, à Coignac.

VARENNES, (le Comte de) Lieut. de Roi de la Province de Flandres. M. D.

VARENNES, (le Comte de) Lieut. des *Maréchaux de France*, à Dombes.

VARENNES, Lieut. en sec. du 3ᵉ rég. d'*Etat-Major*.

VARET, P. G. dans *Ségur*, dragons.

VARICOURT, Garde du Roi dans B. le 28 Juin 1778.

VARICOURT, Garde du Roi dans B. le 28 Mars 1779.

VARLET, ✠ Brig. du *Génie* à la Rochelle.

VARLET de Brufe, Commissaire à Château.

VARRAC, Garde du Roi dans V. le 20 Décembre 1778.

VARREPPE, (Claude-Robert Compagnon, N... de) né à Promtieu en Bugey le 29 Nov. 1743, Sous-L. le 18 Fév. 1761, Lieut. le 4 Mars 1762, Cap. en sec. du rég. du *Maine* le 28 Fév. 1778. D.

VARREUX, (le Chev. de) Lieut. des *Maréchaux de France* à Beaumont-sur-Oise.

VARVILLE, Maj. des *Gardes de la Prévôté de l'Hôtel*.

VARY, (Jean) né à Dunis dans les Evêchés, le 10 Mars 1735, Soldat au rég. de *Foix* le 22 Avril 1746, Sous-L. le 8 Décembre 1767.

VASCONSELLE, (Anne-Jacques-Louis de) né à Auton au Perche le 8 Juillet 1756, entré à l'Ecole Militaire le 15 Oct. 1774, Sous-L. au rég. de *Foix* le 18 Janv. 1775, Lieut. le 5 Avril 1781. D.

VASSAL, ✠ Brig. des *Gendarmes* Bourguignons.

VASSAL de Sineuil, (N... de) né à Ville-Franche en Périgord le... 1761, Cad. Gentilh. au rég. de *Perche* le 6 Juin 1776, Sous-L. le 10 Mars 1779. D.

VASSAL de la Barde, (Jean-Joseph-Romain de) né au Bugue en Périgord le 4 Janv. 1763, Sous-L. de drag. au rég. de *Monsieur* le 28 Mai 1782. D.

VASSAL, (Jean de) né à Belle-Garde, en Périgord le 24 Sept. 1764, Cad. Gentilh. le 5 Juin 1780, Sous-L. le 25 Nov. 1782. D.

VASSAL du Maraist, (N...) né au Maraist en Périgord le 1759, Cadet Gentilh. au rég. de *Perche* le 6 Juin 1776, Sous-L. le 17 Août 1777, Lieut. en sec. le 18 Nov. 1782. D.

VASSAN, ✠ (Chev. de) Lieut. en sec. des *Gardes Françoises*.

VASSÉ, (le Vidame de) Col. en sec. de *Bretagne*, infanterie.

VASSÉ, (Marquis de) Sous-L. en p. des *Gardes Françoises*. M. D.

VASSERVAS, (Chev. de) Major à Rapaume.

VASSIMON, ✠ Lieut. Col. comm. le bataillon de garnison de l'*Isle-de-France*.

VASSINHAC, (le Vicomte

de) premier Lieut. des *Gendarmes* de la Reine. M. D.

VASTAN, (Jean-Baptiste-Louis Aubery, Chev. puis Cte. de) né à... le... 17..., Enseig. au rég. des *Gardes Françoises* le 1 Fév. 1720, Sous L. le 19 Oct. 1725, Lieut. le 23 Janv. 1727, il fit la campagne de Philisbourg, passa Cap. Lieut. de la comp. de Col. le 18 Déc. 1734, & la commanda sur le Rhin en 1735, à l'armée de Flandres en 1742, à la bataille d'Ettingen en 1743, Cap. d'une comp. de Gren. le 17 Mars 1744; créé Brig. le 2 Mai suiv., il servit aux siéges de Menin, d'Ypres, de Furnes & de Fribourg & quitta le service & sa comp. au mois de Mars 1745.

VASSY, ✠ (le Comte Louis de) premier Lieut. des *Gendarmes* Dauphins. M. D.

VATRY, Cap. d'artillerie à la Guadeloupe.

VAUBECOURT, (Jean-Charles de Nettancourt d'Haussonville, Marq. de) né à... le... 17..., fut d'abord connu sous le nom de Vicomte de Nettancourt, entra à 14 ans au service dans le rég. de *Dauphiné* où son frère étoit Col. le 30 Juin 1740, & servit en Flandres en 1742, à la bataille d'Ettingen & sur les bords du Rhin en 1743, à la reprise de Weissembourg & des lignes de la Louttre, à l'affaire d'Auguenum & au siège de Fribourg en 1744, passa l'hiver sur le Bas-Rhin, y commença la campagne de 1745, joignit l'armée de Flandres le 22 Juin, & servit aux siéges de Dendermonde, d'Oudenarde & d'Ath la même année; il se trouva à la marche d'Herentals, aux siéges de Mons & de Charleroy, à la bataille de Raucoux en 1746, parvint à une compagnie le 19 Oct. de cette année, passa en Provence au mois de Novembre, contribua à chasser les ennemis de cette Province & à les repousser au-delà du Var, Col. du même rég. à la mort de son frère le 10 Mars 1747, il prit le nom de Marquis de Vaubecourt, & commanda son rég. à l'attaque des retranchemens de Ville-Franche & de Montalban, à la prise de ces deux places, de Nice, de Vintimille, au mois de Juin: il passa ensuite au camp de Tourneux, où il arriva le 9 Juill.; & d'où il partit le 10 Sept. pour retourner dans le Comté de Nice, il vint ensuite au secours de Vintimille & se trouva aux deux combats qui se donnèrent sous cette place, il continua de servir en Italie jusqu'à la paix; le rég. de *Dauphiné* ayant été réformé le 10 Fév. 1749; il fut attaché au rég. des *Grenadiers de France* le 20 du même mois, & obtint le rég. de son nom le 15 Juill. 1755, il le commanda au camp de Valence la même année, à la bataille d'Hastembeck à la prise de Minden & d'Hanovre & de plusieurs places de cet Electorat, au camp de Closterseven, à la Marche sur Zell en 1757, à la retraite de l'Electorat d'Hanovre, & à la bataille de Crevelt en 1758; créé Brig. le 10 Fév. 1759, employé à l'armée d'Allemagne le même jour, il se trouva aux batailles de Bergen & de Minden la même année, aux affaires de Corback & de Warbourg, à la bataille de Clostercamp en 1760, le 3 Juill. 1761; il attaqua les ennemis retranchés, au moulin & au château de Schauffen, & malgré le canon à cartouche & les coups de fusil tirés avec avantage, il emporta l'un & l'autre, il se trouva les 15 & 16 à l'affaire de Filinghausen, se distingua le 2 Sept. à l'attaque d'Osterode & des retranchemens des ennemis dans les bois du Hart, qui furent emportés & où on fit 450 prisonniers; chargé en chef de faire le siége du château de Schartsfeld, il le prit par capitulation le 15 Sept. avec 14 pièces de canon qui y étoient; il a continué de servir en Allemagne en 1762; créé Maréc. de C. le 24 Juillet, déclaré en Déc. de cette année-là il s'est démis alors de son rég.; créé Lieut. Gén. le 1 Mars 1780. M. D.

VAUBERT de Genlis, Lieut. de Roi à Landrecies.

VAUBLANC, Maréchal de Camp le 1 Mars 1780.

VAUBOREL, ✠ (Marquis de) Col. de *Royal-Roussillon*, infanterie. M. D.

VAUBOREL, (Marquis de) Brig. d'inf. le 5 Déc. 1781. M. D.

VAUCASSEL, (Jacques-François, Chev. de) né à Caen le 6 Avril 1733, Lieut. dans *Berry*, inf., le 1 Mai 1758, Cap. le 21 Sept. 1774, Cap. com. le 20 Avril 1780. D.

VAUCHELLES, (le Marq. de) Lieut. de Roi en Picardie. M. D.

VAUCHER, Quart. Me. Trés. de *Castella*, infanterie.

VAUCHERES, (Marie-Philippe de Grammont, Marquis de) né à... le... 17..., Mousquetaire de la Garde dans la première compagnie le... 1736, Aide-de-Camp du Maréchal de Maillebois pendant la campagne de Corse le... 1739, a levé une compagnie au rég. de *Colonel-Général*, cav., le... 1742, s'est trouvé à la bataille de Fontenoy où il a été blessé à l'épaule, Gouverneur pour le Roi S. de la ville & tour de Crest en 17..., devenu Duc de *Caderousse* par la mort d'André-Joseph d'Ancesune, Duc de Caderousse le 21 Octob. 1767. M. D.

VAUCLEROY, (Henri Antoine de) né à Neuflize en Champagne le 17 Janv. 1747, Sous-L. dans *Royal-Pologne*, cav., le 21 Mai 1766, Lieut. le 23 Août 1774, Lieut. en sec. le 30 Janv. 1778. D.

VAUCOURT, Garde du Roi dans L. le 24 Déc. 1770.

VAUCRESSON de Cormainville, (Louis de) né à... le 27 Mars 1716, Mousquetaire le 19 Déc. 1733; il fit la campagne de Philisbourg en 1734, ..ra Corn. au rég. de *Mest. de Camp Général* cav. le 18 Fév. 1735 & servit sur le Rhin; Maréc. de Logis de la cav. le 21 Déc. 1740, il obtint le 21 Juin 1741 une commis. pour tenir rang de Mest. de C. de cav.; il passa avec son rég. en Bohême, se trouva à la prise de Prague en Nov. 1741, au combat de Sahay, au ravitaillement de Frawemberg, à la défense de Prague, à la retraite de cette place en 1742, à la bataille d'Ettingen en 1743; il se démit de sa charge de Maréc. de Logis de cav. en Avril 1744, servit à la reprise de Weissembourg & des lignes de la Loutre, à l'affaire d'Auguenum, au siége de Fribourg la même année, passa l'hiver sur le Bas-Rhin & y servit la campagne de 1745; il étoit à la bataille de Raucoux en 1746, à celle de Lawfeld en 1747; créé Brigadier le 1 Janvier 1748, il servit au siége de Mastricht la même année, au camp d'Alsace en 1754, à l'armée d'Allemagne en 1757 & 58;

créé Maréc. de C. le 10 Février 1759, il s'est démis de la Lieut.-Col. du rég., a été employé à l'armée d'Allemagne le 1 Mai, s'est trouvé à la bataille de Minden & n'a pas servi depuis ; créé Lieut. Gén. le 1 Mars 1780.

VAUDEMONT, (le Prince de) Col. de *Lorraine* dragons. M. D.

VAUDERLINE, Trompette des Gardes du Roi dans *Noailles*.

VAUDOULEUR, Commiss. des Guerres en Bretagne.

VAUDRECOURT, (Claude-François-Xavier Bandel, Ch. de) né à Bourmont en Lorraine le 31 Janv. 1760, Cad. Gentilh. dans *Bassigny* le 28 Avril 1778, Sous-L. le 1 Oct. 79. D.

VAUDRECOURT, ✠ Maj. de *Rouergue* inf.

VAUDREUIL, (Comte de) Maréc. de C. le 1 Mars 80. M. D.

VAUDREVILLE, Garde du Roi dans B. le 28 Juin 1778.

VAUDRICOURT, Commiss. des Guerres dans l'Isle de Corse.

VAUDRICOURT, Garde de la Manche le 29 Juin 1781.

VAUDRIMÉ, Quart. Maître Trés. de *Royal-Auvergne* inf.

VAUGELET, Cap. d'*Artillerie* à la Rochelle.

VAUGIRARD, ✠ Lieut. Col. de *Royal-Roussillon* inf.

VAUGIRAUD, ✠ Lieut. en p. des *Gardes Françoises*.

VAUGRAUD, Comm. au fort Blin à Besançon.

VAUGUIMONT, Garde du Roi dans V. I. 15 Avril 1768.

VAUGUYON, (Antoine-Paul-Jacques de Quelen Stuer de Caussade, Duc de la) né à... le... 1706, fut d'abord connu sous le nom de Marq. de St.-Megrin ; il entra Cad. dans la Comp. des Gardes du Roi dans *Noailles* le 6 Mars 1721, obtint une Comp. dans le rég. cav. de *Noailles* le 19 Juin 1729, & prit le nom de Comte de la Vauguyon à la mort de son frère le 25 Août 1730 ; il servit au camp de la Saône la même année, au camp de la Moselle en 1732, au siège de Kell en 1733, à l'attaque des lignes d'Ettingen & au siége de Philisbourg en 1734 ; Col. du rég. d'inf. de *Beauvoisis* le 25 Nov. de cette année, il le commanda à l'armée du Rhin en 1735 & se trouva à la marche de l'armée sur la Moselle, à l'attaque du village de Heche, au combat de Clausen, à la retraite de l'armée sous Treves ; il se distingua cette campagne à la tête de plusieurs Comp. de gren. dont il eut le commandement & à la suite de plusieurs détachemens qu'il suivit de bonne volonté ; il servit avec son rég. à l'armée du Bas Rhin sous les ordres du Maréc. de Maillebois au mois d'Août 1741 & passa l'hiver à Dulmen dans l'Evêché de Munster ; il marcha avec l'armée au mois d'Août 1742 de Westphalie sur la frontière de Bohème, il y fut chargé de la retraite de Waidhausen ; avec sa Comp. de gren. il soutint pendant huit jours l'attaque des ennemis, leur tua beaucoup de monde & rejoignit l'armée sans pouvoir être entamé ; chargé au mois de Nov. de l'attaque de Landau sur l'Iser où les ennemis venoient d'enlever un de nos détachemens il s'en empara & s'y maintint huit jours, quoiqu'il n'eût point de communication avec l'armée & que celle des ennemis fût campée à une lieue de cette place, il y fit faire des ponts pour le passage des troupes &

leur procura toutes les subsistances dont elles manquoient ; il marcha au mois de Janv. au secours de Braunau dont les ennemis furent forcés de lever le siége ; créé Brig. le 20 Fév. suiv., il eut par accident le bras & la jambe cassés & fut obligé de se faire transporter à Ratisbonne ; il y fit échouer les projets des ennemis qui en avoient formé le blocus, afin de forcer les Magistrats de leur livrer les Officiers ou les Soldats blessés, malades ou convalescens qui y avoient été mis en dépôt avec des magasins considérables ; il rejoignit ensuite l'armée & rentra en France avec elle au mois de Juill. : employé à l'armée de Flandres commandée par le Maréc. de Noailles le 1 Avril 1744, il servit aux siéges de Menin & d'Ypres, passa en Juill. sous les ordres du Maréc. de Saxe & finit la campagne au camp de Courtrai ; Menin de Mgr. le Dauphin le 18 Fév. 1745, employé à l'armée de Flandres le 1 Avril, il servit au siége de Tournai, se trouva à la bataille de Fontenoi, où il fut chargé des dispositions & de la défense du village de ce nom ; il s'en acquitta avec une intelligence & une valeur si distinguées qu'il contribua beaucoup au succès de cette glorieuse journée & mérita des marques publiques de la satisfaction du Roi ; il continua à servir au siége de Tournai ; déclaré le 1 Juin Maréc. de C., le brevet expédié le 1 Mai précédent, il se démit du rég. de *Beauvoisis* & servit en sa nouvelle qualité aux siéges de la citadelle de Tournai, d'Oudenarde, de Dendermonde & d'Ath ; employé à l'armée du Roi en Flandres le 1 Mai 1746, il servit au siége & à la prise de la citadelle d'Anvers au mois de Mai, se trouva au mois d'Août sous les ordres du Chev. de St.-André à un combat qui se donna près Ramillies ; il y rallia les troupes de différens Corps d'inf. & de cav., repoussa les ennemis & les força après une action très-vive d'abandonner le champ de bataille & le village de Ramillies dont ils s'étoient emparés ; il couvrit avec l'armée les siéges des ville & château de Namur, & combattit à Raucoux où il commanda l'une des divisions de la colonne qui emporta le village ; employé à la même armée le 1 Mai 1747, il combattit avec la même valeur à Lawfeld le 2 Juill. & obtint le Gouvernement de Doulens le 14 Nov. ; employé à l'armée de Flandres le 15 Avril 1748, il servit au siége de Mastricht & fut déclaré au mois de Décem. Lieut. Gén. ; le brevet expédié le 10 Mai précédent ; Gouverneur de Coignac le 18 Mai 1750 en remettant celui de Doulens, & le 1 Janv. & reçu le 2 Fév. 1755 ; employé à l'armée d'Allemagne le 1 Mars 1757, il s'est trouvé à la bataille d'Hastembeck, à la conquête de l'Electorat d'Hanovre, & a été choisi la nuit du 24 au 25 Déc. pour commander au passage de l'Aller près Zell l'une des 12 lignes d'inf. qui devoit attaquer l'armée ennemie si elle ne se fût pas retirée ; nommé pour commander dans le Duché de Grubenhagen & Bailliages en dépendans, il s'y est attiré l'estime de tous les habitans par le maintien de la discipline & du bon ordre & par son désintéressement ; il a été choisi en Fév. 1758 pour être Gouverneur, premier Gentilh. de la Chambre

& Grand-Maître de la Garderobe des Princes fils de Mgr. le Dauphin ; il en eut les provisions le 26 Avril, prêta serment le 30 & entra en exercice le 1 Mai suiv. : créé Duc de la Vauguyon, Pair de France au mois d'Août de la même année, il en a pris le nom ; reçu au Parlement comme Pair le 11 Juin 1759. M. D.

VAUJUAS, (Jean-Jérôme Beton de) né à Mayenne au Maine le 25 Nov. 1757, Sous-L. au rég. *Royal-Comtois* le 17 Avril 1774, Lieut. en sec. le 3 Juin 1779. D.

VAULDEY de la Borde, (Remy-François-Marie de) né à Arbois en Franche-Comté le 20 Nov. 1761, Cad. Gentilh. au rég. de *Limosin* inf. le 24 Oct. 1780, Sous-L. le 24 Août 1781. D.

VAULT, (François-Eugene de) né à... le 6 Fév. 1718, Mousquetaire en 1733 ; il fit les campagnes du Rhin & se trouva à l'attaque des lignes d'Ettingen & au siége de Philisbourg en 1734, à l'affaire de Clausen en 1735, Aide-de-C. du Maréc. de Belle-Isle en 1741 & 42, il le suivit à Francfort & dans toutes les Cours d'Allemagne & se trouva avec lui à la bataille de Sahay, à la défense & à la retraite de Prague ; Cap. au rég. *Dauphin* cav. le 13 Mars 1743, il passa dans le rég. de *Tailleyrand* le 27 Mai suiv. & commanda sa Comp. à la bataille d'Ettingen & sur les bords du Rhin la même année, aux siéges de Menin, d'Ypres & de Furnes, au camp de Courtrai en 1744, il ne servit point en 1745, son rég. avoit la morve ; il étoit au siége de Mons en 1746, fut nommé Aide-Maréc.-Gén. de Logis de l'armée du Bas-Rhin près les troupes qui étoient restées en Alsace le 1 Sept. & servit en cette qualité pendant l'hiver & pendant les campagnes de 1747 par ordre du 1 Mai ; il continua d'être employé en cette qualité par ordre du 1 Nov. & resta en Alsace jusqu'au 1 Mars 1749 : on lui avoit accordé le 1 Fév. une commission pour tenir rang de Mest. de C. de cav., il servit avec sa Comp. au camp de Gray en 1754 ; nommé Aide-Maréc.-Gén. de Logis de l'armée d'Allemagne le 1 Mars 1757, il se démit de sa Comp. & fut entretenu Cap. réf. à la suite du rég. de *Tailleyrand* par ordre du 29 Avril suiv. ; il se trouva à la conquête des Duchés de Berg & de Juliers sous les ordres du Prince de Soubise, rejoignit ensuite la grande armée ; Aide-Maréc.-Gén. de Logis de l'armée particulière que commanda le Prince de Soubise en Allemagne le 15 Juin, il se trouva à la bataille de Rosbach le 5 Nov. & passa en Hesse, puis dans le Comté de Hanau, & fut nommé Maréc.-Gén. de Logis de la même armée le 9 Nov. ; Maréc.-Gén. de Logis de l'armée commandée par le Prince de Soubise le 1 Mai 1758, il dirigea les marches pour rassembler l'armée sous Friedberg les 12 & 13 Juill., se trouva à la prise de Marbourg le 16, à l'attaque du poste de Kircheim le 20, au combat de Sundershausen le 23, à la bataille de Lutzelberg le 10 Oct., à la prise de Rhirfeld, St.-Goar, Schwartzhausen, du château de Casse, & à la prise de Francfort le 2 Janv. 1759 : créé Brig. le 10 Fév. suiv., il se rendit auprès du Maréc. de Belle-Isle qui le créa Inspecteur-Général.

Général des Milices en Avril, il fut aussi chargé du détail des Milices & Milices Gardes-côtes, & du dépôt de la Guerre; à la mort de ce Ministre il fut déchargé au mois d'Oct. 1761 des détails de la Milice, conserva le dépôt de la Guerre & l'inspection des Milices sans appointemens pour en faire les fonctions lorsqu'il lui seroit ordonné; il a fait la campagne de 1762 en Allemagne sous les Maréc. d'Estrées & de Soubise; créé Maréc. de C. le 25 Juill., déclaré en Déc. seulement; créé Lieut. Gén. le 1 Mars 1780.

VAULTCOURBON, (Jean-François Billeton de) né à Auxerre en Bourgogne le 15 Août 1733, Mousquetaire de la *Garde du Roi* le 15 Déc. 1753, Lieut. au rég. de *Savoie-Carignan* le 18 Mars 1756, Cap. le 18 Mars 1761, réf. le 13 Mars 1763, remplacé le 20 Avril 1768, Cap. des gren. le 18 Mai 1780, ✠ le 24 Mai 1781, premier Cap. du 2e bataillon le 23 Avril 1782. D.

VAUSTIN, Lieut. des *Maréchaux de France* à Soissons & Coucy-le-Château.

VAUVERT, Garde du Roi dans L. le 29 Nov. 1775.

VAUVERT, Garde du Roi dans L. le 3 Avril 1774.

VAUVINEUX, Lieut. de Roi du Maine & du Perche.

VAUVRET, Garde du Roi dans B. le 3 Nov. 1763.

VAUX, (N..... Maréchal Comte de) né à... le... 17.. Enf. de la Col. du rég. d'inf. d'*Auvergne* le 16 Oct. 1723, Lieut. le 11 Juill. 1724, Lieut. de la *Col.* le 21 Oct. 1731; il servit aux siéges de Garra-d'Adda, de Pizzighitone, du château de Milan la même année, à ceux de Sartrevalle, de Novarre, de Tortonne au mois de Janv. & de Fév. 1734, obtint une Comp. le 6 Mai, se trouva à l'attaque de Colorno, à la bataille de Parme au mois de Juin, à celle de Guastalle au mois de Sept., au siége de la Mirandole au mois d'Oct., à la prise de Gonzague, de Reggiolo & de Révéré en 1735, & rentra en France avec son rég. au mois de Sept. 1736; il passa avec le même Corps en Corse au mois de Janv. 1738 & y servit avec distinction jusqu'au mois d'Avril 1741; il joignit l'armée de Bohéme au mois de Mai 1742, combattit à Sahay, contribua à la levée du siége de Frawenberg par les ennemis, concourut à la défense de Prague où il fut blessé; il étoit à la fameuse retraite de cette ville sous le Maréc. de Belle-Isle au mois de Déc., & rentra en France avec l'armée au mois de Fév. 1743; Col. du rég. d'inf. d'*Angoumois* le 6 Mars suiv., il le joignit à l'armée de Bavière, rentra en France avec cette armée au mois de Juill. & finit la campagne à Montmedy où son rég. fut mis en garnison; il commanda son rég. en 1744 aux siéges de Menin & d'Ypres, passa au mois de Juill. à l'armée de Flandres sous le Maréc. de Saxe & finit la campagne au camp de Courtrai en 1745; il combattit à Fontenoi, servit aux siéges des ville & citadelle de Tournai, d'Oudenarde, de Dendermonde & d'Ath & commanda pendant l'hiver à Dendermonde; il marcha la nuit du 29 au 30 Janvier 1746 avec trois bataillons & quelques comp. de gren., enleva la redoute des Trois Fontaines où il prit un détachement des troupes Hollandoises, passa le canal de Bruxelles & servit à ce siége avec beaucoup de distinction; choisi par le Maréc. de Saxe pour apporter au Roi la nouvelle de la prise de cette place, il arriva à Versailles le 23 Fév. & fut créé Brig. le même jour; employé à l'armée du Roi le 1 Mai, il servit au siége & à la prise des ville & château de Namur & combattit à Raucoux; employé à l'armée de Flandres le 1 Avril 1747, il servit aux siéges de l'Ecluse, du Sas-de-Gard, du fort d'Iskendick & de Philippine, il marcha ensuite à Anvers menacé de siége; il y arriva le 11 Mai & partit le 15 Juin pour le camp de Malines, d'où il se mit en marche avec 12 bataillons sous les ordres du Comte de Lowendal pour se rendre au camp de Tirlemont où ce Corps arriva le 1 Juill.; il y resta le 2 pendant la bataille de Lawfeld, en partit le 4 & arriva le 12 devant Berg-op-Zoom & servit à tout le siége; & après qu'on eut pris cette place d'assaut il fut choisi pour y commander sous M. le Comte de Clet. Au mois de Mars 1748 étant sorti avec un détachement de la garnison pour favoriser l'entrée dans Berg-op-Zoom d'un convoi considérable qu'y conduisoit le Marq. de Rougé, il fut enveloppé par une troupe fort supérieure des ennemis & obligé de se rendre prisonnier de guerre, après s'être battu plus d'une heure malgré la supériorité des ennemis; créé Maréc. de C. le 10 Mai 1748, mais la promotion n'ayant point été déclarée, il fut fait Col. Lieut. du rég. d'inf. de *Bourbon* en se démettant de celui d'*Angoumois* le 21 du même mois; déclaré Maréc. de C. au mois de Déc., il se démit du rég. de *Bourbon*; il eut le 27 Mai 1749 un ordre pour commander en Comté en l'absence de M. le Duc de Randan, & on lui donna la Lieutenance de Roi de Besançon le 4 Juill. 1752; il la conserva jusqu'au 1 Juin 1757 qu'il fut nommé pour commander en Chef dans l'Isle de Corse, où il fut créé Lieut. Gén. des Armées le 17 Déc. 1759: il quitta la Corse au mois de Janv. 1760; employé à l'armée d'Allemagne le 1 Avril suiv., il étoit à l'affaire de Bergen le 13 & commanda ensuite à Putzbach & Friedberg jusqu'à l'ouverture de la campagne; il se trouva le 19 Sept à l'attaque du camp du Général Wargenheim qu'on poussa jusqu'au Weser; il alla prendre le commandement de la ville de Gottingen le 19 Nov., il y fut bloqué tout l'hiver, mais il commanda des sorties si à propos pendant tout ce tems qu'il battit toujours les ennemis, leur fit des prisonniers, détruisit leur magasin, & se procura toutes les subsistances dont il eut besoin; le Roi lui accorda le Gouvernement de l'Isle d'Oléron le 27 Avril 1761 & celui de Thionville en remettant l'Isle d'Oléron le 19 Mai suiv.; créé *Maréchal de France* le 13 Juin 1783, a prêté serment le 22 du même mois. M. D.

VAUX, (Chevalier de) Brig. de cavalerie le 1 Mars 1780.

VAUX, (Pierre-Benoit de) né à Saint-Cyr en Lionnois, le... 1755, Sous-L. d'*Orléans*, inf., le 26 Oct. 1774, Lieut. en sec. le 3 Juin 1779, en p. le 10 Mai 1782. D.

VAUX-LA-BELLE, Brig. des

Gardes du Roi dans B., le 12 Mars 1780.

VEAUCE, (N..., Baron de) né en Bourbonnois le... 17..., Page du Roi en 17..., Vol. au rég. de *Conti*, drag., en 1768, Sous-L. le 24 Oct. 1769, Cap. le 19 Mai 1774, réformé en 1776, remplacé en 1779. M. D.

VEAUCHAUSSADE, Garde du Roi dans B., le 7 Octobre 1780.

VEDEL, (Pierre-Louis de) né à Monaco le 18 Août 1742, Sous-L. le 3 Juil. 1760, Lieut. le 28 Avril 1761, Cap. en sec. du rég. du *Maine*, le 28 Février 1778. D.

VEIMERANGE, ✠ Intendant des Armées du Roi surnuméraire.

VELLECOURT, Commissaire des Guerres, à Thionville.

VELUD, Garde de la Manche, le 2 Décembre 1781.

VENDEUL, ✠ Lieut. de *Maréchaussée*, à Lille.

VENDEUL, Lieut. en p. du 3e régiment d'*Etat-Major*.

VENDEUIL frère, (le Chev. de) Sous-L. du 3e rég. d'*Etat-Major*.

VENET, Commissaire Ordonnateur honoraire des Gardes du Corps dans *Noailles*.

VENON, (Michel-Mathieu la Ponce de) né à Paris le... 1762, Sous-L. au rég. du *Maine* le 15 Septembre 1778. D.

VENTAVON, (François-Xavier Tournu d·) né à Ventavon en Dauphiné le 10 Février 1754, Vol. au rég. de *Médoc*, le 1 Avril 1773, Sous-L. le 31 Janvier 1774. D.

VERAC, (Marquis de) Maréchal de Camp le 5 Déc. 1781, Lieut. Général du Gouvernem. de Poitou. M. D.

VERBOIS, Garde du Roi dans V. le 1 Octobre 1769.

VERBOIS, (Albert-Toussaint Masson de) né à Paris le 3 Juin 1761, Vol. le 23 Juin 1777, Sous-L. à la suite du 4e rég. des *Chasseurs* le 1 Juil. 1780. D.

VERCEIL, (Charles de Marnay, Comte de, né a... le... 17... d'abord Cap. réformé au rég. de la *Colonelle Génér.*, drag., le 20 Mai 1722, puis Exempt de la comp. de *Charost* des Gardes du Roi le 12 Fév. 1723, Gouverneur de Dole sur la démission de son père le 15 Oct. 1731; il servit au siège de Philisbourg en 1734, obtint le 23 Avril 1735 une commis. pour tenir rang de Mestre de Camp de cav., & fit la campagne sur le Rhin la même année, en Flandres en 1742, sur le Mein où il se trouva, à la bataille d'Ettingen en 1743; créé Brig. le 2 Mai, déclaré en Nov. 1744; employé à l'armée du Roi en Flandres le 1 Avril 1745, il combattit à Fontenoy, se trouva aux sièges des ville & citadelle de Tournay, d'Oudenarde, de Dendermonde & d'Ath, au combat de Raucoux en 1746; Aide-Major de sa comp., avec rang d'Ens., le 11 Fév. 1748; Maréc. de Camp le 16 du même mois; il a servi en Flandres du 1 Mai jusqu'au mois d'Août; devenu 1er Ens. de sa comp. le 4 Janv. 1752 en quittant l'Aide-Maj., pr. Ens. le 11 Mars 1752, troisième Lieut. le 1 Janv. 1755; employé à l'armée d'Allemagne le 1 Mars 1757, il a combattu à Hastembeck, s'est trouvé à la conquête de l'Electorat d'Hanovre, est revenu en France après la capitulation de Closterseven; créé Lieuten. Général le 17 Déc. 1759. M. D.

VERDELON, Garde du Roi dans *Noailles*, le 26 Mars 1770.

VERDIER, (le Comte du) Lieut. des *Maréch. de France*, à Uzerches. M. D.

VERDIERES, Maréc. de C. le 3 Janvier 1770.

VERDIN, Sous-L. de *Maréchaussée*, à Châtillon.

VERDUN, (Jean-Julien de Ballaut de) né à Pontorson en Normandie, le 30 Juin 1756, élevé à l'École Militaire le 29 Oct. 1766, Sous-L. au rég. de *Bassigny* le 18 Janvier 1775, Lieuten. en second le 25 Août 1780. D.

VERDUZAN, (Chevalier de) Sous-L. en p. des *Gardes Françoises*.

VERGENNES, (Baron de) Col. en sec. de *Royal-Vaisseau*, infanterie. M. D.

VERGENNES, Sous-L. en s. des *Gardes Françoises*.

VERGÉS, (Claude-Lazare-Eugène Chaillot de) né à... le... Lieut. au rég. provincial de *Salins*, le 24 Mars 1775, Sous-L. au rég. d'*Aquitaine*, le 29 Mai 1779, Lieut. en sec. le 18 Juil. 1782. D.

VERGNES, Lieut. du *Génie*, à l'Isle-de-Ré.

VERGNETTE d'Alban, (Georges-Maurice de) né à Évreux le 14 Fév. 1742, Page le 10 Mai 1758, Corn. dans *Royal-Roussillon* le 26 Décemb. 1761, réformé le 13 Mars 1763, Sous-L. le 10 Fév. 1764, Lieut. des *Carabiniers*, le 25 Avril 1770, réformé le 1 Avril 1776, Lieut. en sec. le 27 Oct. 1776, Lieut. en p. le 7 Mai 1780, rang de Cap. le 13 Juil. 1780. D.

VERGUIN, ✠ Capitaine du *Génie*, à Toulon.

VERIGNY de Vitry, ✠ Lieut. Colonel de *Vexin*, infanterie.

VERLANGES, Sous-L. de *Maréchaussée*, à Cassel.

VERLHAC, Commandant à Sarrebourg.

VERMOT, ✠ Lieut. Colon. d'*Artois*, infanterie.

VERNEAU, (Pierre-Marie Pomeye de) né à Lyon en Janv. 1765, Cad. Gentilh. au rég. de *Berry*, cav., en Fév. 1780. D.

VERNEDE, Trés. principal des Guerres, à Montpellier.

VERNEUIL, (François-Charles-Louis Terrasson, Chev. de) né à Angoulême le 11 Mars 1755, élevé à l'Ecole Militaire, Sous-L. au rég. de *Médoc*, le 25 Mars 1773. D.

VERNEY, Quart. M. Trés. de *Brie*, infanterie.

VERNICOURT, Garde du Roi dans *Noailles*, le 14 Juillet 1770.

VERNIERES, Lieuten. des *Maréchaux de France*, à Clermont.

VERNON, ✠ (Comte de) Colon. en sec. de *Vermandois*, infanterie. M. D.

VERNON, ✠ Major de *Bresse*, infanterie.

VERNON, Brig. d'inf. le 5 Décembre 1781.

VERRIERES, Cap. d'artil. à l'arsenal de Metz.

VERRIERES, Garde du Roi dans L., le 10 Décembre 1772.

VERRON, Commissaire des Guerres, à Bergues & Gravelines.

VERTAMY, (le Comte de) Lieut. des *Maréch. de France*, à Lyon. M. D.

VERTAMY, (Claude de) né à Basci en Auvergne, le 10 Sept. 1745, Enf. au rég. de *Savoie-Carignan*, le 20 Juin 1761, Lieut. le 11 Mai 1769, Cap. en sec. le 2 Juin 1777, Cap. en sec. des Grenad. le 23 Avril 1782. D.

VERTAILLAC, (le Marq. de) Lieutenant de Roi, en Guienne.

VERTEILLAC, (Marq. de) Maréc. de Camp. le 5 Décemb. 1781. M. D.

VERTEUIL, (Bar. de) Gouverneur de l'Isle-d'Oléron & citadelle. M. D.

VERTEUIL, Maréc. de C. le 7 Janvier 1770.

VERTHOMONT, (François-Joseph de) né à Bordeaux le 30 Avril 1754, Sous-L. à la suite des *Carabiniers*, le 6 Nov. 1771, en pied le 26 Août 1779. D.

VERTON, Brig. d'inf. le 22 Janvier 1769.

VEVAY, ✠ Lieut. en p. des *Gardes Suisses*.

VEVEY, (Antoine de) né à Paris le 1 Mars 1730, originaire de Stavoyer, Soldat dans *Vigier*, le 25 Janvier 1748, Enf. surnuméraire le 1 Mars 1761, Sous-Lieut. le 16 Oct. 1763, Lieut. le 13 Avril 1772, ✠ le 14 Août 1780, a eu la main droite percée par une balle à l'affaire de Bielfed, le... Juillet 1759.

VEYRET, Commissaire des Guerres, à Vienne en Dauphiné.

VEYRINAS, Garde du Roi dans V. le 16 Mai 1771.

VEZIEN, (Michel-Dominique de) né au Cap François, côte St-Domingue, le 22 Juin 1746, Lieut. dans le Corps de 300, commandés par M. de la Chevalerie, le 5 Juillet 1762, *idem* dans le rég. de *Quercy*, le 22 Mars 1764, *idem* dans la légion *Corse* le 1 Sept. 1769, Commis. de Cap. le 9 Novemb. 1771, incorporé dans *Belsunce* le 14 Nov. 1776, passé à Saint-Domingue le 24 Sept. 1777, passé dans le 6e rég. des *Chas-*

seurs, le 1 Mai 1779, Lieut. en p. le... D.

VEZINS, (Charles Auguste Leclerc, Chevalier de) né au château de Vezins, en Poitou, en 1756, Sous-L. au rég de *Berry*, caval., en Juin 1772. D.

VEZINS, Brig. de cav. le 1 Mars 1780. D. M.

VIALEIX, (Marie-Victor-Alexis Monami de) né au Quesnoy, le... 1767, Sous-L. d'*Orléans*, infanterie, le 15 Juillet 1782. D.

VIALEIX, Lieut. de Roi, au Quesnoy.

VIALELLE, Garde du Roi dans *Noailles*, le 6 Avril 1756.

VIALIS, ✠ Brig. du *Génie*, à Bastia.

VIALIS, ✠ (le Chevalier de) Sous-Brigadier du *Génie*, à Belle-Isle.

VIALIS, Brigadier d'infanterie, le 1 Mars 1780.

VIARS, Garde du Roi dans L., le 1 Juin 1776.

VIBRAYÉ, (Paul-Maximilien Hurault, Marquis de) né à... le... 17..., entré aux *Mousquetaires* le... 17..., Capit. au rég. de *Vaudrey*, cav., le 11 Février 1719; il passa avec sa compag. dans le rég. *Royal-Etranger*, le 30 Mai 1730, & servit au camp d'Aimeries-sur-Sambre en 1732, & au camp du Puis-Meslin en 1733; Mest. de Camp d'un rég. de drag. de son nom le 10 Mars 1734, il l'alla joindre à l'armée d'Italie, & le commanda la même année à la bataille de Parme, à celle de Guastalle, au siége de la Mirandole, & l'année suivante à la prise de Gonzague, de Reggiolo & de Révéré; il rentra en France avec toute l'armée au mois de Juin 36; il servit en 41 à l'armée du Bas-Rhin sous les ordres du Maréc. de Maillebois, & passa l'hiver en Westphalie ; il marcha avec l'armée de Westphalie en Bavière & sur les frontières de Bohème au mois d'Août 42 ; se trouva à plusieurs escarmouches, où il servit avec distinction ; marcha au secours de Braunau dont il fit lever le siège aux ennemis, & demeura pendant l'hiver à l'armée ; créé Brig. le 20 Fév. 43, il continua de servir à la même armée, rentra en France avec la réserve de cette armée en Juil., & fut employé le 1 Sept. à l'armée de la Haute-Alsace sous les ordres du Maréc. de Coigny ; il y contribua à la défense de cette partie, & après avoir concouru à chasser les ennemis de l'Isle de Reignac, il commanda pendant l'hiver à Rhinau & environs le 1 Nov. ; employé à l'armée du Rhin sous le Maréc. de Coigny, le 1 Avril 44, il contribua à la défense du Rhin, concourut à la reprise de Weissembourg & des lignes de la Loutre ; se trouva à l'affaire d'Augenum le 23 Août, passa le Rhin avec son rég. le 28, servit au siège de Fribourg, & fut employé le 1 Nov. à l'armée du Bas-Rhin sous les ordres du Maréchal de Maillebois : détaché par ce Général le 14 Mars 45, pour s'emparer du poste de Cronembourg, il y marcha avec un bataillon du rég. de *Picardie* & le rég. de *Cambresis* ; après avoir canonné ce poste pendant trois quarts d'heure, il obligea la garnison de se rendre prisonnière de guerre ; elle consistoit en un Colonel, un Lieut. Col., un Major & 480 hommes ; on l'employa le 1 Avril suivant, à l'armée sur le Bas-Rhin commandée par M. le Prince de Conti, qui se tint sur la défensive, & il commanda pendant l'hiver à Haguenau, par lettres du 1 Nov. ; il fut en même temps déclaré Maréc. de Camp, le brevet expédié le 1 Mai précédent, & se démit de son régim. ; employé à l'armée commandée par M. le Prince de Conty le 1 Mai 46, il servit au siège de Mons, passa ensuite sous les ordres du Comte de Ségur, entre Sambre & Meuse, joignit l'armée pour le siège des ville & château de Namur, se trouva à la bataille de Raucoux, & retourna commander pendant l'hiver à Haguenau le 1 Nov. ; il continua d'y commander le 1 Avril & 1 Nov. 47, 1 Avril & 1 Nov. 48, & présida pendant ce temps aux travaux des lignes de la Loutre & de Weissembourg, qu'il avoit reçu ordre de faire rétablir ; créé Lieut. Général le 10 Mai 48, déclaré en Déc. seulement, il eut des Lettres de Service le 1 Juil. 49, pour résider & commander à Strasbourg en l'absence du Maréc. de Coigny & du Cheval. de St.-André ; il a eu le commandement en chef de la Basse-Alsace à la mort du Chev. de St.-André, le 13 Sept. 1761. M. D.

VIBRAYE, (le Marquis de) Maréchal de Camp le 1 Mars 80. M. D.

VIBRAYE, (Vicomte de) Brig. d'inf. le 5 Décembre 1781. M. D.

VICHY, ✠ (Chev. de) Maj. du premier rég. des *Chevaux-Légers*.

VICQ, Sous-L. de *Maréchaussée*, à Bayeux.

VIDAL, (Marquis de) Sous-L. des *Gardes d'Artois*. M. D.

VIDAL, Garde du Roi dans Y. l: 29 Août 1762.

VIDAL, Garde du Roi dans V. le 27 Décembre 1765.

VIDAL, Garde du Roi dans V. le 27 Décembre 1767.

VIDAL, (Victor-Gui-Joseph de) né à Estampes, le 23 Oct. 1758, Sous-L. le 28 Fév. 1778, Lieut. en sec. du rég. du *Maine*, le 28 Février 1782. D.

VIDALAIN, (Louis) né à Ourason en Auvergne, le 6 Janv. 1732, Soldat au rég. de la *Reine*, inf. le 19 Avril 1752, Serg. le 21 Août 1763, Fourr. le 1 Sept. 1767, Serg.-Maj. le 9 Juin 1776, Sous-L. des gren. le 4 Juillet 1777.

VIDAMPIERRE, (Marquis de) Brig. de cav. le 1 Mars 80. M. D.

VIDARD de Behasque, Lieut. de *Maréchaussée*, à Pau.

VIDAUT, Garde du Roi dans *Noailles*, le 20 Avril 1763.

VIELLA, ✠ (Comte de) Col. du rég. du *Roi*, dragons. M. D.

VIELLARD, Garde du Roi dans L. le 17 Avril 1774.

VIENNE, (François-Louis, Comte de) né à..., le... 17..., Corn. au rég. de *Clermont*, cav. le 5 Nov. 1733; il se trouva à l'attaque des lignes d'Ettingen, & au siége de Philisbourg en 1734; obtint une comp. le 1 Nov.; il la commanda à l'affaire de Clausen en 1735, à l'armée de Flandres en 1742; Mest. de Camp Lieut. du même rég. le 4 Avril 1743, il le commanda à la bataille d'Ettingen au mois de Juin & sur le Rhin pendant le reste de la campagne, aux siéges de Menin, d'Ypres & de Furnes, & au camp de Courtrai en 1744, à la bataille de Fontenoi, aux siéges de Tournai & de sa citadelle, d'Oudenarde, de Dendermonde & d'Ath en 1745, à la course d'Herentals, aux siéges de Mons, de Charletoi, de Namur & de ses châteaux, à la bataille de Rocoux en 1746, à celle de Lawfeld en 1747; créé Brig. le 1 Janv. 1748, il se trouva au siége de Mastricht, au camp de Sarre-Louis en 1753, à la bataille d'Hastembeck, à la prise de plusieurs places de l'Electorat d'Hanovre en 1757, à la bataille de Crewelt en 1758; créé Maréc. de Camp le 10 Fév. 1759; il s'est démis du rég. de *Clermont*, & n'a pas été employé depuis; créé Lieut. Gén. le 1 Mars 1780. M. D.

VIENNE, (N..., Ch. de) né à Paris, le 2 Fév. 1752, Page du Roi, le... 17..., Sous-L. au rég. de *Conti*, drag. le 1 Nov. 1770, Sous-Aide-Maj. le 1 Juill. 1772, réformé le 16 Juin 1776, Sous-L. le 16 Juin 1776, Lieut. en sec. en 1778, Lieut. en p. le... D.

VIENNE, (Jean-François, Chev. de) né à Auch en Gascogne en 1759, Cad. Gentilh. au rég. de *Médoc*, le 6 Juin 1776, Sous-L. le 20 Septemb. 1779. D.

VIENNET, Lieut. de *Maréchaussée* à Carcassonne.

VIERZET, (Baron de) Brig. d'inf. le 20 Fév. 61. M. D.

VIEUXBOURG, Sous-L. de *Maréchaussée*, à Pont Audemer.

VIGE, Fourr. Maj., chargé du détail des *Gardes* de Monsieur.

VIGIER, Sous-L. en sec. des *Gardes Suisses*.

VIGIER de Steimbrougg, (Robert) né à Soleure, le..., Colon. du rég. de son nom en 1783.

VIGNES, père, ✠ Lieut. des

Maréchaux de France, à Arles.

VIGNES, fils, Lieut. des Maréchaux de France, à Arles.

VIGNOLES, (le Marquis de) Lieut. de Roi, en Guienne. M. D.

VIGNY, Brig. d'inf. le 5 Décembre 81.

VIGUIER, (Louis-Onulphe) né à Montmorillon en Poitou, le 20 Août 1741, Cav. au rég. de Poly, devenu Royal-Normandie, le 1 Mars 1753, Corn. le 20 Mai 1758, mutilé sous son cheval tué à Minden, le 1 Août 1759, Sous-L. le 1 Avril 1760, Sous-Aide-Maj. le 1 Mars 1763, réformé Sous-Aide-Maj. & remplacé Lieut. à p. le 16 Juin 1776, Cap. en sec. le 27 Mai 1779, ✠ le 15 Août 1781.

VILAINES, (le Marquis de) Exempt des Gardes du Roi dans L. le 23 Juin 1771, Mest. de Camp le 31 Déc. 1773, Sous-L. le 1 Janv. 1777, brevet de Lieut. le 4 Juillet 1779. M. D.

VILARD d'Hams, Maj. com. au Fort des Bains.

VILAR, (le Chev. de) Lieut. de Roi, à Bellegarde.

VILIEU, (Aimé-Bon Hervien de) né à Lyon, le 24 Mai 1752, Sous-L. au rég. de Limosin, inf. le 5 Juin 1768, Lieut. le 23 Août 1772, Lieut. en sec. le 8 Juin 1776, premier Lieut. le 8 Avril 1779, Cap. en sec. le 30 Avril 1782. D.

VILLAINES, Brig. de cav. le 5 Décembre 81.

VILLARD, (Nicolas-Jean-François Revenger, Ch. de) né à Avissy en Bourbonnois, le 25 Juill. 1750, Sous-L. au rég. de Foix, le 29 Fév. 1768, Lieut. le 20 Juillet 1772. D.

VILLARD, (Jean-Louis) né à Contœuvre en Beaujolois, le 24 Août 1727, Soldat au rég. de Foix, le 14 Mai 1745, Sous-L. le 11 Sept. 1763, Lieut. le 8 Déc. 1766, Capit. le 5 Avril 1780, ✠ en Janvier 1779.

VILLARS, Aide-Major des Chevaux-Légers de la Garde.

VILLARS, ✠ (le Baron de) Lieut. Col. com. le bataillon de garnison de la Couronne. M. D.

VILLAUBOIS, (Jean-Baptiste-Marie-Bercaire de la Moore, Chev. de) né à Montier le... 1772, Cad. Gentilh. d'Orléans, inf. le 13 Mars 1779, Sous-L. le 3 Juin 1779. D.

VILLE, (Marquis de) Maréchal de Camp le 1 Mars 80. M. D.

VILLE, (le Chev. de) Exempt des Gardes du Roi dans Noailles, le 15 Juin 1764, Mest. de Camp le 29 Juin 1770, Sous-L. le 1 Janv. 1776, Lieut. le 12 Mars 1780, Brigad. le 5 Décembre 1781.

VILLEBOIS, Brig. de drag. le 1 Mars 80.

VILLEDIEU, Lieut. de Roi, à Douai.

VILLEDIEU, Garde du Roi dans Noailles, le 4 Mai 1767.

VILLEFAIGNE, Quart. M. Trés. d'Orléans, cavalerie.

VILLEFONT, ✠ (Comte de) Lieut. Col. des Grenadiers-Royaux de Normandie. M. D.

VILLEFRANCHE, (son Altesse Sérénissime, Monseigneur le Prince Eugène, Marie-Louis Florimond de Savoie-Carignan, Comte de) né à..., Col. Propriétaire du rég. de son nom, le 1 Juin 1775. M. D.

VILLEFRANCHE, (Joseph la Verrie de Vivans de) né à Siorac en Périgord, le 19 Janv. 1750, Sous-L. au rég. Maréc.

de *Turenne*, le 3 Fév. 1770, Sous Aide-Major le 17 Avril 1774, Lieut. le 9 Juin 1779. D.

VILLEFRANCHE, (Chev. de) Maréchal de Camp le 1 Mars 80.

VILLELE, (Jean-Joseph-Hilaire, Chev. de) né à Caraman en Languedoc, le 18 Janvier 1764, élevé à l'Ecole Militaire, Cad. Gentilh. au rég. de *Foix*, le 6 Mars 1778, Sous-L. le 18 Janv. 1780. D.

VILLELE, Lieut. du *Génie*, à Bastia.

VILLELONGUE, ✠ Sous-Brig. du *Génie*, avec rang de Lieut. Col. com. l'Ecole de Mézières.

VILLELONGUE, (Jean-Baptiste - Nicolas de) né à Coriebert en Brie, le 18 Avril 1755, Elève de l'Ecole Militaire, Sous-L. au rég. *Royal-Comtois*, le 28 Juill. 1773, Lieut. le 4 Juill. 1775. D.

VILLELONGUE, (François-Pierre de) né à Fimes en Champagne, le 9 Juill. 1753, Sous-L. le 18 Mars 1770, Lieut. au régim. du *Maine*, le 7 Août 1778. D.

VILLEMANZY , Commissaire des Guerres, en Amérique.

VILLEMENAN, Enseig. des cent *Gardes Suisses*.

VILLEMESANT, Garde du Roi dans V. le 28 Déc. 1761.

VILLEMET , (Jean-Dominique) né à Montcherme en Champagne, le 15 Nov. 1737, Milicien au bataillon de *Mazarin*, le 20 Fév. 55, tiré aux *Carabiniers*, le 18 Oct. 58, Fourr. le 16 Avril 63, Maréc. de Log. le 1 Août suiv., P. E. le 20 Avril 68, rang de Lieut. le 29 Avril 69, réformé le 1 Avril 76 , Lieut. en sec. le 1 Mai 1779.

VILLEMONTÉE , (le Vicomte de) Lieut. des *Maréch. de France*, à Moulins.

VILLEMONTÉS, Major à Bergues.

VILLENEUVE Cillart, (Cte. de) Brig. d'inf. le 1 Mars 1780, Lieut. de Roi de la ville & citadelle du Havre. M. D.

VILLENEUVE, ✠ Maréc. de Logis des *Gendarmes de Flandres*.

VILLENEUVE Berighem, Commandant à Châlons - sur-Saone.

VILLENEUVE, ✠ (le Chev. de) Major d'*Artois*, infanterie.

VILLENEUVE, Lieut. Col. d'*Austrasie* , infanterie, & ✠.

VILLENEUVE, (Pierre-Eustache Carré de) né à Dauvillers en Clermontois, le 29 Mai 1753, élevé au Génie en 1770, Sous-L. au rég. *Royal-Comtois*, le 28 Juill. 1773, Lieut. le 17 Avril 1774, Cap. en sec. le 17 Nov. 1776. D.

VILLENEUVE, (Guillaume-Joseph-Louis Carré, Chevalier de) né à Deuvillers le 21 Août 1758, Sous-L. au rég. *Royal-Comtois*, le 21 Juillet 1775, Lieut. en sec. le 17 Novembre 1779. D.

VILLENEUVE, (Nicolas-François-Julien, Chev. de) né à St.-Etienne en Forez le 6 Juin 1762, Cad. Gentilh. au rég. de *Savoie-Carignan*, le 4 Avril 1778 , Sous-Lieut. le 18 Juillet 1780. D.

VILLENEUVE, Maréc. de Logis des Gardes du Corps dans *Noailles*, le 15 Déc. 1781.

VILLENEUVE, Brigad. des Gardes du Roi dans *Noailles*, le 15 Décembre 1781.

VILLEPAIL, (Emmanuel-Jean-Marie Langlay de) né à Versailles, le 24 Déc. 1756, Page du Roi le 8 Avril 1770, Sous-L. au rég. de *Bourgogne*, cav., le 5 Mars 1772. D.

VILLEPREUX, Brigad. des Gardes du Roi dans V., le 31 Mars 1781.

VILLEQUIER, (le Duc de) Maréc. de Camp le 3 Janvier, 1770, Gouv. du Boulonnois, de Boulogne & du château.

VILLER, (le Chev.) Major de Béthune.

VILLEROY, Brig. des Gardes du Roi dans V., le 4 Octobre 1778.

VILLEREAU, (Jean-Pierre de) né à Delperés au Perche, le 14 Sept. 1765, Sous-L. au rég. Maréc. de *Turenne*, le 17 Avril 1782. D.

VILLEREAU, (Cheval. de) Brigadier de dragons le 5 Décemb 1781.

VILLEREAU, (Comte de) Sous-Lieut. en sec. des *Gardes Françoises*. M. D.

VILLERET, Brig. des *Gendarmes de la Reine*.

VILLEROY, (François de Neufville, Duc de) né à... le 13 Oct. 1695, fut d'abord connu sous le nom de Marquis de Villeroy, il eut la charge de Lieut. de Roi en Lionnois; *Mousquetaire* en 1712, il se trouva aux siéges de Douay, du Quesnoy, de Bouchain; Lieut. Général en Lionnois, Forez & Beaujolois, sur la démission de son père, le 28 Oct. 1712, il préta serment le 21, & se démit de la charge de Lieut. de Roi de la même province, en faveur du Marquis d'Alancourt son frère; il servit avec les *Mousquetaires* au siége de Landau & de Fribourg en 1713, & obtint le 25 Fév. 1714 le rég. de *Lionnois*, sur la démission de son père, & la seconde compagnie des Gardes du Corps du Roi en survivance de son père le 24 Déc. 1716; Duc & Pair de France sur la démission de son père, au mois de Fév. 1722, il fut reçu au Parlement comme Pair, le 22 du même mois; il prit alors le nom de Duc de Retz, & entra en exercice de la charge de Capitaine des Gardes du Corps, conjointement avec son père; il commanda le rég. de *Lionnois* au camp de Richemont sur la Moselle en 1723, au camp d'Aimeries sur la Sambre en 1732, au siége de Kell en 1733, & obtint le grade de Brig. le 20 Fév. 1734; il devint Duc de Villeroy, & Cap. des Gardes en titre à la mort de son père, le 22 Avril suivant; fut fait Gouverneur & Lieut. Général du Lionnois, Forez & Beaujolois, le 6 Mai; se démit au mois de Juil. de la Lieuten. Générale du même Gouvernement en faveur de son neveu, & commanda une brigade d'inf. à l'attaque des lignes d'Ettingen & au siége de Philisbourg la même année, ✠ le 1 Janv. 1737; créé Maréc. de Camp le 1 Mars 1738, il se démit du rég. de *Lionnois*, & n'a pas servi depuis, que comme Capitaine des Gardes du Corps.

VILLEROY, (Gabriel-François de Neufville, Duc de) né à... le 8 Oct. 1731, fut d'abord connu sous le nom de Comte de Sault, puis de Marquis de Villeroy; pourvu de la Lieutenance Générale du Gouvernement du Lionnois, Forez & Beaujolois, sur la démission du Duc de Villeroy son oncle, le 13 Juillet 1734, il fit la campagne de 47;

Vol. dans la comp. des Gardes du Corps de *Villeroy*, obtint une comp. dans le régim. de cav. de *Noailles*, le 30 Janv. 1748, & la commanda au siége de Maestricht la même année; Col. du régim. d'inf. de *Lionnois*, le 1 Fév. 1749, il le commanda au camp de la Sambre en 1755, à la bataille d'Hastembeck, à la prise de Minden & d'Hanovre, au camp de Closterseven, à la marche sur les ennemis vers Zell en 1757; son rég. ayant été fait prisonnier à Minden, le 14 Mars 1758, il ne fit point cette campagne, & obtint par provisions du 29 Juin, la charge de Capit. de la première comp. Françoise des Gardes du Corps, en survivance du Duc de Villeroy son oncle, avec la permission de servir en cette qualité; il obtint le 8 Mars 1759 un brevet pour jouir des honneurs de Duc, & commanda son rég. sur les côtes cette année & la suivante; créé Brig. le 20 Fév. 1761, il servit en Allemagne, se trouva aux combats de Filinghausen, & à plusieurs actions cette même année; déclaré au mois de Mai 1763 Maréchal de Camp, avec rang du 25 Juillet 1762, il s'est démis du rég. de *Lionnois*; Gouverneur & Lieut. Général du Lionnois, Forez & Beaujolois, & Gouverneur particulier de la ville de Lyon le... Nov. 1763, sur la démission de son oncle, il prêta serment pour cette charge le 1 Déc. suivant, & s'est démis de la charge de Lieut. Génér. du même Gouvernement, que le Roi a accordée au Duc de Villeroy, qui se démettoit du Gouvernement; Duc & Pair de France à la mort de son oncle, ✠ le 1 Janv. 1773; créé Lieut. Génér.

le 5 Décembre 1781. M. D.

VILLERS, (Marquis de) Maréchal de Camp le 1 Mars 1780. M. D.

VILLERS, (Chev. de) Brig. de cavalerie le 16 Avril 1767.

VILLERS Lafaye, (Simon, Vicomte de) né à Avalon en Bourgogne le 8 Avril 1752, Volont. dans la légion de *Condé*, le 8 Juin 1768, Sous-L. le 22 Oct. 1769, Sous-L. de dragons le... 1771, incorporé Lieut. en sec. dans *Penthièvre*, le 9 Décemb. 1776, passé Lieut. dans le quatrième rég. des *Chasseurs*, le 6 Mai 1779. D.

VILLESURARCE, (Jean-Baptiste-Louis le Lieut. de) né à..., le... 17..., Sous-L. dans l'*Isle-de-France*, le 28 Juin 1782. D.

VILLETTE, (Guillaume-Marguerite de Boute-Choux, (Comte de) né à Salins en Franche-Comté, le 4 Janv. 1759, Vol. au rég. *Royal-Normandie*, le... Avril 1775, Sous-L. à la suite le 10 Mars 1777, Sous-L. en troisième le 22 Janv. 1781. M. D.

VILLETTE, ✠ Brigad. des *Gendarmes Dauphins*.

VILLEVIELLE, ✠ (Marq. de) Lieut. honoraire des *Gardes Suisses d'Artois*. M. D.

VILLEVRAIN, (Paul-Louis-Joseph de Bonets, Marquis de) né au bourg St.-Andéol, en Vivarais, le 26 Sept. 1750, Page du Roi le 1 Juil. 1765, Sous-L. dans *Bourgogne*, caval., le 11 Mai 1769, Sous-Aide-Major le 26 Mars 1770, Cap. en sec. le 24 Mars 1774. M. D.

VILLIERS, Capitaine d'artillerie, à Maubeuge.

VILLIERS, Chef de brigade du régiment de *Metz*, artillerie

VILLIERS, Commissaire des Guerres, à Vesoul.

VILLIERS, (Charles-Philippe, Chevalier de) né à Nelon en Normandie, le 23 Septemb. 1735, Enf. au rég. de *Beaujolois*, le 29 Juil. 1755, Lieut. le 15 Déc. 1755, Cap. le 20 Juin 1761, Cap. des Grenad. le 12 Juin 1782, ✠ le 1 Août 1781. D.

VILLY, Brig. des Gardes du Roi dans V., le 30 Septembre 1781.

VILMINOT, Sous-L. des *Gardes de la Prévôté*.

VIMEUX, (Louis-Antoine) né à Amiens le 13 Août 1737, Soldat au rég. de *Bassigny*, le 14 Mars 1753, Sergent le 25 Août 1760, Porte Drap. le 20 Sept. 1768, Sous-L. des Grenad. le 28 Avril 1778.

VINAI, Sous-L. des Gardes du Roi dans L., le 20 Avril 1780.

VINAY, (Jean-Baptiste de) né à St.-Loup en Comté, le 21 Mai 1752, Volont. dans *Royal-Pologne*, cav., le 1 Juin 1770, Sous-L. à la suite le 26 Janvier 1773, en pied le 23 Août 1774, Lieut. en sec. le 10 Novembre 1782. D.

VINCENT d'Aubarede, Maj. au château Trompette.

VINCENT, (Pierre) né à Alais en Languedoc en 1734, Soldat au rég. de *Médoc*, le 29 Mars 1750, Grenad. en 1751, Sergent en 1760, Adjudant le 4 Juin 1776, Sous-L. des Grenad. le 28 Avril 1778.

VINCENT, Lieutenant du *Génie*, à Dunkerque.

VINCENT, Garde du Roi dans V., le 17 Décemb. 1770.

VINCENT, Brig. d'infanterie le 5 Décembre 1781.

VINGTDEUX, (Jean-Baptiste) né à Cras, en Bresse, le 13 Fév. 1741, Soldat dans l'*Isle-de-France*, le 13 Fév. 1758, Cap. le 1 Juin 1763, Serg. le 1 Sept. 1765, Adjud. le 11 Juin 1776, P. Drap. le 15 Mai 1779.

VINSAC, Quart. M. Trésor. de *Royal-Vaisseau*, infanterie.

VINTIMILLE, (Marq. de) Maréc. de Camp le 1 Mars 1780. M. D.

VINTIMILLE, (Marq. de) Cap. en p. du régim. de *Ségur*, dragons. M. D.

VIOLAINE, (le Comte de) Major au fort Mardick. M. D.

VIOLAINE, (Louis-Ambroise-Isaac de) né à Mailly-la-Ville, en Bourgogne, le 1 Fév. 1740, Corn. dans *Egmont*, cav., le 1 Fév. 1757, Lieut. des *Carabiniers*, le 20 Juil. 1761, rang de Cap. le 20 Juin 1774, Lieut. en p. le 1 Avril 1776, Cap. en second le 7 Mai 1780. D.

VIOMENIL, (Antoine-Louis du Houx, Chevalier de) né à Fauconcourt, en Lorraine, le 6 Janv. 1745, Corn. au rég. de *Beaufremont*, drag., le 10 Avril 1761, passé dans les *Volont. de Dauphiné*, en Mars 1762, incorporé dans les *Volontaires de Flandres* en 1763, Sous-L. avec commission de Cap. dans la légion de *Lorraine*, le 18 Juin 1771, passé en Pologne en qualité de Cap., le... 1771; s'est trouvé au siége de Cracovie assiégé par les Russes, a été fait prisonnier & conduit en Russie, rentra en France 18 mois après, ✠ le 10 Fév. 1772, commission de Lieut. Col. le 28 Déc. 1778, attaché en cette qualité au 3ᵉ régim. des *Chasseurs*, le 8 Avril 1779, premier Aide de Camp du Baron de Viomenil à l'armée de

Rochambeau en Amérique, a eu en cette qualité 800 liv. d'augmentation de pension. M. D.

VIOMENIL, (Baron de) Maréchal de Camp le 3 Janv. 1770, Gouverneur de la Rochelle & Tours.

VIOT, Trésorier principal des Guerres, à Moulins.

VIRGILE, Brig. des Gardes du Roi dans L. le 31 Décembre 1781.

VIRGILLES, Lieut. de Roi à la citadelle d'Amiens.

VIRIEU, (Marq. de) Col. en sec. du rég. de *Monsieur*, inf., Lieutenant de Roi en Dauphiné. M. D.

VIRIEU, (Beauvoir, Chev. de) Brigad. de drag. le 1 Mars 1780.

VIRIEU, (Vicomte de) Maréchal de Camp le 5 Déc. 1781. M. D.

VIRION, Quart. Maître de *Deux-Ponts*, dragons.

VIRY, (le Comte de) Lieut. de Roi du Bourbonnois. M. D.

VISSAC, Maréc. de Logis des Gardes du Roi dans V., le 22 Janvier 1771.

VISSAC du Breuil, (François-Melchior de) né à Sarrebourg en Alsace, le 20 Avril 1739, Cavalier le 10 Avril 1750, Maréc. de Logis le 1 Août 1757, Com. le 23 Fév. 1757, Sous-L. le 1 Avril 1763, Lieuten. le 4 Mai 1768, Lieut. en sec. le 16 Juin 1776, Lieuten. en p. au rég. de *Royal-Normandie*, le 30 Janv. 1778, ✠ le... 17...

VISSEC la Tude, ✠ (Comte de) Lieut. Col. du régim. *Dauphin*, dragons. M. D.

VITAL, Capit. du *Génie*, à Avesnes.

VITERMONT, ✠ Cap. en second des *Gardes Françoises*.

VITERMONT, (Paul-Etienne du Boscq, Cheval. de) né à Grosseuvre, près Évreux, le 26 Déc. 1738, Page le 1 Juil. 1753, Lieut. réformé à la suite de *Beaufremont*, drag., le 30 Juin 1750, Com. des *Carabiniers*, le 1 Oct. 1756, Lieut. le 7 Sept. 1758, rang de Cap. le 9 Août 1763, Cap. com. le 2 Juil. 1774, réformé le 1 Avril 1776, Cap. en sec. le 17 Oct. 1776, ✠ le 28 Fév. 1778, Cap. en p. le 7 Mai 1780, blessé à Crevelt. D.

VITTERMONT, N..... du Boscq, Chev. de) né à Grosseuvre, en Normandie, le 12 Oct. 1741, Com. au Corps des *Carabiniers du Roi*, le 1 Avril 1756, Lieut. le 3 Mai 1766, Aide-Major au régim. *Royal*, cav., le 15 Août 1767, Cap. en sec. le 6 Juil. 1776, Cap. en p. le 28 Avril 1778, Major du rég. des *Cuirassiers*, le 8 Avril 1779.

VIVENOT, Quart. M. Trés. du 1 rég. des *Chevaux-Légers*.

VIVIEN, ✠ (Brig. des *Gendarmes Bourguignons*.

VIVIEN de la Servinière, Capitaine du *Génie*, à Verdun.

VOGUÉ, (Jacques-Joseph-Félix, Chevalier, puis Comte de) né à... le 26 Sept. 1714, *Mousquetaire* le 7 Janv. 1729, Sous-L. au rég. du *Maine*, inf., le 20 Août suivant. Lieut. le 9 Mars 1730; il servit au siége de Garra-d'Adda, de Pizzighitone & du château de Milan en 1733; à ceux de Tortonne, de Novarre, de Saravalle, à l'attaque de Colorno, aux batailles de Parme & de Guastalle en 34, & obtint une comp. au rég. de cav. de *Vogué*, le 17 Déc. de cette année, une place d'Exempt dans la comp. des Gardes du Corps, le 28 Avril 35, & le 1 Janv. 39, une commission pour tenir rang de Maré. de Camp de cav ; il se trouva en cette qualité à la bataille d'Ettingen en 43, & fit toutes les campagnes de Flandres, soit avec le Roi, de 44 à 48; créé Brig. le 20 Mars 47, il obtint en 52 un brevet pour tenir rang d'Enf. dans sa comp.; le g. de Maréc. de Camp le 1 Mai 58, sec. Enf. le 9 Avril 60; fit la campagne de 61 en Allemagne, devint pr. Enseig. le 10 Juil. 62, troisième Lieut. le 19 du même mois, sec. Lieut. le 30 Déc. de la même année; créé Lieut. Général le 16 Avril 1767. M. D.

VOGUÉ, (Marquis de) Maréchal de Camp le 1 Mars 1780. M. D.

VOISENON, (Louis-Victor Fussé de) né à.. le... 17..., Enf. au rég. des *Gardes Françoises*, le 23 Mai 1735, pr. Enf. le 5 Mai, Sous-L. le 27 Juin 1726, & Lieuten. le 24 Juin 1733; il servit au siége de Philisbourg en 1734, & se trouva à l'affaire de Clausen en 35, il passa à une Lieut. des Gren. le 13 Fév. 43, & à une comp. le 10 Mars suivant; il la commanda à la bataille d'Ettingen au mois de Juin, & pendant toutes les campagnes de Flandres de 44 à 48; créé Brigadier le 1 Janv. 48, il servit au siége de Maëstricht la même année; devenu successivement com. du 6e bataillon du régim. des *Gardes*, le 2 Sept. 55; créé Maréchal de Camp le 10 Fév. 59, com. du 5e bataillon le 14 Oct. suivant, com. du 4e le 18 Janv. 1761, & du 3e le 15 Fév. suiv.; il s'est démis de sa compagnie, & a quitté le rég. des *Gardes* le 22 du même mois.

VOISINS, (le Vicomte de) Col. du rég. de *Besançon*, artillerie. M. D.

VOISINS, (Chev. de) Brig. d'infanterie le 3 Janvier 1770.

VOISINS, (Jean-Baptiste de) né à St.-Pierre-le-Moutier, en Nivernois, le 19 Août 1753, élevé à l'Ecole Militaire, Sous-L. dans *Berry*, inf., le 21 Février 1773, Lieut. en sec. le 6 Juil. 1779, Lieut. en p. le 27 Juillet 1781. D.

VOISINS d'Alsan, (Pierre-Joseph-Marie-Hipolyte-Emmanuel, Comte de) né à Voisins, en Languedoc, en 1766, Sous-Lieut. en 3e au rég. de *Limosin*, le 14 Avril 1782. M. D.

VOLANT, Lieut. de *Maréchaussée*. à Vesoul

VOLONZAC, Pierre-Joseph-Hiacynthe-Marie de) né à Volonzac, en Rouergue, le 6 Janv. 1753, Sous-L. le 6 Août 1770, Lieut. en sec le 28 Avril 1778, Lieut. en p au rég. de *Bessigny*, le 5 Juin 1780. D.

VOMAS, Brig. de cav. le 1 Mars 1780.

VORENVAL, (Marie-Théophile l'Evêque de) né à Compiegne en Picardie le 11 Juillet 1755, Enf. au rég. provincial de *Soissons*, le 1 Mai 1773, Sous-L. à la suite au régim. de *Royal-Comtois*, le 28 Juillet 1773, Sous-L. le 14 Oct. 1774, Lieut. en sec le 5 Juin 1776, Lieut. en p. le 7 Août 1779. D.

VOSMBERG, (Guillaume) né à Manheim en Palatinat, le 15 Nov. 1702, Volont. dans *Berchiny*, le... Sept. 1769, Capitaine en sec. dans *Conflans*, le 24 Janvier 1774. D.

VOUDERWEIDT, (François-Pierre-Nicolas Fidel de) né à Fribourg le 30 Avril 1749, Cadet dans *Vigier* le 1 Juillet

1756, Enf. le 3 Nov. 1756, Sou-L. le 20 Août 1758, Lieut. le 10 Oct. 1762, Capit. le 25 Février 1776. D.

VOUDERWEIDT, (Nicolas-Claude de) né à Fribourg le 19 Avril 1754, Cadet dans *Vigier* le 1 Août 1775, Sous-L. le 10 Oct. 1777. D.

VOUDERWEIDT, (François-Pierre-Félix) né à Fribourg le 31 Mai 1766, Cad. dans *Vigier* le 14 Mars 1774, Sous-L. le 20 Juillet 1781.

VOUGE, ✠ Brigadier des *Gendarmes Anglois*.

VOUGES, (Jean-Baptiste de) né à Rocroi le 6 Fév. 1733, Cavalier au rég. des *Salles*, le 1 Mai 1749; passé aux *Carabiniers*, le 7 Juin 52, Four. le 6 Mars 60, Maréc. de Logis le 18 Fév. 62, Sous-L. le 9 Août 67, rang de Lieut. le 23 Mars 72, en pied le 2 Juin 74, réformé le 1 Avril 76, Lieut. en second le 1 Mai 79, ✠ le 29 Août 79; blessé à Crevelt, à Cassel & à Minden.

VOUILLIERS, (François-Charles Labé de) né à Vitry-le-François, en Champagne, le 8 Août 1737, Vol. dans le régim. de la *Reine*, cav., le... 1755, Lieut. au bataillon de Milice de *Troyes*, le... Avril 57, Lieut. au rég. de la *Couronne*, le... 1769, Aide-Maj. la même année, Cap. par commission le... 71, Major du rég. d'*Auvergne*, le 8 Avril 79, Lieut. com. au rég. de *Limosin*, inf., le 6 Mai 82, ✠ le 3 Juin 1779.

VOUSY, Garde du Roi dans V., le 1 Janvier 1774.

VOUZIERS, (Jean-François-l'Evêque de) né à Reims le 4 Mars 1756, Vol. au rég. de la *Colonelle Générale*, le 20 Mars 1755, Com. le 1 Fév. 1757, Cap. dans *Bourgogne*, cav., le 5 Avril 1762, ✠ le... D.

URTUBIE, ✠ (le Chev. d') Chef de Brig. du rég. de *Strasbourg*, artillerie.

URION, Garde du Roi dans V., le 2 Septembre 1768.

USSON, (Marquis d') Brig. d'infant. le 1 Mars 1780. M. D.

USTOU de St-Michel, ✠ (le Vicomte d') Lieut. des *Maréchaux de France*, à l'Isle-Jourdain. M. D.

VUILLEMIN, Quartier M. Trésorier de *Royal-Roussillon*, infanterie.

VUILLEZ, Quart. M. Trés. des *Grenad.-Royaux* du Comté de Bourgogne.

VULMONT, Capitaine d'artillerie, à Sar-Louis.

UZARD, Garde du Roi dans L., le 29 Décembre 1770.

UZARD, Garde du Roi dans L., le 9 Décembre 1774.

UZÈS, (François-Emmanuel de Crussol, Duc d') né à... le 15 Janvier 1728, fut d'abord connu sous le nom de Comte de Crussol; il entra aux *Mousquetaires* en 1744, & se trouva à la bataille de Fontenoy, aux sièges de Tournay, d'Oudenarde, de Dendermonde & d'Ath en 45; au siège de Namur & à la bat. de Raucoux en 46; Mest. de C. d'un rég. de cav. de son nom le 20 Janv. 47, il le commanda au camp de Valence pendant la campagne, & continua de servir à l'armée d'Italie jusqu'à la paix; Duc & Pair de France sur la démission du Duc d'Uzès, son père, le 1 Janv. 55, il prit le titre de Duc de Crussol; Gouverneur & Lieut. Général des provinces de Saintonge & Angoumois, aussi sur la démission de son père, le 1 Janv. 53, il prêta serment pour cette charge le 26 Avril suivant; fut reçu au Parlement en qualité de Pair de France, le 6 Fév. 55, & commanda son rég. au camp d'Aimeries-sur-Sambre la même année; à l'armée d'Allemagne qu'il joignit au mois de Sept. 57; il s'y trouva à la marche sur Zell & au passage de l'Aller au mois de Déc., à la bataille de Crewelt au mois de Juin 58; il eut le même jour des Lettres de Service pour la même armée, qui se tint sur la défensive pendant le reste de la campagne; employé à l'armée d'Allemagne le 1 Mai 59, il combattit à Minden le 1 Août, se trouva à l'affaire de Corback, à celle de Warbourg & au camp de Clostercamps en 60; il continua de servir en Allemagne en 61, & y commanda la brigade de cav. de la *Reine* ; déclaré au mois de Nov. Maréc. de Camp, le brevet expédié le 20 Fév. précédent, il s'est démis de son rég.; il a pris le titre de Duc d'Uzès à la mort de son père, le 3 Fév. 62, & a été employé à l'armée d'Allemagne le 1 Mai suivant; créé Lieut. Gén. le 1 Mars 1780. M. D.

W

WABEKER, Garde du Roi dans B. le 13 Février 1758.

WAILLY, (Charles-Antoine-François, Chev. de) né à Béthune, le 4 Janv. 1757, Sous-L. dans l'*Isle-de-France*, le 31 Janv. 1774, Lieut. en sec. le 17 Mai 1780. D.

WALDKIRCK, (Bernard de) né à Schaffausen, le 29 Sept. 1760, Sous-L. dans *Vigier*, le 22 Mai 1779. D.

WALDNER, (Baron de) Maréchal de Camp le 1 Mars 80. M. D.

WALDNER, (Christian-Frédéric d'Agobert, Comte de) né à..., le 4 Avril 1712, Enf. au rég. de *May*, le 15 Sept. 1728, Sous-L. le 11 Juin 1729; il remplit les fonctions d'Aide-Maj. depuis 1730 jusqu'en 1734, & servit sur le Rhin en 1733 & 1734; il leva le 9 Novemb. de cette dernière année, une compagnie dans le régim. de *Burky*, dont il commanda le 4ᵉ bataillon; sa compag. ayant été licenciée au mois de Janvier 1737, il continua de servir à la suite du même rég. en qualité de Cap. réformé, dont il eut la commission le 8 du même mois; il obtint le 2 Juill. 1741, une commission pour tenir rang de Cap. dans le rég. des *Gardes Suisses*, avec le Com. de la compag. de *Pierre d'Erlack* : il servit sur le Rhin en 1743, aux sièges de Menin, d'Ypres, à l'affaire de Richevaux, au siége de Fribourg en 1744, à la bataille de Fontenoi, au siége des ville & citadelle de Tournai en 1745; créé Brig. le 20 Mars 1747, il se trouva la même année à la bataille de Lawfeld, & obtint une demi-comp. dans le rég. Suiss. de *Balthazar*, le 19 Oct. 1749; Col. en s. du rég. Suisse de *Wittmer*, le 24 Juin 1755; employé à l'armée d'Allemagne commandée par le Prince de Soubise, le 1 Sept. 1757, il commanda le rég. à la bataille de Rosback, l'obtint après la mort de Wittmer, le 13 Nov. & passa l'hiver en Allemagne; créé Maréc. de Camp le 1 Mai 1758, employé le même jour à l'armée l'armée commandée par le Prince de Soubise ; il concourut à la conquête de la Hesse, se distingua particuliérement au combat de Sunderhausen, commanda différens corps de troupes à Warbourg & à Cassel, & combattit avec valeur à Lutzelberg ; Grand-Croix de l'Ordre du Mérite Militaire à sa création le 10 Mars 1759 ; employé à l'armée d'Allemagne le 1 Mai, il servit à la réserve du Duc de Broglie, & se trouva à la bataille de Minden en 1760, à l'affaire de Corback ; il combattit à la tête de la brigade de *Navarre*, qui attaqua les ennemis la bayonnette au bout du fusil & leur enleva une batterie de canon ; il a continué de servir en Allemagne en 1761 & 62 ; s'y est distingué dans plusieurs occasions ; créé Lieut. Gén. le 25 Juill. 1762. M. D.

WALGRA, Garde du Roi dans *Noailles*, le 25 Nov. 1765.

WALE, (Patrice, Comte de) né à.., le.. 17..., il obtint le 12 Mai 1747, en passant au service de France, une commission de Cap. réformé à la suite du rég. de cav. Irlandoise de *Fitz-James*, se trouva avec le rég. à la bataille de Lawfeld, le 2 Juil. & servit au siége de Mastricht en 1748 ; il étoit au camp de Sarre-Louis en 1754 ; obtint une compagnie le 22 Nov. de cette année & une commission pour tenir rang de Mest. de Camp de cav. le 16 Janv. 1756 ; il commanda sa compag. à la bataille de Rosback le 5 Nov. 1757, dans la Hesse & le Comté de Hanau, pendant l'hiver ; rentra en France avec son rég. au mois d'Avril 1758 ; il servit sur les côtes ; il marcha sur la Meuse au mois d'Août 1759 ; passa l'hiver en 1784.

Allemagne ; se trouva aux affaires de Corback & de Warbourg en 1760, & obtint le grade de Brig. le 20 Fév. 1761 ; il étoit au mois de Mars aux affaires de Grunberg & de Lich, au combat de Filinghausen au mois de Juill., & à plusieurs autres actions dans l'Electorat d'Hanovre le reste de la campagne ; il combattit à Grebenstein & Joansberg en 1762 ; déclaré Maréc. de Camp au mois de Mai 1763, avec rang du 25 Juill. 1762 ; créé Lieut. Gén. le 1 Mars 1780. M. D.

WALLOIS, ✠ Maréchal de Logis des *Gendarmes Ecossois*.

WALSH, (le Chev. de) Lieut. des *Maréchaux de France*, à Rennes.

WALSHSERRANT, ✠ (Vicomte de) Col. en sec. du rég. de *Walsh*, infanterie. M. D.

WALSKSERRANT, (le Cte. de) Brig. d'inf. le 1 Mars 80. M. D.

WANGEN, (Louis-Conrard-Béat-Célestin-François de Warengen, de Geroltze Karange, Baron de) né à.., le.. 17..., Lieut. au rég. de *Picardie*, le 11 Juin 1732. Il servit aux siéges de Garra-d'Adda, de Pizzighitonne & du château de Milan en 1733, à ceux de Tortonne & de Novarre en Janv. 1734 ; parvint à une compag. le 15 Fév., & la commanda à l'attaque de Colorno, aux batailles de Parme & de Guastalle, au siége de la Mirandolle la même année, à ceux de Reggio, de Révéré & de Gonzague en 1735, à l'armée de Bavière depuis le mois de Mars 1742, jusqu'au mois de Juill. 1743. Il s'y trouva à la prise d'Ellenbogen & de Braunau, au ravitaillement d'Egra, à la défense de Dekendoff & de Landau; finit la campagne de 1743, sur les bords du Rhin, & obtint le 13 Nov. la charge de 3ᵉ Guidon des *Gendarmes de la Garde du Roi*, avec rang de Mest. de Camp de cav. le même jour; il accompagna le Roi dans toutes ses campagnes de Flandres, depuis 1744 jusqu'en 1748, & se trouva aux sièges de Menin, d'Ypres & de Furnes, à l'affaire d'Auguerum & au siège de Fribourg en 1744, à la bataille de Fontenoi & au siège de Tournai en 1745, à la bataille de Lawfeld en 1747; créé Brig. le 1 Janv. 1748, 2ᵉ Guidon de la comp. le 15 Mars suiv. Il fit la campagne de Mastricht la même année, premier Guidon le 10 Oct. 1749, troisième Enseigne le 14 Nov. 1753, Col. Com. du rég. d'*Alsace*, le 12 Juin 1759; il quitta la comp. des *Gendarmes*, & commanda le rég. à la bataille de Minden au mois d'Août, aux affaires de Corback & de Warbourg, au combat de Clostercamps, où il fut blessé & pris en 1760; créé Maréc. de Camp le 20 Fév. 1761; il s'est démis du rég., & n'a pas été employé depuis; créé Lieut. Gén. le 1 Mars 1780. M. D.

WARÉ, Commissaire des Guerres, à Bordeaux.

WAREIL, Lieut. de Roi, à Villefranche en Roussillon.

WARGEMONT, (Comte de) Maréchal de Camp le 1 Mars 80. M. D.

WARIZE, (Charles-François Chev. de Gallonye de) né à Warize en Lorraine, le 22 Juill. 1752, Sous-L. à la suite au rég. de *Limosin*, inf. le 13 Déc. 1774, Sous-L. en pied le 8 Juin 1776, Lieut. en sec. le 18 Juin 1780. D.

WAROQUIER, 3ᵉ du nom, (Jacques de) fut fait Cap. sous le Duc Eudes de Bourgogne, & se signala dès l'année 1317 & suiv., comme on le voit dans le jugement fait par les Princes & Prélats de France, lors de la querelle de Philippe V avec ledit sieur Duc, dans lequel bannissement il est compris; il mourut en 1325, & fut inhumé en l'église de Sonastres en Artois.

WAROQUIER, premier du nom, son fils, (Jean de) fut fait Chevalier d'Artois & Cap. de *Beaumont* par Eudes IV, Duc de Bourgogne, pour s'être signalé entre ledit sieur Duc & Robert d'Artois, Comte de Beaumont-le-Roger devant St-Omer au mois de Juill. de l'an 1340, & lui échangea les anciennes armes de sa maison, qui étoient de *sinope à 3 croissans d'argent*, & lui donna d'*Azur à une main dextre d'argent posée en pal*, en récompense de la valeur qu'il avoit montrée & avoir défait plusieurs ennemis.

WAROQUIER, Seigneur de Lamothe en Artois, 3ᵉ du nom, son petit-fils, (Jean de) rendit des grands & mémorables services à la bataille de Guinegatte, où il perdit la vie en 1479.

WAROQUIER, Seigneur de Lamothe & de Méricourt en Artois, son fils, (Louis de) fut Lieut. de 50 Hommes d'Armes & Maître-d'Hôtel du Roi.

WAROQUIER, frère de Louis, (Jacques de) fut Homme d'Ordonnances de Sa Majesté sous la charge & conduite de Gui d'Amboise, Seigneur d'Aubijous.

WAROQUIER, frère de Jacques & de Louis, (Vincent de) fut Homme d'Ordonnances avec son frère.

WAROQUIER, Seigneur de la Mothe & de Méricourt, fils de Louis (Waast de) fut premiérement Homme d'Armes de M. de Moyencourt, puis Cap. d'une Comp. d'Hommes d'Armes des anciennes Ordonnances; il mourut des blessures reçues au siége de St.-Pol en Artois, & voulut être inhumé en l'Eglise des Nonnes de St.-Michel de Dourlens en Picardie, en la sépulture de Dlle. de Wignacourt sa mère, par son testament du 25 Août 1537.

WAROQUIER, Seigneur de Méricourt, premier du nom, son fils, (François de) fut premiérement Homme d'Armes d'une Comp. des Ordonnances, puis Commissaire ordinaire des Guerres & de l'Artillerie de France sous les Rois François I & Henri II dès l'an 1543; il mourut de fievre chaude ou maladie d'armée lorsqu'il venoit pour se rendre en Cour, & fut inhumé au Prieuré de St.-Nicolas d'Arcy près Senlis le 24 Août 1554.

WAROQUIER, Seigneur de Méricourt & de Combles, son petit-fils (René de) né le 19 Nov. 1565, fut Homme d'Armes de la Comp. de M. le Duc d'Angoulême, & se trouva en cette qualité au siége d'Amiens.

WAROQUIER, son petit-fils, (François-Auguste de) né à Paris, Paroisse St.-Louis en l'Isle le 4 Août 1658, fut premiérement Lieut. de cav. au rég. d'*Arnolfing* le 2 Nov. 1677; il se trouva avec son rég. au siége de Valenciennes & de Cambrai en 1677, à ceux de Gand, d'Ypres, à la bataille de St.-Denis, près Mons en 1678; il fut employé avec son rég. sur les côtes de Normandie pendant plusieurs années; fait Corn. par brevet donné à Versailles le 10 Mars 1684, Lieut. réf. de cav. entretenu par S. M. par Ordonnance donnée à Fontainebleau le 15 Nov. 1684, Lieut. de la Comp. de du *Rollet* en 1689, Lieut. de la Comp. des Chev.-Légers de *Jouvé* par brevet donné à Versailles le 4 Janv. 1690, Lieut. de cav. au rég. de la *Reine* en 1690, puis Cap. Lieut. dudit rég.; décédé à St.-Affrique le 21 Déc. 1736.

WAROQUIER, sieur de Méricourt, son frère, (Louis de) né à Paris, Paroisse St.-Paul le 9 Janv. 1645, fut premiérement Page de la Chambre de M. le Duc de Guise, le... Vol. au rég. des *Gardes Françoises* Comp. de Pradal le... 1664, Ens. au rég. de *Illy* dit *Castelnau* le... 1666; il fit en cette qualité les campagnes de Flandres, Lieut. d'inf. dans le rég. des *Vaisseaux du Roi*, puis Cap. audit rég. après la bataille de Senef par la démission de M. de Cramond le 6 Septembre 1674, Lieut. au rég. d'*Arnolfing* le 2 Nov. 1677, Cap. des Chev.-Légers le... 16...

WAROQUIER de Méricourt, second du nom, fils de François-Auguste, (François-Auguste de) né à St.-Affrique en Rouergue le 3 Mars 1708, fut d'abord destiné à l'état Ecclésiastique dès l'âge de 7 ans, pourvu d'un Canonicat de ladite ville à l'âge de 13 ans, mais ayant abandonné son Bénéfice il entra Vol. au rég. de *Puisieux* cav. le... 1728; il a fait en cette qualité toutes les campagnes d'Allemagne, s'est trouvé à l'attaque des lignes d'Ettingen, a été grièvement blessé au siége de Philisbourg en Juill. 1734 sous le Maréc. d'Asfeld son allié, & resta à Treves avec son rég. en 1735, fait Sous-L. du bataillon de milice de Rodez le.. 17... Lieut. le... 1743, Aide-Maj. du bataillon de Cahors le... 1744, Major le... il a servi en ces qualités à toutes les campagnes d'Allemagne, réf. avec son rég. le... 1748.

WAROQUIER de Méricourt de la Mothe, son fils, (Pierre-François Aliis, François-Auguste de, Marq. de) né à St.-Affrique le 27 Juill. 1750, a fait ses preuves de Noblesse pour être admis au nombre des Chev.-Légers de la *Garde du Roi* & y est entré le... 1765; arrivé au grade de Cap. de cav. en 1780, il a subi la réforme que le Roi a faite de sa Maison le 15 Décem. 1775, a eu en cette qualité 210 liv. de pension en attendant son remplacement.

WAROQUIER de Méricourt de la Mothe de Combles, son frère, (Louis-Charles, Comte de) né à St.-Affrique le 20 Juin 1757, fut d'abord nommé le Chev. de Waroquier, destiné à l'état Ecclésiastique le 29 Sept. 1773, mais le désir qu'il a eu de marcher sur les traces de ses ancêtres & de se rendre utile comme eux au soutien de la Patrie lui a fait surmonter les obstacles qu'il rencontroit dans la vocation naturelle de ses parens, qui auroient été naturellement portés à trouver en lui les moyens de relever une fortune que de tout tems ils ont sacrifiée au soutien de l'Etat & de la Patrie ; mais les inclinations du sang lui ayant fait desirer le parti des armes malgré l'abandon volontaire &

involontaire qu'on a fait de lui, il a fait ses preuves pour être admis dans les troupes de S. M. pardevant M. *Cherin* le 18 Sept. 1781, & sur la présentation de M. le Marq. de Wignacourt son parent, Col. de *Conti*, il a été nommé Sous-L. du 3e rég. d'*Etat-Major* Comp. d'Evrard le 16 Mai 1782, puis Sous-L. de la Comp. des gren. d'Abancourt attachée au rég. des *Grenadiers Royaux* de la Picardie le 20 Août suiv. ; il a pris le titre de Comte de Waroquier en changeant d'état, & se destinoit à remplir une place d'Ecuyer de main ordinaire du Roi pour laquelle il a fait preuve de 300 ans de Noblesse pardevant M. d'Hozier le 18 Déc. 1781, si des affaires de famille n'y avoient porté obstacle ; il a été licencié avec le rég. des Gren. le 1 Avril 1783.

WAROQUIER, frère de François-Auguste 2e du nom, (Jean-Baptiste de) né à St.-Affrique le 17 Oct. 1713, Vol. dans un rég. de cav. le... 17... entré dans les Gardes du Corps du Roi Comp. de Villeroi le... arrivé au grade de Cap. de cav. le... 1754, ✠ le... 1756, s'est trouvé à toutes les campagnes qu'a faites la Maison du Roi dans ce tems là ; Seigneur & Gouverneur pour le Roi de la ville de St.-Affrique le...

WAROQUIER, son fils, (Jean-Baptiste-Barthelemy de) né à St.-Affrique le 14 Mars 1755, élevé à l'Ecole Militaire après ses preuves de Noblesse, ✠ est au sortir de l'Ecole, *Chev.-Léger* de la Garde du Roi le... 1771 après ses preuves de Noblesse, reçu Ecuyer de main ordinaire du Roi après avoir fait sa preuve de 300 ans de Noblesse en 1780, a prêté serment en 1779.

WAROQUIER, son frère, (François-Auguste-Gédeon de) né à St.-Affrique le 25 Février 1762, a fait ses preuves pour être admis à l'Ecole Militaire, entré Cad. au rég. de *Poitou* inf. le... 1778, fait Sous L. le... 1779.

WASRONVAL, (Pierre-Benoît Picquery de) né à Maubeuge en Hainaut le 12 Février 1767, Sous-L. au 3e rég. d'*Etat-Major* en 1780, Lieut. en sec. en 1782, Sous-L. dans *Berry* inf. le 6 Avril 1783. D.

WASTHER, Trompette des Gardes du Roi dans L.

WATIGNY, Garde du Roi dans *Noailles* le 7 Avril 1767.

WATTEVILLE, Sous-L. en p. des *Gardes Françoises*

WATTEVILLE, ✠ Major d'*Ernest*, inf.

WAUNEUR, ✠ Lieut. en sec. dans *Ségur*, drag.

WECK, (Nicolas de) né à Fribourg le 10 Oct. 1729, Enf. dans *Vigier* le 17 Janv. 1748, Cap. le 29 Mars 1750, ✠ le 3 Juillet 1772, rang de Major le 11 Avril 1773, Maj. le 25 Fév. 1776, Lieut. Col. le 30 Juin 1780, blessé à la bataille de Saunderhausen en Juill. 1758.

WECK, Lieut. Col. de *Vigier*, inf.

WEIGLE, ancien Gar. Maj. d'*Artillerie* à Metz.

WEILNAU, (Comte de) Brig. de drag. le 1 Mars 1780. M. D.

WEISSAUTEN, (Henri-Adam de) né à Averbach en Palatinat le... 1742, Cap. à la suite de *Royal-Bavière* le 16 Déc. 1772, passé dans la légion de *Conflans* le 21 Janv. 1773,

réf. le 3 Déc. 1776, attaché au 4e rég. des *Chasseurs* le 8 Avril 1779.

WEYTERSHEIN, (Baron de) Maj. de la *Marck*, inf. M. D.

WIDRANGES, Garde du Roi dans B. le 9 Mai 1769.

WIGNACOURT, (Antoine-Louis, Marq. de) né à Charleville le 22 Janv. 1753, Cap. de drag. dans le rég. de *Mest. de C. Gén.* le... 1773, Off. dans les *Mousquetaires* le... Mest. de C. en sec. du rég. de *Conti* inf. le... 1774, Chev. de Malte, même étant marié, en mémoire des deux Grands-Maitres de Malte issus de sa Maison. M. D.

WILD, (Ch. de) Lieut. en sec. des *Gardes Suisses*.

WIMPFFEN, ✠ (Baron de) Col. du rég. de *Bouillon*, inf. M. D.

WIRTEMBERG, (Louis-Eugene, Duc & Prince de) né à... le 5 Janv. 1731, entra au service de France le 1 Fév. 1749, obtint le grade de Brig. de cav. & un rég. de cav. Allemande de son nom le même jour; créé Maréc. de C. le 25 Août suiv., ✠ le 1 Janv. 1756; il servit la même année à la conquête de l'Isle de Minorque & se distingua au siège du fort Philippe de Mahon & à l'assaut qui fut donné à cette place; créé Lieut. Gén. le 1 Janv. 1757, il a servi cette année, en 58 & 59 dans l'armée de l'Impératrice Reine de Hongrie & de Bohème commandée par le Maréc. de Daun, & s'est trouvé aux différentes expéditions & aux batailles qui s'y sont données.

WISMES, (Eugene-Armand de Bloquet, Baron de) né à Arras en Avril 1750, Sous-L. au rég. de *Bourbonnois* inf. en Mai

1768, Cap. à la suite de l'inf. en Mars 1775, puis dans *Berry* cav. en Juin 1779. D.

WITTINGHOFF, (Baron de) Maréc. de C. le 1 Mars 80. M. D.

WOGELSANG, Brig. d'inf. le 5 Déc. 1781.

WOGELSANG, fils, Sous-L. en p. des *Gardes Suisses*.

WOLFF, (Gaspard) né à Niederaltdorff en Alsace le 10 Janv. 1721, Hussard dans *Berchiny* le 5 Juin 1742, passé dans *Pollereski* en 1743, blessé à Heman en Bavière en 1744, entré dans *Fosobre* en 1748, Brig. dans *Turpin* en 1756, Maréc. de Logis en 1757, Brig. dans *Fischer* en 1759, Maréc. de Logis en 1760, blessé en Westphalie en 1762, Sous L. le 30 Mai 1768, Lieut. en sec. le 14 Nov. 1779.

WOLTER de Neurbourg, Brig. d'inf. le 1 Mars 1780.

WOUSTOURNE, ✠ Sous-L. de *Maréchaussée* à Beaumont sur Oise.

WUIDET, ✠ Cap. c. du 3e rég. d'*État-Major*.

WULLY, Caporal des cent *Gardes Suisses*.

WURMSER, (Christian-Louis, Baron de) né à... le... 17... Enf. au rég. d'*Alsace* inf. Allemande en 1726, Lieut. en 1733; il servit au siége de Kell la même année; Cap. réf. audit rég. le 1 Avril 1734, il se trouva à l'attaque des lignes d'Ettingen, servit ensuite au siége de Philisbourg & fut fait Aide-Maj. de son rég. le 15 Juill. de la même année; l'année suivante il étoit avec le rég. à l'affaire de Clausen; il obtint le grade de Cap. en p. le 1 Avril 1738 & une Comp. le 26 Août suiv.; il la commanda au siége de Prague en 1741, à l'affaire de Sahay, au ravitaillement de Frawemberg, à la retraite de Prague, à la défense de cette ville où il se distingua dans plusieurs sorties, à la retraite de cette place en Déc. 1742, rentra en France avec l'armée au mois de Fév. 1743, & finit cette campagne en Haute-Alsace sous les ordres du Maréc. de Coigny, à l'armée du Rhin en 1744; il se trouva à la reprise de Weissembourg, à l'affaire de Reschewaux, passa en Bavière avec un Corps de troupes au mois de Sept., obtint le 17 de ce mois une commiss. pour tenir rang de Col. d'inf., demeura avec ce Corps de troupes pendant l'hiver aux environs de Donawert, combattit au mois d'Avril 1745 à Pastenhoffen, se distingua à la retraite de Bavière, joignit avec le Corps de troupes l'armée du Bas-Rhin au mois de Mai & y finit la campagne; Maj. de son rég. le 12 Mai 1746, il campa avec son rég. sur la Sarre pendant le siége de Mons, sur la Meuse pendant celui de Charleroi, servit au siége de la ville de Namur & se trouva à la bataille de Raucoux au mois d'Oct.; Lieut. Col. du rég. d'*Alsace* le 1 Avril 48, il servit au siége de Mastricht; créé Brig. le 10 Mai, déclaré en Déc. suiv.; Col. en sec. du rég. d'*Alsace* le 4 Juill. 1754; employé en Allemagne le 1 Mars 1757, il combattit à Hastembeck, concourut à la prise de plusieurs places de l'Electorat d'Hanovre, marcha sur les ennemis après qu'ils eurent rompu la capitulation de Closterseven, commanda les gren. sous les ordres du Duc de Broglie à l'attaque de Wegerack où on s'empara d'un magasin de 3000 rations de foin, contribua à la prise de Brême, resta dans cette place où il commanda jusqu'à ce qu'on l'évacuât en Fév. 58; on créa en sa faveur la charge d'Inspecteur-Général de l'inf. Allemande dont il fut pourvu le 8 Juin; servant la même année à l'armée commandée par le Prince de Soubise, il concourut à la prise de Cassel, se trouva au combat de Saunderhausen, commanda pendant quelque tems à Gottingen, combattit à Lutzelberg & revint en France après la campagne; créé Maréc. de C. le 10 Fév. 1759, Commandeur de ✠ le 10 Mars; il fut employé en Allemagne en 1760, il s'y trouva aux affaires de Corback & de Warbourg, à l'attaque de Statberg dont on s'empara; il marcha ensuite sur le Bas-Rhin avec un Corps de troupes aux ordres du Marq. de Castries & combattit avec la plus grande distinction à Clostercamp où les ennemis furent battus, ce qui les obligea de lever le siége de Wesel & de se retirer avec précipitation; il a continué de servir en Allemagne en 1761 & 62; créé Lieut. Gén. le 25 Juillet de cette derniere année, Grand ✠ le 1 Fév. 1763. M. D.

WURMSER, (Baron de) Brig. d'inf. le 20 Fév. 1761.

WURMSER, (Baron de) Brig. d'inf. le 1 Mars 80. M. D.

WURMSER, ✠ (le Baron de) Lieut. Col. de *Salm*, inf.

Y

YSARD, (Etienne-Barthelemy, Chev. d') né à Milhaud en Rouergue, le 25 Janv. 1756, élevé à l'Ecole Militaire le... 17..., Sous-L. au rég. de *Savoie-Carignan*, le 17 Mai 1773, Lieut. en sec. le 15 Juin 1779. M. D.

YSARN de Villefranche, son frère, (Antoine-Félix d') né à Milhan en Rouergue, le 13 Novembre 1762, Cad. Gentilh. au rég. de *Savoie-Carignan*, le 4 Avril 1778, Sous-L. le 15 Juin 1779.

YSARN de Lagrange, son frère, (François-Joseph d') né à Milhan en Rouergue, le 21 Janv. 1764, Cad. Gentilh. au rég. de *Savoie-Carignan*, le 4 Avril 1778, Sous-L. le 18 Juil. 1780.

YSARN, Brig. d'inf. le 1 Mars 80.

YSARN, Commissaire des Guerres à Stenay.

YSERON, (le Baron d') ✠ Prévôt-Général de *Maréchaussée* à Lyon. M. D.

YVEL, Brig. de cav. le 3 Janv. 1770.

YVOLEY, (François d') né en Corse en 1753, Sous-L. dans *Lanan* le 1 Juin 1772. D.

YVREY, (Justin-Magdelaine de Bommarchand d') né à Salins en Franche-Comté le 22 Juill. 1757, Sous-L. au rég. *Royal-Comtois* le 4 Juill. 1775, Lieut. en sec. le 7 Août 79. D.

Z

ZAUTHIER, (Baron de) Brig. d'inf. le 1 Mars 80. M. D.

ZEIGNELIUS d'Altenack, Commissaire-Ordonnateur des

Guerres à Neuf-Brisach.

ZELLER, (Pierre) né à Rodemack le... 1742, Dragon au rég. de *Clermont-Prince* le 20 Juin 1759, Brig. le... 1761, Fourr. le... 1766, Sous-L. le 29 Mai 1775, incorporé dans *Boufflers* le 9 Déc. 1776, Sous-L. dans le 4ᵉ rég. des *Chasseurs* le 3 Juin 1779.

ZENS, (Mathias de) né à Haguenau en Alsace, Vol. dans *Dauphin Etranger* en 1733, Maréc. de Logis dans *Esterhazy* en 1743, Corn. dans *Beausobre* en 1748, passé dans *Royal-Nassau* en 1756, Lieut. en p. en 1757, ✠ en 1763, rang de Cap. en 1771, incorporé dans *Conflans* le 26 Juill. 1776, Cap. en sec. le 14 Nov. 1779.

ZIEGLER, (Christian) né à Francfort le 21 Déc. 1743, Hussard dans *Royal-Nassau* en 1768, Cap. en sec. dans *Conflans* le 21 Mars 1774.

ZIMMERMANN, Brigadier d'inf. le 5 Déc. 1781.

ZIMMERMANN, fils, Sous-L. en p. des *Gardes Suisses*.

ZIMMERMANN, ✠ (Ch. de) Lieut. en p. des *Gardes Suisses*.

ZIMMERMANN, ✠ cadet, Sous L. en p. des *Gardes Suisses*.

ZIMMERMANN, Quart. M. Trés. de *Royal-Suédois*, infanterie.

ZŒPFFEL, Comm. de la Porte Blanche à Strasbourg.

ZURLAUBEN, ✠ (Béat-Antoine de la Tour-Châtillon, Baron de) né à Zug le 4 Août 1720, Enf. dans la *Comp. Gén. des Suisses* le 7 Déc. 1735, Sous-L. le 3 Avril 1737, 2ᵉ Lieut. de cette Comp. le 17 Mai 1740 ; il fit la campagne de 1742 en Flandres & celle de 45 sur le Haut-Rhin ; Cap. comm. la Colon. du rég. des *Gardes Suisses* le 6 Mars 1744, il la commanda à la bataille de Fontenoi, aux siéges des ville & citadelle de Tournai & d'Oudenarde en 1745, à la bataille de Raucoux en 1746, au siége de Maftricht en 1748 ; créé Brig. le 10 Mai ; s'étant fait connoître par plusieurs savantes Dissertations dont quelques-unes avoient remporté le Prix, l'Académie l'agrégea le même jour 10 Mai au nombre de ses Académiciens Honoraires Etrangers, & on lui donna le 1 Mai 1753 la charge de Conseiller-Interprète-Secrétaire du Roi près les Ligues Suisses ; en 1757 il devoit commander le premier bataillon du rég. des *Gardes Suisses* lorsqu'il fut destiné à aller au secours de l'Isle d'Aix que les Anglois abandonnèrent avant l'arrivée des troupes, & obtint une Comp. entiere en survivance de son oncle le 9 Avril 1759 ; il commanda cette année le premier bataillon du rég. dans plusieurs garnisons de l'Artois & sur les côtes ; passé en Allemagne avec le rég. en 1760, il commanda le premier bataillon en Hesse sous les ordres du Maréc. de Broglie & se trouva à plusieurs actions de guerre ; employé à l'armée d'Allemagne le 1 Mai 1762, il commanda successivement la brigade Suisse des rég. d'*Arbonnier* & de *Lockmann* du 7 Juin au 23 Juillet, & celle de *Boccard* & de *Diesbach* du 25 Juill. au 17 Nov. ; il conduisit la brig. d'Arbonnier de Dulmen à Hombourg en Hesse malgré tous les obstacles qu'y mit le Baron de Lutkner ; il défendit les 8, 9 & 10 Août avec la brigade de Boccard les retranchemens de la montagne de Melsungen sur la Fudde pendant un feu continuel d'artillerie & un bombardement des plus vifs de la part des alliés commandés par Milord Gramby; il ferma avec la même brig. la retraite de l'armée le 18 Août sans qu'il pût être entamé; il marcha le 30 devant Friedberg pour être à portée de mener en cas de besoin la brig. à l'affaire de Salines, & se trouva le 21 Sept. à l'attaque du château d'Amenebourg sur l'Ohen où il perdit 101 hommes de sa brig.; déclaré Maréc. de C., le brevet expédié le 25 Juill. précédent: le Baron de Zurlauben n'est pas moins recommandable par les qualités du cœur & de l'esprit que par ses talens militaires; il s'est rendu célèbre dans la République des Lettres par son Histoire des Suisses en 8 vol., les Mémoires du Duc de Rohan en 7 vol., la Bibliothèque Historique Militaire en 3 vol., dans l'un desquels se trouve le Portrait général par Onazander, traduit du Grec; qu'il a donné & publié en différens tems, par le Code Militaire des Suisses & par l'Histoire Héraldique de la Suisse qu'il doit avoir publiée; créé Lieut. Gén. le 1 Mars 1780. M. D.

FIN.

ORDONNANCES MILITAIRES.

De plusieurs crimes & délits Militaires, & du serment que doivent prêter les Officiers.

ARTICLE PREMIER.

Défend le Seigneur Roi, que nul de ses légions, de quelque état, qualité ou condition qu'il soit, ne soit si osé ni hardi, en marchant en bataille & en ordre, de parler haut, ni crier, sinon les Colonels, Capitaines, Lieutenans, Enseignes, Centeniers & Sergens de bataille, sur peine à ceux qui feront le contraire, d'avoir la langue percée. *François I, du 14 Juillet 1534, Article XXIII, & Henri II, du 22 Mars 1557, Article XI.*

II. Jureront tous lesdits Colonels, Capitaines, Lieutenans, Porte-Enseignes, Centeniers, Caps d'Escadre, Fourriers, Sergens de bataille, Prévôts & gens de pied desdites légions, de bien & loyaument servir le Roi envers & contre tous, sans nul excepter, en tous lieux & endroits où il plaira audit Seigneur, & de faire entièrement tout ce que leur sera commandé, tant par icelui Seigneur, que par ses Lieutenans-Généraux ayant pouvoir de lui quant à ce, & d'avertir icelui Seigneur de toutes choses qui viendront à leur connoissance, concernant son bien, honneur, profit ou dommage, ou iceux Lieutenant-Généraux pour le faire entendre audit Seigneur. *François I, ibidem, Article XXV, & Henri II, en ladite Ordonnance du 22 Mars 1557, Article XIV.*

III. Jureront lesdits Colonels & Capitaines, & ceux de leur bande, de contre-garder les femmes gisantes & enceintes, & les Églises, soit en batailles, assauts, prises de villes & places par force ou autrement, sans leur faire mal en quelque sorte que ce soit, sur peine d'en être punis sans aucune grace, ainsi qu'ils auront mérité. *François I, ibidem, Article XXVII, & Henri II, en ladite Ordonnance, Article XVI.*

IV. Et là où il se trouveroit qu'aucuns d'eux eussent, en tems de paix, pillé ou dérobé les Églises, ou bien d'icelles, comme calices & autres choses, seront pendus & étranglés par leur gorge sans aucune grace, & le tout rendu & restitué auxdites Eglises; & celui qui sçaura le larcin, qui ainsi aura été fait, sera tenu de le révéler sur semblable peine. *François I, ibidem, Art. XXVIII, & Henri II, Article XVII.*

Nota. *Il paroit que cet article n'étend ces défenses que pendant la paix, mais par les Ordonnances suivantes, tout vol d'Eglise est défendu sans aucune limitation.* Voyez l'*Article XXXIII.*

V. Quand lesdites légions seront aux champs, villes, ou en camp, contre les ennemis, aucun des compagnons d'icelles, ni autres, ne pourra parlementer auxdits ennemis ou aucun d'eux, sans le congé du Lieutenant-Général du Roi, ou des Colonels & Capitaines, sur peine du crime de leze-Majesté; ne pareillement lesdits Colonels & Capitaines, ou leurs Lieutenans, sans le congé du Roi ou de sondit Lieutenant-Général, sur la même peine. *François I, ibidem, Article XXXI, & Henri II, ibidem, Article XX.*

VI. Aucun compagnon n'emportera rien sur le jeu d'un autre, sans son vouloir & consentement, & ne feront faux jeux ni piperie, en quelque manière que ce soit, sur peine pour la première fois, d'être fouettés; & pour la seconde, d'être fouettés, essoreillés (1) & bannis pour dix ans. Et à ces fins, seront mis ès mains du Prévôt, qui confisquera tout ce qui étoit sur le jeu appartenant au délinquant. Et leur est défendu, sur lesdites peines, le jeu de dez & de cartes, pour autant que ce sont jeux qui engendrent volontiers noises, débats & dissentions. *François I, ibidem, Article XXXII. & Henri II, ibidem, Article XXI.*

VII. Aucuns compagnons ne prendront, durant qu'ils seront ordonnés pour le guet, aucun débat ou question entr'eux, & s'il y en avoit aucuns faisant le contraire, seront punis par le Prévôt selon le fait qui sera sorti du débat, voire jusqu'à la mort inclusivement, si le cas le requiert. *François I, ibidem, Article XXXV, & Henri II, ibidem, Article XXIV.*

VIII. S'il y avoit un mutin, pour mutiner ses compagnons, il sera baillé au Prévôt pour lui faire son procès, le faire pendre & étrangler. Et si aucun recevoit aucune lettre ou message, de quelque Prince ou Seigneur que ce fût, ennemi du Roi ou poursuivant le dommage dudit Seigneur, il sera tenu de le révéler au Colonel ou Capitaine de sa bande, & ledit Colonel ou Capitaine, au Lieutenant-Général du Roi; & au défaut de ce, seront punis comme criminels de leze-Majesté. *François I, ibidem, Article XXXVII, & Henri II, Article XXVI.*

IX. Les compagnons ne prendront rien sans payer, soit pain, vain ou autres choses, pendant qu'ils seront au camp, aux garnisons ou sur les champs, sur peine de la vie, d'autant qu'à cause de ce, les vivandiers n'apporteroient vivres au camp, qui seroient pour ruiner une armée. *François I, ibidem, Article XXXVIII, & Henri II, Article XXVII.*

X. Aucuns compagnons n'iront hors du camp au-devant des vivres pour les acheter, ains les laisseront venir au marché; & ne les prendront audit marché par force, ne sans payement, sur peine d'être punis sans grace. *François I, ibidem, Article XL, & Henri II, Article XXIX.*

XI. Aucuns ne rueront, ne jetteront bâtons, de quelque qualité qu'ils soient, les uns contre les autres, en débats ni autrement, sur peine d'être punis corporellement. *François I, ibidem, Article XLIII, & Henri II, Article XXXII.*

(1) C'est-à-dire, avoir les oreilles coupées.

XII. Ils ne rompront, n'emporteront les ustensiles & ménages des maisons où ils seront en garnisons, & ne démoliront ni ne brûleront lesdites maisons, ne prendront le bois d'icelles, ne autrement; & s'ils le faisoient, répareront entièrement les dommages & intérêts qu'ils auront faits, sur leurs gages & soldes, que le Roi veut être preins & arrêtés; & néanmoins s'ils y mettent le feu, seront punis comme incendiaires & comme larrons, pour ce qu'ils auroient emporté. *François I, ibidem, Article XLVI, & Henri II, Article XXXV.*

XIII. Défend ledit Seigneur à tous lesdits Colonels, Capitaines, Lieutenans & autres chefs desdites bandes, & pareillement à tous les compagnons desdites légions, de n'avoir aucunes filles propres, sur peine d'être cassés & grièvement punis, & auxdites filles d'avoir le fouet. *François I, ibidem, Article L, & Henri II, Article XXXIX.*

XIV. Ordonne ledit Seigneur, que nul homme de pied desdites légions, soit si osé ne si hardi d'abandonner jamais le lieu & place où le Capitaine où Sergent de bataille l'auront mis, soit que la légion de laquelle il sera demeure en bataille, ou qu'elle marche par pays en ordre sous les Enseignes, & ce, sur peine de la vie. *François I, ibidem, Article LI, & Henri II, susdite Ordonnance, Article XL, & Article VIII, de celle du 16 Juillet 1551.*

XV. Le Soldat qui fraudra à la faction, sans licence de son Capitaine, ou autre excuse légitime, sera passé par les piques. *Henri II, Ordonnance du 16 Juillet 1551, Article VI.*

Nota. L'Ordonnance d'où cet article & les suivans sont tirés, fut donné par Henri II, à Blois, le 16 Juillet 1551. Elle avoit été dressée par le Seigneur de Châtillon, Colonel Général de l'Infanterie; & après avoir été approuvée des Connétables & Maréchaux de France, elle fut enregistrée au Siége de la Connétablie & Table de Mabre.

Elle fut renouvellée le 23 Décembre 1753, & enregistrée à la Chambre des Comptes.

XVI. Le Soldat qui ne se trouvera aussi promptement à une allarme, ordonnance ou autre affaire, comme son Enseigne, sera passé par les piques. *Article VII.*

XVII. Le Sergent-Major sera obéi des Capitaines, Officiers & Soldats, en ce qu'il commandera pour son office, & ce sur peine, si c'est Capitaine ou Officier, d'être punis arbitrairement du Colonel; si c'est Soldat, de demander pardon au Roi, audit Colonel & audit Sergent, devant toutes les compagnies, & d'être dépouillé & dégradé de toutes armes, & banni des bandes. *Article IX.*

XVIII. Celui qui injuriera le Sergent-Major en faisant son office, s'il est Capitaine, sera puni arbitrairement par le Colonel, & s'il est Soldat, sera passé par les piques. *Article XI.*

XIX. Les Capitaines fassent chacun en leurs bandes, que tous Soldats obéissent à leurs Sergens & Caps d'escadre, en leurs offices, sans les injurier, sur peine, si l'injure est verbale, de lui demander pardon devant toutes les bandes, & si elle est de fait, d'être passé par les piques. *Article* XI.

XX. Le Soldat qui en guerre donnera cri d'une nation, sera passé par les piques. *Article* XII.

XXI. Quand une querelle surviendra entre deux ou plusieurs, nul, s'il n'est Capitaine ou Officier, n'y pourra porter aucunes armes que son épée, sur peine de confiscation d'icelles, & punition arbitraire du Colonel. *Article* XIV.

XXII. Si un Capitaine ou Officier de bande survient en une querelle, & qu'il trouve quelques Soldats ayant l'épée au poing, soudainement qu'il criera pour les départir, ceux qui auront mis l'épée au poing, ne pourront plus tirer nul coup, sur peine d'être passés par les piques. *Article* XV.

XXIII. Le Soldat qui, de guet-à-pens, méchamment & avec avantage, blessera ou tuera un autre, sera passé par les piques. *Article* XVII.

XXIV. Le Soldat qui, sans légitime occasion, dira injure qui touche l'honneur d'un autre, ladite injure ou honte retournera à lui-même, & lui sera déclaré devant toutes les compagnies. *Article* XVIII.

XXV. Le Soldat qui, sans juste occasion, démentira un autre, sera mis en la place publique, & Enseigne déployée & tête nue, demandera pardon au Colonel & à celui qu'il aura démenti. *Article* XX.

XXVI. Quand deux Soldats auront une querelle, se retireront à leurs Capitaines qui regarderont à les accorder; lesquels en communiqueront au Mestre de Camp; & là où ils ne pourront les appointer, feront entendre le fait au Colonel pour en ordonner la raison. *Article* XXIII.

XXVII. Quand un Soldat refusera à un autre de payer ce qu'il lui doit, le créditeur se retirera au Capitaine du débiteur, qui le fera payer aux montres, sans venir par voie de question, sur peine arbitraire. *Article* XXIV.

XXVIII. Le Soldat qui outragera un autre, ou dégaînera sur lui étant en guet ordinaire ou faction, sera passé par les piques. *Article* XXVI.

XXIX. Celui qui mettra la main aux armes dedans la ville & place de garde, perdra le poing publiquement. *Article* XXVII.

XXX. Le Soldat qui, en combattant, perdra ses armes lâchement, & qui se rendra sans grande occasion, sera banni des bandes, & incapable de jamais porter arme. *Article* XXVIII.

XXXI. Le Soldat ne laissera aller prisonnier de guerre, sans le dire à son Capitaine qui en avertira le Colonel, sur peine d'être condamné selon sa qualité. *Article* XXIX.

XXXIII. Le Soldat en assaut ou prise de place, qui ne suivra son Enseigne & la victoire, pour s'amuser à saccager ou autre profit, après la place prise, sera dévalisé, dégradé & banni des bandes. *Article* XXX.

XXXIII. Le Soldat qui dérobera bien d'Eglise, à la guerre ou autrement, sera pendu & étranglé. *Article* XXXI.

Charles VII, par l'Article VI de son Ordonnance, donnée à Orléans le 2 Novembre 1439, avoit établi des peines encore plus sévères contre les vols des Gens d'Eglise & autres ; en voici la disposition :

Défend le Roi à tous Capitaines, Gens de Guerre, & tous autres, sur ladite peine d'encourir crimes de leze-Majesté ; c'est à sçavoir d'être privé & débouté, lui & sa postérité, de tous honneurs & offices publics, de tous droits & prééminences de noblesse, & de confiscation de corps & de biens ; qu'ils, ne aucuns d'eux, ne pillent, robent, ne détroussent, souffrent, ne fassent détrousser, rober ou piller Gens d'Eglise, Nobles, marchands, laboureurs, ne autres en chemins, ne en voye, ne en leurs hôtels ou habitations, ne ailleurs, en quelque manière que ce soit, ne les prennent, emprisonnent, ne rançonnent, ne fassent ou souffrent emprisonner, prendre ou rançonner ; ains les laissent aller & passer, & demeurer en leurs maisons & habitations, & ailleurs, seurement & sauvement, sur ladite peine.

XXXIV. Le Soldat ne pourra parlementer, ne avoir conversation à trompette, tabourin, ni autre des ennemis, sans le congé de son Capitaine, ni le Capitaine sans le congé du Colonel. *Henri II, ibidem, Article* XXXII.

Nota. La peine n'est point déterminée par cet article contre les contrevenans, mais par l'Article XXXI *de l'Ordonnance de François I, du 24 Juillet 1534, ces mêmes défenses sont faites, tant aux Officiers qu'aux Soldats, sous peine de crime de leze-Majesté.*

XXXV. Celui qui forcera une femme ou une fille, sera pendu & étranglé. *Henri II, ibidem, Article* XXXIII.

XXXVI. Celui qui détroussera vivandiers ou marchands des nôtres, sera pendu & étranglé. *Article* XXXIV.

XXXVII. Le Soldat qui entrera ou sortira d'une place de garde ou autre lieu, que par les passages ordinaires, sera passé par les piques. *Article* XXXV.

XXXVIII. Le larron de boutique sera pendu & étranglé. *Article* XXXIV.

XXXIX. Le Soldat qui dérobera les armes d'un autre, sera pendu & étranglé. *Article* XXXVII.

XL. Quand l'Enseigne marchera sur les champs, le Soldat ne l'abandonnera pour aller au fourrage ou autre lieu, sans le congé de son Capitaine, sur peine de passer par les piques. *Art.* XXXIX.

XLI. Nul Soldat ne pourra injurier, ni empêcher le Prévôt des bandes ou ses gens, sur peine de la vie. *Article* XL.

XLII. Quand le Colonel demandera le Soldat délinquant, celui qui le recélera ou fera fuir, sera puni au lieu du fugitif. *Article* XLI.

XLIII. *Extrait de l'Ordonnance d'Henri III, donnée à Paris au mois de Juillet 1575.*

Enjoignons aux Prévôts des Maréchaux, leurs Lieutenans & à nos Juges ordinaires, de chaſſer les filles de joie, s'il s'en trouve à la ſuite deſdites compagnies de cavalerie & infanterie, & les châtier de la peine du fouet. *Article CCCX de ladite Ordonnance de Henri III, au mois de Juillet 1575.*

XLIV. Ceux qui auront abandonné l'Enſeigne au combat, ſeront dégradés des armes, déclarés ignobles & comme roturiers, aſſis & impoſés à la taille. *Ibidem, Article CCXC.*

XLV. Sa Majeſté a ordonné & ordonne que les Cavaliers & Soldats, qui ayant été mis en ſentinelle, quitteront & abandonneront leur poſte, & ceux qui eſcaladeront les remparts, ſeront punis de mort ſans rémiſſion. *Louis XIV, Ordonnance du 20 Juillet 1714.*

Cette Ordonnance eſt conforme à celle de Henri II, du 20 Mars 1550. Le Soldat qui, ſans excuſe légitime, abandonnera le guet, eſcoute ou autre lieu où ſon Sergent l'aura mis, ſera paſſé par les armes. *Et dans un autre article de la même Ordonnance.* Le Soldat qui entrera ou ſortira d'une place de garde ou autre lieu, que par les paſſages ordinaires, ſera paſſé par les armes.

XLVI. Sa Majeſté a ordonné & ordonne qu'à l'avenir, tous Cavaliers, Dragons & Soldats en faction, comme auſſi les Brigadiers qui commanderont la garde des Étendards, qui laiſſeront ſauver les priſonniers qui leur ſeront conſignés, & à la garde deſquels ils auront été établis, ſeront mis au Conſeil de Guerre, & condamnés à ſervir comme forçats ſur les galères pendant trois années. *Louis XIV, Ordonnance du 15 Novembre 1712.*

XLVII. Sa Majeſté étant informée que les Soldats du régiment de ſes Gardes Françoiſes, font entrer en fraude dans Paris une grande quantité de vins qu'ils apportent dans des barils & autres vaiſſeaux; & voulant par une punition exemplaire, faire ceſſer une licence auſſi préjudiciable à la ferme des Aydes, Sa Majeſté a ordonné & ordonne, que par le Conſeil de Guerre qui ſera tenu par les Officiers dudit régiment, les Soldats qui commettront le barillage, ſeront condamnés à paſſer par les baguettes, ſur l'eſplanade de l'Eſtrapade de ladite ville, ſon intention étant qu'en cas de récidive, ils ſoient envoyés aux galères pour y ſervir comme forçats à perpétuité. *Louis XIV, Ordonnance du 25 Juillet 1707.*

Ordonnance du Roi, concernant les Crimes & Délits Militaires.

SA MAJESTÉ s'étant fait repréſenter le XXXe article du Règlement donné à Poitiers par le feu Roi ſon Biſaïeul le 4 Nov. 1651, par lequel il auroit été ordonné que les anciens Règlemens & Ordonnances Militaires ſeroient ponctuellement ſuivies pour toutes les choſes concernant la Diſcipline & Police des Gens de guerre, auxquelles il étoit pourvu par icelles; & étant informée des embarras qui naissent journellement dans les Conseils de guerre lorsqu'il s'agit d'y juger des Crimes, Délits ou autres cas intéressant le service, la discipline & la subordination, tant parce que la plupart des Officiers qui y sont appellés n'ont pas connoissance des Ordonnances de François I du 24 Juill. 1534, de Henri II des 20 Mars 1550, 23 Déc. 1553 & 22 Mars 1557, qui ont établi la règle qui doit être suivie en ces matières, que parce que quelques-uns desdits Cas n'y sont pas exprimés d'une manière assez précise pour lever toute difficulté : à quoi étant nécessaire de pourvoir, en réunissant & expliquant les dispositions, tant desdites anciennes Ordonnances, que de celles du feu Roi Bisaïeul de Sa Majesté, relatives à cette matière, par une Loi générale qui puisse faire connoître aux Soldats, Cavaliers & Dragons l'étendue de leurs devoirs ; & à leurs Officiers, les peines qu'ils doivent prononcer contre ceux qui y manqueront : Sa Majesté après avoir examiné lesdites Ordonnances de François I & de Henri II des 24 Juillet 1534, 20 Mars 1550, 23 Décembre 1553 & 22 Mars 1557, & autres données en conséquence, a ordonné & ordonne ce qui suit.

Article Premier.

Tous Soldats, Cavaliers & Dragons seront tenus, sous peine de la vie, d'obéir aux Officiers des Régimens des Compagnies dont ils seront, en tout ce qu'il leur sera par eux ordonné pour le service de Sa Majesté, soit dans les Armées, en Route, dans les Quartiers & dans les Garnisons.

II. Veut Sa Majesté qu'ils soient tenus sous la même peine de la vie, d'obéir à tous Officiers des autres Compagnies ou Régimens qui seront dans leur Quartier ou dans leur Garnison ; l'intention de S. M. étant que vingt-quatre heures après l'arrivée d'un Officier dans lesdits Quartiers ou Garnisons, il soit réputé connu des Cavaliers, Dragons & Soldats qui s'y trouveront.

III. Ordonne S. M. auxdits Officiers, de tenir la main à ce que les Soldats, Cavaliers & Dragons obéissent aux Maréchaux des Logis, & Sergens de leurs Compagnies & Régimens avec lesquels ils seront en garnison ; voulant S. M. que ceux qui leur désobéiront en choses concernant son Service, soient punis corporellement, ou de mort, suivant la nature & la circonstance de leur désobéissance.

IV. Tous Cavaliers, Dragons & Soldats qui mettront l'épée à la main contre des Officiers, soit de leur Régiment ou des autres Troupes de leur Quartier ou Garnison, qui les frapperont de quelque manière que ce puisse être, ou qui les menaceront, soit en portant la main à la garde de l'épée, ou en faisant quelque mouvement pour mettre leur fusil en joue, quand même ils auroient été frappés & maltraités par lesdits Officiers, auront le poing coupé, & seront ensuite pendus & étranglés.

V. Le Cavalier, Dragon ou Soldat qui frappera un Maréchal des Logis ou Sergent, tant de son Régiment que des autres
Troupes

Troupes du Quartier ou de la Garnison, étant de garde ou de service actuel avec lui, sera puni de mort : & hors le cas du service actuel, celui qui frappera un Sergent ou un Maréchal des Logis, soit de son Régiment ou de la même Garnison, ou qui mettra contre lui l'épée à la main, sera condamné aux galères perpétuelles.

VI. Celui qui frappera un Caporal ou Brigadier avec lequel il sera de Garde, de Détachement ou autre service actuel, soit que ledit Brigadier ou Caporal soit du même Régiment ou d'une autre Troupe du Quartier ou de la Garnison, sera pareillement condamné aux galères perpétuelles.

VII. Tout Soldat qui de jour ou de nuit, après avoir été posé en sentinelle, quittera son poste sans avoir été relevé par un Sergent, Caporal ou Anspessade, sera puni de mort.

VIII. Les Cavaliers & Dragons qui quitteront le lieu où ils auront été mis en vedette, ordonnance ou autre faction, sans avoir été relevés par leurs Officiers, seront condamnés à la même peine.

IX. Tout Soldat ou Cavalier étant en sentinelle ou faction, qui se trouvera endormi pendant la nuit, sera pareillement puni de mort.

X. Lorsque la Garde de nuit aura été posée dans une Place de guerre, celui qui tirera des armes à feu, ou qui fera du bruit ou autre chose capable de causer quelque alarme dans une Place de guerre, sera mis sur le cheval de bois, chaque jour pendant un mois, à l'heure de la garde montante.

XI. Sera condamné à la même peine celui qui s'enivrera le jour qu'il sera de garde.

XII. Quiconque donnera ou fera connoître l'ordre à l'ennemi, ou à aucun autre qu'à ceux à qui il doit être donné, sera pendu & étranglé.

XIII. Tout Soldat, Cavalier ou Dragon qui mettra l'épée à la main dans un Camp ou dans une Place de guerre, étant aggresseur, sera condamné aux galères perpétuelles : voulant S. M., que dans le cas où deux Soldats, Cavaliers ou Dragons mettroient l'épée à la main l'un contre l'autre volontairement, sans que l'un des deux y eût été forcé pour la défense de sa vie, ils subissent tous deux la même peine des galères perpétuelles.

XIV. Tout Cavalier, Dragon ou Soldat qui aura été offensé par un autre, soit de parole ou de fait, s'adressera à l'Officier commandant dans la Place ou dans le Quartier ; lequel après avoir ouï les raisons des Parties, fera faire à l'offensé telle réparation qu'il jugera convenable, & imposera à l'offenseur le châtiment que le cas lui paroîtra mériter.

XV. Lorsque des Soldats, Cavaliers ou Dragons auront l'épée à la main pour se battre, & qu'un de leurs Officiers, ou autre de la garnison, survenant, leur criera de se séparer, ils seront tenus de lui obéir sur le champ, sans pouvoir pousser un seul coup, à peine d'être passés par les armes.

XVI. Celui qui insultera & attaquera un Soldat, Cavalier ou

Dragon étant en sentinelle, ordonnance ou faction, soit l'épée à la main, le fusil en joue, ou à coups de bâton ou à coups de pierre, sera passé par les Armes.

XVII. Tous Cavaliers, Dragons ou Soldats qui exciteront quelque sédition, révolte ou mutinerie, ou qui feront aucune assemblée illicite, pour quelque cause & sous quelque prétexte que ce puisse être, seront pendus & étranglés.

XVIII. Subiront la même peine ceux qui se trouveront en pareilles assemblées, ou qui auront appellé, excité ou exhorté quelqu'un à s'y trouver.

XIX. Seront pareillement punis de peine corporelle ou de mort, suivant l'exigence des cas, ceux qui auront dit quelques paroles tendantes à sédition, mutinerie ou rebellion, ou qui les auront entendues sans en avertir sur le champ leurs Capitaines ou Officiers supérieurs.

XX. Celui qui étant engagé dans quelque querelle, combat ou autre occasion, appellera ceux de sa Nation, de son Régiment, ou de sa Compagnie à son secours, ou formera quelque attroupement, sera passé par les armes.

XXI. Ceux qui auront fait quelqu'entreprise ou conspiration contre le service du Roi, & la sûreté des Villes, Places & Pays de sa domination, contre les Gouverneurs & Commandans desdites Places, ou contre leurs Officiers ; comme aussi ceux qui y auront consenti, ou qui en ayant eu connoissance, n'en auront pas averti leurs Capitaines ou Mestres de Camp, seront rompus vifs.

XXII. Défend S. M. sous peine de la vie, à tous Soldats, Cavaliers & Dragons, de voler ou piller les Vivandiers, ou Marchands venant dans les Villes ou dans les Camps, de prendre par force & sans payement, soit Pain, Vin, Viande, Bierre, Eaude-vin, ou autres denrées & marchandises, tant dans les Marchés des Villes & dans les Boutiques, que dans les Camps, ou en Route.

XXIII. Leur défend pareillement S. M., à peine d'être passés par les verges, d'aller hors du Camp ou de la Garnison, au devant de ceux qui y apportent des vivres, pour en acheter, quand même ce seroit de gré à gré & sans aucune violence.

XXIV. Leur défend S. M., sous peine de la vie, de voler les meubles ou ustensiles des maisons où ils seront logés, soit en route, ou en garnison.

XXV. Tout Soldat, Cavalier ou Dragon, qui de guet-à-pens, méchamment, & avec avantage, en blessera ou tuera un autre, sera pendu & étranglé.

XXVI. Quiconque aura pillé, volé ou dérobé en tems de paix, ou pendant la guerre, soit dans le Royaume, ou en pays ennemi, Calices, Ciboires, ou autre bien d'Eglise, sera pendu & étranglé : & si par les circonstances du vol, il se trouvoit y avoir eu profanation des choses sacrées, il sera condamné au feu.

XXVII. Celui qui dérobera les armes de son camarade, ou autre Soldat, en quelque lieu que ce soit, sera pendu & étranglé : & celui qui dérobera dans les chambres des Casernes leur linge, habit ou équipage, ainsi que le prêt ou pain de ceux de sa chambrée, sera condamné à mort, ou aux galères perpétuelles, suivant les circonstances du cas.

XXVIII. Celui qui vendra sa poudre ou son plomb, sera mis pendant quinze jours sur le cheval de bois à l'heure de la Garde, s'il est en Garnison; si c'est dans un Camp, il sera mis au piquet pendant le même tems.

XXIX. Personne de quelque condition, grade ou caractère que ce soit, ne pourra, sous peine de la vie, avoir correspondance en tems de guerre avec l'ennemi, par aucune voie que ce puisse être, sans la permission du Général, si c'est à l'Armée, ou du Commandant de la Province ou de la Place, si c'est dans les Quartiers, ou dans les Garnisons.

XXX. Défend S. M. à toutes personnes que ce puisse être, à peine de punition corporelle, ou de la vie, suivant l'exigence du cas, d'attenter ou d'entreprendre rien contre les Personnes, Villes, Bourgs, Villages, Châteaux, Hameaux ou autres biens & lieux auxquels S. M. aura accordé Sauve-garde.

XXXI. Quiconque sans permission de son Commandant, sortira d'une Place ou Fort assiégés, ou s'écartera au-delà des limites d'un Camp, pour quelque prétexte que ce puisse être, sera pendu & étranglé.

XXXII. Tout Soldat, Cavalier ou Dragon qui sortira d'un Camp retranché, Ville de guerre ou Fort, ou qui y rentrera par quelque détour, par escalade, ou autrement que par les portes & chemins ordinaires, sera pendu & étranglé.

XXXIII. Le Cavalier, Soldat ou Dragon, qui étant dans le Camp ou dans la Garnison, ne suivra pas son Drapeau ou son Etendard, dans une alarme, champ de bataille ou autre affaire, sera comme Déserteur, passé par les armes.

XXXIV. Chacun secourra & défendra les Drapeaux ou Etendards de son Régiment, soit de jour ou de nuit, & s'y rendra au premier avis sans les quitter, jusqu'à ce qu'ils soient portés & mis en sûreté, sous peine de punition corporelle, ou de mort, suivant l'exigence du cas.

XXXV. Tous Cavaliers, Dragons ou Soldats en faction, comme aussi les Brigadiers commandant la garde des Etendards, qui laisseront sauver les Prisonniers qui leur seront consignés, & à la garde desquels ils auront été établis, seront condamnés à servir comme Forçats sur les Galères pendant trois années; enjoignant S. M. aux Officiers de garde, de veiller & de tenir la main à l'exécution du présent article, à peine d'en être responsables en leurs propres & privés noms.

XXXVI. Défend S. M., en conformité de l'Ordonnance du 20 Mai 1686, à tous Cavaliers, Dragons & Soldats, de jurer & blasphémer le saint nom de Dieu, de la Sainte Vierge ni des Saints, sur peine, à ceux qui tomberont dans ce crime, d'avoir la langue percée d'un fer chaud; voulant S. M. que les Officiers de la Troupe dont ils seront seront tenus, aussi-tôt qu'ils en auront connoissance, de les remettre au Prévôt étant à la suite d'icelle, ou au Major du Régiment, pour leur faire subir la peine susdite.

XXXVII. Tout Officier qui osera insulter un Commissaire des Guerres dans ses fonctions, sera sur le champ envoyé en prison par le Commandant du Corps dont sera ledit Officier, ou par ordre du Commandant de la Place où l'insulte aura été commise; lesquels en informeront sur le champ le Secrétaire d'Etat de la Guerre, pour, sur le compte qui en sera rendu à S. M., être ledit Officier puni ainsi qu'il sera par Elle ordonné, suivant les circonstances du cas.

XXXVIII. A l'égard des Cavaliers, Dragons & Soldats qui seront assez téméraires pour attenter à la personne desdits Commissaires, soit en les frappant ou se mettant en posture de les frapper, veut S. M. qu'ils soient jugés par le Conseil de Guerre, & condamnés à être pendus & étranglés.

XXXIX. Défend très-expressément S. M. auxdits Cavaliers, Dragons & Soldats, de frapper ou insulter les Maires, Echevins, Consuls, Juges & autres Magistrats des lieux où ils seront en garnison, ou par lesquels ils passeront lorsqu'ils seront en route; voulant S. M., que sur la requisition desdits Magistrats, les accusés soient mis en prison, pour être jugés par les Prévôts de Maréchaux, ou par les Juges des lieux, suivant la nature & les circonstances du délit.

XL. Dans le cas où lesdits Magistrats ou Officiers Municipaux auroient été frappés ou insultés par des Officiers des Troupes de S. M., ils en adresseront leurs plaintes & Procès-Verbaux au Secrétaire d'Etat de la Guerre, pour, sur le compte qui en sera par lui rendu à S. M., y être par Elle pourvu selon & ainsi qu'il appartiendra.

XLI. Lorsque les Prévôts, Archers, ou autres préposés par les Juges ordinaires, arrêteront prisonniers des Soldats ou autres accusés, aucun Cavalier, Dragon ni Soldat ne pourra s'y opposer, les leur ôter de force, ni se mettre en devoir de les leur ôter, à peine de la vie.

XLII. Défend S. M. à tous Soldats, Cavaliers & Dragons, d'aller ni envoyer couper, abattre & dégrader aucun bois dans ses Forêts, Bois, Buissons & Domaines, ni dans ceux des Particuliers: de chasser ni pêcher dans les terres des Seigneurs: comme aussi de tirer sur les pigeons, poules, poulets, lapins & autres animaux domestiques; d'endommager les Moulins, Viviers & Etangs, le tout à peine de punition corporelle.

XLIII. Tout Soldat, Cavalier ou Dragon qui trichera ou pipera au jeu, sera puni corporellement. Veut S. M. que si dans les Camps ou dans les Places il s'établissoit des Jeux de hasard, & capables d'engendrer querelle, les Commandans ou Gouverneurs fassent rompre les tables, machines & ustensiles servant auxdits Jeux; & qu'ils fassent mettre en prison ceux qui tiendront lesdits Jeux.

XLIV. Défend S. M. à tous Officiers, Cavaliers, Dragons & Soldats, d'avoir & entretenir à leur suite aucune fille débauchée, à peine auxdits Officiers d'être cassés, auxdits Soldats, Cavaliers & Dragons de trois mois de prison, & auxdites filles d'avoir le fouet, & d'être chassées des Armées ou des Places.

XLV. Veut au surplus S. M., que les Ordonnances rendues par le feu Roi son Bisaïeul contre les Déserteurs, Suborneurs & Séducteurs, Passe-volans, Faux-sauniers, Contrebandiers, contre ceux qui auront vendu ou acheté des outils, habillemens, armes & chevaux des Troupes de S. M., ou des métaux, poudres, Pièces & munitions d'Artillerie, & généralement toutes autres Ordonnances auxquelles il n'est point dérogé par la présente, soient exécutées selon leur forme & teneur.

MANDE & Ordonne S. M. aux Gouverneurs & ses Lieutenans-Généraux en ses Provinces & Armées, Gouverneurs & Commandans particuliers de ses Villes & Places, Chefs & Officiers de ses Troupes, Intendans & Commissaires départis dans ses Provinces, Commissaires des Guerres ordonnés à la Police desdites Troupes, Prévôts des Maréchaux, & autres Officiers qu'il appartiendra, de tenir la main, chacun en ce qui le concernera, à l'exécution de la présente Ordonnance; laquelle S. M. veut être lue & publiée à la tête desdites troupes & affichée dans les principaux Corps-de-gardes de ses Places, & autres lieux que besoin sera, à ce qu'aucun n'en puisse prétendre cause d'ignorance. Fait à Versailles le premier Juillet mil sept cent vingt-sept.

Signé LOUIS.

Et plus bas, LE BLANC.

Des partis détachés des Armées & des Garnisons.

ARTICLE PREMIER.

SA MAJESTÉ a ordonné & ordonne, que nul partie d'Infanterie, Cavalerie ou Dragon, ne pourra être détaché de ses armées, ou sortir de ses places, qu'avec un Passeport du Général de l'armée ou du Gouverneur ou Commandant de la place; qu'il ne pourra être commandé que par un Officier ayant caractère & commission de Sa Majesté, & ne pourra être en moindre nombre que de 25 hommes d'Infanterie, ou de 20 Cavaliers ou Dragons. *Ordonnance de Louis XIV, du 30 Novembre 1710.*

II. Veut Sa Majesté, que ceux qui n'étant point Officiers, & qu'on appelle Volontaires, s'ingéreront de commander un parti, ou même le détachement d'un parti, soient réputés gens sans aveu, & comme tels, abandonnés à la discrétion des ennemis, s'ils sont pris par eux, ou s'ils reviennent dans les places de l'obéissance de Sa Majesté, qu'ils y soient mis au Conseil de Guerre, & punis sévèrement. *Louis XIV, ibidem.*

III. Les partisans, même Officiers, qui déguiseront leurs noms & qualités, & la garnison dont ils auront été détachés, seront pareillement mis au Conseil de Guerre, & punis sévèrement. *Louis XIV, ibidem.*

IV. Les partis au-dessous de vingt-cinq hommes d'infanterie, ou de vingt Cavaliers ou Dragons, seront réputés voleurs, & punis comme tels. *Louis XIV, ibidem.*

V. Entend Sa Majesté, que les partis ne puissent tirer aucuns rafraîchissemens des lieux où ils passeront, qu'en payant de gré à gré, & pour cet effet, que le commandant du parti soit tenu de rapporter un état signé des Gens de Loix desdits lieux, portant qu'il aura payé lesdits rafraîchissemens; à faute de quoi, il sera réputé les avoir extorqués sans payer, & puni pour raison de ce, suivant l'exigence du cas, par le Conseil de Guerre. *Louis XIV, ibidem.*

VI. Veut Sa Majesté, que les effets pris sur l'ennemi par les partis, ne puissent être vendus qu'après qu'il en aura été dressé un procès-verbal par le Prévôt de l'armée, lorsque les partis en auront été détachés; lorsqu'ils seront sortis des places, par les Subdélégués des Intendans, & que la prise aura été jugée bonne. *Louis XIV, ibidem.*

VI. Les partisans qui auront vendu dans le plat pays les effets par eux prétendus pris sur l'ennemi, seront réputés voleurs & punis comme tels; & les particuliers qui se chargeront desdits effets, seront réputés & punis comme receleurs. *Louis XIV, ibidem.*

VIII. Veut en outre Sa Majesté, que les Soldats, Cavaliers & Dragons qui auront quitté leur régiment, sous prétexte d'aller en parti, sans avoir un ordre par écrit signé du Colonel ou Commandant dudit régiment, soient réputés déserteurs à l'ennemi, & punis comme tels, suivant la rigueur des Ordonnances. *Louis XIV, ibidem.*

Défenses de vendre & acheter des habillemens, armes ou chevaux de soldats, cavaliers & dragons, métaux, munitions, armes, outils & bois provenans des magasins de Sa Majesté.

Article Premier.

DÉFEND Sa Majesté aux Soldats, & autres employés aux atteliers de Sa Majesté, de vendre ni troquer les outils qui leur auront été distribués pour travailler, & à qui que ce soit des Sujets de Sa Majesté, d'en acheter ou troquer contre des marchandises ou denrées, à peine aux uns & aux autres, du fouet & de la fleurde-Lys. *Louis XIV, Réglement du 28 Octobre 1686.*

II. Défend pareillement Sa Majesté à tous Cavaliers, Dragons ou Soldats, de vendre leur habillement, armes ou chevaux, à peine de punition exemplaire, & à tous ses Sujets, de quelque qualité qu'ils soient, de les acheter, à peine aux contrevenans de confiscation & de deux cents livres d'amende, payable sans remise ni déport; applicables, moitié au Capitaine de la compagnie à qui ils appartiendront, & moitié à l'hopital du lieu ou du plus prochain. *Louis XIV, Réglement du* 15 *Mars* 1704, *& 6 Décembre* 1710, *& Louis XV, du* 28 *Février* 1716.

III. Défend aussi Sa Majesté aux Officiers de ses troupes, de vendre aucunes armes des Cavaliers, Dragons & Soldats de leurs compagnies, à peine d'être cassés & privés de leurs charges; & à ceux qui les acheteront, de confiscation & d'une pareille amende de deux cents livres. *Louis XIV, du 6 Décembre* 1710.

IV. Défend en outre Sa Majesté à tous armateurs, marchands & autres Sujets, d'acheter aucune poudre ni plomb, soit en balle, saumon ou de quelque nature que ce puisse être, cuivre, étain, fers coulés & non coulés, ni autres métaux, outils à pionniers ou tranchans, outils d'ouvriers, charrons, charpentiers, forgeurs, tonneliers, chaudronniers, menuisiers, & autres servans à l'usage d'artillerie, fusils, carabines, mousquetons, pistolets, armes de rempart & demi-rempart, espontons, pertuisanes, piques, fléaux armés, faulx à revers & toutes autres sortes d'armes, poids à peser, bois, & toutes autres munitions généralement quelconques, qui proviendront des magasins de Sa Majesté, à peine pour la première fois, de 300 livres d'amende applicable, moitié au dénonciateur, & moitié à l'hopital du lieu ou du plus prochain; & en cas de récidive, de punition corporelle, outre l'amende qui demeurera encourue. *Louis XV, Réglement du 28 Février* 1716.

Nota *Ce dernier article n'établit qu'une peine pécuniaire pour la première fois, contre ceux qui auront acheté ou vendu des outils, quoique par l'Ordonnance du 28 Octobre 1686, à laquelle il n'a point été dérogé, il soit porté la peine du fouet & de la fleur de lys, tant contre le vendeur que contre l'acheteur.*

Depuis les Ordonnances dont les dispositions sont comprises dans ce titre, le Roi en a rendu une le 18 Septembre 1723, portant peine de mort contre les Soldats & autres particuliers qui seront convaincus d'avoir volé des pièces & munitions d'artillerie, dont suit la teneur :

Sa Majesté a ordonné & ordonne que tous Soldats, Cavaliers & Dragons, & tous autres particuliers, de quelque qualité qu'ils soient, qui se trouveront à l'avenir convaincus d'avoir volé des pièces & munitions d'artillerie, soit dans les parcs de ladite artillerie, dans les armées, dans les arsenaux, magasins & dépôts des places, ou dans les transports qui s'en feront d'un lieu à un autre, soient punis de mort. Veut Sa Majesté, que sur les informations qui en seront faites par le Prévôt de l'artillerie dans les armées, & dans les places par les Majors d'icelles, contre ceux qui sont prévenus dudit crime, leur procès soit jugé par un Conseil de Guerre qui sera assemblé à cet effet : voulant Sa Majesté que les Conseils de Guerre qui se tiendront dans ses armées, pour le jugement dudit crime, soient assemblés chez le Commandant de l'artillerie, & composés pour les deux tiers des Capitaines de son régiment Royal-Artillerie, & pour l'autre tiers, des Officiers employés à la suite d'icelle, & que ceux qui se tiendront dans les places, soient composés des Officiers de la garnison, & des Lieutenans & Commissaires d'artillerie qui s'y trouveront employés.

Concernant les crimes & délits, commis par les Gens de Guerre.

DÉCLARATION DU ROI.

Portant Règlement sur les Cas Prévôtaux ou Présidiaux, du 5 Février 1731.

Regiſtrée en Parlement.

Louis, par la grace de Dieu, Roi de France & de Navarre : A tous ceux qui ces préſentes Lettres verront, Salut. Un des principaux objets de l'Ordonnance que le feu Roi, notre très-honoré Seigneur & bisayeul, fit en l'année 1670 sur la procédure criminelle, fut de marquer des bornes certaines entre les Juges ordinaires & les Prévôts des Maréchaux, pour prévenir des conflits de Juriſdiction dont les coupables abuſent si ſouvent pour se procurer l'impunité, & qui retardent au moins un exemple qu'on ne ſçauroit rendre trop prompt. C'est dans cette vue, qu'après avoir fait le dénombrement de tous les cas Prévôtaux dans l'Article XII, du titre premier de cette Ordonnance, le feu Roi y ajouta pluſieurs diſpoſitions dans le même titre & dans le ſuivant, tant à l'égard du jugement de compétence, que par rapport à celui du procès même, & des accuſations de cas ordinaires qui pourroient ſurvenir pendant le cours de l'instruction. Les difficultés qui se ſont élevées depuis l'Ordonnance de 1670, ont été réglées en différens tems par des Edits particuliers, & par des Déclarations qui ont expliqué le véritable eſprit de cette loi, ou qui ont décidé les cas qu'elle n'avoit pas prévus expreſſément; mais l'expérience fait voir qu'il reſte encore pluſieurs points importans qui font naître tous les jours des ſujets de conteſtations entre la juſtice ordinaire & les Juges des cas Prévôtaux. Et comme d'ailleurs le nouvel ordre qui a été établi par notre autorité, sur le nombre & le ſervice des Officiers de Maréchauſſée, ſemble exiger auſſi que nous leur donnions des règles encore plus claires & plus précises sur la Juriſdiction qu'ils doivent exercer, nous avons jugé à propos de réunir dans une ſeule loi, toutes les diſpoſitions des loix précédentes ſur les cas Prévôtaux, & sur le pouvoir des Officiers qui en ont la connoissance : nous y ajouterons plusieurs dispositions nouvelles, soit pour expliquer plus exactement, & la qualité des personnes, & la nature des crimes qui sont de la compétence des Prévôts des Maréchaux, soit pour décider les questions qui se sont souvent présentées sur le concours du cas Prévôtal & du cas ordinaire, ou sur d'autres points également dignes de notre attention ; en sorte que tous les Officiers qui doivent contribuer, chacun de leur part, à la sureté commune de tous nos Sujets, trouvant dans la même loi la décision des difficultés qui arrêtoient auparavant le cours de la Justice, ne soient plus occupés qu'à nous donner, par une utile émulation, de plus grandes preuves de leur zèle pour le bien de notre service & pour le maintien de la tranquillité publique. A CES CAUSES, & autres à ce nous mouvans, de l'avis de notre Conseil & de notre certaine science, pleine puissance & autorité Royale ; nous avons dit, déclaré & ordonné par ces présentes signées de notre main, disons, déclarons & ordonnons, voulons & nous plaît ce qui suit :

ARTICLE PREMIER.

Les Prévôts de nos cousins les Maréchaux de France, connoîtront de tous crimes commis par vagabonds & gens sans aveu, & ne seront réputés vagabons & gens sans aveu, que ceux qui n'ayant ni profession, ni métier, ni domicile certain, ni bien pour subsister, ne peuvent être avoués, ni faire certifier de leurs bonne vie & mœurs, par personnes dignes de foi. Enjoignons auxdits Prévôts des Maréchaux, d'arrêter ceux ou celles qui seront de la qualité susdite, encore qu'ils ne fussent prévenus d'aucun autre crime ou délit, pour leur être leur procès fait & parfait conformément aux Ordonnances. Seront pareillement tenus lesdits Prévôts des Maréchaux, d'arrêter les mendians valides qui seront de la même qualité, pour procéder contr'eux, suivant les Édits & Déclarations qui ont été données sur le fait de la mendicité.

II. Lesdits Prévôts des Maréchaux connoîtront aussi de tous crimes commis par ceux qui auront été condamnés à peine corporelle, bannissement ou amende honorable ; ne pourront néanmoins prendre connoissance de la simple infraction de ban, que lorsque la peine du bannissement aura été par eux prononcée : Voulons que dans les autres cas, les Juges qui auroient prononcé la condamnation, connoissent de ladite infraction de ban, si ce n'est que la peine du bannissement ait été prononcée par Arrêts de nos Cours de Parlement, soit en infirmant ou en confirmant les Sentences des premiers Juges, & quand même l'exécution auroit été renvoyée auxdits Juges, auquel cas le procès ne pourra être fait & parfait à ceux qui seront accusés de ladite infraction de ban, que par nosdites Cours de Parlement. Voulons au surplus que nos Déclarations des 8 Janvier 1719, & 5 Juillet 1722, soient exécutées selon leur forme & teneur, en ce qui concerne notre bonne ville de Paris.

III. Lesdits Prévôts des Maréchaux auront aussi la connoissance de tous excès, oppressions ou autres crimes commis par gens de Guerre, tant dans leur marche, que dans les lieux d'étapes ou d'assemblée, ou de séjour pendant leur marche, des déserteurs d'armée, de ceux qui les auroient subornés, ou qui auroient favorisé ladite désertion, & ce quand même les accusés de crime ne seroient point gens de guerre.

IV. Tous les cas énoncés dans les trois articles précédens, & qui ne sont réputés Prévôtaux que par la qualité des personnes accusées, seront de la compétence des Prévôts des Maréchaux, quand même il s'agiroit de crimes commis dans les villes de leur résidence.

V. Ils connoîtront en outre, de tous les cas qui sont Prévôtaux par la nature du crime, savoir; du vol sur les grands chemins, sans que les rues des villes & faux-bourgs puissent être censées comprises à cet égard, sous le nom de grands chemins; des vols faits avec effraction, lorsqu'ils seront accompagnés de port d'armes & violence publique, ou lorsque l'effraction se trouvera avoir été faite dans les murs de clôture ou toits des maisons, portes & fenêtres extérieures, & ce quand même il n'y auroit eu ni port d'armes, ni violence publique; des sacriléges accompagnés des circonstances ci-dessus marquées, à l'égard du vol commis avec effraction; des séditions, émotions populaires, attroupemens & assemblées illicites avec port d'armes; des levées de Gens de Guerre sans commission émanée de Nous; de la fabrication ou exposition de fausses monnoyes: le tout, sans qu'aucuns autres crimes que ceux de la qualité ci-dessus marquée, puissent être réputés cas Prévôtaux par leur nature.

VI. Ne pourront néanmoins lesdits Prévôts des Maréchaux, connoître des crimes mentionnés dans l'article précédent, lorsque lesdits crimes auront été commis dans les villes & fauxbourgs du lieu où lesdits prevôts ou leurs Lieutenans font leur résidence.

VII. Nos Juges Présidiaux connoîtront aussi en dernier ressort, des personnes & crimes dont il est fait mention dans les articles précédens, à l'exception néanmoins de ce qui concerne les déserteurs, subornateurs & fauteurs desdits déserteurs, dont les Prévôts des Maréchaux connoîtront seuls, à l'exclusion de tous Juges ordinaires.

VIII. Les siéges Présidiaux ne prendront connoissance des cas qui sont Prévôtaux, par la qualité des accusés, ou par la nature du crime, que lorsqu'il s'agira de crimes commis dans la Sénéchaussée ou Bailliage dans lequel le Siége Présidial est établi: & à l'égard de ceux qui auront été commis dans d'autres Sénéchaussées ou Bailliages, quoique ressortissans audit Siége Présidial, dans les deux cas de l'Edit des Présidiaux, nos Baillifs & Sénéchaux en connoîtront, à la charge de l'appel en nos Cours de Parlement, conformément à la Déclaration du 29 Mai 1702.

IX. En cas de concurrence de procédures, les Présidiaux, même les Baillifs & Sénéchaux, auront la préférence sur les Prévôts des Maréchaux, s'ils ont informé ou décrété avant eux ou le même jour.

X. Nos Prévôts, Châtelains, & autres nos Juges ordinaires, même ceux des hauts-Justiciers, connoîtront, à la charge de l'appel en nos Cours de Parlement, des crimes qui ne sont pas du nombre des cas Royaux ou Prévôtaux par leur nature, & qui auront été commis dans l'étendue de leur Siége & Justice, par les personnes mentionnées dans les Articles I & II de la présente Déclaration, même de la contravention aux Édits & Déclarations sur le fait de la mendicité, & ce concurremment & par prévention avec lesdits Prévôts des Maréchaux, & préférablement à eux, s'ils ont informé & décrété avant eux, ou le même jour.

XI. Les Ecclésiastiques ne seront sujets en aucun cas, ni pour quelque crime que ce puisse être, à la Jurisdiction des Prévôts des Maréchaux ou Juges Présidiaux, en dernier ressort.

XII. Voulons qu'à l'avenir les Gentilshommes jouissent du même privilége, si ce n'est qu'ils s'en fussent rendus indignes par quelque condamnation qu'ils eussent subie, soit de peine corporelle, bannissement ou amende honorable.

XIII. Nos Secrétaires & nos Officiers de Judicature, du nombre de ceux dont les procès criminels ont accoutumé d'être portés à la grande ou première Chambre de nos Cours de Parlement, ne pourront aussi être jugés en aucun cas, par les Prévôts des Maréchaux ou Juges Présidiaux en dernier ressort.

XIV. Si dans le nombre de ceux qui seront accusés du même crime, il s'en trouve un seul qui ait l'une des qualités marquées par les trois articles précédens, les Prévôts des Maréchaux n'en pourront connoître, & seront tenus d'en délaisser la connoissance aux Juges à qui elle appartiendra, quand même la compétence auroit été jugée en leur faveur; & ne pourront aussi nos Juges Présidiaux en connoître, qu'à la charge de l'appel.

XV. Pourront néanmoins les Prévôts des Maréchaux informer contre les personnes mentionnées dans les articles XI, XII & XIII, même de décréter contr'eux, & les arrêter, à la charge de renvoyer les procédures par eux faites, aux Bailliages ou Sénéchaussées dans l'étendue desquelles le crime aura été commis, pour y être le procès fait & parfait auxdits accusés, ainsi qu'il appartiendra, à la charge de l'appel en nos Cours de Parlement.

XVI. Ne pourront pareillement les Prévôts des Maréchaux, ni les Juges des Présidiaux, connoître d'aucuns crimes, quoique prévôtaux, lorsqu'il s'agira de crimes commis dans l'étendue des villes où nos Cours de Parlement sont établies, & fauxbourgs desdites villes, & ce, quand même lesdits Prévôts des Maréchaux, ou leurs Lieutenans n'y feroient pas leur résidence; le tout à l'exception des cas qui ne sont prévôtaux que par la qualité des accusés, suivant les articles I & II des présentes : desquels cas lesdits Prévôts des Maréchaux ou Présidiaux pourront continuer de connoître, même dans les villes où nosdites Cours ont leur séance, à la charge de se conformer par eux à la disposition de l'article II de la présente déclaration, en ce qui concerne l'infraction du ban.

XVII. Si les mêmes accusés se trouvent poursuivis pour des cas ordinaires, soit pardevant nos Baillis ou Sénéchaux, soit pardevant nos Prévôts, Châtelains ou autres nos Juges, même ceux des Hauts-Justiciers, & qu'ils soient aussi prévenus de cas qui soient prévôtaux par leur nature, & qui aient donné lieu aux Prévôts des Maréchaux ou aux Juges Présidiaux, de commencer des procédures contr'eux, la connoissance des deux accusations appartiendra auxdits Baillis & Sénéchaux, à l'exclusion des Prévôts, Châtelains ou autres Juges subalternes, & préférablement auxdits Prévôts des Maréchaux & Juges Présidiaux, si lesdits Baillis & Sénéchaux, ou autres Juges à eux subordonnés ont informé & décrété avant lesdits Prévôts des Maréchaux & Juges Présidiaux, ou le même jour : & lorsque le crime dont le Prévôt des Maréchaux aura connu, n'aura pas été commis dans le ressort des Bailliages & Sénéchaussées où les cas ordinaires seront arrivés, il en sera donné avis à nos Procureurs-Généraux par leurs Substituts, tant auxdits Bailliages & Sénéchaussées, que dans la Jurisdiction du Prévôt des Maréchaux, pour y être pourvu par nos Cours de Parlement, sur la requisition de nosdits Procureurs-Généraux, par arrêt de renvoi des deux accusations dans tel Siége ressortissant nuement en nosdites Cours qu'il appartiendra.

XVIII. Voulons réciproquement, que si dans le cas de l'article précédent, les Prévôts des Maréchaux ou les Juges Présidiaux ont informé & décrété pour le crime qui est de leur compétence, avant que les autres Juges nommés dans ledit article aient informé & décrété pour le cas ordinaire, la connoissance des deux accusations appartienne en entier auxdits Prévôts des Maréchaux, ou auxdits Siéges Présidiaux, pour être instruites & jugées par eux, même pour ce qui regarde les cas ordinaires ; & lorsque lesdits cas ne seront pas arrivés dans le département du Prévôt des Maréchaux qui aura connu des cas prévôtaux, nous nous réservons d'y pourvoir, sur l'avis qui en sera donné à notre amé & féal Chancelier de France, en renvoyant les deux accusations pardevant tel Présidial ou Prévôt des Maréchaux qu'il appartiendra. N'entendons comprendre dans la disposition du présent article, les accusations dont l'instruction seroit pendante en nos Cours contre des coupables prévenus de crimes prévôtaux ; auquel cas, en tout état de cause, seront toutes les accusations jointes & portées en nosdites Cours.

XIX. En procédant au jugement des accusations qui auront été instruites conjointement par lesdits Prévôts des Maréchaux, ou Juges Présidiaux, au cas de l'article précédent, les Juges seront tenus de marquer distinctement les cas dont l'accusé sera déclaré atteint & convaincu ; au moyen de quoi, sera le jugement exécuté en dernier ressort, si l'accusé est déclaré atteint & convaincu du cas prévôtal, sinon, ledit jugement ne sera rendu qu'à la charge de l'appel, dont il sera fait mention expresse dans la sentence : le tout à peine de nullité, même d'interdiction contre les Juges qui auroient contrevenu au présent article.

XX. Si dans le même procès criminel il y a plusieurs accusés, dont les uns soient poursuivis pour un cas ordinaire, & dont les autres soient chargés d'un crime prévôtal, la connoissance des deux accusations appartiendra à nos Baillis & Sénéchaux, préférablement aux Prévôts des Maréchaux & Siéges Présidiaux, soit que les Juges qui auront informé & décrété pour le cas ordinaire, aient prévenu lesdits Prévôts des Maréchaux ou Juges Présidiaux, soit qu'ils aient été prévenus par eux ; & si les Juges Présidiaux s'en trouvent saisis, ils n'en pourront connoître qu'à la charge de l'appel. Voulons qu'il en soit usé de même, s'il se trouve plusieurs accusés, dont les uns soient de la qualité marquée dans les articles I & II des présentes, & dont les autres ne soient pas de ladite qualité.

XXI. Voulons que tous Juges du lieu du délit, royaux ou autres, puissent informer, décréter & interroger tous accusés, quand même il s'agiroit de cas royaux ou de cas prévôtaux, leur enjoignons d'y procéder aussi-tôt qu'ils auront eu connoissance desdits crimes, à la charge d'en avertir incessamment nos Baillis & Sénéchaux, dans le ressort desquels ils exercent leur justice, par acte dénoncé au Greffe criminel desdits Baillis & Sénéchaux, lesquels seront tenus d'envoyer querir, aussi incessamment, les procédures & les accusés. Pourront pareillement lesdits Prévôts des Maréchaux informer de tous cas ordinaires commis dans l'étendue de leur ressort, même décréter les accusés & les interroger, à la charge d'en avertir incessamment nos Baillis & Sénéchaux, ainsi qu'il a été dit ci-dessus, & de leur remettre les procédures & les accusés, sans attendre même qu'ils en soient requis.

XXII. Interprétant en tant que besoin seroit l'article XVI du titre premier de l'Ordonnance de 1670, voulons que si les coupables d'un cas royal ou prévôtal ont été pris, soit en flagrant délit, ou en exécution d'un décret décerné par le Juge ordinaire des lieux, avant que le Prévôt des Maréchaux ait décerné un pareil décret contr'eux, le Lieutenant-Criminel de la Sénéchaussée ou du Bailliage supérieur soit censé avoir prévenu ledit Prévôt des Maréchaux, par la diligence du Juge inférieur.

XXIII. Le tems de vingt-quatre heures, dans lequel les Prévôts des Maréchaux sont tenus, suivant l'article XIV du titre II de l'Ordonnance de 1670, de délaisser au Juge ordinaire du lieu du délit, la connoissance des crimes qui ne sont pas de leur compétence, sans être obligés de prendre sur ce l'avis des Présidiaux, ne commencera à courir que du jour du premier interrogatoire, auquel ils seront tenus de procéder dans les vingt-quatre heures de la capture.

XXIV. Les Prévôts des Maréchaux, Lieutenans-Criminels de robe-courte, & les Officiers des Siéges Présidiaux, seront tenus de déclarer à l'accusé au commencement du premier interrogatoire, qu'ils entendent le juger en dernier ressort, & d'en faire mention dans ledit interrogatoire, le tout sous les peines portées par l'article

XIII du titre II de l'Ordonnance de 1670. Et faute par eux d'avoir satisfait à ladite formalité, voulons que le procès ne puisse être jugé qu'à la charge de l'appel, à l'effet de quoi il sera porté au Siége de la Sénéchaussée ou du Bailliage dans le ressort duquel le crime aura été commis, pour y être instruit & jugé ainsi qu'il appartiendra.

XXV. Lorsque les Prévôts des Maréchaux, ou autres Officiers qui sont obligés de faire juger leur compétence, auront été déclarés compétens par sentence du Présidial à qui il appartiendra d'en connoître, ladite sentence sera prononcée sur le champ à l'accusé en présence de tous les Juges, & mention sera faite par le Greffier de ladite prononciation au bas de la sentence; laquelle mention sera signée de tous ceux qui auront assisté au jugement, ensemble de l'accusé, s'il sait & veut signer, sinon sera fait mention de sa déclaration qu'il ne sait signer, ou de son refus; le tout à peine de nullité, & sans préjudice de l'exécution des autres dispositions de l'article XX du titre II de l'Ordonnance de 1670.

XXVI. Lorsque les Prévôts des Maréchaux & autres Juges en dernier ressort, qui sont obligés de faire juger leur compétence, auront été déclarés incompétens par sentence des Juges Présidiaux, ni les Parties civiles, ni lesdits Officiers ou nos Procureurs aux Siéges Présidiaux ou aux Maréchaussées, ne pourront se pourvoir, en quelque maniere que ce soit, contre les jugemens par lesquels lesdits Prévôts des Maréchaux ou autres Juges en dernier ressort auront été déclarés incompétens, ni demander que l'accusé soit renvoyé pardevant eux ; mais sera ladite Sentence exécutée irrévocablement à l'égard du procès sur lequel elle sera intervenue. N'entendons néanmoins empêcher, que si lesdits Officiers prétendent que ledit jugement donne atteinte aux droits de leur jurisdiction, & peut être tiré à conséquence contr'eux dans d'autres cas, ils nous en portent leurs plaintes, pour y être par Nous pourvu ainsi qu'il appartiendra.

XXVII. Dans les accusations de duel, que les Prévôts des Maréchaux ne peuvent juger qu'à la charge de l'appel, suivant l'article XIX de l'Edit du mois d'Août 1679, ils ne déclareront point à l'accusé qu'ils entendent le juger en dernier ressort, & il ne sera donné aucun jugement de compétence : ne pourra être aussi formé aucun règlement de Juges a cet égard, sauf, en cas de contestation entre différens Siéges sur la compétence, à y être pourvu par nos Cours de Parlement, sur la requête des accusés, ou sur celle de nos Procureurs auxdits Siéges, ou sur la requisition de nos Procureurs-Généraux.

XXVIII. Les Prévôts des Maréchaux, même dans les cas de duel, seront tenus de se faire assister de l'Assesseur en la Maréchaussée, ou en l'absence dudit Assesseur, de tel autre Officier de robe-longue qui sera commis par le Siége où se fera l'instruction du procès ; & ce, tant pour les interrogatoires des accusés, que pour ladite instruction, le tout conformément aux articles XII & XXII du titre II de l'Ordonnance de 1670, à l'exception néanmoins de l'interrogatoire fait au moment ou dans les vingt-quatre heures de la capture, qui pourra être fait sans l'Assesseur, suivant ledit article XII. Ne pourront audit cas de duel les jugemens préparatoires, interlocutoires ou définitifs, être rendus qu'au nombre de cinq Juges au moins; & il sera fait deux minutes desdits jugemens, conformément à l'article XXV du même titre.

XXIX. L'article XIX du titre VI de l'Ordonnance de 1670, sera exécuté selon sa forme & teneur; & en y ajoutant, voulons que les Greffiers des Bailliages, Sénéchaussées, Présidiaux & Maréchaussées, soient tenus d'envoyer tous les six mois à nos Procureurs-Généraux en nos Cours de Parlement, chacun dans leur ressort, un extrait de leur régistre ou dépôt, signé d'eux & visé, tant par les Lieutenans-Criminels, que par nosdits Procureurs auxdits Bailliages, Sénéchaussées & Siéges Présidiaux; dans lequel extrait ils seront tenus d'insérer en entier la copie des jugemens de compétence rendus pendant les six mois précédens, & de la prononciation d'iceux en la forme prescrite par l'article XXIV ci-dessus, le tout à peine d'interdiction, ou de telle amende qu'il appartiendra, & sans préjudice de l'exécution des autres dispositions contenues dans ledit article XIX du titre VI de l'Ordonnance de 1670.

XXX. Voulons que la présente déclaration soit exécutée selon sa forme & teneur, dans tous les pays, terres & seigneuries de notre obéissance; dérogeant à cet effet à toutes loix, ordonnances, édits, déclarations & usages, même à ceux de notre Châtelet de Paris, en ce qu'ils pourroient avoir de contraire aux dispositions des présentes.

Si donnons en mandement à nos amés & féaux Conseillers les Gens tenant notre Cour de Parlement à Paris, que ces présentes ils fassent lire, publier & enregistrer, & le contenu en icelles garder & observer selon leur forme & teneur; nonobstant tous édits, déclarations, arrêts & autres choses à ce contraires, auxquels Nous avons dérogé & dérogeons par ces présentes : car tel est notre plaisir. En témoin de quoi Nous avons fait mettre notre sceau à cesdites présentes. Donné à Marly le cinquième jour de Février, l'an de grace mil sept cent trente-un, & de notre règne le seizième. Signé, LOUIS. Et plus bas, PHELYPEAUX. Et scellé du grand sceau de cire jaune.

Régistrée, ouï & ce requérant le Procureur-Général du Roi, pour être exécutée selon sa forme & teneur; & copies collationnées envoyées aux Bailliages & Sénéchaussées du ressort, pour y être lues, publiées & régistrées: enjoint aux Substituts du Procureur-Général du Roi, d'y tenir la main & d'en certifier la Cour dans un mois, suivant l'arrêt de ce jour. A Paris, en Parlement, le seizième Février mil sept cent trente-un. Signé, YSABEAU.

Des Juges des crimes & délits commis par les Gens de Guerre.

ARTICLE PREMIER.

LES Juges ordinaires des lieux où les troupes seront en garnison, connoîtront des crimes & délits commis dans lesdits lieux par les gens de guerre, de quelque nation qu'ils soient, auxquels les habitans des lieux ou autres sujets de Sa Majesté auront intérêt, nonobstant tous priviléges contraires. *Louis XIV, Ordonnance du 4 Novembre 1651.*

II. Ne pourront néanmoins procéder à l'instruction & au jugement des procès de tout crime de soldat à habitant, sans y appeller le Prévôt des bandes, ou du régiment, en cas qu'il y en ait ; & où il n'y auroit pas de Prévôt, le Major, l'Aide-Major ou l'Officier commandant le corps de troupes dont sera l'accusé. *Louis XIV, ibidem, & Louis XV, du 10 Septembre 1716.*

Louis XII, du 20 Janvier 1514, Article XXVII. S'il avenoit que lesdits gens de guerre eussent fait chose où il échût réparation corporelle, les Prévôts ou Lieutenans, avant de procéder à la saisie desdits gendarmes ainsi chargés, avertiront le Capitaine de ce qu'on leur imposera & mettra sus ; & ce fait iceux Prévôts ou leurs Lieutenans prieront lesdits Capitaines se saisir desdits délinquans, & les faire mettre en sûreté ; & après pourront voir lesdites informations & charges ensemble ; & s'il y a quelque chose où il échée punition corporelle, lesdits Capitaines ou leurs Lieutenans les rendront auxdits Prévôts, & en leur absence ès mains de la Justice du lieu, ainsi que le Commissaire le requérera : & s'il est baillé audit Prévôt, il sera tenu appeller ceux de ladite Justice : & si lesdits Capitaines ne veulent voir lesdites informations, ils pourront commettre homme pour les voir & être présent à faire lesdits procès des délinquans.

Cette disposition a été renouvellée par Ordonnance de Louis XV, du 10 Septembre 1716, en conformité de l'usage observé dans les Jurisdictions ordinaires. Pour prouver cet usage, on a cru devoir rapporter les pièces qui sont à la fin de ce titre.

III. Les Prévôts des Maréchaux, Vice-Baillis, Vice-Sénéchaux, leurs Lieutenans & autres Officiers de robe-courte, seront tenus de visiter toutes les garnisons de l'étendue de leurs charges, pour y faire observer les ordonnances militaires, faire punir les contrevenans selon la rigueur d'icelles, & s'employer près les gens de guerre selon le devoir de leurs charges. *Louis XIV, Ordonnance du 4 Novembre 1651.*

IV. Veut Sa Majesté qu'ils soient tenus de monter à cheval, avec tous leurs Officiers & Archers, au premier ordre qu'ils en recevront,

recevront, non-seulement des Gouverneurs & Lieutenans-Généraux pour Sa Majesté dans les Provinces, mais aussi des Lieutenans-Généraux des armées, ou Maréchaux de Camp ayant commandement sur les troupes, Intendans & autres Officiers ayant la direction générale de leur payement & police, ou au premier avis qui leur sera donné par les Commissaires à leur conduite & police, de quelque notable désordre, pour se rendre sur les lieux où il aura été commis, arrêter les coupables, & en faire un châtiment si sévère, qu'il serve d'exemple : à peine auxdits Officiers de robe-courte, d'interdiction, de privation de leurs gages, & de répondre en leur nom desdits désordres. *Louis XIV, ibidem.*

L'Ordonnance criminelle du mois d'Août 1670, explique plus amplement le pouvoir des Prévôts dans les délits militaires ; & les articles qui en sont ci-dessous rapportés, lèvent les difficultés qui pourroient naître sur l'explication des articles qui se trouvent sur cette matiere dans le Règlement de Poitiers & autres Ordonnances militaires.

V. Les Prévôts de nos cousins les Maréchaux de France, les Lieutenans-Criminels de robe-courte, les Vice-Baillis & Vice-Sénéchaux, connoîtront en dernier ressort de tous crimes commis par vagabonds, gens sans aveu & sans domicile, ou qui auront été condamnés à peine corporelle, bannissement ou amende honorable : connoîtront aussi des oppressions, excès ou autres crimes commis par gens de guerre, tant dans leur marche, lieux d'étape, que d'assemblée & de séjour pendant leur marche, des déserteurs d'armée, assemblées illicites avec port d'armes, levée de gens de guerre sans commission de Nous, & des vols faits sur les grands chemins : connoîtront aussi des vols faits avec effraction, port d'armes & violences publiques, dans les villes qui ne seront point celles de leur résidence ; comme aussi des sacrileges avec effraction, assassinats prémédités, séditions, émotions populaires, fabrication, altération ou exposition de monnoie, contre toutes personnes, en cas toutefois que les crimes aient été commis hors des villes de leur résidence. *Louis XIV, Article XII du titre premier de ladite Ordonnance du mois d'Août 1670.*

Cet article divise les cas prévôtaux en trois classes. La premiere comprend ceux commis par les vagabonds & gens notés.

La seconde, ceux commis par des gens de guerre.

La troisieme comprend différens crimes & délits qui blessent l'ordre & la sûreté publique.

Sa Majesté donne plein pouvoir auxdits Prévôts, sans distinction, à l'égard des cas de la premiere & de la seconde classe ; quant à ceux de la troisieme, Elle ajoute cette clause : En cas toutefois que les crimes aient été commis hors des villes de leur résidence. Quoique par la construction de l'article il paroisse que l'exception ne regarde que les cas de la troisieme classe ; cependant plusieurs Présidiaux n'ont pas laissé de prétendre qu'elle devoit s'étendre sur toutes les trois : mais la question a été décidée par un Arrêt du Conseil d'Etat du 15 Septembre 1702, ci-rapporté.

EXTRAIT des Registres du Conseil d'Etat du Roi.

Sur ce qui a été représenté au Roi étant en son Conseil, par Prévôt de la Maréchaussée de Saumur, qu'ayant informé pour raison de l'homicide commis en la personne du nommé Antoine, soldat du régiment d'infanterie de Froulay, en la ville de Saumur, par le nommé Claude Cabeau, dit le Comtois, soldat du même régiment, & commencé d'instruire le procès audit Comtois; les Officiers du Présidial d'Angers ont, par leur Sentence du 24 Juillet dernier, déclaré ledit Prévôt incompétent de connoître dudit homicide, sous prétexte qu'il a été commis dans ladite ville de Saumur, lieu de la résidence dudit Prévôt, par une interprétation de l'article XII du titre premier de l'Ordonnance criminelle de 1670, qui en réglant les cas qui doivent être de la compétence des Prévôts des Maréchaux, les exclut de connoître des vols faits avec effraction & autres crimes contre la sûreté publique, lorsqu'ils auront été commis dans les villes de la résidence desdits Prévôts, mais non pas des crimes commis par vagabonds, ou par gens qui ont déjà été condamnés à peine corporelle, bannissement ou amende honorable, non plus que des crimes commis par gens de guerre, dont lesdits Prévôts ont droit de connoître, même lorsque lesdits crimes ont été commis dans les villes de leur ressort : & Sa Majesté considérant que le fait dont il s'agit, s'est passé uniquement entre gens de guerre, sans qu'aucun habitant en ait souffert de dommage, ni y soit intéressé; qu'ainsi la connoissance en appartient au Prévôt des Maréchaux privativement aux Juges ordinaires. Tout considéré, Sa Majesté étant en son Conseil, a cassé & annullé, casse & annulle ladite Sentence du Présidial d'Angers du 24 Juillet dernier; ce faisant, a ordonné & ordonne que le procès commencé par ledit Prévôt de la Maréchaussée de Saumur, pour raison dudit homicide, sera par lui continué & jugé en dernier ressort suivant les Ordonnances; défendant très-expressément audit Présidial d'Angers d'en connoître, à peine de nullité, cassation de procédures, & de tous dépens, dommages & intérêts. Fait au Conseil d'Etat du Roi, Sa Majesté y étant, tenu à Versailles le 15 Septembre 1702. *Signé*, CHAMILLART.

VI. Nos Juges Présidiaux connoîtront aussi en dernier ressort des personnes & crimes mentionnés ès articles précédens, & préférablement aux Prévôts des Maréchaux, Lieutenans-Criminels de robe-courte, Vice-Baillis & Vice-Sénéchaux, s'ils ont décrété ou avant eux ou le même jour. *Louis XIV; Ordonnance de 1670, Article XV du titre premier.*

VII. Quant aux crimes & délits commis de soldat à soldat, & où il n'y aura point d'habitant intéressé, les Officiers des troupes en connoîtront; sans que cependant, lorsque des soldats auront été emprisonnés par ordonnance des Juges des lieux, lesdits Officiers puissent les retirer ou faire retirer des prisons où ils auront été mis, sous prétexte qu'ils devront connoître desdits crimes. Veut Sa Majesté, qu'ils en fassent la requisition aux Juges de l'autorité desquels ils auront été emprisonnés; & qu'en cas de refus de leur remettre lesdits Soldats, ils se pourvoient vers Sa Majesté. *Louis XIV, Ordonnance du 25 Juillet 1665.*

LETTRE de M. de Louvois à Messieurs les Officiers du Présidial de la Rochelle, en conformité de l'Article II de ce Titre.

Messieurs,

Le Roi a été informé qu'au préjudice des Ordonnances de Sa Majesté, qui veulent qu'aucun soldat de ses troupes ne soit jugé pour les crimes qu'il peut avoir commis, qu'en présence du Major de la place où le procès s'instruit, & en son absence, de celui du régiment dont est le soldat; vous n'avez pas laissé de condamner trois soldats de celui des milices d'Orléanois, l'un à être pendu, & les deux autres aux galères, sans y appeller aucun desdits Officiers-Majors. Sa Majesté, qui a désapprouvé cette conduite, m'a commandé de vous faire savoir que son intention n'est pas que vous ordonniez à l'avenir aucune peine contre des soldats, qu'en présence du Major de la place, ou de celui du Corps dont ils seront; mais que vu l'énormité du crime dont ceux-ci sont accusés, le jugement que vous avez rendu contr'eux, soit exécuté, en cas que vous l'ayez rendu par jugement dernier. Je suis,

MESSIEURS,

Votre bien humble & affectionné Serviteur,
Signé, DE LOUVOIS.

A Versailles, le 9 Juin 1690.

LETTRE de M. le Chancelier de Pontchartrain à M. d'Albaret, premier Président du Conseil Supérieur de Roussillon, le 26 Juin 1710, en conformité de l'Article II ci-dessus.

Monsieur,

Puisque votre Compagnie desire savoir de moi ce que je pense sur la maniere dont les Ordonnances de 1651 & de 1665 doivent être exécutées, je vous dirai qu'il faut les exécuter toutes deux dans les termes qu'elles sont conçues, la premiere n'ayant pas été révoquée par la seconde, comme vous le prétendez. Pour en être persuadé, il suffit de les lire avec attention : celle de 1651 porte que les Juges ordinaires des lieux où les troupes sont en garnison, connoîtront de tous les crimes que les gens de guerre y commettront lorsque les habitans y ont intérêt, & les oblige dans ce cas d'appeller le Prévôt des bandes, ou à son défaut l'un des Officiers qui y sont marqués, pour assister à l'instruction & au jugement des procés. L'Ordonnance de 1665 n'y déroge en rien ; elle la confirme au contraire, en ordonnant, comme elle fait, que lorsque les soldats auront commis quelque crime envers les habitans des lieux de garnison, la connoissance en appartiendra aux Juges ordinaires. Il est vrai que cette Ordonnance ajoute, *sans que les Officiers des troupes puissent en connoître en aucune maniere* ; mais il ne s'ensuit pas de ces termes, que ces Officiers soient privés par-là du droit qui leur est attribué expressément par la premiere Ordonnance, d'assister à l'instruction & au jugement des procés de soldat à habitant, qui s'instruisent & se jugent par les Juges ordinaires ; les termes, *sans qu'ils puissent en connoître en aucune maniere* ne signifiant autre chose, sinon que les Officiers ne peuvent instruire ni juger les procés de soldat à habitant : & c'est la seule & la véritable signification du mot de *connoître* employé dans cette Ordonnance, qui ne porte en aucune maniere l'interdiction de pouvoir y assister ; autrement ce seroit donner la même signification au mot d'*assister*, qu'à celui de *connoître*, & confondre ensemble deux mots qui signifient deux choses toutes différentes : car le mot d'*assister* dont se sert l'Ordonnance de 1651, ne veut dire qu'un simple droit à l'Officier des troupes, d'être présent à l'instruction & au jugement des procés de soldat à habitant, sans y pouvoir faire aucune autre fonction de Juge ; & en effet, jamais les Officiers n'y ont opiné, & n'ont prétendu être en droit de le faire, au lieu que le mot de *connoître* emporte le droit d'instruire & de juger. Ainsi il est constant que l'Ordonnance de 1665, ne déroge en rien à celle de 1651 ; & ce qui acheve de le persuader, c'est qu'elle a toujours été exécutée depuis 1665, comme ayant toujours la même force : & que les premiers Juges ont continué de faire appeller par leur Greffier les Officiers des troupes pour assister à l'instruction & au jugement de procés de soldats à habitans, sans néanmoins pouvoir y opiner : & c'est ainsi que doivent en user en pareil cas les Juges de votre ressort : mais lorsque ces procés auront été décidés par les premiers Juges, & que l'appel en sera porté à votre Compagnie, vous pouvez juger les accusés sur l'appel, sans y appeller les Officiers militaires ; l'Ordonnance de 1651 n'imposant cette obligation qu'aux premiers Juges, & non pas aux Compagnies supérieures qui n'ont jamais été assujetties en ce cas à appeller les Officiers des troupes, pas même pour une simple assistance, & c'est tout ce que je puis vous dire sur la difficulté que vous me proposez à ce sujet. Je suis, &c.

LETTRE du Roi au Parlement de Metz, *du 13 Décembre 1718, en conformité de l'Article II ci-dessus.*

Nos amés & féaux, pour faire cesser à l'avenir les difficultés qui arrivent journellement dans le ressort de notre Cour de Parlement de Metz, entre les Officiers de l'Etat-Major de nos places, & les Juges ordinaires, à l'occasion des délits dans lesquels se trouvent intéressés les Officiers & Soldats de nos troupes, & les habitans de nos places & autres lieux où elles sont en quartier ou en garnison; Nous avons estimé à propos d'écrire à notre cher & bien-amé le sieur Comte de Saillans, Gouverneur, & notre Lieutenant-Général audit pays, que notre intention est que l'article XXII de l'Ordonnance du 4 Novembre 1651, & l'article XLIII de celle du 25 Juillet 1665, dont nous avons rappellé les dispositions par notre Ordonnance du 10 Septembre 1716, soient exécutées selon leur forme & teneur; & en conséquence, qu'il tienne la main à ce que la connoissance de tous les délits commis par des militaires, auxquels les habitans des lieux, ou autres nos sujets, auront intérêt, soient renvoyés à la Justice ordinaire, pour y être jugés, en observant les formalités prescrites par lesdites Ordonnances. Nous vous écrivons en même tems cette lettre pour vous en donner avis, afin que de votre part vous apportiez toute l'attention nécessaire à ce que par vous & par les Juges ordinaires de votre ressort, la justice soit rendue tant auxdits militaires, qu'à nos autres sujets, avec une telle impartialité, qu'il ne puisse nous en revenir aucune plainte. La présente n'étant pour autre fin, Nous ne vous la ferons plus longue ni plus expresse. N'y faites donc faute; car tel est notre plaisir. Donné à Paris le 13 Décembre 1718.

LETTRE du Roi à M. le Comte de Saillans, *du 13 Décembre 1718, en conformité de l'Article II ci-dessus.*

Monsieur le Comte de Saillans, étant informé qu'il arrive journellement des difficultés dans le ressort de ma Cour de Parlement de Metz, entre les Officiers de l'Etat-Major de mes places, & les Juges ordinaires, à l'occasion des délits dans lesquels se trouvent intéressés les Officiers & Soldats de mes troupes, & les habitans de mes places & autres lieux où elles sont en quartier ou en garnison; je vous écris cette lettre de l'avis de Monsieur le Duc d'Orléans mon oncle, Régent, pour vous dire que mon intention est que l'article XXII de l'Ordonnance du 4 Novembre 1651, & l'article XLIII de celle du 25 Juillet 1665, dont j'ai rappellé les dispositions par mon Ordonnance du 10 Septembre 1716, soient exécutés selon leur forme & teneur; & en conséquence, que vous teniez la main à ce que la connoissance de tous les délits commis par des militaires contre les habitans des lieux de leur garnison ou autres mes sujets, soient renvoyés à la Justice ordinaire, pour y être jugés en observant les formalités prescrites par mesdites Ordonnances. Et la présente, &c.

APPROBATION.

J'Ai lu par ordre de Monseigneur le Garde des Sceaux un Manuscrit intitulé : *Tableau Généalogique, Historique, Chronologique, Héraldique & Géographique de la Noblesse de France*, par M. LE COMTE DE WAROQUIER DE MÉRICOURT DE LA MOTHE DE COMBLES, Officier au régiment des Grenadiers-Royaux de la Picardie, & dans cet Ouvrage utile & intéressant pour toute la Noblesse de France, Je n'ai rien trouvé qui puisse empêcher l'impression A Paris, ce 4 Juillet 1783.

Signé DE KERALIO.

PRIVILÉGE DU ROI.

LOUIS, PAR LA GRACE DE DIEU, ROI DE FRANCE ET DE NAVARRE. A nos amés & féaux Conseillers les Gens tenans nos Cours de Parlement, Maîtres des Requêtes ordinaires de notre Hôtel, Grand-Conseil, Prevôt de Paris, Baillifs, Sénéchaux, leurs Lieutenans Civils, & autres nos Justiciers qu'il appartiendra : SALUT. Notre amé le sieur COMTE DE WAROQUIER DE MÉRICOURT DE LA MOTHE DE COMBLES, Officier au Régiment de nos Grenadiers de la Picardie, Nous a fait exposer qu'il désireroit faire imprimer & donner au Public *Le Tableau Généalogique, Historique, Chronologique, Héraldique & Géographique de France* de sa composition. S'il nous plaisoit lui accorder nos Lettres de Privilége à ce nécessaires. A CES CAUSES, voulant favorablement traiter l'Exposant, Nous lui avons permis & permettons de faire imprimer ledit Ouvrage autant de fois que bon lui semblera, & de le vendre, faire vendre & débiter par-tout notre Royaume. Voulons qu'il jouisse de l'effet du présent Privilége, pour lui & ses hoirs à perpétuité, pourvu qu'il ne le rétrocède à personne ; & si cependant il jugeoit à propos d'en faire une cession, l'Acte qui la contiendra sera enregistré en la Chambre Syndicale de Paris, à peine de nullité, tant du Privilége que de la cession ; & alors par le fait seul de la cession enregistrée, la durée du présent Privilége sera réduite à celle de la vie de l'Exposant, ou à celle de dix années à compter de ce jour, si l'Exposant décède avant l'expiration desdites dix années. Le tout conformément aux Articles IV & V de l'Arrêt du Conseil du 30 Août 1777, portant Règlement sur la durée des Priviléges en Librairie. Faisons défenses à tous Imprimeurs, Libraires, & autres personnes, de quelque qualité & condition qu'elles soient, d'en introduire d'impression étrangère dans aucun lieu de notre obéissance ; comme aussi d'imprimer ou faire imprimer, vendre, faire vendre, débiter ni contrefaire ledit Ouvrage sous quelque prétexte que ce puisse être, sans la permission expresse & par écrit dudit Exposant, ou de celui qui le représentera, à peine de saisie & de confiscation des exemplaires contrefaits, de six mille livres d'amende, qui ne pourra être modérée, pour la premiere fois, de pareille amende & déchéance d'état en cas de récidive, & de tous dépens, dommages & intérêts, conformément à l'Arrêt du Conseil du 30 Août 1777, concernant les Contrefaçons. A la charge que ces Présentes seront enregistrées tout au long sur le Registre de la Communauté des Imprimeurs & Libraires de Paris, dans trois mois de la date d'icelles ; que l'impression dudit Ouvrage sera faite dans notre Royaume, & non ailleurs, en beau papier & beau caractère, conformément aux Règlemens de la Librairie, à peine de déchéance du présent Privilége ; qu'avant de l'exposer en vente, le Manuscrit qui aura servi de Copie à l'impression dudit Ouvrage, sera remis dans le même état où l'Approbation y aura été donnée ès mains de notre très-cher & féal Chevalier, Garde des Sceaux de France, le Sieur HUE DE MIROMENIL, Commandeur de nos Ordres ; qu'il en sera ensuite remis deux Exemplaires dans notre Bibliothèque publique, un dans celle de notre Château du Louvre, un dans celle de notre très-cher & féal Chevalier Chancelier de France, le Sieur DE MAUPEOU, & un dans celle dudit Sieur HUE DE MIROMENIL. Le tout à peine de nullité des Présentes ; du contenu desquelles vous mandons & enjoignons de faire jouir ledit Exposant & ses hoirs pleinement & paisiblement, sans souffrir qu'il leur soit fait aucun trouble ou empêchement. VOULONS qu'à la Copie des Présentes, qui sera imprimée tout au long, au commencement ou à la fin dudit Ouvrage, soit tenue pour duement signifiée, & qu'aux copies collationnées par l'un de nos amés & féaux Conseillers-Secrétaires foi soit ajoutée comme à l'Original. COMMANDONS au premier notre Huissier ou Sergent sur ce requis, de faire pour l'exécution d'icelles, tous Actes requis & nécessaires, sans demander autre permission, & nonobstant clameur de

Haro, Charte Normande, & Lettres à ce contraires : CAR tel est notre plaisir. Donné à Versailles le troisième jour du mois de Mars, l'an de grace mil sept cent quatre-vingt-quatre, & de notre Règne le dixième. Par le Roi en son Conseil.

Signé, LE BEGUE.

Regiſtré ſur le Regiſtre vingt-deux de la Chambre Royale & Syndicale des Libraires & Imprimeurs de Paris, N°. 2969, fol. 53, conformément aux diſpoſitions énoncées dans le préſent Privilége ; & à la charge de remettre à ladite Chambre les huit Exemplaires preſcrits par l'article CVIII du Règlement de 1723. A Paris, le 9 Mars 1784. LE CLERC, *Syndic.*

De l'Imprimerie de CLOUSIER, rue de Sorbonne.

ANNONCE.

Ouvrages pour lesquels on a obtenu le Privilége du Roi & l'Approbation du Gouvernement, proposés par souscription par M. DE COMBLES, Officier d'Infanterie, à Paris, Hôtel St-Pierre, rue des Cordiers, près la Place Sorbonne.

1°. *Etat de la France*, ou *les vrais Marquis, Comtes, Vicomtes & Barons*, enrichi de Gravures; cet Ouvrage formera à-peu-près dix Parties in-12 de plus de 300 pages chacune, qui paroîtront tous les trois mois, à raison de 3 liv. 12 sols pour les Souscripteurs, & 4 liv. 12 sols pour ceux qui n'auront pas souscrit avant le premier Juin.

Cet Ouvrage embrassera successivement, non-seulement tout ce que M. Chazot de Nantigny a écrit sur cette Partie, mais encore un nombre infini d'autres érections qu'il a ignorées, & celles qui ont été faites depuis ce tems-là; c'est pourquoi il est essentiel que ceux qui ont été compris dans son Ouvrage nous adressent les aditions & corrections qui peuvent être nécessaires aux articles qui les concernent.

L'Auteur invite toutes les personnes qui ont acquis ou obtenu l'érection de quelque Terre, sur-tout depuis le commencement de ce règne, de lui en faire part, & de lui envoyer aussi l'état actuel de leurs Maisons, &c.

2°. *Tableau Généalogique, Historique, Chronologique, Héraldique & Géographique de la Noblesse*, enrichi de Gravures.

Cet Ouvrage sera in-8°. de près de 600 pag. par Vol.; il contiendra non-seulement l'état actuel des maisons nobles, mais encore des Généalogies entières; chaque Volume sera enrichi de différens Traités sur la Noblesse & sur ses différentes espèces. Il en paroitra un Volume tous les six mois à raison de 6 liv. pour les Souscripteurs & 7 liv. pour ceux qui n'auront pas souscrit avant le premier Juillet.

3°. *Tableau Héraldique*, contenant l'explication des Armes, des Provinces, Pays d'Etat, Gouvernemens, Villes, Terres, Seigneuries; celles des Archevêchés, Evêchés, Chapitres, Abbayes, Prieurés & autres; celles des Compagnies, des Corps & Communautés; celles du Clergé & des Bourgeois à qui S. M. Louis XIV les a permises par son Edit du mois de Novembre 1696.

Le défaut d'un Ouvrage complet sur les Armoiries de toutes les Maisons Nobles, ou qui jouissent d'un certain rang en France, &c. a fait que depuis plusieurs années l'Auteur de cet Ouvrage s'est occupé de cette compilation sur laquelle il a recueilli assez de matière pour avoir plusieurs Volumes de prêts à l'avance dans le même détail que les articles suivans:

Il est essentiel sur-tout que les personnes qui nous écriront nous envoyent une bonne empreinte de leurs Armes, non-seulement afin que nous puissions les confronter avec celles que nous aurons puisée dans les différens dépôts, mais encore pour nous mettre à même de connoître leurs écartelures, supports, cimiers, devises & cri de guerre que nous pourrions ignorer.

EXEMPLE.

WAROQUIER ou Varoquier, originaire d'Artois, Messire François de Waroquier, Chevalier, Seigneur de Méricourt, &c. 1er. Président des Finances à Paris, Conseiller du Roi en tous ses Conseils d'Etat & Privé, Maître ordinaire de son Hôtel & Doyen des Chevaliers de l'un de ses Ordres, portoit écartelé au premier de *Wignacourt*, qui est d'argent à trois fleurs de lis de gueules au pied coupé & nourri; au deuxième, de *Pinon*, qui est d'azur au chevron d'or, accompagné de trois pommes de pin de même; au troisième, de *Thibault*, qui est de gueules à la face d'argent, chargée de trois merlettes de sable; au quatrième, de *Dumolinet* qui est d'argent à 3 anilles ou fers de moulin, de sable; sur le tout de *Waroquier*, qui est d'azur à la main dextre d'argent appaumée & posée en pal, qui sont les Armes qu'Eudes IV, Duc de Bourgogne, donna à Messire Jean de *Waroquier*, troisième du nom, le faisant Chevalier d'Artois & Capitaine de Beaumont, pour s'être signalé dans un combat que ledit Duc donna à Robert d'Artois, Comte de Beaumont-le-Roger devant St-Omer au mois de Juillet de l'an 1340, lui changeant les anciennes Armes de sa Maison qui étoient de sinople à trois croissans d'argent; l'écu entouré du Collier de l'Ordre de St-Michel, sommé d'une couronne de Marquis, ayant pour cimier un écu de sinople chargé de trois croissans d'argent, qui font les anciennes Armes de fa maifon, & accofté de deux demi-vols de même; fupports, deux licornes d'argent, cri de guerre *Herffin*: devife, *recta ubique & fic & cor*, devife qui, felon la Colombiere, convient fort bien à leur nom & à leurs actions. Ils ont été maintenus dans leur nobleffe par Lettres-Patentes du mois de Mai 1647, par M. de S..fan, Intendant de Montauban, le 20 Mars 1697 & par Arrêt des Commiffaires-Généraux du Confeil, le 8 Juillet 1706; les Armes regiftrées dans l'Armorial général, Généralité de Paris, page 1077 & 612, &c.

MASARS fieur de la Caffelle, *Bourgeois* du Pont de Camarés en Rouergue, portoit d'or à une maifon de fable.

SALLET, Avocat à St-Jean du Breuil en Rouergue, portoit d'azur au fautoir d'argent, au chef coufu de fable.

GRANSAIGNES, Marchand à Séverac-le-Caftel, en Rouergue, d'azur à un bras d'argent pofé en face arraché de gueules.

Cet Ouvrage fera auffi in-8°. de près de 600 pages par Volume, dont il paroitra un Volume tous les fix mois à raifon de 6 liv. pour les Soufcripteurs & 7 liv. pour ceux qui n'auront pas foufcrit avant le premier Juillet.

Ceux qui fouhaiteront avoir les Armes gravées en tête de leur article dans le goût de celle qui précede, payeront d'avance 15 livres pour un Ecuffon fimple ou avec fupports, & 18 liv. pour ceux avec les autres ornemens extérieurs, & alors elles feront employées dans plufieurs Ouvrages.

La foufcription pour chaque premier Volume fe paie d'avance ainfi que les Gravures, & la foufcription du fecond en recevant le premier ainfi des autres en fuivant.

Le premier Volume ou feconde Partie de l'*Etat de la France* paroitra dans le mois de Juillet, celle des deux autres dans les premiers jours de Septembre; il n'y aura des Exemplaires que pour les Soufcripteurs.

MM. les Libraires n'auront la remife qu'en foufcrivant, & treize Exemplaires à la douzaine; on recevra leur Soufcription en effets & l'on aura foin de mettre le nom & l'adreffe de tous les Libraires qui auront foufcrit, au Frontifpice. MM. les Graveurs auront auffi la remife.

On foufcrit à Paris chez l'AUTEUR ou chez BELIN, Libraire, rue Saint-Jacques; chez la veuve DUCHESNE, Libraire, rue St-Jacques; à Verfailles chez BLAIZOT, Libraire, rue Satory: on délivrera une reconnoiffance fignée de l'Auteur & du Libraire à chaque Soufcripteur. Ceux qui auront foufcrit chez l'Auteur recevront leurs Volumes au même prix franc de port dans tout le Royaume.

Il faut obferver d'adreffer tous les Mémoires à l'Auteur feulement, d'affranchir les lettres & le port de l'argent, & faire paffer une reconnoiffance du Bureau des lettres, fans quoi elles ne parviendront pas, & ne pas manquer de produire les Lettres & Arrêts de maintenue de nobleffe. L'on n'enverra pas d'Exemplaires qu'ils ne foient payés.

Il est essentiel sur-tout que les personnes qui nous écriront nous envoyent une bonne empreinte de leurs Armes, non-seulement afin que nous puissions les confronter avec celles que nous aurons puisées dans les différens dépôts, mais encore pour nous mettre à même de connoître leurs écartelures, supports, cimiers, devises & cri de guerre que nous pourrions ignorer.

EXEMPLE.

WAROQUIER ou Varoquier, originaire d'Artois, Messire François de Waroquier, Chevalier, Seigneur de Méricourt, &c. 1ᵉʳ. Président des Finances à Paris, Conseiller du Roi en tous ses Conseils d'Etat & Privé, Maître ordinaire de son Hôtel & Doyen des Chevaliers de l'un de ses Ordres, portoit écartelé au premier de *Wignacourt*, qui est d'argent à trois fleurs de lis de gueules au pied coupé & nourri; au deuxième, de *Pinon*, qui est d'azur au chevron d'or, accompagné de trois pommes de pin de même; au troisième, de *Thibault*, qui est de gueules à la face d'argent, chargée de trois merlettes de sable; au quatrième, de *Dumolinet* qui est d'argent à 3 anilles ou fers de moulin, de sable; sur le tout de *Waroquier*, qui est d'azur à la main dextre d'argent appaumée & posée en pal, qui sont les Armes qu'Eudes IV, Duc de Bourgogne, donna à Messire Jean de *Waroquier*, troisième du nom, le faisant Chevalier d'Artois & Capitaine de Beaumont, pour s'être signalé dans un combat que ledit Duc donna à Robert d'Artois, Comte de Beaumont-le-Roger devant St-Omer au mois de Juillet de l'an 1340, lui changeant les anciennes Armes de sa Maison qui étoient de sinople à trois croissans d'argent; l'écu entouré du Collier de l'Ordre de St-Michel, sommé d'une couronne de Marquis, ayant pour cimier un écu de sinople chargé de trois croissans d'argent, qui font les anciennes Armes de sa maison, & accosté de deux demi-vols de même ; supports, deux licornes d'argent, cri de guerre *Herssin* : devise, *recta ubique & sic & cor*, devise qui, selon la Colombiere, convient fort bien à leur nom & à leurs actions. Ils ont été maintenus dans leur noblesse par Lettres-Patentes du mois de Mai 1647, par M. de Sesser, Intendant de Montauban, le 20 Mars 1697 & par Arrêt des Commissaires-Généraux du Conseil, le 8 Juillet 1706 ; les Armes registrées dans l'Armorial général, Généralité de Paris, page 1077 & 612, &c.

MASARS sieur de la Casselle, *Bourgeois* du Pont de Camarés en Rouergue, portoit d'or à une maison de sable.

SALLET, Avocat à St-Jean du Breuil en Rouergue, portoit d'azur au sautoir d'argent, au chef cousu de sable.

GRANSAIGNES, Marchand à Séverac-le-Castel, en Rouergue, d'azur à un bras d'argent posé en face arraché de gueules.

Cet Ouvrage sera aussi in-8°. de près de 600 pages par Volume, dont il paroîtra un Volume tous les six mois à raison de 6 liv. pour les Souscripteurs & 7 liv. pour ceux qui n'auront pas souscrit avant le premier Juillet.

Ceux qui souhaiteront avoir les Armes gravées en tête de leur article dans le goût de celle qui précede, payeront d'avance 15 livres pour un Ecusson simple ou avec supports, & 18 liv. pour ceux avec les autres ornemens extérieurs, & alors elles seront employées dans plusieurs Ouvrages.

La souscription pour chaque premier Volume se paie d'avance ainsi que les Gravures, & la souscription du second en recevant le premier ainsi des autres en suivant.

Le premier Volume ou seconde Partie de l'*Etat de la France* paroîtra dans le mois de Juillet, celle des deux autres dans les premiers jours de Septembre ; il n'y aura des Exemplaires que pour les Souscripteurs.

MM. les Libraires n'auront la remise qu'en souscrivant, & treize Exemplaires à la douzaine ; on recevra leur Souscription en effets & l'on aura soin de mettre le nom & l'adresse de tous les Libraires qui auront souscrit, au Frontispice. MM. les Graveurs auront aussi la remise.

On souscrit à Paris chez l'AUTEUR ou chez BELIN, Libraire, rue Saint-Jacques ; chez la veuve DUCHESNE, Libraire, rue St-Jacques ; à Versailles chez BLAIZOT, Libraire, rue Satory : on délivrera une reconnoissance signée de l'Auteur & du Libraire à chaque Souscripteur. Ceux qui auront souscrit chez l'Auteur recevront leurs Volumes au même prix franc de port dans tout le Royaume.

Il faut observer d'adresser tous les Mémoires à l'Auteur seulement, d'affranchir les lettres & le port de l'argent, & faire passer une reconnoissance du Bureau des lettres, sans quoi elles ne parviendront pas, & ne pas manquer de produire les Lettres & Arrêts de maintenue de noblesse. L'on n'enverra pas d'Exemplaires qu'ils ne soient payés.

On prie les personnes qui liront cet avis de vouloir bien le communiquer aux personnes intéressées, & de désigner l'Ouvrage pour lequel ils souscriront.

N. B. Il faut observer qu'il y a en France un nombre infini de familles, sur-tout dans la Bourgeoisie, qui ignorent que leurs pères ont obtenu le droit d'avoir des Armoiries, &c. que l'Auteur est à même de leur faire connoître, moyennant le droit de recherche.

www.ingramcontent.com/pod-product-compliance
Lightning Source LLC
Chambersburg PA
CBHW060227230426
43664CB00011B/1574